Verkehrspflichten und Handlungsfreiheit des „Schädigers“

Saarbrücker Studien
zum Privat- und Wirtschaftsrecht

Herausgegeben von Johann Paul Bauer,
Michael Martinek (geschäftsführender Herausgeber)
und Helmut Rüßmann

Band 53

PETER LANG
Frankfurt am Main · Berlin · Bern · Bruxelles · New York · Oxford · Wien

Olaf Pick

Verkehrspflichten und Handlungsfreiheit des „Schädigers“

PETER LANG
Europäischer Verlag der Wissenschaften

Bibliografische Information Der Deutschen Bibliothek
Die Deutsche Bibliothek verzeichnet diese Publikation in der Deutschen Nationalbibliografie; detaillierte bibliografische Daten sind im Internet über <http://dnb.ddb.de> abrufbar.

Zugl.: Saarbrücken, Univ., Diss., 2005

D 291
ISSN 1433-8866
ISBN 3-631-54105-8

www.peterlang.de

Saarbrücker Studien zum Privat- und Wirtschaftsrecht

herausgegeben von
Prof. Dr. Johann Paul Bauer
Prof. Dr. Dr. Dr. h.c. Michael Martinek
Prof. Dr. Helmut Rüßmann

Die Schriftenreihe "Saarbrücker Studien zum Privat- und Wirtschaftsrecht" bildet in erster Linie ein Forum für rechtswissenschaftliche Doktorarbeiten der Universität des Saarlandes auf zwei juristischen Schwerpunktgebieten. Zum einen sollen Dissertationen im klassischen Privatrecht, vor allem im bürgerlichen Vermögensrecht der ersten drei Bücher des BGB und ihrer Nebengesetze vorgestellt werden. Zum anderen findet das Wirtschaftsrecht im Sinne des Wirtschaftsprivatrechts besondere Berücksichtigung, womit namentlich die Gebiete des Handelsrechts einschließlich des Bilanzrechts, des Personen- und Kapitalgesellschaftsrechts einschließlich des Konzernrechts, des Gewerblichen Rechtsschutzes sowie des Wettbewerbs- und Kartellrechts bezeichnet sind. Es versteht sich, daß nicht nur rechtsdogmatische Studien, sondern auch rechtstatsächlich, rechtspolitisch oder interdisziplinär angelegte Arbeiten in die Schriftenreihe Aufnahme finden. Denn die Rechts- und Wirtschaftswissenschaftliche Fakultät der Universität des Saarlandes vereinigt unter *einem* Dach die Fachbereiche Rechtswissenschaft und Wirtschaftswissenschaft und regt damit Studenten und Hochschullehrer in besonderer Weise zu fachübergreifender Lehre und Forschung an. Die Schriftenreihe steht aber nicht nur sehr guten und ausgezeichneten Dissertationen, sondern auch anderen "Studien" zu privat- und wirtschaftsrechtlichen Themen offen, bis hin zu Materialien und Skripten des akademischen Unterrichts. Die drei Herausgeber, die zugleich stellvertretend für ihre anderen Saarbrücker Fakultätskollegen des Privat- und Wirtschaftsrechts handeln, verbinden mit den "Saarbrücker Studien zum Privat- und Wirtschaftsrecht" den Wunsch, daß die hier veröffentlichten Arbeiten die verdiente Resonanz in der breiteren juristischen Fachöffentlichkeit finden.

Vorwort

Die vorliegende Arbeit wurde im Wintersemester 2004/05 von der Rechts- und Wirtschaftswissenschaftlichen Fakultät der Universität des Saarlandes als Dissertation angenommen. Literatur und Rechtsprechung befinden sich auf dem Stand von November 2004.

Mein aufrichtiger Dank gilt zunächst Herrn Prof. Dr. Günther Hönn, der nicht nur meine Dissertation durch seine stetige Bereitschaft zum Gedankenaustausch und seinen Beistand betreute, sondern auch durch die interessante und harmonische Zusammenarbeit während meiner Tätigkeit als Wissenschaftlicher Mitarbeiter an seinem Lehrstuhl für Bürgerliches-, Handels-, Wirtschafts- und Arbeitsrecht hervorragende Arbeitsbedingungen geschaffen hat.

Besonders herzlich möchte ich mich des Weiteren bei Herrn Prof. Dr. Dr. h.c. Michael Martinek, M.C.J., für die rasche Zweitbegutachtung und die Initiative zur Aufnahme in die vorliegende Schriftenreihe bedanken.

Mein besonderer Dank gilt schließlich meiner Ehefrau Simone, die mir stets mit Geduld, Interesse und Ermutigung zur Seite stand.

Gewidmet ist dieses Buch meinen Eltern, die mich auf meinem bisherigen Lebensweg in jedweder Weise unterstützt haben.

Saarbrücken, im März 2005 Olaf Pick

Inhaltsverzeichnis

Einleitung

I. Problemstellung und Ziel der Arbeit

Wesentliches Kennzeichen und grundlegendes Ordnungsprinzip des Privatrechts ist die Privatautonomie.[1] Sie ist ein Teil des allgemeinen Prinzips der Selbstbestimmung des Menschen[2] und gehört zu den unverzichtbaren Grundwerten einer freiheitlichen Rechts- und Verfassungsordnung. Die Menschenwürde in Art. 1 Abs. 1 GG und die durch Art. 2 Abs. 1 GG geschützte persönliche Entfaltungsfreiheit gebieten, dass der einzelne Bürger seine Lebensgestaltung und seine Beziehungen zu anderen grundsätzlich in eigener Verantwortung regeln kann und darin nicht von anderen, insbesondere nicht von staatlicher Seite bevormundet wird. Eine Beschränkung der Privatautonomie ist nicht beliebig möglich, sondern bedarf stets einer besonderen Rechtfertigung.[3] Fehlt es an einer solchen Rechtfertigung oder ist sie nicht ausreichend nachweisbar, so gebührt der privatautonomen Freiheit der Vorrang; es gilt der Grundsatz „in dubio pro libertate".[4]

Haupterscheinungsform der Privatautonomie ist im Vertragsrecht der Grundsatz der Vertragsfreiheit als Freiheit des Einzelnen, seine Lebensverhältnisse durch Vertrag eigenverantwortlich zu gestalten. Die Entwicklung der letzten Jahrzehnte zeichnet sich durch eine zunehmende Beschränkung der Vertragsfreiheit durch den Gesetzgeber und die Rechtsprechung aus. Hingewiesen sei hier nur auf die Schlagworte des „Verbraucherschutzes" und des „Schutzes des Schwächeren". Diese Entwicklung führte zu einer lebhaften Diskussion und Auseinandersetzung um die Bedeutung der Privatautonomie im System des heutigen Vertragsrechts, in der manche von einer „Krise des Vertragsrechts"[5] sprechen oder gar den „Abschied von der Privatautonomie" gekommen sehen.[6]

Im Haftungsrecht zeichnet sich eine vergleichbare Entwicklung wie im Vertragsrecht ab. Das Prinzip der Verschuldenshaftung („Keine Haftung ohne Verschulden"), das als Grundprinzip des Deliktsrechts den Einzelnen vor einer übermäßigen Einschränkung seiner Bewegungsfreiheit schützen soll, verlor im Laufe des 20. Jahrhunderts immer mehr an Bedeutung. Der Gesetzgeber schuf zahlreiche Gefährdungshaftungstatbestände, während die Rechtsprechung immer höhere Anforderungen an die Sorgfaltspflichten des potentiellen Schädigers stellte.

---

[1] Larenz/Wolf, AT, S. 2.
[2] Flume, AT 2, S.1.
[3] Canaris, FS Lerche, S. 885.
[4] Larenz/Wolf, AT, S. 2.
[5] Kramer, Die „Krise" des liberalen Vertragsdenkens, 1974; MünchKomm/Kramer, Vor § 145 Rn. 4.
[6] Medicus, Abschied von der Privatautonomie im Schuldrecht? 1994.

Eine tragende Rolle in dem Prozess des laufenden Ausbaus des Geschädigtenschutzes und der zunehmenden Haftungsverschärfung kommt den Verkehrspflichten zu. Sie beruhen auf dem Gedanken, dass jeder, der eine Gefahrenquelle schafft, im Rahmen des Zumutbaren die notwendigen Vorkehrungen zum Schutze Dritter zu treffen hat.[7] Die Verhaltensgebote und –verbote der Verkehrspflichten erfassen heute nahezu alle Bereiche, in denen menschliches Zusammenleben stattfindet und der Einzelne potenziell einer Gefährdung durch seine Mitmenschen ausgesetzt ist. So trifft beispielsweise den Warenhersteller die Pflicht, seinen Betrieb so einzurichten, dass Fehler seiner Waren, die zu Schäden beim Endverbraucher führen können, möglichst ausgeschaltet werden,[8] die Betreiber von Wasch- und Geschirrspülmaschinen unterliegen der Verkehrspflicht, diese während des Waschvorgangs effektiv, also etwa alle fünf Minuten zu kontrollieren, um einen durch Austreten von Wasser entstehenden Schaden in benachbarten Etagenwohnungen zu vermeiden,[9] und Skifahrer haben ihren Fahrstil dem individuellen Können, dem Gelände, der Schneebeschaffenheit und der Zahl der übrigen Fahrer so anzupassen, dass Unfälle nach Möglichkeit verhindert werden.[10] Die Beispiele zu den unterschiedlichen Verkehrspflichten ließen sich beliebig fortsetzen. Betrachtet man sich die Kommentarliteratur zu den Verkehrspflichten,[11] so lässt sich eine „Verrechtlichung“ nahezu aller Lebensbereiche durch diese feststellen.

Es drängt sich somit die Frage auf, inwiefern die Handlungsfreiheit des potentiellen Schädigers im System der Verkehrspflichten ausreichende Berücksichtigung findet. Während im Vertragsrecht, wie oben bereits angedeutet, eine lebhafte Diskussion über die Bedeutung der Privatautonomie und Vertragsfreiheit stattfindet, ist im Deliktsrecht trotz einer ähnlichen Entwicklung keine vergleichbare Diskussion über die Bedeutung der Handlungsfreiheit des potentiellen Schädigers anzutreffen; lediglich vereinzelt wird die Frage nach einer „Überspannung der Sorgfaltspflichten“ durch die Rechtsprechung aufgeworfen.[12] In der vorliegenden Arbeit soll deshalb der Frage nachgegangen werden, welche Auswirkungen das kaum noch zu überschauende „Geflecht“ an Verkehrspflichten auf die Handlungsfreiheit des potentiellen Schädigers hat. Es geht also um die Frage, ob und inwiefern die deliktischen Verkehrspflichten das Verhalten eines potentiellen Schädigers beeinflussen und seine Bewegungsfreiheit in den unterschiedlichsten Lebensbereichen einschränken.

---

7 BGHZ 5, 378, 380; 14, 83, 85; 34, 206, 209; 65, 221, 224.
8 Vgl. Palandt/Sprau, § 823 Rn. 165 ff.
9 OLG Düsseldorf, VersR 1975, 159.
10 BGHZ 58, 40 ff.
11 Vgl. nur die umfangreiche Kommentierung zu den Verkehrspflichten bei Staudinger/Hager, § 823 Rn. E 1 ff.
12 Larenz/Canaris, Schuldrecht II/2, S. 427 ff.

Bei der Frage, welche Stellung und Bedeutung der allgemeinen Handlungsfreiheit im beweglichen System der Verkehrspflichten zukommt, handelt es sich um das Grundproblem, das jeder Deliktsordnung zugrunde liegt. Es geht um das Spannungsverhältnis zwischen Rechtsgüterschutz und Handlungsfreiheit. Larenz/Canaris umschreiben dieses Problem zutreffend mit den Worten: „So wünschenswert es aus der Sicht des Geschädigten nämlich ist, dass der Schädiger ihm den erlittenen Schaden ersetzt, so massiv kann dadurch dessen persönlicher und wirtschaftlicher Entfaltungsspielraum eingeschränkt werden".[13] Canaris spricht in diesem Zusammenhang von dem „Grunddilemma des Schadensersatzrechts", einen vernünftigen Kompromiss zwischen dem Ausgleichsinteresse des Geschädigten einerseits und der Handlungsfreiheit des Schädigers andererseits zu finden.[14] Der Gesetzgeber des BGB sah denn auch die Aufgabe des Deliktsrechts darin, „die Rechtskreise der Einzelnen, innerhalb deren sie ihre individuelle Freiheit entfalten und ihre Interessen verfolgen dürfen, voneinander abzugrenzen".[15]

Die Problematik der Abgrenzung von Güter- und Freiheitsräumen tritt besonders deutlich im Rahmen der Verkehrspflichten hervor. Durch die Formulierung derartiger Pflichten wird die allgemeine Handlungsfreiheit des potentiellen Schädigers von vornherein mit einem Haftungsrisiko belastet, um den Integritätsschutz im gesellschaftlichen Verkehr durchzusetzen. Brüggemeier spricht in diesem Zusammenhang davon, dass die „richterliche Vergesellschaftung und Verwaltung der Risiken sozialen Kontakts durch Verkehrspflichten .... ständig den Konflikt zwischen sozialstaatlichen Kompensationsangeboten von corrective justice und ökonomischer Effizienz auszutarieren (habe)".[16] Einzelne Stimmen in der Literatur erheben den Einwand, dass der Trend der Zeit auf eine Überbetonung der Ausgleichsinteressen des Geschädigten gerichtet sei.[17] Gerade den Verkehrspflichten kommt hierbei eine überragende Bedeutung zu. Aufgrund der hohen Sorgfaltsanforderungen, die die Rechtsprechung an den Verkehrspflichtigen stellt, kommen sie nicht selten einer Gefährdungshaftung gleich. Zöllner sieht die Gefahr begründet, dass die auf dem Verschuldensprinzip beruhende Abgrenzung der Risikosphären in unzulässiger Weise verwischt werden:[18]

---

[13] Larenz/Canaris, Schuldrecht II/2, S. 350.

[14] Canaris, JZ 1987, 993; vgl. zu dem vom Deliktsrecht zu bewältigenden Interessenkonflikt auch Schwitanski, Deliktsrecht, S. 94: „Bei der Schadenszuordnung muss folglich ein Ausgleich geschaffen werden zwischen zwei grundlegenden Elementen gesellschaftlicher Ordnung: zwischen dem statischen Element des Schutzes des Bestands der Grundgüter der Person und dem dynamischen Element der Gewährleistung der Handlungsfreiheit des Einzelnen als Ausdruck gesellschaftlichen Lebens und Grundbedingung jeder Entwicklung".

[15] Mugdan II, S. 1073.

[16] Brüggemeier, AcP 182 (1982), 385, 425.

[17] Canaris, JZ 1987, 993.

[18] Zöllner, AcP 188 (1988), 85, 95.

„Denn dort, wo eigentlich die Selbstvorsorge des Geschädigten den Schaden verhindern soll oder den Geschädigten das allgemeine Lebensrisiko trifft, werden jetzt Verkehrspflichten die Handlungsfreiheit des Schädigers unzumutbar beschneiden". Diese Erweiterung der Ersatzpflicht führt dazu, dass jede Betätigung zu einem immer weniger überschaubaren Risiko führt, da sie von vornherein mit einem nicht unwesentlichen Haftungsrisiko belastet ist. Es besteht demzufolge die Gefahr, dass der Spielraum für ein unbefangenes freies Verhalten und eine vernünftige Entfaltung des Einzelnen aufgehoben wird. Zöllner stellt des Weiteren fest, dass die Entwicklung des Bürgerlichen Rechts dahin gehe, dass für jeden eingetretenen Schaden sofort ein Gläubiger gefunden werden muss, dies selbst dann, wenn sich der Geschädigte hätte vorsehen können oder wenn ihm hätte bewusst sein müssen, dass er mit seiner Verhaltensweise ein nicht voll überschaubares Risiko eingeht.[19] Im Rahmen der ständigen Kreierung neuer Verkehrspflichten mag nach seiner Auffassung zwar das einzelne Haftungsrisiko noch erträglich sein, in der Summierung wirkten die Risiken in weiten Bereichen jedoch bedrohlich. Die Erhaltung der Bewegungsfreiheit des Einzelnen erwarte man sich in einem solchen „System übersteigerter Haftungsverhältnisse" letztlich nur noch durch Haftpflichtversicherungen.[20]

Auch Steffen sieht die Gefahr begründet, dass dem Schädiger beinahe immer gesagt werden kann, dass mit der fortschreitenden Technik auch die Gefahrenabwehr besser geworden sei und deshalb der Schaden hätte vermieden werden können.[21] Die Rechtsprechung beruhe darüber hinaus oftmals auf dem Standpunkt, dass dem Verletzungserfolg Indikationswirkung jedenfalls in dem Sinne zuzumessen sei, dass Bewertungszweifel über die Rechtmäßigkeit des Handelns der Schädigerseite angelastet würden.[22] Dem Gefährdeten komme insofern, ein „Vertrauensvorsprung und ein Schadensabwälzungsbonus vor dem Gefahrveranlasser und dem Verkehrseröffner" zu, was die Anforderungen an seinen Selbstschutz angehe.

Andererseits wird jedoch nicht verkannt, dass die Bewegungsfreiheit des Einzelnen für eine von Prinzipien der Selbstverantwortung und Selbstbestimmung getragenen Privatrechtsordnung konstitutiv ist.[23] Auch die Handlungsfreiheit des potentiellen Schädigers ist von hohem Rang und verfassungsrechtlich geschützt. Mit Recht hat das Bundesverfassungsgericht in der gesetzlichen Begründung zivilrechtlicher Zahlungspflichten einen Eingriff in Art. 2 Abs. 1 GG gesehen und diesen am Verhältnismäßigkeitsprinzip gemessen.[24]

[19] Zöllner, AcP 188 (1988), 85, 95.
[20] Zöllner, AcP 188 (1988), 85, 96.
[21] Steffen, VersR 1980, 409 ff.
[22] Steffen, VersR 1980, 409, 410.
[23] Zöllner, AcP 188 (1988), 85, 96.
[24] BVerfGE 57, 361, 378 und 380; 63, 88, 109 und 115.

Die vorliegende Arbeit soll nicht bei der Frage stehen bleiben, inwiefern die allgemeine Handlungsfreiheit des potentiellen Schädigers im Rahmen der Verkehrspflichten angemessen berücksichtigt werden kann. Es soll auch die parallele Entwicklung im Vertragsrecht aufgegriffen und untersucht werden, ob die zunehmenden Freiheitsbeschränkungen im Vertragsrecht und im System der Verkehrspflichten auf gemeinsame Kriterien zurückgeführt werden können. In diesem Zusammenhang geht es also darum, gemeinsame Grundprinzipien und Wertungskriterien ausfindig zu machen, die für die Entwicklung des Systems der Verkehrspflichten und des modernen Vertragsrechts bestimmend sind.

II. Zum Gang der Darstellung

Zunächst soll ein Überblick über die Entwicklung des Schutzes des „Geschädigten“ im Deliktsrecht und des „Schwächeren“ im Vertragsrecht von der Zeit der Entstehung des BGB bis zum gegenwärtigen Stand der Thematik gegeben werden (Kapitel 1). Im Anschluss daran werden die Verkehrspflichten in das System des Deliktsrechts eingeordnet und von den vertraglichen und quasivertraglichen Schutzpflichten abgegrenzt (Kapitel 2). Schließlich sind die Kriterien zur Begründung sowie der Umfang und die Grenzen der Verhaltenspflichten zu erörtern (Kapitel 3).

Im nächsten Abschnitt der Arbeit soll der Frage nachgegangen werden, ob und inwiefern den Verkehrspflichten eine Steuerungswirkung zukommt und sie somit das Verhalten des potentiellen Schädigers bereits im Vorfeld von möglichen Beeinträchtigungen der Rechtsgüter Dritter beeinflussen (Kapitel 4). Nach einem Überblick über den Versicherungsschutz von Geschädigtem und Schädiger und dessen Auswirkungen auf Haftpflichtansprüche, soll untersucht werden, inwiefern das Bestehen von Versicherungsschutz die Handlungsspielräume des potentiellen Schädigers sichert (Kapitel 5). Hieran schließt sich die Darstellung der Mechanismen an, die die Handlungsfreiheit des potentiellen Schädigers insofern sichern, als sie zu einem Ausschluss oder einer Beschränkung der Haftung im Falle der möglichen Verletzung einer Verkehrspflicht führen (Kapitel 6). Erörtert werden in diesem Kontext insbesondere die Selbstschutzmöglichkeiten des Geschädigten sowie die Schlagworte „allgemeines Lebensrisiko“, „Handeln auf eigene Gefahr“ sowie das Mitverschulden des Geschädigten gem. § 254 BGB.

Abschließend soll zum Ausgangspunkt der Arbeit – der vergleichbaren Entwicklung im Rahmen des Schutzes des „Geschädigten“ im Deliktsrecht und des Schutzes des „Schwächeren“ im Vertragsrecht – zurückgekehrt und untersucht werden, inwiefern die Entwicklung in beiden Bereichen auf gemeinsame Wertungskriterien zurückgeführt werden kann (Kapitel 7). Die wesentlichen Ergebnisse der Arbeit werden zum Schluss noch einmal zusammengefasst.

Kapitel 1: Schutz des „Geschädigten“ und des „Schwächeren“ im Wandel der Zeit

In diesem Abschnitt soll ein Überblick über die Entwicklung des Schutzes des „Geschädigten“ im außervertraglichen Haftungsrecht und des „Schwächeren“ im Vertragsrecht gegeben werden. Die Betrachtungen beginnen dabei zur Zeit der Entstehung des BGB und stellen die Entwicklungen und Tendenzen bis zum gegenwärtigen Stand der Dogmatik im Haftungs- und Vertragsrecht dar.

§ 1 Zur Entwicklung des Schutzes des „Geschädigten“ im Deliktsrecht

I. Die Verschuldenshaftung als tragendes Schadenszuordnungsprinzip zurzeit der Entstehung des BGB

Um die Mitte des 19. Jahrhunderts hatte sich überall in Europa die Auffassung verbreitet, dass derjenige, der durch einen Unfall eine Einbuße an seinen Rechtsgütern erleidet, einen Ausgleich des Schadens nur dann verlangen kann, wenn er imstande war, einem Schädiger nachzuweisen, dass dieser Unfall vorsätzlich oder fahrlässig verursacht wurde. Es galt mithin der Grundsatz: „Keine Haftung ohne Verschulden“ oder kurz gesagt, das Prinzip der Verschuldenshaftung.[1] Die Verschuldenshaftung als Schadenszurechnungsprinzip ist genauso wie das damalige Verständnis der Vertragsfreiheit tief verwurzelt in der Weltanschauung des Liberalismus. Der Gedanke von der Sicherung individueller Bewegungsfreiheit und Verantwortungsfreude ist es, mit dem man im Laufe des 19. Jahrhunderts das System der Verschuldenshaftung gerechtfertigt und es insbesondere gegen die oft erhobene Forderung verteidigt hat, es sollten daneben auch andere striktere Zurechnungsprinzipien in das geltende Recht aufgenommen werden.

Rudolph von Ihering hatte den Verschuldensgrundsatz 1867 in seiner viel beachteten Festschrift „Das Schuldmoment im Römischen Privatrecht“ historisch abzusichern gesucht. Er betrachtete die Culpa-Doktrin als ewige Wahrheit[2] und pries deren konsequente Durchführung als eines der unvergänglichsten Verdienste der entwickelten römischen Jurisprudenz.[3] Ihering formulierte in seinem Werk den viel zitierten Satz: „Ohne Schuld keine Verantwortlichkeit für die That, d.h. keine Verpflichtung zum Schadensersatz. Nicht der Schaden verpflichtet zum Schadensersatz, sondern die Schuld“.[4]

---

[1] Kötz/Wagner, Deliktsrecht, Rn 23.
[2] Ihering, Schuldmoment, S. 163 ff.
[3] Ihering, Schuldmoment, S. 176 f.
[4] Ihering, Schuldmoment, S. 199.

Besonders nachdrücklich ist das Prinzip der Verschuldenshaftung dann auch bei den Beratungen über den Entwurf des Bürgerlichen Gesetzbuchs betont worden. Dabei ist man den verschiedensten Anträgen auf Einführung begrenzter, vom Verschulden unabhängiger Haftungen stets mit dem Einwand entgegengetreten, dass dadurch „keineswegs der Entwicklung des Verkehrs gedient, wohl aber die Bewegungsfreiheit des Einzelnen übermäßig eingeschränkt"[5] werde oder dass dadurch „die individuelle Freiheit mit einer unberechenbaren Verantwortlichkeit belastet und ihr kein Gebiet übrig (gelassen würde), auf dem sie sich ungehemmt entfalten könnte".[6]

Das Festhalten an der Verschuldenshaftung und die Ablehnung der Aufnahme strikter Haftungsprinzipien in das BGB waren entscheidend von dem Bestreben motiviert, die Unternehmer von den befürchteten finanziellen Folgen einer strikten Haftung zu entlasten.[7] Diese Motive bewegten Esser zu der Aussage, dass es „nicht sittliche, sondern wirtschaftspolitische Motive"[8] gewesen seien, die den Primat des Verschuldensprinzips begründet hätten. Vielleicht geht diese Vermutung zu weit, die wohlvertretenen Interessen wirtschaftlicher Gruppen führten jedoch zu der Überzeugung, dass die aufblühende Industrie und das sich entwickelnde Verkehrswesen als Motor des Fortschritts vor strikteren Haftungsprinzipien geschützt werden müssen.[9] Es war anerkannt, dass ein durch Zufall entstandener Schaden von demjenigen getragen wird, bei dem er entstanden ist und dass der Geschädigte die Folgen der Tat nicht auf den Verursacher abwälzen kann. Es galt mithin der Grundsatz „casum sentit dominus".[10] Es war Sache des Eigentümers/Gefährdeten als des ursprünglichen Risikoträgers, sich durch Kauf von Versicherungsschutz bei einem privaten Schadensversicherer abzusichern und so die gefahrsetzende Tätigkeit eines anderen zu subventionieren.[11]

Im Text des ab dem 1.1.1900 geltenden BGB findet die Grundsatzentscheidung des Gesetzgebers für das Verschuldensprinzip in den §§ 823 Abs. 1, 2, 826, 831, 839 BGB deutlich ihren Niederschlag. Gemildert wird die Verschuldenshaftung durch zwei Fälle der Koppelung des Verschuldensprinzips mit einer Verschuldensvermutung, also einer Beweislastumkehr zugunsten des Geschädigten (§§ 831, 836 BGB), einen Fall der verschuldensunabhängigen Einstandshaftung (§ 833 BGB) und einen Tatbestand der Billigkeitshaftung (§ 829 BGB).

[5] Protokolle II, S. 585.
[6] Protokolle II, S. 569.
[7] Ogorek, Gefährdungshaftung, S. 135.
[8] Esser, AcP 148 (1943), 121.
[9] Kötz/Wagner, Deliktsrecht, Rn. 32.
[10] Katzenmeier, AcP 203 (2003), 79, 92.
[11] Brüggemeier, Deliktsrecht, S. 44.

II. Die Gefährdungshaftung als gleichberechtigtes Prinzip der Schadenszuordnung ab Mitte des 20. Jahrhunderts

Mit dem bereits oben skizzierten Wandel der wirtschaftlichen und gesellschaftlichen Verhältnisse verloren die beiden Legitimationsgrundlagen der Verschuldenshaftung – ökonomischer Liberalismus und individuelle Verantwortungsethik – an Geltungskraft. Diese Entwicklung beeinflusste auch das Deliktsrecht und das bis dahin nahezu uneingeschränkt geltende Schadenszuordnungsprinzip der Verschuldenshaftung. Das gesteigerte Bedürfnis nach sozialer Sicherheit – insbesondere nach Schutz vor Elend und sozialem Abstieg als den Folgen eines Unfalls – bildet ein wesentliches rechtspolitisches Motiv für den Erlass besonderer Gesetze, durch die in Deutschland für bestimmte Unfalltypen eine strikte, den Verschuldensnachweis nicht erfordernde so genannte „Gefährdungshaftung" eingeführt worden ist.[12] Das was man im Anschluss an Rümelin in der deutschen rechtswissenschaftlichen Diskussion und ihrer terminologischen und konzeptionellen Übernahme in die Rechtsprechung als „Gefährdungshaftung" bezeichnet, wurde im 19. Jahrhundert und Anfang des 20. Jahrhunderts noch weitgehend als nicht in das System passender Fremdkörper betrachtet.[13] Eine verschuldensunabhängige Haftung sah man als geradezu irregulären Ausnahmetatbestand an.[14]

Erst die 1941 von Josef Esser veröffentlichte Arbeit über „Grundlagen und Entwicklung der Gefährdungshaftung" brachte in der Grundsatzfrage einen wichtigen Schritt nach vorn, nämlich die Anerkennung des sog. Gefährdungsprinzips als neben dem Schuldprinzip stehendes zweites, konzeptionell gleichberechtigtes Prinzip der Schadenszuordnung. Esser hatte als Aufgabenbereich des sog. Gefährdungsprinzips die Verteilung des Zufalls- oder Unglückschadens herausgearbeitet, während Aufgabe des Deliktsrechts der Ausgleich des sog. Unrechtsschadens sei:[15] rechtsphilosophische Grundlage des Verschuldensprinzips sei die ausgleichende Gerechtigkeit (iustitia commutativa), die Anwendung des sog. Gefährdungsprinzips für den Ausgleich des Zufalls- oder Unglückschadens dagegen rechtfertige sich aus dem Gedanken der verteilenden Gerechtigkeit (iustitia distributiva).[16] Seit den grundlegenden Überlegungen von Esser hat sich die Erkenntnis gefestigt, dass auch die Gefährdungshaftung auf billigenswerten Zurechnungsprinzipien beruht.

---

[12] Kötz/Wagner, Deliktsrecht, Rn 35.
[13] Canaris, Systemdenken, S. 53 f.
[14] Larenz/Canaris, Schuldrecht II/2, S. 600.
[15] Esser, Gefährdungshaftung, S. 1.
[16] Esser, Gefährdungshaftung, S. 69 ff.

Grundgedanke einer jeden Gefährdungshaftung ist es, dass eine Person, die eine Gefahrenquelle betreibt und beherrscht und den Nutzen aus ihrem Betrieb zieht, alle typischen Schäden ersetzen soll, die Dritten aus diesem Betrieb entstehen. Ob der Schädiger den Unfall durch rechtswidrig-schuldhaftes Verhalten verursacht, ist hier – im Gegensatz zur Verschuldenshaftung - irrelevant.[17] Der Zurechnungsgrund der Gefährdungshaftung liegt damit nicht in der Vorwerfbarkeit eines Willensmangels, sondern in dem Umstand, dass für Sonderrechte, die man genießt, durch Übernahme der hierbei entstehenden Risiken aufzukommen ist.[18] Die Belastung mit dem Haftungsrisiko stellt gleichsam die Kompensation dafür dar, dass die Rechtsordnung darauf verzichtet, den Betrieb der Gefahrenquelle von vornherein zu verbieten, weil sie diese Tätigkeit als sozial nützlich ansieht.[19] Dieses Erklärungsmodell ist zuerst von Rümelin[20] entwickelt worden und hat allgemein Anerkennung gefunden.[21] Ergänzt worden ist es durch den „Zwangsgedanken" Essers, wonach die Gefährdungshaftung überall dort herrscht, wo sich das Publikum der Gefahr nicht entziehen kann oder Monopolbetriebe vorliegen, auf deren Benutzung man weitgehend angewiesen ist.[22]

Die überwiegende Auffassung in Literatur und Rechtsprechung unterscheidet seither zwischen der Gefährdungs- und Verschuldenshaftung. Man spricht insoweit von der „Zweispurigkeit" des Haftungsrechts.[23] Nach Ansicht der Rechtsprechung kann bei § 823 BGB nicht ohne weiteres auf das Verschuldenselement verzichtet und damit von einer Verschuldens- zu einer Gefährdungshaftung übergegangen werden.[24] Auch sind Gefährdungshaftungstatbestände, bei denen auf ein Verschulden des Schädigers verzichtet wird, nach der Rechtsprechung nicht analogiefähig.[25]

---

[17] Deutsch, JuS 1981, 317, 318.

[18] Esser, Gefährdungshaftung, S. 97.

[19] Deutsch, JuS 1981, 317, 318; Kötz/Wagner, Deliktsrecht, Rdn 341.

[20] Rümelin, Die Gründe der Schadenszurechnung und die Stellung des deutschen bürgerlichen Gesetzbuches zur objektiven Schadensersatzpflicht, 1896; Schadensersatz ohne Verschulden, 1910, S. 30, 46.

[21] Kötz/Wagner, Deliktsrecht, Rn. 340 ff.

[22] v. Caemmerer, FS 100 Jahre DJT, Bd. I, 1960, S. 49, 63.

[23] Esser, JZ 1953, 129 ff.; ihm folgend auch die Lehrbücher, z.B. Medicus, Bürgerliches Recht Rn. 604; Larenz/Canaris, Schuldrecht II/2, 3. Abschnitt, Erstes und Zweites Kapitel; vgl. auch MünchKomm/Wagner[4], Vor § 823 Rn. 16 ff.; Erman/Schieman, Vor § 823 Rn. 4.

[24] BGHZ 104, 323, 332 f.:„Eine generelle Beweislastumkehr würde die Deliktshaftung zu einer Erfolgseinstandshaftung machen, für die es einer besonderen materiell-rechtlichen Legitimierung bedarf".

[25] Sog. Enumerationsprinzip der Gefährdungshaftung, s. Larenz/Canaris, Schuldrecht II/2, S. 601.

III. Laufender Ausbau des Geschädigtenschutzes bis zum Beginn des 21. Jahrhunderts

1. Ursachen der haftungsverschärfenden Entwicklung

Betrachtet man sich die weitere Entwicklung von Gesetzgebung und Rechtsprechung im Bereich des Deliktsrechts bis zum Beginn des 21. Jahrhunderts, so lässt sich ein laufender Ausbau des Geschädigtenschutzes feststellen. Die Tendenz zu einem immer vielschichtiger werdenden Ausbau des Geschädigtenschutzes zeichnet sich insbesondere dadurch aus, dass durch die richterliche Spruchpraxis Schritt um Schritt das Schuldprinzip eingeschränkt und damit die Haftpflicht des Schädigers erweitert wurde. Die Entwicklung spiegelt eine ungebrochene Tendenz zur Haftungsverschärfung im Zeichen einer sich fortgesetzt verdichtenden Gesellschaft mit wachsendem Gefahrenpotential wider. Der Zeitgeist bewegte sich weg von dem Grundsatz „casum sentit dominus", und die Empfindung gewann an Boden, dass der Verursacher näher beim Schaden steht als der unschuldig davon Betroffene und ihn daher eher tragen soll.[26] Es stellt sich die Frage, was die Ursachen dieses Wandels sind.

a) Gesteigerte soziale Erwartungshaltung

Bereits 1941 hat Esser im Rahmen seiner Überlegungen zur Gefährdungshaftung die haftungsverschärfende Entwicklung zu erklären versucht: „Maßgeblich für diese in weiten Bereichen – namentlich des öffentlichen Lebens – feststellbare Entwicklung vom Verschuldensgrundsatz fort ist die mit wachsender Organisation in weiten Volkskreisen zunehmende Überzeugung, dass für jeden nicht vom Opfer selbst verschuldeten Schaden ein Verantwortlicher gefunden werden müsse (Motto: Jemand muss dafür aufkommen)".[27] „Aber einer muss es ja schließlich doch bezahlen. Mit einem Wort: mit zunehmender Organisation, aber auch mit zunehmender Erwartung des in einen großen sozialen Plan eingespannten Bürgers schwindet das Empfinden für die Notwendigkeit der Eigentragung des Unglücks als persönliches Schicksal immer mehr dahin. Diese Entwicklung vollzieht sich teilweise in einem so beängstigende Tempo, dass man sich fragen muss, ob auch die beste Organisation der Gemeinschaft diesen immer höher geschraubten Erwartungen wird ständig genügen können".[28] Hiermit ist eine ganz wesentliche Ursache der zunehmenden Haftungsverschärfung angesprochen, nämlich die gesteigerte soziale Erwartung. Es wird vermutet, dass eine wohl mit der Ausbreitung des Sozialstaatsgedankens einhergehende Mentalitätsänderung die Grenzen zwischen Unglück und Unrecht verschoben habe.[29]

---

[26] Köbler, FS Söllner, S. 551, 565.
[27] Esser, Gefährdungshaftung, S. 37.
[28] Esser, Gefährdungshaftung, S. 37.
[29] v. Bar, Gutachten, S. 1681, 1690 f.; Fuchs, Deliktsrecht, S. 4; Kötz/Wagner, Deliktsrecht, Rn. 35; ders., AcP 170 (1970), 1, 8

Schäden werden immer seltener als Unglück und immer öfter als auszugleichendes Unrecht angesehen. Manche Stimmen in der Literatur sprechen in diesem Zusammenhang von einer „Versorgungsmanie“ im Unfallrecht[30] und konstatieren einen „Schwund der Fähigkeit und Bereitschaft, Enttäuschungen hinzunehmen und persönlich zu verarbeiten“.[31]

b) Erhöhtes Gefahrenpotential

Ein weiterer wesentlicher Grund für die Haftungsausweitung ist in dem erhöhten Gefahrenpotential einer technisch entwickelten Gesellschaft zu sehen. Technische Einrichtungen, die dem Gesetzgeber des ausgehenden 19. Jahrhunderts noch unbekannt waren, sind heute in Industrie, Handwerk, Verkehr, Haushalt und Freizeit allgegenwärtig und haben das Unfallgeschehen erheblich verändert. Weyers[32] unterscheidet in diesem Zusammenhang zwei Gruppen von erhöhten Risiken: der eine große Komplex betrifft die rasant vorangetriebene Verwendung neuer Energiequellen und neuer Stoffe mit den erst nach und nach bekannt und handhabbar gewordenen chemisch-physikalischen Eigenschaften. Zum anderen nennt Weyers die sprunghaft erhöhte Bevölkerungsdichte und die Zusammenballung der Menschen in Städten,[33] die zusammen mit der Verkehrserleichterung die Verkehrsdichte und damit das ihr innewohnende Gefahrenmoment steigerte. Zu nennen sind in diesem Zusammenhang auch besondere, aus übergeordneten Gründen erlaubte Risikopotentiale wie der Schienen-, Luft- und motorisierte Straßenverkehr, Bergbau, Energieanlagen und in jüngerer Zeit auch die Gentechnik. Hierher gehören auch die Arzneimittelhaftung und Produzentenhaftung im Hinblick auf Personenschäden und existenzbedrohende Sachschäden. Vor diesem Hintergrund sind zahlreiche spezialgesetzliche Haftungsnormen, insbesondere Gefährdungshaftungstatbestände, zu sehen. Sie betreffen allesamt Bereiche besonders massiver Gefahrenpotentiale, denen man regelmäßig nicht ausweichen kann und deren Folgen zu tragen der einzelne Geschädigte außerstande ist.[34]

c) Einsatz „kollektiver Sicherungssysteme“

Schließlich ist im Rahmen der Ursachen für den laufenden Ausbau des Geschädigtenschutzes der Einsatz von „kollektiven Sicherungssystemen“ zu nennen. So lässt sich die die Fahrlässigkeitshaftung ständig erweiternde Rechtsprechung nicht ohne Hinweis auf die stete Ausweitung der Haftpflichtversicherung erklären.[35] Auch wenn die Berücksichtigung der Versicherung bei der Ausgestaltung

[30] So die Frage von Kötz, AcP 170 (1970), 1, 8.
[31] Laufs, Unglück, S. 1, 11.
[32] Weyers, Unfallschäden, S. 42 ff.
[33] Weyers, Unfallschäden, S. 44.
[34] Rohe, AcP 201 (2001), 117, 138 ff.
[35] v. Bar, AcP 181 (1981), 289, 292.

des Haftungsrechts von der Judikatur nie ausdrücklich eingestanden wurde[36] und in der Rechtswissenschaft unter Hinweis auf das „Trennungsprinzip“, wonach die Haftungsfrage strikt von der Frage des Versicherungsschutzes zu unterscheiden ist, weitgehend abgelehnt wird, dürfte der Umstand, dass viele Richter im Einzelfall eher geneigt sind, die Voraussetzungen eines haftungsbegründenden Tatbestands zu bejahen, wenn sie wissen, dass der Schädiger haftpflichtversichert ist, nicht zu leugnen sein. Die Gerichte neigen zu einer Haftungsverschärfung – durch großzügige Bejahung der Haftungsvoraussetzungen -, wenn der Schädiger pflichtversichert ist oder zumindest typischerweise Versicherungsschutz genießt.[37] Die Rechtsprechung verwendet die garantierte Schadensabnahme durch Versicherer etwa dazu, von der Fahrlässigkeitshaftung zu einer „objektiveren“ Haftung zu gelangen.[38] Eine Inanspruchnahme des Handelnden erscheint zumutbar, weil er die finanziellen Auswirkungen eines Schadensfalls durch Versicherungsschutz auf ein Kollektiv abwälzen kann. Der Schaden wird dorthin verlagert, wo Versicherungsschutz die Last am erträglichsten gestaltet.[39] Den Unfallopfern kann eine volle Entschädigung zugebilligt werden, ohne dass dabei stets auch die Gefahr einer Belastung der Schädiger mit ruinösen Ersatzpflichten mitbedacht werden müsste.[40]

Die skizzierten Umstände führten somit im Laufe der Zeit dazu, dass das Bedürfnis des Bürgers nach Gewährung sozialer Sicherheit erheblich gewachsen ist und dass er daher von der Rechtsordnung Schutz vor Not, Elend und sozialen Abstiegs auch dort erwartet, wo sie als Folgen eines Unfalls einzutreten drohen. Im Folgenden soll darauf eingegangen werden, wie diese Ursachen der haftungsverschärfenden Entwicklung in Rechtsprechung und Gesetzgebung berücksichtigt wurden und somit die Mechanismen aufgezeigt werden, in denen die Haftungsverschärfung ihren rechtlichen Ausdruck findet.

2. Mechanismen der Haftungserweiterung in Rechtsprechung und Gesetzgebung

a) Objektiver Fahrlässigkeitsmaßstab und Verschärfungen des Sorgfaltsstandards

Der Begriff der Fahrlässigkeit wird im BGB in § 276 Abs. 1 S. 2 definiert. Fahrlässig handelt danach, wer die im Verkehr erforderliche Sorgfalt außer acht lässt. Im Unterschied zum Strafrecht gilt im bürgerlichen Recht nach ganz herrschender Auffassung in Rechtsprechung und Literatur ein verallgemeinerter ob-

[36] v. Bar, AcP 181 (1981), 289, 290 f.; Kötz/Wagner, Deliktsrecht, Rn. 140.
[37] Stoll, Haftungsfolgen, Rn. 85 ff.; Kötz, FS Steindorff, S. 661 f.; v. Bar, AcP 181 (1981), 289, 290 ff.; Weyers, Unfallschäden, S. 423, 428 f.
[38] Looschelders, VersR 1996, 529, 537.
[39] Katzenmaier, VersR 2002, 1449, 1451.
[40] Kötz, Sozialer Wandel, S. 6.

jektiver Fahrlässigkeitsbegriff.[41] Hiernach kommt es für die zivilrechtliche Verantwortlichkeit für Fahrlässigkeit darauf an, was von einem durchschnittlichen Anforderungen entsprechenden Angehörigen des jeweiligen Verkehrskreises in der jeweiligen Situation erwartet werden konnte, ohne Rücksicht darauf, ob der Betroffene nach seinen individuellen Fähigkeiten, Kräften, Erfahrungen und Kenntnissen die objektiv gebotene Sorgfalt erkennen und erbringen konnte.[42] Besondere Kenntnisse und Fähigkeiten des Betroffenen werden freilich zu seinen Lasten berücksichtigt, da die Objektivierung des Fahrlässigkeitsmaßstabs nur dem Schutz des Verkehrs dient.[43] Wer also den Beruf eines Arztes, Handwerkers, Landwirts oder Kaufmanns ausübt, soll zumindest für die durchschnittlichen Fähigkeiten und Kenntnisse und die danach zu bemessende Sorgfalt eines ordentlichen Arztes, Handwerkers, Landwirts oder Kaufmanns einstehen; darüber hinaus aber auch für eine, z.B. aufgrund von Spezialkenntnissen, mögliche erhöhte Sorgfalt. Dagegen soll ein persönlich nicht von ihm verschuldeter Mangel der für seine Berufsgruppe oder Altersgruppe typischen Kenntnisse und Fähigkeiten ihn dennoch nicht von dem Vorwurf der Fahrlässigkeit befreien.

Der objektivierte Fahrlässigkeitsmaßstab bedeutet, dass sich im Zivilrecht die Haftung für Fahrlässigkeit nicht allein auf den Umkreis der persönlichen Verantwortung beschränken lässt, sondern Elemente einer objektiven Verantwortung in sich schließt.[44] Dies führt nach Teilen der Literatur dazu, dass der objektive Fahrlässigkeitbegriff, nicht mehr „ausschließlich als Schuldkategorie angesprochen werden" könne, sondern zugleich „eine der Gefährdungshaftung nahe kommende Einstandspflicht für die sorgfältige Ausführung einer einmal übernommenen Tätigkeit" umfasse.[45] Auch wenn man die Auswirkungen des objektiven Fahrlässigkeitsmaßstabs nicht als derart weit reichend bezeichnen möchte und die Fahrlässigkeitshaftung weiterhin als Verschuldenshaftung auffasst, so ist dieser Auffassung zumindest darin zuzustimmen, dass der objektive Fahrlässigkeitsbegriff ein wesentliches Element im Rahmen der Haftungserweiterungen und des laufenden Ausbaus des Geschädigtenschutzes darstellt.

Eng verknüpft mit der Objektivierung des Fahrlässigkeitsbegriffs ist auch die im Laufe der Zeit festzustellende Verschärfung des Sorgfaltsmaßstabs durch die Rechtsprechung. Schon frühzeitig hat Esser anhand zahlreicher Beispiele darauf hingewiesen, dass die Rechtsprechung die Angemessenheits- und Zumutbarkeitsfrage im Rahmen der Fahrlässigkeit oftmals vom eingetretenen Schadenserfolg her beurteile; „erforderlich" sei dabei im Rahmen des § 276 Abs. 1 S 2

---

[41] BGHZ 39, 281, 283; 80, 186, 193; 106, 323, 330; statt aller Palandt/Heinrichs, § 276 Rn. 15.
[42] BGHZ 80, 186, 193.
[43] BGH, VersR 1964, 378.
[44] Larenz, Schuldrecht I, S. 286.
[45] Soergel/Schmidt[10], § 276 Rn. 17.

BGB jede Sorgfalt, die im Hinblick auf die gerechte Verteilung des konkreten Schadensausmaßes zumutbar gewesen wäre und den in der „Gefährlichkeit" der Sache begründeten Schadensfall irgendwie hätte hinhalten können.[46] Damit werde das normative Element des § 276 BGB in ein restitutives verwandelt, indem man statt: „die im betroffenen Lebenskreis zu erwartende und den Umständen angemessene Sorgfalt" lese: „die nach dem Ausgang der Dinge in diesem Fall zur Schadensabwendung erforderlich gewesene Sorgfalt".[47] Auch andere Stimmen in der Literatur weisen darauf hin, dass infolge einer stetigen Verschärfung des Sorgfaltsmaßstabs die Gefahr der Aushöhlung des Verschuldensprinzips bestehe.[48] Die Rechtsprechung sei in manchen Fällen der Versuchung erlegen, die Grenzen des Fahrlässigkeitsbegriffs in § 276 BGB zu überschreiten.[49] Unabhängig von der Frage, ob man der Rechtsprechung tatsächlich eine Überspannung der Sorgfaltsanforderungen und somit die Einführung einer verkappten Gefährdungshaftung vorwerfen kann,[50] kann zumindest festgehalten werden, dass die unstreitige Verschärfung des Sorgfaltsmaßstabs durch die Rechtsprechung als wesentlicher Mechanismus im Rahmen des laufenden Ausbaus des Geschädigtenschutzes zu betrachten ist.

b) Haftungsverschärfungen durch Beweiserleichterungen

Grundsätzlich ist es Sache des Geschädigten, darzulegen und zu beweisen, dass derjenige, den er auf Ersatz in Anspruch nimmt, sich fahrlässig verhalten und dadurch den Schaden herbeigeführt hat. Der Geschädigte trägt somit die Darlegungs- und Beweislast für die objektiven und subjektiven Voraussetzungen des Schadensersatzanspruchs bei einer unerlaubten Handlung. Er muss das schädigende Handeln, das Verschulden des Schädigers, den ursächlichen Zusammenhang zwischen Handeln und Erfolg (haftungsbegründenden Kausalität) sowie den ursächlichen Zusammenhang zwischen dem Schaden und dem Erfolg (haftungsausfüllende Kausalität) darlegen und beweisen.[51]

Diese Beweislastverteilung kann den Geschädigten in eine schwierige Lage bringen, wenn es keine oder nur wenige Beweismittel gibt, mit deren Hilfe der genaue Hergang des Schadensereignisses nachträglich aufgeklärt werden kann. In vielen Fällen wurden daher zugunsten des Geschädigten von der oben genannten Grundregel durch Beweiserleichterungen (Beweis des ersten Anscheins) bis hin zur Beweislastumkehr Ausnahmen gemacht. Die Rechtspre-

---

[46] Esser, JZ 1953, 129, 133 f.
[47] Esser, JZ 1953, 129, 134.
[48] Larenz/Canaris, Schuldrecht II/2, S. 427; vgl. auch die Ausführungen und Bewertungen von Blaschczock, Gefährdungshaftung und Risikozuweisung, S. 94-120.
[49] Larenz/Canaris, Schuldrecht II/2, S. 428 nennen als Beispiel die Balkongeländer-Entscheidung BGHZ 103, 298.
[50] Gegen diesen Vorwurf Hehl, Verschuldens- und Gefährdungshaftung, S. 37 ff.
[51] Palandt/Heinrichs, Vorb v § 249 Rn. 162.

chung hat die Beweislast vor allem in Bezug auf Kausalität und Verschulden vielfach modifiziert.[52] Ist ein Sachverhalt zu beweisen, der nach allgemeiner Lebenserfahrung auf einen bestimmten Geschehensablauf schließen lässt, so ist die Beweislast insofern durch den Beweis des ersten Anscheins erleichtert (prima-facie-Beweis);[53] hier ist es Sache des Schädigers, die ernsthafte Möglichkeit eines anderen Verlaufs darzutun.

Besondere Beweislastgrundsätze gelten darüber hinaus im Bereich der Produzentenhaftung. Die moderne Entwicklung der Warenproduktion, so judizierte der BGH bereits 1968 in dem bahnbrechenden Hühnerpest-Urteil,[54] „an der oft nachträglich nur schwer zu ermittelnde Personen oder Maschinen beteiligt sind und die auf nur noch vom Fachmann zu durchschauenden und zu kontrollierenden Fertigungsprozessen beruht, verlangt eine Fortbildung des Beweisrechts in der Richtung, wie sie das Gesetz in § 836 BGB vorgezeichnet hat". Das entscheidende Merkmal der deliktischen Produzentenhaftung besteht darin, dass bei Konstruktions- und Fabrikationsfehlern zugunsten des Geschädigten eine auf das Verschulden bezogene Umkehr der Beweislast eintritt. Die Beweislastumkehr gilt auch für Instruktionsfehler, sofern diese bereits beim Inverkehrbringen des Produkts vorlagen.[55] Beweiserleichterungen bis hin zur Beweislastumkehr spielen auch eine wichtige Rolle bei der Berufshaftung und prägen dabei den Haftpflichtprozess gegen Ärzte und Krankenhausträger.[56] Auch im Bereich des Verstoßes gegen Unfallverhütungsvorschriften[57] sowie der Verletzung von Aufklärungs- und Belehrungspflichten[58] arbeitet die Rechtsprechung mit Beweiserleichterungen und einer Umkehr der Beweislast zugunsten des Geschädigten. Durch diese vielfachen Beweiserleichterungen wurden im Bereich der Verschuldenshaftung die prozessualen Möglichkeiten des Geschädigten zur Durchsetzung seines Schadensersatzanspruchs verbessert; sie trugen somit zu einer „Haftungsverlagerung durch beweisrechtliche Mittel"[59] bei. Die Haftungsverschärfung durch beweisrechtliche Mittel wird demzufolge neben dem objektiven Fahrlässigkeitsbegriff und den verschärften Sorgfaltsanforderungen als weitere Ursache für die Schaffung eines Stadiums des Übergangs von der Einstandspflicht für Verschulden zur objektiven Haftung und als Durchbrechung des Verschuldensprinzips[60] betrachtet.

---

52 Hervorzuheben ist insofern der Bereich des Arzthaftungsrechts; siehe etwa BGH, NJW 1967, 158; NJW 1971, 241; BGHZ 72, 132; 85, 212.
53 Kötz/Wagner, Deliktsrecht, Rn. 259.
54 BGHZ 51, 91.
55 v. Westphalen, NJW 1990, 83, 86.
56 Laufs, FS Gernhuber, S. 245, 254.
57 BGH, VersR 1964, 942.
58 Vgl. Stoll, AcP 176 (1976), 145, 171 ff.
59 So der gleichnamige Aufsatz von Hans Stoll, AcP 176 (1976), 145 ff.
60 Laufs, FS Gernhuber, S. 245, 254.

c) Ausbau der Gefährdungshaftung

Der Prozess des laufenden Ausbaus des Geschädigtenschutzes wurde jedoch nicht nur durch die Rechtsprechung betrieben. Auch der Gesetzgeber trug durch den Erlass neuer Gesetze zu einer Verbesserung des Geschädigtenschutzes bei. Der Gesetzgeber hat in immer rascherer Abfolge neue Gesetze erlassen, die eine Gefährdungshaftung begründen.

Er erkannte dabei schon sehr früh, dass die Unfallrisiken der modernen technischen Entwicklung einen besonderen Schutz des Geschädigten in Form von Gefährdungshaftungstatbeständen erfordern. Bereits das Reichshaftpflichtgesetz 1871 sah einen Gefährdungshaftungstatbestand für alle „bei dem Betriebe einer Eisenbahn“ verursachten Personenschäden vor. Im Jahre 1908 wurde dann dem Halter eines Kraftfahrzeugs eine Gefährdungshaftung für „die bei dem Betrieb eines Kraftfahrzeugs“ entstehenden Körper- und Sachschänden auferlegt (§ 7 StVG). Das Luftverkehrsgesetz von 1922 macht in entsprechender Weise den Halter eines Luftfahrzeugs haftbar für alle Körper- und Sachschäden, die durch einen Unfall „beim Betrieb eines Luftfahrzeugs“ denjenigen Personen oder Sachen entstehen, die nicht auf Grund eines Vertrages in dem Flugzeug befördert worden sind. 1943 wurde in das Reichshaftpflichtgesetz die Vorschrift des § 1 a eingefügt, die nunmehr eine Gefährdungshaftung für diejenigen Fälle vorsieht, in denen die Tötung oder Körperverletzung eines Menschen oder einen Sachschaden „durch die Wirkungen von Elektrizität, Gasen, Dämpfen oder Flüssigkeiten“ verursacht wurden, sofern diese Wirkungen „von einer Stromleitungs- oder Rohrleitungsanlage oder einer Anlage zur Abgabe der bezeichneten Energien oder Stoffe“ ausgegangen sind. Weitere wichtige Tatbestände der Gefährdungshaftung wurden im Wasserhaushaltsgesetz von 1957 und durch das „Gesetz über die friedliche Verwendung der Kernenergie und den Schutz gegen ihre Gefahren“ von 1959 eingeführt.

Die Spannbreite der erst kürzlich normierten Gefährdungshaftungstatbestände reicht vom Arzneimittelgesetz von 1976 über das Produkthaftungsgesetz von 1989, das Gentechnikgesetz von 1990 bis hin zum Umwelthaftungsgesetz aus dem Jahre 1991, das eine verschuldensunabhängige Haftung für Umwelteinwirkungen konstituiert, die von bestimmten, enumerativ aufgeführten Anlagen ausgeht. Parallel zu dem weiteren Ausbau der Gefährdungshaftung ist innerhalb der bereits eingeführten Spezialgesetze selbst eine ständige Absenkung der Voraussetzungen zur Durchsetzung eines Anspruchs zu beobachten. Während das ProdHaftG noch einen vollständigen Fehler- und Kausalitätsnachweis verlangte, setzt das UmweltHG durch seinen Verzicht auf einen Fehlernachweis und die erstmalige Konstituierung von Kausalitätsvermutungen für das deutsche Recht in dieser Hinsicht neue Akzente.[61]

---

[61] Cosack, VersR 1992, 1439.

In der Gesetzgebung kann somit ein Trend weg von der Verschuldenshaftung hin zu der Gefährdungshaftung ausgemacht werden.[62] Der traditionelle Alleinherrschaftsanspruch des Verschuldensprinzips, der bei den Beratungen des BGB noch bestand, tritt im Zuge dieser Entwicklung immer mehr in den Hintergrund.

IV. Entwicklung und Bedeutung der Verkehrspflichten als Schadenszurechnungsprinzip zwischen Verschuldens- und Gefährdungshaftung

Die bedeutendste Rolle im Rahmen des laufenden Ausbaus des Geschädigtenschutzes und der zunehmenden Haftungsverschärfung kommt den Verkehrspflichten zu. Der Gesetzgeber des BGB war noch davon ausgegangen, dass er im Rahmen des Deliktsrechts die Rechtssphären der Einzelnen hinreichend abgegrenzt und den Grundsatz verdeutlicht habe, dass jedermann den Bereich des anderen zu achten und sich jedes widerrechtlichen Eingriffs zu enthalten habe.[63] Demgemäß verneinte die Rechtsprechung zunächst eine allgemeine Rechtspflicht, fremdes Eigentum zu schützen.[64] Schon bald stellte sich jedoch die Frage, ob auch ein Unterlassen, dass nicht unter die klassischen Fallgruppen zu subsumieren war, die Haftung begründen konnte. Hierzu erließ das Reichsgericht kurz nach Inkrafttreten des BGB zwei grundlegende Entscheidungen, die als „leading cases" in Bezug auf die Entwicklung der Verkehrspflichten bezeichnet werden.

1. Die Entwicklung der Verkehrspflichten durch das Reichsgericht

a) Die Leitentscheidungen des Reichsgerichts

In dem Urteil des RG vom 30.10.1902[65] wurde der preußische Fiskus auf Ersatz des Schadens verklagt, den der Umsturz eines morschen Baums an dem klägerischen Grundstück bzw. einem darauf errichteten Gebäude verursacht hatte. Das Oberlandesgericht Marienwerder hatte als Berufungsgericht im Einklang mit den Motiven zu § 735 des 1. Entwurfs[66] angenommen, dass sich aus dem BGB keine Haftung des Eigentümers oder Besitzers eines stürzenden Baums herleiten lasse. Das Reichsgericht hob die Entscheidung auf. Es prüfte einen Schadensersatzanspruch aus § 823 Abs. 1 BGB und erörterte hierbei die Frage, ob für den Eigentümer oder Besitzer eines Baums die Verpflichtung bestehe, „Sorgfalt anzuwenden, damit der Baum keinem anderen Schaden zufüge". Für das römische und das gemeine deutsche Recht bis zum Jahre 1900, so der Senat, sei eine solche Verpflichtung zu verneinen.[67] Das BGB habe an diesem Standpunkt jedoch

[62] Cosack, VersR 1992, 1439.
[63] Motive II, S. 725 ff.
[64] vgl. noch RGZ 97, 11, 12.
[65] RGZ 52, 373 ff.
[66] Motive II, S. 816.
[67] RGZ 52, 373, 376 f.

nicht festgehalten, was sich für Gebäude und auf einem Grundstück errichtete Werke aus § 836 ergebe. Das RG entschied, dass § 823 Abs. 1 BGB folglich auch bei einem rechtswidrigen Unterlassen eingreifen könne. Die Vorschrift des § 836 BGB stehe einer Anwendung des § 823 Abs. 1 BGB bei Beschädigung durch andere Sachen, insbesondere durch Bäume nicht entgegen. Wollte man an dem Standpunkt festhalten, dass sich der Eigentümer oder Besitzer anderer als der in § 836 BGB genannten Sachen um von diesen ausgehenden Gefahren nicht zu kümmern brauche, „so würde der Rechtszustand nach dem BGB in dieser Materie hinter dem durch das römische Recht aufgerichteten an billiger Abwägung der in Betracht kommenden Interessen zurückstehen". Das RG qualifizierte § 836 BGB im Gegenteil als Anwendungsfall eines allgemeinen Grundsatzes, nach dem „ein jeder für Beschädigung durch seine Sachen insoweit aufkommen solle, als er dieselbe bei billiger Rücksichtnahme auf die Interessen des anderen hätte verhüten müssen".[68]

Diese Grundsätze führte das RG in seiner Entscheidung vom 23.02.1903 fort.[69] Hier war der Kläger abends auf einer dem öffentlichen Verkehr dienenden Treppe zu Fall gekommen, welche im Eigentum der beklagten Gemeinde stand. Die Treppe war nicht nur schadhaft und unbeleuchtet, die Gemeinde hatte sie zudem trotz Schneeglätte weder geräumt noch gestreut. Das OLG Rostock wies als Berufungsgericht die Klage ab, weil es eine entsprechende Rechtspflicht des Grundstückseigentümers für das Säubern und Bestreuen der Treppe nicht festzustellen vermochte. Das Reichsgericht hob auch diese Entscheidung auf und verwies sie zurück. In ausdrücklicher Fortführung des Urteils vom 30.10.1902 stellte es den Grundsatz auf, „dass derjenige, welcher sein Grundstück zum öffentlichen Verkehr bestimmt und errichtet, verpflichtet ist, das in einer Weise zu tun, wie es den Anforderungen der Verkehrssicherheit entspricht, und dass ihm auch weiterhin eine Fürsorgepflicht in dieser Richtung obliegt ..".[70]

b) Von den Verkehrssicherungspflichten zu den Verkehrspflichten

Wie die beiden Leitentscheidungen des RG zeigen, nahm die Entwicklung von Verkehrspflichten bei der Frage der Haftung von Personen für die Sicherheit von Anlagen, die zur Benutzung durch die Öffentlichkeit bestimmt sind, ihren Ausgangspunkt. Die Verkehrspflichten wurden somit zunächst für Grundstücke, Straßen, öffentliche Plätze, Hafenanlagen, Brücken usw. angenommen. Wer sie dem Verkehr eröffnet, hat dafür zu sorgen, dass sie sich in verkehrssicherem Zustand befinden. Entsprechendes gilt für den Inhaber von Läden, Gaststätten, Warenhäusern und für Hausbesitzer. Sie müssen die Räume, die sie dem allgemeinen Zutritt eröffnen, und deren Zugänge in gefahrlosem Zustand erhalten.

[68] RGZ 52, 373, 379.
[69] RGZ 54, 53 ff.
[70] RGZ 54, 53, 59.

Diese Pflicht zur Gefahrvermeidung wurde zunächst als Verkehrssicherungspflicht bezeichnet. Über diese Verkehrssicherungspflichten im eigentlichen Sinn ging die Rechtsprechung jedoch bald hinaus. Die Pflichten zur Gefahrvermeidung und –abwendung wurden in der Folgezeit auf sämtliche Bereiche des täglichen Lebens ausgedehnt. So haben Bauunternehmer die Pflicht, die Baustelle so abzusichern, dass Besucher der Baustelle nicht verletzt werden.[71] Fußgänger sind verpflichtet, beim Betreten der Fahrbahn auf den fahrenden Verkehr Rücksicht zu nehmen.[72] Skifahrer haben ihren Fahrstil dem individuellen Können, dem Gelände, der Schneebeschaffenheit und der Zahl der übrigen Fahrer so anzupassen, dass Unfälle nach Möglichkeit vermieden werden.[73] Auch den Hersteller von Waren treffen solche Sorgfaltspflichten gegenüber der Allgemeinheit. Der Produzent oder Lieferant von Kraftfahrzeugen etwa haftet bei mangelnder Sorgfalt den Benutzern und geschädigten Dritten, wenn Konstruktions- oder Fabrikationsfehler einen Unfall verursachen. Wer Maschinen oder Geräte herstellt oder vertreibt, muss für Betriebssicherheit sorgen und haftet Dritten bei Verletzung einer Sorgfaltspflicht.[74] Wenn jemand Waren in Verkehr bringt, mit deren Benutzung Gefahren verbunden sein können, wie z.B. Klebemittel mit feuergefährlichen Dämpfen[75], so muss er alle zur Abwehr solcher Gefahren erforderlichen Maßnahmen ergreifen. Derjenige, der Lebensmittel herstellt oder liefert, muss alle Sorgfalt anwenden, damit nichts Gesundheitsschädliches in den Verkehr gebracht wird.[76]

Da es dabei, wie die Beispiele zeigen, vielfach nicht mehr um die Sicherung eines bestimmten Verkehrs, sondern allgemein darum geht, in den Bereichen, in denen menschliches Zusammenleben stattfindet und der Einzelne potentiell einer Gefährdung durch seine Mitmenschen ausgesetzt ist, bestimmte Pflichten zur Rücksichtnahme auf die Rechtsgüter anderer festzulegen, sprechen viele nicht mehr von Verkehrssicherungspflichten, sondern allgemein von Verkehrspflichten.[77]

---

[71] BGH, NJW 1985, 1078.

[72] BGH, DB, 1958, 23.

[73] BGHZ 58, 40.

[74] RGZ 163, 21 ff.; BGH v. 23.6.1952 LM Nr. 5 zu BGB § 823; BGH v. 25.4.1956 LM Nr. 11 zu BGB § 328.

[75] BGH, BB 1959, 1186 mit weiteren Nachweisen.

[76] BGH vom 1.4.1953 LM Nr. 12 zu ZPO § 286 (C).

[77] Raab, JuS 2002, 1041, 1043; Deckert, Jura 1996, 348, 349; Staudinger/Hager § 823 Rn. E 1 ff. Dieser Begriff wurde erstmals vom RG im sog. Milzbrandfall, RGZ 102, 372, 375 verwendet. Im Mittelpunkt dieser Entscheidung steht der Gesichtspunkt, dass „derjenige, der, indem er eine damit in einem gewissen Zusammenhang stehende Berufstätigkeit ausübt und sich dafür dem Publikum anbietet, eine Verantwortung dafür übernimmt, dass da, wo von seinen Diensten Gebrauch gemacht wird, ein geordneter Verlauf der Dinge gewährleistet ist; durch seine Berufsbetätigung oder einen Gewerbebetrieb dieser Art werden solche

2. Die Verkehrspflichten als Schadenszurechnungsprinzip zwischen Verschuldens- und Gefährdungshaftung

Die Haftung wegen Verletzung einer Verkehrssicherungspflicht ist in ihrem Ausgangspunkt Teil der Verschuldenshaftung, da sie Haftung für fahrlässiges Verhalten ist. Wer einen Unfall erleidet, kann daher im Gegensatz zur Gefährdungshaftung einen Schadensersatzanspruch nicht schon darauf stützen, dass der Unfall sich bei dem Betrieb einer gefährlichen Anlage oder einer gefährlichen Tätigkeit ereignet hat; vielmehr muss er außerdem dartun, dass der Beklagte, der die Anlage betrieben oder die Tätigkeit ausgeführt hat, gleichzeitig konkrete Maßnahmen getroffen oder unterlassen hat, die er gemessen am Standard eines in gleicher Lage befindlichen sorgfältigen Menschen im Interesse der Vermeidung eines unvernünftig großen Schadensrisikos hätte unterlassen oder treffen müssen.[78]

In der Rechtsprechung finden sich aber, wie bereits oben angedeutet, nicht selten Fälle, in denen ein extrem hohes Maß an Sorgfalt als „im Verkehr erforderlich“ gefordert wurde, so dass es zweifelhaft erscheint, ob dem Beklagten, der diesen Anforderungen nicht gerecht geworden ist, daraus wirklich ein Vorwurf gemacht werden kann.[79] In solchen Fällen beruht die Haftung oftmals nicht mehr auf dem Verstoß gegen eine Sorgfaltspflicht, sondern auf dem für die Gefährdungshaftung typischen Zurechnungskriterium, dass der Schaden als die typische Verwirklichung einer Gefahr erscheint, die dem von dem Beklagten beherrschten Verantwortungs- und Gefahrenbereich entstammt. Während die Rechtsprechung einerseits sich zu einer Ausdehnung der gesetzlichen Tatbestände der Gefährdungshaftung nicht für berufen hält und es ablehnt, Gefährdungshaftungstatbestände analog auch auf für darin nicht erfasste Anlagen oder Verkehrsmittel anzuwenden,[80] macht sie andererseits von der Möglichkeit Gebrauch, äquivalente Haftungsergebnisse durch die Kombination von scharfen Sorgfaltsanforderungen mit einer für den Schädiger ungünstigen Beweislastverteilung zu erzielen.[81] Man hat dieser Rechtsprechung daher den Vorwurf gemacht, dass zwischen der Gefährdungshaftung und der Haftung für Verkehrspflichtverletzungen im Bereich zuverlässig beherrschbarer Gefahren kaum noch ein Unterschied bestehe und dass sie die Terminologie der Verschuldenshaftung nur noch nach außen zur Schau trage, in Wahrheit aber einen Beklagten immer dann trotz fehlenden Verschuldens haften lasse, wenn ihr dies aus Gründen einer gerechten Risikoverteilung geboten erscheint.

---

besonders gearteten allgemeinen Rechtspflichten erzeugt, die man in einem umfassenden Sinne Verkehrspflichten nennen kann“.

[78] Kötz/Wagner, Deliktsrecht, Rn. 260.

[79] Kötz/Wagner, Delikstrecht, Rn. 260.

[80] BGHZ 54, 332, 336; BGHZ 55, 229, 234.

[81] MünchKomm/Mertens[3], Vor §§ 823-853, Rn. 20.

Insbesondere Esser hat an zahlreichen Fällen gezeigt, wie die Gerichte, wenn ihnen die Haftung eines schuldlos Beklagten aus Gründen einer sozial gerechten Risikoverteilung geboten erscheint, nachträglich Verkehrspflichten „erfinden", deren hypothetische Beachtung geeignet gewesen wäre, den in casu eingetretenen Unfall zu verhindern.[82] Er zieht daraus den Schluss, dass der Begriff der Verkehrspflicht, weil er eine „bedenkliche Entstellung unseres Verschuldensprinzips", „eine praktisch unkontrollierbare Vermengung von Schuld- und Gefährdungselementen" enthalte, abzulehnen sei. Nach Gernhuber[83] besteht „die Gefahr, fast unmerklich von der deliktischen Haftung zur Gefährdungshaftung überzugehen, wenn praktisch unerfüllbare Verkehrssicherungspflichten formuliert werden".

Nach anderer Auffassung führt die Tendenz zur Angleichung von Gefährdungs- und Deliktshaftung nicht zu einer Aufhebung der Zweispurigkeit des Schadensersatzrechts.[84] Die Annäherung der beiden Haftungsformen sei durchaus gerechtfertigt, denn in beiden Rechtsbereichen gehe es aus wirtschaftlicher Sicht um das einheitliche Ziel, Dritte vor Schaden aus bestimmten Aktivitäten anderer zu bewahren und ihnen diesen Schaden, wenn er doch eintritt, abzunehmen. Daher würden solche Aktivitäten nur um den Preis des Ausgleichs erlaubt. Sowohl in der Delikts- als auch in der Gefährdungshaftung gehe es einerseits um die Gefahrsteuerung und –abwendung unter Zugrundelegung von Verkehrserwartungen und andererseits um die Verteilung der Verantwortung für schädliche Erfolge unter Berücksichtigung distributiver Gesichtspunkte.[85] Es sei unverkennbar, dass die Rechtsprechung zu den Verkehrspflichten sich in einem Bereich der „Grauzone zwischen Delikts- und Gefährdungshaftung" befinde.[86] Eine solche Grauzone, wie sie heute vor allem mit den Mitteln des Beweisrechts ständig erweitert werde, sei offenbar praktisch unvermeidlich und verdiene aus dogmatischer Sicht keine prinzipielle Ablehnung.[87]

Es kann somit festgehalten werden, dass die Haftung wegen Verkehrspflichtverletzung und die Gefährdungshaftung wegen des objektivierten Fahrlässigkeitsmaßstabs, der strengen Anforderungen an die im Verkehr erforderliche Sorgfalt sowie der Beweiserleichterungen bis hin zur Beweislastumkehr eng miteinander verwandt sind. In der Theorie mag zwar ein klarer Unterschied zwischen Verschuldens- und Gefährdungshaftung gemacht werden, in der Rechtsprechung zum Schadensausgleich sind die Grenzen zwischen diesen beiden Formen der Schadenszurechnung jedoch nicht immer klar auszumachen. Die Haftung wegen

[82] Esser, Gefährdungshaftung, S. 30 ff.; ders., JZ 1953, 129.
[83] Gernhuber, Bürgerliches Recht, S. 382.
[84] MünchKomm/Mertens[3], Vor §§ 823-853 Rn. 21.
[85] MünchKomm/Mertens[3], Vor §§ 823-853 Rn. 21.
[86] Mertens, VersR 1980, 397, 405.
[87] Mertens, VersR 1980, 397, 405.

Verletzung einer Verkehrssicherungspflicht wird demnach zu Recht als „das ambivalente, zwischen echter Verschuldung und reiner Gefährdungshaftung stehende Haftungselement“[88] bezeichnet.

V. Grundlegende Positionen zur Dogmatik des Haftungsrechts Ende des 20. und zu Beginn des 21. Jahrhunderts

Die bisherigen Ausführungen zur Entwicklung des Schutzes des „Geschädigten“ im Deliktsrecht haben gezeigt, dass das Haftungsrecht mit einem „erstaunlichen Anpassungs- und Innovationsprozess“[89] auf die grundlegenden politischen, ökonomischen und sozialen Veränderungen des 20. Jahrhunderts reagiert hat. Die für das deutsche Recht immer wieder thematisierten „Wandlungen des Haftungsrechts“[90] haben zu zahlreichen dogmatischen Streitfragen geführt, die manche zu der Einschätzung veranlassen, dass sich das Haftungsrecht in einer schlechten Verfassung befände.[91] Zahlreiche Vorschläge zur Überarbeitung und Reform des Haftungsrechts sind im Sande verlaufen.[92] Insbesondere wird kritisiert, dass es an einer konzeptionellen Antwort der Haftungsrechtswissenschaft auf den Struktur- und Funktionswandel des Deliktsrechts fehle.[93] Im Folgenden soll ein kurzer Überblick über die grundlegenden Positionen zur Dogmatik des Deliktsrechts und dem diesem zugrunde liegenden Spannungsverhältnis zwischen Rechtsgüterschutz des Geschädigten und Handlungsfreiheit des Schädigers in der Haftungsrechtswissenschaft Ende des 20. und zu Beginn des 21. Jahrhunderts gegeben werden.

1. Die Deliktsrechtskonzeption von Fraenkel und Mertens[94]

Fraenkel versuchte, in kritischer Abgrenzung zu der als herrschend erkannten Auslegung des § 823 Abs. 1 BGB als reines Erfolgsverursachungsverbots[95] den Nachweis zu führen, dass der Gesetzgeber des BGB die Zurechnung des Verletzungserfolges im Grundsatz allein bei eigenhändiger und unmittelbarer Tatbe-

---

[88] Stoll, AcP 166 (1966), 383.
[89] Brüggemeier, Prinzipien, S. 1.
[90] Vgl. insbesondere v. Caemmerer, Wandlungen des Deliktsrechts, in: FS Deutscher Juristentag, Bd. II, 1960, S. 49; Hauß, Entwicklungslinien des Schadensersatzrechts, ZVersWiss 1967, 151; Lange/Hagen, Wandlungen des Schadensersatzrechts, 1987; Steffen, Haftung im Wandel, ZVersWiss 1993, 13.
[91] Brüggemeier, Prinzipien, S. 1 spricht von „Diffusion des Haftungsrechts“, „Chaos der Kasuistik“ und „mannigfachen Verwerfungen und Inkonsistenzen“.
[92] Vgl. v. Bar, Deliktsrecht, in: BMJ (Hrsg), Gutachten und Vorschläge zur Überarbeitung des Schuldrechts, Bd. II, 1981, S. 1681; Kötz, Gefährdungshaftung, ebendort, S. 1779; Hohloch, Allgemeines Schadensrecht, ebendort Bd. I, S. 375. Vgl. auch Stoll, Richterliche Fortbildung und gesetzliche Bearbeitung des Deliktsrechts, 1984; Frietsch, PHI 1997, 24.
[93] Brüggemeier, Prinzipien, S. 18 ff.
[94] Vgl. hierzu auch § 3 I 1.
[95] Siehe die Übersicht zum Meinungsstand bei Fraenkel, Tatbestand, S. 15 ff.

standsverwirklichung habe anerkennen, die Haftung des lediglich mittelbaren Verursachers indes nur in engen Grenzen habe akzeptieren wollen. Neben der eigenhändigen Tatbestandsverwirklichung seien nur folgende weitere Zurechnungsgründe anzuerkennen, die eine Haftung des mittelbaren Verursachers gegenüber dem Verletzten rechtfertigten: bei Mittäterschaft und Teilnahme (§ 830 Abs. 1, 2 BGB), bei Nebentäterschaft nach § 830 Abs. 1 S. 2 BGB sowie bei Verletzung einer Garantenpflicht aus vorangegangenem rechtswidrigen Tun.[96] Außerhalb dieser engen Grenzen mittelbarer Verursachung hafte ausschließlich der unmittelbare Verursacher, und als eine den Erfolg unmittelbar verursachende Handlung habe nur die zeitlich letzte, den tatbestandsmäßigen Erfolg bedingende Handlung zu gelten.[97] Der Kreis der tatbestandsmäßigen, an sich widerrechtlichen Handlungen, auf die § 823 Abs. 1 BGB Bezug nehme und die durch die gesetzlichen Inhaltsumschreibungen der subjektiven Rechte und Rechtsgüter genau bestimmt seien, sei beschränkt auf die ihrem äußeren Erscheinungsbild nach als rechtsverletzend sich darstellenden Tätigkeiten und die jeweils letzte einen als Rechtsverletzung zu wertenden Erfolg bedingende Handlung.[98] Nur diese Eingrenzung des Tatbestandes § 823 Abs. 1 BGB garantiere die allgemeine Handlungsfreiheit, ein Wertungsgesichtspunkt, dem die herrschende haftpflichtrechtliche Doktrin viel zu wenig Beachtung schenke.[99]

Mertens[100] hat den Ansatz von Fraenkel aufgegriffen und weiterentwickelt. Zwar habe der Gesetzgeber die Konzeption Fraenkels, wonach prinzipiell nur unmittelbare Eingriffe in die durch § 823 Abs.1 BGB geschützten Rechte und Rechtsgüter sanktioniert werden, sicherlich selbst nicht für abschließend gehalten in Bezug auf die Unterlassung von Vorkehrungen zum Schutze Dritter. Die Frage der mittelbaren Tatbestandsverwirklichung durch Unterlassen habe er insoweit, ohne eine eigene Konzeption dafür zu entwickeln, der Rechtsprechung überlassen.[101] Aus dieser vom Gesetzgeber der Rechtsprechung überlassenen Aufgabe der Strukturierung der Tatbestandsverwirklichung durch Unterlassen von Schutzvorkehrungen nach Schaffung einer Gefahrenlage habe sich, die „legislative" Konzeption überlagernd und erweiternd, eine „judizielle" Konzeption des Delikts als Verkehrspflichtverletzung entwickelt. Die judizielle Konzeption interpretiere § 823 Abs.1 BGB i.S. eines allgemeinen Verbots der adäquaten

96 Fraenkel, Tatbestand, S. 69.
97 Fraenkel, Tatbestand, S. 53.
98 Fraenkel, Tatbestand, S. 60.
99 Der Ansatz von Fraenkel hat überwiegend Ablehnung erfahren; vgl. hierzu MünchKomm/Wagner[4], § 823 Rn. 56: „Die These, die Verfasser des BGB hätten in § 823 BGB kein allgemeines Erfolgsverursachungsverbot statuieren, sondern nur die unmittelbare Rechtsverletzung sanktionieren wollen, findet in den Materialien keine Stütze; in diesem Sinne auch Kramer, AcP 180 (1980), 523 ff.; Kleindiek, Deliktshaftung, S. 35 ff.
100 MünchKomm/Mertens[3], § 823 Rn. 2 ff.
101 MünchKomm/Mertens[3], § 823 Rn. 2.

Verursachung einer Beeinträchtigung der dort genannten Rechtsgüter, das es bei mittelbaren Eingriffen auf die Fälle der Verletzung einer Verkehrspflicht einzuschränken gelte.[102] Nach Mertens haben wir es im gegenwärtigen deutschen Deliktsrecht somit mit zwei unterschiedlichen Konzeptionen des Deliktsrechts zu tun: neben der legislative „Eingriffs"-Konzeption habe sich - diese überlagernd und erweiternd – eine „judizielle Konzeption" des Delikts als Verkehrspflichtverletzung herausgebildet.[103]

2. Der Ansatz von Picker[104]

Nach Picker[105] ist Geltungsgrund sowohl der vertraglichen als auch der deliktischen Schadenshaftung,[106] d.h. der Verpflichtung zur Wiedergutmachung eines Verlusts oder Nachteils, der durch ein Verhalten herbeigeführt worden ist, ein Elementarsatz unserer Rechtsanschauung, nämlich das Gebot des „neminem laedere". Die klassische Kurzformel des „neminem laedere" sei das tiefere Fundament jeder Schadenshaftung insofern, als sie die Grundidee einer rechtlichen Reglementierung und damit Beschränkung der „natürlichen" Handlungsfreiheit des Menschen artikuliere und so die Grundentscheidung für eine rechtlich verfasste Gemeinschaft bekunde.[107] Dieses Idealprinzip, dessen Verwirklichung schiere Gerechtigkeit darstelle, sei gegen das Verletzungsverhalten gerichtet, das als rechtswidrig qualifiziert werden könne.[108] Ausgeklammert seien damit von vornherein die Verhaltensweisen, die trotz der mit ihnen verbundenen Schädigungen Dritter zur Sicherung bestimmter vorrangiger Werte erlaubt sein sollten.

Die Konsequenz dieses Gedankens ist für Picker, dass es dort, wo ein nicht schon per se als rechtswidrig zu qualifizierendes Verhalten einen Schaden herbeiführt, nicht darum geht, durch die Suche nach besonderen positiven Haftungsgründen die Einstandspflicht zu legitimieren. Angesichts des elementaren Gerechtigkeits- und Vernunftpostulats, dass jede rechtswidrig-schuldhafte Schadenszufügung die Pflicht zur Wiedergutmachung auslöse, sei im Gegenteil deren eventuelle Durchbrechung, also der fallweise Nichteintritt der an sich gebotenen Haftung plausibel zu machen. Die Problematik des Haftungsrechts bestehe somit

---

[102] MünchKomm/Mertens[3], § 823 Rn. 2; gegen die Unterscheidung von legislativer und judizieller Konzeption, Canaris, FS Larenz, S. 27, 78 f., weil die Rspr. einen vom Gesetzgeber „mit Selbstverständlichkeit" aufgegebenen Weg gegangen sei.

[103] Mertens, VersR 1980, 397, 398.

[104] Vgl. hierzu auch § 4 II 3.

[105] Picker, AcP 183 (1983), 369, 462 ff.; ders., JZ 1987, 1041, 1048 ff.

[106] Die Lehre Pickers beschränkt sich nicht nur auf das Deliktsrecht, sondern auf den tieferen Rechtsgrund der vertraglichen und der deliktischen Schadensersatzpflicht. Der Vertrag als solcher kann nach ihm nur Leistungspflichten begründen, die Restitutionspflichten dagegen beruhten, im vertraglichen ganz genauso wie im deliktischen Bereich, ausschließlich auf gesetzlicher Anordnung; vgl. hierzu näher § 4 II 3.

[107] Picker, JZ 1987, 1041, 1049.

[108] Picker, AcP 183 (1983), 369, 462 f.

nicht darin, die Einstandspflicht zu begründen, sondern vielmehr umgekehrt in der Aufdeckung der sachlichen Gründe, die die Haftung ausnahmsweise beschränken.[109] Nach Picker haben die Gesetzverfasser des BGB diese Aufgabe durch die Wahl der heutigen differenzierten Gestaltung des Deliktsrechts zu erreichen versucht.[110] Die „sinnvolle“ Beschränkung der Einstandspflicht und damit die Sicherung einer „vernünftigen“ Handlungsfreiheit sei insbesondere durch die katalogartige Enumeration der haftungsrelevanten Rechtspositionen und Handlungsweisen sowie durch die grundsätzliche Nichtbeachtung des „reinen“ Vermögensschadens erreicht worden.[111]

3. Die Deliktsrechtskonzeption von Schwitanski

Auch Schwitanski[112] setzte sich mit den Grundstrukturen des geltenden Deliktsrechts und den wesentlichen Elementen seiner Entwicklung auseinander. Auf der Grundlage einer intensiven Auswertung der Gesetzesmaterialien[113] entfaltet er eine umfassende Systematik des geltenden Deliktsrechts, die auf den drei Säulen des § 823 Abs.1, 823 Abs.2 und § 826 BGB beruhen. Dabei geht es ihm insbesondere darum, aus dem Blickwinkel der Entstehungsgeschichte die eigene Funktion dieser Normen und ihr Verhältnis zueinander zu bestimmen. Ausgangspunkt seiner Untersuchung ist die Feststellung, dass der BGB-Gesetzgeber sich gegen eine umfassende deliktsrechtliche Generalklausel entschieden habe. Die Grundkonzeption der Regelungen, die mit dem BGB zur Bewältigung der vom Deliktsrecht zu lösenden Ausgleichsproblematik zwischen Handlungsfreiheit des Schädigers und Bestandsschutzinteresse des Geschädigten geschaffen worden ist, sieht Schwitanski in Folgendem:

Das Deliktsrechtssystem des BGB stelle sich als die Ersetzung des Prinzips einer umfassenden Generalklausel durch mehrere beschränkte Generalklauseln dar. In § 823 Abs. 1 BGB[114] werde auf Rechte und Rechtsgüter Bezug genommen, um dem Richter Entscheidungsmaßstäbe vorzugeben, anhand deren die die Haftung auslösende Rechtswidrigkeit schädigenden Verhaltens zu beurteilen sei. Diese Funktion der Norm werde überall dort ohne weiteres erfüllt, wo der Schädiger eine Handlung vorgenommen habe, die nach dem Zuweisungsgehalt des betroffenen Rechts allein dem Rechtsinhaber zustehe. Soweit es dagegen um Handlungen gehe, die nicht dem Berechtigten vorbehalten sind, sondern um die Verletzung seines Integritätsinteresses, verlagere sich die entscheidende

[109] Picker, JZ 1987, 1041, 1052.
[110] Picker, AcP 183 (1983), 369, 472.
[111] Picker, AcP 183 (1983), 369, 472; vgl. zur Kritik an dem Konzept Pickers Schwitanski, Deliktsrecht, S. 289 ff. und Rohe, AcP 201 (2001), 117, 122 sowie die Ausführungen in § 4 II 3.
[112] Schwitanski, Deliktsrecht, Unternehmensschutz und Arbeitskampfrecht, 1986
[113] Schwitanski, Deliktsrecht, S. 97 ff.
[114] Schwitanski, Deliktsrecht, S. 124 ff.

Abgrenzungs- und Wertungsfrage weitgehend auf die Stufe der Fahrlässigkeit. In diesem Bereich komme § 823 Abs.1 BGB eindeutig der Charakter einer Generalklausel zu.

Die Norm des § 823 Abs.2 BGB[115] versteht Schwitanski demgegenüber als eine Norm, durch die der Gesetzgeber zu einem Teil Entscheidungsmaßstäbe durch Bezugnahme auf außerdeliktische Wertungen vorgegeben habe, in der aber – so weit es um die Feststellung des Schutzcharakters des verletzten Gesetzes geht – zugleich auch dem Richter eine eigenständige Wertungsaufgabe zugewiesen sei. Eine Übernahme von Richterrecht in Gestalt der Verkehrspflichten als Schutzgesetze in den Regelungsbereich des § 823 Abs. 2 ist nach seiner Auffassung mit der deliktssystematischen Funktion der Vorschrift unvereinbar, da sie die Bezugnahme auf die gesetzgeberische Wertung aufgebe und § 823 Abs. 2 zur unbeschränkten Generalklausel mache.

In § 826 BGB[116] als der dritten Säule des Systems sieht Schwitanski eine Norm, deren Funktion allein in der Ergänzung der beiden Absätze des § 823 BGB bestehe, und zwar in dem Sinne, dass es um die Aufgabe gehe, der Handlungsfreiheit eine Missbrauchsschranke zu setzen, die durch eine Bewertung des jeweiligen Einzelfalls unter Berücksichtigung der grundlegenden Prinzipien der Verfassungs- und Rechtsordnung zu ermitteln sei.

4. Zur deliktsrechtlichen Lehre von Brüggemeier

Brüggemeier[117] setzt sich in der Einleitung seines Lehrbuchs zum Deliktsrecht mit dem Wesen und den rechtspolitischen Tendenzen des Deliktsrechts auseinander, indem er Struktur und Strukturwandel des durch die „Culpa-Doktrin" gekennzeichneten BGB-Deliktsrechts aus seiner Sicht beleuchtet. Das legislative Konzept des BGB-Deliktsrechts sei hauptsächlich durch neun Attribute gekennzeichnet. Er rechnet hierzu u.a. die Dichotomie Vertrag-Delikt, das System von Einzeltatbeständen statt Generalklausel, die Zentrierung auf das absolute subjektive Recht, das Fehlen eines materiellen Rechtswidrigkeitsbegriffs, aber auch die Eingrenzung der richterlichen Gestaltungsfreiheit und die beweisrechtliche Benachteiligung des Geschädigten. Diese Attribute des liberalen BGB-Deliktsrechts seien einem mehr oder weniger einschneidenden Struktur- und Funktionswandel unterworfen gewesen. Bei unverändertem Wortlaut der Deliktsnormen stehe heute in der Industriegesellschaft die Schadensabnahme durch den Verursacher eindeutig im Vordergrund der judiziellen Rechtsfortbildung.

---

115 Schwitanski, Deliktsrecht, S. 245 ff.
116 Schwitanski, Deliktsrecht, S. 226 ff.
117 Brüggemeier, Deliktsrecht, S. 69 ff.

Das BGB-Deliktsrecht habe seine soziale Aufgabe als Steuerungsinstrument einer Industriegesellschaft von Anfang an verfehlt.[118] Die entwickelten modernen westlichen Gesellschaften seien zu komplex geworden, als dass sich ihre vielschichtige Wirklichkeit noch in einem umfassend kodifizierten, allgemeinen Deliktsrecht einfangen ließe. Ein modernes Deliktsrecht verlange einmal gegenüber dem zentralen Haftungstatbestand des § 823 Abs. 1 und den Verweisungstatbeständen der §§ 823 Abs. 2, 826 BGB eine größere Generalität. Dies bedinge zum anderen eine größere Differenziertheit, die durch die Herausarbeitung von Verhaltenspflichten im Hinblick auf spezifische Interessenkonstellationen und Sozialbereiche erreicht werden müsse. Unter Berufung auf von Caemmerer bezeichnet Brüggemeier die Herausarbeitung der Verhaltensnormen als das wichtigste Problem des Deliktsrechts. Die deliktischen Verhaltenspflichten in Gestalt der Verkehrspflichten seien das „konstruktive Prinzip des modernen Deliktsrechts".[119] Die deliktische Gesamtkonzeption und Behandlung aller Einzelfragen basiert nach Brüggemeier auf der Ausgangsthese, dass das „deutsche Zivilrecht von einem deliktischen Generaltatbestand der Haftung für verkehrswidrige Verletzung rechtlich geschützter Interessen" ausgehe.[120] Nicht der Schaden oder die Schuld, sondern die Pflichtwidrigkeit („Verkehrswidrigkeit") begründe die Schadensersatzpflicht. Der einheitliche Begriff des Delikts als verkehrswidriger oder pflichtwidrig-vorsätzlicher Verletzung rechtlich geschützter Interessen gelte ausnahmslos für die BGB- und sondergesetzlichen Deliktstatbestände.[121] In den gesetzlichen Tatbeständen vermag Brüggemeier demzufolge nur noch „bereichsspefizische Varianten dieses delikts- und zivilrechtlichen Einheits-Haftungstatbestandes" zu erkennen.[122] Ein „zeitgemäßes Deliktsrecht" könne hinter den in der Rechtswirklichkeit heute erreichten „Stand sozialer und rechtlicher Komplexität nicht mehr zurückfallen", und daher müsse es „gegen das historisch bedingte legislative Konzept, zum Teil gegen den Wortlaut des Gesetzes das Prinzip des geltenden Deliktsrechts zur Geltung bringen".[123] Dies ist es, was Brüggemeier selbst als „Restrukturierung des BGB-Deliktsrechts" bezeichnet.

Die Präzisierung und Formulierung dieser deliktischen Verhaltenspflichten sei primär die Aufgabe der Rechtsprechung. Das Herausarbeiten der Verhaltensgebote erfolge durch die richterliche Feststellung von Verhaltenspflichten bei der Anwendung und Durchsetzung vorfindlicher, positivierter oder gewohnheits-/richterrechtlicher Verhaltensnormen, sowie durch die richterliche Neubewertung sozialer Interessen und die Neuverteilung von Handlungsrisiken durch

[118] Brüggemeier, Deliktsrecht, S. 125.
[119] Brüggemeier, Deliktsrecht, S. 127.
[120] Brüggemeier, AcP 182 (1982), 385, 450.
[121] Brüggemeier, Deliktsrecht, S. 126.
[122] Brüggemeier, Deliktsrecht, S. 126.
[123] Brüggemeier, Deliktsrecht, S. 125; ähnlich auch ders., AcP 182 (1982), 385, 446.

erstmaliges Aufstellen entsprechender Verhaltensregeln.[124] Das Richterrecht in Gestalt der Verkehrspflichten leiste das, was das Gesetz nicht mehr leisten könne, nämlich eine Feinabstimmung der beteiligten Interessen in dem je betroffenen Sozialbereich. Brüggemeier spricht insofern von einer sozialen Regulierung durch „judizielle Schutzpolitik".[125]

In einem späteren Werk[126] hat Brüggemeier sein ursprüngliches Konzept des Haftungsrechts weiter entwickelt. Er bezeichnet das heutige Haftungsrecht als ein Mehr-Ebenen-System bestehend aus Verfassung und primärem Gemeinschaftsrecht, Gesetz, Prinzipien und systematisierter Kasuistik.[127] Die Rechtsfortbildung im Haftungsrecht sei ein „offener gesellschaftlicher Prozess der Rechtskommunikation" zwischen Justiz, Wissenschaft und weiteren Akteuren wie Interessenverbänden und den Medien, der die richterrechtliche Rechtsfortbildung demokratisch legitimiere.[128] Das Haftungsrecht der entwickelten Industriegesellschaft stellt sich nach Brüggemeier als „norm- und prinzipienorientierte ad hoc pragmatische Kasuistik" dar.[129]

5. Die deliktsrechtliche Konzeption von Börgers

Gegenstand der Untersuchung von Börgers[130] ist die Frage, ob das Recht der unerlaubten Handlungen von einem einheitlichen Grundprinzip beherrscht wird. Ausgangspunkt seiner Betrachtungen ist die deliktsrechtliche Theorie Brüggemeiers, in deren Mittelpunkt das generalklauselartige weite, alle Haftungstatbestände in sich einschließende, allgemeine Grundprinzip der Haftung für verkehrspflichtwidriges Verhalten steht. Er betrachtet es als Brüggemeiers Verdienst, die Antinomie zwischen „gesetzlichem" und „richterrechtlichem" Deliktsrecht „so klar ausgesprochen zu haben wie vor ihm wohl noch niemand".[131] Das entscheidende Begründungsproblem der Lehre von Brüggemeier sei jedoch die nur ansatzweise begründete Legitimität einer so weit reichenden Rechtsfortbildungsbefugnis der Rechtsprechung. Im Zentrum seiner folgenden Überlegungen steht somit die Frage nach der „geradezu axiomatisch vorausgesetzt(en)" Legitimität auch gestzesdurchbrechender Rechtsfortbildung. Im Rahmen einer ausführlichen Auseinandersetzug mit der Entstehungsgeschichte der §§ 823 ff. BGB gelangt er zu dem Ergebnis, dass unser Recht die deliktische Haftung nicht anders als die naturrechtlichen Kodifikationen, wie z.B. der Code civil, nach einem allgemeinen Prinzip begründet. Wie z.B. der Code civil gehe auch das BGB

---

124 Brüggemeier, Deliktsrecht, S. 126.
125 Brüggemeier, JZ 1986, 969, 973.
126 Brüggemeier, Prinzipien des Haftungsrechts, 1999, S. 1 ff.
127 Brüggemeier, Prinzipien, S. 25.
128 Brüggemeier, Prinzipien, S. 31.
129 Brüggemeier, Prinzipien, S. 33.
130 Börgers, Von den „Wandlungen" zur „Restrukturierung" des Deliktsrechts?, 1993.
131 Börgers, Wandlungen, S. 41.

von einer Haftung für jede widerrechtliche Handlung aus, ganz unabhängig davon, auf welche Norm das Rechtswidrigkeitsurteil im jeweiligen Einzelfall zu stützen sei.

Die politisch bindende Entscheidung des Gesetzgebers beschränke sich daher auf die allgemeine Unrechtshaftung, das Unmittelbarkeitsprinzip und ein bestimmtes Verschuldensprinzip. Nur zum „technischen Teil" des Gesetzes (d.h. in die Hände der Wissenschaft) gehöre hingegen die Tatbestandsstruktur, die der Konkretisierung der Unmittelbarkeit diene;[132] zulässig blieben auch eine Güter- und Interessenabwägung im Einzelfall, der Schutz rein immaterieller Interessen[133] und der Ersatz „reiner" Vermögensschäden[134].

6. „Die Struktur des Haftungsrechts"[135] nach Jansen

In seiner Habilitationsschrift zur Struktur des Haftungsrechts geht es Jansen darum, „das juristische Problem einer adäquaten dogmatischen und systematischen Erklärung und Beschreibung des geltenden Rechts" zu lösen.[136] Die Arbeit nimmt ihren Ausgangspunkt bei einigen zum Teil höchstrichterlichen, zum Teil instanzgerichtlichen Entscheidungen, in welchen die Gerichte im Rahmen der Verkehrspflichtenhaftung Fahrlässigkeit in Verhaltensweisen erblickt haben, welche sich ebenso gut als völlig korrekt hätten einstufen lassen. Er zieht daraus den Schluss, dass Verkehrspflichten keine echten Verhaltenspflichten konstituieren und dass die Verletzung einer Verkehrspflicht noch nicht mit der Verletzung einer Rechtspflicht gleichzusetzen sei.[137] Es sei zu einer Entkoppelung deliktischer, haftungssteuernder Sorgfaltsstandards von zwischenmenschlichen Verhaltensanforderungen gekommen, so dass es offenbar durchaus möglich sei, mit erlaubtem Handeln eine Verkehrspflicht zu verletzen. Solche Verkehrspflichten begründeten eine Haftungsverantwortlichkeit, jedoch keine Verhaltensverpflichtung.[138] Aus den von ihm aufgeführten Fällen zieht er den Schluss, dass es Verkehrspflichten gibt, deren Verletzung rechtlich erlaubt zu sein scheint.[139]

Jansen erkennt, dass ein solcher Befund quer zur so genannten „Zweispurigkeit" des Haftungsrechts, also der dogmatischen Trennung des Deliktsrechts einerseits von Tatbeständen einer strikten Gefährdungs- und Aufopferungshaftung andererseits steht. Im Gegensatz zur kategorisch strikten Aufspaltung des Haftungsrechts in einzelne Haftungsgruppen durch die dogmatische Theorie sei die

[132] Börgers, Wandlungen, S. 96 ff.
[133] Börgers, Wandlungen, S. 111.
[134] So wohl Börgers, Wandlungen. S. 112.
[135] So der gleichnamige Titel seiner Habilitationsschrift aus dem Jahr 2003.
[136] Jansen, Haftungsrecht, S. 9.
[137] Jansen, Haftungsrecht, S. 11.
[138] Jansen, Haftungsrecht, S. 13.
[139] Jansen, AcP 202 (2002), 517, 529 f.

Rechtswirklichkeit heute durch fließende Übergänge zwischen den einzelnen Haftungen gekennzeichnet.[140] Er gelangt zu dem Zwischenergebnis, dass eine klare Grenzziehung zwischen der deliktischen Haftung für ein Fehlverhalten und der Gefährdungs- bzw. Aufopferungshaftung nicht möglich sei. Für eine praktisch hilfreiche Gliederung des Haftungsrechts gebe die Unterscheidung des Deliktsrechts von fehlverhaltensunabhängigen Haftungen nichts her.[141] Das herrschende Verständnis von der „Zweispurigkeit“ des Haftungsrechts führe vielmehr in die Irre, da teleologisch keine Unterschiede zwischen Tatbeständen einer strikten Haftung und der Haftung für ein Fehlverhalten bestünden. Jeweils beruhe die konkrete Haftung vielmehr auf einer Vielzahl abwägungsfähiger und –bedürftiger Kriterien.[142]

Die deliktische Haftung braucht nach Jansen somit nicht länger zwingend als die Folge der Verletzung eines Sorgfaltsgebots oder Schädigungsverbots konzeptualisiert zu werden. An die Stelle des Delikts, also die Verletzung einer bürgerlichen Verhaltenspflicht, soll vielmehr die Haftung für die Verletzung rechtsgutsbezogener Haftungsobliegenheiten treten.[143] Sein Modell beruht auf der Annahme, dass die zurechenbare Verletzung eines fremden Rechtsguts prima facie einen Grund dafür bietet, den entstandenen Schaden zu ersetzen. Dieses Kriterium allein könne jedoch noch nicht ausschlaggebend für die Haftung sein. Ob letztlich der Geschädigte oder Schädiger den Schaden zu tragen habe, lasse sich deshalb erst mittels einer Abwägung einer Vielzahl einschlägiger, häufig gegenläufiger Haftungsprinzipien entscheiden, die ein begrenztes „bewegliches System“ des Haftungsrechts bilden.[144] Beispiele für diese Haftungsprinzipien seien der Verschuldensgrundsatz einerseits, wonach eine Haftpflicht grundsätzlich nur bei einem Fehlverhalten zumutbar ist, und der Gefährdungsgrundsatz andererseits, der zur strikten Haftung für besondere Gefahren führe. Daneben stünden die Prinzipien der besseren Versicherbarkeit, des besonderen Schutzes von Kindern, der strikten Unternehmenshaftung und der Entlastung von Alltagstätigkeiten sowie eine angemessene Schadensprävention.

Mit diesem Modell werde das Haftungsrecht insgesamt für fehlverhaltensunabhängige Wertungen geöffnet und die haftungsbeschreibenden Sorgfaltsmaßstäbe nicht als tatsächliche Verhaltensanforderungen, sondern als Haftungsobliegenheiten verstanden. Sie besagen deshalb nicht, welche Rücksicht im Verkehr tatsächlich geschuldet ist, sondern welche Sorgfalt von der Haftpflicht entbindet.[145]

---

[140] Jansen, Haftungsrecht, S. 14 ff.; ders., ZEuP 2003, 490, 494 ff.
[141] Jansen, ZEuP 2003, 490, 494.
[142] Jansen, Haftungsrecht, S. 594 ff.; ders., ZEuP 2003, 490, 498.
[143] Jansen, Haftungsrecht, S. 567 ff.
[144] Jansen, Haftungsrecht, S. 593 ff.
[145] Jansen, Haftungsrecht, S. 617 ff.; ders., ZEuP 2001, 30, 57.

Auf diesem Wege kann nach Jansen die bisherige zweispurige Dogmatik durch ein einheitliches System abgestufter Haftungsmaßstäbe ersetzt werden.[146]

7. Auf dem Weg zu einem europäischen Haftungsrecht

Die aktuelle Entwicklung des Haftungsrechts und die Suche nach einem „stimmigen" dogmatischen Haftungsrechtskonzept beschränken sich nicht auf das nationale Recht. Nachdem auf dem Gebiet des Vertragsrechts mittlerweile die Konturen eines europäischen Privatrechts deutlich sichtbar geworden sind,[147] ist jetzt auch zunehmend mehr das Haftungsrecht in das Blickfeld der europäisch orientierten Rechtswissenschaft geraten.[148]

Die rechtsvergleichend orientierte Wissenschaft hat sich intensiv mit der Frage der Herausbildung eines europäischen Haftungsrechts auseinandergesetzt. Eine erste Gruppe von Publikationen zielt auf die Darstellung der einzelnen Systeme des Haftungsrechts in den europäischen Staaten. 1993 und 1994 gab Christian von Bar eine Reihe von Länderberichten zum „Deliktsrecht in Europa" heraus,[149] um darauf aufbauend 1996 und 1999 die beiden Bände seines „Gemeineuropäischen Deliktsrechts" zu veröffentlichen.[150] Des Weiteren ist im Jahr 2000 ein umfangreiches Casebook zum Recht der unerlaubten Handlungen erschienen, das eine Zusammenstellung der für ein gemeineuropäisches Recht grundlegenden Materialien beinhaltet.[151] In dem Werk werden eine Sammlung repräsentativer Entscheidungen europäischer Gerichte und autoritativer Stellungnahmen aus der Wissenschaft dargestellt, die eine unmittelbare Wahrnehmung des jeweils fremden Rechts ermöglichen.[152] Zu nennen ist schließlich der Band „Grundstrukturen des Europäischen Deliktsrechts", in dem teilweise erheblich erweiterte Referate, die auf der Sitzung der privatrechtlichen Sektion der Deutschen Gesellschaft für Rechtsvergleichung am 21. September 2001 in Hamburg gehalten wurden, dargestellt sind.[153]

---

[146] Vgl. zur Kritik an dem System Jansens v. Bar, AcP 203 (2003), 859 ff.: das Konzept Jansens („Mach, was Du willst, aber zahle, wenn Du nicht so willst, wie wir") laufe auf ein laisser faire für die Reichen und/oder Versicherten hinaus; des Weiteren übersehe Jansen die tragende Unterscheidung zwischen Delikt- und Gefährdungshaftung: „Im einem Fall haftet man, weil man etwas falsch gemacht hat, und im anderen haftet man, obwohl man nach den Wertungen der Rechtsordnung alles richtig gemacht hat. Diese Unterscheidung lässt sich nicht wegdiskutieren".

[147] Vgl. Zimmermann, JZ 1995, 477 ff.; Grundmann, Europäisches Schuldvertragsrecht, 1999.

[148] Vgl. Magnus, ZEuP 1998, 602 ff.

[149] v. Bar, Deliktsrecht in Europa (1993/1994).

[150] v. Bar, Gemeineuropäisches Deliktsrecht, Bd. I (1996), Bd. II (1999).

[151] van Gerven/Lever/Larouche, Cases, Materials and Text on National, Supranational an International Tort Law, 2000.

[152] Vgl. hierzu ausführlich die Besprechung von Jansen, ZEuP 2001, 30, 34 ff.

[153] Zimmermann (Hrsg.), Grundstrukturen des Europäischen Deliktsrechts, 2003.

Darüber hinaus begründete Jaap Spier mit Wissenschaftlern aus unterschiedlichen, auch außereuropäischen Rechtsordnungen, die „European Group on Tort Law“, zunächst auch bekannt als „Tilburg-Gruppe“, mit dem Ziel der Entwicklung von Grundregeln eines europäischen Deliktsrechts.[154] Die Arbeit dieser Forschungsgruppe hat inzwischen zu einer Reihe von Publikationen zu den Themen „The Limits of Expanding Liability“,[155] „Wrongfulness“,[156] „Causation“,[157] „Damages“,[158] „Strict Liability“,[159] „Liability for Damage caused by Others“,[160] „Contributory Negligence“[161] und „Multiple Tortfeasors“[162] geführt.[163] Anfang Juli 2004 veröffentlichte die „European Group on Tort Law“ ihre „Principles of European Tort Law“, die grundlegende Prinzipien zu den Themen „Schaden“, „Kausalität“, „Verschuldenshaftung“, „Gefährdungshaftung“, „Haftung für andere Personen“, „Einwendungen“, „Mitverantwortung“, „Tätermehrheit“ und „Geldersatz“ enthalten.[164] Ebenfalls mit dem Herausarbeiten von Grundregeln eines europäischen Deliktsrechts befasst sich eine Osnabrücker Arbeitsgruppe unter Christian von Bar, die sich im Rahmen der ebenfalls von ihm ins Leben gerufenen „Study Group on European Civil Code“ etabliert hat.[165]

Diese Projekte eint das Ziel, ein einheitliches europäisches Deliktsrecht zu formulieren sowie ausgehend von einer vergleichenden Darstellung die nationalen Rechtsordnungen zu einem gemeinsamen Ganzen zusammenzuführen.[166] Grundlage eines solchen Vorhabens ist ein rechtsvergleichender Grundlagendialog, da die nationalen Rechtsordnungen in Europa im Bereich des Haftungsrechts größere Unterschiede in Struktur, Begriffsbildung und Herangehensweise aufweisen als dies im Vertragsrecht der Fall ist.[167] Die European Group on Tort Law bewegt sich im Hinblick auf die im Zentrum der Rechtsvereinheitlichung ste-

[154] Dazu Spier/Haazen, ZEuP 1999, 469 ff.
[155] Spier, The Limits of Expanding Liability: Eight Fundamental Cases in a Comparative Perspective, 1998.
[156] Koziol, Wrongfulness, 1998.
[157] Spier, Causation, 2000.
[158] Magnus, Damages, 2001.
[159] Koch/Koziol, Strict Liability, 2002.
[160] Spier, Liability for Damage caused by Others, 2003.
[161] Magnus, Contributory Negligence, 2004.
[162] Rogers, Multiple Tortfeasors, 2004.
[163] Die European Group on Tort Law hat inzwischen eine institutionelle Verankerung in dem von Helmut Koziol 1999 gegründeten European Center of Tort Law and Insurance Law (ECTIL) in Wien gefunden.
[164] Vgl. dazu Koziol, ZEuP 2004, 234 ff.; die „Principles of European Tort Law“ sind abgedruckt in ZEuP 2004, 427 ff.
[165] Dazu v. Bar, FS Henrich, S. 1 ff.
[166] Vgl. dazu näher Jansen, ZEuP 2001, 30 ff.
[167] Vgl. hierzu Schwintowski, ZVersWiss 2003, 305 ff.; Jansen, ZEuP 2001, 30, 64; Möllers, JZ 2002, 121, 133.

henden Problemkreise der Rechtswidrigkeit und des Verschuldens sowie der Verschuldens- und Gefährdungshaftung weithin in traditionellen Bahnen, indem sie weiterhin von einer kategorialen Trennung von Verschuldens- und Gefährdungshaftung ausgeht.[168] Demgegenüber verzichtet die Study Group auf Begriffe wie Verschulden und Rechtswidrigkeit;[169] die Entscheidung über einen Schadensersatzanspruch bilde vielmehr einen einheitlichen normativen Bewertungsvorgang. Nach ihr beschreibt eine Grundnorm deshalb nur den Schaden, Zurechenbarkeit und Kausalität als Elemente einer jeden deliktischen Haftung, mit der Folge, dass die Grundunterscheidung zwischen Verschuldenshaftung und verschuldensunabhängiger Haftung zu entfallen scheint.[170]

§ 2 Zur Entwicklung des Schutzes des „Schwächeren" im Vertragsrecht

I. Das liberale Vertragsmodell des BGB

Das 19. Jahrhundert war von dem Wandel der ständischen zur bürgerlichen Gesellschaft geprägt; das Ideengut der Aufklärung und der französischen Revolution sowie die fortschreitende Industrialisierung fanden ihren Niederschlag im Liberalismus.[171] Gleichheit wie Freiheit des Einzelnen traten in den Mittelpunkt gesellschaftlicher und rechtlicher Überlegungen. Das Wirtschaftsleben stellt sich nach dem liberalen Idealbild als die Summe des freien Spiels der Initiativen Einzelner dar, die zwar jeder für sich aus individuellem Gewinnstreben tätig werden, dies aber mit der Wirkung, dass jener Wettbewerb der Einzelinteressen automatisch zu größter Hebung des Wohls der Allgemeinheit führt.[172] Das Modell einer liberalen, auf dem Ordnungsprinzip der freien Marktwirtschaft aufbauenden Gesellschaft spiegelte sich im Bereich des Privatrechts in dem Grundsatz der Vertragsfreiheit als praktisch bedeutsamste Erscheinungsform der Privatautonomie wider. Das Leitbild des Vertragsgeschehens war der frei ausgehandelte Vertrag, gegenüber dessen vereinbartem Inhalt das Recht in der Regel Neutralität zu wahren hatte.[173] Jeder Person sollte danach die Möglichkeit zustehen, von seiner Vertragsschlusskompetenz in gleichem Maße Gebrauch zu machen. Dem Staat kam dabei die Aufgabe zu, der Initiative und dem Unternehmungsgeist des einzelnen Bürgers einen größtmöglichen Freiheitsspielraum zu erhalten.

---

[168] Zimmermann, Grundstrukturen, S. 25.
[169] Vgl. v. Bar, ZEuP 2001, 515 ff.
[170] So ausdrücklich v. Bar, ZEuP 2001, 515, 520; ders., Gemeineuropäisches Deliktsrecht, Bd. II (Fn. 23), S. 331 ff.
[171] Laufs, Rechtsentwicklungen, S. 249 ff.
[172] Kötz, AcP 170 (1970), 1, 3.
[173] Limbach, JuS 1985, 10, 11.

Das Bürgerliche Gesetzbuch hat sich in seiner Vertragslehre diese Prinzipien zu Eigen gemacht.[174] Ohne dass dies ausdrücklich im Gesetz angesprochen wird, geht es von dem Prinzip der Vertragsfreiheit aus. Diese lässt sich einteilen in die Abschlussfreiheit, die es dem Einzelnen überlässt, ob, mit wem und worüber er einen Vertrag abschließt, die inhaltliche Gestaltungsfreiheit, die die Regelungen ihrer vertraglichen Rechte und Pflichten grundsätzlich den Parteien überlässt, sowie die Formfreiheit, die den Vertragsschluss grundsätzlich ohne Einhaltung bestimmter Formzwänge zulässt.[175] Grundlage des BGB-Vertragsrechts waren die Kant´sche formale Freiheitsethik und der Wirtschaftsliberalismus zugleich.[176] Erstere sah einen Missbrauch der Vertragsfreiheit durch den Stärkeren nicht als Rechtsproblem an, sondern als Herausforderung der Moral.[177] Letzterer unterstellte, dass die Freihielt zur wirtschaftlichen Betätigung dem allgemeinen Wohl diene, so dass ebenfalls grundsätzlich kein spezieller rechtlicher Reglementierungsbedarf bestand. Die erste Kommission formulierte deshalb, dass nach dem Grundprinzip der Vertragsfreiheit, „von welchem das Recht der Schuldverhältnisse beherrscht werde“, die Parteien ihre „Rechts- und Verkehrsbeziehungen nach ihrem Ermessen mit obligatorischer Wirkung unter sich bestimmen“ können, „soweit nicht allgemeine oder bestimmte einzelne absolute Gesetzesvorschriften entgegenstehen“.[178] Das BGB beschränkte sich daher auf die formalen Vorschriften, wie der Vertrag zustande kommt und brauchte sich nicht darum zu kümmern, ob der Vertrag zu gerechten Ergebnissen führt, weil sich nach dem damaligen liberalen Verständnis eine gerechte Ordnung im freien Spiel der Kräfte von selbst entfalten und durchsetzen sollte.[179] Für die Schöpfer des BGB war die Vertragsgerechtigkeit im Sinne eines der Vertragsfreiheit gleichwertigen Ordnungsprinzips kein Thema: „Dem BGB lag jeder Gedanke daran fern, dass der Inhalt des Vertrags an sich irgendwie inhaltlich ausgeglichen sein oder gleichwertige Positionen begründen sollte; genug, dass die Leistung nicht gesetz- oder sittenwidrig war. Wie sich der Vertrag auf die Interessen der Partner auswirkt, sollte ihrer Geschicklichkeit, praktisch aber in Wahrheit oft dem Stärkeren überlassen bleiben“.[180] Etwaige kurzfristige Nachteile Einzelner sollten sich zumindest langfristig unter den Bedingungen eines freien Wettbewerbs ausgleichen. Einschränkungen der Vertragsfreiheit waren nur dann vorgesehen, wenn gegen das Gesetz (§ 134 BGB) oder die guten Sitten (§ 138 BGB) verstoßen wurde.

[174] L. Raiser, JZ 1958, 1, 2.; Repgen, FS Lampe, S. 399, 400 ff.
[175] Siehe Überblick bei Larenz/Wolf, AT, § 34 Rn. 22 ff.
[176] Wieacker, Sozialmodell, S. 4 ff.
[177] Kant, Werke in 12. Bänden, Band VIII, S. 757.
[178] Motive II, S. 2 = Mugdan II, S.1.
[179] Soergel/Wolf, Vor § 145 Rn. 19.
[180] Bydlinski, Privatautonomie, S. 103.

II. Frühzeitige Kritik am liberalen Vertragsmodell des BGB

Schon anlässlich der Verhandlungen über das neue Bürgerliche Gesetzbuch wurde erste Kritik an dem liberalen Vertragsdenken laut. Schon die derzeitigen Kritiker erkannten die Gefahr, die eine so weit verstandene Vertragsfreiheit in sich birgt. Scharf kritisierte Otto v. Gierke das freie Spiel der Kräfte. Vertragsfreiheit stelle als „furchtbare Waffe in der Hand des Starken" und als „stumpfes Werkzeug in der Hand des Schwachen" ein „Mittel der Unterdrückung des Einen durch den Anderen, der schonungslosen Ausbeutung geistiger und wirtschaftlicher Übermacht" dar. Gierke forderte ein soziales Privatrecht, das den Schwachen gegen den Starken und das Wohl der Gesamtheit gegen die Selbstsucht der Einzelnen zu schützen hat.[181] Dem Entwurf des BGB fehle „ein Tropfen sozialistischen Öles". In die gleiche Richtung ging die Kritik aus sozialistischen Kreisen.[182] Die Mahnungen verhallten jedoch ungehört. Das in Kraft tretende BGB verstärkte zum Zwecke des Schutzes Schwacher die Schranken der Vertragsfreiheit zwar ein wenig,[183] vor allem in Sondergesetzen wie dem Abzahlungsgesetz von 1894. Der Geist des BGB-Vertragsrechts blieb aber gemäßigt liberal.[184]

III. Wandel der wirtschaftlichen und gesellschaftlichen Verhältnisse

Seit der Schaffung des BGB haben die Gesellschaft und ihr Selbstverständnis einen erheblichen Wandel erfahren.[185] Die von einem unabhängigen Besitzbürgertum getragene Wirtschaftsgesellschaft des 19. Jahrhunderts wurde in einem Prozess der sozialen Umschichtung, Verschmelzung und Nivellierung zur „industriellen Massengesellschaft" umgeformt.[186] Das Vordringen typisierter Waren führte zur allgemeinen Festlegung von Menge und Preis; die Organisation der Wirtschaft hatte die Ausschaltung des Wettbewerbs in den einzelnen Wirtschaftszweigen, die Festsetzung einzelner Bedingungen und die Schaffung von Geschäftsbedingungen und Musterverträgen zur Folge.[187] Der technische Fortschritt und die weitere Herausbildung einer Industriegesellschaft verstrickten das Individuum zunehmend in tatsächliche und rechtliche Abhängigkeiten von weitgehend anonymen Mächten und setzten es Risiken aus, die häufig für den Einzelnen nicht mehr überschaubar waren.[188] Der Einzelne konnte sich dieser wirtschaftlichen Macht gegenüber nicht durchsetzen, wenn er nicht organisiert war.

---

181 v. Gierke, Soziale Aufgabe, S. 22 ff.
182 Menger, Bürgerliches Recht, S. 150 ff.
183 Vgl. Planck, DJZ 1899, 181.
184 Wieacker, Privatrechtsgeschichte, S. 479 ff.
185 Habermas, Strukturwandel, S. 172 ff.
186 Raiser, JZ 1958, 1, 3.
187 Soergel/Wolf, Vor § 145 Rn. 20.
188 Hönn, Vertragsparität, S. 6.

Das frühere Vertrauen in die Harmonie des reinen liberalen Modells wich einer differenzierten Betrachtungsweise. Wirtschaftliche und gesellschaftliche Macht und die Gefahr einer Ausbeutung Schwacher gerade aufgrund der Privatautonomie wurden allgemein als Problem erkannt.[189] In den Mittelpunkt rückte die Notwendigkeit einer auf soziale Erwägungen gestützten Begrenzung der Vertragsfreiheit. Hierbei handelte es sich um einen Prozess der gleichermaßen von Gesetzgebung, Rechtsprechung und Schrifttum vorangetrieben wurde.

IV. Wandel des Vertragrechts und seiner Bedeutung durch Gesetzgebung, Rechtsprechung und Schrifttum

Das Schrifttum, der Gesetzgeber und die Rechtsprechung haben das Vertragsrecht fortentwickelt, indem sie objektive Umstände stärker zu Lasten lediglich formal verstandener Vertragsfreiheit für relevant erklärten und indem sie das Vertragsrecht offenbar material durch Gedanken der Äquivalenz, des Verkehrsschutzes und der Sicherung der Daseinsvorsorge anreicherten.[190] Im Folgenden soll dieser Wandel vom formalen zum materiellen Verständnis der Vertragsfreiheit durch Schrifttum, Gesetzgeber und Rechtsprechung skizziert werden.

1. Erste Problematisierung der Grenzen der Vertragsfreiheit im Schrifttum

Nach Erlass des BGB begann das Schrifttum verstärkt, die Grenzen der Vertragsfreiheit zu problematisieren. So erkannte bereits Hedemann 1910 die Nachteile der mit der Vertragsfreiheit verbundenen grundsätzlichen Anerkennung der freien Persönlichkeit, die sich durch ein rücksichtsloses Verhalten skrupelloser Personen äußerten[191] und forderte auch „die nötigen Mittel gegen Auswüchse".[192]

Nach dem 1. Weltkrieg setzte die erste entscheidende Erörterung der Grenzen der Vertragsfreiheit durch das Schrifttum ein. Nipperdey befasste sich 1920 mit den der rein formal verstandenen Vertragsfreiheit entgegenwirkenden Bemühungen zur „Sozialisierung der Privatrechtsordnung".[193] Hierunter verstand er die Zurückdrängung der durch die Privatrechtsordnung gewährleisteten und geschützten individualistisch-egoistischen Interessen des einzelnen Rechtsgenossen zugunsten der Gesamtheit.[194] Schon zu dieser Zeit wurde die „Unterdrückung einzelner wirtschaftlicher schwacher Existenzen" als Problem erkannt, die durch die im Privatrecht vorherrschende formale Vertragsfreiheit ermöglicht

[189] Hönn, Vertragsparität, S. 6.
[190] Hönn, Vertragsparität, S. 7.
[191] Hedemann, Fortschritte, S. 3.
[192] Hedemann, Fortschritte, S.71.
[193] Nipperdey, Kontrahierungszwang und diktierter Vertrag, 1920.
[194] Nipperdey, Kontrahierungszwang, S. 2.

wurde. Auch Stammler[195] erkannte in diesem Zeitraum die Gefahren eines Missbrauchs der dem Schuldrecht zugrunde gelegten Vertragsfreiheit und schloss daraus, dass die Rechtsordnung den Einzelnen vor der eigenen rechtlichen Bindung zu schützen versuche. Dies geschehe insbesondere durch die Tatbestände der §§ 134 und 138 BGB. Stammler wies in diesem Zusammenhang bereits auf die große Bedeutung der Generalklauseln der § 138 und 242 BGB für die Ausgestaltung der Vertragsfreiheit für den Schutz des Schwächeren hin. Schließlich erkannte auch Burckhardt[196] die Notwendigkeit, dass der Staat dem Vertragsschluss gewisse materielle Grundsätze zugrunde lege und diese von einer Abänderung durch die Privatwillkür ausschließen müsse. Zwar wurde von ihm nicht weiter ausgeführt, welche Grundsätze man konkret darunter zu verstehen habe; wichtig erscheint jedoch seine Forderung von zwingenden Regelungen zur Ausgestaltung der Vertragsfreiheit.[197]

In den 30er Jahren wurde bereits detaillierter Stellung genommen bezüglich der Frage einer sachgerechten Beschränkung der Vertragsfreiheit. F. v. Hippel[198] teilte die Möglichkeiten der nicht von vornherein verbotenen Rechtsverhältnisse in zwei Gruppen ein. Er stellte allgemeine Wertregeln auf und bestimmte, dass nur Rechtsgeschäfte, die mit den noch näher zu bezeichnenden sozialen Idealen vereinbar seien, von der Rechtsordnung anerkannt werden dürfen. Daneben benannte er bereits kasuistisch einzelne Rechtsverhältnisse, die grundsätzlich verboten sein sollten. Beide Möglichkeiten der „Begrenzung der rechtsgeschäftlichen Privatautonomie“ seien dabei nebeneinander anwendbar. Von Hippel regte an, für das Privatrecht Richtlinien neben den bereits gesetzlich geregelten Schranken aufzustellen, um das erlaubte Verhalten zu konkretisieren und eine gewisse Rechtssicherheit zu schaffen.[199] Einen wichtigen Beitrag stellte in diesem Zusammenhang auch das Werk von Ludwig Raiser „Das Recht der allgemeinen Geschäftsbedingungen“ dar.[200] Er wies auf die immanenten Schranken der Vertragsfreiheit hin und betonte, dass der Missbrauch der Vertragsfreiheit rechtlichen Schutz nicht erwarten könne.

2. Schaffung zwingender Gesetze zum Schutz der schwächeren Vertragspartei

Im Anschluss an die Anregungen aus dem Schrifttum bezüglich der Frage einer sachgerechten Einschränkung der Vertragsfreiheit zum Schutz der schwächeren Partei leitete der Gesetzgeber erste Schritte zur Schaffung eines gerechten Vertragsrechts ein.[201] An die Stelle des einheitlichen Kodifikationsgedankens trat

[195] Stammler, Rechtsphilosophie, § 160 ff.
[196] Burckhardt, Vertrag, S. 3 ff.
[197] Burckhardt, Vertrag, S. 9.
[198] v. Hippel, Privatautonomie, S. 110 ff.
[199] v. Hippel, Privatautonomie, S. 111 ff.
[200] Raiser, Allgemeine Geschäftsbedingungen, insbes. S 277 ff.
[201] Knobel, Vertragsfreiheit, S. 34 ff.

zunehmend eine punktuell ansetzende Gesetzgebungstätigkeit besonders auf den Gebieten des Arbeits-, Miet-, Sozial- und Wirtschaftsrechts.[202] Zu nennen sind in diesem Zusammenhang insbesondere Regelungen zum Schutz des Mieters vor Kündigungen[203] sowie vor Mietzinserhöhungen[204] und die Reform des BGB-Mietrechts unter stärkerer Berücksichtigung des sozialen Gesichtspunkts.[205] Auch auf dem Gebiet des Arbeitnehmerschutzes kam es schon frühzeitig zum Erlass einer Reihe von Sondergesetzen, da man den Schutz der Arbeitnehmer durch die Vorschriften des BGB über das Dienstvertragsrecht als nicht ausreichend erachtete.[206]

Einen weiteren wichtigen Schritt im Rahmen der auf sozialen Erwägungen gestützten Beschränkung der Vertragsfreiheit stellte schließlich der Erlass des AGB-Gesetzes im Jahr 1976 dar. Es bezweckte den Schutz des wirtschaftlich Schwächeren und wollte in seinem Anwendungsbereich ein ausreichendes Maß an Vertragsgerechtigkeit sicherstellen. Ab dieser Zeit entwickelte sich auch der Schutz des „Verbrauchers" zunehmend mehr zu einem wesentlichen Betätigungsfeld des Gesetzgebers. Die Bundesregierung stellte Anfang der 70er Jahre allgemeine Ziele der Verbraucherpolitik auf, die schrittweise verwirklicht werden sollten. Diese sind insbesondere die Stärkung der Stellung des Verbrauchers durch Erhaltung und Förderung eines wirksamen Wettbewerbs, sowie durch Verhinderung unlauterer Verkaufspraktiken und unbillig benachteiligender Vertragsbedingungen sowie die möglichst umfassende Information der Verbraucher.[207]

Dieser angestrebte Verbraucherschutz führte auch in der Folgezeit zum Erlass zahlreicher Gesetze, die im vertraglichen Bereich eine Beschränkung der Vertragsfreiheit beinhalteten. Zu nennen sind in diesem Zusammenhang insbesondere das Gesetz zum Schutz der Teilnehmer am Fernunterricht vom 24.6.1976, das Reisevertragsgesetz vom 4.5.1979, das Haustürwiderrufsgesetz vom 16.1.1986, Gesetze zur Änderung des Gesetzes gegen den unlauteren Wettbewerb, das Verbraucherkreditgesetz vom 17.12.1990, das Gesetz gegen Wettbewerbsbeschränkungen in der Fassung der Bekanntmachung vom 20.02.1990, das Teilzeit-Wohnrechtegesetz vom 1.1.1997 und das Fernabsatzgesetz vom 27.6.2000. Das Gesetz über den Fernabsatzvertrag und andere Fragen des Verbraucherschutzes vom 27.6.2000 brachte auch wichtige Änderungen des

---

202 Wieacker, Sozialmodell, S. 20 ff.

203 Bekanntmachung zum Schutz der Mieter vom 26.7.1917, RGBl. I S. 659 f.

204 § 2 c der Bekanntmachung betreffend Änderung der Verordnung zum Schutze der Mieter vom 23.9.1918, RGBl. I, S. 1135 ff.

205 So trat neben das Erste Bundesmietengesetz vom 27.7.1955 (BGBl. I S. 458) in der Fassung vom 27.6.1956 (BGBl. I S. 523) durch den Artikel I das Zweite Bundesmietengesetz.

206 Vgl. hierzu Knobel, Vertragsfreiheit, S. 38 ff.

207 Siehe dazu den Bericht der Bundesregierung zur Verbraucherpolitik vom 18.10.1971, BT-Drucksache 6/2724, S. 3 f.

BGB (§§ 13, 14, 361 a, 361 b, 661 a). Diese öffneten das BGB für Grundbegriffe des Verbraucherschutzes und machten deutlich, dass der Verbraucherschutz kein Sonderprivatrecht mehr darstellt, sondern Teil des allgemeinen Privatrechts ist.[208] Immer mehr an Bedeutung gewannen daneben die EG-Richtlinien. Sie verbinden häufig den ihnen ursprünglich zugedachten Zweck der Vereinheitlichung und Harmonisierung europäischer Rechtsordnungen mit dem Gedanken des Verbraucherschutzes durch verbindliche Vorgaben für Vertragsgestaltungen.[209]

Seinen vorläufigen Schlusspunkt erreichte die Tätigkeit des nationalen Gesetzgebers zum Schutz der schwächeren Vertragspartei durch das Gesetz zur Modernisierung des Schuldrechts vom 26.11.2001.[210] Durch das Schuldrechtsmodernisierungsgesetz wurden mit Ausnahme des Produkthaftungsgesetzes und des Fernunterrichtsgesetzes alle Verbraucherschutzgesetze in das BGB übernommen. Die bislang auf fünf Sondergesetze verstreuten Vorschriften des AGBG, des HausTWG, des FernAbsG, des TzWrG und des VerbrKrG wurden in das BGB eingegliedert. Durch die Integration des Verbraucherschutzes erlangte das BGB wieder den Rang einer zivilrechtlichen Gesamtkodifikation.[211] Große Bedeutung kommt in diesem Zusammenhang den ebenfalls durch das Schuldrechtsmodernisierungsgesetz eingeführten Vorschriften über den Verbrauchsgüterkauf (§§ 474 ff. BGB) zu, die erhebliche Einschränkungen der privatautonomen Gestaltungsfreiheit mit sich bringen, indem sie die praktisch höchst bedeutsamen Rechte der Käufers bei Mangelhaftigkeit der Kaufsache für zwingendes Recht erklären.

3. Die richterliche Inhaltskontrolle von Verträgen zur Bewältigung von Ungleichgewichtslagen

Der Schutz der schwächeren Vertragspartei wurde jedoch nicht nur durch die gesetzgeberische Tätigkeit bezweckt. Eine ganz entscheidende Rolle kam in diesem Zusammenhang auch der Rechtsprechung zu, die das Institut der richterlichen Inhaltskontrolle von Verträgen zur Beseitigung von Ungleichgewichtslagen schuf.

a) Begriffsbestimmung und Abgrenzung zu anderen Vertragskontrollvarianten

Die inhaltliche Gestaltungsfreiheit als zentraler Aspekt der Vertragsfreihit unterliegt Grenzen. So darf der Vertrag nicht gegen zwingendes Recht verstoßen. Eine weitere Grenze der Vertragsfreiheit in Form der Gestaltungsfreiheit ist in

---

208 Palandt//Heinrichs, Einleitung Rn. 1.

209 Der Maastricht-Vertrag verpflichtet in Art. 3 lit t EGV dazu, „einen Beitrag zur Verbesserung des Verbraucherschutzes“ zu leisten.

210 BGBl. I, S. 3138.

211 Palandt/Heinrichs, Einleitung Rn. 10.

dem von der Rechtsprechung geschaffenen Institut der Inhaltskontrolle von Verträgen zur Bewältigung von Ungleichgewichtslagen zu sehen. Hierbei handelt es sich um ein allgemeines Privatrechtsinstitut, das nach den Worten Liebs[212] „grundsätzlich immer dann bereit steht, wenn die als Grundelement der Privatautonomie vorausgesetzte uneingeschränkte Selbstbestimmungsmöglichkeit, die Vertragsparität also, typischerweise gestört ist". Die Ursachen eines gestörten Gleichgewichts werden dabei allgemein in der wirtschaftlichen, informationellen und psychischen Unterlegenheit eines Vertragspartners gesehen.[213]

Fastrich[214] unterscheidet in diesem Zusammenhang zwischen einer Inhaltskontrolle im engeren und im weiteren Sinne. Unter Inhaltskontrolle im engeren Sinn versteht er die am generell anzulegenden Maßstab des § 242 BGB ausgerichtete Angemessenheitskontrolle. Die Inhaltskontrolle im weiteren Sinn umfasst nach seiner Auffassung jede inhaltliche Kontrolle anhand fester oder variabler Maßstäbe. Darunter fallen neben den §§ 309 ff. und § 242 BGB auch die §§ 134, 138, 315 BGB, daneben das gesamte zwingende Recht, das den Inhalt eines Vertrages mitgestalten kann. Um diese zuletzt genannte weit gefasste Inhaltskontrolle geht es in diesem Abschnitt nicht; hier soll nur die gerichtliche Kontrolle dargestellt werden, die bezweckt, einzelne Verträge dahingehend zu überprüfen, ob die Gesamtheit der Rechte und Pflichten als angemessen bezeichnet werden kann, oder, wenn dies nicht der Fall ist, ob er das Ergebnis eines strukturellen Ungleichgewichts zwischen den Vertragspartnern ist.[215] Teilweise wird auch der Begriff „Billigkeitskontrolle"[216] verwendet. Es ist jedoch davon auszugehen, dass dieser Begriff mit dem der Inhaltskontrolle im hier verstandenen Sinn gleichzusetzen ist.[217] Nach Heinrich[218] ist die Inhaltkotrolle in zwei Ebenen zu trennen. Auf der ersten Stufe sei zu erörtern, ob eine Regelung sachlichen Bestand habe. Dazu dienten Sittenwidrigkeits- und Angemessenheitskontrolle. Ergebe diese Prüfung die Wirksamkeit der fraglichen Regelung, sei gegebenenfalls auf der nachfolgenden zweiten Stufe zu kontrollieren, ob die eingeräumten Rechtspositionen und Bestimmungsrechte in Übereinstimmung mit der Rechtsordnung ausgeübt wurden. Dies sei die Intention der Ausübungs- und Billigkeitskontrolle.

Die Inhaltskontrolle ist schließlich von anderen Kontrollinstrumentarien abzugrenzen. Aus dem Aspekt der Abschlussfreiheit lassen sich zwei Fallgruppen der Vertragskontrolle ableiten, nämliche eine positive und eine negative Ab-

[212] Lieb, AcP 178 (1978), 196, 204.
[213] Larenz/Wolf, AT, § 42 Rn. 6 ff.
[214] Fastrich, Inhaltskontrolle, S. 5 ff.
[215] Knobel, Vertragsfreiheit, S. 52.
[216] BAG AP Nr. 1 und 2 zu § 305 BGB.
[217] Hönn, Vertragsparität, S. 158 ff.
[218] Heinrich, Freiheit, S. 310.

schlusskontrolle.[219] Der negativen Abschlussfreiheit, die jedem Rechtssubjekt im Grundsatz die freie Entscheidung darüber überlässt, einen Vertrag nicht abzuschließen, entspricht die positive Abschlusskontrolle. Damit sind die gesetzlichen und richterrechtlichen Vorgaben gemeint, die für gewisse Fälle einen Zwang zur Kontrahierung regeln.[220] Die negative Abschlusskontrolle grenzt die positive Abschlussfreiheit ein, indem sie für bestimmte Geschäftstypen den Abschluss eines Vertrages ausschließt.[221] Schließlich ist die Inhaltskontrolle auch von einer Einbeziehungs- oder Vertragsgegenstandskontrolle zu unterscheiden, die als Vorstufe zur Inhaltskontrolle erörtert, ob die betreffende Klausel Bestandteil des Vertrages geworden ist.[222] Eine solche der inhaltbeszogenen Kontrolle vorgeschaltete Prüfung ist vor allem im Bereich der konkreten Verwendung von AGB bedeutsam.

b) Inhaltskontrolle anhand der Generalklauseln §§ 138, 242 BGB

Der Begriff der „Inhaltskontrolle" wurde zum ersten Mal im Zusammenhang mit Allgemeinen Geschäftsbedingungen verwendet. Die Gerichte kamen kurz nach der Entstehung des BGB zu der Überzeugung, dass die ungleiche Machtverteilung zwischen den Vertragspartnern bei der Verwendung allgemeiner Geschäftsbedingungen kompensiert werden müsste. Im Vordergrund stand dabei zunächst nicht das individuelle Interesse der schwächeren Vertragspartei, sondern das Gemeininteresse an einer ausgeglichenen, fairen Wirtschaft.

Das Reichsgericht überprüfte die Wirksamkeit von allgemeinen Geschäftsbedingungen zunächst am Maßstab der guten Sitten (§ 138 BGB) im Hinblick auf einen eventuellen Monopolmissbrauch.[223] Grundlegend war in diesem Zusammenhang das Urteil des RG vom 8. Januar 1906.[224] Es knüpfte eine Angemessenheitsprüfung von Vertragsbedingungen, namentlich Freizeichnungsklauseln, an die missbräuchliche Ausnutzung monopolartiger Machtstellungen. Nach § 138 Abs. 1 BGB wurde diese Vertragsbedingung als sittenwidrig verworfen, wenn sie dem Vertragspartner unbillige, unverhältnismäßige Opfer abverlangte. Bei Vorliegen eines Monopols lag nach Meinung des Gerichts eine solche Machtungleichgewichtslage vor, so dass man nicht mehr von einer freien Selbstbindung im Sinne der Vertragsfreiheit sprechen könne.[225] Die Monopolrechtsprechung wurde in der Folgezeit durch das RG weiter ausgebaut und präzisiert,[226] ohne dass der Schutz der schwächeren Vertragspartei wesentlich er-

[219] MünchKomm/Thode[3], § 305 Rn. 3 b ff.
[220] Heinrich, Freiheit, S. 224.
[221] Heinrich, Freiheit, S. 238.
[222] Heinrich, Freiheit, S. 267.
[223] RGZ 20, 115; 62, 264; 79, 224; 103, 82, 115, 220; 131, 213.
[224] RGZ 62, 264.
[225] Fehl, Allgemeine Geschäftsbedingungen, S. 52.
[226] RGZ 103, 82; 115, 218; 117, 102.

höht wurde. Oftmals wurde das Vorliegen einer Monopolstellung verneint. Wurde diese Hürde durch die Gerichte jedoch überwunden, mussten die weiteren Tatbestandsmerkmale insbesondere die subjektiven Voraussetzungen bejaht werden, damit die Vertragsbedingung als unwirksam angesehen werden konnte.

Erst einige Jahre später löste sich das Reichsgericht von seiner strengen, ausschließlich an § 138 BGB orientierten Monopolrechtsprechung und betonte, dass Allgemeine Geschäftsbedingungen nicht nur auf ihre Vereinbarkeit mit § 138 BGB zu überprüfen seien, sondern dass auch § 242 BGB der Geltendmachung solcher Bedingungen entgegenstehen könne.[227] Die Anwendung und Bejahung des § 242 BGB blieb jedoch auf wenige Fälle begrenzt.

Der BGH folgte zunächst der Rechtsprechung des Reichsgerichts, ging dann aber weit darüber hinaus. Er verzichtete seit 1962 bei der gerichtlichen Überprüfung von Allgemeinen Geschäftsbedingungen auf das Vorliegen einer Monopolstellung.[228] Darüber hinaus wurde die Rechtsprechung zu der Wirksamkeit Allgemeiner Geschäftsbedingungen immer weiter ausgebaut.[229] Schließlich fand die Inhaltskontrolle von Allgemeinen Geschäftsbedingungen 1976 durch den Erlass des AGB-Gesetzes eine gesetzliche Grundlage.

Die Inhaltskontrolle von Verträgen erstreckte sich in der Folgezeit jedoch auch auf andere Bereiche als die der allgemeinen Geschäftsbedingungen.[230] So hat der BGH zunehmend die für AGB bestehenden besonders scharfen Gültigkeitsvoraussetzungen auf bestimmte sonstige nicht unter das AGBG fallende Vereinbarungen ausgedehnt, wenn diese nicht speziell ausgehandelt waren; man spricht insofern von der „Inhaltskontrolle von Individualverträgen".[231] Diese hat der BGH in Fällen angewandt, in denen bei einem Grundstückskaufvertrag ein unangemessener Ausschluss von Gewährleistungsansprüchen dadurch zustande gekommen ist, dass ein Notar für den Vertragsschluss einen Mustertext zugrunde legte und diese Regelung mit den Beteiligten nicht näher besprochen hat.[232] Eine vergleichbare Entwicklung ist auch im Gesellschaftsrecht, vor allem bei unzumutbaren Vertragsklauseln von Publikums-Personengesellschaften, zu beobachten.[233] Schließlich ist auch im Bereich des Arbeitsrechts ein breites Spektrum an Inhaltskontrolle zu finden.[234]

---

[227] RG DR 41, 1726 ff., Nr. 9.
[228] BGH, NJW 1963, 99 f.
[229] Vgl. BGH NJW 1976, 2345 f.; BGHZ 41, 151 f.
[230] vgl. hierzu Coester-Waltjen, AcP 190 (1990), 1 ff.
[231] Hönn, JuS 1990, 953, 955.
[232] BGHZ 74, 204, 209; BGHZ 101, 350 ff.; BGH, NJW 1989, 2748; vgl. dazu auch Hönn, JZ 1983, 677 ff.; Lieb, AcP 178 (1978), 196, 205; Kramer, ZHR 146 (1982), 105, 110.
[233] BGHZ 64, 238; BGHZ 104, 50; Hönn, JA 1987, 337.
[234] Coester-Waltjen, AcP 190 (1990), 1, 5 ff.

c) Die Rechtsprechung des Bundesverfassungsgerichts

Einen vorläufigen Höhepunkt erreichten die Grundsätze zur richterlichen Inhaltskontrolle von Verträgen durch die Rechtsprechung des BVerfG.

Zunächst äußerte sich das BVerfG in der sog. Handelsvertreter-Entscheidung vom 7.2.1990[235] zu den Grenzen der Vertragsfreiheit bei Ungleichgewichtslagen. Die Schranken der Privatautonomie in Form von zwingendem Recht seien unentbehrlich, weil Privatautonomie auf dem Prinzip der Selbstbestimmung beruhe, also voraussetze, dass auch die Bedingungen freier Selbstbestimmung tatsächlich gegeben seien. Habe einer der Vertragsteile ein so starkes Übergewicht, dass er vertragliche Regelungen faktisch einseitig setzen könne, bewirke dies für den anderen Vertragsteil Fremdbestimmung. Wo es an einem annähernden Kräftegleichgewicht der Beteiligten fehle, sei mit den Mitteln des Vertragsrechts allein kein sachgerechter Ausgleich der Interessen zu gewährleisten. Wenn bei einer solchen Sachlage über grundrechtlich verbürgte Positionen verfügt werde, müssen staatliche Regelungen ausgleichend eingreifen, um den Grundrechtsschutz zu sichern.[236] Dem Gesetzgeber stehe dabei ein besonders weiter Beurteilungs- und Gestaltungsspielraum zur Verfügung. Selbst wenn der Gesetzgeber davon absehe, zwingendes Vertragsrecht für bestimmte Lebensbereiche oder für spezielle Vertragsformen zu schaffen, bedeute dies keineswegs, dass die Vertragspraxis dem freien Spiel der Kräfte unbegrenzt ausgesetzt wäre. Vielmehr greifen dann ergänzend solche zivilrechtlichen Generalklauseln ein, die als Übermaßverbote wirken, vor allem die §§ 138, 242, 315 BGB. Gerade bei der Konkretisierung und Anwendung dieser Generalklauseln seien die Grundrechte zu beachten. Der entsprechende Schutzauftrag der Verfassung richte sich hier an den Richter, der den objektiven Grundentscheidungen der Grundrechte in Fällen gestörter Vertragsparität mit den Mitteln des Zivilrechts Geltung zu verschaffen habe.[237]

In der Bürgschafts-Entscheidung vom 19.10.1993[238] ging das BVerfG bezüglich der in der Handelsvertreter-Entscheidung aufgestellten Grundsätze zur richterlichen Inhaltskontrolle von Verträgen anhand der zivilrechtlichen Generalklauseln noch einen wesentlichen Schritt weiter. Nach dem Leitsatz der Entscheidung müssen die Zivilgerichte – insbesondere bei der Konkretisierung und Anwendung von Generalklauseln wie § 138 BGB und § 242 BGB – die grundrechtliche Gewährleistung der Privatautonomie in Art. 2 Abs. 1 GG beachten. Daraus ergibt sich eine „Pflicht zur Inhaltskontrolle“ von Verträgen, die einen der beiden Vertragspartner „ungewöhnlich stark belasten“ und das Ergebnis „strukturell

[235] BVerfG, NJW 1990, 1469.
[236] BVerfG, NJW 1990, 1469, 1470.
[237] BVerfG, NJW 1990, 1469, 1470.
[238] BVerfG, NJW 1994, 36.

ungleicher Verhandlungsstärke" seien.[239] Das geltende Vertragsrecht genügt nach Auffassung des BVerfG den Anforderungen der verfassungsrechtlichen Vorgaben. Unbeschadet des Streits um Einzelfragen bestehe „weitgehende Einigkeit darüber, dass die Vertragsfreiheit nur bei annähernd ausgewogenem" Kräfteverhältnis zum Interessenausgleich taugt und dass der „Ausgleich gestörter Vertragsparität zu den Hauptaufgaben des geltenden Zivilrechts gehört".[240] Unter Hinweis auf Hönn[241] wird ausgeführt, dass sich große Teile des BGB im Sinne dieser Aufgaben deuten lassen. Jedenfalls halte das geltende Recht Instrumente bereit, die es möglich machten, auf strukturelle Störungen der Vertragsparität angemessen zu reagieren. Sie anzuwenden sei Sache der Gerichte. Ein Verstoß gegen die grundrechtliche Gewährleistung der Privatautonomie komme aber nur dann in Betracht, „wenn ein Problem gestörter Vertragsparität gar nicht gesehen oder seine Lösung mit untauglichen Mitteln versucht" werde.[242] In einer weiteren Entscheidung[243] zur Sittenwidrigkeit eines Bürgschaftsvertrages wegen krasser finanzieller Überforderung eines Angehörigen bestätigte das BVerfG die Pflicht der Zivilgerichte zur Inhaltskontrolle anhand der §§ 138, 242 BGB.

Das Modell der richterlichen Inhaltskontrolle von Verträgen anhand wurde schließlich auch auf Eheverträge übertragen.[244] Auch für Eheverträge gelte, dass bei einer besonders einseitigen Aufbürdung von vertraglichen Lasten und einer erheblich ungleichen Verhandlungsposition der Vertragspartner es zur Wahrung der Grundrechtspositionen beider Vertragsparteien aus Art. 2 Abs.1 GG Aufgabe der Gerichte sei, durch vertragliche Inhaltskontrolle und gegebenenfalls durch Korrektur mit Hilfe der zivilrechtlichen Generalklauseln zu verhindern, dass sich für einen Vertragsteil die Selbstbestimmung in eine Fremdbestimmung verkehre.[245]

4. Die Entwicklung von Vertragskontrollmodellen im Schrifttum

Der Prozess der Einschränkung der Vertragsfreiheit zum Schutz des Schwächeren wurde ab der Mitte des 20. Jahrhunderts auch ganz entscheidend von zahlreichen Stimmen in der Literatur geprägt. Man erkannte, dass die tatsächlichen Verhältnisse, die stellenweise von unterschiedlicher sozialer und wirtschaftlicher Macht geprägt waren, der Grund seien, sozialen Belangen verstärkt Aufmerksamkeit zu schenken. Es setzte sich somit auch im Schrifttum die Erkenntnis der Notwendigkeit einer sachgerechten Begrenzung der Vertragsfreiheit durch. Im

[239] BVerfG, NJW 1994, 36.
[240] BVerfG, NJW 1994, 36, 38.
[241] Hönn, Kompensation gestörter Vertragsparität, 1982.
[242] BVerfG, NJW 1994, 36, 38.
[243] BVerfG, NJW 1994, 2749.
[244] BVerfG, NJW 2001, 957; 2001, 2248.
[245] BVerfG, NJW 2001, 2248 f.

Laufe der Zeit wurden unterschiedlichste Kriterien und Ansätze entwickelt, die den Gegensatz von Vertragsfreiheit und Vertragskontrolle widerspruchsfrei und nachvollziehbar auflösen sollen. Im Folgenden soll ein Überblick über die in der Literatur entwickelten Vertragskontrollmodelle gegeben werden

a) Die Lehre von der Richtigkeitsgewähr des Vertragsmechanismus von Schmidt-Rimpler

Schmidt-Rimpler versuchte bereits in seinem Aufsatz „Grundfragen einer Erneuerung des Vertragsrechts"[246] aus dem Jahre 1941 Maßstäbe für die Grenzen der Vertragsfreiheit aufzuzeigen. Er geht dabei von der Grundfrage aus, inwiefern die „Richtigkeit" einer Rechtsfolge dadurch gewährleistet werden kann, dass sie von einem oder beiden an einem Rechtsverhältnis Beteiligten gewollt ist.[247] Unter „Richtigkeit" als zentralen Begriff seiner Vertragslehre versteht Schmidt-Rimpler einerseits die ethisch bestimmte Gerechtigkeit im engeren Sinne, andererseits aber auch die von der Gemeinschaft aus gesehene Zweckmäßigkeit, also das, was erforderlich ist, um das Gemeinschaftsdasein und das Gemeinschaftsleben zu verwirklichen und in seiner konkreten Gestalt durchzuführen.[248] Er zeigt zunächst auf, dass die „Richtigkeit" einer Rechtsfolge nicht dadurch gewährleistet ist, dass ein Beteiligter sie will. Dies sei insbesondere deshalb der Fall, weil der Einzelne im Allgemeinen nur von seinen eigenen Verhältnissen und denen der unmittelbar Beteiligten ausgehe und so bei seiner Bewertung die Gemeinschaft als Ganzes außer acht lasse oder ihren Belangen nicht genügend gerecht werde. Der Anknüpfung an den einseitigen Willen eines an dem Rechtsgeschäft Beteiligten könne daher keine Richtigkeitsgewähr zugesprochen werden.

Wenn somit der Einzelwille die Richtigkeit der Rechtsfolge nicht gewährleisten könne, sei das zutreffende rechtstheoretische Vertragsmodell anhand des Prinzips der Willenskorrespondenz zu bestimmen. Schmidt-Rimpler deckt den sog. Vertragsmechanismus auf, wonach die Angemessenheit des Vertragsinhalts darauf beruht, dass „immer der ... Betroffene zustimmen muss".[249] Infolge der gegenseitigen Kontrolle der Vertragspartner und dem jeweiligen Bestreben, nur für ihn akzeptable Regelungen Vertragsinhalt werden zu lassen, seien aller Wahrscheinlichkeit nach die übereinstimmend festgelegten Rechtsfolgen für keinen der beiden nach seiner Wertung ungerecht, mit der Folge, dass ein richtiges Ergebnis erzielt werde. Aus eigenem Interesse werde jeder Partner die Rechtsfolgen ablehnen, die ihm unrichtig erscheinen, da nach aller Erfahrung jedermann sich gegen Ungerechtigkeit zu wehren pflege.[250] Es sei also insofern durch den

246 Schmidt-Rimpler, AcP 147 (1942), 130 ff.
247 Schmidt-Rimpler, AcP 147 (1942), 130, 149 ff.
248 Schmidt-Rimpler, AcP 147 (1942), 130, 132 ff.
249 Schmidt-Rimpler, AcP 147 (1942), 130, 156 ff.
250 Schmidt-Rimpler, FS Raiser, S. 1, 5.

vertraglichen „Mechanismus" eine Richtigkeitsgewähr gegeben, und zwar ohne hoheitlichen Eingriff und unter Wahrung der Initiative und der persönlichen berechtigten Interessen der Vertragspartner.[251]

Diese Richtigkeitsgewähr des Vertragsmechanismus trete jedoch nur unter bestimmten Voraussetzungen und in bestimmten Grenzen ein. Die Richtigkeitsgewähr sei nicht gegeben, wenn zwischen den Vertragsparteien kein Kräftegleichgewicht bestünde.[252] Bei typischer Machtungleichheit lehnt Schmidt-Rimpler daher den Vertrag als richtiges Ordnungsmittel ab und fordert eine hoheitliche Gestaltung zur Modifizierung des Vertrages bzw. der Machtlage.[253] Die Vertragskontrolle ist nach der Lehre von der Richtigkeitsgewähr daher abhängig von der Imparität der Beteiligten. Sei hingegen keine Imparität festzustellen, habe sich die Rechtsordnung einer Kontrolle zu enthalten.[254]

b) Die Selbstbestimmungsthese von Flume

Flume hat die Lehre von der Richtigkeitsgewähr des Vertragsmechanismus von Schmidt-Rimpler aufgegriffen und stimmt ihr insofern zu, dass bei dem Vertrag die entgegengesetzten Interessen gegensätzlich von den Vertragsparteien gewahrt werden, da jeder der Vertragsschließenden für sich selbst sorge.[255] Ob und wie der Einzelne seine Interessen wahre, sei jedoch Sache seiner Selbstbestimmung. Der Vertrag sei daher „richtig", wenn er von der beiderseitigen Selbstbestimmung der Vertragsschließenden getragen sei.[256] Der Vertrag bedarf insofern nach seiner Ansicht, von Ausnahmen abgesehen, keiner gesetzlichen Kontrolle. Nur im Hinblick auf die Art des Zustandekommens des Vertrages, dass nämlich die vertragliche Regelung in der Selbstbestimmung der Vertragspartner geschehe, sei die Bezeichnung „Richtigkeitsgewähr" zutreffend. Über den Inhalt der Abrede sei ein rechtliches Urteil ausgeschlossen. Die Gestaltung aus Selbstbestimmung in einem Rahmen, der nach der Rechtsordnung der Selbstbestimmung überlassen sei, sei einem rechtlichen Urteil über ihre Richtigkeit unzugänglich.[257]

Wenn die Privatautonomie ihre Rechtfertigung aber nur darin habe, dass die Selbstbestimmung als Wert anerkannt sei, könne die Privatautonomie als Rechtsprinzip nur dann verwirklicht werden, wenn auch tatsächlich die Macht zur Selbstbestimmung bestehe.[258] Stünden sich die Vertragsparteien jedoch nicht

[251] Schmidt-Rimpler, FS Raiser, S. 1, 6.
[252] Schmidt-Rimpler, FS Raiser, S. 1, 13.
[253] Schmidt-Rimpler, AcP 147 (1942), 130, 152; ders., FS Raiser, S. 1, 13.
[254] Schmidt-Rimpler, AcP 147 (1942), 130, 149 ff.
[255] Flume, AT 2, S. 7.
[256] Flume, AT 2, S. 8.
[257] Flume, AT 2, S. 8; ders., FS zum 100jährigen Bestehen des Deutschen Juristentages, S. 135, 143.
[258] Flume, AT 2, S. 10.

mit der Macht zur Selbstbestimmung gegenüber, trete durch das Machtungleichgewicht statt der beiderseitigen Selbstbestimmung eine einseitige Fremdbestimmung ein. Dies sei der Grund, dass den Vertragschließenden für Vertragstypen, bei denen mit ungleicher Macht typischerweise zu rechnen sei, die Regelung entzogen und das Rechtsverhältnis ganz oder teilweise durch unabdingbare Rechtsnormen bestimmt werde.[259]

c) Die Theorie der sozialen Funktion des Vertrages von Raiser

Auch Raiser setze sich kritisch mit der Lehre von der Richtigkeitsgewähr Schmidt-Rimplers auseinander. Er hält den Glauben an eine durch den Mechanismus des Vertrages von sich selbst ergebende „Richtigkeit“ für unbegründet.[260] Nach seiner Auffassung gehe dieser Glaube „noch über den auch von Schmidt-Rimpler für irreal erklärten Glauben des früheren Liberalismus an eine aus dem Zusammenwirken aller Egoismen sich ergebende Harmonie hinaus, da er schon vom Ausgleich bloß zweier Egoismen ein richtiges Ergebnis erwartet“.[261] In Wahrheit sei der Interessenausgleich immer zugleich auch ein Machtausgleich, der nur gelinge, wenn ein gewisses Gleichgewicht der Kräfte gewährleistet sei. Die Gerechtigkeit einer vertraglichen Ordnung ist nach Raiser nicht schon durch die Zustimmung des anderen Vertragsteils gesichert, sondern setze voraus, dass die Gesellschafts- und Wirtschaftsverfassung sich ihrem Schutz annehme.

Raiser ordnet dem Vertrag eine soziale Funktion zu und leitet daraus das Gebot materialer Vertragsgerechtigkeit ab. Das Prinzip der Vertragsfreiheit wird nach Raiser von ihrem sozialen Zweck immanent begrenzt.[262] Ausgangspunkt seiner Überlegungen ist die Begrenzung subjektiver Rechte durch ihre soziale Funktion, die sie innerhalb der Gemeinschaftsordnung erfüllen und die ihren Ausdruck findet in gemeinschaftsbezogenen Institutionen des objektiven Rechts.[263] Die Vertragsfunktion dürfe nicht in erster Linie von ihrer rechtlichen, sondern müsse von ihrer wirtschaftlichen und sozialen Seite gesehen werden. Die Lehre von der ökonomisch-sozialen Funktion des Vertrags verdiene deshalb Zustimmung, weil sie den Blick auf außerrechtliche Erscheinungen lenke und somit den Vertrag in einen größeren sozialen Wirkungszusammenhang einordne und die rechtstheoretische durch eine sozialwissenschaftliche Betrachtungsweise ergänze.[264] Die industrielle Massengesellschaft beschränke die Privatrechtssubjekte in ihrem autonomen Handeln und ordne sie in ein gesellschaftliches Gesamtgefüge ein, in

[259] Flume, AT 2, S. 10; ders., FS zum 100jährigen Bestehen des Deutschen Juristentages, S. 135, 143.
[260] Raiser, FS zum 100jährigen Bestehen des Deutschen Juristentages, S. 101, 118.
[261] Raiser, Vertragsfreiheit, S. 101, 118.
[262] Raiser, JZ 1958, 1; ders., Zukunft, S. 13 ff.
[263] Raiser, JZ 1958, 1, 2 f.; ders., Vertragsfreiheit, S. 101, 104 ff.
[264] Raiser, Vertragsfreiheit, S. 101, 120.

dem der Einzelne von den „das Massendasein organisierenden Apparaten und ihren anonymen Machthabern“[265] abhängig sei. Der von diesen anonymen Mächten abhängig gewordene Bürger wende sich in dieser Situation an den Staat mit der Erwartung, dass ihm soziale Hilfestellung zuteil werde. Diesem Wandel der wirtschaftlichen und gesellschaftlichen Verhältnisse werde die Rechtsordnung dadurch gerecht, dass sie der vertraglichen Freiheit „zum Schutz der notorisch schwächeren Vertragspartei enge Grenzen“ setze, wie dies beispielsweise im Arbeitsrecht der Fall sei.

Die Theorie der sozialen Vertragsfunktion beinhaltet somit ein Vertragsmodell, bei dem sich Vertragsfreiheit und soziale Funktion des Vertrages in einem dialektischen Prozess ausgleichen sollen. Einerseits bleibt der Vertrag das Gestaltungsmittel zum Ausgleich der privaten Interessen der Beteiligten, andererseits kann der soziale Ausgleich jedoch nicht allein den Vertragspartnern überlassen werden, sondern ist einer rechtlichen Kontrolle zu unterziehen, mit der Folge, dass die angestrebte Vertragsgerechtigkeit durch gesetzliche Regelung oder richterliche Kontrolle herzustellen ist.[266]

d) Die Theorie der rechtsgeschäftlichen Entscheidungsfreiheit nach M. Wolf

Wolf unternimmt in seiner Habilitationsschrift „Rechtsgeschäftliche Entscheidungsfreiheit und vertraglicher Interessenausgleich“ den Versuch, einheitliche Schranken der Vertragsfreiheit aufzuzeigen und mit einer systemimmanenten Interessenbewertung zu begründen. Die Vertragsfreiheit wird von ihm auf die Selbstbestimmung zurückgeführt.[267] Nach scharfsinniger Kritik, bisheriger Versuche, Vertragsfreiheit und Vertragsgerechtigkeit zu versöhnen, setzt er an die Stelle einer Kontrolle des Inhalts von Verträgen und Bedingungen die des Einigungsprozesses. Selbstbestimmung müsse für jeden Vertragspartner gewährleistet sein.[268] Die Rechtsordnung verlange zwar nicht, dass auf diese Weise ein gerechter Interessenausgleich tatsächlich herbeigeführt werde, doch müsse zumindest die Möglichkeit bestehen. Schmidt-Rimplers Formel von der Richtigkeitsgewähr des Vertrages wird von Wolf durch den Begriff der „Richtigkeitschance“ ersetzt.[269] Bestehe sie nicht, werde die Selbstbestimmung beeinträchtigt. Diese Lage wird wie folgt näher umschrieben: der Vertragsabschluss als solcher und damit die Entscheidung darüber, die Vertragsleistung zu erhalten oder nicht, werde „sachfremd“ und „unzumutbar“ mit der Anerkennung von Bedingungen (Haftungs- oder Gewährleistungsausschluss, Gerichtsstandsklausel in AGB, Rückzahlungspflicht bei Gratifikationen im Einzelarbeitsvertrag) „verkop-

[265] Raiser, JZ 1958, 1, 3.
[266] Heinrich, Freiheit, S. 178.
[267] Wolf, Entscheidungsfreiheit, S. 19 ff.
[268] Wolf, Entscheidungsfreiheit, S. 59 ff.
[269] Wolf, Entscheidungsfreiheit, S. 73 f.

pelt".[270] „Unzumutbar" sei die Verkoppelung, wenn dem Partner einerseits unangemessene Bedingungen geboten würden, er andererseits bei Ablehnung des Vertragsschlusses höherwertige Interessen opfern müsse und sich auf dem Markt keine Alternative ergebe.[271] Soweit hingegen die Möglichkeit zur Selbstbestimmung besteht, müsse eine Vertragspartei an ihrer Entscheidung bis zur Grenze eines grob ungerechten Inhalts festgehalten werden.

Wolf tritt somit dafür ein, Vertragskontrolle als Folge des Fehlens einer ungeschriebenen Wirksamkeitsvoraussetzung namens „Entscheidungsfreiheit" in das Privatrechtssystem zu integrieren.[272] Um das gleitende System zwischen Selbstbestimmung und Vertragsgerechtigkeit mit Mitteln der zivilistischen Dogmatik in den Griff zu bekommen, schlägt Wolf vor, die rechtsgeschäftliche Entscheidungsfreiheit als zusätzliche Gültigkeitsvoraussetzung rechtswirksamer Willenserklärungen anzuerkennen.[273] Nach seiner Auffassung muss als Gültigkeitsvoraussetzung die rechtsgeschäftliche Entscheidungsfreiheit derart gewährleistet sein, dass bei der Vertragsgestaltung die Möglichkeit zu einer mit den Wertmaßstäben der Rechtsordnung übereinstimmenden Entscheidung besteht. Die für die Prüfung der rechtsgeschäftlichen Entscheidungsfreiheit notwendigen Voraussetzungen werden dabei von dem Maße der bei der Vertragsgestaltung erforderlichen Entscheidungstätigkeit bestimmt. So führt Wolf aus, dass „bei dieser Entscheidung die mit der zu entscheidenden Sachfrage sachlich verbundenen Interessen berücksichtigt und im Falle eines Konflikts ihrem Wert entsprechend gegeneinander abgewogen werden". Die Möglichkeit zu einer solchen Entscheidung müsse dabei für jeden Vertragspartner bestehen.[274] Der Beeinträchtigungstatbestand kann dabei nach seiner systematischen Stellung mit der fehlenden oder beschränkten Geschäftsfähigkeit verglichen werden.

e) Vertragskontrolle als Bestandsschutzgewährleistung nach v. Stebut

Von Stebut geht in seiner Habilitationsschrift „Der soziale Schutz als Regelungsproblem des Vertragsrechts" der Frage nach, ob die die Vertragsfreiheit einengenden Schutznormen des Arbeits- und Mietrechts tatsächlich dazu dienen, Über- und Unterlegenheit auszugleichen sowie Vertragsgerechtigkeit herzustellen. Eine Analyse der verschiedenen Vorschriften führt ihn zu der Ansicht, dass der Bestandsschutz nicht vor Willkür und Machtmissbrauch schützen, sondern im Rahmen objektiver Gegebenheiten eine für wünschenswert und möglich gehaltene Sicherung der Position von Arbeitnehmern und Mietern herbeiführen solle.[275] Es gehe also nicht um einen Schutz vor Arbeitgebern und Vermietern,

[270] Wolf, Entscheidungsfreiheit, S. 126 ff.
[271] Wolf, Entscheidungsfreiheit, S. 186 ff.
[272] Wolf, Entscheidungsfreiheit, S. 123 ff.
[273] Wolf, Entscheidungsfreiheit, S. 123.
[274] Wolf, Entscheidungsfreiheit, S. 178 ff.
[275] v. Stebut, Sozialer Schutz, S. 29 ff.

sondern von Arbeitnehmern und Wohnungsmietern, d.h. um die Erhaltung von Arbeitsplatz und Wohnung. Mittels einer Analyse der Voraussetzungen und Methoden der Inhaltskontrolle von AGB und arbeitsrechtlichen Vertragsanpassungen legt er dar, dass diese Instrumente nicht der Herstellung von Vertragsparität durch die Bekämpfung von Machtmissbrauch und Willkür dienen, denn sie knüpfen nach seiner Auffassung nicht an eine Unterlegenheit von Arbeitnehmer und Mieter an und schaffen auch nicht eine subjektiv richtige Äquivalenz, sondern verwirklichen nur ein objektives Gerechtigkeitsminimum. Die arbeitsrechtlichen Anpassungsregelungen seien im Grunde nur eine logische und notwendige Dynamisierung des Bestandsschutzes. Ansatzpunkt für die Inhaltskontrolle von AGB sei zum einen deren Missbilligung einer bezweckten Risikoabwälzung und zum anderen die bessere Beherrschbarkeit des Risikos für den Verwender der AGB. Von Stebut kommt zu dem Schluss, dass mit den dargestellten Schutznormen des Arbeits- und Mietrechts „kein Machtgleichgewicht zwischen den Geschützten und ihren Kontrahenten, sondern im Gegenteil eine Disparität und Privilegierung, ein sozial motivierter Mindeststandard zugunsten der Geschützten bewirkt wird".[276]

Vertragskontrolle ist nach von Stebut deshalb immer dann angezeigt, wenn Rechtsgüter von erhöhter Wertigkeit in Frage gestellt sind, ihr Bestandsschutz gefährdet scheint.[277] So rechtfertigt nach v. Stebut die existentielle Bedeutung von Arbeitsplatz und Wohnung die konkreten Schutznormen sowie die richterliche Vertragskontrolle anhand der Generalklauseln.[278]

f) Die positiv-rechtliche Paritätstheorie nach Hönn

Ein weiteres Vertragskontrollmodell zur Kompensation gestörter Vertragsparität hat Hönn in seiner Habilitationsschrift entwickelt. Unter Vertragsparität versteht er die vom „positiven Recht den Vertragspartnern eingeräumte Rechtsstellung, die ihnen einen Interessenausgleich in Selbstbestimmung mit der Chance der Äquivalenz eröffnet".[279] Er unterscheidet zwischen formeller und materieller Vertragsparität.[280] Die formelle Parität bestehe in der gleichberechtigten Mitgliedschaft in der Rechtsgemeinschaft, die materielle in „angemessenen wirklichen Einflusschancen der Beteiligten auf den Vertragsschluss".[281]

Maßstab für das legitime Kräftegleichgewicht und einen gerechten Interessenausgleich sei die Rechtsordnung. Die Arbeit verfolgt daher alle die zahlreichen Rechtsregeln und Rechtsinstitute, mit deren Hilfe rechtssetzende Autoritäten

[276] v. Stebut, Sozialer Schutz, S. 304.
[277] v. Stebut, Sozialer Schutz, S. 209 ff.
[278] v. Stebut, Sozialer Schutz, S. 55 f., 153 ff., 166 f. 204 f.
[279] Hönn, Vertragsparität, S. 99.
[280] Hönn, Vertragsparität, S. 9.
[281] Hönn, Vertragsparität, S. 9.

kompensatorische Maßnahmen gegen von ihnen angenommene „Imparitäten“ gesetzt haben. Hönn möchte auf diese Weise das „innere System des Vertragsrechts unter Integration der vorhandenen Erkenntnisse umfassender formulieren“ und Postulate für die Gesetzgebung und richterliche Rechtsfortbildung gewinnen. Da sich Parität und Imparität nicht empirisch dingfest machen ließen, versucht er, diese Phänomene positivrechtlich zu bestimmen. Da Parität positivrechtlich die der Rechtsordnung entsprechende Stellung des potentiellen Vertragspartners sei, müsse Imparität insoweit grundsätzlich fiktiv sein. Auf Imparität könne gewissermaßen im Nachhinein aus der Warte von Gesetzen und Urteilen zurück geschlossen werden, die den Ausgleich gestörter Vertragsparität zum Ziel haben und damit für die Zukunft Parität schaffen.

Zentrales Anliegen von Hönn ist es, aus den vorhandenen vertragsrechtlichen Normen Kriterien für die Existenz von Imparität und damit die Notwendigkeit einer Vertragskontrolle zu begründen.

Hinsichtlich der Umstände, die für das vertragliche Kräfteverhältnis von Bedeutung sind, verweist er auf das Vertragsinteresse, den Wettbewerb, den Informationsstand und die Möglichkeiten der Verhandlungsführung. Die entscheidende Rolle in seinem Vertragsmodell spielt dabei der Wettbewerb.[282] Bei Wettbewerb herrsche grundsätzlich Parität und die Notwendigkeit einer Vertragskontrolle sei erst dann erforderlich, wenn der Wettbewerb gestört sei.[283] Neben dem Kompensationsmodell des Wettbewerbs enthalte die Rechtsordnung innerhalb der einzelnen Rechtsgebiete darüber hinaus punktuell individualschützende vertragsbezogene Regelungen,[284] wie z.B. die §§ 134, 138 BGB.[285] Nach einer Würdigung der zahlreichen unterschiedlichen Rechtsvorschriften, die alternativ und kumulativ den Ausgleich des jeweiligen Unterlegenheitsaspekts bewirken sollen, gelangt er gegen Ende seiner Studie zu dem Ergebnis, dass sich die Vertragskontrolle an den rechtlich vorgegebenen Maßstäben zu orientieren habe und dass bei etwaigen Zielkonflikten regelmäßig von einer Bindung an die gesetzlichen Vorschriften auszugehen sei.[286]

g) Das liberale Informationsmodell von Dauner-Lieb

Dauner-Lieb untersucht in ihrer Dissertation die Tragfähigkeit und Reichweite des Verbraucherschutzgedankens für die Weiterentwicklung des Privatrechts.[287]

---

282 Hönn, Vertragsparität, S. 109 ff.
283 Hönn, Vertragsparität, S. 119 ff.
284 Hönn, Vertragsparität, S. 134 ff.
285 Hönn, Vertragsparität, S. 142 ff.; ders., JuS 1990, 953, 954.
286 Hönn, Vertragsparität, S. 253 ff., 273 ff.; ders., Jura 1984, 57, 64.
287 Dauner-Lieb, Verbraucherschutz durch Ausbildung eines Sonderprivatrechts für Verbraucher - Systemkonforme Weiterentwicklung oder Schrittmacher der Systemveränderung? 1983.

Zunächst durchforstet sie das geltende Privatrecht auf verallgemeinerungsfähige Ansätze für ein an die Rolle des Verbrauchers anknüpfendes Verbrauchschutzrecht. Zwar entdeckt sie vereinzelte Ansätze, doch erscheinen ihr diese nicht als verallgemeinerungsfähig für ein auf die Schutzbedürftigkeit von Personen abstellendes Verbraucherrecht. Diese Einsicht veranlasst Dauner-Lieb, sich über die Grundprinzipien des BGB zu vergewissern, um auf diese Weise einen Maßstab für die Frage zu gewinnen, welche verbraucherrechtlichen Innovationen systemkonform- oder –widrig seien. Hierbei geht sie von den auf dem liberalen Sozialmodell beruhenden Grundprinzipen des BGB wie dem Prinzip formalabstrakter Gleichheit, dem Institut der Privatautonomie sowie der Dezentralisierung der Risikoverteilung aus. Unter diesen Wertungsgesichtspunkten lasse sich die marktkomplementäre Verbraucherschutzkonzeption rechtfertigen, die sich im Wesentlichen auf den Ausgleich des Informationsgefälles beschränke und darum von der Verfasserin als liberales Informationsmodell bezeichnet wird.[288] Dieses sehe den Schutz des Verbrauchers primär durch funktionierenden Wettbewerb gewährleistet und betone deshalb die Bedeutung einer effektiven Wettbewerbspolitik sowie einer ausreichenden Information und Marktransparenz. Als Instrument des Verbraucherschutzes komme in erster Linie die Aufklärung des Verbrauchers in Betracht. Dieser Korrekturansatz erscheine system- bzw. marktkonform.

Das von ihr so genannte soziale Verbraucherschutzmodell, das mit verschiedenen Instrumenten wirtschaftliches Ungleichgewicht kompensieren will, wird als systemwidrig und verändernd herausgestellt. Zahlreiche dirigistische Vorgaben der (derzeitigen) gesetzlichen Regelung stellten einen systemwidrigen Eingriff in das liberale Vertragsmodell dar. Systemkonform sei allein das Informationsmodell: Vertragskontrolle werde entbehrlich, wenn ausreichend aufgeklärt werde; Markt- und Rechtstransparenz beseitigten das Erfordernis der Vertragskontrolle. Ein über Informationspflichten hinausgehender Schutz, vor allem die Anordnung zwingenden Rechts, sei mit den Prämissen des liberalen Vertragsmodells nicht vereinbar.[289] Privatautonom vereinbarte Vertragskonditionen seien nur in dem Fall eines typischen, die Gerechtigkeit in Frage stellenden Informationsdefizits einer rechtlichen Kontrolle zugänglich.[290]

h) Das sonderprivatrechtliche Modell von H. P. Westermann

H. P. Westermann stellte sich in seinem Aufsatz „Sonderprivatrechtliche Modelle und das allgemeine Privatrecht“[291] der zentralen Aufgabe zeitgemäßen Privatrechtsdenkens, ein der industriellen Massengesellschaft entsprechendes Zivil-

[288] Dauner-Lieb, Verbraucherschutz, S. 62 ff.
[289] Dauner-Lieb, Verbraucherschutz, S. 104 ff., 141 ff.
[290] Dauner-Lieb, Verbraucherschutz, S. 127 f.
[291] Westermann, AcP 178 (1978), 150 ff.

recht zu entwickeln. Ein solches Vorhaben wurzelt in der Erkenntnis, dass die klassische, an der Selbstbestimmungsfähigkeit des Einzelnen und der Gewährleistung freiheitlicher Kooperation gleichstarker Sozialpartner ausgerichtete Privatrechtstheorie in der heutigen Realität hochdifferenziert-arbeitsteiliger Produktion und spezialisierter Märkte mit wenigen Großanbietern und einem auf ihre Leistungen angewiesenen Heer von Konsumenten, also in typischen Ungleichgewichtslagen, nicht mehr zu legitimeren sei. Die zahlreichen Spezialgesetze verdeutlichten, dass gegenwärtige soziale Konflikte nicht mehr durch das liberale Vertragsmodell des BGB zu bewältigen seien. Westermann wirft insofern die Frage auf, ob von einer „stillen“ Reform des allgemeinen bürgerlichen Vermögensrechts aus dem „Geist der Sonderprivatrechte“ gesprochen werden könne.[292] In diesem Zusammenhang vertritt er jedoch die Auffassung, dass die Dogmatik des bürgerlichen Rechts nicht direkt durch sonderprivatrechtliches Gedankengut verändert werden könne. Er spricht sich dafür aus, im Wege der Analogie die Erkenntnis der Gerechtigkeit sonderprivatrechtlicher Wertungen in das BGB einfließen zu lassen, wo die individualistische und auf formal-abstrakter Gleichheit beruhende Konzeption des klassischen Privatrechts nicht mehr genüge.[293] Die in zahlreichen Sondergesetzen versinnbildlichten sozialen Schutzbelange verkörpern nach dem sonderprivatrechtlichen Ansatz einen verallgemeinerungsfähigen Gedanken, der als engeres Prinzip das höhere der Vertragsfreiheit durchbreche.[294]

Westermann veranschaulicht seine Auffassung, dass Denkanstöße durch sonderprivatrechtliche Sozialmodelle „immer nur durch speziellen Ansatz beim einzelnen dogmatischen Problem wirksam werden können“,[295] im Zusammenhang mit Problemen der Inhaltskontrolle von Verträgen, beim außervertraglichen Rechtsgüterschutz im Recht der ungerechtfertigten Bereicherung und im Haftungsrecht. Er vertritt die Auffassung, dass die Einbeziehung sonderprivatrechtlicher Dogmatiken in das allgemeine bürgerliche Vermögensrecht generell einer „Verknöcherung“ des bürgerlichen Rechts entgegenwirken könne, ohne andererseits seine „Knochenerweichung“ nach sich zu ziehen.[296]

i) Das Eintreten für die Prärogative des Gesetzgebers nach Höfling und Singer

Nach einer weiteren Auffassung zu dem Spannungsverhältnis zwischen Vertragsfreiheit und Vertragsgerechtigkeit ist die Entscheidungskompetenz bezüglich dieses Problems vorrangig dem Gesetzgeber zuzuweisen.[297] Es sei primär Aufgabe des Gesetzgebers festzulegen, ob und wie Störungen des Vertrags-

[292] Westermann, AcP 178 (1978), 150, 168.
[293] Westermann, Gutachten, S. 1, 12.
[294] Damm, JZ 1978, 173, 177.
[295] Westermann, AcP 178 (1978), 150, 179.
[296] Westermann, AcP 178 (1978), 150, 195.
[297] Höfling, Vertragsfreiheit, S. 54; Singer, Selbstbestimmung, S. 34, 39, 42.

gleichgewichts zu kompensieren seien. Nur das parlamentarische Gesetzgebungsverfahren stelle sicher, dass es nach einer umfassenden Abwägung aller Umstände nur bei „gravierenden Paritätsstörungen“[298] zu einer Einschränkung der formalen Vertragsfreiheit kommt. Eine detaillierte gesetzliche Regelung vermeide zudem eine Diskussion über die Grenzen der Vertragsfreiheit und werde so dem rechtsstaatlichen Gebot der Rechtssicherheit gerecht.[299]

j) Der normtheoretische Ansatz von Meyer-Cording, Pflug und Helm

Die Vertreter des normtheoretischen Lösungsansatzes versuchen die Notwendigkeit und Legitimation der Inhaltskontrolle einseitig vorgegebener Geschäftsbedingungen anhand deren Qualifikation als Rechtsnormen abzuleiten. Diese Normsetzung von privater Seite bedarf nach ihrer Meinung einer eingehenden staatlichen Kontrolle.[300]

Meyer-Cording sieht in allgemeinen Geschäftsbedingungen wie auch in Vereinsstatuten, Tarif- und Betriebsnormen echte Rechtsnormen.[301] Normschöpfung ist nach seiner Auffassung somit nicht nur aufgrund staatlicher Gesetzgebung, administrativer Verordnungsgebung oder jurisdiktioneller Akte möglich, sondern werde für weite Bereiche tatsächlich von Unternehmen, Verbänden und öffentlich-rechtlichen Anstalten vorgenommen.[302] Missbräuche der Rechtssetzungsmacht seien durch eine Normkontrolle der Gerichte zu korrigieren.[303] Die richterliche Kontrolle sei weder aus konkreten individuellen Gründen noch aus Paritätserwägungen, sondern allein unter dem Gesichtspunkt der Normqualität gerechtfertigt. Der normative Charakter bestimmter vertraglicher Regelungen legitimiere die Vertragskontrolle.[304]

Pflug[305] und Helm[306] haben den Ansatz Meyer-Cordings aufgegriffen und fortentwickelt. Auch sie unterstellen als Vertreter eines normtheoretischen Ansatzes vertragliche Abreden aufgrund ihres unmittelbaren oder mittelbaren Normcharakters den für Rechtsnormen geltenden Schranken. Vertragskontrolle wird daher gerechtfertigt aufgrund der Normqualität.

---

[298] Singer, Selbstbestimmung, S. 34.
[299] Singer, Selbstbestimmung, S. 34, 39, 42.
[300] Meyer-Cording, Die Rechtsnormen, 1971; Pflug, Kontrakt und Status im Recht der allgemeinen Geschäftsbedingungen, 1986; Helm, FS v. Carolsfeld, S. 125 ff.
[301] Meyer-Cording, Rechtsnormen, S. 92 ff.
[302] Meyer-Cording, Rechtsnormen, S. 99.
[303] Meyer-Cording, Rechtsnormen, S. 101.
[304] Meyer-Cording, Rechtsnormen, S. 113.
[305] Pflug, Kontrakt, S. 101 ff.
[306] Helm, FS v. Carolsfeld, S. 125 ff.

k) Das Prinzip richterlicher Inhaltskontrolle nach Fastrich

Fastrich stellte in seiner Habilitationsschrift[307] anhand einer zusammenfassenden Analyse der mehr oder weniger parallelen Erscheinungen, wie sie sich insbesondere in den Bereichen der Allgemeinen Geschäftsbedingungen, der Publikumspersonengesellschaften und der sog. Billigkeitskontrolle im Arbeitsrecht zeigen, die gemeinsamen Grundstrukturen richterlicher Inhaltskontrolle dar. Die Inhaltskontrolle findet nach ihm ihre allgemeine Grundlage im Gedanken der Richtigkeitsgewähr. Während der Privatautonomie neben ihrer Funktion, die Selbstgestaltung der Rechtsverhältnisse durch die Parteien nach ihrem Willen zu ermöglichen, in der Regel zugleich die Herstellung einer gerechten Ordnung immanent sei, versage dieses Ordnungselement unter bestimmten Voraussetzungen so weitgehend, dass die Rechtsordnung aufgerufen sei, die fehlende Richtigkeitsgewähr auf andere Weise sicherzustellen.[308] Zu ihren Mitteln gehöre die Einschränkung der Vertragsfreiheit im Sinne der Inhaltskontrolle, die es erlaube, unter grundsätzlicher Aufrechterhaltung der privatautonomen Gestaltung der Rechtsverhältnisse die gestörte Ordnungsfunktion dadurch wiederherzustellen, dass sie die ausreichende Berücksichtigung der Interessen des Konkurrenten zur Wirksamkeitsvoraussetzung erhebt.

Da die Inhaltskontrolle das Fehlen der an sich vom Prinzip der Privatautonomie vorausgesetzten Richtigkeitsgewähr kompensiere, sei ihr Eingreifen von besonderen Voraussetzungen abhängig, aus denen sich das Versagen der Richtigkeitsgewähr ergebe. Fastrich gliedert die Anwendungsfälle der Inhaltskontrolle deshalb in drei Fallgruppen, nämlich in die Verwendung von allgemeinen Geschäftsbedingungen, in gesellschaftsrechtliche Tatbestände und in Bereiche, in denen ein typisch existentielles Angewiesensein einer Vertragsseite auf den Vertragsschluss gegeben ist, also insbesondere im Wohnungsmiet- und Individualarbeitsrecht. Innerhalb der jeweiligen Fallgruppen unterliege die Inhaltskontrolle dabei allgemeinen Schranken unter dem Gesichtspunkt fehlender Kontrollfähigkeit und fehlender Kontrollbedürftigkeit.

l) Das flexible Wertungssystem eines Zusammenspiels von Vertragsfreiheit und Vertragskontrolle nach Heinrich

Nach Heinrich kann die rechtsgeschäftliche Kontrolle von Verträgen nicht auf einen einzelnen Gesichtspunkt zurückgeführt werden.[309] Für die Eingrenzung der Vertragsfreiheit sind nach seiner Ansicht verschiedene, von Fall zu Fall unterschiedliche, unter Umständen auch nebeneinander stehende Aspekte ausschlaggebend.

---

[307] Fastrich, Richterliche Inhaltskontrolle im Privatrecht, 1992.
[308] Fastrich, Inhaltskontrolle, S. 51 ff.
[309] Heinrich, Freiheit, S. 205.

Der Verdienst der in der Literatur bisher entwickelten Vertragskontrollmodelle liege darin, dass einzelne relevante Aspekte herausgearbeitet worden seien. Als allgemeingültiges Vertragskontrollkonzept habe sich jedoch keiner der Ansätze bewährt.[310]

Heinrich versucht, einen neuen Ansatz zu entwickeln, der die Vertragskontrolle auf eine allgemeine dogmatische Konstruktion zurückführt, die der Komplexität des Spannungsverhältnisses gerecht wird. Als Basis zieht Heinrich in diesem Zusammenhang die von Wilburg in anderem Zusammenhang entwickelte Lehre des „beweglichen Systems“ heran. Sie erlaube es, unterschiedliche Gesichtspunkte in unterschiedlichen Kombinationen zusammenzufügen.[311] Das bewegliche System erweise Dienste insbesondere dort, wo die Rechtsordnung ausnahmsweise einen wertungsoffenen Tatbestand konstituiert habe. Hilfreich sei diese Methodik daher insbesondere bei den Generalklauseln, bei denen es gerade auf die Grenzziehung zwischen Vertragsfreiheit und Vertragskontrolle ankomme. Die offenen Tatbestände der §§ 138 Abs. 1, 242 oder 307 BGB seien auf Konkretisierungselemente angewiesen, die es dem Rechtsanwender erleichtern, die Balance zwischen formaler Freiheit und materialer Gerechtigkeit zu wahren. Mit dem flexiblen System sei damit die methodische Ausgangsbasis gefunden, um Vertragsfreiheit und Vertragskontrolle bei der Anwendung von Generalklauseln auszutarieren.[312] Durch eine zweckmäßige Ordnung des Rechtsstoffes mittels komparativer Sätze und gradueller Kriterien werde ein fester Bezugsrahmen für die Problemlösung geschaffen.

Entscheidend für die praktische Anwendung des flexiblen Systems im Bereich der Generalklauseln sei, welche Wertungen in welchem Zusammenhang in die komparative Reihung einzustellen seien. Hierzu erarbeitet er zunächst die einzelnen Kontrollvarianten.[313] Drei Bereiche seien zu unterscheiden, nämlich die Abschluss-, Einbeziehungs- und Inhaltskontrolle. Letztere untergliedere sich wiederum in Angemessenheits- und Billigkeitskontrolle. Im Mittelpunkt seiner weiteren Untersuchung steht die Inhaltskontrolle durch die Generalklauseln. Die Generalklauseln seien anhand der durch sie ausgedrückten spezifischen Wertungen sowie mittels der tragenden Grundhaltungen der Rechtsordnung zu konkretisieren. Die normtextbezogenen Wertungselemente, also diejenigen, die im Wege grammatischer, historischer, systematischer und teleologischer Auslegung unmittelbar der jeweils einschlägigen Generalklausel entnommen werden, geben nach Heinrich im Wechselspiel mit verfassungs- und europarechtlichen Wertungen und allgemeinen Rechtsprinzipien inhaltliche Kriterien für die Problemslösung vor. Dieser Wertungsvorgang werde jedoch nicht nur von materiellen Kri-

[310] Heinrich, Freiheit, S. 205.
[311] Heinrich, Freiheit, S. 221.
[312] Heinrich, Freiheit, S. 222.
[313] Heinrich, Freiheit, S. 223 ff.

terien geleitet. Ergänzend treten formelle Kriterien wie das Übermaßverbot und die Zumutbarkeitsgrenze hinzu, die den Wertungsvorgang strukturieren und insbesondere für den Fall des Wertungsgleichgewichts Anhaltspunkte für die Anwendung der Generalklauseln bieten.[314] Diese Wertungen seien nach den Regeln des flexiblen Systems abzuwägen, auszugleichen und anzuwenden.[315] Heinrich ist der Auffassung, dass somit die praktisch bedeutungsvolle Inhaltskontrolle mittels Generalklauseln durch die Anwendung des flexiblen Systems eine rechtssichere und vorhersehbare Entscheidung ermögliche.

5. Fazit

Die Darstellung der Rechtsprechung, Gesetzgebung und der wichtigsten Stimmen in der Literatur zum Schutz der schwächeren Vertragspartei bei sog. Ungleichgewichtslagen zeigt, dass das Verständnis der Vertragsfreiheit einem Wandel unterlegen ist. An die Stelle der „formalen" Vertragsfreiheit ist zunehmend mehr die „materiale" Vertragsfreiheit getreten. Die Gesamtsicht aller rechtlichen Instrumente zur Bändigung unvertretbarer einseitiger Vertragsmacht erlaubt den Schluss, dass heute die Vertragsfreiheit in einem materiellen Sinne verstanden werden muss, und zwar des Inhalts, dass, soweit Vertragsfreiheit besteht, jedem Partner durch die Rechtsordnung typischerweise auch die tatsächliche Macht zum angemessenen Gebrauch dieser Vertragsfreiheit garantiert wird.[316]

Einen Höhepunkt dieser Entwicklung stellen die oben dargestellten Entscheidungen des Bundesverfassungsgerichts dar. Durch sie wird dem Richter von Verfassungs wegen aufgegeben, historisch ursprünglich den Bürgern zugeordnete private Spielräume zu überwachen. Die Entscheidungen haben eine umfangreiche[317] und zwiespältige Resonanz in der Literatur gefunden: Zustimmung deshalb, weil sich das Bundesverfassungsgericht mit diesen Entscheidungen deutlich zu einer „materiellen Ethik sozialer Verantwortung"[318] bekannt hat, Kritik nicht nur deshalb, weil das Bundesverfassungsgericht mit den Begriffen „ungewöhnlich stark belasten" und „strukturell ungleiche Verhandlungsstärke" den Zivilgerichten keine inhaltlich-sachlichen Kriterien für zukünftige Entscheidungen vorgegeben habe, sondern vor allem auch im Hinblick auf die unklar

---

[314] Heinrich, Freiheit, S. 471 ff.

[315] Heinrich, Freiheit, S. 335.

[316] Hönn, JuS 1990, 953, 955.

[317] Vgl. insbesondere die Stellungnahmen von Adomeit, NJW 1994, 2467; Becker, DZWir 1994, 397; Eschenbach/Niebaum, NVwZ 1994, 1079; Groeschke, BB 1994, 725; Grün, WM 1994, 713; Heinrichsmeier, FamRZ 1994, 129; Hermes, NJW 1990, 1766 f.; Hesse/Kauffmann, JZ 1995, 219; Kohte, ZBB 1994, 172; Medicus, AcP 192 (1992), 35; Wiedemann, JZ 1990, 695; ders., JZ 1994, 411; Zöllner, AcP 196 (1996), 1.

[318] So das bekannte Zitat von Wieacker, Sozialmodell, S. 18.

gebliebenen Wechselwirkungen von Verfassungs- und Privatrechtsordnung.[319] Viele Stimmen in der Literatur weisen aufgrund der skizzierten Entwicklung darauf hin, dass den Bemühungen der Rechtsprechung und des Gesetzgebers zur Schaffung eines sozialverträglichen Vertragsrechts Grenzen gesetzt werden müssten.

Reinhardt spricht das Problem an, dass die Vertragsordnung durch die Einwirkung hoheitlicher Gestaltungskräfte in Gefahr sei, aus den Angeln gehoben und umgestürzt zu werden.[320] Er fordert deshalb eine neue Rechtfertigung der Vertragsordnung. Dabei sei es wichtig, die Rolle des Prinzips freier Einigung der Vertragspartner sowie das Verhältnis zwischen dieser Einigung und der hoheitlichen Gestaltung der Rechtsbeziehung neu zu definieren. Singer weist ebenfalls darauf hin, dass die vollständige Verrechtlichung der Entscheidungsfreiheit nach materialen Wertungsgesichtspunkten die Funktion des Vertrages in der bestehenden Rechts- und Wirtschaftsordnung einschränken, unter Umständen sogar aufheben würde.[321] Auch Medicus strebt einen sparsamen Gebrauch der rechtlichen Mittel zu Einschränkung der Vertragsfreiheit an.[322] Rechtsprechung und Gesetzgeber sollten sich nicht unter dem Deckmantel des „Verbraucherschutzes" zu einem blinden Übereifer hinreißen lassen. Diese „Notbremse" müsse gezogen werden, um nicht zu einer Verabschiedung der Privatautonomie zu gelangen. Der berühmte Satz von Otto von Gierke, dass durch „unser Privatrecht ein Tropfen sozialistischen Öls durchsickern muss", wird heute nicht selten in kritischer Weise umgekehrt. So hat Isensee in Auseinandersetzung mit der Bürgschaftsentscheidung des BVerfG gemeint, „das soziale Öl, dem Bürgerlichen Gesetzbuch ursprünglich als Tropfen beigegeben, (sei) seither kanisterweise hinzugegossen worden"[323] und Bungeroth, Richter am BGH, stellte gar fest, das „sozialistische Öl (sei) inzwischen so überreichlich nachgeliefert worden, dass man von einer Ölverschmutzung des Privatrechts sprechen muss".[324]

V. Zusammenfassung zu Kapitel 1

Die Ausführungen in diesem Kapitel zeigen, dass die Entwicklung des Haftungsrechts zu einem laufenden Ausbau des Geschädigtenschutzes führte. Infolge der Einwirkung der verschiedenen Faktoren hat das Prinzip der Verschuldenshaftung im Laufe des 20. Jahrhunderts Schritt für Schritt an Bedeutung eingebüßt und wurde durch die Normierung spezieller Gefährdungshaftungstatbestände sowie durch Ausweitungen der Systeme sozialer Sicherheit zunehmend

[319] Vgl. hierzu, Diederichsen, AcP 198 (1998), 171 ff.
[320] Reinhardt, FS Schmidt-Rimpler, S. 115.
[321] Singer, Selbstbestimmung, S. 21.
[322] Medicus, Abschied von der Privatautonomie im Schuldrecht?
[323] Isensee, FS Großfeld, S. 485, 505.
[324] Bungeroth, FS Schimansky, S. 279, 280 f.

überlagert und zurückgedrängt. Die Rechtsprechung hat das Verschuldensprinzip durch die Schaffung des Verkehrspflichtkonzepts sowie durch eine dogmatische Verfeinerung der Zurechnungskriterien (Objektivierung der Fahrlässigkeit, Gewähr von Beweiserleichterungen) inhaltlich stark verändert und somit wesentlich zu einer Haftungsverschärfung zu Lasten des Schädigers beigetragen. Richterrechtlich besteht heute, wie oben gezeigt, ein umfassendes Netz von Verkehrspflichten, das die Haftung für Unterlassen und gefährliche Sachen bzw. Produkte steuert. Die Rechtsprechung hat dabei eine schwer überschaubare Sammlung an Sicherungs-, Kontroll- und Warnpflichten aufgestellt, und zwar in der Gestalt von Geboten als auch Verboten.[325] Durch die richterrechtliche Formulierung derartiger Verkehrspflichten wird die allgemeine ökonomische Handlungsfreiheit des potentiellen Schädigers von vornherein mit einem außerkontraktlichen Haftungsrisiko belastet, um bestimmte Verhaltens-, Sorgfaltsanforderungen oder Schutzinteressen durchzusetzen.[326]

Die skizzierten Entwicklungen zum Schutz des „Schwächeren“ durch das Vertragsrecht und des „Geschädigten“ durch das Deliktsrecht seit der Schaffung des BGB weisen dabei gewisse Gemeinsamkeiten auf. Sowohl die Haftungsausweitung im Bereich des Deliktsrechts als auch die Mechanismen zum Schutz des „Schwächeren“ im Vertragsrecht sind als Folge der „Materialisierung“ des Privatrechts anzusehen. „Materialisierung“ des Privatrechts meint – so Habermas – die Entwicklung eines allgemeinen privaten Ausgleichsrechts für Systemvorsprünge und Abhängigkeitsrelationen.[327] Informations-, Macht- und Kompetenzvorsprünge der einzelnen Teilnehmer am Rechtsverkehr werden hierbei einer empirischen Analyse und einer rechtlich regulierenden Bewertung unterzogen. Dabei wird die durch faktische Ungleichgewichtslagen gefährdete Rechtsausübungsgleichheit der Beteiligten durch die Abschaffung faktischer Privilegien wieder hergestellt. Im Rahmen von Ungleichgewichtslagen dient dabei die Inhaltskontrolle von Verträgen nach dem allgemeinen bürgerlichen Recht (§§ 134, 138, 242 BGB) oder nach den §§ 307 ff. BGB der Erreichung von Gleichheit in der Rechtsausübung.

Canaris hat in seinem Beitrag „Wandlungen des Schuldvertragsrechts“[328] Tendenzen einer „Materialisierung“ für den Bereich des Vertragsrechts aufgezeigt. Er betrachtet insbesondere die Bürgschaftsentscheidung des Bundesverfassungsgerichts sowie die Rechtsprechung des BGH zur Sittenwidrigkeit von Konsumentenkrediten als Ausdruck eines materialen Verständnisses der Vertragsfreiheit.[329] Auch das Institut der culpa in contrahendo dient nach Canaris als

---

325 Jansen, Haftungsrecht, S. 402.
326 Brüggemeier, JZ 1986, 268, 276.
327 Habermas, Faktizität, S. 481 ff., 487 f.
328 Canaris, AcP 200 (2000), 273 ff.
329 Canaris, AcP 200 (2000), 273, 295 ff.

Mittel zum Schutz der materialen Vertragsfreiheit gegenüber einer Irreführung.[330] Schließlich haben die AGB-Inhaltskontrolle gem. §§ 307 ff. BGB sowie die verbraucherschützenden Widerrufsrechte der §§ 1 HaustürWG und 7 VerbrKrG (jetzt §§ 312, 495 i.V.m. 355 BGB) wesentlich zu einer „Materialisierung" des Vertragsrechts beigetragen.

Aber auch im Bereich des Haftungsrechts wirkt sich die „Materialisierung" aus. So hat Schmidt-Salzer[331] darauf hingewiesen, dass der laufende Ausbau des Geschädigtenschutzes aus dem Blickwinkel des Verbraucherschutzes gesehen werden kann. Durch begünstigende Regelungen wie z.B. das Produkthaftungsgesetz mit seinen abgesenkten Verschuldenserfordernissen oder die Grundsätze der Produzentenhaftung soll der private Endverbraucher in eine bessere Position gegenüber dem als überlegen geltenden, gewerblichen oder beruflichen Leistungsanbietern gebracht werden.

Man erkannte im Laufe der Zeit, dass die im Prinzip richtigen, in ihrer „reinen" Form jedoch zu unbilligen Ergebnissen führenden Prinzipien der Vertragsfreiheit und der Verschuldenshaftung zum Schutz des „Schwächeren" und des „Geschädigten" gemildert werden mussten. So wie das Vertragsrecht sich in den letzten Jahrzehnten vom formalen Vertragsfreiheitskonzept zunehmend zum Prinzip der materialen Vertragsgerechtigkeit entwickelt hat, ist auch im Bereich des Haftungsrechts eine „Materialisierung" dergestalt zu erkennen, dass die schutzbedürftigen Belange des Geschädigten zunehmend mehr in den Mittelpunkt des Haftungsrechts rückten und zu einem laufenden Ausbau seines Schutzes führten. Es kann somit festgehalten werden, dass die „Materialisierung" des Privatrechts auch das Haftungsrecht erfasst und zu einer Belastung des Handelnden zugunsten des Geschädigten führte.

---

[330] Canaris, AcP 200 (2000), 273, 304 ff.
[331] Schmidt-Salzer, FS Steffen, S. 429 ff.

Kapitel 2: Die Dogmatik der Verkehrspflichten im System des BGB

In diesem Kapitel sollen die umstrittenen dogmatischen Grundlagen und die Funktion der Verkehrspflichten dargestellt werden. Zunächst wird hierbei auf die gesetzlichen Grundlagen und die systematische Einordnung der Verkehrspflichten in die Dogmatik der unerlaubten Handlungen nach §§ 823 ff. BGB eingegangen. Darüber hinaus wird auch das Verhältnis zwischen Verkehrspflichten und vertraglichen sowie quasivertraglichen Schutzpflichten erörtert. Abschließend soll auf die Bedeutung der Verkehrspflichten für Unterlassungsansprüche eingegangen werden.

§ 3 Einordnung der Verkehrspflichten im System des Deliktsrechts

I. Der Streit um die methodologische Legitimität der Lehre von den Verkehrspflichten

Die methodologische Legitimität der Lehre von den Verkehrspflichten ist umstritten. So wird die Auffassung vertreten, sie seien aus „wilder Wurzel" entsprungen[1] und bildeten einen „Wildwuchs im System des Delikstrechts".[2] Noch weiter reicht die Behauptung, die „umfassende Verantwortlichkeit für Nicht-Tun" sei von der Rechtsprechung „genau genommen contra legem entwickelt worden".[3] In Fortführung dieser Thesen wird heute die Auffassung vertreten, im Rahmen des § 823 Abs. 1 BGB sei zwischen „zwei Gesichtern" zu unterscheiden, nämlich dem „Nebeneinander einer legislativen Eingriffs- und judiziellen Verkehrspflichtverletzungskonzeption".[4] Diese unterschiedlichen Bewertungen zeigen, dass das Problem der systematischen Integration der Verkehrspflichten in das Deliktsrecht bisher nicht zufrieden stellend gelöst ist. Das gilt insbesondere für ihre Einordnung in den Tatbestand des § 823 Abs. 1 oder 2 BGB, aber auch für ihre Abstimmung mit gesetzlichen Verkehrspflichtverletzungstatbeständen wie etwa den §§ 831 oder 836 BGB. Im Folgenden soll der Meinungsstand und die Bedeutung der Frage, ob die Verkehrspflichten tatsächlich contra legem entwickelt wurden und wie sie sich in das System der §§ 823 ff. BGB einordnen lassen, dargestellt werden.

---

1 Esser, JZ 1953, 129, 132.

2 Deutsch, JuS 1967, 152, 157.

3 So v. Bar, Verkehrspflichten, S. 25; ähnlich Brüggemeier, Delikstrecht, S. 314.

4 Mertens, VersR 1980, 397 ff.; ders. in: MünchKomm/Mertens³, § 823 Rn. 2 ff.; ihm folgend etwa v. Bar, Gutachten, S. 1681, 1702 f., 1714 f.

1. Die Unterscheidung von legislativer Eingriffs- und judizieller Verkehrspflichtverletzungskonzeption in § 823 Abs. 1 BGB

Wie oben bereits angedeutet,[5] vertritt Mertens die Auffassung, dass § 823 Abs.1 BGB ein doppeltes Gesicht habe.[6] Das eine – nämlich die Haftung für unmittelbare Eingriffe in fremde Rechtsgüter – habe ihm der Gesetzgeber, das andere – die Haftung für verkehrswidriges Verhalten – die Rechtsprechung verliehen. Daher könne man eine legislative und eine diese überlagernde und weit über sie hinausreichende judizielle Version der Vorschrift unterscheiden.[7]

Der Gesetzgeber, so wird geltend gemacht, habe in § 823 Abs. 1 BGB allein die eigenhändige und unmittelbare Tatbestandsverwirklichung sanktioniert. Tatbestandsmäßig sei danach nur die Handlung, die den Eintritt des tatbestandsmäßigen Erfolgs in der Weise bedinge, dass er eintreten könne, ohne dass noch irgendeine weitere Handlung vorgenommen werden müsse.[8] Dem liegt die Überzeugung zugrunde, § 823 Abs. 1 BGB erfasse nach dem Willen des Gesetzgebers nur eigenhändige und unmittelbare Eingriffe in die dort genannten Rechte und Rechtsgüter als tatbestandsmäßige Verletzungshandlungen. Die Auffassung von der legislativen Konzeption des § 823 Abs. 1 BGB beruft sich im Wesentlichen auf die von Fraenkel in seiner Dissertation „Tatbestand und Zurechung bei § 823 Abs. 1 BGB“ erzielten Ergebnisse.[9]

Diese legislative Konzeption, die sich aus Gründen der allgemeinen Handlungsfreiheit auf die Sanktionierung eigenhändiger unmittelbarer Eingriffe in die durch § 823 Abs. 1 BGB geschützten Rechtsgüter, ergänzt durch eine relativ restriktiv zu fassende Teilnahmelehre, beschränke, habe nun die Rechtsprechung durch ihre Konzeption des Delikts als Verkehrspflichtverletzung ergänzt und damit zugleich auch gesprengt.[10] Diese Konzeption stelle dem Prinzip, dass schadensersatzpflichtig sei, wer entgegen der bestehenden Rechtszuordnung ein fremdes Gut beeinträchtige, den Gedanken zur Seite, dass Handlungsfreiheit nur im Rahmen einer Vielzahl sozialer Verhaltenspflichten bestehe und die Schädigung von Rechtsgenossen durch Beeinträchtigung der in § 823 Abs. 1 BGB genannten Güter auch dann zum Schadensersatz verpflichte, wenn sie nicht im Wege des unmittelbaren Eingriffs erfolge.

---

[5] Vgl. § 1 V 1.

[6] Mertens, VersR 1980, 397 ff.; MünchKomm/Mertens³, § 823 Rn. 2 ff.; ihm folgend etwa v. Bar, Gutachten, S. 1681, 1702 f., 1714 f.; auch Brüggemeier, Deliktsrecht, S. 125 stellt „das Prinzip des geltenden Deliktsrechts“ dem „historisch bedingte(n) legislative(n) Konzept“ gegenüber.

[7] Mertens, VersR 1980, 397, 398.

[8] MünchKomm/Mertens³, § 823 Rn. 13 f.

[9] Vgl. hierzu § 1 V 1.

[10] Mertens, VersR 1980, 397, 398.

Die Verkehrspflichten, so wird vor diesem Hintergrund geltend gemacht, seien somit eine Rechtsfigur, die erst die Rechtsprechung in den Rahmen des § 823 Abs. 1 BGB eingefügt habe.[11] Der Grundsatz der Verkehrspflichtigkeit sei in der Kodifikation ohne Stütze[12] und die Verkehrspflichten seien vom BGB nicht gewollt.[13]

2. Die Gesetzeskonformität des Verkehrspflichtkonzepts

Nach anderer Auffassung in der Literatur[14] sind die Verkehrspflichten nicht „aus wilder Wurzel entsprungen", sondern beruhen auf einer gewachsenen Tradition, die bis in das römische Recht zurückreicht. Die Verkehrspflichten seien keineswegs im Gegensatz zur Kodifikation entstanden. Mit der Verkehrspflichtenrechtsprechung haben das Reichsgericht und der BGH nach dieser Auffassung eine ältere gemeinrechtliche Judikatur fortgeführt, an der der Gesetzgeber des BGB anscheinend nichts hatte ändern wollen.[15] Keine Bestätigung finde die These, der Gesetzgeber habe durch § 823 Abs. 1 BGB allein die eigenhändige und unmittelbare Tatbestandsverwirklichung sanktionieren wollen. Für die Gefährdung durch pflichtwidriges Unterlassen werde eine solche Behauptung durch die Entstehungsgeschichte der Kodifikation widerlegt.[16] Auch mittelbare Erfolgsverursachungen durch Unterlassen würden von § 823 Abs. 1 BGB erfasst, sofern der Untätigbleibende eine Rechtspflicht zum Handeln verletze. Es lasse sich die Gesetzesinkonformität der Verkehrspflichten jedenfalls nicht auf die Erwägung stützen, § 823 Abs. 1 BGB solle keinen Rechtsschutz im Vorfeld unmittelbarer Verletzungen gewähren. Dem Gesetz sei eine solche Beschränkung des Deliktsschutzes fremd.[17]

Im Konzept des BGB seien die Grundlagen der haftungsbegründenden Rechtspflicht zum Handeln bewusst ungeregelt geblieben und ihre Konkretisierung der Rechtsprechung überantwortet worden.[18] Mit der Entwicklung der Verkehrspflichten habe die Rechtsprechung jene Aufgaben wahrgenommen, die ihr der

[11] Mertens, VersR 1980, 397, 398.
[12] v. Bar, Gutachten, S. 1681, 1701.
[13] v. Bar, Verkehrspflichten, S. 36.
[14] Kleindiek, Deliktshaftung, S. 20 ff.; Jansen, Haftungsrecht, S. 395 ff.; Zeuner, 25 Jahre Karlsruher Forum, S. 198 f.; MünchKomm/Wagner[4], § 823 Rn. 51 ff.; Schwitanski, Deliktsrecht, S. 254 ff.
[15] Jansen, Haftungsrecht, S. 396.
[16] Kleindiek, Deliktshaftung, S. 34 ff.
[17] Kleindiek, Deliktshaftung, S. 114.
[18] Vgl. hierzu Schwitanski, Deliktsrecht, S. 392: „Die sog. Verkehrspflichten sind weitgehend nichts anderes als das Resultat der in der Rechtsprechung vorgenommenen Ausfüllung des wertungsoffenen Haftungsmerkmals der Einhaltung der verkehrserforderlichen Sorgfalt. Sie sind von der Rechtsprechung nicht lückenfüllend, insbesondere nicht im Rahmen einer praeter legalen Rechtsfortbildung im Bereich der Haftung für Unterlassen entwickelt worden."

Gesetzgeber im Konzept des Deliktsrechts zugewiesen habe. Die Entwicklung der Verkehrspflichten sei der Rechtsprechung vom Gesetzgeber mit Selbstverständlichkeit aufgegeben worden, da der generalklauselartige Begriff der fahrlässigen Verletzung i. S. von § 823 Abs. 1 BGB sich anders gar nicht konkretisieren ließe.[19] Man sollte der Rechtsprechung daher nicht aufzureden versuchen, sie habe mit der Entwicklung der Verkehrspflichten das gesetzliche System des Deliktsrechts in mehr oder weniger revolutionärer Weise durchbrochen.[20] In Wahrheit habe die Rechtsprechung nicht mehr getan, als was zur Auffüllung von § 823 Abs. 1 BGB und zur lückenfüllenden Ergänzung der §§ 831 ff., 836 ff. BGB erforderlich gewesen sei.[21]

3. Bedeutung des Streits über die Legitimität des Verkehrspflichtkonzepts

Die Bedeutung der Kontroverse hinsichtlich der Legitimität des Verkehrspflichtkonzepts sollte nicht überschätzt werden.[22] Es ist heute weithin unstreitig, dass auch bei Unterlassungen und mittelbaren Rechtsverletzungen gehaftet wird. Der Unterschied zwischen den verschiedenen Auffassungen reduziert sich dann auf die Frage, ob die Verkehrspflichten im Gesetz verankert sind oder auf einer judiziellen Konzeption beruhen. Die Streitfrage, ob man von einer legislativen und einer judiziellen Version in § 823 Abs.1 BGB ausgehen kann oder ob man annehmen muss, dass zwei verschiedene legislative Konzeptionen in § 823 Abs. 1 BGB nebeneinander verwirklicht wurden, braucht daher hier nicht weiter vertieft zu werden, da sie allein von historischem Interesse und dogmatisch von geringer Bedeutung ist.[23]

II. Verkehrspflichten zum Schutz der Rechtsgüter des § 823 Abs. 1 BGB

1. Dogmatische Zuordnung der Verkehrspflichten zu § 823 Abs. 1 BGB

Von dogmatisch weitaus größerer Bedeutung ist die Einordnung der Verkehrspflichten in § 823 BGB. Nach der Rechtsprechung[24] und der herrschenden Auf-

[19] Canaris, FS Larenz, S. 27, 78.
[20] MünchKomm/Wagner, § 823 Rn. 57: „Insgesamt kann keine Rede sein, die Verkehrspflichten seien von der Rechtsprechung „contra legem" entwickelt worden. Vielmehr hat sie richtig gesehen, dass nach § 823 Abs.1 nicht nur positives Tun, sondern auch Unterlassen zur Auslösung der Haftung geeignet ist, und dass es ihr selbst – der Rechtsprechung – sowie der Lehre überlassen bleibt, die Grenze zwischen Tun und Unterlassen zu ziehen und die „verschiedenen Gründe" für eine Rechtspflicht zum Handeln herauszuarbeiten. Die Verkehrspflichten sind das Resultat der Bemühungen um die Erfüllung dieser Aufgabe."
[21] Canaris, FS Larenz, S. 27, 79.
[22] Staudinger/Hager, § 823 Rn. E 2.
[23] MünchKomm/Mertens^3, § 823 Rn. 2 FN. 4; Staudinger/Hager, § 823 Rn. E 2.
[24] BGH, NJW 1987, 2671, 2672; davon geht die Rechtsprechung auch ansonsten aus; vgl. z.B. BGH, NJW 1991, 921.

fassung in der Literatur[25] sind die Verkehrspflichten dem Absatz 1 des § 823 BGB zuzuordnen. Von den Vertretern dieser Auffassung wird geltend gemacht, dass die Verkehrspflichten sowohl entwicklungsgeschichtlich als auch dogmatisch gesehen zur Konkretisierung des Begriffs der fahrlässigen widerrechtlichen Verletzung i.S. von § 823 Abs. 1 BGB dienen.[26] Diese Verkehrspflichten nicht mehr in § 823 Abs. 1 BGB, sondern in § 823 Abs. 2 BGB zu verorten,[27] hätte zur Folge, dass der Bereich des Unterlassens und der mittelbaren Eingriffe im Wesentlichen aus § 823 Abs. 1 BGB herausgenommen würden. Für eine solche Entleerung der Vorschrift bestünde jedoch kein Anlass, zumal sie dazu führen würde, dass § 823 Abs. 2 BGB zur Zentralnorm des gesamten Deliktsrechts aufrücken und § 823 Abs. 1 BGB zu einer Spezialnorm für unmittelbare Eingriffe degradiert würde.[28] Die Auffassung, die Verkehrspflichten in § 823 Abs. 2 BGB anzusiedeln, stünde im Widerspruch dazu, dass § 823 Abs. 1 BGB nach systematischer Stellung und Rang der dort geschützten Rechtsgüter eine deliktsrechtliche Zentralnorm und nicht lediglich die Regelung eines begrenzten Problemausschnittes darstellt.[29] Sie würde des Weiteren dazu führen, dass bei Verletzungen, die einerseits einen unmittelbaren Eingriff bedeuteten, andererseits gegen eine Verkehrspflicht verstießen, eine sehr schwierige Abgrenzung zwischen den beiden Absätzen des § 823 BGB notwendig wäre.[30] Schließlich führe die generelle Unterstellung der Verkehrspflichten unter § 823 Abs. 2 BGB zu einer Aushöhlung des Begriffs des „Schutzgesetzes". Zwar ließen sich sprachlich und rechtsquellentheoretisch darunter auch richterrechtliche Verhaltensnormen im Sinne der Verkehrspflichten verstehen. Dogmatisch sei eine solche Auslegung jedoch abzulehnen, da sie § 823 Abs. 2 BGB seiner besonderen Funktion, die in

[25] Medicus, JZ 1986, 778, 780; Picker, JZ 1987, 1041, 1047; ders. AcP 183, 369, 495 ff.; Grunewald, AcP 187, 285, 297 f.; Damm, JZ 1991, 373, 382 f.; Larenz/Canaris, Schuldrecht II/2, S. 405; Canaris, FS Larenz, S. 27, 77 ff.; Rosenbach, Eigentumsverletzung, S. 44 ff., 54; Staudinger/Hager, § 823 Rn. E 4 f.; MünchKomm/Wagner[4], § 823 Rn. 59; Schwitanski, Deliktsrecht, S. 254 ff.

[26] Larenz/Canaris, Schuldrecht II/2, S. 405.

[27] So Deutsch/Ahrens, Deliktsrecht, Rn. 276; Deutsch., JuS 1967, 152, 157; Larenz, FS Dölle, S. 189, 193; Huber, FS von Caemmerer, S. 359, 380; v. Bar, Verkehrspflichten, S. 157 ff.; Leser, AcP 182 (1982), 568, 585 f.

[28] Larenz/Canaris, Schuldrecht II/2, S. 405; Canaris, FS Larenz, S. 27, 78.

[29] Canaris, FS Larenz, S. 27, 78; vgl. auch die Ausführungen aus Richtersicht von Steffen, ZVersWiss 1993, 13, 20: „Ungeachtet aller Tendenzen der Verkehrspflichten zur Verselbständigung steht für uns im Beratungszimmer *erstens* das Schutzgut und seine Verletzung ganz im Vordergrund .... *Drittens* halten wir uns trotz Annäherung an § 823 Abs. 2 BGB nicht dazu befügt, durch die Standards hindurch neue Schutzgüter, etwa den Schutz reiner Vermögensinteressen, zu etablieren. Die Sicht läuft vom Schutzgut zur Verkehrspflicht, allenfalls von dort zum Schutzgut wieder zurück, nie anders herum. Es erscheint uns geradezu als Geschäftsgrundlage für unser Richterrecht, dass wir unsere Orientierungen im Konzept des § 823 Abs.1 finden."

[30] Larenz/Canaris, Schuldrecht II/2, S. 405; Canaris, FS Larenz, S. 27, 79.

der Gewinnung wertungsmäßiger Überzeugungskraft und tatbestandlicher Klarheit durch den Rückgriff auf die Entscheidung des Gesetzgebers liege, beraube.[31] Letztlich wird geltend gemacht, dass § 823 Abs. 2 BGB auch die Funktion zukomme, außerdeliktsrechtliche Normen in das Deliktsrecht umzusetzen, wohingegen die Verkehrspflichten deliktsrechtliche Pflichten seien.[32]

2. Funktion und Stellung der Verkehrspflichten im Aufbau des § 823 Abs. 1 BGB

Unter den Vertretern, die die Verkehrspflichten § 823 Abs. 1 BGB zuordnen, ist umstritten, welche Bedeutung sie in diesem Rahmen haben und wo sie genau im Deliktsaufbau des § 823 Abs. 1 BGB zu verorten sind.

a) Die Funktion der Verkehrspflichten als haftungsbegründendes Element bei Unterlassungen und mittelbaren Rechtsgutsverletzungen im Rahmen des § 823 Abs. 1 BGB

Weitgehende Einigkeit besteht insoweit, dass den Verkehrspflichten die Funktion als haftungsbegründendes Element bei Unterlassungen und mittelbaren Rechtsgutsverletzungen im Rahmen des § 823 Abs. 1 BGB zukommt.[33] Ursprünglich sind die Verkehrspflichten in erster Linie entwickelt worden, um die Problematik des Unterlassens und dessen Gleichstellung mit dem positiven Tun im Rahmen des § 823 Abs. 1 BGB in den Griff zu bekommen.[34] Man erkannte, dass bei einem Unterlassen eine unerlaubte und damit rechtswidrige Handlung nur dann vorliegt, wenn eine Pflicht zur Vermeidung oder Abwendung der konkreten Gefahr besteht. Zur Begründung einer solchen Pflicht wurden die Verkehrspflichten konzipiert.[35] Jedoch hat vor allem von Caemmerer den Begriff des Unterlassens als wenig funktional bezeichnet und aufgezeigt, dass die Verkehrspflichten auch für die mittelbaren Verletzungen von zentraler Bedeutung sind.[36] Zunehmend wurde erkannt, dass auch durch positives Tun Verkehrspflichten verletzt werden können und dass es sich bei den Verkehrspflichten ih-

[31] Canaris, FS Larenz, S. 27, 80.

[32] Larenz/Canaris, Schuldrecht II/2, S. 405; in diesem Sinne auch Schwitanski, Deliktsrecht, S. 254 ff., wonach der vorgegebene systematische Rahmen von § 823 BGB gesprengt wird, wenn man richterrechtlich entwickelte Verkehrspflichten, bei denen es am Bezug auf außerdeliktsrechtliche Normen fehle, bei § 823 Abs.2 BGB anzusiedeln suche und dieser Vorschrift damit im Ergebnis die Funktion einer vom Gesetzgeber gerade abgelehnten umfassenden deliktsrechtlichen Generalklausel zuweise.

[33] Deckert, Jura 1996, 348; Raab, JuS 2002, 1041 ff. m.w.N.

[34] Vgl. die für die Entwicklung der Verkehrspflichten grundlegende Entscheidung RGZ 52, 373 ff.

[35] Vgl. RGZ 52, 373.

[36] v. Caemmerer, FS Deutscher Juristentag, Bd. II, S. 49, 72 ff.; siehe auch Larenz/Canaris, Schuldrecht II/2, S. 401.

rer Funktion nach um Gefahrsteuerungsgebote[37] bzw. um Gefahrvermeidungs- und –abwendungspflichten[38] handelt.

b) Verkehrspflichten als Instrumente zur „Zuweisung von Schadenslasten“

Jansen zeigt sich kritisch gegenüber dem vorherrschenden Verständnis von den Verkehrspflichten als Gefahrsteuerungsgeboten bzw. Gefahrvermeidungs- und –abwendungs-pflichten.[39] Im Rahmen seiner Untersuchungen zur Struktur des Haftungsrechts versucht er aufzuzeigen, dass die heute herrschende Dogmatik des § 823 Abs. 1 BGB das geltende Recht, also die Entscheidung von Rechtsfällen durch die Gerichte und die Diskussion solcher Entscheidungen in der Literatur, nicht plausibel erklären kann. Das Hauptproblem liege in einem verhaltensbezogenen Rechtswidrigkeitskonzept, das erstens die Fälle einer deliktischen Haftung für erlaubtes Verhalten nicht erfasse und zweitens die tatsächlich entscheidungsleitenden Wertungsaspekte bei der Begründung der so genannten Verkehrspflichten verdecke.[40]

Jansen führt dabei vor allem die zunehmend zu beobachtende Entkoppelung der Verkehrspflichten von tatsächlichen Verhaltensanforderungen ins Feld.[41] Diese stehe geradezu im Gegensatz zu dem vorherrschenden deliktsrechtlichen Denken bei Erlass des BGB, denn zunächst habe die Verkehrspflichtenrechtsprechung primär den Zweck verfolgt, tatsächliche Verhaltensanforderungen zivilrechtlich zu sanktionieren und die haftungsrechtliche Verantwortlichkeit an die mittlerweile ausgedehnten sozialen Verhaltenspflichten zum Schutz der Rechtsgüter anderer anzubinden. Heute diene sie zumindest auch der Bestimmung des Umfangs spezifisch haftungsrechtlicher Schutzpositionen, die dabei gerade unabhängig von tatsächlichen Verhaltensanforderungen sein könnten.[42] Der „Waschmaschinen-Fall“[43] des OLG Düsseldorfs zeige deutlich, dass Richter

---

[37] So der Untertitel der Schrift von v. Bar, Verkehrspflichten, 1980.

[38] So Larenz/Canaris, Schuldrecht II/2, S. 402, im Gegensatz zu „Erfolgsvermeidungspflichten“, auf deren Verletzung der Unrechtsgehalt der unmittelbaren Eingriffe beruhe.

[39] Jansen, AcP 202 (2002), 517, 525 ff.; ders., Haftungsrecht, S. 394 ff.; vgl. auch § 1 V 6.

[40] Jansen, AcP 202 (2002), 517, 553 unter Bezugnahme auf die Fälle OAG München Seuff.Arch. 14, Nr. 208, S. 358 („Funkenflugfall“), BGH, JZ 1999, 48 und 50 („Feuerwerkskörperfälle“) und OLG Düsseldorf, VersR 1975, 159 f. („Waschmaschinenfall“).

[41] Jansen, Haftungsrecht, S. 402 ff.

[42] Jansen, Haftungsrecht, S. 403: „Die Betreiber von Wasch- und Geschirrspülmaschinen unterliegen der Verkehrspflicht, diese während des Waschvorgangs effektiv, also etwa alle fünf Minuten zu kontrollieren – tatsächlich verpflichtet dazu sind sie nicht. Eigentümer von Bäumen haben diese verdachtsunabhängig zweimal pro Jahr auf ihre Standfestigkeit zu kontrollieren – erzwingen kann dies weder der Nachbar (§ 1004 I 2 BGB verlangt ja gerade einen konkreten Gefahrverdacht) noch die Polizei“.

[43] OLG Düsseldorf, VersR 1975, 159 f.: Eine Hausfrau hatte eine Waschmaschine während ihres Betriebs unbeaufsichtigt gelassen und für etwa eine viertel Stunde ihre Wohnung verlassen. Währenddessen kam es zu einem Maschinenschaden, und auslaufendes Wasser füh-

heute sehr genau wüssten, dass sie mit der Konstituierung einer Verkehrspflicht nicht primär ein echtes Verhaltensgebot aufstellen, sondern eine Haftungsverantwortlichkeit begründen wollen. So sehe auch Steffen die Funktion der Verkehrspflichten primär in der „Zuweisung von Schadenslasten".[44] Nach diesem haftungsbezogenen Verständnis liegt den Verkehrspflichten die Frage zugrunde, wer fairerweise einen eingetretenen Schaden zu tragen hat.[45] Die Funktion der Verkehrspflichten liegt danach primär in der Haftungssteuerung, nicht aber in der Festlegung echter Verhaltenspflichten.

c) Einordnung der Verkehrspflichten in den Deliktsaufbau des § 823 Abs. 1 BGB

Die Einordnung der Verkehrspflichten in die Kategorien Tatbestand, Rechtswidrigkeit und Schuld wird ebenfalls unterschiedlich beurteilt.[46] Teilweise sollen die Verkehrspflichten im Rahmen der Tatbestandsmäßigkeit,[47] teilweise im Rahmen der Fahrlässigkeit[48] zu prüfen sein; nach anderer Auffassung sollen sie für das Rechtswidrigkeitsurteil maßgeblich sein.[49]

Letztere Auffassung basiert im Wesentlichen auf der für den Rechtswidrigkeitsbegriff maßgebenden Unterscheidung zwischen unmittelbaren und mittelbaren Eingriffen. Ausgehend von den grundlegenden Untersuchungen durch von Caemmerer,[50] Hans Stoll[51] und Larenz[52] hat sich in der Diskussion um den zivilrechtlichen Rechtswidrigkeitsbegriff heute eine Differenzierung nach der Nähe

te in der darunter liegenden Wohnung zu einem erheblichen Schaden. Die Hausfrau wurde zu Schadensersatz verurteilt, wobei das Verlassen des Hauses als die Verletzung einer Verkehrspflicht beurteilt wurde. Dazu führte das Gericht aus: „Der Senat verkennt nicht, dass sich diese Beurteilung der Auferlegung einer Gefährdungshaftung nähert... Ein Teil auch sorgfältiger Hausfrauen geht davon aus, man könne von ihnen nicht verlangen, während des Waschvorgangs einer automatischen Waschmaschine die Wohnung nicht zu verlassen und die Maschine in der Weise zu überwachen, dass sie nach dem Austreten von Wasser aus der Maschine oder dem Platzen eines Schlauchs alsbald den weiteren Wasseraustritt verhindern können. *Auch diese Frauen haben im Schadensfall aber allgemein durchaus das Bewusstsein, dass sie dann für den Schaden eintreten müssen und den Geschädigten nicht die Folgen tragen lassen dürfen.*"

44 Steffen, VersR 1980, 409, 410.

45 Jansen, AcP 202 (2002), 517, 536.

46 Medicus, Bürgerliches Recht, Rn. 642 ff.; Larenz/Canaris, Schuldrecht II/2, S. 406; Canaris, FS Larenz, S. 27, 80; Deckert, Jura 1996, 348, 349; Raab, JuS 2002, 1041 ff.

47 BGH, NJW 1987, 2671, 2672; Erman/Schiemann, § 823 Rn. 76; Larenz/Canaris, Schuldrecht II/2, S. 405; MünchKomm/Wagner[4], § 823 Rn. 62; Fuchs, Deliktsrecht, S. 89.

48 Huber, FS Wahl, S. 301, 303.

49 Münzberg, Verhalten und Erfolg, S. 75 ff.; v. Bar, Verkehrspflichten, S. 173 ff.; ders., JuS 1988, 169, 173 ff.

50 v. Caemmerer, FS 100 Jahre DJT, Bd. II, S. 49, 77 ff., 131 ff.

51 H. Stoll, Handeln auf eigene Gefahr, S. 279 ff.

52 Larenz, FS Dölle, S. 169, 183 ff.

der Handlung zum Verletzungserfolg weitgehend durchgesetzt:[53] Danach gelten unmittelbare Eingriffe in die Rechte und Rechtsgüter des § 823 Abs. 1 BGB ohne weiteres als rechtswidrig, soweit dem Handelnden kein Rechtfertigungsgrund zur Seite steht. Demgegenüber erfordert das Unrechtsurteil über mittelbare Eingriffe die Feststellung, dass mit dem erfolgsverursachenden Tun oder Unterlassen gegen ein Verhaltensgebot oder –verbot verstoßen, also eine Verkehrspflicht verletzt worden ist. Diese Differenzierung nach der Nähe zur Handlung zum Verletzungserfolg geht auf die Kontroverse zwischen den Lehren vom Erfolgsunrecht und vom Verhaltensunrecht zurück.[54] Die Lehre vom Erfolgsunrecht schließt auf das Unrecht menschlichen Verhaltens schon aus dem verursachenden Verletzungserfolg, sofern nicht ein besonderer Rechtfertigungsgrund eingreift. Die Lehre vom Verhaltensunrecht hingegen knüpft das Unrechtsurteil über das erfolgsursächliche Verhalten erst an die Verletzung eines Verhaltensverbots oder –gebots, also an den Verstoß gegen eine Verhaltenspflicht in Form einer Verkehrspflicht.[55] Nach den Vertretern dieser Auffassung hängt somit das Rechtswidrigkeitsurteil bei bloß mittelbar verursachter Rechtsgutsverletzung vom Verstoß gegen eine Verkehrspflicht ab.[56] Danach sind die Verkehrspflichten im Bereich der Rechtswidrigkeit einzuordnen.

Nach der heute überwiegenden Auffassung ist im Falle des Unterlassens und der mittelbaren Verursachung des Verletzungserfolges das Vorliegen einer Verkehrspflichtverletzung bereits im objektiven Tatbestand zu prüfen.[57] Die Verkehrspflichten finden nach dieser Ansicht ihren Platz im Tatbestand des § 823 Abs. 1 BGB.[58] Der Verkehrspflichtverletzung kommt danach die Funktion zu, aus der unüberschaubaren Zahl von mittelbaren Ursachenbeiträgen diejenige herauszufiltern, die für den Verletzungserfolg im Rechtssinne als ursächlich angesehen werden kann. Es geht somit um objektive Zurechnung des Verletzungserfolges, mithin also um ein Problem des Tatbestandes des § 823 Abs. 1 BGB.[59] Des Weiteren spreche hierfür der sachliche Zusammenhang zwischen der Verkehrspflichtverletzung und dem Aspekt des Schutzzweckzusammenhangs, die hinsichtlich der haftungsbegründenden Zurechnung eine untrennbare Einheit bildeten, weswegen sie gemeinsam mit der haftungsbegründenden Kausalität im

[53] Siehe etwa v. Bar, Verkehrspflichten, S. 154 ff., 174 f.; ders., Gutachten, S. 1681, 1701 ff.; ders., JuS 1988, 169, 170; Larenz/Canaris, Schuldrecht II/2, S. 364 ff; Deutsch, Haftungsrecht, Rn. 235 ff.; Stathopoulos, FS Larenz, S. 631, 640 ff.; Zimmermann, JZ 1980, 10, 11.

[54] Dazu Deutsch, Fahrlässigkeit, S. 444 ff.

[55] Kleindiek, Deliktshaftung, S. 24.

[56] Siehe etwa v. Bar, Verkehrspflichten, S. 154 ff.; Deutsch, Haftungsrecht, Rn. 237; Fezer, Teilhabe, S. 501, 510.

[57] Raab, JuS 2002, 1041, 1047; Fikentscher, Schuldrecht, Rn. 1059; Erman/Schiemann, § 823 Rn. 76; Fuchs, Deliktsrecht, S. 90.

[58] So auch BGH, NJW 1987, 2671, 2672; Erman/Schiemann, § 823 Rn. 76; Larenz/Canaris, Schuldrecht II/2, S. 405.

[59] Raab, JuS 2002, 1041, 1047.

objektiven Tatbestand zu erörtern seien. Auf der Ebene der Rechtswidrigkeit ist nach dieser Auffassung lediglich das Eingreifen von Rechtfertigungsgründen zu untersuchen. Eine gesonderte Prüfung der Rechtswidrigkeit erübrige sich, da die Feststellung der Pflichtwidrigkeit das Vorliegen der Rechtswidrigkeit mit einschließe.[60]

Fraglich ist nach dieser Auffassung lediglich, ob bei der Annahme einer Verkehrspflichtverletzung noch Raum für eine besondere Prüfung des Verschuldens bleibt. Dies ist zu bejahen, da die Verletzung einer Verkehrspflicht nicht gleichbedeutend mit der Fahrlässigkeit als Verschuldenselement ist.[61] Im Rahmen der Fahrlässigkeit ist vielmehr zwischen der Verletzung der äußeren Sorgfalt und der inneren Sorgfalt zu unterscheiden.[62] Mit der äußeren Sorgfalt sind die Anforderungen gemeint, die die Rechtsordnung generell im Interesse des Rechtsgüterschutzes an das Verhalten eines durchschnittlichen Menschen in der konkreten Situation stellen muss. Diese Anforderungen begründen die Verkehrspflichten. Die innere Sorgfalt bezeichnet hingegen die Anstrengungen, die der Einzelne unternehmen muss, um die an ihn gestellten Verhaltensanforderungen zu erkennen und diesen gerecht zu werden. Wer diese Sorgfalt nicht beachtet, handelt vorwerfbar und schuldhaft.[63] Der Unterschied zwischen innerer und äußerer Sorgfalt zeigt sich vor allem in den Fällen, in denen die Rechtsordnung objektiv ein anderes, die Gefahr der Rechtsgutverletzung vermeidendes Verhalten verlangt, der Betroffene dies aber zum maßgeblichen Zeitpunkt noch nicht erkennen konnte, weil sich die spezifische Gefahrenlage erst später gezeigt hat oder die Anforderungen an das gefahrvermeidende Verhalten nachträglich gestiegen sind.[64] Das Verschulden behält nach dieser Auffassung auch in den Fällen der Verletzung einer Verkehrspflicht seine Bedeutung als Voraussetzung des Schadensersatzanspruchs. Mit der Feststellung der Verletzung einer Verkehrspflicht ist zunächst einmal nur die Nichteinhaltung der äußeren Sorgfalt dargelegt.[65] Im Rahmen des Verschuldens ist dann zu prüfen, ob der Verpflichtete aus individuellen Gründen nicht in der Lage war, den an ihn gestellten Verhaltensanforderungen gerecht zu werden, und damit ausnahmsweise trotz Nichtbeachtung der äußeren Sorgfalt nicht fahrlässig gehandelt hat.[66]

---

[60] Raab, JuS 2002, 1041, 1047.
[61] Raab, JuS 2002, 1041, 1047.
[62] So auch BGH, NJW 1986, 2757, 2758; v. Bar, JuS 1988, 169, 173; Deutsch/Ahrens, Deliktsrecht, Rn. 121; Staudinger/Hager, § 823 Rn A 5 f.; abl. aber Brüggemeier, Deliktsrecht, S. 94 f.; Kötz/Wagner, Deliktsrecht, Rn. 118.
[63] Raab, JuS 2002, 1041, 1047.
[64] Vgl. hierzu BGH, NJW 1995, 2631.
[65] Deutsch/Ahrens, Deliktsrecht, Rn. 261; U. Huber, FS E.R. Huber, S. 253, 267 f., 270 f., 274 ff.
[66] Im Regelfall indiziert die Nichtbeachtung der äußeren Sorgfalt auch die Verletzung der inneren Sorgfalt, vgl. BGH, NJW 1986, 2757, 2758; 1994, 2232, 2233.

III. Verkehrspflichten und § 823 Abs. 2 BGB

Nach anderer Ansicht sind die Verkehrspflichten als Schutzgesetze i.S. des § 823 Abs. 2 BGB aufzufassen.[67] Zunächst wird von den Vertretern dieser Auffassung geltend gemacht, dass die Rechtsprechung, die die Verkehrspflichten zwar in § 823 Abs. 1 BGB prüfe, den Haftungsgrund der Sache nach aber immer wieder genauso wie Schutzgesetze behandele,[68] weil „diese allgemeine Rechtspflicht neben den Verpflichtungen (besteht), die (dem Verantwortlichen) vielfach gemäß Schutzgesetz besonders auferlegt sind."[69] Damit sei die immer wieder zu beobachtende gesetzesersetzende Funktion der Verkehrspflichten in aller wünschenswerten Klarheit herausgestellt. Rechtsnormen und richterliche Verhaltensregeln erschienen als austauschbare Größen, und es sei mehr oder weniger Zufall, ob eine Pflicht als Verkehrspflicht oder zusätzlich als Straf- und damit Schutzgesetz normiert sei.[70] Nicht selten habe die Rechtsprechung Verhaltenspflichten entwickelt oder angedeutet, die später zu einem Schutzgesetz „aufgewertet" worden seien, so dass der Unterschied zwischen beiden Arten der Normen nur in der zeitlichen Reihenfolge ihres „Erlasses" liege.[71]

Einer Einfügung der Verkehrspflichten in § 823 Abs. 2 BGB stehe auch nicht der dort verwandte Begriff des Schutzgesetzes entgegen. Die richterlichen Verhaltensnormen in Gestalt der Verkehrspflichten ließen sich nämlich als Rechtsnormen i.S. von Art. 2 EGBGB und damit als Gesetze i.S. von § 823 Abs. 2 BGB deuten.[72] Der historische Wille des Gesetzgebers laufe einer Gleichstellung von Verkehrspflichten und Schutzgesetzen nicht prinzipiell zuwider. Des Weiteren seien die Verkehrspflichten zu Gewohnheitsrecht erstarkt, und dieses stelle trotz der Sprachwidrigkeit als nicht gesetztes Recht ein Gesetz i.S. von Art. 2 EGBGB dar.[73] Wie jede sonstige Rechtsnorm, sei daher auch das Richterrecht als „Gesetz" i.S. des Art. 2 EGBGB zu behandeln.[74] Ein weiterer Vorteil hinsichtlich der Einordnung der Verkehrspflichten in § 823 Abs. 2 BGB wird schließlich in dem verkürzten Verschuldensbezug gesehen, der sich nur auf die Verletzung der Verkehrspflicht, nicht aber des Rechtsguts beziehen müsse.[75]

[67] Deutsch/Ahrens, Deliktsrecht, Rn. 276, Deutsch, JuS 1967, 152, 157; Larenz, FS Dölle, S. 189, 193; Huber, FS von Caemmerer, S. 359, 380; v. Bar, Verkehrspflichten, S. 157 ff.; Leser, AcP 182 (1982), 568, 585 f.
[68] v. Bar, Verkehrspflichten, S. 165
[69] BGHZ 5, 378, 381; BGH, NJW 1976, 45.
[70] v. Bar, Verkehrspflichten, S. 165 ff.
[71] v. Bar, Verkehrspflichten, S. 166.
[72] Huber, FS v. Caemmerer, S. 359, 381 f.
[73] v. Bar, Verkehrspflichten, S. 164.
[74] Huber, FS v. Caemmerer, S. 359, 382.
[75] Deutsch, JuS 1967, 152, 157; v. Bar, Verkehrspflichten, S. 162.

IV. Verkehrspflichten und primärer Vermögensschutz

Eng verbunden mit der Problematik der Einordnung der Verkehrspflichten in § 823 Abs. 1 oder 2 BGB ist auch die Frage, ob das Vermögen als solches in den Schutzbereich der Verkehrspflichten einzubeziehen ist. In diesem Zusammenhang hat Canaris zu Recht darauf hingewiesen, dass die entscheidende Frage hierbei nicht dahin gehe, ob zum Schutz reiner Vermögensinteressen auch Verkehrspflichten eingesetzt werden können, sondern dass allein danach zu fragen sei, unter welchen Voraussetzungen dies möglich sei.[76] Um Verkehrspflichten zum Schutz allgemeiner Vermögensinteressen handele es sich z.B., wenn man im Rahmen von § 826 BGB den Banken bei Sanierungen von Unternehmen eine Pflicht zur Prüfung der Sanierungsfähigkeit und Sanierungswürdigkeit auferlege, um Schädigungen von anderen Kreditgebern oder sonstigen Gläubigern zu vermeiden. Ähnlich könnten auch bei der Konkretisierung von Schutzgesetzen i.S. von § 823 Abs. 2 BGB Verkehrspflichten zugunsten reiner Vermögensinteressen eine Rolle spielen.[77] Es kann damit festgehalten werden, dass Verkehrspflichten nicht nur für § 823 Abs. 1 BGB, sondern für alle Deliktstatbestände eine Rolle spielen und dass sie nicht nur Leben, Gesundheit und Eigentum, sondern unter Umständen auch reine Vermögensinteressen schützen. Verkehrspflichten zum Schutz reiner Vermögensinteressen bestehen demnach also dann, wenn das geltende Deliktsrecht allgemeine Vermögensinteressen schützt, also im Rahmen und unter den Voraussetzungen der §§ 823 Abs. 2, 824, 826, 831 BGB. Umstritten ist jedoch, ob eine darüber hinaus gehende Anerkennung von „freien", d.h. nicht in die Tatbestände der §§ 823 Abs. 2, 824, 826, 831 BGB integrierten Verkehrspflichten zum Schutz reiner Vermögensinteressen mit der im BGB geltenden deliktsrechtlichen Systematik vereinbar ist.

1. Die These vom primären Vermögensschutz durch Verkehrspflichten

Die Vertreter der Auffassung, die die Verkehrspflichten in § 823 Abs. 2 BGB verankern, wollen anhand einer Reihe von Unterschieden im Detail den Verkehrspflichten grundsätzlich die Funktion des primären Vermögensschutzes zuordnen.

Hauptsächlicher Anknüpfungspunkt ist dabei ein Verstoß gegen Berufspflichten.[78] Insbesondere Huber zeigt anhand einer Analyse der Rechtsprechung zur Haftung wegen Verstoßes gegen Berufspflichten, dass nach deutschem Recht derjenige, zu dessen Berufspflichten die Wahrung fremder Vermögensinteressen gehöre, für einen durch Verletzung dieser Pflichten entstandenen Vermögensschaden auch dann hafte, wenn der Geschädigte nicht sein Auftraggeber war und

[76] Canaris, FS Larenz, S. 27, 81 ff.
[77] Canaris, FS Larenz, S. 27, 81.
[78] Huber, FS v. Caemmerer, S. 359, 378 ff.; v. Bar, Verkehrspflichten, S. 233 ff.; Brüggemeier, Deliktsrecht, Rn. 456 ff.; ders., AG 1982, 268, 277.

damit eine vertragliche Beziehung zwischen den Beteiligten nicht vorlag.[79] Huber hält jedoch die von der Rechtsprechung zur Begründung der Haftung herangezogenen Lösungsvorschläge, nämlich den fingierten Vertragsschluss und die Anwendung des § 826 BGB, für problematisch. So fände § 826 BGB nur bei Vorsatz Anwendung, und das Nebeneinander von vertraglicher und deliktischer Haftung sei höchst unbefriedigend. Diese Schwierigkeiten ließen sich nur dadurch überwinden, dass man die in Verkehrspflichten konkretisierten Verhaltensnormen insgesamt als Schutzgesetze im Sinne des § 823 Abs. 2 BGB behandele. Die ungeschriebenen Verkehrspflichten, die von der Rechtsprechung zum Schutz Dritter statuiert worden seien, seien „Schutzgesetze" im Sinne des § 823 Abs. 2 BGB, und deren Verletzung führe daher auch zur Haftung für primäre Vermögensschäden.[80] Die für die Praxis wichtigsten Verkehrspflichten zum Schutz fremden Vermögens seien die Berufspflichten.

Von Bar hat diese Argumentation aufgegriffen und geltend gemacht, dass es nicht einzusehen sei, dass die gesteigerte Verantwortlichkeit, die aus einer exponierten Rolle im Gesamtgefüge des Wirtschafts- und Berufslebens folge, sich auf Berufe beschränken soll, die sich vorwiegend mit der Bewahrung der im § 823 Abs. 1 BGB genannten Güter befassen. Die Behandlung dieser Fälle als Verkehrspflichttatbestände und deren Verankerung in § 823 Abs. 2 BGB führe zu einer systematisch zutreffenden Lösung.[81]

Auch Brüggemeier[82] hat den Gedanken, dass bestimmten Berufsgruppen, denen speziell die Wahrung fremder Vermögensinteressen obliege, im Interesse sozialer Schadensprävention bestimmte Verkehrspflichten aufzuerlegen sind, aufgegriffen und sich im Falle der Verletzung dieser Pflichten für eine Haftung, allerdings nach § 823 Abs. 1 BGB, ausgesprochen. Nach seiner Auffassung ist Ausgangspunkt die gesellschaftliche Differenzierung, die darauf begründete Informationsabhängigkeit und das Ungleichgewicht zwischen Informationsanbieter und Informationsträger.[83] Wer berufsrollenspezifische Informationen erteile, müsse diese Informationen, die er an einen bestimmbaren Empfängerkreis richte, auch korrekt erteilen, ansonsten mache er sich nach § 823 Abs. 1 BGB schadensersatzpflichtig.[84]

Neben der Ausübung eines Berufs, dem eine öffentliche Verantwortung für fremdes Vermögen zufällt, spricht sich Mertens für die Anerkennung weiterer Fallgruppen von Verkehrspflichten zum Schutz fremden Vermögens aus.[85] Er

[79] Huber, FS v. Caemmerer, S. 359 ff.
[80] Huber, FS v. Caemmerer, S. 359 ff.
[81] v. Bar, Verkehrspflichten, S. 234 ff.
[82] Brüggemeier, Deliktsrecht, S. 291.
[83] Brüggemeier, Deliktsrecht, S. 291 im Anschluss an Hopt, AcP 183 (1983), 608, 645 ff.
[84] Brüggemeier, Deliktsrecht, S. 292.
[85] MünchKomm/Mertens³, § 823 Rn. 473 ff.

nennt in diesem Zusammenhang die haftungsverstärkende Wirkung wirtschaftlicher und sozialer Machtstellung, die Verantwortung gegenüber demjenigen, der auf die Wahrung seiner Interessen durch den professionell, informationell oder wirtschaftlich Überlegenen angewiesen sei, der enge soziale Kontakt, die besondere Schutzwürdigkeit bestimmter Vermögensdispositionen, der soziale Vertrauenstatbestand sowie die Förderung arglistiger Manipulationen Dritter.

2. Ablehnung des primären Vermögensschutzes durch Verkehrspflichten

Die herrschende Auffassung lehnt eine derartige Ausweitung des Schutzumfangs der Verkehrspflichten entweder pauschal ab[86] oder beschränkt sich auf den vom Gesetz vorgesehenen Schutz durch die §§ 823 Abs. 2, 824, 826, 831 BGB.[87] Die Vertreter dieser Ansicht machen geltend, dass der primäre Vermögensschutz durch Verkehrspflichten nicht nur die Gefahr einer nahezu uferlosen Haftung nach sich ziehen würde, sondern auch gegen die Grundentscheidung des Gesetzgebers verstieße, wonach das Vermögen deliktsrechtlich nur in engen Grenzen zu schützen sei.[88] Darüber hinaus gebe es keine Kriterien, die eine Erweiterung der Verkehrspflichten auf den Schutz des Vermögens sachgerecht einbinden könnten.[89]

V. Zusammenfassung zur Dogmatik und zum Schutzumfang der Verkehrspflichten

Der kurze Abriss zur Einordnung der Verkehrspflichten in die Systematik des Deliktsrechts hat gezeigt, dass Dogmatik und Schutzumfang der Verkehrspflichten höchst umstritten sind. Nach zustimmungswürdiger herrschender Auffassung sind die Verkehrspflichten § 823 Abs. 1 BGB zuzuordnen. Innerhalb dieser Norm kommt den Verkehrspflichten die Funktion als haftungsbegründendes Element bei Unterlassungen und mittelbaren Rechtsgutsverletzungen zu. Sie werden unter diesem Aspekt von der überwiegenden Ansicht zu Recht als Gefahrvermeidungs- und –abwehrpflichten interpretiert.[90]

Die Verkehrspflichten als bloße „Instrumente zur Schadenszuweisung“ zu betrachten, vermag ihrer Funktion und Bedeutung im Deliktsaufbau des § 823 Abs. 1 BGB nicht gerecht zu werden. Wie auch Jansen[91] in seiner Abhandlung

[86] RGRK/Steffen, § 823 Rn. 140; ders., VersR, 1980, 409; ders., ZVersWiss 1993, 13, 20.
[87] Erman/Schiemann, § 823 Rn. 76; Soergel/Zeuner, § 823 Rn. 47; Larenz/Canaris, Schuldrecht II/2, S. 406; Canaris, FS Larenz, S. 27, 83; Picker, JZ 1987, 1047, 1051; ders., AcP 183 (1983), 369, 496; Kreuzer, AcP 184 (1984), 81, 86.
[88] Larenz/Canaris, Schuldrecht II/2, S. 406; Kreuzer, AcP 184 (1984), 81, 86; Börgers, Wandlungen, S. 34; Picker, AcP 183 (1983), 369, 496.
[89] Börgers, Wandlungen, S. 34; aus rechtsvergleichender Sicht Lorenz, 25 Jahre Karlsruher Forum, S. 48, 54.
[90] Fellmer, MDR 1995, 541, 542; Larenz/Canaris, Schuldrecht II/2, S. 402.
[91] Jansen, AcP 202 (2002), 517, 535.

erkennt, wird die Anordnung der Schadensersatzverbindlichkeit entsprechend ihres ursprünglichen Sanktionscharakters als zweistufig verstanden.[92] Der Vorschlag von Jansen, unmittelbar an einen Schadensfall anzuknüpfen und mittels der Verkehrspflichten auszudrücken, wer fairerweise einen eingetretenen Schaden zu tragen habe, läuft dem geltenden Verständnis des Haftungsrechts als zweistufigen Vorgang zuwider. Zu Recht wird geltend gemacht, dass sich das Deliktsrecht im Kern nach wie vor auf die Sanktionierung von Pflichten beschränken sollte, die prinzipiell erfüllbar sind.[93] Eine vollständige Entkoppelung der Verkehrspflichten von tatsächlichen Verhaltensanforderungen nach dem haftungsbezogenen Konzept von Jansen würde dazu führen, dass diese nur noch Ausdruck der bloßen Risikozuteilung sind. Des Weiteren ist in diesem Zusammenhang zu berücksichtigen, dass nach verbreiteter Auffassung die Präventionswirkung des Deliktsrechts stets mit dem Aufstellen von Ge- und Verboten in Form der Verkehrspflichten verbunden ist. Nur erfüllbare Ge- und Verbote könnten individuelles Handeln steuern. Ob diese These tatsächlich zutreffend ist, soll an späterer Stelle noch eingehender untersucht werden.[94] Hier ist jedoch festzuhalten, dass die Verkehrspflichten, die der deliktischen Haftung zugrunde zu legen sind, zwar äußerste Sorgfalt zum Gebot erheben können, aber dennoch grundsätzlich im Rahmen realistischer Erwartungen bleiben müssen.[95] Die Verkehrspflichten von tatsächlichen Verhaltensanforderungen zu entkoppeln und sie als bloße Instrumente der Schadenszuweisung zu behandeln, läuft dem jedoch gerade zuwider. So wird zu Recht geltend gemacht, dass in der Abwehr von Gefahren sowohl praktisch als auch dogmatisch das Zentralkriterium der Lehre von den Verkehrspflichten liege, das dieser ihre innere Einheit und theoretische Fundierung gebe.[96]

Schließlich ist auch der Auffassung, die die Verkehrspflichten in § 823 Abs. 2 BGB ansiedeln möchte und somit zu einem umfassenden Vermögensschutz gelangt, eine Absage zu erteilen. Diese Auffassung hat zur Folge, dass der Bereich des Unterlassens und der mittelbaren Eingriffe im Wesentlichen aus § 823 Abs. 1 BGB herausgenommen würde. Eine solche Entleerung der Vorschrift steht im Widerspruch dazu, dass § 823 Abs. 1 BGB nach systematischer Stellung und Rang der dort geschützten Rechtsgüter eine deliktsrechtliche Zentralnorm darstellt, die an der Spitze der deliktsrechtlichen Kodifikation steht. Demzufolge kann auch nicht von einem primären Vermögensschutz durch Verkehrspflichten

[92] Deutsch, Haftungsrecht, Rn. 303: „Die Unrechtshaftung arbeitet mit zwei Normen: die *Tatbestandsnorm* soll das Interesse oder Recht(sgut) durch das Verbot abstrakter oder übermäßiger konkreter Gefährdung vor dem Eingriff schützen; die *Rechtsfolgennorm* ordnet an, dass der aus der dennoch erfolgten Verletzung entstehende Schaden zu ersetzen ist."

[93] MünchKomm/Mertens³, Vor §§ 823-853 Rn. 57.

[94] Vgl. hierzu Kapitel 4.

[95] MünchKomm/Mertens³, Vor §§ 823-853 Rn. 57.

[96] Larenz/Canaris, Schuldrecht II/2, S. 402.

ausgegangen werden. Vielmehr beschränkt sich der Schutz des Vermögens durch Verkehrspflichten auf die Bereiche, in denen das Gesetz – wie in den §§ 823 Abs. 2, 824, 826, 831 BGB – einen solchen anordnet. Die Kriterien der Mindermeinung, die einen primären Vermögensschutz durch Verkehrspflichten begründen will, sind derart vage, dass sich mit ihnen kaum ein System entwickeln lässt, das demjenigen der Haftung aufgrund Vertrages oder Vertrauens überlegen ist. Solange das aber so ist, sollte man die grundlegende Entscheidung des BGB, primäre Vermögensschäden nicht durch eine deliktische Haftung zu kompensieren, respektieren.[97]

§ 4 Verkehrspflichten und vertragliche sowie quasivertragliche Schutzpflichten

Neben der Einordnung der Verkehrspflichten in das System und die Dogmatik des Deliktsrechts sind diese auch von den vertraglichen und quasivertraglichen Schutzpflichten abzugrenzen. In diesem Zusammenhang soll ein erster Blick auf das Verhältnis zwischen deliktischer und vertraglicher Haftung und die dazwischen stehende quasi-vertraglichen Haftung geworfen werden.

I. Die Dogmatik der vertraglichen und quasivertraglichen Schutzpflichten

1. Die Differenzierung zwischen Leistungs- und Schutzpflichten im Vertragsrecht, § 241 Abs. 1 und 2 BGB

Schon lange wird im Schuldverhältnis zwischen Leistungs- und Schutzpflichten unterschieden.[98] Der dogmatische Grundgedanke dieser Differenzierung besagt Folgendes:[99] Das vertragliche Schuldverhältnis, welches die Leistungspflicht begründet, wird begleitet von einem Schutzverhältnis, das dem Schuldner gebietet, die Rechtsgüter seines Gläubigers - insbesondere vor allem die körperliche Unversehrtheit und die Sachen, aber auch die Vermögensinteressen des Gläubigers – nicht zu gefährden oder zu beschädigen. Diese Differenzierung hat mit der Schuldrechtsreform 2002 in der Kodifikation des BGB in § 241 ihren Niederschlag gefunden.

In § 241 Abs. 1 BGB wird die Pflicht des Schuldners zur Leistung angesprochen. Hierbei wird nach der gängigen Dogmatik zwischen den Hauptleistungspflichten, die die Eigenart des jeweiligen Schuldverhältnisses prägen und für die Einordnung in die verschiedenen Typen der Schuldverhältnisse entscheidend sind, und den Nebenleistungspflichten, die der Durchführung und Sicherung der

[97] Staudinger/Hager, § 823 Rn. E 9.
[98] Heinrich Stoll, Leistungsstörungen, § 1 II, § 2 III, § 3 I.
[99] Vgl. Huber, Gutachten, S. 647, 736.

Hauptleistung dienen, unterschieden.[100] Letztere sind auf die Herbeiführung des Leistungserfolgs bezogen und ergänzen die Hauptleistungspflicht.

In § 241 Abs. 2 BGB kommt zum Ausdruck, dass sich das Schuldverhältnis nicht in der Herbeiführung des geschuldeten Leistungserfolges erschöpft, sondern eine von dem Grundsatz von Treu und Glauben beherrschte Sonderverbindung ist. Wie § 241 Abs. 2 BGB in Anlehnung an einen seit langem anerkannten Rechtsgrundsatz jetzt ausdrücklich klarstellt, treten daher zu den leistungsbezogenen Pflichten weitere nicht-leistungsbezogene Pflichten hinzu, die in der Literatur als Verhaltenspflichten oder Schutzpflichten bezeichnet werden.[101] Bei ihnen geht es nicht um den geschuldeten Leistungserfolg, sondern darum, die Rechte und sonstigen Rechtsgüter der Gegenpartei zu schützen. Ihr Schutzgegenstand ist demnach nicht das Äquivalenz-, sondern das Integritätsinteresse des anderen Teils, d.h. sein personen- und vermögensrechtlicher status quo.[102]

Der Grundgedanke, welcher dahinter steht, ist darin zu sehen, dass das Schuldverhältnis gleichzeitig den Ort für einen Kontakt darstellt, der über eine gelegentliche, nach Deliktsrecht zu beurteilende Begegnung weit hinausgeht.[103] Die Folge dieses erhöhten Kontakts ist eine höhere Schadensanfälligkeit speziell bezüglich der bei den Parteien bereits existierenden Bestände, die im Normalfall nicht von jedem beliebigen Dritten tangierbar sind. Zu Schäden kann es dabei einmal kommen, wenn im Zuge der Leistungsbewirkung Fehlentwicklungen auftreten, die nicht per se die Leistungserbringung vereiteln, aber eine Beeinträchtigung der übrigen Güter mit sich bringen. Zum anderen kann es zu Einbußen führen, wenn die Parteien sich nicht durch, aber gelegentlich der Leistungserbringung Schäden zufügen. Beispiele sind die Verletzung der körperlichen Integrität in den Räumen des Gläubigers oder die Weitergabe von durch den Kontakt erlangten Betriebsgeheimnissen.[104]

2. Quasivertragliche Schutzpflichten, § 311 Abs. 2 und 3 i.V.m. § 241 Abs. 2 BGB

Die Schutzpflichten aus § 241 Abs. 2 BGB beschränken sich jedoch nicht nur auf den Bereich eines vertraglichen Schuldverhältnisses. Schon bald setzte sich in Literatur und Rechtsprechung die Auffassung durch, dass die Schutzpflichten auch bei nichtigen Schuldverhältnissen, im vorvertraglichen Verhältnis sowie gegenüber nicht unmittelbar am Vertrag beteiligten Dritten bestehen können. Die Erstreckung der Schutzpflichten auf diese Verhältnisse ist ein Teil der Rechtsentwicklung, die zur Ausbildung dessen führte, was heute überwiegend

[100] Palandt/Heinrichs, § 241 Rn. 5.
[101] Palandt/Heinrichs, § 241 Rn. 6.
[102] Palandt/Heinrichs, § 241 Rn. 6.
[103] Esser/Schmidt, Schuldrecht I/1, S. 87 ff.
[104] L. Müller, JuS 1998, 894.

als quasi-vertragliche Haftung bezeichnet wird[105] („vertragliche Verkehrssicherungspflichten",[106] „Deliktsrecht mit vertraglichem Inhalt",[107] „gesetzliches Schuldverhältnis ohne primäre Leistungspflicht"[108]).

a) Vorvertragliche Schutzpflichten

Die Entwicklung und Anerkennung der Schutzpflichten war zunächst auf das bestehende Schuldverhältnis beschränkt. Wesentlich für die Weiterentwicklung der Lehre von den Schutzpflichten war die Erkenntnis, dass Schutzpflichten nicht nur bei vollgültig zustande gekommenen Vertragsverhältnissen anzuerkennen sind, sondern auch schon dann, „wenn die Beteiligten zwecks Anbahnung von Vertragsverhandlungen einen geschäftlichen Kontakt miteinander aufgenommen haben",[109] wenn also noch gar keine „primären Leistungspflichten" begründet worden sind. Larenz spricht in diesem Zusammenhang von „gesetzlichen Schuldverhältnissen ohne primäre Leistungspflichten".[110]

Aus den zahlreichen Einzelvorschriften im BGB, die eine Schadensersatzpflicht wegen Verschuldens bei Vertragsverhandlungen statuieren, ohne dass ein wirksamer Vertrag gegeben zu sein braucht (vgl. §§ 122, 179, 307 a.F., 309 a.F., 663 BGB), leiteten Rechtsprechung und Lehre im Anschluss an eine Veröffentlichung von Ihering[111] im Wege der Rechtsfortbildung den Grundsatz ab, dass bereits durch die Aufnahme von Vertragsverhandlungen oder einem diesem gleichzusetzenden geschäftlichen Kontakt ein vertragsähnliches Vertrauensverhältnis entsteht, das die Partner zur Sorgfalt verpflichtet.[112] Die Haftung aus culpa in contrahendo, die seit langem gewohnheitsrechtlich anerkannt war,[113] hat jetzt in § 311 Abs. 2 BGB eine normative Grundlage gefunden. § 311 Abs. 2 BGB formuliert die Tatbestände – Aufnahme von Vertragsverhandlungen, Anbahnung eines Vertrages und ähnliche geschäftliche Kontakte- in denen ein Schuldverhältnis mit Schutzpflichten nach § 241 Abs. 2 BGB entsteht. Durch die Rechtsfigur der culpa in contrahendo werden somit die Schutzpflichten i.S.d. § 241 Abs. 2 BGB von der rechtlichen Wirksamkeit eines Vertrages losgelöst und auf den vorvertraglichen Bereich erstreckt.

[105] Brüggemeier, AG 1982, 268, 269.
[106] BGH, WM 1978, 515.
[107] Kreuzer, JZ 1976, 778.
[108] Canaris, JZ 1965, 475.
[109] Larenz, Schuldrecht I, S. 105.
[110] Larenz, Schuldrecht I, S. 106.
[111] Ihering, JhJb, 1861, 1. ff.
[112] RGZ 95, 58; BGHZ 6, 330, 333; 66, 51, 54.
[113] BGH, NJW 1979, 1983.

b) Schutzpflichten gegenüber Dritten

Die vertraglichen Sonderbeziehungen als Grundlage der Schutzpflichten bestehen grundsätzlich nur zwischen den Vertragsparteien bzw. im Falle der culpa in contrahendo zwischen den Parteien des in Aussicht genommenen Schuldverhältnisses. Dementsprechend genießen grundsätzlich nur diese den von der Rechtsprechung anerkannten umfassenden Schutz des Vertrages gegen Partnerschädigungen. Die Gerichte bedienten sich jedoch sehr bald des Instruments des berechtigenden Vertrages zugunsten Dritter (§ 328 BGB), um schutzbedürftig erscheinende Dritte in den Vertragsschutz einzubeziehen.[114] Hierbei wurde nicht bezweckt, dem Dritten ein Recht auf Leistung einzuräumen, sondern es wurde die Pflicht des Schuldners sorgfältig zu leisten, auf den schutzbedürftigen Dritten erstreckt.

Im Anschluss an Larenz[115] und Gernhuber[116] hat der BGH die Annahme eines berechtigenden Vertrages zugunsten Dritter im Sinne des § 328 BGB aufgegeben; er spricht seither von einem gesetzlich nicht geregelten Vertrag mit Schutzwirkung für Dritte.[117] Danach steht der Anspruch auf die geschuldete Hauptleistung allein dem Gläubiger zu, der Dritte ist jedoch in der Weise in die vertragliche Sorgfalts- und Obhutspflichten einbezogen, dass er bei deren Verletzung vertragliche Schadensersatzansprüche geltend machen kann.[118] Damit die Haftung des Schuldners nicht uferlos ausgedehnt wird, sind an die Einbeziehung von Dritten in den vertraglichen Schutz strenge Anforderungen zu stellen.[119] Der Dritte muss zunächst bestimmungsgemäß mit der Leistung in Berührung kommen und den Gefahren von Schutzpflichtverletzungen ebenso ausgesetzt sein wie der Gläubiger selbst.[120] Des Weiteren hat die Rechtsprechung ursprünglich die Schutzwirkung zugunsten Dritter nur bejaht, wenn der Gläubiger für das „Wohl und Wehe" des Dritten mitverantwortlich ist.[121]

Inzwischen hat sie den Kreis der in den Vertragsschutz einbezogenen Dritten ausgedehnt. Drittschutz besteht demnach nicht nur dann, wenn zwischen dem Gläubiger und dem Dritten eine Rechtsbeziehung mit personenrechtlichem Einschlag besteht wie etwa bei familienrechtlichen, arbeitsrechtlichen oder mietvertraglichen Rechtsverhältnissen, sondern auch dann, wenn der Gläubiger an der Einbeziehung des Dritten in den Schutzbereich des Vertrages ein besonderes Interesse hat und der Vertrag dahin ausgelegt werden kann, dass der Vertrags-

[114] RGZ 91, 24.
[115] Larenz, NJW 1960, 77, 78.
[116] Gernhuber, FS Nickisch, S. 249.
[117] BGH, JZ 1960, 124.
[118] BGHZ 49, 350, 353; BGH, NJW 1959, 1676.
[119] BGHZ 51, 91, 96.
[120] BGHZ 49, 350, 354; 70, 327, 329.
[121] BGHZ 51, 91, 96; 56, 269, 273; BGH, NJW 1970, 38 ff.

schutz in Anerkennung dieses Interesses auf den Dritten ausgedehnt werden soll.[122] Schließlich haftet der Schuldner nur, wenn die Drittbezogenheit der Leistung und die Gläubigernähe des Dritten für ihn auch erkennbar sind.[123]

Die Grundsätze des Vertrages mit Schutzwirkung für Dritte wurden in Anlehnung an Larenz[124] und Canaris[125] auch auf den vorvertraglichen Bereich übertragen. In der Entscheidung vom 28.1.1976[126] wurde die Schutzwirkung des gesetzlichen Schuldverhältnisses aus geschäftlichem Kontakt für Dritte erstmals vom BGH bejaht. Gerade wenn man die Schutz- und Fürsorgepflichten als maßgeblichen Inhalt des durch die Anbahnung von Vertragsverhandlungen begründeten gesetzlichen Schuldverhältnisses ansehe und berücksichtige, dass der Vertragspartner diese Obhutspflicht gleichermaßen vor wie nach Vertragsschluss schulde, sei die Einbeziehung dritter, in gleicher Hinsicht schutzwürdiger Personen in dieses gesetzliche Schuldverhältnis nur folgerichtig.[127] § 311 Abs. 3 S. 1 BGB stellt das Rechtsverhältnis mit Schutzwirkung für Dritte nunmehr ausdrücklich auf eine gesetzliche Grundlage.[128] Schutzpflichten i.S. des § 241 Abs. 2 BGB können danach gegenüber Personen bestehen, die nicht Vertragspartei werden. Die Voraussetzungen für die Einbeziehung Dritter werden im neuen Recht nicht im Einzelnen formuliert; die Rechtsprechung wird vielmehr ermächtigt, das Rechtsinstitut des Vertrags mit Schutzwirkung für Dritte fortzuentwickeln.[129]

II. Dogmatische Grundlagen und Lösungsansätze zur Abgrenzung der vertraglichen und quasivertraglichen Schutzpflichten von den deliktischen Verkehrspflichten

Im Folgenden stellt sich die Frage, wie die vertraglichen und quasi-vertraglichen Schutzpflichten von den deliktischen Verkehrspflichten abzugrenzen sind. Die Haftung für die Verletzung von Verkehrspflichten folgt den deliktischen Grundsätzen der §§ 823 ff. BGB, während für die Verletzung von vertraglichen und quasi-vertraglichen Schutzpflichten nach vertraglichen Grundsätzen gehaftet wird. Fraglich erscheint hierbei, inwieweit diese Unterscheidung gerechtfertigt ist. Da man sich hier in dem Grenzbereich zwischen deliktischer und vertraglicher Haftung bewegt, soll zunächst ein allgemeiner Überblick über das Verhältnis der vertraglichen und deliktischen Haftung gegeben werden.

---

122 BGHZ 127, 378.
123 BGHZ 49, 350, 354; 75, 321, 323; BGH, NJW 1985, 489.
124 Larenz, Schuldrecht I, S. 231.
125 Canaris, JZ 1965, 475 ff.
126 BGHZ 66, 51 ff.
127 BGHZ 66, 51 ff.
128 Schlechtriem, Schuldrecht AT, Rn. 36; Schwab/Witt, Examenswissen, S. 147.
129 Teichmann, BB 2001, 1485, 1492.

1. Zum Verhältnis von vertraglicher und deliktischer Haftung

Die schuldhafte Verletzung einer Schutzpflicht führt zur Haftung aus einem bereits bestehenden Schuldverhältnis, sei es in Form der Haftung nach §§ 280 Abs.1, 241 Abs. 2 BGB, aus culpa in contrahendo (§§ 280, Abs. 1, 311 Abs. 2, 241 Abs.2 BGB) oder aus dem Institut des Vertrages mit Schutzwirkung für Dritte (§§ 280 Abs.1, 311 Abs. 3 BGB). Die Heranziehung der Regeln des Vertragsrechts für die in Frage stehenden Pflichtverletzungen hat frühzeitig Kritik hervorgerufen.[130] Die Diskussion darüber, ob in diesen Fällen Vertragsrecht oder Deliktsrecht zur Anwendung gelangen muss, beruht vor allem darauf, dass die Haftung nach Vertragsrecht für den Geschädigten einige Vorteile gegenüber einem deliktischen Schadensersatzanspruch beinhaltet.

a) Unterschiede zwischen vertraglicher und deliktischer Haftung

Hierbei sind folgende Unterschiede zwischen vertraglicher und deliktischer Haftung auszumachen:[131] (1) Nach Vertragsrecht haftet der Schuldner gem. § 278 BGB für jedes Verschulden von Personen, denen er sich bei der Erfüllung seiner Verbindlichkeiten bedient, während nach Deliktsrecht der Geschäftsherr für Schäden, die ein von ihm bestellter Verrichtungsgehilfe zufügt, grundsätzlich nur unter den einschränkenden Voraussetzungen von § 831 BGB haftet, also nur unter der Voraussetzung eigenen Verschuldens, das zwar vermutet wird, aber aufgrund der Exkulpationsmöglichkeit des § 831 Abs. 1 S. 2 BGB widerlegbar ist.[132] (2) § 823 Abs. 1 BGB setzt die Verletzung eines der dort genannten Rechte voraus und schließt damit den Ersatz bloßer Vermögensschäden aus, während nach Vertragsrecht auch für bloße Vermögensschäden gehaftet wird. (3) Nach der Regelung des § 280 Abs. 1 S. 2 BGB ist die Beweislast im Vertragsrecht günstiger, weil danach ein Vertretenmüssen des Schuldners vermutet wird, während im Deliktsrecht der Gläubiger nach allgemeinen Grundsätzen auch das Verschulden des Schädigers beweisen muss. (4) Im Recht der unerlaubten Handlung setzt die Haftung nach § 826 BGB und in aller Regel auch bei § 823 Abs. 2 BGB ein vorsätzliches Verhalten voraus, während im Vertragsrecht prinzipiell nach § 276 BGB für jede Fahrlässigkeit gehaftet wird. (5) Die Unterschiede im Bereich der Verjährung sind durch die Schuldrechtsreform angeglichen worden. Nach altem Recht galt für die deliktische Haftung nach § 852 BGB a.F. eine dreijährige Verjährungsfrist, während für die vertragliche Haftung im Ausgangspunkt die in § 195 BGB a.F. vorgesehene dreißigjährige Ver-

---

[130] Siehe dazu § 4 II 3.

[131] Staudinger/Hager, Vorbem zu §§ 823 ff Rn. 37; Brüggemeier, Deliktsrecht, S. 71.

[132] Die Unterschiede zwischen vertraglicher und deliktischer Haftung im Bereich der §§ 278, 831 BGB sind heute weitgehend dadurch verwischt, dass die Rechtsprechung die Inanspruchnahme des Geschäftsherrn nach § 823 BGB wegen der Verletzung von Organisationspflichten zugelassen hat und gleichzeitig den Anwendungsbereich der §§ 31, 278 BGB ausgedehnt hat; vgl. hierzu MünchKomm/Mertens³, § 831 Rn. 8.

jährungsfrist zur Anwendung gelangte. Nach dem neuen Recht richtet sich die Verjährung der vertraglichen und deliktischen Haftung hingegen grundsätzlich einheitlich nach den §§ 195, 199 BGB.

b) Das Schuldverhältnis als Bezugspunkt der Dichotomie zwischen Vertrag und Delikt

Es stellt sich nun die Frage, was die Gründe für eine derart unterschiedliche Ausgestaltung der vertraglichen und deliktischen Haftungsordnung sind. Als zentraler Ansatzpunkt für die Beurteilung von vertraglicher und deliktischer Haftungsordnung und ihres Verhältnisses ist das Schuldverhältnis anzusehen.[133] Zwar handelt es sich sowohl bei dem Vertrag als auch dem Delikt um Schuldverhältnisse. Mit der deliktischen Haftung wird ein Schuldverhältnis zwischen Schädiger und Geschädigtem jedoch erst begründet, während die vertragliche Haftung bereits innerhalb eines bestehenden Schuldverhältnisses erfolgt. Damit geht es zwar in beiden Fällen um die Begründung von Haftung. Im Fall deliktischer Haftung ist die Haftungsbegründung aber zugleich mit der Begründung eines Schuldverhältnisses verbunden, im Fall der vertraglichen Haftung ist sie dagegen Ausgestaltung eines bereits bestehenden Verhältnisses.

Bei dem bereits bestehenden Schuldverhältnis erfolgt die Begründung von Ansprüchen aus einem Verhältnis der Gebundenheit der Parteien und somit aus einer personalen Beziehung. Diese Gebundenheit ergibt sich bei dem Vertrag daraus, dass sich die Vertragsparteien ihre Leistungen einander versprechen und sich dadurch in ihrem Willen gegenüber dem anderen binden. Die vertragliche Bindung beruht also auf dem Vertrauen, dass beide Vertragspartner einander entgegenbringen.[134] Zugleich handelt es sich in der Regel um überschaubare Beziehungen, die eine erhöhte Haftungsintensität rechtfertigen. Das Deliktsrecht begründet Haftungen demgegenüber nur bei Verletzung von jedermann erkennbaren Mindeststandards, die sich aus dem Schutz bestimmter Rechtsgüter (§ 823 Abs. 1), besonderer Schutzgesetze (§ 823 Abs. 2) und dem generellen Verbot vorsätzlicher sittenwidriger Schädigung (§ 826) zusammensetzen.[135]

Das Delikt wird somit als ein Ereignis begriffen, das zwischen Unbeteiligten erfolgt. Der unerlaubt Handelnde wird als jemand aufgefasst, der vor seiner Handlung noch in keiner genauer zu qualifizierenden Rechtsbeziehung zu demjenigen stehen braucht, dessen Rechtsgüter er dann verletzt. Die §§ 823 ff. BGB begründen somit eine „Jedermann-Haftung" und betreffen daher in erster Linie die Beziehungen zwischen „unverbundenen" Rechtssubjekten.[136] Dies rechtfertigt auch den Umstand, dass die Haftung für bloße Vermögensschäden grund-

[133] Schur, Leistung, S. 213.
[134] Schapp, Grundlagen, Rn. 200.
[135] Dauner-Lieb/Heidel/Lepa/Ring/Krebs, Schuldrecht, S. 133
[136] Larenz/Canaris, Schuldrecht II/2, S. 359.

sätzlich von einer Ersatzpflicht ausgenommen wird, um die notwendige Freiheit des Einzelnen zu bewahren.

c) Zwischenergebnis

Mit der Gegenüberstellung der vertraglichen und deliktischen Haftungsordnung sind erste Anhaltspunkte für die in Frage stehende Abgrenzung der Verkehrspflichten von den vertraglichen Schutzpflichten gewonnen. So kann festgehalten werden, dass die Verkehrspflichten Bestandteil der deliktischen „Jedermann-Haftung" sind, während die vertraglichen Schutzpflichten ein bereits bestehendes Schuldverhältnis ausgestalten und Ausdruck der personalen Beziehung zwischen Gläubiger und Schuldner sind. Die deliktischen Verkehrspflichten stellen sich demnach als gegenüber jedermann bestehende allgemeine Rechtspflichten dar und zielen dem Prinzip nach nicht von vornherein auf bestimmte Personen, da es hier im Gegensatz zum Vertrag an einem gewollten und gezielten Kontakt bestimmter Personen fehlt.[137] Sie gehen dahin, das eigene Verhalten in bestimmten generell gefahrträchtigen Lagen so einzurichten, dass andere, also beliebige Dritte, die in den Einwirkungsbereich des Pflichtigen kommen könnten, in ihren allgemein geschützten Rechtsgütern nicht gefährdet oder verletzt werden. Ihre Verletzung kann daher nur als eine „unerlaubte Handlung", nicht aber als die Verletzung einer konkreten, einer bestimmten Person gegenüber bestehenden Schuldnerpflicht angesehen werden.[138]

Diese erste Einordnung und Gegenüberstellung der deliktischen Verkehrspflichten und der vertraglichen Schutzpflichten beinhaltet jedoch noch keine genaue Aussage über die Kriterien, die im Falle der Verletzung einer Schutzpflicht die strenge Haftung nach Vertragsgrundsätzen legitimieren. Insbesondere vermag sie auch nicht die Tatsache zu erklären, dass Schutzpflichten auch in Verhältnissen, die keine primären Leistungs- oder Unterlassungspflichten im Sinne des § 241 Abs. 1 BGB enthalten und daher keine Schuldverhältnisse im engeren Sinne sind, bestehen können. Diese quasi-vertraglichen Schutzpflichten setzen eine besondere Beziehung voraus, die den Kreis derjenigen, denen die Pflichten geschuldet werden, stark einschränkt und zugleich erkennbar macht. Die fehlende Möglichkeit, die quasi-vertraglichen Schutzpflichten mit der den Vertrag kennzeichnenden Selbstbindung zu rechtfertigen und der Wunsch, in solchen Beziehungen generell auch reine Vermögensschäden zu ersetzen, erfordert jeweils eine besondere Rechtfertigung dieser Pflichten.

[137] Thiele, JZ 1967, 649, 651.
[138] Larenz, MDR 1954, 515, 516.

2. Die Rechtfertigung der Sonderverbindung als Grundlage der Schutzpflichten und die Lehre vom „einheitlichen Schutzpflichtverhältnis“

Als Bezeichnung der Gesamtheit der Verhältnisse, in denen Schutzpflichten bestehen, hat sich seit Mitte der 60er Jahre im Anschluss an Canaris[139] der Begriff der „Sonderverbindung“ durchgesetzt.[140] Da Schutzpflichten entgegen der vorsichtigen Formulierung in § 241 Abs. 2 BGB („kann“) grundsätzlich in allen Schuldverhältnissen bestehen, stellt die Sonderverbindung eine sehr weite Kategorie dar, zu der sowohl die Schuldverhältnisse im engeren Sinn als auch Schutzpflichtverhältnisse ohne primäre Leistungs- oder Unterlassungspflichten gehören.[141] Dem Begriff der Sonderverbindung und seiner Rechtfertigung kommt somit als Grundlage der Schutzpflichten eine große Bedeutung zu.

Im Folgenden sollen die Kriterien zur Rechtfertigung der Sonderverbindung als Grundlage der Schutzpflichten dargestellt werden, um somit ein genaueres Modell der Abgrenzung der Schutzpflichten von den Verkehrspflichten zeichnen zu können.

a) Vertragsnahe Legitimationsversuche

Der von Rudolph von Ihering[142] begründete älteste Ansatz will die Schutzpflichten aufgrund einer gewissen Nähe zu den aus dem Vertrag folgenden Pflichten mit ausgedünnten rechtsgeschäftlichen Beziehungen, insbesondere im vorvertraglichen Bereich und nach Erfüllung der Leistungspflichten legitimieren.[143] Hierbei wird sowohl an das Prinzip der Selbstbindung wie auch objektiv an den positiven Zweck der Vertragsverhandlung und des Vertrages angeknüpft. In eine ähnliche Richtung weist der Ansatz von Köndgen, der anhand breiter rechtsvergleichender und rechtssoziologischer Grundlagenforschung versucht hat, die verschiedenen Phänomene quasi-vertraglicher Haftung mit der Kategorie der „Selbstbindung ohne Vertrag“ zu erklären.[144] Köndgen stellt fest, dass zwischen dem privatautonomen Vertrag und der deliktischen Zufallsbegegnung ein Geflecht von Schuldrechtsbeziehungen gewachsen sei, das weder unter dem alleinigen Regime des freien Willens noch unter dem Gebot des neminem laedere stehe.[145] Verpflichtungsgrund des so genannten Quasi-Kontrakts ist nach seiner Auffassung privatautonomes Handeln im weiteren Sinn, nämlich Handeln zu

[139] Canaris, JZ 1965, 475 ff.
[140] Dauner-Lieb/Heidel/Lepa/Ring/Krebs, Schuldrecht, S. 126.
[141] Larenz, MDR 1954, 515 f.; Frost, Schutzpflichten, S. 49, 241; Krebs, Sonderverbindung, S. 634.
[142] v. Ihering, JherJb 4 (1861), 1, 41 ff.
[143] Dauner-Lieb/Heidel/Lepa/Ring/Krebs, Schuldrecht, S. 127; RGZ 52, 18, 19; 53, 200, 202; 78, 239, 240; Staub, Vertragsverletzung, S. 6 ff.; Möschel, AcP 186 (1986), 187, 225 f.; Horn, JuS 1995, 377, 379.
[144] Köndgen, Selbstbindung ohne Vertrag, 1981.
[145] Köndgen, Selbstbindung, S. 419.

kommunikativen Zwecken, das bei den Adressaten bestimmte Erwartungen oder Handlungen auslöse, das aber nicht Willenserklärung im dogmatischen Sinn sei.[146]

b) Die Lehren vom sozialen und geschäftlichen Kontakt

Dölle[147] hat in den vierziger Jahren des letzten Jahrhunderts in kritischer Auseinandersetzung mit der Lehre der culpa in contrahendo und der positiven Vertragsverletzung die Auffassung entwickelt, dass die Haftung in diesen Bereichen nicht auf einem Vertragsschluss oder einem vertragsähnlichen Schuldverhältnis beruhen müsse. Auch soziale Kontakte anderer Art als die zum Zwecke eines Vertragsschlusses verdienten besonderen Schutz. Er sieht den tragenden Grund für die Rechtfertigung einer Sonderverbindung und die Haftung nach obligationsrechtlichen Regeln in einem sozialen Kontakt, „vermöge dessen eine Person zur Erreichung eines bestimmten Zwecks ihre Lebensgüter dem Einfluss und damit der Obhut und Sorgfalt einer anderen Person anvertraut, insbesondere beim Eintritt in die von einem anderen beherrschte Rechtssphäre“.[48]

Nach Larenz[149] und anderen Stimmen in der Literatur vermag ein einfacher sozialer Kontakt, innerhalb dessen der eine seine Rechtsgüter dem Einfluss und damit der Sorgfalt eines anderen anvertraut, zur Begründung einer Sonderverbindung als Grundlage der Schutzpflichten nicht ausreichen. Es müsse sich vielmehr um einen Kontakt auf der Ebene des Geschäftsverkehrs handeln, der mindestens die Möglichkeit beinhaltet, zu einem Geschäftsabschluss zu führen. In Fortentwicklung der Lehre Dölles vom sozialen Kontakt spricht Larenz in diesem Zusammenhang von dem Kriterium des „geschäftlichen Kontakts“.[150]

c) Vertrauensschutzbezogene Legitimationskonzepte

Ein weiterer wichtiger und weit verbreiteter Ansatz will die außerdeliktischen Schutzpflichten mit gewährtem und in Anspruch genommenem Vertrauen rechtfertigen.[151] Diese Auffassung sieht in dem generellen Angewiesensein jedes Teilnehmers am rechtsgeschäftlichen Verkehr auf die Sorgfalt des anderen Teils, wenn man mit ihm im beiderseitigen Interesse in rechtsgeschäftlichem Kontakt tritt und sich damit durch vertrauensvolle Öffnung seiner Sphäre zwangsläufig einer erhöhten Gefährdung aussetzt, die Grundlage für die Schaffung von außerdeliktischen Schutzpflichten. Derjenige, der einen anderen zu Verhandlungen

[146] Köndgen, Selbstbindung, S. 280.
[147] Dölle, ZStW 103, 67, 74.
[148] Dölle, ZStW 103, 67, 74.
[149] Larenz, MDR 1954, 515, 517 f.
[150] Larenz, MDR 1954, 515, 518.
[151] Canaris, JZ 1965, 475, 478; ders., Vertrauenshaftung, S. 39 f.; Ballerstedt, AcP 151 (1950/51), 501, 506 f.; W. Lorenz, FS Larenz, S. 575, 591, 618 f.; Lehmann, Vertragsanbahnung, S. 295 ff. 396; Oechsler, RabelsZ. 60 (1996), 91, 120 ff.

einlade, erwecke bei diesem das Vertrauen, dass er seine Rechtsgüter nicht verletzen werde; der Eingeladene gewähre dieses Vertrauen, indem er den Rechtskreis des anderen betrete.[152]

d) Die Öffnung der Rechtsgüterkreise im Rahmen der personalen Beziehung der Sonderverbindung

Bereits Heinrich Stoll hat den Schutz der Rechtsgüter des anderen Teils durch Schutzpflichten mit „der durch die Sonderbeziehung erst eröffneten besonderen Einwirkungsmöglichkeit in den fremden Rechtskreis und des durch sie begründeten Vertrauensverhältnisses zur Gegenpartei" begründet.[153] Der Rechtsschutz der Rechtsgüter durch die Schutzpflichten beruht demnach darauf, dass die Parteien im Rahmen der Sonderverbindung typischerweise ihre Rechtssphären einander öffnen und es damit nicht nur zu einem gesteigerten Kontakt mit den Rechtsgütern des anderen kommt, sondern auch zu entsprechenden Sorgfaltsanforderungen im Hinblick auf diese Rechtsgüter.[154] Der Gedanke der Offenlegung der eigenen Rechtsgüter macht dabei deutlich, dass hier die Personalität des Schuldverhältnisses betroffen ist und nicht irgendeine Beziehung Unbeteiligter.

Frost befürwortet in diesem Zusammenhang eine Zweiteilung der Legitimation, die zwischen Sonderverbindungen mit positiver Zielsetzung auf Grund gewillkürter Rechtskreisöffnung und Sonderverbindungen mit negativer Zielsetzung und situationsbedingter Rechtskreisüberschneidung unterscheidet.[155] Anhand dieser Strukturmerkmale lässt sich nach ihr eine Abgrenzung zum deliktischen Bereich durchführen. Zwar gehe deliktischen Berührungen ebenfalls eine Öffnung der Rechtsgüterkreise voraus, doch diene diese keinem gemeinsamen Zweck. Auch wenn einem anderen die Einwirkung auf die eigenen Rechtsgüter ermöglicht werde, bleibe jedoch die „abwehrbereite Isolationshaltung" gewahrt. Die Sonderverbindung fasst sie hingegen als den Bereich auf, in dem die deliktsrechtliche abwehrbereite Isolationshaltung aufgegeben sei.

e) Die Lehren vom „einheitlichen Schutzverhältnis" und der Haftung für Schutzpflichtverletzungen als „dritte Spur" zwischen Delikts- und Vertragsrecht nach Canaris

Canaris hat bereits 1965 in einem grundlegenden Aufsatz die These vertreten, dass die vor und nach Vertragsschluss bestehenden Sorgfaltspflichten, die er als Schutzpflichten bezeichnet, auf ein einheitliches Schutzverhältnis zurückzufüh-

---

[152] Ballerstedt, AcP 151 (1950/51), 501, 506 f.
[153] Heinrich Stoll, AcP 136 (1932), 257, 298.
[154] Schur, Leistung, S. 224.
[155] Frost, Schutzpflichten, S. 64 ff.

ren seien.[156] In einem späteren Aufsatz hat er dieses Schutzverhältnis als Bestandteil einer im Gesetz angelegten Vertrauenshaftung qualifiziert, die zu einer „dritten Spur“ zwischen vertraglicher und deliktischer Haftung führe.[157]

Anhand zahlreicher Beispiele erörtert Canaris die Problematik, ob nicht trotz Nichtigkeit eines Vertrages die Anwendung der gegenüber der deliktischen Haftung strengeren vertraglichen Haftung angebracht sei. Am Beispiel der culpa in contrahendo zeigt er, dass die Schutzpflichten unabhängig von der Existenz von Leistungspflichten bestehen können und im vorvertraglichen Bereich ihre Rechtsgrundlage nicht im Willen der Parteien, sondern im Vertrauensgedanken finden.[158] Die Schutzpflichten seien daher unabhängig vom Zustandekommen des Vertrages und würden daher jedenfalls im vorvertraglichen Stadium auch durch dessen Nichtigkeit nicht berührt. Erfolge die Pflichtverletzung nach Vertragsschluss, liege kein Fall der culpa in contrahendo, sondern ein solcher der positiven Vertragsverletzung vor. Bei Nichtigkeit des Vertrages versage jedoch diese Lösung, so dass auf andere Konstruktionen der Haftung zurückgegriffen werden müsse. Mit der culpa in contrahendo sei der richtige Weg vorgezeichnet, sofern man die für dieses Institut entwickelten Erkenntnisse folgerichtig zu Ende denkt und weiterentwickelt.[159] Im Rahmen dieser Weiterentwicklung geht Canaris davon aus, dass nicht nur vor Vertragsschluss, sondern erst recht nach Vertragsschluss eine Sonderverbindung und ein besonderes Vertrauensverhältnis zwischen den Parteien gegeben seien. Dieses Vertrauensverhältnis ergebe sich aus der besonderen Einwirkungsmöglichkeit auf die Rechtsgüter des anderen Teils und beruhe damit auf der tatsächlichen Beziehung der Parteien. Könne dieses Vertragsverhältnis aber schon vor Vertragsschluss Grundlage von Pflichten sein, so müsse dies erst recht nach Vertragsschluss, wo die Einwirkungsmöglichkeiten und damit die Vertrauensbeziehung sich noch verstärkt haben, der Fall sein. Die Weiterentwicklung der Regeln über die culpa in contrahendo führt ihn folglich zu dem Ergebnis: „Auch bei Nichtigkeit oder wirksamer Anfechtung des Vertrages bleibt ein „Schuldverhältnis ohne primäre Leistungspflicht“ bestehen, das die Grundlage der Schutzpflichten bildet, seine Rechtfertigung in der Inanspruchnahme und Gewährung von Vertrauen findet und seine positivrechtliche Stütze in § 242 BGB hat“.[160]

Canaris geht nun noch einen Schritt weiter und führt alle Schutzpflichten auf ein einheitliches „Schutzverhältnis“ zurück, um durch dessen scharfe Abgrenzung gegenüber dem „Leistungsverhältnis“ die Lehre von der Struktur des Schuldver-

---

[156] Canaris, JZ 1965, 475 ff.
[157] Canaris, FS Larenz, S. 27, 84 ff.
[158] Canaris, JZ 1965, 475, 476.
[159] Canaris, JZ 1965, 475, 476.
[160] Canaris, JZ 1965, 475, 477.

hältnisses fortzuentwickeln.[161] Diese Theorie des „einheitlichen Schutzverhältnisses“ formuliert er wie folgt: „Alle Schutzpflichten finden ihre Grundlage in einem einheitlichen Schutzverhältnis, das mit der Aufnahme des geschäftlichen Kontakts beginnt und sich über mehrere Stufen – Beginn der Vertragsverhandlungen, Vertragsschluss, Eintritt in das Erfüllungsstadium – verdichtet; es entsteht unabhängig vom Willen der Parteien, ist also gesetzlicher Natur und findet seine Rechtfertigung im Vertrauensgedanken und seine positiv-rechtliche Grundlage in § 242 BGB“.[162]

In Fortführung seiner Theorie vom einheitlichen Schutzverhältnis hat Canaris später die These entwickelt, das Schutzverhältnis sei Ausdruck einer eigenständigen Haftungsordnung, die systematisch in die Vertrauenshaftung einzuordnen sei und damit einen Haftungsbereich betreffe, der diesseits der Deliktshaftung aber noch vor der Grenze zur Vertragshaftung liege.[163] Canaris bezeichnet diese Haftung für Schutzpflichtverletzungen als „dritte Spur“ zwischen Vertrag und Delikt und will mit der Annahme eines solchen Haftungsmodells der Tatsache Rechnung tragen, dass die „starre Dichotomie zwischen Vertrags- und Deliktshaftung (...) schon seit langem der rechtlichen Realität nicht mehr gerecht (wird) (...)“[164].

3. Zur Kritik an der Dogmatik der Schutzpflichten und das Modell Pickers zur Abgrenzung von vertraglicher und deliktischer Haftung

a) Die Kritik an der Dogmatik der Schutzpflichten

Während die Figur der vertraglichen Schutzpflichten weitgehend anerkannt ist,[165] hat die Dogmatik zu den quasi-vertraglichen Schutzpflichten schon frühzeitig erhebliche Kritik hervorgerufen. Es wird dabei geltend gemacht, dass die Verletzung der vorvertraglichen Schutzpflichten, etwa die mangelhafte Säuberung eines Raums, in dem die Verhandlungen stattfinden, eigentlich in das Deliktsrecht gehörten. Es wird behauptet, dass sich die Rechtsprechung durch Heranziehung der Institute der culpa in contrahendo und des Vertrages mit Schutzwirkung für Dritte den Zugang zu den Vorteilen der Vertragshaftung eröffnen wollte.[166] Teilweise wird dabei die These aufgestellt, dass das allgemeine Interesse an der Integrität der Rechtsgüter, insbesondere an der Unversehrtheit von Person und Eigentum, vom Schutzzweck der schuldrechtlichen Sonderver-

[161] Canaris, JZ 1965, 475, 478 ff.
[162] Canaris, JZ 1965, 475, 479.
[163] Canaris, FS Larenz, S. 27, 84 ff.; ders., ZHR 163 (1999), 206, 220 ff.
[164] Canaris, ZHR 163 (1999), 206, 221.
[165] L. Müller, JuS 1998, 894, 896.
[166] v. Bar, Verkehrspflichten S. 312 ff.; Medicus, Gutachten , S. 479, 490 ff.; Thiele, JZ 1976, 778, 780.

bindung nicht gedeckt sei.[167] Das allgemeine Erhaltungs- oder Integritätsinteresse werde funktionell in erster Linie durch das Deliktsrecht gewährleistet. Insbesondere v. Bar[168] vertritt die Ansicht, dass im Bereich der quasivertraglichen Schutzpflichten die Vertragshaftung insoweit Aufgaben des Deliktsrechts wahrnehme, da die eingetretenen Schäden weder in einem Zusammenhang mit dem vertraglichen Leistungsaustausch stünden, noch sich auf einen rechtsgeschäftlichen Verpflichtungswillen zurückführen ließen. Nachdem die Dogmatik des Deliktsrechts auf die Schwächen gegenüber dem Vertragsrecht durch zahlreiche Fortentwicklungen hinsichtlich des Beweisrechts und des Entlastungsbeweis im Rahmen des § 831 BGB reagiert habe, sei in nahezu allen Bereichen die „Schützenhilfe" durch das Vertragsrecht in Gestalt der „behelfsmäßigen Rechtsfiguren" wie der culpa in contrahendo und des Vertrages mit Schutzwirkungen zugunsten Dritter nicht mehr erforderlich.[169] Schließlich wird geltend gemacht, dass die quasivertraglichen Schutzpflichten sich strukturell überhaupt nicht von den deliktsrechtlichen Verkehrspflichten unterscheiden ließen.[170] Diese Feststellung bewegte Hans Stoll zu der Aussage, dass „die Leugnung des wahren Charakters solcher Pflichten mit Rücksicht auf ihre konstruktive Einbettung in irgendwelche „Sonderverbindungen" (...) kein Ruhmesblatt der deutschen Zivilrechtsdogmatik (sei)".[171] Die quasi-vertraglichen Schutzpflichten hätten nach Auffassung ihrer Kritiker somit unschwer vom Deliktsrecht selbst mit Hilfe der Verkehrspflichten entwickelt werden können. So wird auch von Huber behauptet, dass die Pflicht des Verkäufers, den Käufer nicht an Leib und Gut zu gefährden, nicht erst mit der Aufnahme der Vertragsverhandlungen oder infolge eines ähnlichen geschäftlichen Kontakts entstehe, sondern ohnehin schon gegenüber jedermann in Form der allgemeinen Verkehrspflicht bestehe.[172]

b) Das Modell Pickers zum Verhältnis von vertraglicher und deliktischer Haftung

Die zunehmende Ausdehnung der vertraglichen Haftung durch die Rechtsinstitute der Schutzpflichtverletzung, der culpa in contrahendo sowie des Vertrages mit Schutzwirkung für Dritte nahm Picker 1983 in einem viel beachteten Aufsatz zum Anlass dazu, Thesen zum Verhältnis der vertraglichen und deliktischen Haftungssysteme zu entwickeln, die die herkömmliche Dogmatik in Frage stellten.[173] Ausgehend von der Beobachtung, dass das geltende Haftungsrecht von einer starken Tendenz zur Begründung vertraglicher und quasivertraglicher

[167] Thiele, JZ 1976, 778, 780.
[168] v. Bar, JuS 1982, 637 ff.; ders., Verkehrspflichten, S. 312 ff.
[169] v. Bar, JuS 1982, 637, 645.
[170] v. Bar, Verkehrspflichten, S. 313.
[171] Hans Stoll, AcP 176 (1976), 145, 150, Fn. 21.
[172] Huber, AcP 177 (1977), 281, 319.
[173] Picker, AcP 183 (1983), 369 ff.; ders., JZ 1987, 1041 ff.

Wiedergutmachungspflichten gekennzeichnet sei, sucht er nach der Rechtfertigung für diese Entwicklung. Die bisherigen dogmatischen Begründungsversuche zur Ausdehnung der vertraglichen Haftungsgrundsätze vermögen nach Picker jedoch kein geeignetes Erklärungsmodell zu liefern, um diese Tendenz zu befriedigend erklären zu können. Seine Kritik an der „am Geltungsgrund des Rechtsgeschäfts orientierten Lehre von einer begleitenden Schadenshaftung" und der daraus resultierenden „Hypertrophie des Vertragsrechts"[174] liegt vornehmlich darin, dass der Geltungsgrund der rechtsgeschäftlichen Leistungspflicht nicht gleichzeitig den Geltungsgrund auch für eine Schadensersatzpflicht abgeben könne. Der Vertrag als „autonom gesetzte causa der versprochenen Leistung" vermag nach ihm die „hetereonom begründete oktroyierte Sanktion einer vertraglichen Schadensersatzhaftung" nicht zu erklären.[175]

Die Haftung auf Wiedergutmachung eines Schadens, der durch ein widerrechtliches Verhalten verursacht worden sei, findet nach der zentralen These Pickers ihre Rechtfertigung in dem Gebot des „neminem laedere".[176] Dieser Grundsatz beinhaltet nach ihm eine zeitlose Rechtsüberzeugung sowie einen Elementarsatz des geltenden Rechts, dessen Verwirklichung „sozusagen schiere Gerechtigkeit dar(stellt)".[177] Das Prinzip des „neminem laedere" gelte für die vertragliche und deliktische Haftung gleichermaßen, mit der Folge, dass im Ausgangspunkt damit eine Homogenität zwischen der vertraglichen und deliktischen Schadenshaftung bestehe.[178] Picker geht nun allerdings noch einen Schritt weiter und misst dem Gebot des „neminem laedere" eine derart weit reichende Bedeutung zu, dass die Begründung einer Schadensersatzhaftung gar keiner weiteren Rechtfertigung mehr bedarf. Vielmehr sei die Einschränkung einer nach dem Gebot des „neminem laedere" an sich gegebenen Haftung begründungsbedürftig: „Grundsatz und Ausgangspunkt jeder Schadenshaftung ist vielmehr das genannte überpositive, elementare Gerechtigkeits- und Vernunftspostulat, dass der Schaden, der durch sozial unerwünschtes und deshalb „an sich" als widerrechtlich und vorwerfbar qualifizierbares Tun herbeigeführt wurde, wiedergutgemacht werden muss. Dagegen ist es nur die Durchbrechung dieses elementaren Prinzips, wenn trotz des Umstands, dass ein solches Verhalten einen vermeidbaren Schaden verursacht, in bestimmten Fällen die Haftung nicht eintritt".[179] Nach Picker ist somit gerade eine entgegengesetzte Betrachtungsweise zur herrschenden Lehre, die auf die Suche nach besonderen „Pflichtverstärkungsfaktoren" fixiert sei, angebracht. Die Problematik des Haftungsrechts liege nicht darin, die Einstandpflicht zu begründen, sondern umgekehrt in der Aufdeckung der sachlichen

[174] Picker, AcP 183 (1983), 369, 391 m.w.N.
[175] Picker, JZ 1987, 1041, 1045.
[176] Picker, AcP 183 (1983), 369, 460 ff.; ders., JZ 1987, 1041, 1048; vgl. dazu auch § 1 V 2.
[177] Picker, JZ 1987, 1041, 1048.
[178] Picker, AcP 183 (1983), 369, 479 ff.
[179] Picker, JZ 1987, 1041, 1052.

Gründe, die die Haftung ausnahmsweise beschränken.[180] So interpretiert Picker insbesondere die differenzierte Gestalt des Deliktsrechts unter dem Gesichtspunkt der Begrenzung der Haftung. Die Funktion der Haftungsbeschränkung misst er dabei auch der „Sonderverbindung“ zu: „Die Haftungsbeschränkungsfunktion, die im allgemeinen Deliktsrecht das absolute Recht oder die schutzgesetzlich gesicherte Rechtsposition zu leisten bestimmt sind, wird bei Existenz einer Sonderverbindung durch die Individualität und Vereinzelung dieser Beziehung erfüllt. Die Sonderverbindung ist also im Aufbau des Haftungstatbestands der außerdeliktischen Einstandspflichten dogmatisch und technisch an die Stelle zu setzen, die im Aufbau des Deliktstatbestandes das absolute Recht oder das gesetzlich geschützte Interesse einnimmt“.[181]

Auf der Grundlage dieser Annahmen zieht Picker schließlich weit reichende Folgerungen für die Haftungssysteme des geltenden Rechts. So soll die Differenzierung zwischen vertraglicher und deliktischer Haftung zugunsten der zwischen autonom-rechtsgeschäftlich begründeter Leistung- und willensunabhängiger Schadensersatzverpflichtung kraft Gesetzesbefehls ersetzt werden.[182] Die Differenzen zwischen den beiden Schadenshaftungssystemen ließen sich auf den technischen Umstand reduzieren, dass beide Haftungen nur mit einer unterschiedlichen Methode der Haftungsbeschränkung arbeiten.[183]

Die Theorie Pickers, wonach der einheitliche Geltungsgrund einer Schadensersatzsanktion in dem Prinzip des neminem laedere zu finden ist und die Dichotomie von vertraglicher und deliktischer Haftung durch eine fundamentale Trennung zwischen rechtsgeschäftlich begründeten Leistungspflichten und willensunabhängigem Gesetzesbefehl, der kraft objektiven Rechts zu Schadensersatzsanktionen führt, vermag nicht zu überzeugen. Die strenge Entgegensetzung von rechtsgeschäftlichen Leistungspflichten einerseits und gesetzlichen Sanktionsbefehlen andererseits beruht auf einem spezifischen Verständnis der Willenserklärung und des Vertrages als eines Instruments der Selbstgestaltung, frei von Elementen auferlegter Verantwortung.

Dieses von manchen geteilte Verständnis entspricht jedoch nicht dem geltenden Recht. Bei einer solchen Reduktion des Vertrages auf den Willen der Parteien bleibt außer Betracht, dass das Schuldverhältnis nicht allein auf dem Prinzip der Selbstgestaltung beruht, sondern nach § 242 BGB unter dem Prinzip der umfassenden Ausgestaltung von Treu und Glauben steht.[184] Der Vertrag begründet ein

[180] Picker, JZ 1987, 1041, 1052.
[181] Picker, AcP 183 (1983), 369, 484.
[182] Picker, AcP 183 (1983), 369, 505 ff.
[183] Picker, JZ 1987, 1041, 1055.
[184] Schur, Leistung, S. 239.

Schuldverhältnis zwischen den Parteien und führt damit zu einer gesetzlichen Ausgestaltung des durch den Willen der Parteien begründeten Verhältnisses.[185]

Darüber hinaus begegnet der Grundsatz des „neminem laedere" als Ausdruck „zeitloser Rechtsüberzeugung", „spontanen und urwüchsigen Rechtsempfindens" und als „unmittelbares Postulat der Vernunft"[186] erheblichen Bedenken. Dem Gesetz ist ein solcher „Elementarsatz" unbekannt.[187] Das Konzept, dass das Delikstrecht bloße positivierte Haftungsbeschränkung eines im Grundsatz die Haftung bei rechtswidrigen Verletzungen anordnenden ungeschriebenen Rechtsprinzips sei, ist weder in sich schlüssig noch stimmt es mit der im Deliktssystem des BGB getroffenen gesetzgeberischen Grundentscheidungen überein.[188] Der Gesetzgeber wollte mit den Vorschriften des Deliktsrechts positive, eine Haftung begründende Regelungen schaffen, die den Grundsatz des neminem laedere gerade ausschließen.[189] Schwitanski weist zu Recht darauf hin, dass die Unterscheidung zwischen einem grundsätzlich die Anerkennung der Schadenshaftung tragenden Rechtsgedanken des „neminem laedere" und dessen konkreter haftungsbegrenzender Ausgestaltung undurchführbar ist, weil der Rechtsgedanke des „neminem laedere" nicht die Ausgestaltung des geltenden Deliktsrechts bestimmt.[190] Die Trennung von Anerkennung und Ausgestaltung ist nicht durchführbar, da die Schadenshaftung nur so anerkannt wurde, wie sie konkret von den Gesetzesverfassern des BGB ausgestaltet worden ist. Diese Ausgestaltung war, wie bereits in Kapitel 1 ausgeführt, an dem für eine Schadenshaftung allein denkbaren Grundgedanken der kompromißartigen Abwägung zwischen Bestands- und Freiheitsinteresse orientiert. Das Modell Pickers ist aus den genannten Gründen abzulehnen; es vermag die Dichotomie zwischen vertraglicher und deliktischer Haftung nicht zu ersetzen.

III. Zusammenfassung und Stellungnahme zu den Lösungsmodellen zur Abgrenzung der Verkehrspflichten von den Schutzpflichten

Die Schutzpflichten sind Ausdruck der besonderen Verhaltensordnung, die durch die Kategorie der Sonderverbindung begründet wird. Während das Deliktsrecht eine allgemeine Verhaltensordnung für jedermann aufstellt, wird durch die Sonderverbindung eine besondere Verhaltensordnung geschaffen.[191]

[185] Schon Larenz, Schuldrecht I, S. 365 f., hatte angesichts der Kritik Pickers darauf hingewiesen, dass der Inhalt des Vertragsverhältnisses nur zum Teil durch den Parteiwillen, darüber hinaus aber durch die Rechtsordnung bestimmt wird, die diesen respektiert und im Sinne einer gerechten Regelung ergänzt.
[186] Vgl. Picker, AcP 183 (1983), 369, 452, 462, 469.
[187] Hans Stoll, Fortbildung, S. 43 Fn. 75.
[188] Schwitanski, Deliktsrecht, S. 293.
[189] Hans Stoll, Fortbildung, S. 43 Fn. 75.
[190] Schwitanski, Deliktsrecht, S. 295.
[191] Schur, Leistung, S. 265.

Die Sonderverbindung basiert auf einer personalen Beziehung der Beteiligten und eröffnet eine besondere Einwirkungsmöglichkeit auf die Rechtsgüter des anderen Teils. Zum einen soll somit die Sonderverbindung mittels ihrer Pflichten die sonderverbindungsspezifisch erhöhten Einwirkungsmöglichkeiten der Gegenseite auf die Rechtsgüter des Gefährdeten und seine reduzierten Verteidigungsmöglichkeiten kompensieren und dient damit der Bewältigung einer besonderen Schutzbedürftigkeit. Zum anderen sollen die sonderverbindungsspezifischen Schutzpflichten die störungsfreie und zügige Erreichung des in der Sonderverbindung bestehenden Leistungs- oder Unterlassungszwecks fördern.[192] Die Schutzpflichten bestehen dabei vom Augenblick ihres Entstehens nur in Bezug auf den Partner des anzubahnenden oder angebahnten Rechtsverhältnisses einschließlich der in das Schutzpflichtverhältnis einbezogenen Dritten. Ihr Anwendungsbereich ist folglich der gewollte und gezielte Kontakt.[193] Im Gegensatz dazu liegt der Anwendungsbereich der deliktischen Verkehrspflichten in dem zufälligen Kontakt von zumeist Fremden, und sie begründen daher auch keine Sonderverbindung zwischen dem Pflichtigen und demjenigen, dem gegenüber die Verpflichtung besteht.

Die Auffassung, die den Schutz des Bestandes der Rechtsgüter ausschließlich der deliktischen Haftung unterwerfen will, ist abzulehnen. Sie verkennt, dass die Sonderverbindung eine eigene Verhaltensordnung für die Parteien bereitstellt, deren Ausgestaltung unter dem Prinzip von Treu und Glauben steht. Gegen eine deliktische Erklärung der Schutzpflichten sprechen vor allem der Charakter der deliktischen Haftung als Jedermann-Haftung sowie die außerdeliktische Besonderheit der Anpassung der Sorgfaltsanforderung an die Art der Beziehung.[194]

Der herrschenden Auffassung in Literatur und Rechtsprechung, wonach der Schutz der Rechtsgüter des anderen Teils nicht nur dem Deliktsrecht, sondern auch der Sonderverbindung zukommt, ist nun auch der Gesetzgeber gefolgt. Mit der Einordnung der Schutzpflichten in § 241 Abs. 2 BGB wird klargestellt, dass es de lege lata in nennenswertem Umfang außerdeliktische Schutzpflichten gibt. Eine weitergehende Aussage enthält insofern § 311 Abs. 2 und 3 BGB, der die culpa in contrahendo sowie den Vertrag mit Schutzwirkung für Dritte hinsichtlich der Schutzpflichten als außerdeliktisch ansieht. Die Haftung für Schutzpflichtverletzungen im vorvertraglichen Bereich sowie gegenüber leistungsnahen Dritten wurde somit durch die Schuldrechtsmodernisierung zu Recht der Haftung nach vertraglichen Grundsätzen unterstellt, da beide Bereiche durch eine Öffnung der Rechtsgüterkreise und somit eine erhöhte Schadensanfälligkeit gekennzeichnet sind. Die für die Begründung einer Sonderverbindung als Grundlage der Schutzpflichten herangezogenen Erklärungsmodelle des entge-

192 Dauner-Lieb/Heidel/Lepa/Ring/Krebs, Schuldrecht, S. 130.
193 Motzer, JZ 1983, 884, 888.
194 Dauner-Lieb/Heidel/Lepa/Ring/Krebs, Schuldrecht, S. 134.

gengebrachten Vertrauens sowie der besonderen Einwirkungsmöglichkeit auf die Rechtgüter des anderen finden sich nun in § 311 Abs. 2 Nr. 1 und Nr. 2 BGB wieder. Diese Erklärungsmodelle lassen sich aber auch auf das Institut des Vertrages mit Schutzwirkung zugunsten Dritter übertragen, da hierdurch diejenigen Dritten in den Schutzbereich der Sonderverbindung einbezogen werden sollen, die der Gefahr einer Rechtsgutsverletzung seitens des Schuldners gerade deshalb ausgesetzt sind, weil ihre schützenswerte Rechtsgüter bestimmungsgemäß mit der Leistung in Berührung kommen und insofern gleichfalls einer erhöhten Schadensanfälligkeit ausgesetzt sind.

Ob die Regelung des § 241 Abs. 2 BGB mit der von Canaris vertretenen Theorie des einheitlichen Schutzpflichtverhältnisses zu vereinbaren ist, lässt sich weder der Vorschrift noch den Gesetzesmaterialien zweifelsfrei entnehmen. Canaris und die Stimmen in der Literatur, die seiner Theorie gefolgt sind,[195] vertreten konsequenterweise die Auffassung, dass die Schutzpflichten, sofern über sie keine spezielle vertragliche Vereinbarung getroffen wurde, auch nach einem wirksamen Vertragsschluss ihren gesetzlichen Charakter behalten, also nicht plötzlich in vertragliche Pflichten umschlagen. Der BGH folgt dieser Lehre nicht. Nach seiner Rechtsprechung[196] schlagen die im vorvertraglichen Stadium entstandenen Schutzpflichten nach Vertragsschluss um in vertragliche Pflichten. Dieser so genannten Umschlagtheorie folgt auch ein maßgeblicher Teil der Literatur.[197] In der Tat erscheint die Vorstellung, die Schutzpflichten würden in Form eines eigenständigen gesetzlichen Schuldverhältnisses abgekoppelt von den Haupt- und Nebenpflichten des wirksam zustande gekommenen vertraglichen Schuldverhältnisses ein rechtliches Eigenleben führen, als eine gekünstelte Konstruktion.[198] Zudem gibt es die behauptete Einheitlichkeit der Schutzpflichten im Grunde nicht, weil bestimmte Schutzpflichten erst im Zusammenhang mit der vertraglichen Hauptleistungspflicht entstehen (z.B. Warnpflichten vor möglichen Schädigungen durch die Erbringung der konkret erst vereinbarten Leistung).[199] Dem Zeitpunkt des Vertragsschlusses kommt insofern die Wirkung einer Zäsur zu und die Schutzpflichten werden stärker von dem Inhalt der Leistungspflicht bestimmt als in der Phase der Vertragsanbahnung.[200] So hat insbesondere Larenz zu Recht darauf hingewiesen, dass die im Schuldverhältnis der Vertragsverhandlung begründeten Sorgfalts- und Schutzpflichten sich im vertraglichen Schuldverhältnis mit gleichem oder aber auch verändertem Inhalt

[195] Thiele, JZ 1967, S. 649 ff.; Frost, Schutzpflichten, S. 219 ff.; Gerhardt, JuS 1970, 597 ff.
[196] BGHZ 63, 382, 388; BGHZ 93, 23, 27 f.
[197] Dahm, JZ 1992, 1167, 1171; Larenz, Schuldrecht I, S. 118; Palandt/Heinrichs, § 241 Rn. 6.
[198] MünchKomm/Roth^3, § 242 Rn. 132.
[199] Dahm, JZ 1992, 1167, 1171.
[200] Gernhuber, Schuldverhältnis, S. 28.

fortsetzen und neue hinzukommen können.[201] Diese Abstufung, die die These von der Einheitlichkeit des Schutzverhältnisses nicht zu erklären vermag, scheint auch in der gesetzlichen Neuregelung des § 241 Abs. 2 BGB angelegt zu sein, denn mit der Formulierung „nach seinem Inhalt“ wird darauf verwiesen, dass konkrete Aussagen über die Existenz von Schutzpflichten und ihrer Reichweite jeweils aus der Natur des Schuldverhältnisses abgeleitet werden müssen.[202]

Abschließend kann somit festgehalten werden, dass sich die Verkehrspflichten und die Schutzpflichten primär in der Zugehörigkeit zu verschiedenen Verhaltensordnungen unterscheiden. Die Schutzpflichten sind nicht Ausdruck der für jedermann geltenden Pflichten, sondern sie sind Teil der sich aus dem Schuldverhältnis ergebenden besonderen Verhaltensordnung für den Schuldner, wohingegen die Verkehrspflichten der deliktischen Jedermann-Haftung zuzuordnen sind.

Diese Unterscheidung beinhaltet auch eine Konkretisierung im Hinblick auf die Intensität der Pflichten. Hinsichtlich der Intensität der Schutzpflichten lassen sich zwei Arten unterscheiden: die Pflicht, Schädigungen zu vermeiden und die aktive Schutzpflicht, die den Verpflichtungen zu einem aktiven Tun zugunsten der Gegenseite verpflichtet.[203] Eine aktive Schutzpflicht kommt vor allem dann in Betracht, wenn Gefahren vorliegen, die den Leistungszweck vereiteln oder erheblich gefährden.[204] Demgegenüber beschränken sich die Verkehrspflichten grundsätzlich auf die Pflicht, Schädigungen Dritter zu vermeiden. Dieser Unterschied in der Pflichtenintensität ist darauf zurückzuführen, dass eine Abwägung zwischen den Interessen an einem umfassenden Schutz einerseits und an der Bewegungsfreiheit andererseits vorzunehmen ist. Weitgehende Sorgfaltspflichten gegenüber jedermann würden die Bewegungsfreiheit unzumutbar einschränken, gegenüber einer ganz bestimmten Person im Rahmen einer Sonderverbindung können sie hingegen durchaus wahrgenommen werden.[205] Die vertraglichen und quasivertraglichen Schutzpflichten können demnach im Vergleich zu den Verkehrspflichten in Art, Intensität und Reichweite weitergehend sein.

---

[201] Larenz, Schuldrecht I, S. 118: „Das vertragliche Schuldverhältnis vermag die in dem bisherigen gesetzlichen Schuldverhältnis begründeten Schutzpflichten in sich aufzunehmen und darüber hinaus weitere zu begründen, weil es nur in seinem Kern, der Bestimmung des Inhalts und Umfangs der beiderseitigen Leistungspflichten, durch das Rechtsgeschäft und damit durch den Parteiwillen bestimmt werden muss, im übrigen aber durch die gesetzlichen Dispositivnormen und auch durch zwingende Normen mitbestimmt wird“.

[202] Anwaltkommentar/Krebs, § 241 Rn. 6.

[203] Dauner-Lieb/Heidel/Lepa/Ring/Krebs, Schuldrecht, S. 136.

[204] Näher Krebs, Sonderverbindung, S. 506 ff.

[205] Koziol, JBl 1994, 209, 213.

Der Regierungsentwurf zu § 241 Abs. 2 BGB enthielt insofern noch die Formulierung, jeder Teil sei zu „besonderer“ Rücksicht verpflichtet. Die Begründung führte hierzu aus, es solle angedeutet werden, dass die Schutzpflichten nicht dem entsprechend, was schon nach allgemeinem Deliktsrecht geboten sei. Vielmehr solle insbesondere eine Abgrenzung zu den allgemeinen Verkehrspflichten angezeigt werden.[206] Zwar wurde der Zusatz der „besonderen“ Rücksicht im Laufe des Gesetzgebungsverfahrens mit der Begründung gestrichen,[207] insbesondere aufgrund des Erfordernisses eines besonderen Vertrauens in § 311 Abs. 3 S. 2 könne der unzutreffende Eindruck entstehen, auch die „besondere“ Rücksichtnahme sei als einschränkende Auslegung zu verstehen.[208] Es ging also darum, das Missverständnis zu vermeiden, dass es für die Annahme einer Schutzpflicht einer besonderen Schutzbedürftigkeit bedarf.[209] Durch die Streichung des Tatbestandsmerkmals der „besonderen“ Rücksicht sollten somit gerade nicht die anerkannten Unterschiede von Schutzpflichten und Verkehrspflichten im Hinblick auf Intensität und Reichweite angezweifelt werden.

§ 5 Verkehrspflichten und negatorischer Rechtsschutz

I. Ergänzung des repressiven Deliktsschutzes durch Unterlassungs- und Beseitigungsansprüche

1. Gesetzliche Abwehransprüche

Der Schutz durch Schadensersatzansprüche aus den §§ 823 ff. BGB wirkt stets repressiv, da er voraussetzt, dass bereits ein Schaden eingetreten ist, dessen Ausgleich bezweckt wird.[210] Derjenige, der seine Rechtsgüter durch das Verhalten eines anderen bedroht sieht, ist jedoch nicht darauf angewiesen, die Verletzung abzuwarten, um dann Schadensersatz nach den §§ 823 ff. BGB zu verlangen, sondern er kann die eigene Rechtssphäre mit Hilfe von Abwehransprüchen gegen drohende Eingriffe verteidigen. Das Gesetz sieht daher zum Schutz bestimmter Rechtsgüter vor Störungen und Beeinträchtigungen Dritter Unterlassungs- und Beseitigungsansprüche vor. Geschützt sind insbesondere der Name (§ 12 BGB), der Besitz (§ 862 BGB), das Eigentum (§ 1004 BGB), beschränkte dingliche Rechte (§§ 1017 Abs. 2, 1053 f., 1027, 1065, 1227 i.V.m. § 1004 BGB, 11 Abs.1 ERbbauVO, 34 Abs. 2 WEG i.V.m. § 1004 BGB) sowie Immaterialgüterrechte (§§ 37 Abs.2 HGB, 14 Abs. 5, 15 Abs.4 MarkenG, 24 Abs.1 GebrMG, 14a GeschmMG, 139 Abs.1 PatG, 97 Abs.1 UrhG).

---

[206] RE Begrüdung zu § 241 Abs. 2, BT-Drucks 14/6040, S. 125.
[207] Rechtsausschuss, BT-Drucks 14/7052, S. 182.
[208] Anwaltkommentar/Krebs, § 241 Rn. 5.
[209] Palandt/Heinrichs, § 241 Rn. 7.
[210] Medicus, Bürgerliches Recht, Rn. 628.

2. Erweiterung des § 1004 BGB auf quasinegatorische Ansprüche

Der Unterlassungsanspruch ist als Rechtsfolge einer unerlaubten Handlung im BGB nicht erwähnt. Seit langem sieht man jedoch in den oben zitierten Vorschriften, insbesondere § 1004 BGB, einen allgemeinen Rechtsgedanken, der es erlaubt, auch die Rechtsgüter und Rechte des § 823 Abs.1 BGB durch Unterlassungs- und Beseitigungsansprüche zu schützen.[211] Abwehransprüche werden danach auch gewährt, wenn die Bedrohung den in § 823 Abs. 1 BGB genannten Rechtsgütern bzw. Rechten droht, da es keinen einleuchtenden Grund dafür gibt, dem Eigentümer Abwehransprüche gegen bevorstehende Beeinträchtigungen der Sache zuzugestehen, solche Ansprüche jedoch demjenigen vorzuenthalten, dessen Gesundheit oder gar Leben bedroht ist.[212] Darüber hinaus wird dieser quasinegatorische Anspruch[213] auf Positionen erstreckt, die über § 823 Abs. 2 BGB[214] oder § 824 BGB[215] geschützt sind.

3. Voraussetzungen des negatorischen Rechtsschutzes

Anders als der deliktische Schadensersatzanspruch setzt das Abwehrbegehren nicht voraus, dass dem Eingreifenden ein Verschuldensvorwurf zu machen ist bzw. ein solcher zu machen wäre, würde die zu unterlassende Handlung ausgeführt.[216] Schon das Reichsgericht stellte fest, dass Rechtsschutz durch die Unterlassungsklage gewährt wird bei jedem „auch nur objektiv widerrechtlichem Eingriff in ein vom Gesetz geschütztes Recht..., wenn weitere Eingriffe zu besorgen sind".[217] Die Bedeutung des Schuldmoments beschränkt sich damit auf das Gebiet des Schadensersatzes; nach der Entscheidung des RG möge es billig sein, die Schadensersatzpflicht nur beim Vorhandensein eines Verschuldens anzuerkennen, es sei „aber ein Gebot der Gerechtigkeit, dass auch ohne ein solches gegen die Wiederholung auch nur objektiv widerrechtlicher Eingriffe ein Schutz gegeben werde, damit der Zufügung weiteren Schadens vorgebeugt werde, dessen Ersatz sonst, wenn nicht nachträglich ein Verschulden hinzutreten sollte,

---

211 RGZ 116, 151, 153; BGH LM Nr. 234 zu 1004 unter II 2 a; MünchKomm/Mertens³, § 823 Rn. 63; MünchKomm/Medicus, § 1004 Rn. 6; RGRK/Steffen, Vor § 823 Rn. 122; Staudinger/Hager, Vorbem zu §§ 823 ff. Rn. 63; Larenz/Canaris, Schuldrecht II/2, S. 673; v. Bar, 25 Jahre Karlsruher Forum, S. 80, 82; zur geschichtlichen Entwicklung vgl. den Überblick bei Hohloch, Die negatorischen Ansprüche und ihre Beziehung zum Schadensersatzrecht, 1976, S. 41 ff.; Fuchs, Deliktsrecht, S. 113.

212 Larenz/Canaris, Schuldrechte II/2, S. 673.

213 Soweit dieser Rechtsschutz im Hinblick auf Güter zur Anwendung kommt, die nicht von schon von Gesetzes wegen negatorischen Schutz genießen, spricht man von quasinegatorischen Rechtsschutz.

214 BGHZ 99, 133, 136; 122, 1, 7; BGH, NJW 1995, 132, 134; 1995, 1284, 1285 f.; 1997, 55; MünchKomm/Mertens³, § 823 Rn. 64, 160; Staudinger/Hager, Vorbem zu §§ 823 ff Rn. 63.

215 RGZ 60, 6, 7 f.; 61, 366, 369; 95, 339, 342 f.; 116, 393, 402.

216 Medicus, Bürgerliches Recht, Rn. 628; MünchKomm/Wagner⁴, Vor § 823 Rn. 75.

217 RGZ 60, 6, 7.

ebenfalls nicht gefordert werden könnte".[218] Die gesetzliche Grundlage dieses Schutzes wird in der analogen Anwendung der Vorschriften der §§ 12, 862, 1004 BGB gesehen.[219] Der Abwehranspruch setzt demnach voraus, dass die Eingriffshandlung – würde sie ausgeführt – rechtswidrig wäre.[220]

II. Negatorischer Rechtsschutz vor Verkehrspflichtverletzungen

1. Gefährdung durch Verletzung von Verkehrspflichten

Insbesondere von Bar[221] hat sich mit der Frage auseinandergesetzt, inwiefern ein vorbeugender Rechtsschutz bei drohender Verletzung einer Verkehrspflicht in Betracht kommt. Er führt die Beispiele an, ob ein Grundstücksbesitzer, der durch einen morschen Baum auf dem Nachbargrundstück bedroht wird, das Stützen oder Abholzen des Baumes verlangen kann oder, ob in einem Mietshaus eine Hausfrau der anderen verbieten kann, das Haus zu verlassen, solange deren Waschmaschine läuft. Von Bar hat die diesen Fällen zugrunde liegende Fragestellung zutreffend wie folgt formuliert: „Welche der zahllosen Verkehrspflichten, die die Rechtsprechung in den vergangenen Jahrzehnten entwickelt hat, sind unter welchen Voraussetzungen nicht bloß unselbständige Pflichten in dem Sinn, dass ihre schuldhafte Verletzung repressiven Rechtsschutz in Form von Schadensersatzansprüchen ermöglicht, sondern selbständige Pflichten des Inhalts, dass ihre Erfüllung mit privatrechtlichen Mitteln schon verlangt werden kann, noch bevor es zu einem Schaden gekommen ist?".[222]

Nach einer Analyse der Rechtsprechung des BGH gelangt von Bar zu dem Zwischenergebnis, dass es mit Hilfe der §§ 1004 Abs.1 S.2, 862 BGB möglich sei, bestimmte Verkehrspflichten in selbständig einklagbare Pflichten umschlagen zu lassen. Anknüpfungspunkt sei hierbei der Störerbegriff, denn Störer könne auch derjenige sein, der einer selbst geschaffenen oder in seinem Herrschaftsbereich befindlichen Gefahr für Eigentum und Besitz seines Nachbarn nicht sachgemäß und zumutbar entgegenwirke. Ob man in dieser Entwicklung eine Ausdehnung des in § 908 BGB auf andere als die dort genannten Pflichten und Anspruchsteller sehen will oder eine jedenfalls teilweise Reduktion des § 1004 Abs.1 S.2 BGB um das Tatbestandmerkmal „weitere" Beeinträchtigung, lässt von Bar ausdrücklich offen.[223] Entgegen anders lautender Stimmen in der Literatur[224] möchte von Bar den vorbeugenden Rechtsschutz bei drohender Verletzung

[218] RGZ 60, 6, 7.

[219] RGZ 60, 6, 7 f.; 148, 114, 122 f.; 163, 210, 214 ff.; BGHZ 34, 99, 102 f.; 99, 133, 136 f.; 128, 1, 6.

[220] Larenz/Canaris, Schuldrecht II/2, S. 675; Staudinger/Hager, Vorbem zu §§ 823 Rn. 72.

[221] v. Bar, 25. Jahre Karlsruher Forum, S. 80 ff.

[222] v. Bar, 25. Jahre Karlsruher Forum, S. 80.

[223] v. Bar, 25. Jahre Karlsruher Forum, S. 80, 82.

[224] Hohloch, Negatorische Ansprüche, S. 132, 135.

einer Verkehrspflicht nicht nur auf die Rechtsgüter Besitz und Eigentum beschränken, sondern bezieht auch solche Verkehrspflichten mit ein, die dem Schutz von Gesundheit und Leben dienen.[225]

2. Voraussetzungen und Grenzen eines Anspruchs auf die Einhaltung einer Verkehrspflicht

Es entspricht heute der ganz überwiegenden Meinung, dass präventiver Rechtsschutz gegen die sich abzeichnende Verletzung einer Verkehrspflicht in Betracht kommt, sofern der Betroffene nachhaltig und konkret in seinen durch die Verhaltenspflicht geschützten Rechtsgütern beeinträchtigt wird.[226] Die Voraussetzungen des Abwehranspruchs sind dabei unter Berücksichtigung der Wertungen der §§ 907, 908 BGB (1) eine rechtswidrige Pflichtverletzung im Vorfeld einer drohenden Rechts- oder Rechtsgutverletzung, (2) die hinreichende Konkretisierung der Gefahr für die Rechtsgüter des Anspruchstellers und (3) die Unabwendbarkeit der Gefahr durch das potentielle Opfer, dem die Gefahrsteuerung entweder unmöglich oder unzumutbar ist.[227] Daraus folgt ohne weiteres, dass im Beispiel des morschen Baums zwar der Mieter oder Eigentümer des Nachbargrundstücks, auf den der Baum zu fallen droht, die Beseitigung der Gefahrenlage verlangen kann, nicht aber ein Passant, der fürchtet, der Baum könne auf einen von ihm benutzten öffentlichen Weg fallen.[228] Ein Anspruch gegen den Verkehrspflichtigen auf Erfüllung der Räum- und Streupflicht gibt es nur, wenn der Gefährdete auf den gefährlichen Weg angewiesen ist.[229] Schließlich kommt im Wege des vorbeugenden Defensivschutzes eine Produktüberwachung durch Verbraucher, die nicht gezwungen sind, ein gefährliches Erzeugnis zu erwerben, nicht in Betracht.[230]

---

225 v. Bar, 25. Jahre Karlsruher Forum, S. 80, 84.

226 LG Bückeburg, NJW 1956, 1363; Erman/Schiemann, Vor § 823 BGB Rn. 21; MünchKomm/Mertens[3], § 823 Rn. 64, 97; MünchKomm/Wagner[4], Vor § 823 Rn. 76; v. Bar, 25. Jahre Karlsruher Forum, S. 80, 84; Möllers, Rechtsgüterschutz, S. 73; Staudinger/Hager, Vorbem zu §§ 823 ff. Rn. 64.

227 MünchKomm/Wagner[4], Vor § 823 Rn. 76; v. Bar , 25. Jahre Karlsruher Forum, S. 80, 84 f.; Hans Stoll, FS Lange, S. 729, 739.

228 MünchKomm/Wagner[4], Vor § 823 Rn. 76.

229 MünchKomm/Mertens[3], § 823 Rn. 64.

230 v. Bar, 25. Jahre Karlsruher Forum, S. 80, 85: „Niemand ist gezwungen, eine Ware, die er für gefährlich hält, zu erwerben. Er mag auf ein konkurrierendes Produkt ausweichen."

Kapitel 3: Das „bewegliche" System der Verkehrspflichten

Nach der in Rechtsprechung und Literatur üblichen allgemeinen Umschreibung des Verkehrspflichttatbestandes hat derjenige, der eine Gefahr für andere schafft oder unterhält, alle geeigneten und zumutbaren Maßnahmen zu ergreifen, um die Gefahr unter Kontrolle zu bringen und möglichst die Verwirklichung der Gefahr zu verhindern.[1] Vom Pflichtigen wird gefordert, sein Verhalten gegenüber anderen in zumutbarer Weise so zu gestalten, dass es nicht zu vermeidbaren Verletzungen von in § 823 Abs. 1 BGB beschriebenen Rechtsgütern kommt.[2] Diese generalklauselartige Formulierung vermag jedoch aufgrund ihres Abstraktionsniveaus, noch keine ausreichenden Kriterien für die Risikozuweisung zu liefern. Daher sind Leitlinien zu entwickeln, um die Verkehrspflichten nicht zu einer beliebigen Haftungsgrundlage ausufern zu lassen und nicht zu einer übermäßigen Beeinträchtigung der Handlungsfreiheit des potentiellen Schädigers zu gelangen. Die Ableitung der Verantwortlichkeit und des geforderten Umfangs der Verkehrspflichten hat sich dabei an mehreren, durch Interessenabwägung in ein Gleichgewicht zu bringenden Kriterien zu orientieren.[3] Im Folgenden sollen diese Kriterien zur Begründung und zur Bestimmung des Umfangs von Verkehrspflichten dargestellt werden.

§ 6 Die Begründung von Verkehrspflichten durch so genannte „Aufgreifkriterien"

Die ältere Lehre unterschied drei Entstehungsgründe für deliktische Handlungspflichten: Gesetz, Vertrag und vorangegangenes Tun. Nach dem heutigen Stand der Dogmatik werden die Entstehungsgründe und Inhalte von Verkehrspflichten mit Hilfe einer bunten Vielzahl einander ähnlicher und überschneidender Gesichtspunkte systematisiert.[4] Hinsichtlich der Kriterien zur Begründung von Verkehrspflichten haben sich im Laufe der Zeit bestimmte Fallgruppen herausgebildet. Im Rahmen dieser so genannten „Aufgreifkriterien"[5] werden zum Teil drei Gruppen unterschieden, nämlich die Bereichshaftung, die Übernahmehaftung und die Haftung aus vorangegangenem Tun.[6] Andere wiederum verstehen die Eröffnung des Verkehrs[7] als eigenständige Gruppe. Es gilt in diesem Zusammenhang zu berücksichtigen, dass die inhaltlichen Differenzen im Rahmen

---

[1] Deutsch/Ahrens, Deliktsrecht, Rn. 255; BGHZ 5, 378, 380; 14, 83, 85; 34, 206, 209; 65, 221, 224.
[2] BGHZ 65, 221, 223; Staudinger/Schäfer[12] Vor §§ 823 ff. Rn. 43; § 823 Rn. 312, 317 ff.
[3] Bamberger/Roth/Spindler, § 823 Rn. 225.
[4] MünchKomm/Wagner[4], § 823 Rn. 223.
[5] Staudinger/Hager, § 823 Rn. E 25.
[6] RGRK/Steffen, § 823 Rn. 152 ff.; Larenz/Canaris, Schuldrecht II/2, S. 406 ff.
[7] MünchKomm/Mertens[3], § 823 Rn. 212.

der unterschiedlichen Einteilung gering sind, zumal sich die einzelnen Fallgruppen nicht immer klar voneinander abgrenzen lassen und oftmals ineinander übergehen.[8] Alle diese Fallgruppen basieren auf zwei grundlegenden Gesichtspunkten, nämlich entweder dem Schutz der Umwelt vor einer Gefahrenquelle oder dem Schutz eines Rechtsguts vor Gefahren aus der Umwelt. Im Wesentlichen geht es im Rahmen der Fallgruppen zur Begründung von Verkehrspflichten zum einen um die Zuständigkeit für die Kontrolle von Gefahrenquellen, zum anderen um Fürsorgepflichten in Bezug auf bestimmte Rechtsgüter Dritter.[9]

I. Die Schaffung und Unterhaltung einer Gefahrenquelle

Nach der oftmals in der Rechtsprechung verwendeten Formulierung trifft die Haftung aus der Verletzung einer Verkehrspflicht denjenigen, der die Gefahr geschaffen, d.h. hervorgerufen hat und in seinem Einflussbereich andauern lässt.[10] Nach diesem Grundtatbestand der Verkehrspflichten ist jeder, der eine Gefahrenquelle eröffnet oder sie beherrscht, verpflichtet, Dritte vor den Gefahren, die von ihr drohen, zu schützen.[11] Einige Stimmen in der Literatur wollen das Kriterium der Schaffung und Unterhaltung einer Gefahrenquelle enger fassen und auf die Verursachung einer besonderen Gefahr aufgrund eines auch rechtmäßigen vorangegangen Tuns begrenzen.[12] Die hervorgerufene Gefahr muss nach dieser Auffassung besonders groß sein, was dann der Fall ist, wenn sie oberhalb der Schwelle dessen liegt, was als allgemeines Lebensrisiko anzusehen ist. Andernfalls verliere dieses Kriterium seine Konturen und verkomme zu einer Leerformel, mit der beliebige Ergebnisse begründet werden könnten.[13]

II. Die Bereichshaftung

Das für die Praxis wohl wichtigste Aufgreifkriterium zur Begründung einer Verkehrspflicht stellt das der Bereichshaftung dar. Danach trifft die Verantwortung denjenigen, der für den Zustand seines Bereichs einzustehen hat.[14] Die Be-

---

[8] Staudinger/Hager, § 823 Rn. E 12; MünchKomm/Mertens[3], § 823 Rn. 210; Larenz/Canaris, Schuldrecht II/2, S. 412.

[9] MünchKomm/Wagner[4], § 823 Rn. 223 ff.: Wagner teilt deshalb die Entstehungsgründe für Verkehrspflichten in Anlehnung an das Strafrecht nach dem Pflichtinhalt in die beiden Hauptgruppen der Sicherungs- und Fürsorgepflichten ein, ohne dabei in der Sache jedoch neue Kriterien zu schaffen.

[10] BGHZ 5, 378, 380; 14, 83, 85; 16, 95, 98; 24, 124, 130; 34, 206, 209; 60, 221, 224; 103, 338, 340; 108, 273, 274; 121, 367, 375; 123, 102, 105.

[11] BGHZ 108, 273, 274; 121, 367, 375; 123, 102, 105 f.

[12] MünchKomm/Mertens[3], § 823 Rn. 213; Larenz/Canaris, Schuldrecht II/2, S. 410.

[13] Larenz/Canaris, Schuldrecht II/2, S. 410.

[14] RGZ 83, 137, 138; BGH, NJW 1966, 40; BGH, NJW-RR 1990, 409, 410; BGH, VersR 1964, 390, 391; OLG Frankfurt a.M., VersR 1988, 191; OLG Jena, VersR 1998, 903, 904; RGRK-Steffen, § 823 Rn. 153.

herrschung eines bestimmten Sachbereichs, aus dem sich Gefahren für Dritte ergeben können, führt zu einer Zustandsverantwortlichkeit des Inhabers der tatsächlichen Herrschaft oder desjenigen, dem kraft besonderer Regelung die Errichtung, Organisation und Unterhaltung von Sachen obliegt.[15] Der „Sachhalter" ist verpflichtet, die Umwelt vor Gefahren zu schützen, die von dem Gegenstand verursacht werden; es gilt, „dass jeder für eine Beschädigung durch seine Sache insoweit aufkommen soll, als er sie bei billiger Rücksichtnahme auf die Interessen des anderen hätte verhüten müssen".[16] Ein gesetzliches Beispiel für die Zustandsverantwortlichkeit sind die §§ 836 bis 838 BGB. Als haftungsträchtige Gefahrenbereiche haben sich private Grundstücke, öffentliche Einrichtungen und der Straßenverkehr erwiesen.

Der Zustandsverantwortliche muss dabei nicht identisch mit demjenigen sein, der die Gefahr geschaffen hat und aus diesem Grund ebenfalls haftet.[17] Der Pflichtige ist auch für Gefahren verantwortlich, die von anderen geschaffen wurden und andauern, gegen die der Pflichtige aber fahrlässigerweise nichts unternimmt.[18] Die Bereichshaftung tritt somit neben diejenige des Veranlassens der Gefahr.[19] Die Gründe für die Verantwortung sind einerseits in der Bestimmungsgewalt über den eigenen Herrschaftsbereich, andererseits in der Möglichkeit, Vorteile aus der Gefahrenquelle zu ziehen, zu sehen. Von Bar[20] spricht in diesem Zusammenhang von dem Interessenprinzip, andere sprechen von dem Gedanken der Einheit von Vorteil und Risiko.[21] Danach muss jedermann, der aus seinem eigenen Verhalten und seinen eigenen Sachen Vorteile zieht, folgerichtig auch die damit verbundenen Schadensrisiken kontrollieren und steuern.[22]

III. Die Eröffnung eines Verkehrs und das Inverkehrbringen von Sachen

Eng verwandt mit der Bereichshaftung ist die Fallgruppe der Eröffnung eines allgemeinen Verkehrs, zu der auch das Inverkehrbringen von gefährlichen Sachen gerechnet wird.[23] Haftungsgrund ist hier außer der an die Möglichkeit der Gefahrbeherrschung anknüpfenden Zustandsverantwortlichkeit die faktische Verantwortungsübernahme für die verkehrsübliche Sicherheit der Verkehrsteilnehmer und der Schutz der Erwartungen, die diese insoweit in den Eröffner oder

[15] MünchKomm/Mertens³, § 823 Rn. 211.
[16] BGH, NJW 1958, 627, 628.
[17] Staudinger/Hager, § 823 Rn. E 17; Larenz/Canaris, Schuldrecht II/2, S. 407.
[18] BGH, NJW-RR 1988, 659, 660.
[19] RGRK/Steffen, § 823 Rn. 153; Larenz/Canaris, Schuldrecht II/2, S. 408.
[20] v. Bar, Verkehrspflichten, S. 125 ff.
[21] Raab, JuS 2002, 1041, 1044.
[22] MünchKomm/Wagner⁴, § 823 Rn. 228.
[23] Bamberger/Roth/Spindler, § 823 Rn. 230; nach a.A. bildet das Inverkehrbringen gefährlicher Sachen eine eigene Fallgruppe (so Medicus, Bürgerliches Recht, Rn. 650) bzw. ist Teil der Bereichshaftung (so Larenz/Canaris, Schuldrecht II/2, S. 408).

Veranstalter des Verkehrs oder Inverkehrbringer von Gegenständen setzen dürfen.[24] Paradebeispiel für die Fallgruppe des Inverkehrbringens gefährlicher Sachen ist die deliktische Produkthaftung. Danach treffen den Hersteller umfangreiche Sicherungspflichten bei der Konstruktion und Fabrikation von Waren sowie der Instruktion ihrer Nutzer. Ihr liegt der Gedanke zugrunde, dass eine Ausschöpfung der dem Hersteller zur Verfügung stehenden Steuerungspotentiale im Interesse der Produktsicherheit nur zu erwarten ist, wenn er mit der Haftung für Pflichtverletzungen belegt wird.[25]

IV. Die Übernahme einer Aufgabe

Verkehrspflichten können sich schließlich aus der Übernahme einer Aufgabe ergeben.[26] So haften Architekten und Bauleiter nicht nur ihren Vertragspartnern gegenüber für die fehlende Sicherung, sondern auch Dritten nach § 823 Abs. 1 BGB.[27] Haftungsgrund soll die Erwartung sein, dass der Übernehmende seine Aufgabe ordnungsgemäß erfüllt, verbunden mit der dadurch bedingten Verringerung des Selbstschutzes des Betroffenen.[28] Bei der Begründung einer Verkehrspflicht durch die Übernahme einer Aufgabe kommt es nicht darauf an, ob ein eventuell zugrunde liegender Vertrag als solcher wirksam ist, sondern entscheidend ist allein die faktische Übernahme der entsprechenden Fürsorge- und Obhutsaufgaben.[29]

Umstritten ist in diesem Zusammenhang die Frage, ob nicht in der Übernahme der Aufgabe, sondern vielmehr in der Ausübung eines Berufs das zutreffende Aufgreifkriterium zur Begründung einer Verkehrspflicht zu sehen ist. Teile der Literatur sehen in der Berufsausübung den entscheidenden Anknüpfungspunkt für die Verkehrspflicht.[30]

Eine Verkehrssicherungspflicht kraft Berufs könne sich vor allem für diejenigen Berufsträger ergeben, die gegenüber der Allgemeinheit eine Verantwortung für die Vermeidung bestimmter Gefahren haben. In diesem Zusammenhang seien vor allem gesundheitsfürsorgerische Berufe wie Ärzte und Apotheker sowie Berufe, die an der Planung, Errichtung oder Unterhaltung von baulichen Anlagen mitwirkten und von deren Tätigkeit die öffentliche Bausicherheit maßgeblich

---

[24] Staudinger/Hager, § 823 Rn. E 19; MünchKomm/Mertens³, § 823 Rn. 212.
[25] MünchKomm/Wagner⁴, § 823 Rn. 234, Vor § 823 Rn. 35, 41 ff.
[26] BGHZ 9, 301, 307; 65, 211, 215 f.; 68, 169, 175; BGH, NJW 1959, 34, 35.
[27] BGHZ 68, 169, 175 f.; BGH, NJW 1970, 2290, 2291.
[28] Bamberger/Roth/Spindler, § 823 Rn. 231.
[29] RGZ 102, 38, 42; BGH, NJW 1979, 1248, 1249, MünchKomm/Wagner⁴, § 823 Rn. 238.
[30] MünchKomm/Mertens³, § 823 Rn. 214; K. Huber, FS v. Caemmerer, S. 359 ff.; Brüggemeier, Deliktsrecht, S. 76, 291 ff.; Hopt, AcP 183 (1983), 608, 645 ff.

abhänge, zu nennen.[31] Diese Auffassung kann sich auf eine Rechtsprechung berufen, die des Öfteren die deliktische Verantwortlichkeit auf die berufliche Funktion gestützt hat.[32]

Nach der Gegenansicht[33] ist der Gedanke, die Übernahmehaftung durch die Berufshaftung zu ersetzen, abzulehnen. Die berufliche Rolle kann danach allenfalls als pflichtenverstärkendes, nicht jedoch als pflichtenbegründendes Element herangezogen werden.[34] Die Ausübung eines Berufes im Sinne der Zugehörigkeit zu einer Gruppe besonders ausgebildeter und spezialisierter Akteure führt nach dieser Ansicht allenfalls zu einer Verschärfung des Sorgfaltsmaßstabs. Im Rahmen der Begründung von Verkehrspflichten sei hingegen nicht die Ausübung eines Berufes, sondern die damit beim Verkehr verbundene Verstärkung der Sicherheitserwartungen im Rahmen einer bereits aus der Übernahme der Aufgabe resultierenden Verkehrspflicht ausschlaggebend.[35]

§ 7 Umfang und Grenzen der Verkehrspflichten

Die Kategorien der Schaffung und Unterhaltung einer Gefahrenquelle, der Bereichshaftung, der Eröffnung eines Verkehrs und des Inverkehrbringens von Sachen sowie der Übernahme einer Aufgabe stellen Aufgreifgesichtspunkte dar und bedürfen demgemäß der Konkretisierung und Präzisierung mittels weiterer Kriterien. Wenn einer der genannten Zurechnungsgründe gegeben ist, folgt hieraus nicht ohne weiteres, dass auch die Gefahrvermeidungspflicht besteht. Diese muss vielmehr einzelfallbezogen und unter Berücksichtigung einer Vielzahl von Wertungsaspekten entwickelt werden.[36] Es stellt sich somit die Frage nach den Maßstäben und Abwägungskriterien, von denen sich die Rechtsprechung bei der Konkretisierung von Verkehrspflichten leiten lässt und welche Grenzen ihr in ihrem Rechtsfortbildungsspielraum gesetzt sind.

---

[31] MünchKomm/Mertens[3], § 823 Rn. 214; MünchKomm/Wagner[4], § 823 Rn. 247 spricht sich im Rahmen der Fürsorgepflichten ebenfalls für eine Berücksichtigung der beruflichen Stellung bei der Begründung von Verkehrspflichten aus. Im Rahmen ihres professionellen Aufgabengebiets seien die Angehörigen eines Berufs zur Gefahrsteuerung geradezu prädestiniert, weil sie ihnen in besonders wirksamer Weise und zu besonders geringen Kosten möglich sei.

[32] BGHZ 9, 301, 307; BGH, NJW 1987, 2510, 2511 (Verwahrung fremder Sachen kraft Berufs); 1970, 95, 96 (Hauswart); 1984, 233, 234; 1995, 1150 (Öllieferant); 1991, 562, 563 (bauleitender Architekt); VersR 1964, 942, 943 (Bauleiter).

[33] Larenz/Canaris, Schuldrecht II/2, S. 409.

[34] Larenz/Canaris, Schuldrecht II/2, S. 409.

[35] Bamberger/Roth/Spindler, § 823 Rn. 232.

[36] Larenz/Canaris, Schuldrecht II/2, S. 413.

I. Einzelne Abwägungskriterien

1. Legitime Erwartungen des Verkehrs

Maßgeblich für die Bestimmung von Verkehrspflichten sind die berechtigten Sicherheitserwartungen des Verkehrs.[37] Welchen Standard die Verkehrsteilnehmer erwarten dürfen, richtet sich unter anderem nach dem bedrohten Rechtsgut, der Wahrscheinlichkeit der Gefahrverwirklichung und den möglichen Schäden.[38] Maßstab ist die schutzbedürftigste Personengruppe.[39] Halten sich verletzungsanfällige Personen befugterweise im Gefahrenbereich auf, sind intensive Sicherungsmaßnahmen vom Verkehrspflichtigen zu ergreifen. Die Konkretisierung der Verkehrspflicht mittels der legitimen Erwartungen des Verkehrs bedeutet jedoch auch, dass nicht jede Gefahr beseitigt werden muss.[40] Die Verkehrspflicht hängt vielmehr von der konkreten Situation ab und kann sich nach Zeit und Umständen verändern.[41]

Ebenso kann sich aus den Umständen ergeben, dass eine sofortige Beseitigung der Gefahr nicht erwartet werden kann und der Verkehrsteilnehmer in erhöhtem Maße selbst Vorsicht üben muss.[42] Das wertausfüllungsbedürftige Kriterium der legitimen Erwartungshaltung bestimmt somit nicht nur die Anforderungen an den Verkehrspflichtigen, sondern führt auch zu der Obliegenheit des Gefährdeten zur Anpassung seines Verhaltens an die konkrete Situation, um seinerseits auch den Eintritt einer Gefährdung seiner Rechtsgüter zu verhindern.

2. Grad der verursachten Gefahr

Als eines der wichtigsten Abwägungskriterien ist der Grad der verursachten und dem potentiellen Schädiger zuzurechnenden Gefahr anzusehen. Der Grad der Gefahr hängt im Wesentlichen von der Wahrscheinlichkeit ihrer Verwirklichung ab. Nach der Rechtsprechung des BGH liegt erst dann ein haftungsbegründender Gefahrengrad vor, „wenn sich vorausschauend für ein sachkundiges Urteil die naheliegende Möglichkeit ergibt, dass Rechtsgüter anderer Personen verletzt

---

[37] BGH, NJW 1990, 906, 907; 1994, 3348, 3349; MünchKomm/Mertens[3], § 823 Rn. 216; Staudinger/Hager, § 823 Rn. E 27; Bamberger/Roth/Spindler, § 823 Rn. 234; Edenfeld, VersR 2002, 272, 273.

[38] Edenfeld, VersR 2002, 272, 273; Staudinger/Hager, § 823 Rn. E 27.

[39] BGHZ 103, 338, 340; BGH, NJW 1985, 620.

[40] So müssen Spielgeräte auf Kinderspielplätzen nicht frei von allen Risiken sein, so lange diese überschaubar und kalkulierbar sind (BGHZ 103, 338, 341; BGH, NJW 1978, 1626, 1627). Das gilt insbesondere für Abenteuerspielplätze (OLG München, VersR 1994, 996, 997).

[41] BGH, NJW 1965, 815.

[42] Außerhalb geschlossener Ortschaften muss deshalb nur an besonders gefährlichen Stellen gestreut werden (BGHZ 31, 73, 75).

werden können".[43] Je größer die Gefahr für die Beschädigung eines Rechtsguts, desto eher besteht eine Gefahrabwendungspflicht des Verkehrspflichtigen. Bei geringen Gefahren kann z.B. der Hinweis auf die Gefahr bzw. die Möglichkeit der Verletzung zur Erfüllung der Verkehrspflicht genügen, wenn der Gefährdete dann die Gefahr vermeiden kann.[44] Größere Gefahren hingegen erfordern weitergehende Aktivitäten.

3. Höhe und Art des Schadens

Der konkrete Inhalt einer Verkehrspflicht hängt des Weiteren wesentlich davon ab, wie schwer die möglichen Folgen eines drohenden Schadenseintritts sind.[45] Hierbei kommt es auf die Art und Höhe des Schadens an. Für die Höhe des Schadens sind dabei nicht nur materielle Einbußen, sondern vor allem auch immaterielle Beeinträchtigungen, wie Körperverletzungen und der Tod eines Menschen, von großer Bedeutung.[46] In diesem Zusammenhang kann auch der Rang des bedrohten Schutzgutes bestimmen, wie früh z.B. eine Gefahr Abwehrmaßnahmen erfordert und welcher Art diese sein müssen.[47] Bei Gefahren für Leib und Leben sind deshalb bei der Bestimmung von Inhalt und Umfang der Verkehrspflicht strengere Maßstäbe anzulegen als bei Gefahren für das Eigentum.[48]

4. Möglichkeit und Zumutbarkeit der Gefahrvermeidung durch den Schädiger

Die Verkehrspflicht wird durch die Möglichkeit und Zumutbarkeit der Gefahrbeseitigung begrenzt. Die deliktischen Sorgfaltspflichten verlangen keine absolute Sicherheit in dem Sinn, dass der Eintritt von Rechtsgutsverletzungen schlechthin ausgeschlossen wäre.[49] Die Verkehrspflichten enden daher nicht erst am empirisch-technisch und rechtlich Möglichen, sondern bereits an der Grenze des Zumutbaren.[50]

Nach einer in der Rechtsprechung gebrauchten Formulierung kann sich der Verkehrspflichtige auf solche Maßnahmen beschränken, „die ein verständiger und umsichtiger, in vernünftigen Grenzen vorsichtiger Mensch für notwendig und

---

[43] BGH, NJW 1990, 1236, 1237.
[44] Deutsch/Ahrens, Deliktsrecht, Rn. 272.
[45] Deckert, Jura 1996, 348, 351.
[46] Larenz/Canaris, Schuldrecht II/2, S. 414.
[47] Steffen, VersR 1980, 409, 411.
[48] Canaris, FS Larenz, S. 27, 32.
[49] BGH, VersR 1975, 812: „Ein allgemeines Verbot, andere nicht zu gefährden, wäre utopisch"; BGHZ 108, 273, 274; BGH, VersR 1960, 715, 716; 1964, 746; 1975, 812; 1976, 149, 150; 1977, 334, 335.
[50] BGHZ 44, 103, 106; 58, 149, 158; 108, 273, 274; Staudinger/Hager, § 823 Rn. E 35; Larenz/Canaris, Schuldrecht II/2, S. 414.

ausreichend hält, um andere vor Schaden zu bewahren".[51] Die Maßnahme muss nach alledem persönlich und wirtschaftlich zumutbar sein.

Die Möglichkeit der Gefahrabwendung entfällt, wenn die Gefahr in der konkreten Situation nicht erkennbar ist. Solange eine Bedrohung nicht erkennbar ist, kann und braucht ihr nicht vorgebeugt zu werden.[52] Bei Zweifeln hat sich der Pflichtige allerdings zu erkundigen. Der Verkehrspflichtige muss durch organisatorische Maßnahmen und Vorkehrungen sicherstellen, dass er die Gefahr erkennt[53] bzw. dass er von der Gefahr informiert wird.[54] Tritt die Gefahr erst später zutage, müssen ab diesem Zeitpunkt die Vorkehrungen getroffen werden, die zur Beseitigung erforderlich sind. Ist die sofortige Beseitigung der Gefahr noch nicht möglich oder wegen des damit verbundenen Aufwands unzumutbar, so muss der Pflichtige zumindest über die Gefahr informieren.[55]

Schließlich ist auch der Aufwand des Pflichtigen zur Beseitigung der Gefahr zu berücksichtigen. Die Höhe des dem Pflichtigen zumutbaren Aufwands hängt, wie oben bereits angedeutet, wesentlich von der Art und Höhe des Schadens ab. Sind hochrangige Güter wie Gesundheit und Leben betroffen, so nimmt auch der Aufwand zu, der von dem Verkehrspflichtigen verlangt werden kann.[56] Drohen hingegen nur Sachschäden, kann die Höhe des Aufwands sogar dazu führen, dass eine Verkehrspflicht zu verneinen ist.[57] Die finanzielle Belastbarkeit des Verkehrspflichtigen spielt nach überwiegender Auffassung bei der Bestimmung von Inhalt und Reichweite der Verkehrspflicht hingegen keine Rolle, da letztere objektiv zu bestimmen ist und sich nicht nach der individuellen Leistungsfähigkeit richtet.[58] Hingegen kann die von einem Benutzer erbrachte Gegenleistung für die Höhe des zu erwartenden Aufwands und des Sicherheitsstandards insofern eine Rolle spielen, als er bei geringem Entgelt nicht den höchsten Sicherheitsstandard erwarten kann. Auf das Mindestniveau darf er jedoch immer vertrauen.[59]

[51] BGH, NJW 1990, 1236, 1237; BGH, NJW-RR 2002, 525, 526.
[52] Edenfeld, VersR 2002, 272, 276.
[53] OLG Hamm, MDR 1996, 696.
[54] BGH, VersR 1979, 1055, 1056.
[55] BGH, VersR 1993, 586; Staudinger/Hager, § 823 Rn. E 30.
[56] BGHZ 58, 149, 156; BGH, NJW 1965, 197, 199.
[57] BGHZ 58, 149, 157.
[58] Staudinger/Hager, § 823 Rn. E 31; Edenfeld, VersR 2002, 272, 276; a.A. MünchKomm/Mertens[3], § 823 Rn. 216, der der individuellen wirtschaftlichen Situation einen Einfluss auf die zu ergreifenden Maßnahmen zugestehen will; es genüge dann eine Warnung, die Gefahr brauche nicht beseitigt zu werden.
[59] Edenfeld, VersR 2002, 272, 276; Staudinger/Hager, § 823 Rn. E 31.

5. Bestimmungsgemäße Nutzung

Eng verbunden mit dem Kriterium der legitimen Sicherheitserwartungen des Verkehrs ist die bestimmungsgemäße Nutzung durch den Gefährdeten. Wer einen Verkehr eröffnet, ist allen Personen verkehrspflichtig, die sich befugt in der Gefahrenzone aufhalten oder mit der Leistung bestimmungsgemäß in Kontakt gelangen.[60] Insbesondere für die Bereichshaftung und die Haftung aus der Eröffnung eines Verkehrs steht dem Pflichtigen die Möglichkeit offen, durch Widmung die Gefahrenquelle nur für bestimmte Nutzungen oder einen bestimmten Nutzerkreis[61] freizugeben und damit die berechtigten Verkehrserwartungen zu beeinflussen.[62] Im Falle der Beschränkung des Nutzerkreises durch den Verkehrspflichtigen müssen grundsätzlich keine Vorkehrungen zugunsten Unbefugter ergriffen werden.[63] Denn Unbefugte oder sich bestimmungswidrig verhaltende Nutzer können nicht damit rechnen, dass zu ihren Gunsten Sicherungsmaßnahmen ergriffen werden.[64]

Ausnahmsweise können Verkehrspflichten allerdings auch gegenüber Personen bestehen, die sich unbefugt im Gefahrenbereich aufhalten. Dies ist insbesondere der Fall bei außerordentlich großen Gefahren,[65] bei nahe liegender bestimmungswidriger Nutzung[66] und gegenüber Kindern, auf die Verbote bekanntlich einen besonderen Reiz ausüben. Hier müssen besondere Sicherheitsvorkehrungen getroffen werden, da Kinder vor den Folgen ihrer Unerfahrenheit und Unbesonnenheit zu schützen sind,[67] unabhängig davon, ob sie sich befugterweise in einem Gefahrenbereich begeben haben.[68]

Ein Teil der Literatur[69] will unberechtigte Benutzer dagegen in größerem Umfang schützen. Insbesondere in den Fällen, in denen der Bereich Unbefugte anreize[70] oder ein Fehlverhalten nahe liege,[71] wird zum Teil der Schutz bejaht. Nach anderen Stimmen unterliegen Unbefugte auch dann dem Schutz der Ver-

---

[60] Edenfeld, VersR 2002, 272, 275.
[61] BGH, NJW 1985, 1078, 1079; 1987, 2671, 2672.
[62] Bamberger/Roth/Spindler, § 823 Rn. 236.
[63] RGZ 76, 187, 188; 87, 128, 129; BGH NJW 1987, 2671, 2672; Larenz/Canaris, Schuldrecht II/2, S. 423.
[64] Larenz/Canaris, Schuldrecht II/2, S. 424; v. Bar, Verkehrspflichten, S. 190; Staudinger/Hager, § 823 Rn. E 40; OLG Frankfurt NJW-RR 2001, 1674 f.
[65] BGH, VersR 1956, 794, 795; 1965, 515; 1966, 562, 563.
[66] BGH, VersR 1982, 854, 855; OLG Celle, NJW-RR 1995, 984, 985; OLG München, VersR 1997, 1250.
[67] BGH, NJW 1991, 2340; 1994, 3348; 1995, 2631; 1997, 582, 583; 1999, 2364.
[68] BGH, VersR 1995, 672, 673; BGH, NJW 1999, 2364; MünchKomm/Mertens^3, § 823 Rn. 219; Staudinger/Hager, § 823 Rn. E 45.
[69] Möllers, VersR 1996, 153, 154; Schröder, AcP 179 (1979), 567, 578.
[70] MünchKomm/Mertens^3, § 823 Rn. 211.
[71] Möllers, VersR 1996, 153, 154.

kehrspflichten, solange sich der Verkehrspflichtige nicht in einer notwehrähnlichen Situation befindet, in der ihm nicht mehr zuzumuten sei, den vom Unbefugten ausgehenden Angriff hinzunehmen.[72] Demgegenüber nimmt die Rechtsprechung den unbefugten Nutzer weitgehend vom Schutz der allgemeinen Verkehrspflichten aus. Zwar kommt der unbefugter Nutzer eines PKW noch in den Genuss des Schutzes der Straßenverkehrspflichten,[73] doch nicht mehr der Einbrecher[74] oder der Erwachsene, der trotz eines Verbotes eine Baustelle, ein fremdes Betriebsgelände oder Grundstück betritt und dann verletzt wird.[75]

Ausschlaggebendes Kriterium hinsichtlich des Schutzes von Unbefugten durch Verkehrspflichten ist der Vertrauensschutz.[76] Er setzt voraus, dass der Schaden einem berechtigten Benutzer ebenfalls hätte zustoßen können. Der Vertrauensschutz entfällt, wenn die widerrechtliche Benutzung zu einer vom Opfer selbstverschuldeten Gefahrerhöhung geführt hat. Insofern ist der Rechtsprechung, die lediglich einen restriktiven Schutz Unbefugter durch Verkehrspflichten annimmt, beizupflichten. Unbefugte dürfen regelmäßig nicht darauf vertrauen, dass zu ihrem Schutz besondere Sicherheitsmaßnahmen ergriffen werden. Des Weiteren würde der Schutz Unbefugter der Befugnis des Pflichtigen, den Benutzerkreis zu bestimmen und damit sein Haftungsrisiko zu vermindern, zuwiderlaufen.[77]

6. Möglichkeit des Selbstschutzes des Gefährdeten

Eine wichtige Grenze der Verkehrspflichten ergibt sich aus der Möglichkeit des Selbstschutzes des Gefährdeten.[78] So ist stets zu berücksichtigen, ob und inwieweit die potentiell gefährdeten Personen die konkrete Gefahr erkennen und sich selbst durch ein entsprechend vorsichtiges Verhalten schützen können.[79] Hierin kommt zum Ausdruck, dass auch der Verkehrspflichtige Vertrauensschutz genießt. Er darf erwarten, dass sich sorgfältig handelnde Verkehrsteilnehmer nach ihren Möglichkeiten selbst vorsehen und nicht extrem unvernünftig oder waghalsig verhalten.[80] Die Verhaltensanforderungen an die eine Seite lassen sich somit nur auf der Grundlage einer Annahme über das Sorgfaltsniveau der Ge-

---

[72] Schröder, AcP 179 (1979), 567, 578.
[73] BGH, NJW 1966, 1456.
[74] BGH, NJW 1966, 1465; 1987, 2671, 2672.
[75] BGH, NJW 1985, 1078 f.; OLG Hamm, VersR 1993, 491; OLG München, VersR 1992, 210, 211.
[76] Edenfeld, VersR 2002, 272, 275.
[77] Bamberger/Roth/Spindler, § 823 Rn. 247.
[78] Staudinger/Hager, § 823 Rn. E 32; Edenfeld, VersR 2002, 272, 277; Raab, JuS 2002, 1041, 1045.
[79] Larenz/Canaris, Schuldrecht II/2, S. 414.
[80] BGH, VersR 1989, 155; OLG Köln, VersR 1993, 1494; Staudinger/Hager, § 823 Rn. E 32, 153, 295.

genseite formulieren.[81] Wagner spricht in diesem Zusammenhang von einem „Zusammenspiel beider Parteien im Interesse der Prävention", bei dem jede Seite bestimmte Erwartungen über das Sorgfaltsniveau der Gegenseite ausbilde und die eigenen Sicherheitsmaßnahmen daran ausrichte.[82]

Umstritten ist hierbei, welche Rechtsfolgen die Verletzung des Selbstschutzes des Geschädigten regelmäßig nach sich ziehen soll. Teilweise wird darauf hingewiesen, dass der Ausschluss der Haftung aufgrund der Möglichkeit des Selbstschutzes des Betroffenen angesichts der Alternative, das Mitverschulden über § 254 BGB zu berücksichtigen, nicht zu weit gehen dürfe.[83] Dem ist jedoch entgegenzuhalten, dass in den Fällen, in denen der Gefährdete der erkennbaren Gefahr ausweichen kann, nicht einmal eine Warnung seitens des Pflichtigen erforderlich ist.[84] Der Verkehrspflichtige darf in einer solchen Situation vielmehr darauf vertrauen, dass der Betroffene die Gefahr erkennt und sich selbst schützt bzw. der Gefahr ausweicht.[85] Die Pflicht zur Beseitigung der Gefahr kann somit ganz entfallen, wenn die Gefahr von einem sorgfältig handelnden Verkehrsteilnehmer erkannt werden kann und dieser in der Lage ist, sich auf die Gefahr einzustellen.[86] Hierdurch wird auch vermieden, dass das allgemeine Lebensrisiko im Wege der Verkehrspflicht auf Dritte abgewälzt wird.[87] So muss man sich z.B. darauf einrichten, dass ein Rasen oder eine Holzbrücke nach dem Regen glatt sein kann, mit der Folge, dass ein besonderer Hinweis des Eigentümers überflüssig ist. Auch bei Schäden durch Bäume verwirklicht sich trotz der nötigen Sicherungsmaßnahmen mitunter das allgemeine Lebensrisiko.[88]

7. Gesetzliche und behördliche Vorschriften

Öffentlich-rechtlich statuierte Pflichten können Anhaltspunkte für die Konkretisierung von Verkehrspflichten bieten. Gesetzliche und behördliche Gebote und Verbote legen jedenfalls einen Mindeststandard fest, der nicht unterschritten werden darf.[89] Nach ganz überwiegender Auffassung kann die Verkehrspflicht sich jedoch auch an anderen rechtlichen Gesichtspunkten ausrichten und zum

---

[81] MünchKomm/Wagner[4], § 823 Rn. 251.
[82] MünchKomm/Wagner[4], § 823 Rn. 251.
[83] Möllers, VersR 1996, 152, 158.
[84] Staudinger/Hager, § 823 Rn. E 32.
[85] MünchKomm/Mertens[3], § 823 Rn. 217; RGRK/Steffen, § 823 Rn. 144; OLG Köln, VersR 1993, 1494 f.
[86] Staudinger/Hager, § 823 Rn. E 32.
[87] Edenfeld, VersR 2002, 272, 277.
[88] OLG Hamm VersR 1998, 188, 189; OLG Koblenz, VersR 1998, 865; LG Heilbronn VersR 1989, 275; näher zu Baumunfällen Manssen, NZV 2001, 149.
[89] BGH LM Nr. 11 b zu 823 unter 1 iVm. 2 a; Larenz/Canaris, Schuldrecht II/2, S. 416.

Schutz bedrohter Rechtsgüter höhere Anforderungen stellen.[90] Dies lässt sich damit begründen, dass öffentlich-rechtliche Normen und behördliche Gebote zum einen dem Schutz des Opfers und nicht der Entlastung des Verkehrspflichtigen dienen sollen[91] und zum anderen oft das Ziel der behördlichen Aufgabe weniger weit geht als die Verkehrspflicht.[92] Daher können auch öffentlich-rechtliche Kontrollen oder Produktabnahmen nicht abschließend zivilrechtliche Verkehrspflichten konkretisieren. Die staatliche Aufsicht dient nicht dazu, den Unternehmer vor Schadensersatzansprüchen Dritter infolge technischer Fehler zu bewahren. Somit kann festgehalten werden, dass öffentlich-rechtliche Normen sowie technische Normen und Unfallverhütungsvorschriften zur Konkretisierung von Verkehrspflichten herangezogen werden können, jedoch keine abschließende Bestimmung über Inhalt und Reichweite der Verkehrspflicht beinhalten.

8. Berücksichtigung wirtschaftlicher Gesichtspunkte

Unterschiedlich beurteilt wird die Frage, inwiefern wirtschaftliche Gesichtspunkte bei der Bestimmung von Verkehrspflichten zu berücksichtigen sind. Unstreitig ist hierbei, dass ökonomische Gesichtspunkte für die Entwicklung von Verkehrspflichten insbesondere im Rahmen der Bestimmung des zumutbaren Aufwands für den Pflichtigen von Bedeutung sein können.[93] Umstritten ist jedoch, ob wirtschaftlichen Aspekten darüber hinaus eine leitende Rolle bei der Bestimmung von Umfang und Inhalt der Verkehrspflichten zukommen soll. Insbesondere durch die ökonomische Analyse des Rechts hat diese Problematik in den letzten Jahrzehnten erheblich an Bedeutung gewonnen und ist zum Gegenstand einer lebhaften Auseinandersetzung geworden.[94] Auf die Berücksichtigung wirtschaftlicher Gesichtspunkte bei der Bestimmung von Verkehrspflichten und die Grundsätze der ökonomischen Analyse des Rechts wird an dieser Stelle nicht weiter eingegangen, da sie im Laufe der Arbeit im Rahmen der Problematik der Steuerungswirkung von Verkehrspflichten eingehender untersucht werden soll.[95]

---

[90] BGHZ 99, 167, 176; BGH, NJW 1975, 533; 1980, 1745, 1746; 1984, 801 802; MünchKomm/Mertens³, § 823 Rn. 218; RGRK/Steffen, § 823 Rn. 149; ders., VersR 1980, 409, 412; v. Bar, Verkehrspflichten, S. 107.

[91] BGH, VersR 1985, 781.

[92] BGH, NJW 1987, 372, 373; 1990, 1236, 1237.

[93] Larenz/Canaris, Schuldrecht II/2, S. 414, 417; Staudinger/Hager, § 823 Rn. E 31.

[94] Adams, Ökonomische Analyse der Gefährdungs- und Verschuldenshaftung, 1985; Schäfer/Ott, Lehrbuch der ökonomischen Analyse des Zivilrechts, 3. Auflage, 200; Taupitz, AcP 196 (1996), 114 ff.

[95] Vgl. Kapitel 4.

9. Versicherungsschutz

Ebenfalls umstritten ist die Frage, ob die Erlangung oder gar das Bestehen von Versicherungsschutz bei der Bestimmung der Verkehrspflicht zu berücksichtigen ist. Nach der überwiegenden Auffassung dürfen die Anforderungen an Verhaltenspflichten nicht deshalb verschärft werden, weil die Konsequenzen ihrer Verletzung im Versicherungswege abgewälzt werden können.[96] Dieser Ansicht liegt das Trennungsprinzip zugrunde, wonach die Haftungsfrage gänzlich unabhängig von der Versicherungsfrage zu beurteilen ist.[97]

Tatsächlich sind jedoch beide Bereiche in mannigfacher Weise miteinander verschränkt.[98] Diese Verschränkungen sowie die Problematik, ob das Erlangen oder Bestehen von Versicherungsschutz Einfluss auf die Bestimmung der Verkehrspflicht nimmt und welche Konsequenzen sich hieraus für die Handlungsfreiheit des Schädigers ergeben, sollen ebenfalls in einem eigenen Kapitel einer genaueren Betrachtung unterzogen werden.[99]

II. Das Zusammenspiel der einzelnen Zurechnungs- und Abwägungskriterien im Sinne eines „beweglichen" Systems

Den dargestellten Abwägungskriterien lässt sich keine starre Rangordnung in dem Sinne entnehmen, dass bestimmten Kriterien gegenüber anderen stets der Vorrang einzuräumen ist. Vielmehr sind sie als Teile eines „beweglichen" Systems anzusehen, anhand dessen im konkreten Einzelfall Inhalt und Reichweite der Verkehrspflicht bestimmt werden können. So stellen auch Larenz/Canaris zu Recht fest, dass „diese Parameter und erst recht ihre Abwägung gegeneinander so gut wie niemals einer exakten Quantifizierung zugänglich sind".[100] Sie erlaubten daher nicht die Bildung fester Tatbestände, sondern lediglich „komparativer" Sätze: je größer die Gefahr, je schlimmer der drohende Schaden und je geringer der Vermeidungsaufwand sei, desto eher bestehe eine Gefahrabwendungspflicht.[101] Es handele sich hierbei um ein „offenes" und „bewegliches" System, bei dem die tragenden Gerechtigkeitskriterien, also vor allem die Gedanken der Gefahrsetzung, der Gefahrbeherrschung, der Zusammengehörigkeit von Risikotragung und Vorteilsziehung sowie des Vertrauensschutzes in „kombinatorischer" Weise zusammenwirkten.[102]

---

[96] Larenz/Canaris, Schuldrecht II/2, S. 416 f.; Foerste, NJW 1995, 2605, 2606; Bamberger/Roth/Spindler, § 823 Rn. 243;

[97] BGHZ 117, 345, 350; 119, 276, 279; v. Bar, AcP 181 (1981), 289.

[98] MünchKomm/Wagner[4], Vor § 823 Rn. 31.

[99] Vgl. Kapitel 5.

[100] Larenz/Canaris, Schuldrecht II/2, S. 414.

[101] Larenz/Canaris, Schuldrecht II/2, S. 414.

[102] Larenz/Canaris, Schuldrecht II/2, S. 412; v. Bar, in: Das Bewegliche System im geltenden und künftigen Recht, S. 63, 69 f.

Der Begriff des „beweglichen Systems“ wurde von Wilburg in die Rechtswissenschaft eingeführt.[103] Im Rahmen seiner 1941 erschienen Untersuchung zum österreichischen und deutschen Schadensersatzrecht gelangte Wilburg zu dem Schluss, dass sich die Schadenshaftung „auf mehrere Elemente zurückführen (ließe), die in verschiedenen Verbindungen und Stärkegraden sich zur Begründung der Ersatzpflicht vereinigen“.[104] Entscheidend sei das Zusammenspiel mehrerer Elemente, die nach Zahl und Gewicht im jeweiligen Einzelfall abzuwägen seien. Die dazu erforderliche Zusammenfassung der diversen Gesichtspunkte zu einer überschaubaren Ordnung hat Wilburg folgendermaßen vorgenommen: Inanspruchnahme eines fremden Rechtsguts, Verursachung durch Umstände in einer eigenen Sphäre, Mängel in dieser Sphäre, Vermögensabwägung.

Das von Wilburg allgemein für das Schadensrecht entwickelte Bild eines beweglichen Systems findet gerade in dem deliktischen Teilbereich der Verkehrspflichten ein besonderes Anwendungsfeld. Auch hier erweist sich die Kombination verschiedener Abwägungskriterien und Parameter als entscheidendes Merkmal bei der inhaltlichen Ausgestaltung der Gefahrvermeidungs- und -abwendungspflichten.

So hat auch Mertens darauf hingewiesen, dass die einzelnen Zurechnungs- und Abwägungskriterien als Teile eines beweglichen Systems anzusehen seien, deren Gewichtung einerseits von den zumeist bereits vorhandenen positiv-rechtlich ausgeformten Wertungen, zum anderen von den realen Funktionsbedingungen eines bestimmten Sozialbereichs abhingen.[105] Mertens spricht in diesem Zusammenhang von einem „Hin- und Herwandern des Blicks zwischen den normativen Bewertungselementen und den „Realien“, auf die sie Anwendung finden sollen“.[106] Diese Vorgehensweise ermögliche eine normative Strukturierung eines Lebensbereichs anhand von „Prinzipien mittlerer Reichweite“. In diesen Formulierungen kommt die Funktionsweise des beweglichen Systems der Verkehrspflichten deutlich zum Ausdruck. Die einzelnen Kriterien sind in einem komplexen Abwägungsvorgang, der stets vor dem Hintergrund der konkreten Situation vorzunehmen ist, in Beziehung zu setzen. Die Abwägungskriterien liefern somit dem Richter die Maßstäbe, um auch bisher unbekannte Fallkonstellationen einer vertretbaren Lösung zuzuführen.

---

103 Wilburg, Elemente, S. 26 ff.; ders., Entwicklung eines beweglichen Systems im bürgerlichen Recht, 1950; ders., AcP 163 (1964), 346.
104 Wilburg, Elemente, S. 28.
105 Mertens, VersR 1980, 397, 402.
106 Mertens, VersR 1980, 397, 402.

§ 8 Anwendungsbereiche und Typen der Verkehrspflichten

Ein Blick in die Kommentarliteratur[107] zeigt, dass den Verkehrspflichten im System des Deliktsrechts eine überragende Bedeutung zukommt. Der von der Rechtsprechung entwickelte Grundsatz, „dass derjenige, der Gefahrenquellen schafft, d.h. sie selbst hervorruft oder andauern lässt, alle nach der Lage der Verhältnisse erforderlichen Sicherungsmaßnahmen zum Schutze anderer Personen zu treffen hat",[108] hat Verkehrspflichten in nahezu jedem Lebensbereich und auf beinahe jedem Gebiet zivilrechtlichen Schadensersatzrechtes entstehen lassen. Historischer Ursprung und heute noch ein Kernstück der Verkehrspflichten ist die Pflicht zur Sicherung eines bestimmten räumlich-gegenständlichen Verkehrsbereichs, man spricht insofern von den Verkehrssicherungspflichten.[109] Über diese Verkehrssicherungspflichten im eigentlichen Sinn ging die Rechtsprechung jedoch bald hinaus. Der Gedanke der Verkehrssicherung beschränkt sich inzwischen nicht mehr auf den räumlich-gegenständlichen Bereich, innerhalb dessen ein Verkehr stattfindet, sondern umfasst die Sicherung des Verkehrs vor Gefahrenquellen aller Art. Da es dabei vielfach nicht mehr um die Sicherung eines bestimmten Verkehrs, sondern allgemein darum geht, in den Bereichen, in denen menschliches Zusammenleben stattfindet und der Einzelne potentiell einer Gefährdung durch seine Mitmenschen ausgesetzt ist, bestimmte Pflichten zur Rücksichtnahme auf die Rechtsgüter anderer festzulegen, wird im Rahmen der heute üblichen Terminologie nicht mehr von Verkehrssicherungspflichten, sondern allgemein von Verkehrspflichten gesprochen.[110]

Im Folgenden soll ein kurzer Überblick über den Anwendungsbereich der Verkehrspflichten gegeben werden. Zwar hat v. Bar zutreffend festgestellt, dass es sich bei den Verkehrspflichten um ein „schillerndes Institut (handelt), das sich einer Fallgruppenbildung weitgehend entzieht".[111] Trotzdem sollen hier kurz die Schwerpunkte des Anwendungsbereichs und die verschiedenen Typen der Verkehrspflichten dargestellt werden. Dies erscheint unerlässlich, um die der Arbeit zugrunde liegende Fragestellung der Bedeutung der Handlungsfreiheit im System der Verkehrspflichten beurteilen zu können.

---

[107] Staudinger/Hager, § 823 Rn. E 73 ff.; MünchKomm/Wagner[4], § 823 Rn. 407 ff.; MünchKomm/Mertens[3], § 823 Rn. 208 ff.; Palandt/Sprau, § 823 Rn. 185 ff.; Soergel/Zeuner, § 823 Rn. 160 ff.

[108] BGHZ 5, 378, 380; 14, 83, 85; 34, 206, 209; BGH, VersR 1966, 542, 543; 1972, 149, 150.

[109] MünchKomm/Mertens[3], § 823 Rn. 208.

[110] Raab, JuS 2002, 1041, 1043; Deckert, Jura 1996, 348, 349; Staudinger/Hager, § 823 Rn. E 1 ff. Dieser Begriff wurde erstmals vom RG im sog. Milzbrandfall, RGZ 102, 372, 375 verwendet.

[111] v. Bar, Verkehrspflichten, S. 44.

I. Anwendungsbereiche der Verkehrspflichten

1. Verkehrssicherungspflichten

Verkehrssicherungspflichten oder Verkehrspflichten im engeren Sinn sind diejenigen Verhaltenssteuerungsgebote, die dem über einen Gegenstand des unbeweglichen Vermögens Verfügungsberechtigten zum Schutz der Rechtsgüter anderer Personen auferlegt werden.[112] Hierzu zählen insbesondere die Straßenverkehrssicherungspflicht[113], die Verantwortlichkeit für Gebäude und Grundstücke[114], die Sicherungspflichten im Zusammenhang mit Baustellen[115], Geschäftsräumen[116], Gaststätten und Hotels[117], Spiel- und Freizeitanlagen[118] und gewerblichen Anlagen[119]. Bei diesen weit reichenden Verkehrssicherungspflichten handelt es sich um eine „Sachhalterhaftung" für unbewegliches Vermögen, die daran anknüpft, dass die Sache aus sich heraus, d.h. ohne das Eingreifen Dritter, gefährlich ist.[120]

2. Verkehrspflichten bei Herstellung und Inverkehrbringen von Produkten

Ein weiterer wichtiger Anwendungsbereich der Verkehrspflichten ist die Haftung des Unternehmers für Schäden, die durch eines seiner Produkte an Rechtsgütern Dritter verursacht werden. Die Grundsätze der Produkt- und Produzentenhaftung bezwecken den Schutz des Verbrauchers, dem in Schadensfällen wegen der Komplexität und Unüberschaubarkeit industrieller Massenproduktion und Warenverteilung der Nachweis konkreter Verantwortlichkeit für Schädigungen in vielen Fällen unmöglich ist. Der Gesetzgeber und die Rechtsprechung haben diesem Gesichtspunkt in Gestalt des Produkthaftungsgesetzes und der Ausformung herstellerspezifischer Verkehrspflichten Rechnung getragen. Das Recht der deliktischen Produzentenhaftung hat sich dabei zu einer selbständigen Haftungsmaterie entwickelt, für deren Problematik auf die Spezialliteratur verwiesen wird.[121]

3. Weitere berufsspezifische Verkehrspflichten

Die Bedeutung der Verkehrspflichten für den Berufsbereich beschränkt sich nicht auf die Produkthaftung. Mittlerweile hat sich ein Netz an beruflichen Ver-

---

112 v. Bar, Verkehrspflichten, S. 45.
113 Staudinger/Hager, § 823 Rn. E 73 ff.; MünchKomm/Wagner[4], § 823 Rn. 408 ff.
114 Staudinger/Hager, § 823 Rn. E 190 ff.; MünchKomm/Wagner[4], § 823 Rn. 436 ff.
115 Staudinger/Hager, § 823 Rn. E 215 ff.; MünchKomm/Wagner[4], § 823 Rn. 448 ff.
116 Staudinger/Hager, § 823 Rn. E 248 ff.; MünchKomm/Wagner[4], § 823 Rn. 456 ff.
117 Staudinger/Hager, § 823 Rn. E 253 ff.; MünchKomm/Wagner[4], § 823 Rn. 460 ff.
118 Staudinger/Hager, § 823 Rn. E 320 ff.; MünchKomm/Wagner[4], § 823 Rn. 470 ff.
119 Staudinger/Hager, § 823 Rn. E 274 ff.; MünchKomm/Wagner[4], § 823 Rn. 499 ff.
120 v. Bar, Verkehrspflichten, S. 45.
121 MünchKomm/Wagner[4], § 823 Rn. 547 ff. m.w.N.; siehe auch § 20 III 1.

kehrspflichten herausgebildet, die als Berufspflichten bezeichnet werden.[122] Anknüpfungspunkt für die Ausbildung dieser Pflichten ist die zunehmende Differenzierung, Spezialisierung und Arbeitsteilung verschiedener Berufssparten sowie die zunehmende Angewiesenheit auf bestimmte Fachleute, die regelmäßig die mit der Ausübung ihrer Tätigkeit verbundenen Gefahren für Leben, Gesundheit und Eigentum Dritter besser einschätzen als der private Nachfragende.[123] Zu nennen sind in diesem Zusammenhang insbesondere die Arzthaftung[124], die Haftung von Reiseveranstaltern[125], Architekten[126] und Gastwirten[127].

4. Öffentlicher Verkehr

Die Verkehrspflichten, die den Teilnehmern am öffentlichen Verkehr obliegen, sind Ausdruck der besonderen Gefahren für Leib und Leben, die in diesem Bereich aus der fortgeschrittenen Technisierung und Geschwindigkeit resultieren. Unter „Verkehr" ist in diesem Bereich der Straßen- und Wasserstraßenverkehr zu verstehen. Träger der Sicherungspflicht können Fahrer und Halter eines Fahrzeugs, aber auch Fußgänger sein.[128] Die Sorgfaltspflichten des Kraftfahrzeugführers sind in weiten Bereichen speziell geregelt, nämlich im StVG sowie in seinen konkretisierenden Rechtsverordnungen. Die Haftung nach dem StVG lässt jedoch eine weitergehende Haftung für unerlaubte Handlungen unberührt.[129] Weitergehende, im Rahmen von § 823 Abs.1 BGB zu entwickelnde Verkehrspflichten, haben insbesondere dann Bedeutung, wenn der Schutzbereich einer Verhaltensnorm des Straßenverkehrsrechts in persönlicher oder sachlicher Hinsicht begrenzt ist.

5. Massenveranstaltungen

Bei Veranstaltungen mit größeren Menschenmassen, wie Sportveranstaltungen[130], Musikkonzerten[131] oder Volksfesten[132], muss der Gefahr gewaltsamer oder panikartiger Massenreaktionen vorgebeugt werden. Pflichtenträger ist primär der Veranstalter des jeweiligen Ereignisses.[133] Er hat durch verschiedene

---

[122] v. Bar, Verkehrspflichten, S. 49; vgl. allgemein zu den Berufspflichten und zur Berufshaftung Lang, AcP 201 (2001), 451 ff.
[123] Lang, AcP 201 (2001), 451, 456.
[124] MünchKomm/Wagner[4], § 823 Rn. 642 ff.; Palandt/Sprau, § 823 Rn. 134 ff.
[125] MünchKomm/Wagner[4], § 823 Rn. 535 ff.; Palandt/Sprau, § 823 Rn. 209.
[126] Palandt/Sprau, § 823 Rn. 187.
[127] Palandt/Sprau, § 823 Rn. 197.
[128] v. Bar, Verkehrspflichten, S. 56.
[129] Palandt/Thomas[62], § 823 Rn. 94.
[130] Zusammenfassend Fellmer, MDR 1995, 541 ff.
[131] MünchKomm/Wagner[4], § 823 Rn. 494 f.
[132] MünchKomm/Wagner[4], § 823 Rn. 497 f.
[133] BGH, NJW 2001, 2019, 2020; OLG Zweibrücken, NJW-RR 2001, 505, 506; OLG Karlsruhe, JZ 2000, 789; OLG Koblenz, NJW-RR 2001, 1604 f.; OLG Hamm, VersR 2003, 335.

Maßnahmen wie Absperrungen, Eingangskontrollen und Absicherung von Einrichtungen, für die Sicherheit der Zuschauer ebenso zu sorgen wie für diejenige der auftretenden Künstler und Anlieger.

6. Sportausübung

Haftungsfragen im Zusammenhang mit Sport stellen sich nicht nur bei Sportveranstaltungen, sondern auch bei der Sportausübung selbst. Hierbei geht es regelmäßig um die zentrale Frage, ob der Umstand der freiwilligen Teilnahme an sportlichen Aktivitäten unter Inkaufnahme der damit verbundenen Verletzungsrisiken die Haftung mindert oder ausschließt.[134]

7. Umgang mit besonders gefährlichen Gegenständen und Stoffen

Ein weiterer wichtiger Anwendungsbereich der Verkehrspflichten ergibt sich aus dem Umgang mit besonders gefährlichen Gegenständen und Stoffen, wie z.B. Waffen, Chemikalien, Arzneimitteln und Feuerwerkskörpern.[135] Der Eigentümer bzw. Halter gefährlicher Gegenstände hat dafür Sorge zu tragen, dass sie nicht in die Hände von Personen gelangen, die ihre Gefährlichkeit nicht erkennen oder nicht zu beherrschen vermögen. An die sichere Aufbewahrung von Waffen sind allgemein höchste Anforderungen zu stellen.[136]

II. Typen der Verkehrspflichten

Ebenso vielschichtig wie der Anwendungsbereich sind auch die verschiedenen Typen der Verkehrspflichten. Einen Versuch der Systematisierung der Verkehrspflichten nach dem Pflichtinhalt hat v. Bar vorgelegt.[137] Er unterscheidet zwischen Pflichten, die darauf abzielen, dem Opfer eine selbstverantwortliche Gefahrsteuerung zu ermöglichen, und solchen Pflichten, die eine unmittelbare Einwirkung auf den Gefahrenherd zum Gegenstand haben. Im Rahmen der ersteren kann man mit v. Bar zwischen Warnpflichten, Verbotspflichten und Instruktionspflichten differenzieren.

1. Verkehrspflichten, die dem Opfer eine selbstverantwortliche Gefahrsteuerung ermöglichen sollen – Warnpflichten, Verbotspflichten und Instruktionspflichten

Der Verkehrspflichtige darf sich mit einer Warnung in Form der Anbringung von Schildern oder Warnzeichen nur ausnahmsweise begnügen, wenn die Ge-

---

134 Vgl. Deutsch, VersR 1974, 1045; Fleischer, VersR 1999, 785; Fritzweiler, DAR 1997, 137; Looschelders, JR 2000, 265; Zimmermann, VersR 1980, 497; MünchKomm/Wagner^4, § 823 Rn. 516 ff.; Palandt/Sprau, § 823 Rn. 214.

135 Staudinger/Hager, § 823 Rn. E 399; MünchKomm/Wagner^4, § 823 Rn. 511 ff.

136 BGH, VersR 1963, 1049, 1050.

137 v. Bar, Verkehrspflichten, § 4, S. 83 ff.

fahr tatsächlich durch sie beseitigt wird.[138] Warnungen reichen zur Erfüllung der Verkehrssicherungspflicht grundsätzlich nur dann aus, wenn eine andere Form der Sicherung in Anbetracht der Umstände nicht möglich oder zumutbar ist, die aufgestellten Schilder und Zeichen deutlich erkennbar sind und auf die konkrete Gefahrenlage in einer Weise aufmerksam gemacht wird, dass sich der Adressat der Warnung darauf einstellen kann.[139] Einer Warnung bedarf es dann nicht, wenn „ein verständiger und umsichtiger Mensch davon ausgehen (darf), dass ein Gefahrenpunkt keinen Schaden verursachen werde".[140] Der Warnung bedarf es ebenfalls nicht, wenn die Gefahr allgemein bekannt ist und ihr verhältnismäßig leicht ausgewichen werden kann.[141] Eng verbunden mit den Warnpflichten sind die Verbotspflichten, wonach dem Publikum eine Annäherung an den Gefahrenherd kraft privatrechtlicher Untersagungsbefugnis verboten wird.[142]

Die Instruktionspflichten sind insbesondere in der Produkthaftung von großer Bedeutung. Der Hersteller hat vor spezifischen Gefahren zu warnen, die von seinem Produkt ausgehen und über sie aufzuklären.[143] Die Instruktionspflichten beziehen sich nicht nur auf die bestimmungsgemäße Anwendung, sondern erstrecken sich auf den vorhersehbaren Fehlgebrauch[144] des Produkts und den Produktmissbrauch durch Zweckentfremdung.[145] Ein Instruktionsfehler liegt vor, wenn die Gebrauchsanweisung fehlt[146] oder vor Gefahren nicht hinreichend gewarnt wird.[147]

2. Verkehrspflichten zur Einwirkung auf den Gefahrenherd - Gefahrenkontrollpflichten, Auswahl-, Aufsichts- und Organisationspflichten

Die Verkehrspflichten zur Einwirkung auf den Gefahrenherd lassen sich mit v. Bar unterteilen in Gefahrenkontrollpflichten, Auswahl- und Aufsichtspflichten sowie Organisationspflichten.[148]

---

[138] BGH, VersR 1968, 1090, 1091; 1962, 665; BGHZ 37, 165; BGH, MDR 1964, 657; BGH, NJW 1970, 1682.

[139] MünchKomm/Mertens^3, § 823 Rn. 203.

[140] BGH, VersR 1956, 372; 1964, 413, 414.

[141] v. Bar, Verkehrspflichten, S. 86.

[142] BGH, NJW 1957, 499: Die am Bau beteiligten Unternehmen genügen ihrer Verkehrssicherungspflicht gegenüber dritten Personen, die nicht am Bau beschäftigt sind, dadurch, dass sie in Übereinstimmung mit den einschlägigen Unfallverhütungsvorschriften Schilder mit dem Verbot anbringen, die Baustelle zu betreten.

[143] BGHZ 64, 46, 49 (vertragliche Haftung); 116, 60, 65; BGH; NJW 1972, 2217, 2220; 1975, 1827, 1829; 1981, 2514, 2515; 1987, 372 f.; 1998, 2905, 2907; BGH, VersR 1955, 765, 766; 1960, 342, 343.

[144] BGHZ 106, 273, 283 (Überdosierung eines Medikaments).

[145] BGHZ 116, 60, 65 (Einsatz von Trinkflaschen als Dauernuckel für Kleinkinder).

[146] OLG Karlsruhe VersR 1998, 63, 64; Palandt/Sprau, § 3 ProdHaftG Rn. 5.

[147] Staudinger/Hager, § 823 Rn. F 14.

[148] v. Bar, Verkehrspflichten, S. 92 ff.

Gefahrenkontroll- und Überprüfungspflichten bestehen in allen Fallgruppen der Verkehrspflichten. So müssen z.B. Straßenbäume, die den Verkehr erkennbar gefährden, regelmäßig überprüft werden.[149] Ferner finden sich Kontrollpflichten insbesondere im medizinischen Bereich.[150] Der Gefahrenkontrolle bei Sachen entsprechen die Auswahl- und Aufsichtspflichten über Menschen. Der Verkehrspflichtige kann Dritte einschalten, um seinen Pflichten nachzukommen. Beispiele sind etwa die Übertragung der Räum- und Streupflicht auf Mieter und Pächter[151], der Sicherungspflicht auf Bauunternehmer[152] oder der Verkehrspflicht auf Hausverwalter[153]. Durch die Delegation der Verkehrspflicht auf einen Dritten tritt nach ganz überwiegender Auffassung keine Haftungsbefreiung des Übertragenden ein.[154] Vielmehr wandelt sich die Verkehrspflicht in die Pflicht zur ordentlichen Auswahl[155], zur exakten Anweisung[156] und Überwachung, ob der Dritte die ihm übertragenen Pflichten ordnungsgemäß erfüllt.[157]

Verkehrspflichten können weiter das Gebot zum Inhalt haben, die eigene Sphäre, insbesondere den Arbeitsprozess im eigenen Betrieb, so zu organisieren, dass Schädigungen Dritter möglichst verhindert werden. Nach der Rechtsprechung des BGH ist es dem Inhaber eines Unternehmens zwar nicht zuzumuten, dass er das gesamte Personal auswählt und beaufsichtigt. Es sei aber Aufgabe des Geschäftsherrn, allgemeine Aufsichtsanordnungen zu treffen, die die Gewähr für eine ordentliche Betriebsführung bieten. Versäumt er die Einhaltung dieser Pflicht, sei der Geschäftsherr für eingetretene Schäden haftbar.[158]

Weitere Typen von Verkehrspflichten betreffen die Erkundigung und Benachrichtigung in Bezug auf Gefahrenherde, wie zum Beispiel die Pflicht des Tiefbauunternehmers, sich über die Lage von Leitungen zu informieren.[159]

Um einen letzten wichtigen Bereich der Verkehrspflichten handelt es sich bei den Obhuts- und Fürsorgepflichten.[160] Obhutspflichten gebieten die sorgfältige Aufbewahrung fremden Eigentums oder eigener gefährlicher technischer Geräte, wohingegen Fürsorgepflichten darauf abzielen, Personen innerhalb der eigenen

---

[149] OLG Düsseldorf, VersR 1997, 463, 464; LG Wiesbaden, MDR 1995, 1959, 126.
[150] OLG Hamm, VersR 1980, 1030 (ungenügende Überwachung des Röntgenbestrahlungsgeräts).
[151] BGH, NJW 1985, 270, 271; 1987, 2671 f.
[152] BGH, NJW 1982, 2187.
[153] BGH, NJW 1996, 2646.
[154] MünchKomm/Mertens³, § 823 Rn. 206 m.w.N.
[155] BGH, NJW 1976, 46, 47.
[156] BGH, NJW 1971, 1313, 1315; BGH, VersR 1967, 877, 878; 1983, 152.
[157] BGHZ 110, 114, 121; BGH; NJW 1960, 335; 1985, 270, 271; 1987, 2669, 2670; 1996, 2646.
[158] BGHZ 4, 1, 2f.; BGH; NJW 1968, 247, 248; Helm, AcP 166 (1966), 389, 395 ff.
[159] Vgl. dazu BGH, NJW 1971, 1313, 1314; OLG Köln, VersR 1992, 335 f.
[160] v. Bar, Verkehrspflichten, S. 99 f.; MünchKomm/Wagner⁴, § 823 Rn. 237 ff.

Einflusszone vor Verletzungen zu schützen.[161] Obhuts- und Fürsorgepflichten können insbesondere durch privates Rechtsgeschäft begründet werden, das die eine Partei zur Fürsorge um die Rechtsgüter der Gegenseite verpflichtet, wobei es nicht darauf ankommt, ob das Vertragsverhältnis als solches wirksam ist; entscheidend ist ausschließlich die faktische Übernahme der entsprechenden Fürsorge- und Obhutsaufgaben.[162]

[161] v. Bar, Verkehrspflichten, S. 99.
[162] RGZ 102, 38, 42; BGH; NJW 1979, 1248, 1249; MünchKomm/Wagner[4], § 823 Rn. 238.

Kapitel 4: Steuerungswirkung von Verkehrspflichten und Handlungsfreiheit

Die Ausführungen im vorherigen Kapital haben gezeigt, dass das „bewegliche“ System der Verkehrspflichten nahezu alle Lebensbereiche erfasst und zu einer Beschränkung der Handlungsfreiheit des potentiellen Schädigers führen kann. Diese ist für den Schädiger insbesondere dann spürbar, wenn er infolge der Verletzung einer Verkehrspflicht Schadensersatz an den Geschädigten zu leisten hat. Es stellt sich jedoch die Frage, inwieweit das System der Verkehrspflichten bereits im Vorfeld einer möglichen Schädigung und eines eventuell daraus resultierenden Schadensersatzanspruchs des Geschädigten die Handlungsfreiheit des potentiellen Schädigers beschränkt.

Es geht hier um die Problematik, die Larenz/Canaris mit folgenden Worten umschreiben: „Die darin liegende Gefahr ist umso gravierender, als schon die bloße Möglichkeit der Verstrickung in eine Haftung den Bürger angesichts der Unsicherheiten, die mit der Abschätzung dieses Risikos verbunden sind, auch von solchen Aktivitäten abhalten kann, die rechtmäßig oder gar sozial wünschenswert sind“.[1] Eine solche bedenkliche Wirkung kommt den Verkehrspflichten nur dann zu, wenn sie das Verhalten des potentiellen Schädigers zu steuern vermögen und bereits im Vorfeld von Schädigungen Rechtsgüter Dritter eine präventive Wirkung entfalten.

§ 9 Präventions- oder Steuerungsfunktion des Haftungsrechts und der Verkehrspflichten nach der wertungsbezogenen Sichtweise juristischer Dogmatik

I. Unmittelbare Schadensvermeidung durch Abwehr –und Unterlassungsansprüche

Wie in § 5 dargestellt, entspricht es heute der ganz überwiegenden Meinung, dass präventiver Rechtsschutz gegen die sich abzeichnende Verletzung einer Verkehrspflicht in Betracht kommt, sofern dem Betroffenen eine nachhaltige und konkrete Beeinträchtigung seiner durch die Verhaltenspflicht geschützten Rechtsgütern droht.[2] Ein solcher Unterlassungs- oder Beseitigungsanspruch bietet die Möglichkeit einer unmittelbaren Umsetzung der Forderung nach Prävention. Der Betroffene kann bereits, bevor eine Schädigung eingetreten ist, die Ansprüche geltend machen. Indem der Gefährdete von dem potentiellen Schädiger

[1] Larenz/Canaris, Schuldrecht II/2, S. 350.

[2] LG Bückeburg, NJW 1956, 1363; Erman/Schiemann, Vor § 823 BGB Rn. 21; MünchKomm/Mertens[3], § 823 Rn. 64, 97; MünchKomm/Wagner[4], Vor § 823 Rn. 76; v. Bar, 25. Jahre Karlsruher Forum, S. 80, 84; Möllers, Rechtsgüterschutz, S. 73; Staudinger/Hager, Vorbem zu §§ 823 ff. Rn. 64.

entweder direkt Unterlassung der bevorstehenden Verletzung einer Verkehrspflicht oder wenigstens geeignete Schutzmaßnahmen bereits im Vorfeld einer drohenden konkreten Schädigung verlangen kann, gehen diese Ansprüche nicht den Umweg über die Schaffung einer Anreizstruktur, die aus der drohenden Verpflichtung zur Zahlung des Schadensersatzes resultiert. In dem Moment, in dem der Anspruch erfolgreich durchgesetzt wurde, ist unmittelbar das Ziel einer vorbeugenden Steuerungswirkung durch die Verkehrspflichten verwirklicht. Da es jedoch kaum Beispiele aus der Judikatur zum negatorischen Rechtsschutz bei drohender Verletzung einer Verkehrspflicht gibt,[3] wird deutlich, dass der unmittelbaren Schadensvermeidung durch Unterlassungsansprüche im Zusammenhang mit der Verletzung einer Verkehrspflicht in der Praxis lediglich geringe Bedeutung zukommt.

II. Mittelbare Prävention durch Schadensersatzvermeidung

Von zentraler Bedeutung ist jedoch die Frage, inwiefern dem Haftungsrecht und den Verkehrspflichten eine Steuerungs- und Präventionswirkung in dem Sinne zukommt, dass die Rechtsgutsverletzung unter die Androhung einer Sanktion, nämlich eines Ausgleichsanspruchs, gestellt ist und deshalb eine negative Anreizwirkung auf potentielle Verletzer entfaltet wird.[4] Um diese Frage beantworten zu können, ist es notwendig, sich in einem ersten Schritt die Funktionen des außervertraglichen Haftungsrechts in Erinnerung zu rufen.

1. Ausgleichsfunktion

Vorrangiges Ziel des Haftungsrechts ist es nach der ganz überwiegenden Auffassung, dem Geschädigten einen Ausgleich zu verschaffen, durch den sein Schaden wiedergutgemacht wird.[5] Traditionell wird gelehrt, primärer Zweck der §§ 823 ff. BGB sei der Ausgleich von Schäden, nach der gesetzlichen Systematik durch Naturalrestitution (§ 249 Abs. 1 BGB), im praktischen Regelfall aber durch die Zahlung einer Geldsumme (§§ 249 Abs.2, 251 BGB).[6] Der Schadensersatz aufgrund einer unerlaubten Handlung stellt sich demnach als das notwendige Gegenstück zu dem Eingriff in die Rechtssphäre anderer dar.

Die Ausgleichsfunktion ist somit Ausdruck des Gedankens der Rechtsfortsetzung, denn der Verletzte erhält eine Kompensation gerade für die Beeinträchtigung eines geschützten Rechtsguts, dieses setzt sich in dem Schadensersatzan-

---

[3] Vgl. z.B. LG Bückeburg, NJW 1956, 1363.

[4] Schlobach, Präventionsprinzip, S. 37.

[5] Deutsch/Ahrens, Haftungsrecht, Rn. 17; Larenz/Canaris, Schuldrecht II/2, S. 354; Staudinger/Hager, Vorbem zu §§ 823 Rn. 9; MünchKomm/Wagner[4], Vor § 823 Rn. 32; Esser/Weyers, Schuldrecht II/2, S. 136 f.

[6] MünchKomm/Wagner[4], Vor § 823 Rn. 32.

spruch fort.[7] Weil das Geschehene nicht ungeschehen gemacht werden kann, besteht die Wiedergutmachung in einem Ausgleich des entstandenen Schadens.

2. Straffunktion

Dem Deliktsrecht kommt nach der herrschenden Auffassung keine Straffunktion in dem Sinne zu, dass es auf die Vergeltung begangenen Unrechts bezogen ist.[8] Bereits die Motive zum BGB wandten sich gegen die „Hereinziehung moralisierender oder strafrechtlicher Gesichtspunkte" in das private Deliktsrecht.[9] Allerdings kam es aufgrund der Rechtsprechung des BGH zu Persönlichkeitsverletzungen zu einer vorsichtigen Wiederbelebung der Straffunktion. Insbesondere mit Blick auf diese Rechtsprechung wird geltend gemacht, der BGH habe de facto punitive Elemente in das Deliktsrecht eingeführt bzw. neuerlich betont.[10] Dieser Auffassung kann allenfalls darin zugestimmt werden, dass das Deliktsrecht, insbesondere im Rahmen der Entschädigung für immaterielle Schäden etwa bei Persönlichkeitsverletzungen, in seinen Auswirkungen auch pönale Elemente besitzt.[11] Hierbei handelt es sich jedoch nach der ganz überwiegenden Auffassung nicht um einen Zweck bzw. ein Ziel des Deliktsrechts.[12]

3. Präventions- oder Steuerungsfunktion

a) Meinungsstand

Neben dem Ausgleichsgedanken wird auch der Präventionsgedanke als Ziel des Haftungsrechts anerkannt.[13] Nach der überwiegenden Auffassung kommt dem Schadensersatz im Haftungsrecht neben einer Ausgleichs- und Wiederherstellungsfunktion auch eine Präventionsfunktion zu, womit gemeint ist, dass der Schadensersatz zukünftige Schadensfälle verhindern soll. Es wird dabei von der These ausgegangen, dass der Einzelne sein Verhalten so einrichte, dass er Schadensersatzansprüche nach Möglichkeit vermeide.[14]

---

[7] Staudinger/Hager, Vorbem zu §§ 823 Rn. 9; Deutsch/Ahrens, Haftungsrecht, Rn. 19; Larenz, Schuldrecht I, S. 425.

[8] So schon Motive II, S. 17 f.; Lange/Schiemann, Schadenersatz, S. 12; Mertens, Vermögensschaden, S. 96; Staudinger/Hager, Vorbem zu §§ 823 Rn. 11; MünchKomm/Wagner[4], Vor § 823 Rn. 36 ff.

[9] Motive II, S. 17 f.

[10] Körner, NJW 2000, 241; v. Gerlach, VersR 2002, 917; Müller, Punitive Damages, S. 259 ff.

[11] MünchKomm/Mertens[3], Vor §§ 823-853 Rn. 41; Lange/Schiemann, Schadensersatz, S. 13.

[12] Lange/Schiemann, Schadensersatz, S. 12, 13; Mertens, Vermögensschaden, S. 96; Staudinger/Hager, Vorbem zu §§ 823 Rn. 11; MünchKomm/Wagner[4], Vor § 823 Rn. 36 ff.

[13] Staudinger/Hager, Vorbem zu §§ 823 Rn. 10; MünchKomm/Wagner[4], Vor § 823 Rn. 34; Bamberger/Roth/Spindler, Vor § 823 Rn. 7; Deutsch, JZ 1971, 244, 246.

[14] Staudinger/Hager, Vorbem zu §§ 823 Rn 10.

Allerdings wird die Prävention überwiegend nicht als Hauptzweck, sondern nur „als ein in vielen Fällen erwünschtes Nebenprodukt der Schadensersatzpflicht" angesehen.[15]

Vereinzelte Stimmen in der Literatur stellen die Präventions- und Steuerungsfunktion des Haftungsrechts in Frage und bezweifeln, ob ein solcher Zweck von dem Haftungsrecht überhaupt erreicht werden kann.[16] Sie befürworten ein vollständiges Zurückdrängen des Präventionsgedankens zugunsten des Ausgleichsgedankens. Grundlegend anders stellt sich indes das Bild bei der Verletzung immaterieller Rechtsgüter bzw. bei immateriellen Schäden dar. Hier wird der Gedanke der Prävention von der überwiegenden Ansicht als eigenständiger und tragender Gedanke des Haftungsrechts betrachtet.[17]

b) Formen der Prävention

Nach Deutsch hat der Präventionszweck zwei Gesichter.[18] Zum einen könne durch den Präventionsgedanken schon vortatlich der Eingriff in ein fremdes Rechtsgut verhindert werden, zum anderen könne durch die nachtatliche Vergeltung künftigen Eingriffen vorgebeugt werden. Das Haftungsrecht des BGB verfolge beide Präventionsformen durch besondere Rechtsfolgen. Der vortatlichen Prävention diene das Haftungsrecht dadurch, dass es bereits die Verletzung von Interessen oder Rechtsgütern bzw. deren Bevorstehen untersage. Zur Durchsetzung dieses Verbots bestünden die negatorischen Ansprüche auf Unterlassung und Beseitigung. Die nachtatliche Prävention sei in reiner Form in der Genugtuungsfunktion des Schmerzensgeldes zu finden, die den Verletzer von Wiederholungen der Schädigung abhalten soll.[19]

Nach Schlobach[20]greift die Unterscheidung von vortatlicher und nachtatlicher Prävention zu kurz, sofern man annehmen will, dass die nachtatliche Sanktionierung nur darauf abzielt, künftigen Eingriffen vorzubeugen. Eine solche Beschränkung auf spezialpräventive Zwecke allein könne nicht überzeugen. Vielmehr sei auch der generalpräventive Aspekt der Schadensersatzpflicht zu berücksichtigen, wonach bereits die Tatsache, dass eine Verpflichtung zum Schadensersatz bei einer Rechtsgutsverletzung entsteht und mit ihrer Durchsetzung zu rechnen ist, vor der Rechtsgutsverletzung abhalten (negative Generalprävention) und zugleich die Achtung fremder Rechtsgüter fördern kann (positive Generalprävention).[21]

---

[15] Larenz, Schuldrecht I, S. 423; Mertens, Vermögensschaden, S. 109.
[16] Esser/Weyers, Schuldrecht II/2, S. 137 f.; Schmidt, KritV 1986, 83, 84.
[17] Deutsch, JZ 1971, 244, 246; Körner, NJW 2000, 241; Rosengarten, NJW 1996, 1935.
[18] Deutsch, JZ 1971, 244, 246.
[19] Deutsch, JZ 1971, 244, 246.
[20] Schlobach, Präventionsprinzip, S. 37.
[21] Schlobach, Präventionsprinzip, S. 37, 307 ff.

Die präventiven Aspekte der zivilrechtlichen Haftung lassen sich mit Schlobach in Anlehnung an die Terminologie des Strafrechts in negative und positive Generalprävention und Spezialprävention unterteilen. Die negative Generalprävention sei darin zu sehen, dass durch die drohende Haftung auf Schadensersatz der Einzelne zur Achtung der im Verkehr erforderlichen Sorgfalt angehalten werde. Maßgeblich sei dabei allein die Sanktionsnorm, die den Kostenfaktor „Schadensersatz" im Falle der Normverletzung drohend in Aussicht stelle. Des Weiteren fördere der dem Schadensausgleich innewohnende Befriedigungseffekt zwischen Schädiger und Geschädigtem die Achtung fremder Rechtsgüter und lasse sich daher als Element positiver Generalprävention deuten. Der Aspekt der Spezialprävention haftungsrechtlicher Regelungen sei darin zu sehen, dass die Auferlegung des Schadensersatzes den Schädiger zur Vermeidung zukünftiger Schädigungen anhalten soll.[22]

Im Folgenden sollen die Faktoren, die eine mögliche Präventions- und Steuerungswirkung des Haftungsrechts beeinflussen, dargestellt werden, um im Anschluss daran, die Frage beurteilen zu können, inwiefern das nahezu alle Lebensbereiche erfassende System der Verkehrspflichten menschliches Verhalten zu steuern vermag.

III. Steuerbarkeit menschlichen Verhaltens durch das Haftungsrecht

1. Funktionsbedingungen und grundlegende Parameter der Steuerbarkeit menschlichen Verhaltens durch das Haftungsrecht

Die Frage, ob das Haftungsrecht präventiv und somit steuernd wirken kann, läuft auf die Prüfung hinaus, ob die Ankündigung und Auferlegung haftungsrechtlicher Folgen die Menschen in ihrem Verhalten so beeinflussen, dass sich die Gefahr der Beeinträchtigung fremder Rechte und Güter verringert.[23] In diesem Zusammenhang gilt es sich noch einmal die unterschiedliche Zielrichtung des Ausgleichs- und Präventionsgedanken deutlich zu machen. Entsprechend ihrer Zweckrichtung der Schadensverhütung wirken vorbeugende Rechtsfolgen und somit der Präventionsgedanke vortatlich, sie sind insoweit „zukunftsbezogen".[24] Wiedergutmachende Rechtsfolgen, die auf den Ausgleich der erlittenen Einbuße an den Rechtsgütern eines anderen gerichtet sind, wirken dagegen nachtatlich, d.h. sie sind in diesem Sinne „vergangenheitsbezogen" Diese „Zukunftsbezogenheit" des Präventions- und Steuerungsgedankens erweist sich als das Kernproblem bei dem Versuch der Konkretisierung und Gewinnung verlässlicher Angaben. So konstatiert Weyers in diesem Zusammenhang, dass hinreichende Erkenntnisgrundlagen zur Beurteilung der Präventionsmöglichkeiten des Haftungsrechts fehlen und dass man bestenfalls „vorläufige .... Hypothesen als

[22] Schlobach, Präventionsprinzip, S. 310.
[23] Weyers, Unfallschäden, S. 456.
[24] Vgl. statt vieler Henckel, AcP 174 (1974), 97, 110.

Arbeitsgrundlage" erarbeiten kann.[25] Als „wichtigste ... Trivialität" bezeichnet Weyers dabei die Erkenntnis, dass Bedingungen und Wirkungen von „Prävention durch Haftpflichtrecht sehr kompliziert sind".[26]

a) Grundlegende Parameter der Steuerbarkeit menschlichen Verhaltens

Als in die Zukunft wirkendes Handlungsgebot setzt die Vermeidung eines verletzungsgeneigten schädigenden Verhaltens durch einen potentiellen Schädiger und somit die Prävention eine Einflussnahme auf fremdes menschliches Verhalten voraus. Demzufolge scheidet eine präventive Steuerung menschlichen Verhaltens von vornherein aus, wenn der Normadressat überhaupt nicht die Möglichkeit hat, sein Verhalten in einer bestimmten Situation nach seinem Willen zu steuern.[27] Somit scheiden alle Handlungen, die sich nicht als auf einem Willensentschluss beruhendes Eingreifen in die Außenwelt darstellen, wie z.B. Reflexbewegungen und Effekthandlungen für eine wirksame Steuerung mit präventiven Zielen von vornherein aus. Dreier weist in diesem Zusammenhang des Weiteren darauf hin, dass die Verhaltensmöglichkeiten potentieller Schädiger umso eingeschränkter seien, je risikoreicher eine bestimmte Tätigkeit sei. Die Entscheidungsfreiheit des Verkehrsteilnehmers und somit die Möglichkeit der Steuerung seines Verhaltens reduziere sich auf die Alternative, den drohenden Schaden entweder in Kauf zu nehmen oder aber die gefährliche Tätigkeit zu unterlassen, wenn sich ein Fehlverhalten selbst bei besonders sorgfältiger Verhaltensweise nicht vermeiden lasse.[28] Nach Dreier hängt die Präventions- und Steuerungsmöglichkeit des Haftungsrechts demnach entscheidend von der Erkennbarkeit des geschützten Gutes, der Verletzungsgeneigtheit des jeweiligen Schutzgegenstandes und schließlich von der Dichte und Geschwindigkeit des an sich erlaubten Verkehrs im Umgang mit ihnen ab.[29]

Grundlegende Voraussetzung einer jeden präventiven Motivation menschlichen Verhaltens ist des Weiteren die Möglichkeit, die präventiven und verhaltenssteuernden Anreize an den Adressaten zu vermitteln.[30] Der Normadressat muss von der Tatbestands- und Sanktionsnorm Kenntnis haben, um sein Verhalten danach ausrichten zu können. Schlobach weist in diesem Zusammenhang zu Recht darauf hin, dass dies bei der spezialpräventiven Ausrichtung weniger problematisch sei, weil hier ein konkreter Adressat zur Verfügung stehe, der im Rahmen eines zivilrechtlichen Haftungsprozesses oder einer außergerichtlichen Schadensregulierung mit dem Inhalt des normativen Programms konfrontiert

[25] Weyers, Unfallschäden, S. 457.
[26] Weyers, Unfallschäden, S. 457.
[27] Dreier, Kompensation, S. 128.
[28] Dreier, Kompensation, S. 128.
[29] Dreier, Kompensation, S. 129.
[30] Schlobach, Präventionsprinzip, S. 312 f.

werde.[31] Das Problem der Normvermittlung stelle sich aber bei allen Arten der Generalprävention, wobei jedoch davon ausgegangen werden könne, dass der Kernbereich des Haftungsrechts bekannt sei.[32] Anders sei es hingegen, wenn es um spezielle Bereiche des Haftungsrechts gehe.

Dreier hat in seiner Schrift „Kompensation und Prävention" schließlich herausgearbeitet, dass das Maß an Präventionsmöglichkeiten auch von der Art der betroffenen und gefährdeten Rechtsgüter abhängt, je nachdem mit welchem Aufwand das Bestehen eines rechtlichen Schutzes an ihnen in Erfahrung gebracht werden kann und wie leicht sich die Grenzen eines bestehenden Schutzes im Einzelfall ermitteln lassen.[33] Eingetragene Rechte seien in diesem Zusammenhang leichter zu recherchieren als formlos zur Entstehung gelangte Rechte. Andererseits ließe sich bei beweglichen körperlichen Sachen des täglichen Gebrauchs, die nicht im eigenen Eigentum stünden, weitgehend davon ausgehen, dass sie einem anderen gehörten und deshalb nicht nach Belieben mit ihnen verfahren werden könne. Bei körperlichen Gegenstände bestünde des Weiteren der Vorteil, dass sie im Verkehr leichter zu erkennen seien als unkörperliche, und auch der Schutzumfang von Eigentumsrechten Dritter sei regelmäßig präziser zu erfassen als derjenige von Immaterialgüterrechten. Folglich sei die Möglichkeit präventiver und steuernder Einwirkung bei unkörperlichen Gegenständen in der Regel begrenzter als bei körperlichen.[34]

b) Berücksichtigung ökonomischer Gesichtspunkte[35]

Neben diesen grundlegenden Gesichtspunkten bzgl. der Steuerbarkeit menschlichen Verhaltens sind es insbesondere ökonomische Faktoren, von denen man sich eine präventive und steuernde Wirkung des Haftungsrechts erhofft.[36] Präventionswirkung sei im Haftungsrecht in erster Linie von dem Umstand zu erhoffen, dass ein potentieller Schädiger die ökonomische Belastung scheut, welche die Erfüllung eines Haftpflichttatbestands mit sich bringen kann.[37]

---

[31] Schlobach, Präventionsprinzip, S. 312.

[32] Schlobach, Präventionsprinzip, S. 312: „Der Allgemeinheit ist durchaus bewusst, dass man fremdes Eigentum nicht beschädigen darf und dass im Falle einer Eigentumsverletzung Schadensersatz zu leisten ist."

[33] Dreier, Kompensation, S. 129.

[34] Dreier, Kompensation, S. 129.

[35] Auch im juristischen Schrifttum spielen ökonomische Faktoren bei der Frage der Präventions- und Steuerungswirkung des Haftungsrechts eine herausragende Rolle. Dieser Gedanke bildet freilich die Grundlage der später noch zu erörternden ökonomischen Analyse des Rechts.

[36] Weyers, Unfallschäden, S. 458; Bamberger/Roth/Spindler, Vor § 823 Rn. 7; Staudinger/Hager, Vorbem zu §§ 823 Rn. 10; MünchKomm/Wagner[4], Vor § 823 Rn. 34, 35; Dreier, Kompensation, S. 132 ff.; Deutsch, JZ 1971, 244, 246; Wagner, JZ 1999, 1441, 1442.

[37] Statt aller Weyers, Unfallschäden, S. 458.

Ausgangspunkt der Überlegungen zur Präventions- und Steuerungsfunktion ist somit die Annahme, dass der Einzelne sein Verhalten so einzurichten versucht, dass er Schadensersatzansprüche wegen der drohenden Kostenbelastung vermeidet.[38]

Ein grundlegender Unterschied besteht dabei zunächst darin, ob der Schädiger aus dem Schadensereignis Gewinn erzielen möchte (profit-Schädigungen) oder nicht (non-profit-Schädigungen).[39] Bei Verletzungen, bei denen der Schädiger nichts gewinnt, schlägt der Schadensersatz voll zu Buche, und die von der Verpflichtung zur Schadensersatzleistung ausgehende steuernde Wirkung entfaltet ihre größtmögliche Wirkung. Bei Verletzungen hingegen, bei denen der Schädiger durch die ausgeübte Tätigkeit etwas hinzugewinnt, verringert der Gewinn den negativen Saldo des Verletzers, mit der Folge, dass die präventive Wirkung der Schadensersatzverpflichtung weiter abnimmt und im Falle eines positiven Saldos sogar ganz entfallen kann.[40]

c) Berücksichtigung psychisch und sozialer Gesichtspunkte

Ein Modell, das zur Konkretisierung der Steuerungswirkung des Haftungsrechts von rein ökonomischen Überlegungen ausgeht, vermag zwar mit den Worten Weyers gewisse „Hypothesen als Arbeitsgrundlagen" zu liefern. Es gilt jedoch zu berücksichtigen, dass ökonomische Kriterien nicht allein ausschlaggebend bei der Frage der Steuerungswirkung des Haftungsrechts sind. Der ökonomische Vorteil, der dem potentiellen Schädiger im Falle des Unterlassens der schädigenden Handlung zukommt, kann allein keine verlässliche Aussage über sein zukünftiges Verhalten liefern. Weyers weist in diesem Zusammenhang zutreffend darauf hin, dass es „von der Erkenntnis der objektiven Vorteilhaftigkeit eines bestimmten Verhaltens ... noch ein weiter Weg bis zur Vorhersage des tatsächlichen Verhaltens" sei.[41] Die Beurteilung der Präventions- und Steuerungswirkung des Haftungsrechts hängt wesentlich auch von psychischen und sozialen Bedingungen ab, die das menschliche Verhalten prägen und dazu führen, dass der Mensch nicht immer eine ökonomisch sinnvolle Entscheidung trifft.

Im Rahmen der psychologischen Faktoren ist insbesondere die Persönlichkeit des Normadressaten von Bedeutung. Die unterschiedlichen Persönlichkeiten und Reaktionen von Menschen in gefahrträchtigen Situationen sind Kriterien, die eine pauschale Beurteilung der Steuerungswirkung des Haftungsrechts unmöglich erscheinen lassen. Neben den psychologischen Faktoren sind nach Weyers auch Struktur und Umweltbedingungen des Entscheidungssubjekts zu berück-

[38] Staudinger/Hager, Vorbem zu §§ 823 Rn. 10.
[39] Schlobach, Präventionsprinzip, S. 317.
[40] Dreier, Kompensation, S. 133.
[41] Weyers, Unfallschäden, S. 462.

sichtigen.[42] In diesem Zusammenhang unterscheidet er zwischen Situationen, die einer Entscheidung nach zweckrationalen Motiven förderlich sind, und solchen, die ihr ungünstig sind. An Voraussetzungen für eine zweckrationale Entscheidung als Grundlage für die Steuerbarkeit menschlichen Verhaltens nennt er die Abwesenheit körperlich bedingter Fehlerquellen, das Fehlen eines sozialen Spannungsfeldes, ein möglichst hoher Grad an Information über die möglichen Alternativen und ihre Folgen sowie die Kontrolle der Entscheidung durch Nachvollzug und die rationale Ausrichtung der Entscheidungseinheit im Ganzen.[43] Daraus wird gefolgert, dass jedenfalls Unternehmen, die ihre Entscheidungen im Rahmen strukturierter Prozesse anhand rationaler Kriterien treffen, für die Steuerungssignale des Haftungsrechts durchaus empfänglich sein dürften.[44] Soweit Entscheidungen nach wirtschaftlichen Kriterien getroffen werden, werde man zumindest im Grundsatz von einem rationalen Entscheidungsträger ausgehen können, der im Rahmen seiner Entscheidung auch die drohenden Einbußen aufgrund einer Schadensersatzsanktion berücksichtigt.[45]

Demgegenüber seien Situationen, in denen der Entscheidungsträger nervlich und körperlich stark beansprucht sei, nur über einen unzureichenden Grad an Information verfüge und nicht die Möglichkeit einer rationalen Entscheidung und rechzeitigen Kontrolle bestünde, einer steuernden Wirkung des Haftungsrechts kaum zugänglich; solche Bedingungen seien insbesondere im modernen Straßenverkehr vorzufinden.[46] In Situationen einer drohenden Unfallgefahr, so wird geltend gemacht, fehle es an den notwendigen psychologischen Voraussetzungen, unter denen ökonomische Anreize beachtet würden.[47]

d) Spürbarkeit der Sanktion – Versicherungsproblem

Ein weiterer Faktor, der die präventive Wirkung des Haftungsrechts einschränken oder gar vereiteln kann, ist der bestehende Versicherungsschutz zugunsten des Schädigers.[48] Grundlegende Voraussetzungen einer Steuerungswirkung des Haftungsrechts ist, dass die angedrohte und ggf. auferlegte Sanktion auch vom Normadressaten selbst zu tragen ist, d.h. sie muss in dem Sinne spürbar sein, dass die finanzielle Belastung letztlich auch das Vermögen des Normadressaten trifft. Sofern der Schädiger die Schadenskosten im Rahmen einer Haftpflichtversicherung auf einen Dritten abwälzen kann, erscheinen die zunächst auf ihn transferierten Schadenskosten lediglich als „durchlaufender Posten“.[49] Inwiefern

[42] Weyers, Unfallschäden, S. 466.
[43] Weyers, Unfallschäden, S. 467
[44] Enddres/Rehbinder/Schwarze, Haftung und Versicherung, S. 54 f.
[45] Dreier, Kompensation, S. 130.
[46] Weyers, Unfallschäden, S. 468.
[47] Lange, VersR 1999, 274.
[48] Schlobach, Präventionsprinzip, S. 318, 413 ff.
[49] Schlobach, Präventionsprinzip, S. 413.

trotz bestehenden Versicherungsschutzes zugunsten des Schädigers ein Mindestmaß an Präventions- und Steuerungswirkung beibehalten werden kann, soll im nächsten Kapitel näher beleuchtet werden.[50]

2. Haftungsanordnung als Appell zur Schadensverhütung

a) Verhaltensmotivation durch Haftungsnormen als mittelbare Verhaltensgebote

Dass den in einem Gesetz enthaltenen Sanktionsnormen bestimmte – zumeist ungeschriebene – Verhaltensnormen zugrunde liegen, ist für das Strafrecht von Binding[51] nachgewiesen worden und wird dort heute kaum noch bestritten.[52] Aus Gründen der Formulierungsökonomie begnügt sich der Gesetzgeber in aller Regel damit, lediglich die Sanktionsnorm, die den Ungehorsamen verpflichtet, eine bestimmte Geldbuße zu zahlen oder eine Freiheitsstrafe zu erdulden, in seine Gesetze aufzunehmen. Enthält ein Gesetz nur Sanktionsnormen, muss der Inhalt der dazugehörigen Verhaltensnormen aus den Voraussetzungen der jeweiligen Sanktionsandrohung bzw. aus dem für sie maßgebenden Unrechtstatbestand erschlossen werden.[53]

Dieses anhand der Strafgesetze entwickelte Modell von Verhaltens- und Sanktionsnorm lässt sich auch auf das Privatrecht und dort insbesondere auf das Haftungsrecht übertragen. Alle eine Schadensersatzpflicht begründenden Rechtsfolgen- bzw. Sanktionsnormen enthalten die nicht unmittelbar dem Gesetzeswortlaut zu entnehmende negative Beschreibung der Ereignisse, die von der Rechtsordnung als zu verhütend angesehen werden.[54] Dieser Schadensverhütungsgedanke ist der Anknüpfungspunkt für die Haftpflicht.[55] Hinter sämtlichen, eine Haftung anordnenden Vorschriften steht somit der Appell, Maßnahmen der Schadensverhütung zu ergreifen.[56] Da die Schadensersatzvorschriften jedoch selbst überwiegend keine konkreten Anweisungen enthalten, in welcher Weise der Einzelne seiner Pflicht zur Schadensverhütung gerecht zu werden vermag, kann man im Einklang mit Steiner von einem mittelbaren Beitrag der Haftungsvorschriften zur Schadensverhütung sprechen.[57] Erst bei der Frage der Schadensersatzpflichtigkeit wird dem Schädiger im Nachhinein vor Augen geführt, dass er sich in der Vergangenheit pflichtwidrig verhalten habe. Zu diesem Zeit-

---

[50] Vgl. Kapitel 5.
[51] Binding, Normen I, S. 3 ff.; 35 ff.
[52] Vgl. Jescheck/Weigend, Strafrecht AT, § 24 II m.w.N.
[53] Dörner, JuS 1987, 522, 524: „So geht beispielsweise der Sanktionsnorm § 223 I StGB das ungeschriebene Verbot voraus, einen anderen körperlich zu misshandeln oder an der Gesundheit zu beschädigen."
[54] Looschelders, Mitverantwortlichkeit, S. 203 m.w.N.
[55] Larenz, Schuldrecht I, S. 423.
[56] Steiner, Schadensverhütung, S. 135.
[57] Steiner, Schadensverhütung, S. 135.

punkt geht es jedoch nicht mehr primär um die Steuerungsfunktion und den Schadensverhütungsgedanken im Haftungsrecht, sondern um den Ausgleich und Ersatz der verursachten Einbußen. Dem Haftungsrecht kommt somit lediglich eine mittelbare Präventions- und Steuerungswirkung zu, indem die Schadensersatzverpflichtung Maßstäbe für das künftige Verhalten zur Verhinderung von Schäden in vergleichbaren Situationen liefert und somit künftigen Eingriffen vorbeugt.[58]

b) Der Begriff der „Haftungserwartung" nach Weyers

In den Bereichen, in welchen nach den oben genannten Kriterien Prävention und Steuerung durch Haftpflichtrecht überhaupt in Frage kommen, vermutet Weyers, dass die Wirkung des Haftpflichtrechts auf den Entscheidungsträger von der Intensität dessen abhängt, was er als „Haftungserwartung" bezeichnet.[59] Dies sei die Erwartung, wegen eines bestimmten Verhaltens haftpflichtrechtlich in Anspruch genommen zu werden. Als erste Voraussetzung zur Ausfüllung des Begriffes der Haftungserwartung nennt Weyers die Kenntnis der Verletzungsgefahr und des zweckmäßigen Verhaltens zur Verhinderung des Schadens.[60] Das Haftungsrecht sei jedoch überwiegend ungeeignet, dem Entscheidungsträger die hierzu notwendigen Informationen zu liefern, da oftmals erst relativ spät nach dem schadensverursachenden Verhalten in höheren Instanzen geklärt werde, wie sich der Schädiger zweckmäßigerweise hätte verhalten müssen. Ein weiteres Element der Haftungserwartung sieht Weyers in der Aussicht, als Schädiger identifiziert zu werden.[61] Die Haftungserwartung hängt des Weiteren wesentlich davon ab, ob der objektiv bestehende Anspruch von dem Geschädigten auch erhoben und auf außergerichtlichem Wege oder mit Hilfe der Gerichte in vollem Umfang durchgesetzt wird.[62] Letzteres wird wiederum maßgeblich von den Prozesschancen bestimmt, also von der Wahrscheinlichkeit, dass der Schädiger im Falle eines Rechtsstreits unterliegen wird und sodann nicht nur den Schaden, sondern zusätzlich noch die Prozesskosten zu tragen hat.

3. Parallele Problematik im Strafrecht – Spezial- und Generalprävention als klassische Strafzwecke

Die bisherigen Ausführungen zeigen, dass hinsichtlich der Präventions- und Steuerungswirkung des Haftungsrechts lediglich Parameter aufgeführt werden können, die für die Beeinflussung des menschlichen Verhaltens ursächlich sein können. Im Folgenden soll ein kurzer Blick auf die vergleichbare Problematik

[58] Vgl. zur unmittelbaren Schadensvermeidung durch Abwehr- und Unterlassungsansprüche § 9 I.
[59] Weyers, Unfallschäden, S. 464.
[60] Weyers, Unfallschäden, S. 464.
[61] Weyers, Unfallschäden, S. 465.
[62] Wagner, VersR 1999, 1441, 1446.

im Strafrecht geworfen werden. Hierbei stellt sich die Frage, ob sich aus der strafrechtlichen Diskussion über die Steuerungswirkung durch Strafrechtsnormen brauchbare Rückschlüsse für das Haftungsrecht ziehen lassen.

a) Spezialprävention

Die früher ganz herrschende Theorie der Spezialprävention nimmt allein den tatsächlichen straffällig gewordenen Täter in den Blick (Täterorientierung). Zweck der Strafe ist danach die Verhütung weiterer Straftaten durch den straffällig Gewordenen und Verurteilten.[63] Zum einen soll der Täter durch die Auferlegung der Strafe vor weiteren Straftaten abgeschreckt werden (Abschreckungszweck). Der positive Aspekt der Spezialprävention soll darin bestehen, den Täter zu bessern und ihn zu normkonformen Verhalten anzuhalten (Besserungsfunktion).

b) Generalprävention

Die Theorie der Generalprävention nimmt nicht den konkreten, straffällig gewordenen Täter in den Blick. Nach ihr wird der Täter bestraft, um Straftaten anderer zu verhindern.[64] Diese Funktion erfüllt die Strafe nach der heute dominierenden Variante generalpräventiver Straftheorie auf zweierlei Weise:[65] zum einen soll die Furcht vor dem im Falle der Tatbegehung drohenden Strafübel potentielle Täter von der Tatbegehung abschrecken (sog. Abschreckungsprävention oder negative Generalprävention). Zum anderen soll durch die Sanktionierung des Rechtsbruchs die Rechtstreue der Bevölkerung stabilisiert werden (sog. Integrationsprävention oder positive Generalprävention).[66] Die Vorstellung, dass Androhung und Vollzug von Strafen auf die Allgemeinheit einen Abschreckungseffekt haben, geht auf das philosophische Denken der Aufklärung und des Utilitarismus zurück.[67] Sie haben einen Menschen vor Augen, der in wohlverstandenem Eigeninteresse Vor- und Nachteile von Handlungsalternativen vernünftig abwägt. Da eine mögliche Strafe den Nettovorteil, der sich für den Täter aus der Straftat ergebe, senke, könne davon ausgegangen werden, dass ein abwägender Mensch eine Straftat nur dann begehen werde, wenn der sich aus ihr ergebende Vorteil größer sei als das von der Strafe ausgehende Übel.[68]

---

[63] Roxin, AT I, S. 44 ff.
[64] Tröndle/Fischer, Strafgesetzbuch, § 46 Rn. 2.
[65] Dölling, ZStrW 102 (1990), 1, 2.
[66] Zipf, FS Pallin, S. 479-490.
[67] Bock, JuS 1994, 89, 95.
[68] Curti, ZRP 1999, 234, 235.

c) Empirische Untersuchungen zur Wirkungsweise der Prävention

Der überwiegende Teil der strafrechtlichen Literatur zeigt sich jedoch sehr skeptisch, ob denn das Strafrecht tatsächlich so wirkt, wie die Theorien zur Prävention dies behaupten, oder ob es sich dabei nur um Illusionen handelt, die mit der Wirklichkeit nichts zu tun haben.[69] Diese Frage hat eine fast schon nicht mehr zu überblickende Zahl von empirischen Untersuchungen ausgelöst.[70] Die empirische Forschung versucht auf verschiedenen Wegen, die mögliche Steuerungswirkung des Strafrechts zu überprüfen. Methodisch lassen sich grundsätzlich zwei Gruppen unterscheiden[71]: Zum einen versuchte man, generalpräventive Effekte von ihrem Ergebnis her zu prüfen, d.h. man untersuchte Veränderungen der Kriminalität in Abhängigkeit von Änderungen der Strafrechtspraxis (kriminalistischer Ansatz). Hierbei lassen sich zwei Untersuchungsanlagen unterscheiden: der Vergleich von zwei ansonsten ähnlichen Regionen mit unterschiedlicher Strafpraxis und der Vergleich der Strafpraxis zu unterschiedlichen Zeitpunkten in derselben Region. Im Ergebnis laufen die meisten Untersuchungen darauf hinaus, dass es nicht gelingt, etwaige Änderungen in der Kriminalität zwingend auf Änderungen der Strafrechtspraxis zurückzuführen. Regelmäßig können andere Veränderungen stattgefunden haben, die nicht kontrolliert werden konnten (Anzeigeverhalten, sozialer Wandel, Einstellungsänderungen bei der Bevölkerung).[72]

Zum anderen versuchte man, dem angenommenen Abwägen von Kosten und Nutzen der Delinquenz unmittelbar auf die Spur zu kommen. Die Befragungsstudien bauen daher auf Daten auf, die von den Forschern in Interviews gewonnen werden. Die befragten Personen geben an, wie sie das Entdeckungsrisiko und die Sanktionsschwere bei bestimmten Delikten einschätzen. Diese Daten werden zur Zahl der Delikte, die von den Befragten nach eigenen Angaben in der Vergangenheit begangen worden sind, oder zu der von den Befragten eingeschätzten Bereitschaft, in Zukunft Delikte zu begehen, in Beziehung gesetzt. Die Probleme dieser Befragungsmethode sind nicht weniger gravierend als die des kriminalistischen Ansatzes. Wie bei allen Befragungen werden nicht die gesuchten Zusammenhänge selbst erhoben, sondern die Meinungen der Befragten über

---

[69] Jakobs, Strafrecht AT, S. 21; Streng, JZ 1993, 109, 111: „Der immerhin bei den Justizpraktikern noch sehr beliebte Abschreckungsgedanke hingegen hat in empirischen Untersuchungen wenig Stützung erfahren. Lediglich im Bereich leichterer Delikte sind hier Effizienzansätze für generalpräventive Strafschärfungen deutlich geworden"; Dölling, ZStW 102 (1990), 1.

[70] Vgl. hierzu die deutschen Überblicksarbeiten von Dölling, ZStW 102 (1990), 1 ff.; Prisching, MschrKrim 1982, 163 ff.; Bönitz, Strafgesetze und Verhaltenssteuerung, 1991; Otto, Generalprävention und externe Verhaltenskontrolle, 1982; Schöch, FS Jescheck, S. 1081 ff.; Vanberg, Verbrechen, Strafe und Abschreckung, 1982.

[71] Bock, JuS 1994, 89, 95; Dölling, ZStW 102 (1990), 1, 2 ff.

[72] Bock, JuS 1994, 89, 95.

diese Zusammenhänge, die in hohem Maße auf Irrtümern, Selbsttäuschungen und Fehleinschätzungen beruhen können, insbesondere was die selbstberichtete Delinquenz in der Vergangenheit und das eigene potentiell deliktische Handeln in der Zukunft betrifft.[73]

Der überwiegende Teil der Literatur steht daher der Auffassung, dass Strafe abschreckend wirkt, ablehnend gegenüber. Die empirischen Untersuchungen zur Verifizierung der Thesen der Theorie der Generalprävention zeigten, dass es keinen bzw. nur einen sehr geringen Zusammenhang zwischen Höhe und Art der gesetzlich vorgesehenen Strafen und der Kriminalitätsrate in einer Gesellschaft gebe.[74] Daneben gebe es eine nicht unerhebliche Anzahl von Personen, wie Geisteskranke, Triebtäter, Affekttäter und Überzeugungstäter, die sich über die Tat ohnehin keine Gedanken machten und somit auch von Strafandrohungen nicht abgeschreckt werden könnten. Des Weiteren sei zu beobachten, dass viele Täter das Risiko einer Strafe gewissermaßen in ihre Lebenserwartung mit aufnehmen, so dass auch hier von einer Abschreckung keine Rede mehr sein könne. Es bleibe der Gesamteindruck bestehen, dass es der empirischen Wissenschaft nicht gelungen sei, die mit den präventiven Strafzwecken gemeinten Wirkungszusammenhänge zu erhellen. Es bestehe mithin eine „immense Kluft" zwischen den theoretischen Konzepten oder Modellen und dem, was die empirische Forschung wirklich zu prüfen in der Lage sei.[75]

4. Empirische Untersuchungen zur Steuerungswirkung des Haftungsrechts

Die bisherigen Ausführungen zeigen, dass sich jede pauschale Beurteilung der Präventions- und Steuerungswirkung des Haftungsrechts verbietet. Es können lediglich einzelne Parameter aufgezeigt werden, die für die Steuerbarkeit des menschlichen Verhaltens durch das Haftungsrecht relevant sind. Auch die kurze Bestandsaufnahme zur vergleichbaren Problematik im Strafrecht und die dort zahlreich durchgeführten empirischen Untersuchungen konnten keine befriedigenden Erkenntnisse über die Steuerungswirkung von Sanktionen liefern, die Rückschlüsse auf das Haftungsrecht zuließen.

---

[73] Bock, JuS 1994, 89, 95.

[74] Bönitz, Strafgesetze und Verhaltenssteuerung, S. 329; Kaiser, Kriminologie, S. 143: „Danach verwundert nicht, dass nach dem gegenwärtigen Forschungsstand empirische Anhaltspunkte für die Effektivität strengerer Maßstäbe in der Strafzumessung nicht vorliegen. Keine der deutschsprachigen Studien, die reales Verhalten in Zusammenhang mit Aspekten der Strafverfolgung gebracht haben und nicht bei bloßer Attitüdenforschung geblieben sind, hat Anhaltspunkte für beachtlich abschreckende Wirkungen von Straftaten gegeben, weder bezogen auf Schwere noch auf Wahrscheinlichkeit. Gesetzlicher Strafrahmen, Sanktionsart, Sanktionswahl und richterliche Strafhöhenbemessung haben danach relativ geringes Gewicht für die Befolgung von Gesetzen, wenn überhaupt."

[75] Bock, JuS 1994, 89, 98.

Insbesondere für den Bereich des common law existieren mittlerweile einige empirische Untersuchungen zu den Verhaltenswirkungen des Haftungsrechts.[76] Die tatsächlichen Wirkungen des Haftungsrechts werden dabei nicht pauschal, sondern gesondert nach verschiedenen Lebensbereichen untersucht, da nicht von vornherein feststeht, dass gleiche Regeln auch in jedem Lebensbereich dieselbe Wirkung zeigen.[77] Untersuchungen zu Unfällen am Arbeitsplatz[78], zur Produzentenhaftung sowie zur Arzthaftung zeigen, dass potentielle Schadensersatzverpflichtungen gewisse Anreize für ein geändertes Verhalten aufstellen, während sich im Hinblick auf Verkehrsunfälle eine solche Wirkung gerade nicht nachweisen lässt.[79] Hierin bestätigt sich die bereits oben erwähnte Vermutung, dass Autofahrer anders auf das Risiko einer Haftung für schuldhaft verursachte Schäden als Ärzte, Produzenten oder Unternehmer reagieren, und der Einfluss des Haftungsrechts auf die Produktsicherheit größer ist als bei der Reduzierung von Verkehrsunfällen.

IV. Steuerungswirkung von Verkehrspflichten

Im Rahmen der wenigen Untersuchungen zur Präventions- und Steuerungswirkung des Haftungsrechts findet sich vereinzelt der Hinweis, dass sich insbesondere die Verkehrspflichten zur Steuerbarkeit menschlichen Verhaltens eigneten. So formuliert Steiner, dass der in der Haftungsanordnung für unerlaubte Handlungen liegende Verhaltensappell immer dann besonders deutlich hervortrete, wenn zur Begründung der Haftung ein Verstoß gegen Verkehrssicherungspflichten herangezogen werde.[80] Unter dem Gesichtspunkt der Schadensverhütung könnten gerade die Verkehrspflichten ein verhältnismäßig wirksames Mittel sein. Die nicht selten langjährige und oft von technischem Fachwissen getragene Tätigkeit in einem bestimmten Risikobereich verschaffe dem Pflichtenträger

---

[76] Vgl. Schwartz, Reality in the Economic Analysis oft Tort Law; Dewees, Duff & Trebilcock, Exploring the Domain of Accident Law.

[77] Dreier, Kompensation, S. 170.

[78] Vgl. hierzu die Untersuchung von Kötz/Schäfer, AcP 189 (1989), 501 ff. Sie konnten nachweisen, dass zwischen der Einführung des Betriebsausgleichsverfahrens in der gesetzlichen Unfallversicherung und dem Rückgang der Häufigkeit von Arbeitsunfällen ein „statistisch hochsignifikanter Zusammenhang besteht". Die Untersuchung bezog sich auf die Entwicklung der Arbeitsunfälle in der bundesdeutschen Zuckerindustrie im Zeitraum von 1955 bis 1980. Bei dem von der zuständigen Berufsgenossenschaft gewählten Verfahren des Beitragsausgleichs erhielt der einzelne Betrieb bei besonders schlechter Entwicklung der Unfallzahlen bis zu 50 % Aufschlag bzw. bei besonders günstiger Entwicklung bis zu 50 % Nachlass auf den Normalbetrag. In unmittelbarem zeitlichen Zusammenhang mit der Einführung des Verfahrens war ein hochsignifikanter Rückgang der Unfallzahlen in den Betrieben zu verzeichnen. Die Ergebnisse der Untersuchung lassen sich zwar nicht verallgemeinern, zeigen jedoch, dass es bestimmte Bereiche gibt, in denen monetäre Ansätze verhaltenssteuernd wirken.

[79] Vgl. den Überblick bei Dreier, Kompensation, S. 170 ff. m.w.N.

[80] Steiner, Schadensverhütung, S. 133.

genauere Informationen über Gefahrenquellen und Schadensursachen als Außenstehenden. Aufgrund dieser besonderen Sachkunde sei er deshalb geradezu prädestiniert, die Verwirklichung der spezifischen Gefahr durch geeignete Maßnahmen eigenverantwortlich zu verhüten. Das Bestehen von Verkehrspflichten und die daraus resultierende gesteigerte Verantwortlichkeit für den Ausgleich eingetretener Schäden beinhalten nach seiner Auffassung einen deutlichen Appell zur Schadensverhütung.[81] Auch Weyers deutet in diesem Kontext an, dass Verkehrspflichten ein verhältnismäßig wirksames Präventions- und Steuerungsmittel sein können.[82]

Dieser Auffassung kann insofern beigepflichtet werden, als die Verkehrspflichten aufgrund ihrer Funktion als Gefahrvermeidungs- und abwendungspflichten zur Steuerung menschlichen Verhaltens grundsätzlich geeignet erscheinen. Sie konstituieren Verhaltensge- und -verbote, die vom Pflichtigen fordern, sein Verhalten gegenüber anderen in zumutbarer Weise so zu gestalten, dass es nicht zu vermeidbaren Verletzungen von in § 823 Abs. 1 BGB beschriebenen Rechtsgütern kommt. Gerade der Charakter der Verkehrspflichten als Verhaltenspflichten spricht für die Eignung als wirksames Präventions- und Steuerungsmittel. Die Aussicht, dass Verkehrspflichten präventiv und steuernd wirken, ist des Weiteren dort am höchsten, wo günstige Bedingungen für rationale Entscheidungen vorliegen, also vor allem in zweckrational arbeitenden Systemen. So dürften die Verkehrspflichten einen nicht unwesentlichen Beitrag zur Steuerung menschlichen Verhaltens in Wirtschaftsunternehmen liefern, in denen unfallverhütendes Verhalten ökonomisch vorteilhaft ist und diese Tatsache die Entscheidungsträger zuverlässig motiviert. So ist zu vermuten, dass gerade im Bereich der Produkthaftung von den von der Rechtsprechung aufgestellten Verhaltenspflichten eine steuernde Wirkung auf die Entscheidungsträger ausgeht, da diese in ihre betriebswirtschaftliche Kalkulation die Gefahr der Schadensverursachung miteinbeziehen und aufgrund des Wettbewerbsdrucks zu vermeiden versuchen.

Des Weiteren dürfte den Verkehrspflichten auch im Hinblick auf einzelne Berufsgruppen eine verhaltenssteuernde Wirkung zukommen. Zu denken ist in diesem Zusammenhang an die Haftung von Architekten, Ärzten, Apothekern, Reiseveranstaltern, Bauunternehmern und Betreibern von Anlagen. Im Rahmen dieser Berufsgruppen sind günstige Voraussetzungen für eine steuernde Wirkung von Verhaltenspflichten gegeben, da sich die diese Berufe ausübenden Personen der Gefahren, die von ihren Tätigkeiten ausgehen, bewusst sind und in der Regel über die notwendigen Informationen verfügen, um diese abzuwenden. Insbesondere die zahlreichen Verhaltenspflichten auf dem Gebiet des Arzthaftungsrechts[83], die von den Ärzten verlangen, dass sie eine nach dem medizinischen

[81] Steiner, Schadensverhütung, S. 134.
[82] Weyers, Unfallschäden, S. 468.
[83] Vgl. hierzu Palandt/Sprau, § 823 Rn. 135 ff.

Stand des jeweiligen Fachgebiets[84] und auf den Regeln der ärztlichen Kunst entsprechende Versorgung des Patienten mit dem Ziel der Wiederherstellung seiner körperlichen und gesundheitlichen Integrität gewährleisten, dürften zu einer günstigen Prognose im Sinne der Verhaltenssteuerung führen.

Allerdings gilt es zu berücksichtigen, dass die Verkehrspflichten nicht nur auf unternehmerischem Gebiet sowie im Rahmen bestimmter Berufsgruppen eine wichtige Rolle spielen, sondern wie schon mehrfach erwähnt, sich im Laufe der Zeit auf alle Lebensbereiche erstreckten.[85] Infolgedessen betreffen sie auch Bereiche, in denen ungünstige Voraussetzungen für eine präventive und steuernde Wirkung vorzufinden sind. Zu denken ist in diesem Zusammenhang an den Straßenverkehr, in dem der Entscheidungsträger nervlich-körperlich stark beansprucht ist, regelmäßig über unzureichende Informationen zur Gefahrvermeidung verfügt und die Möglichkeit zur Kontrolle oftmals nicht gegeben ist. Hier handelt es sich um einen Lebensbereich, der keine günstigen Bedingungen für ein zweckrationales Handeln bietet, mit der Folge, dass hier kaum auf eine nennenswerte Steuerungswirkung der Verkehrspflichten gehofft werden kann. Rationale Entscheidungen, die eine drohende Belastung mit Schadenskosten in Rechnung stellen, sind von Verkehrsteilnehmern in Situationen, in denen Gefahren akut werden, nicht zu erwarten. So wird denn auch geltend gemacht, dass es in einer Konstellation wie dem fließenden Straßenverkehr lebensfremd sei, anzunehmen, dass der vor einer Alternative stehende Entscheidungsträger zunächst für jede der sich ihm bietenden Möglichkeiten den Nutzen gegen die Kosten abwägt und dann die für ihn günstige Wahl trifft. Zu sorgfältigem Verhalten im Straßenverkehr werde ein Verkehrsteilnehmer vielleicht durch den Selbsterhaltungstrieb, durch die Furcht vor Bestrafung oder durch das ethische Prinzip des „neminem laedere“ angespornt, nicht aber durch das Risiko, für die Schadensfolgen eines Unfalls ersatzpflichtig gemacht zu werden.[86]

Schließlich spricht gegen eine allzu günstige Prognose für eine verhaltenssteuernde Wirkung der Verkehrspflichten auch der im vorherigen Kapitel dargestellte Charakter als „bewegliches System“. Weyers weist zu Recht darauf hin, dass von klaren und anschaulich umschriebenen Haftungstatbeständen am ehesten

[84] BGH, NJW 1995, 776; MDR, 1999, 675, 676.

[85] Vgl. Übersicht bei Staudinger/Hager, § 823 Rn. I 1 ff.

[86] Kötz/Schäfer, AcP 189, 501, 504. Kötz, ZVersWiss 1993, 57, 62: „In der Tat trifft es zu, dass ein Kraftfahrer, der sich blitzschnell entscheiden muss, ob er ein Überholmanöver riskieren soll, dabei kaum an den drohenden Verlust seines Schadensfreiheitsrabatts, sondern allenfalls daran denken wird, dass er bei einem Unfall selbst Verletzungen erleiden, dass sein eigenes Auto beschädigt, dass er seinen Führerschein verlieren oder wegen einer Verkehrsstraftat bestraft werden könnte. Man wird deshalb zugeben müssen, dass die Steuerungswirkungen, die von ökonomischen Sanktionen auf menschliches Verhalten in Situationen akuter Unfallgefahr ausgeübt werden, gering sind.“

eine präventive und verhaltenssteuernde Wirkung ausgehen kann.[87] Die Ausführungen im vorherigen Kapitel zeigen jedoch, dass es sich bei den Verkehrspflichten um ein System handelt, dass von zahlreichen Abwägungskriterien bestimmt wird und nicht die Bildung fester Tatbestände erlaubt. Vielmehr handelt es sich um ein „offenes" und „bewegliches" System, bei dem die tragenden Gerechtigkeitskriterien wie der Gedanke der Gefahrsetzung, der Zusammengehörigkeit von Risikotragung und Vorteilsziehung sowie des Vertrauensschutzes je nach dem zu beurteilenden konkreten Einzelfall in „kombinatorischer" Weise zusammenwirken. Folglich liefern die Verkehrspflichten im Gegensatz zum Strafrecht keine festen Tatbestände, von denen eher eine präventive und steuernde Wirkung ausgehen kann.

Des Weiteren gilt es auch gerade hinsichtlich der Verkehrspflichten zu berücksichtigen, dass ihre verhaltenssteuernde Wirkung in vielen Fällen nur mittelbarer Natur sein kann, da dem Pflichtigen erst im Nachhinein, nach einem unter Umständen sich über mehrere Instanzen erstreckenden Prozess, mitgeteilt wird, wie er sich in der konkreten Situation hätte verhalten müssen. Insofern liefern die Verkehrspflichten lediglich eine Handlungsanleitung für zukünftige vergleichbare Situationen. Nach alledem sind nicht nur bezüglich der Steuerungswirkung des Haftungsrechts allgemein, sondern auch bzgl. der Verkehrspflichten im Besonderen - außerhalb der Bereiche der Produkt- und Berufshaftung - erhebliche Zweifel angebracht.

§ 10 Ökonomische Analyse des Rechts

Zum zentralen normativen Gesichtspunkt der Haftung ist der Gedanke der Verhaltenssteuerung erst von der ökonomischen Analyse des Rechts erhoben worden. Mit der ökonomischen Analyse des Rechts ist Anfang der sechziger Jahre in den Vereinigten Staaten von Amerika ein rechtstheoretischer Ansatz entwickelt worden, der den Versuch unternimmt, mit den Konzepten und Denkweisen der modernen Wirtschaftstheorie zu einem vertieften Verständnis juristischer Probleme zu gelangen, mithin also das Instrumentarium der Wirtschaftswissenschaften für die Behandlung rechtlicher Probleme fruchtbar zu machen.[88]

---

[87] Weyers, Unfallschäden, S. 465.

[88] Die Anfänge reichen zurück bis zur Mitte des vorigen Jahrhunderts und sind vor allem mit den Namen der US-Ökonomen Gary S. Becker (eine Aufsatzsammlung mit dem Titel „Ökonomische Erklärung menschlichen Verhaltens" ist 1982 in deutscher Übersetzung erschienen), Ronald Coase (Journal of Law and Economics 3, 1960, S. 1 ff.), Guido Calabresi (The Costs of Accidents, 1970) und Richard A. Posner (Economic Analysis of Law, 5. Aufl. 1998) verbunden. Aus dem deutschen Schrifttum sind des weiteren zu nennen Schäfer/Ott, Lehrbuch der ökonomischen Analyse des Zivilrechts, 3. Aufl. 2000; Fezer, JZ 1986, 822 und 1998, 227; Eidenmüller, Effizienz als Rechtsprinzip, 2. Aufl. 1998, S. 28; Scheel, Versicherbarkeit, 1999, S. 90 ff; Taupitz, AcP 196 (1996), 114 ff.

I. Grundlagen der ökonomischen Analyse des Rechts

1. Grundannahmen der ökonomischen Analyse des Rechts

a) Folgenbetrachtung

Auszugehen ist von einer unterschiedlichen Betrachtungsweise eines juristischen Problems durch Juristen und Ökonomen. Während der Jurist sich auf den Einzelfall konzentriert, bewertet der Ökonom die langfristigen Folgen einer Entscheidung.[89] Die ökonomische Analyse des Rechts betrachtet demzufolge Regelungen unter dem Aspekt ihrer langfristigen Folgen und versucht, diese in die Entscheidungsfindung einzubeziehen. Rechtsnormen haben danach die Aufgabe, menschliches Verhalten so zu steuern, dass die Handlungsfolgen optimiert werden.[90] Im Rahmen dieser Folgenprognose und Folgenbewertung lenkt die ökonomische Analyse besonderes Augenmerk auf die Tatsache, dass menschliches Verhalten nicht nur durch rechtliche Gebote und Verbote gesteuert wird, sondern auch durch das Zurverfügungstellen von Optionen. Ökonomie und Recht sind dabei aus dem Blickwinkel der ökonomischen Analyse in der Weise aufeinander bezogen, dass sie übereinstimmend das menschliche Verhalten im Sinne des Entscheidens von Alternativen zum Gegenstand haben.

b) Verwendung knapper Ressourcen nach dem Prinzip der Nutzenmaximierung durch den homo oeconomicus

Die Wirtschaftswissenschaften gehen vom Bild des egoistischen Menschen aus.[91] Sie unterstellt ihren jeweiligen Überlegungen den rein rational handelnden, seine eigenen Interessen wahrnehmenden „homo oeconomicus".[92] Ausgehend von der Annahme, dass die Bedürfnisse der Menschen generell unbeschränkt, die zu deren Befriedigung zur Verfügung stehenden Mittel jedoch knapp sind,[93] bedeutet rationales Handeln die Verfolgung des definierten Ziels mit einem möglichst knappem Mitteleinsatz oder aber, bei einem feststehenden Mitteleinsatz, die Erzielung eines möglichst großen Ertrags.[94] Dies bedeutet, dass der Handelnde stets die positiven Folgen (Nutzen) und die negativen Folgen (Kosten) seiner Handlung abwägt, bevor er sich entscheidet.[95] Die Kosten bestehen darin, dass Ressourcen, die für einen bestimmten Zweck eingesetzt werden, für andere Zwecke nicht mehr zur Verfügung stehen („Opportunitätskosten").[96] Im Ergebnis zieht der Handelnde diejenige Entscheidung vor, deren

[89] Burow, JuS 1993, 8.
[90] Behrens, ZfA 1989, 209, 211.
[91] Schäfer/Ott, Lehrbuch, S. 56 ff.
[92] Burow, JuS 1993, 8, 9.
[93] Schäfer/Ott, Lehrbuch, S. 55.
[94] Burow, JuS 1993, 8, 9.
[95] Behrens, ZfA 1989, 209, 212.
[96] Schäfer/Ott, Lehrbuch, S. 77 ff.

Nutzen die damit verbundenen Kosten am deutlichsten übertrifft.[97] Damit der homo oeconomicus in rationaler Weise seinen Nutzen maximieren kann, muss er ständig die Kosten nutzensteigernder Alternativen kalkulieren und bei jeder Änderung seine Entscheidung an die veränderten Bedingungen anpassen. Infolgedessen ist er stets empfänglich für verhaltenssteuernde Anreize, und die Rechtsordnung kann ihn zielgerichtet mit Abschreckungsanreizen in Form von Strafen, Bußgeldern, Haftungsandrohungen oder Gebühren zu einer sozial erwünschten Reaktion veranlassen.[98] Die ökonomische Analyse setzt einerseits klar definierte Ziele, weiterhin die zu deren Realisierung erforderlichen und verfügbaren Mittel sowie die Kenntnis der handelnden Person über den effizienten Einsatz jener Mittel voraus.[99] Für die Erforschung und Überprüfung der verhaltenssteuernden Wirkung rechtlicher Regelungen unterstellt die ökonomische Analyse des Rechts, dass sich Menschen universal in allen Lebenslagen und somit auch gegenüber Rechtsnormen und ihrer Änderung rational verhalten.

c) Ökonomische Effizienz

Die ökonomische Analyse des Rechts begnügt sich nicht nur mit der Darstellung der rechtlich bedingten sozialen Folgen, sondern sie bewertet diese auch und macht normative Aussagen darüber, ob ein gesellschaftlicher Zustand, der als Folge einer bestimmten rechtlichen Regelung bzw. juristischen Entscheidung eintritt, „besser" oder „schlechter" ist als ein alternativer Zustand, der von einer anderen Regelung oder Entscheidung erwartet werden könnte.[100] Möglicher Untersuchungsgegenstand ist aus diesem Blickwinkel etwa die Frage, ob eine Verschuldenshaftung oder eine Gefährdungshaftung bestimmte Schäden effizienter vermeiden hilft[101] oder was es „kostet", wenn bestimmte Sicherheitsmaßnahmen um der Handlungsfreiheit der Bürger willen nicht verlangt werden.[102] Das Kriterium, demzufolge beurteilt werden kann, welcher gesellschaftliche Zustand einem anderen vorzuziehen ist, glaubt die ökonomische Analyse des Rechts in Anlehnung an die Wohlfahrtsökonomie in dem Begriff der „ökonomischen Effizienz" gefunden zu haben. Eine Gesellschaft, die eine möglichst große Bedürfnisbefriedigung aller Menschen erreicht, wird als effizient bezeichnet und verhindert die Verschwendung von Ressourcen.[103] Die ökonomische Analyse des Rechts untersucht nun Rechtsnormen und deren Anwendung in der Rechtspraxis darauf, ob sie der Herbeiführung eines sozialen Zustandes dienen, in dem das

97 Scheel, Versicherbarkeit, S. 97.
98 Scheel, Versicherbarkeit, S. 98.
99 Steinmetzler, JA 1998, 335, 337.
100 Steinmetzler, JA 1998, 335, 337.
101 Vgl. hierzu Adams, Ökonomische Analyse der Gefährdungs- und Verschuldenshaftung, 1985.
102 Schulz, VersR 1984, 608, 611.
103 Burow, JuS 1993, 8, 9.

nach wirtschaftlichen Gesichtspunkten Erreichbare so weit wie möglich in die Realität umgesetzt wird und zu einer bestmöglichen Verteilung von Ressourcen führt (Allokationseffizienz).[104]

Allerdings erscheint es problematisch, ob und inwieweit es möglich ist, mit Hilfe des auf dem eigennützig handelnden homo oeconomicus basierenden Effizienzkriteriums zu einer sozial verträglichen, gesamtgesellschaftlichen Entscheidung zu gelangen. Es stellt sich hierbei die Frag nach den Kriterien, anhand deren beurteilt wird, wann tatsächlich von einer sozial nützlichsten Verwendung knapper Ressourcen gesprochen werden kann. Auf den Ökonomen Vilfredo Pareto geht die Formel zurück, nach der ein gesellschaftlicher Zustand einem anderen Zustand dann vorzuziehen ist, wenn zumindest ein Individuum eine Erhöhung seines Nutzens erfährt, ohne dass ein anderes Individuum einen Nachteil erleidet (sog. Pareto-Kriterium).[105] Nach einer Entscheidung, die das Pareto-Kriterium erfüllt, steht also zumindest ein Gesellschaftsmitglied besser und keines schlechter als vorher da. Das Kriterium der Pareto-Effizienz ist jedoch nicht praktikabel, denn Entscheidungen, die niemanden benachteiligen, sind kaum denkbar. Diesen Nachteil vermeidet das Kaldor-Hicks-Kriterium.[106] Dieses besagt, dass eine Entscheidung zwischen zwei sozialen Zuständen, die mindestens ein Gesellschaftsmitglied bevorzugt und eins benachteiligt, nur durchgeführt werden soll, wenn die Benachteiligungen aus dem Gewinn der Bevorzugung entschädigt werden können und den Bevorzugten immer noch ein Gewinn bliebe.[107]

d) Theorie der Handlungsrechte und Coase-Theorem

Die knappen Ressourcen, über deren Verwendung die Individuen im gesellschaftlichen Zusammenhang zu entscheiden haben, sind ihnen von der Rechtsordnung jeweils durch entsprechende Rechte zugewiesen. Rechte eröffnen Handlungsmöglichkeiten im Verhältnis zu anderen Individuen in Bezug auf den Einsatz knapper Ressourcen.[108] Der ökonomischen Analyse des Rechts liegt die Theorie der Handlungsrechte („property rights“-Theorie) zugrunde.

Hinsichtlich der knappen Güter ist der einzelne zur Befriedigung seiner Bedürfnisse nur dann imstande, wenn er rechtlich geschützt andere diesbezüglich in ihrer Bedürfnisbefriedigung ausschließen oder zumindest beschränken kann.[109] Die ökonomische Rechtstheorie betrachtet die Zuweisung dieser Handlungsrechte ebenfalls unter dem Gesichtspunkt der Effizienz: Rechte sollten so zuge-

---

104 Burow, JuS 1993, 8, 9.
105 Schäfer/Ott, Lehrbuch, S. 25.
106 Kübler, FS Steindorff, S. 693, 694.
107 Schäfer/Ott, Lehrbuch, S. 32 ff.
108 Behrens, ZfA 1989, 209, 214.
109 Steinmetzler, JA 1998, 335, 337.

wiesen werden, dass von den knappen Ressourcen ein für alle möglichst nutzbringender Gebrauch gemacht wird.[110]

Die zugewiesenen Handlungsrechte können durch Rechtsgeschäft von einer Person auf eine andere übertragen werden, wodurch die Handlungsrechte neu verteilt werden.[111] Ein wichtiges Instrument der Beurteilung der so entstehenden faktischen Verteilung von Handlungsrechten ist das von Ronald H. Coase entwickelte und später nach ihm benannte Coase-Theorem.[112] Es besagt, dass unterschiedliche, aber klar spezifizierte und übertragbare Rechtspositionen, wie z.B. das Eigentum, die Effizienz und Art der Ressourcennutzung nicht beeinflussen, wenn die Transaktionskosten gleich null sind. Unter Transaktionskosten sind alle Kosten der Rechtsübertragung und Rechtsdurchsetzung zu verstehen.[113] Coase wies somit nach, dass in einer Welt modellhafter Marktbedingungen des vollständigen Wettbewerbs sowie einer eindeutigen Primärverteilung der Güterordnung und des Fehlens jeglicher Transaktionskosten bei rein rationalem Handeln klar spezifizierte Rechtspositionen unabhängig von ihrer konkreten Ausgestaltung keinerlei Einfluss auf die Effizienz und Ressourcenallokation ausüben können. In dieser „realitätsfremden“ Modellwelt bewirke nämlich die „Realität“ des wirtschaftlichen Geschehens von sich aus ökonomisch effiziente Ergebnisse.[114]

2. Forderungen der ökonomischen Analyse des Rechts an die Rechtsanwendung

Die ökonomische Analyse des Rechts sieht nicht nur den Gesetzgeber, sondern auch und vor allem den Richter als wichtigen Adressaten ihrer Forderungen. Der Richter habe sich bei der Rechtsanwendung vom Postulat ökonomischer Effizienz leiten zu lassen, nämlich seine Entscheidungen folgenorientiert so zu fällen, dass die Individuen zu effizientem Verhalten angeregt werden.[115] Hierbei herrscht Einigkeit, dass eine Verwertung der ökonomischen Erkenntnisse durch die Rechtsprechung allenfalls in den Grenzen des geltenden Rechts möglichst ist.[116] So können die Erkenntnisse der ökonomischen Analyse des Rechts im Rahmen der Rechtsanwendung bei den herkömmlichen Auslegungsmethoden eine Rolle spielen.[117] Insbesondere der Auslegung von Generalklauseln bzw. der

---

[110] Behrens, ZfA 1989, 209, 214.

[111] Schäfer/Ott, Lehrbuch, S. 89 ff.; Beispiel: ein Hauseigentümer vermietet sein Haus, der Mieter erhält während der Vertragslaufzeit das alleinige Nutzungsrecht, während der Hauseigentümer dieses verliert.

[112] Schäfer/Ott, Lehrbuch, S. 89 ff.

[113] Burow, JuS 1993, 8, 10.

[114] Schäfer/Ott, JZ 1988, 216, 219.

[115] Taupitz, AcP 196, 114, 124.

[116] Ott, Allokationseffizienz, S. 25, 27, 30; Kübler, FS Steindorff, S. 698, 702 f.

[117] Taupitz, AcP 196 (1996), 114, 127.

Ausfüllung von Interpretationsspielräumen soll die Funktion als „Einfallstor“ für die ökonomische Analyse des Rechts zukommen.[118] Der Richter soll durch die Internalisierung wirtschaftswissenschaftlicher Erkenntnisse in den Entscheidungsprozess diese in seine Entscheidungsbegründung aufnehmen[119] und somit die „mikro-ökonomischen“ Folgen eines Prozesses in ihrer „makro-ökonomischen“ Bedeutung evaluieren.[120]

II. Ökonomische Analyse des Haftungsrechts

1. Bedeutung von Schadensereignissen und Funktion des Haftungsrechts aus wohlfahrtsökonomischer Sicht

Die ökonomischen Analyse des Haftungsrechts beschäftigt sich mit der Frage, ob die Regeln des Haftungsrechts so beschaffen sind, dass sie auf gesellschaftlich sinnvolle Schadensprävention abzielen und somit einen Beitrag dazu leisten, dass mit den vorhandenen knappen Ressourcen ein Maximum an individueller Bedürfnisbefriedigung und damit ein Maximum an gesamtgesellschaftlicher Wohlfahrt erreicht wird.[121] Nach der ökonomischen Analyse des Rechts soll somit nicht allein der Ausgleich bereits eingetretener Schäden im Mittelpunkt des Haftungsrechts stehen; vielmehr soll der Eintritt künftiger Schäden durch haftungsrechtliche Normen vermieden werden, sofern die Abwehr solcher Schäden geboten ist.[122]

a) Ziel der Verringerung der Unfallkosten

Ansatzpunkt der wirtschaftlichen Analyse des Haftungsrechts ist die Größe der Gesamtkosten der Unfälle in der Gesellschaft.[123] Ziel des Haftungsrechts ist es danach zunächst, Unfälle zu vermeiden, denn diese führen zu Schäden, und Schäden vermindern die Wohlfahrt der Betroffenen. Allerdings ist die Unfallverhütung nicht kostenfrei. Der ökonomischen Theorie liegt deshalb die Annahme zugrunde, dass Unfallverhütung nur dort sinnvoll ist und einen Anreiz zur Ergreifung unfallverhütender Maßnahmen gesetzt werden sollte, wo die durch die Unfallverhütung selbst entstehenden Kosten geringer sind als die der verhüteten Unfälle.[124] Danach geht es hierbei stets um eine Abwägung der Nutzen gegen die Kosten, um ein Denken in Ziel-Mittel-Relationen, mithin um eine Optimierungsaufgabe.[125]

---

[118] Behrens, ZfA 1989, 209, 218.
[119] Kübler, FS Steindorff, S. 693, 698.
[120] Eidenmüller, Effizienz als Rechtsprinzip, S. 70 ff., 397 ff.
[121] Kötz, ZVersWiss 1993, 57, 59.
[122] Wehrt/Mohr, Jura 1995, 536.
[123] Schulz, VersR 1984, 608, 609.
[124] Kötz, FS Steindorff, S. 643, 647.
[125] Kötz, ZVersWiss 1993, 57, 60.

b) Minimierung der primären, sekundären und tertiären Kosten als Kompromissentscheidung

Die ökonomische Analyse geht dabei davon aus, dass Wohlfahrtsverluste im Zusammenhang mit Schadensfällen in drei unterschiedlichen Kategorien entstehen können. Guido Calabresi zeigte in seinem wegweisenden Buch mit dem Titel „The Costs of Accidents“,[126] dass mit jeder Schädigung drei Arten von Kosten verbunden sind, die durch Schadensrecht beeinflusst werden können. Er nannte sie primäre, sekundäre und tertiäre Kosten und stellte dar, dass deren Verminderung bzw. Steuerung auf ein gesellschaftspolitisch gewünschtes Niveau das eigentliche Ziel des Schadensrechts ausmacht:[127]

- Primäre Kosten sind die durch ein Schadensereignis vernichteten Nutzwerte.[128] Die primären Schadenskosten umfassen auch alle immateriellen Schäden und alle Drittschäden unabhängig von der Art der Beeinträchtigung.
- Calabresi erkannte des Weiteren, dass der Gesellschaft zusätzliche soziale Kosten entstehen, wenn eine Einzelperson unter den Folgen ruinös hoher Gütereinbußen oder Schadensersatzverpflichtungen leidet.[129] Um diese sekundären Unfallfolgekosten zu verringern, empfahl er, den Schaden auf möglichst viele Schultern oder über einen möglichst langen Zeitraum zu verteilen.[130]
- Tertiäre Kosten eines Schadensereignisses sind die Aufwendungen, die zur Abwicklung und Verteilung der eingetretenen Schäden erforderlich sind. Es handelt sich hierbei um die Transaktionskosten des Schadensausgleichs, also die bei der praktischen Anwendung einer jeden Haftungsregel verursachten Kosten der gerichtlichen oder außergerichtlichen Schadensabwicklung.[131] Auch die Vermeidung tertiärer Kosten ist nach der ökonomischen Analyse ein wichtiges Ziel des Haftungsrechts, weil die so aufgewendeten Ressourcen für alternative Zwecke verloren gehen, deren Erreichung sozial nützlicher sein kann.[132]

Ideal wäre es nun, wenn alle genannten Kosten zugleich minimiert werden könnten. Das ist jedoch nicht möglich, vielmehr bestehen zwischen den verschiedenen wohlfahrtspolitischen Zielen durchaus Konflikte.[133] Die Art dieser Konflikte zeigt sich am deutlichsten, wenn man sich mit der Frage auseinandersetzt, wie das Schadensrecht konstituiert sein müsste, um jeweils eines dieser

[126] Calabresi, The Costs of Accidents, 3. Aufl., 1972.
[127] So auch Kötz, FS Steindorff, S. 643 ff.
[128] Calabresi, Accidents, S. 68 ff.
[129] Calabresi, Accidents, S. 27.
[130] Calabresi, Accidents, S. 39.
[131] Taupitz, AcP 196 (1996), 114, 141.
[132] Schäfer/Ott, Lehrbuch, S. 128.
[133] Schäfer/Ott, Lehrbuch, S. 128 ff.

Ziele maximal zu verwirklichen. Eine dem Präventionsziel der Haftung verpflichtete Haftungsregel wie etwa die Fahrlässigkeitshaftung spornt den potentiellen Schädiger zwar zu Sorgfalt an und vermindert die primären Kosten, führt aber zu überhöhten sekundären Kosten, wenn sie einem risikoscheuen Unfallbeteiligten ohne Versicherungsmöglichkeiten ein unbeherrschbares Unfallrisiko aufbürdet.[134] Das Prinzip „casum sentit dominus" würde zwar zu einer weitgehenden Vermeidung der tertiären Kosten führen. Andererseits hätte es zur Folge, dass jeder Anreiz beim Schädiger entfallen würde, Verhütungsaufwendungen durchzuführen oder das Niveau seiner schädlichen Aktivität zu senken.[135] Sollen durch Streuung der Schäden die sekundären Kosten vermindert werden, bietet sich als einfachstes Mittel eine allgemeine Volksversicherung an.[136] Diese Lösung führt jedoch dazu, dass der Anreiz beim Schädiger wie beim Geschädigten reduziert wird, Maßnahmen zur Schadensvermeidung zu ergreifen.

Die aufgeführten Zielkonflikte zeigen, dass das Ziel eines Schadensrechtssystems nach der ökonomischen Theorie darin besteht, einen Kompromiss zwischen den verschiedenen Kostenminimierungszielen anzustreben.[137] Das Optimum wird dann ereicht, wenn die Summe aus Schadensvermeidungsaufwand sowie primären, sekundären und tertiären Kosten minimiert wird.[138]

2. Ansatzpunkte für eine wirtschaftliche Auslegung der haftungsrechtlichen Normen

Es stellt sich die Frage, wo sich im Haftungsrecht Ansatzpunkte für die Minimierung der Unfallkosten finden lassen. Im Wesentlichen eignen sich nach der ökonomischen Analyse hierzu die haftungsrechtlichen Tatbestandsmerkmale des Verschuldens gem. § 276 BGB, des Mitverschuldens nach § 254 BGB und des Schutzzwecks der Norm.[139]

So sind nach den Vertretern der ökonomischen Theorie insbesondere bei der Bestimmung, ob der Schädiger fahrlässig i.S.d. § 276 Abs.1 S.2 BGB gehandelt hat, die wirtschaftliche Zumutbarkeit von Vorsorgeaufwendungen einzubeziehen.[140] Des Weiteren müsse sich der Geschädigte im Rahmen des § 254 BGB nach dem Schadenseintritt vorhalten lassen, Sicherungsmaßnahmen nicht ergriffen zu haben, die weniger kosten als die durch sie bewirkte Reduzierung der Schadenserwartung. Seien die Kosten, mit deren Hilfe das Unfallopfer den Unfall von sich hätte abwenden können, niedriger als die Kosten des Aufwands,

[134] Scheel, Versicherbarkeit, S. 126.
[135] Scheel, Versicherbarkeit, S. 126.
[136] Schäfer/Ott, Lehrbuch, S. 129.
[137] Taupitz, AcP 196 (1996), 114, 143.
[138] Schäfer/Ott, Lehrbuch, S. 129.
[139] Wehrt/Mohr, Jura 1995, 536 f.
[140] Wehrt/Mohr, Jura 1995, 536, 537.

den der Schädiger zu diesem Zweck hätte betreiben müssen, sei also das Unfallopfer „cheapest cost avoider", so bestehe kein Anlass, ihm einen Schadensersatzanspruch zuzusprechen.[141] In vielen Fällen liege es so, dass optimale Unfallverhütung Sicherungsmaßnahmen beider Beteiligter verlangt, und hierbei zeige sich, dass die Regel des § 254 BGB, nach der die Haftung eines Schädigers wegen Mitverschuldens des Geschädigten zu kürzen ist, ökonomisch richtige Handlungsanreize setze.[142]

Schließlich ist es nach der ökonomischen Analyse des Rechts hinsichtlich des Schutzzwecks des Haftungsrecht sinnlos, den Schädiger für einen Schaden haften zu lassen, der nicht auf die Verwirklichung gerade jener Gefahr zurückzuführen ist, zu deren Vermeidung die Sorgfaltspflicht statuiert wurde.[143]

3. Ökonomische Analyse des Rechts und Verkehrspflichten

Einen wesentlichen Anwendungsbereich hat die ökonomische Analyse im Haftungsrecht insbesondere auch bei der Bestimmung von Verkehrspflichten. Der Verstoß gegen eine Verkehrspflicht ist in der Regel mit einer fahrlässigen Verhaltensweise des Schädigers verbunden. Nach § 276 Abs.1 Satz 2 BGB handelt fahrlässig, wer die im Verkehr erforderliche Sorgfalt außer acht lässt. Diese Generalklausel bedarf einer Konkretisierung. Nach juristischem Verständnis gilt hierbei zunächst ein objektiver Sorgfaltsmaßstab, wonach die durchschnittlichen Anforderungen maßgebend sind, die an Angehörige der jeweiligen Verkehrskreise in der jeweiligen Situation zu stellen sind.[144] Hierbei kann die in den einzelnen Verkehrskreisen zu erwartende Sorgfalt durch Sonderregelungen wie z.B. Rechtsvorschriften, technische Regelwerke, Verkehrsübung oder durch vertragliche Vereinbarungen bestimmt sein.[145] Fehlen hingegen solche den Sorgfaltsmaßstab bestimmende Sonderregelungen, ist die zu erwartende Sorgfalt durch eine Interessenabwägung zu ermitteln.[146]

Im Rahmen dieser Interessenabwägung sind nach der ökonomischen Theorie vor allem wirtschaftliche Kriterien zur Präzisierung des Fahrlässigkeitsvorwurfs heranzuziehen. In einer berühmten Entscheidung[147] hat der amerikanische Richter Learned Hand die Formel entwickelt, dass ein Fahrlässigkeitsvorwurf nur dann erhoben werden könne, wenn die Kosten der in concreto außer acht gelassenen Sorgfaltsmaßnahme kleiner seien als die mit der Eintrittswahrscheinlichkeit multiplizierten Schadenskosten. Demnach sind einander in der Form einer ma-

[141] Kötz/Wagner, Deliktsrecht, Rn. 126.
[142] Schäfer/Ott, Lehrbuch, S. 221 ff.
[143] Wehrt/Mohr, Jura 1995, 536, 537.
[144] Palandt/Heinrichs, § 276 Rn. 15.
[145] Palandt/Heinrichs, § 276 Rn. 16 ff.
[146] Wehrt/Mohr, Jura 1995, 536, 537.
[147] U.S. vs. Caroll Towing Co., 159 F.2d 611 (2d Circuit 1940).

thematischen Ungleichung gegenüberzustellen: die Kosten der Vorsorge zur Vermeidung des eingetretenen Schadens (V) auf der einen Seite und die Wahrscheinlichkeit des Schadenseintritts (q) multipliziert mit der durchschnittlich zu erwartenden Schadenshöhe (S) auf der anderen Seite. Verschulden ist daher gegeben, wenn die Bedingung V< Sq erfüllt ist. Das Learned-Hand-Kriterium stellt darauf ab, welche Sorgfalt ein rational handelnder Schädiger in eigenen Angelegenheiten gewählt hätte. Er hätte eine zusätzliche Sorgfaltsmaßnahme nur dann ergriffen, wenn deren Nutzeffekt, nämlich Schäden zu vermeiden, größer wäre als ihre Kosten. Dadurch würde er seine Gesamtkosten, bestehend aus Vorsorgekosten und Schadenskosten, minimieren.[148] Übertragen auf die Dogmatik der Verkehrspflichten bedeutet das Learned-Hand-Kriterium somit, dass eine Verkehrspflichtverletzung dann gegeben ist, wenn der Aufwand für Sicherungsmaßnahmen zum Schutz des gefährdeten Rechtsguts kleiner ist als der sonst bei einem Unfall eintretende durchschnittliche Schaden multipliziert mit der Schadenswahrscheinlichkeit.

III. Kritik an der ökonomischen Analyse des Rechts

Die ökonomische Analyse des Haftungsrechts ist gerade von rechtswissenschaftlicher Seite erheblicher Kritik ausgesetzt. Im Zentrum der Kritik stehen im Wesentlichen folgende Punkte:

1. Kritik am Menschenbild des homo oeconomicus

Der ökonomischen Analyse des Rechts wird von rechtswissenschaftlicher Seite der Vorwurf der Realitätsferne der ihr zugrunde liegenden Modelle und Hypothesen gemacht.[149] Der Vorwurf der Realitätsferne bezieht sich insbesondere auf das Bild des Menschen als schieren Nutzenmaximierers.[150]

Den resourceful, evaluative, maximizing man (REMM) in das Zentrum des Rechtsdenkens zu stellen, beschädige die kardinale Aufgabe des Rechts, eine Ordnung ausgleichender Gerechtigkeit zu sein.[151] REMM sei nicht der Mensch eines verfassungsgestalteten Privatrechts einer offenen Gesellschaft der Grundrechtsdemokratie.[152] Der REMM, der zudem auch andere, aus dem Wesen des Menschen heraus definierte und im Grundgesetz festgehaltene Gerechtigkeitsideale wie Freiheitsverbürgung, Menschenrechte, Verteilungsgerechtigkeit, Minderheitenschutz negiere, könne deshalb nicht das für die Jurisprudenz maßgebliche Menschenbild sein. Diesem läge nicht ein lediglich rational, sondern freiheitlich handelndes und sich entfaltendes, der Selbstverantwortung fähiges

[148] Wehrt/Mohr, Jura 1995, 536, 537.
[149] Fezer, JZ 1986, 817 ff.
[150] Fezer, JZ 1988, 223, 227.
[151] Fezer, JZ 1986, 817, 822.
[152] Fezer, JZ 1986, 817, 822.

sowie sittlich selbstbestimmtes Wesen zugrunde, was seine Degradierung auf einen im Hinblick auf seinen gesellschaftlichen Nutzen zu beurteilenden reinen Effizienzmaximierer verbiete.[153]

Des Weiteren wird bezweifelt, ob menschliches Verhalten tatsächlich durch ökonomische Vor- und Nachteile in dem Umfang beeinflussbar sei, wie dies von der ökonomischen Theorie vorausgesetzt werde.[154] In Situationen drohender Gefahr fehle es schon an den psychologischen Voraussetzungen, unter denen ökonomische Anreize motivbildend wirksam werden könnten. So werde Sorgfalt im Straßenverkehr allenfalls durch den Selbsterhaltungstrieb des Fahrers oder Furcht vor Bestrafung ausgeübt, keinesfalls aber durch das Risiko, für die Schadensfolgen des Unfalls ersatzpflichtig gemacht zu werden.[155] Seitdem in den achtziger Jahren damit begonnen wurde, die Verhaltensprognosen der Ökonomie durch Experimente zu überprüfen, habe sich eine „Anomalie" nach der anderen herausgestellt.[156] Angesichts seiner beschränkten Informationsverarbeitungskapazität habe der Mensch Strategien seines Handelns unter Unsicherheiten entwickelt, die sich an Auffälligkeiten oder Äußerlichkeiten orientierten und ihn deshalb in manchen Situationen nicht eine rational nachvollziehbare Entscheidung treffen ließen, sondern in die Irre führten.[157] Folglich habe sich die Grundannahme der ökonomischen Theorien, dass sich die Individuen stets rational verhallten, als unzutreffend herausgestellt.[158]

2. Problem der Informationsbeschaffung

Vor allem im Bereich der Verschuldenshaftung wird der ökonomischen Analyse vorgeworfen, dass den Gerichten die für das Fahrlässigkeitskalkül und die Bestimmung von Verkehrspflichten notwendigen Informationen nicht ohne weiteres zur Verfügung stünden.[159] Meist fehle es an der hinreichenden Möglichkeit, die relevanten Daten zu erfassen oder auch nur die Vorfrage zu klären, ob und inwieweit sie eine ökonomisch relevante Rolle spielen.[160] Die Nutzen-Kosten-Abwägung als Mittel zur Bestimmung der im Verkehr erforderlichen Sorgfalt sei deshalb unbrauchbar, weil die exakte Quantifizierung der in die Rechnung einzustellenden Posten nicht möglich, jedenfalls außerordentlich schwierig sei und somit nur in höchst unvollkommener Weise gelingen könne. Der Richter müsse den ihm vorgelegten Fall in kurzer Frist entscheiden und sei anders als der Gesetzgeber auf die Verwertung lediglich solcher Tatsachen beschränkt, die

[153] Zöllner, AcP 188 (1988), 85, 96.
[154] Kötz, FS Steindorff, S. 643, 652 ff.
[155] Kötz, ZVersWiss 1993, 57, 62.
[156] MünchKomm/Wagner[4], Vor § 823 Rn. 54.
[157] MünchKomm/Wagner[4], Vor § 823 Rn. 54.
[158] Staudinger/Hager, Vorbem zu §§ 823 Rn. 15.
[159] Taupitz, AcP 196 (1996), 114, 157 ff.
[160] Staudinger/Hager, Vorbem zu §§ 823 Rn. 17.

die Parteien als für sich vorteilhaft angesehen und ihm deshalb in dem Verfahren vorgetragen haben. Bereits Learned Hand wies auf die in seiner Formel stecken-den Informationsprobleme hin, vertraute allerdings darauf, im Einzelfall die entscheidenden Faktoren ausmachen zu können.[161]

3. Sonstige Einwände

Ein weiterer Einwand beruft sich darauf, dass das Instrumentarium der ökonomischen Analyse inadäquat sei, soweit es um immaterielle Werte, insbesondere im Rahmen des Schutzes von Leib und Leben gehe, da diese sich einer auch nur modellhaften, hypothetischen Quantifizierung von vornherein entziehen.[162] Eng verbunden mit diesem Einwand ist auch der Vorwurf, dass eine allein am Maßstab der Effizienz orientierte Analyse des Haftungsrechts andere Ziele unserer Rechtsordnung aus dem Auge verliere, die von gleicher oder gar höherer Dignität seien.[163] Auch dem Haftungsrecht dürfe es nicht allein um die optimale Nutzung der vorhandenen knappen Ressourcen und um die Steigerung der gesamtgesellschaftlichen Wohlfahrt gehen, vielmehr müsse es auch das Ziel verfolgen, eine als gerecht empfundene Lastenverteilung durchzusetzen, indem mit seinen Mitteln soziale Sicherheit gewährleistet und Schutzbedürftigen geholfen werde.

Schließlich wird gegen die nach der ökonomischen Analyse des Haftungsrechts im Vordergrund stehende Präventionsfunktion eingewandt, dass das Haftungsrecht präventive Anreize auch dort nicht setzen könne, wo der Handelnde nicht (ausreichend) zahlungsfähig sei und sich aus diesem Grunde um sein Haftungsrisiko nicht zu kümmern braucht.[164] Und endlich könne das Haftungsrecht seine präventive Wirkung deshalb nicht voll entfalten, weil in einer großen Zahl von Fällen zwar eine Ersatzpflicht des Schädigers bestehe, der Geschädigte aber seine Ansprüche deshalb nicht geltend mache, weil er die Prozesskosten scheue oder die Beweislage ungeklärt sei.

IV. Stellungnahme

Der Kritik an der ökonomischen Analyse des Rechts ist insofern beizupflichten, dass sie die Frage nach der Herstellung einer gerechten Werteordnung und Vermögensverteilung nicht zu ersetzen vermag. Sie kann auch keine eindeutigen Antworten und Gebrauchsanweisungen für Rechtsanwendungsprobleme liefern, weil die hierzu benötigten Informationen praktisch niemals beschafft werden können.[165] Die Problematik der Informationsbeschaffung zeigt sich gerade auch bei der Bestimmung von Verkehrspflichten und der Frage, ob dem Schädiger ein

[161] Moisan vs. Loftus, 178 F. 2d 148, 149 (2 d Cit. 1949).
[162] Larenz/Canaris, Schuldrecht II/2, S. 417.
[163] Kötz, ZVersWiss 1993, 57, 64.
[164] Kötz, FS Steindorff, S. 643, 654.
[165] Scheel, Versicherbarkeit, S. 112.

fahrlässiges Verhalten nachzuweisen ist. Entscheidungen in der Rechtsprechung zeigen, dass der Richter in diesem Zusammenhang allenfalls auf Näherungswerte zurückgreifen kann.[166] Taupitz stellt daher zu Recht fest, dass die ökonomische Analyse des Rechts „in den Niederungen der konkreten Rechtsanwendung" eher wenig Hilfestellungen bietet, und es wäre sogar gefährlich und verfehlt, sie unter Abstraktion ihrer idealisierenden, abstrahierenden und isolierenden Prämissen unmittelbar zur Auslegung, Bewertung und Kritik rechtlicher Regelungen heranzuziehen.[167] Die ökonomische Analyse des Rechts sei damit keine „wohlfeile und unmittelbar umsetzbare Theorie für den grauen Alltag der Gerichte, sondern eher Urmaterial für leuchtende Erkenntnisse der Wissenschaft".[168]

Gleichwohl stellt die ökonomische Analyse ein hilfreiches Instrumentarium bereit, um die Effizienz von Rechtsnormen zu untersuchen. Sie ermöglicht Tendenzaussagen, stärkt die Sensibilität für Kosten-Nutzen-Überlegungen, zeigt annäherungsweise den Preis auf, der für die Verwirklichung einer als „gerecht" empfundenen Lösung zu zahlen ist und bewirkt zumindest eine Begründungslast, wenn eine ineffiziente Lösung verwirklicht werden soll.[169] Des Weiteren ist ihr bezüglich des Vorwurfs der Realitätsferne zugute zu halten, dass wissenschaftliche Theorien ohne abstrakte, stark vereinfachte Annahmen nicht denkbar sind. Die Alternative zu diesen Theorien sind jedoch keine besseren Theorien, sondern der Verzicht auf eine Theorie.[170] Abschließend kann daher festgehalten werden, dass die ökonomische Analyse des Rechts ein Angebot an die Rechtswissenschaft beinhaltet, welches diese zwar nicht unkritisch übernehmen muss, welches sie aber auch nicht von vornherein ausschlagen sollte.

V. Zusammenfassung: Verhaltenssteuerung durch Verkehrspflichten und Handlungsfreiheit des Schädigers

Die bisherigen Ausführungen haben gezeigt, dass sowohl nach der wertungsbezogenen Sichtweise juristischer Dogmatik als auch der ökonomischen Analyse des Rechts Skepsis hinsichtlich einer allzu günstigen Prognose für eine verhaltenssteuernde Wirkung des Haftungsrechts im Allgemeinen als auch der Verkehrspflichten im Besonderen angebracht ist. Es kommt darauf an, in welcher Situation der Handelnde darüber zu entscheiden hat, ob er eine bestimmte Tätigkeit aufnehmen oder mit welchen, auf Schadensverhütung abzielenden Maßnahmen er sie betreiben will.[171] Gute Chancen für eine steuernde Wirkung des

[166] Vgl. die Problematik in dem berühmten „Wildzaun-Fall" BGHZ 108, 273; Schäfer, KritV 1992, 374, 377 ff.; Kötz, ZVersWiss 1993, 57, 61.
[167] Taupitz, AcP 196 (1996), 114, 166; Köhler, ZHR 144 (1980), 589, 609.
[168] Taupitz, AcP 196 (1996), 114, 166.
[169] Taupitz, AcP 196 (1996), 114, 166.
[170] Ott/Schäfer, JZ 1988, 213, 219.
[171] Kötz/Wagner, Delliktsrecht, Rn. 131.

Haftungsrechts und der Verkehrspflichten bestehen lediglich dann, wenn der Entscheidungsträger die Möglichkeit hat, die langfristigen Folgen seiner Entscheidung planend zu überdenken.[172] Die Verkehrspflichten vermögen insbesondere im beruflichen, gewerblichen und industriellen Bereich eine generalpräventive und verhaltenssteuernde Wirkung auszuüben.

In diesem Bereich ist sorgfältiges, vorausschauendes und abwägendes Verhalten zur Schadensverhütung möglich. Gerade bei Wirtschaftsunternehmen und bestimmten Berufsgruppen dürften die Grundannahmen der ökonomischen Analyse des Rechts in Gestalt des homo oeconomicus, der im Rahmen einer Kosten-Nutzen-Analyse seine Handlungsalternativen rational gegeneinander abwägt, am ehesten vorzufinden sein. Die Berufshaftung als Arzt oder Architekt, die Haftung für fehlerhafte Produkte oder Umweltschäden mögen insoweit als Beispiel dienen. Es spricht deshalb viel dafür, dass von ökonomischen Anreizen jedenfalls dort verhaltenssteuernde Wirkungen ausgehen, wo die maßgeblichen Entscheidungen nach zweckrationalen Gesichtspunkten getroffen werden können.[173] Diese Vermutung wird verstärkt, wenn man die weiteren negativen Auswirkungen berücksichtigt, die durch Haftungsfälle hervorgerufen werden können. Haftungsfälle belasten unter Umständen die Kundenbeziehungen und das Ansehen in der Öffentlichkeit, und es drohen strafrechtliche Sanktionen bis hinauf zur Unternehmensleitung.[174]

Anders verhält es sich jedoch dort, wo Entscheidungen in Sekundenschnelle oder sonst unter Bedingungen fallen müsse, die einer rationalen Abwägung nicht zugänglich sind. Die Wirkungen, die ökonomische Sanktionen auf menschliches Verhalten in Situationen akuter Unfallgefahr ausüben, dürften daher eher gering sein. Die Präventions- und Steuerungsfunktion verblasst daher im privaten Bereich, in dem häufig Unfallereignisse als Haftungstatbestände zur Entscheidung stehen. Gegen eine präventive Wirkung des Haftungsrechts und der Verkehrspflichten sprechen schließlich noch weitere Umstände, wie z.B. dass der Geschädigte in vielen Fällen seine Ansprüche nicht geltend macht, weil er die Prozesskosten scheut oder weil er befürchtet, den Beweis für das schuldhafte Handeln des Schädigers oder den Kausalzusammenhang zwischen dessen Verhalten und seinem Schaden nicht führen zu können.

Kötz weist in diesem Zusammenhang darauf hin, dass die Haftungssanktionen des Zivilrechts nicht ausreichen, um die erforderliche Schadensprävention zu gewährleisten und dass neben dem Haftungsrecht auch das Straf- und Verwaltungsrecht ihren Teil zu einer verhaltenssteuernden Wirkung beitragen. Sie tun dies nach seiner Auffassung, indem sie dem Bürger ein bestimmtes unfallverhü-

[172] Weyers, Unfallschäden, S. 466 ff.
[173] Kötz/Wagner, Haftungsrecht, Rn. 131.
[174] Schirmer, ZVersWiss 1996, 1, 4.

tendes Verhalten unmittelbar befehlen und ihm für den Fall der Nichtbefolgung des Befehls Strafen, Geldbußen, den Widerruf von Erlaubnissen oder andere Sanktionen androhen.[175]

Es stellt sich abschließend die Frage, welche Konsequenzen sich aus dieser Bestandsaufnahme zur verhaltenssteuernden Wirkung des Haftungsrechts und der Verkehrspflichten für die Handlungsfreiheit des (potentiellen) Schädigers ergeben. Eine Beschränkung der Handlungsfreiheit dergestalt, dass eine bestimmte Tätigkeit wegen der bei ihrer Ausübung drohenden Schadensersatzverpflichtung aufgegeben oder eingeschränkt wird, ist insbesondere dort zu erwarten, wo der Handelnde die maßgebliche Entscheidung nach zweckrationalen Gesichtspunkten treffen kann. Insbesondere im Rahmen wirtschaftlicher Tätigkeiten und bei der Ausübung bestimmter Berufe kann davon ausgegangen werden, dass eine konkrete Handlungsalternative nach einer Kosten-Nutzen-Analyse wegen der drohenden Verpflichtung zur Schadensersatzleistung als wirtschaftlich ungünstig angesehen und aus diesem Grunde unterlassen wird.

Schlobach spricht in diesem Zusammenhang den von ihm so bezeichneten „Sondernormen" eine präventive Wirkung zu.[176] Als klassische Sondernormen betrachtet er z.B. die §§ 833 ff. BGB, die eine besondere persönliche Eigenschaft des Normadressaten wie die des Tierhalters oder Gebäudebesitzers erfordern. Andere Sondernormen ließen sich zwar auf allgemeine Tatbestände zurückführen, wie etwa die Produzenten- und Arzthaftung, seien jedoch durch die Rechtsprechung zu einem eigenständigen Bereich ausgeformt worden. Bei solchen Sondernormen, die sich auf bestimmte Berufsbilder beziehen oder zumindest persönliche oder situative Merkmale in Bezug nehmen, könne verstärkt von einer Steuerungswirkung ausgegangen werden, da die spezifischen Normadressaten die rechtlichen Standards und deren Änderungen jedenfalls dann erhöhte Aufmerksamkeit widmen würden, wenn sie den Bereich ihrer Berufsausübung betreffen. Gerade hier seien die institutionellen Strukturen der Informationsverarbeitung und Informationsverbreitung durch berufsständische Organisationen, Industrie- und Handelskammern, Arbeitgeber- und Arbeitnehmerverbände sehr weit entwickelt.[177]

In den Situationen akuter Gefahr, in denen der Handelnde hingegen in Sekundenschnelle und unter Bedingungen zu entscheiden hat, die einer rationalen Abwägung nicht zugänglich sind, dürfte die drohende Schadensersatzbelastung in den seltensten Fällen ursächlich für das Unterlassen oder die Einschränkung einer bestimmten Handlung sein. Hier ist zu erwarten, dass vielmehr die Furcht vor eigenen Verletzungen oder einer strafrechtlichen Verfolgung als die drohen-

[175] Kötz/Wagner, Haftungsrecht, Rn. 135.
[176] Schlobach, Präventionsprinzip, S. 313.
[177] Schlobach, Präventionsprinzip, S. 313.

de Belastung mit einer Schadensersatzverpflichtung das Handeln des Entscheidungsträgers beeinflussen. Eine Beschränkung der Handlungsfreiheit durch das Haftungsrecht und die Verkehrspflichten ist in diesen Situationen somit erst dann zu verzeichnen, wenn der Schaden eingetreten ist und der Schädiger ihn auszugleichen hat.

Es soll hier jedoch nicht der Eindruck entstehen, dass für den Verkehrspflichtigen lediglich die Alternativen bestehen, entweder die in Frage stehende Handlung trotz der drohenden Schadensersatzverpflichtung zu begehen oder sie gerade deshalb zu unterlassen. Zwischen diesen beiden Alternativen kann sich eine Beschränkung der Handlungsfreiheit insbesondere daraus ergeben, dass der Betroffene das aus der Verkehrspflicht folgende Verhaltensgebot befolgt. Wie ihn § 8 dargestellt, sind die Typen der Verkehrspflichten sehr vielfältig und verlangen von dem Sicherungspflichtigen unterschiedlichste Maßnahmen wie Warnungen, Instruktionen, Gefahrenkontrollen, sorgfältige Auswahl und Beaufsichtigung von Hilfspersonen sowie die Organisation des Arbeitsprozesses im eigenen Betrieb, durch die Schädigungen Dritter möglichst verhindert werden. Die Befolgung dieser Verhaltensgebote und –verbote ist gerade im Wirtschafts- und Berufsbereich mit erheblichen Kosten verbunden. Zwar besitzen die beruflichen Anbieter von Produkten und Dienstleistungen die Möglichkeit, diese Kosten teilweise in Gestalt der Preise auf ihre Kunden abzuwälzen. Geschieht dies jedoch in zu großem Umfang, läuft der Betroffene Gefahr, aufgrund des bestehenden Wettbewerbs seinen Betrieb schließen bzw. seine Berufstätigkeit aufgeben zu müssen.[178]

[178] Zu denken ist hier insbesondere auch an öffentliche Einrichtungen wie z.B. Schwimmbäder, die u.a. aufgrund immer höherer Sicherheitsstandards und der damit verbundenen Kosten nicht mehr rentabel betrieben werden können und deshalb geschlossen werden müssen.

Kapitel 5: Sicherung der Handlungsfreiheit durch Versicherungen

In den bisherigen Ausführungen wurde davon ausgegangen, dass ein Ausgleich von Körper- und Sachschäden, die aus der Verletzung einer Verkehrspflicht resultieren, nur dann stattfindet, wenn dem Geschädigten ein auf den Regeln des Deliktsrechts gestützter Anspruch gegen den Schädiger zusteht. Diese rein haftungsrechtlichen auf das Verhältnis von Schädiger und Geschädigtem bezogenen Betrachtungen vermögen allein, noch keinen zutreffenden Eindruck von der Realität der Schadensabwicklung zu vermitteln. Die haftungsrechtliche Leistungsbeziehung zwischen Schädiger und Geschädigtem wird in der Praxis durch die Einbettung in Systeme der kollektiven Schadenstragung modifiziert. Regelmäßig sorgen die Sozialversicherung auf Seiten des Geschädigten und die Haftpflichtversicherung auf Seiten des Schädigers dafür, dass ein zugefügter Schaden nicht beim Geschädigten verbleibt oder den Schädiger trifft, sondern an deren Stelle eine Solidargemeinschaft – entweder die der Sozialversicherten oder die der haftpflichtversicherten potentiellen Schädiger – dafür aufzukommen hat.[1]

In diesem Kapitel soll der Frage nachgegangen werden, wie sich das Bestehen von Versicherungsschutz auf die Handlungsfreiheit des potentiellen Schädigers auswirkt. Zunächst ist dabei nach einem Überblick über den Versicherungsschutz von Geschädigtem und Schädiger zu erörtern, welche Auswirkungen das Bestehen von Versicherungsschutz auf die Beurteilung von Haftpflichtansprüchen hat. Im Anschluss daran sollen die hierzu gewonnenen Erkenntnisse zur Untersuchung der Frage herangezogen werden, inwiefern die Existenz von Versicherungen die Handlungsspielräume des potentiellen Schädigers beeinflusst.

§ 11 Überblick über den Versicherungsschutz von Geschädigtem und Schädiger

I. Versicherungsschutz des Schädigers

Auf Seiten des Schädigers stellt die Haftpflichtversicherung in vielen Fällen ein unverzichtbares Instrument der Haftungsvorsorge dar.[2] Bestimmte Tätigkeiten können angesichts ihrer hohen Risikoträchtigkeit lediglich wegen des Bestehens einer Haftpflichtversicherung ausgeübt werden.

1. Entwicklung und Funktion der Haftpflichtversicherung

Das Aufkommen der Haftpflichtversicherung wird in Deutschland mit der Ausbreitung der Gefährdungshaftung durch das Reichshaftpflichtgesetz von 1871 in Zusammenhang gebracht.[3] Als von der Unfallversicherung gesonderter eigen-

[1] Katzenmeier, VersR 2002, 1449.
[2] Esser/Weyers, Schuldrecht II/2, S. 135.
[3] Gierke, ZHR 60 (1907), 1, 4; Stoll, Haftungsfolgen, S. 102.

ständiger Versicherungszweig etablierte sie sich erst im Anschluss an die Bismarck'sche Unfallversicherungsgesetzgebung von 1884.[4] Um die Jahrhundertwende nahm die Haftpflichtversicherung starken Aufschwung, obwohl ihre Verbreitung erhebliche Kritik hervorrief. Kritiker betrachteten es als bereits in der Grundtendenz „unmoralisch", eine Versicherung insbesondere gegen die Folgen schuldhaften Verhaltens anzubieten und meinten, dass damit die durch die Schadensersatzpflicht bewirkte Steuerung ins Leere laufe.[5] Extreme Äußerungen gingen in dieser Zeit sogar dahin, die Haftpflichtversicherung geradezu als einen „Anreiz zu einer fahrlässigen, für die Mitmenschen gefährlichen Handlungsweise" anzusehen.[6] Hintergrund solcher Äußerungen waren die liberalen Vorstellungen dieser Zeit, denen es entsprach, den Haftpflichtigen die Folgen seines Sorgfaltsverstoßes spüren zu lassen.

Mit dem in Kapitel 1 skizzierten Wandel im Haftungsrecht – von der Schadensexternalisierung zur Schadensinternalisierung - ging auch eine veränderte Beurteilung der Haftpflichtversicherung einher. Die Schadensverteilung auf kollektive Gemeinschaften wurde alsbald ein wichtiges Anliegen eines sozial ausgestalteten Schadensersatzrechts, das den Einzelnen vor schwerwiegenden Vermögensverlusten bewahren und damit zugleich das Vermögen als Basis für persönliche Entfaltung erhalten will.[7] Durch den stetigen Ausbau der Haftpflichtversicherung und der Einführung von Pflichtversicherungen entstanden große kollektive Haftungseinheiten, die eingetretene Schäden breit streuen konnten.[8] Hierdurch wurde eine Schadensverlagerung erreicht, da der Schaden vom Schädiger, den die Ersatzpflicht individuell hart treffen konnte, auf eine Versicherung als leistungsstarken Schuldner abgewälzt wurde. Im Zuge der rasanten Entwicklung der Haftpflichtversicherung erkannte man bald, dass solch ein Versicherungsschutz nicht nur dem Versicherungsnehmer günstig war, sondern vielmehr auch dem geschädigten Dritten diente.[9] Die durch die Haftpflichtversicherung ermöglichte Schadensstreuung verbesserte auch die Position der Opfer unerlaubter Handlungen, indem ihnen in Gestalt des Versicherungsunternehmens ein regelmäßig zahlungskräftiger Schuldner zur Realisierung ihrer Ansprüche zur Verfügung gestellt wurde.

Der Haftpflichtversicherung kommt somit nach heutigem Verständnis auch eine soziale Funktion zu, indem dem Geschädigten die Durchsetzung seines Anspruchs oft erst ermöglicht wird. Sie hat von ihren Anfängen bis heute einen grundlegenden Funktionswandel durchgemacht. Während sie zunächst aus-

[4] Becker, Haftpflichtversicherung, S. 26 ff.
[5] Katzenmeier, VersR 2002, 1449; Großfeld, VW 1974, 693, 695.
[6] v. Bortkiewicz, Schmollers Jahrbuch Bd. 27, S. 1085, 1090.
[7] Katzenmeier, VersR 2002, 1449, 1450.
[8] Becker, Haftpflichtversicherung, S. 43.
[9] v. Bar, AcP 181 (1981), S. 289, 303 ff; Stoll, Haftungsfolgen, S. 108 ff.

schließlich als Schutzinstrument des Versicherungsnehmers konzipiert war und diesen von möglicherweise ruinösen Schadensersatzansprüchen durch Verteilung des Schadensrisikos über den Versicherer entlastete, trat mit fortlaufender Zeit auch im Haftpflichtversicherungsrecht - vergleichbar mit dem Haftungsrecht - der Schutz des Geschädigten in den Vordergrund.[10]

2. Gesetzliche Typen der Haftpflichtversicherung

Es lassen sich drei Typen der Haftpflichtversicherung unterscheiden, nämlich die freiwillige Haftpflichtversicherung, die obligatorische Haftpflichtversicherung im Allgemeinen und die obligatorische Kraftfahrzeug-Haftpflichtversicherung.[11] Hierbei lässt sich erkennen, dass die Stellung des Verletzten gegenüber dem Haftpflichtversicherer sich von einem Typ zum nächsten verstärkt.[12]

a) Die freiwillige Haftpflichtversicherung

Die allgemeine Haftpflichtversicherung ist eine freiwillig abgeschlossene Versicherung, in der sich der Versicherungsnehmer gegen das Risiko versichert, einem anderen aufgrund gesetzlicher oder vertraglicher Vorschriften haftpflichtig zu werden und Schadensersatz leisten zu müssen (§ 149 VVG).[13]

Der Schutz des Geschädigten wird im Bereich der freiwilligen Haftpflichtversicherung dadurch realisiert, dass der Deckungsanspruch des Schädigers und Versicherungsnehmers gegen den Haftpflichtversicherer von der heute herrschenden Auffassung als Anspruch auf Befreiung von der Haftpflichtschuld und nicht als Zahlungsanspruch qualifiziert wird.[14] Da ein Befreiungsanspruch im Allgemeinen nicht übertragbar ist,[15] macht ihn das immun gegen eine Pfändung und Überweisung zugunsten von beliebigen Gläubigern des Versicherten (vgl. §§ 399 BGB, 851 ZPO). Nur der Gläubiger des Anspruchs, von dem der Schuldner zu befreien ist, kann nach h.M. in den Befreiungsanspruch die Zwangsvollstreckung betreiben.[16] Geht der Geschädigte auf diese Weise vor, dann wandelt sich der Befreiungsanspruch in seiner Person in einen Zahlungsanspruch um,[17] und der Verletzte kann den Haftpflichtversicherer in Anspruch nehmen. Zusätzlich stellt § 156 Abs.1 VVG sicher, dass nicht der Versicherte selbst auf den De-

[10] Brüggemeier, Prinzipien, S. 252.
[11] Weyers/Wandt, Versicherungsvertragsrecht, S. 246.
[12] Brüggemeier, Prinzipien, S. 252 f.; Weyers/Wandt, Versicherungsvertragsrecht, S. 247.
[13] Deutsch, Versicherungsvertragsrecht, S. 229; Prölss/Martin/Voit/Knappmann, § 149 VVG Rn. 1.
[14] So schon RGZ 70, 257; Sieg, Ausstrahlung, S. 72 ff.; BGHZ 7, 244; 15, 154, 157. Prölss/Martin/Voit/Knappmann, § 149 VVG Rn. 2.
[15] Esser/Schmidt, Schuldrecht I/2, S. 308; Larenz, Schuldrecht I, S. 582.
[16] So bereits RGZ 158, 12.
[17] RGZ 70, 257, 263; BGHZ 12, 136, 141; Palandt/Heinrichs § 399 Rn. 4.

ckungsanspruch einwirkt, indem er bestimmt, dass Verfügungen über die Entschädigungsforderung aus dem Versicherungsverhältnis dem Geschädigten gegenüber unwirksam sind.

b) Die obligatorische Haftpflichtversicherung im Allgemeinen

Eine weitergehende Verstärkung des Geschädigtenschutzes beinhaltet die obligatorische Haftpflichtversicherung (§§ 158 b-158k VVG).[18] Eine Haftpflichtversicherung ist kraft Gesetzes für besonders gefährliche Tätigkeiten und für bestimmte Berufsausübungen angeordnet. Eine Versicherungspflicht besteht demnach für Kfz-Halter, Rechtsanwälte (§ 51 BRAO), Wirtschaftsprüfer (§ 54 Wirtschaftsprüferordnung), Notare (§ 19 a BNotO) und Jäger (§ 17 I Nr.4 BJagdG). Hier bleibt in den Fällen eines „kranken Versicherungsverhältnisses", d.h. bei Obliegenheitsverletzungen des Versicherungsnehmers, der Versicherer nach außen dem geschädigten Dritten gegenüber zur Leistung verpflichtet, obwohl er im Innenverhältnis dem Versicherungsnehmer gegenüber frei ist (§§ 158 c-d VVG). Diese Leistungspflicht ist allerdings auf amtlich festgesetzte Mindestsätze beschränkt und subsidiär. Sie entfällt, wenn und soweit der Geschädigte in der Lage ist, Ersatz seines Schadens von einem anderen Schadensversicherer oder einem Sozialversicherungsträger zu erlangen.[19]

c) Die obligatorische Kfz-Haftpflichtversicherung

Am weitesten ausgebaut ist der Schutz des Geschädigten im Rahmen der obligatorischen Kfz-Haftpflichtversicherung. Der Betrieb eines Kraftfahrzeugs ist so häufig geworden, und die Schäden aus ihm sind so alltäglich, dass eine besondere Behandlung der Kfz-Haftpflichtversicherung angebracht ist. Um eine Geldleistung von dem Versicherer zu erzwingen, muss der Geschädigte hier nicht mehr den Umweg über die Pfändung und Überweisung des Deckungsanspruchs gehen. Vielmehr macht das Gesetz den Versicherer zu einem zweiten Schuldner des Haftpflichtanspruchs neben dem Schädiger (vgl. § 3 Nr.1 PflVG), wodurch der Versicherer dem Geschädigten in jeder Beziehung wie der versicherte haftpflichtige Schädiger selbst haftet.[20]

II. Versicherungsschutz des Geschädigten

Die Haftpflichtversicherung des Schädigers stellt durch die skizzierten Mechanismen die Erfüllung der Ersatzansprüche des Geschädigten sicher. Allerdings zahlt der Haftpflichtversicherer erst dann, wenn die Leistungspflicht des versicherten Schädigers feststeht. Die Klärung der Haftpflichtfrage beansprucht oft lange Zeit und beinhaltet daher nicht selten eine Belastung des Geschädigten.[21]

---

[18] Brüggemeier, Prinzipien, S. 252; Weyers/Wandt, Versicherungsvertragsrecht, S. 250 ff.
[19] Brüggemeier, Prinzipien, S. 253.
[20] Weyers/Wandt, Versicherungsvertragsrecht, S. 253.
[21] Katzenmeier, VersR 2002, 1449. 1452.

Wer einen Schaden erleidet, ist jedoch oftmals gar nicht auf das Haftungsrecht und die Haftpflichtversicherung des Schädigers angewiesen, vielmehr erhält der Geschädigte rasche Versorgung durch eigene Versicherung.[22] Für nahezu die gesamte Bevölkerung wird der durch eine Gesundheitsschädigung verursachte Bedarf mindestens teilweise durch Leistungen der Sozialversicherungsträger sowie durch Beihilfeleistungen der öffentlichen Dienstherren oder Zahlungen privater Versicherer gedeckt.[23]

1. Körperschäden

Der unfallbedingte Gesamtbedarf eines Geschädigten bei Gesundheitsschäden wird unter bestimmten Voraussetzungen durch Leistungen der gesetzlichen Krankenversicherung, Unfallversicherung, Rentenversicherung, Pflegeversicherung sowie durch Leistungen der privaten Kranken-, Unfall- und Lebensversicherungen gedeckt. Hinzu treten besondere arbeitsrechtliche Regelungen über die Lohnfortzahlung im Krankheitsfall.

a) Krankenversicherung

Die Vorsorge gegen das Risiko der Krankheit erfolgt zum einen durch die öffentlich-rechtlich organisierte gesetzliche Krankenversicherung, zum anderen durch die private Krankenversicherung. Der Absicherung der Beamten dient die auf dem beamtenrechtlichen Dienstverhältnis beruhende beamtenrechtliche Beihilfe.[24] Die private Krankenversicherung ist bei Selbständigen, Organmitgliedern von juristischen Personen sowie den Arbeitnehmern verbreitet, deren Einkommen die Versicherungspflichtgrenze in der sozialen Krankenversicherung übersteigt.[25] Diese Personen schließen privatrechtliche Versicherungsverträge ab, welche die Abgeltung von Aufwendungen für die Behandlung sowie krankheitsbedingter Einkommensausfälle zum Gegenstand haben.

Kraft Gesetzes sind Pflichtmitglieder der gesetzlichen Krankenversicherung alle Arbeiter, ferner alle Angestellten, sofern ihr Jahresarbeitsverdienst nicht über einer bestimmten Höchstgrenze liegt, schließlich alle Arbeitslosen und Rentner sowie bestimmte Gruppen selbständig Erwerbstätiger mit geringem Einkommen, seit 1971 auch die Studenten an staatlichen und staatlich anerkannten Hochschulen. In der gesetzlichen Krankenversicherung waren nach den Erhebungen des Statistischen Bundesamtes im Juni 2003 über 70 Millionen Menschen versichert, das sind rund 85 % der Bevölkerung.[26] Weitere 10 % sind in privaten Krankenversicherungen vollversichert.[27] Die Mitglieder der gesetzlichen Krankenversi-

[22] Katzenmeier, VersR 2002, 1449, 1452.
[23] Kötz/Wagner, Deliktsrecht, Rn. 211 und 510.
[24] Waltermann, Sozialrecht, Rn. 132.
[25] Eichenhofer, Sozialrecht, S. 189.
[26] Waltermann, Sozialrecht, Rn. 132.
[27] Waltermann, Sozialrecht, Rn. 132.

cherung können im Versicherungsfall der Krankheit, d.h. eines Körper- oder Gesundheitszustandes, der entweder Behandlungsbedürftigkeit oder Arbeitsunfähigkeit bzw. beides zur Folge hat,[28] verlangen, dass der zuständige Träger der gesetzlichen Krankenkasse die erforderlichen Arznei-, Heil- und Hilfsmittel sowie alle medizinischen oder berufsfördernden Leistungen erbringt, die zu seiner Rehabilitation erforderlich sind.[29] Für die Leistungspflichten der Krankenkassen ist es unerheblich, wer die Krankheit verursacht bzw. verschuldet hat, insbesondere werden sie durch die Verantwortlichkeit eines Dritten nicht ausgeschlossen.[30] Das bedeutet allerdings nicht, dass die Krankenkasse den Schaden endgültig tragen müsste, denn ihr steht gemäß § 116 SGB X ein Regressanspruch gegen denjenigen zu, der aufgrund deliktsrechtlicher Vorschriften zum Ausgleich verpflichtet ist.

b) Unfallversicherung

Die gesetzliche Unfallversicherung gewährt Versicherungsschutz gegen die Folgen von Arbeitsunfällen und Berufskrankheiten, und zwar ohne Rücksicht auf die privatrechtliche Haftungslage.[31] Kraft Gesetzes sind in der gesetzlichen Unfallversicherung alle diejenigen Personen versichert, die auf Grund eines Arbeits-, Dienst- oder Lehrverhältnisses beschäftigt sind, ferner bestimmte Gruppen von selbständigen Unternehmern, die der Gesetzgeber für schutzbedürftig hält.

Die 1884 in kraft getretene gesetzliche Unfallversicherung beruht auf den Grundsätzen, dass Betriebe einzelner Unternehmer kraft Gesetzes gegen Arbeitsunfälle versichert sind und dass die privatrechtliche Haftung der Arbeitgeber für Arbeitsunfälle aufgehoben wird. Stattdessen gewährt die Berufsgenossenschaft den verletzten Arbeitnehmern Leistungen, deren Gesamtaufwendungen von sämtlichen Arbeitgebern eines Wirtschaftszweigs getragen werden.[32] Die gesetzliche Unfallversicherung verfolgt somit zwei Anliegen, nämlich den Schutz der Versicherten durch eine leistungsfähige Versicherung (soziales Schutzprinzip) und damit verbunden, den Ausschluss der privatrechtlichen Schadensersatzhaftung des Unternehmers und weiterer Personen (Prinzip der Haftungsersetzung durch Versicherungsschutz).[33] Letzteres wird dadurch erreicht, dass der Arbeitgeber und die Arbeitskollegen bei unvorsätzlichem Handeln von ihrer Haftung gegenüber dem Geschädigten freigestellt werden (§§ 104 ff. SGB VII). Damit hat die gesetzliche Unfallversicherung zugleich die Funkti-

---

[28] BSGE 13, 134, 136; 33, 9, 10.
[29] Eichenhofer, Sozialrecht, S. 191.
[30] BSG, NJW 1986, 1572.
[31] Waltermann, Sozialrecht, Rn. 250.
[32] Eichenhofer, Sozialrecht, S. 216.
[33] Siehe dazu grundsätzlich Gitter, Schadensausgleich im Arbeitsunfallrecht, 1969, S. 38 m.w.N.

on einer Haftpflichtversicherung.[34] Eine erhebliche Bedeutung kommt aber auch der privaten Unfallversicherung zu, sei es, dass durch sie die Leistungen der öffentlichen Versicherungsträger ergänzt, sei es auch, dass durch sie Lücken im staatlichen Vorsorgesystem geschlossen werden.[35]

c) Rentenversicherung

Auch wenn ein Unfall nicht in den Schutzbereich der gesetzlichen Unfallversicherung oder einer privaten Unfallversicherung fällt, steht der Geschädigte nicht immer ohne Versicherungsschutz da. In diesem Fall kann der Geschädigte einen Ausgleich für die unfall- und krankheitsbedingten Folgen beanspruchen, wenn er in der gesetzlichen Rentenversicherung versichert ist und die Voraussetzungen für die Gewährung einer Rente wegen Berufs- oder Erwerbsunfähigkeit nach SGB VI erfüllt sind.[36] Versicherungspflichtig sind gem. §§ 1-3 SGB VI im Wesentlichen die wirtschaftlich unselbständigen Arbeitnehmer. Zusätzlich sind in der gesetzlichen Rentenversicherung die in § 2 S.1 Nr.1-9 SGB VI genannten selbständigen Tätigen versicherungspflichtig, z.B. Landwirte und Handwerker sowie Angehörige bestimmter freier Berufe. Zweck der öffentlich-rechtlich organisierten gesetzlichen Rentenversicherung ist die Vorsorge gegen die Risiken des Alters, der Invalidität und des Todes. Wer als Versicherter vor Erreichung der Altersgrenze durch Krankheit oder durch Unfall erwerbsunfähig wird, hat Anspruch auf Zahlung einer den Verdienstausfall kompensierenden Rente.[37]

d) Pflegeversicherung

Schließlich gewährt die seit dem 1. Januar 1995 im SGB XI geregelte soziale Pflegeversicherung Dienst-, Sach- und Geldleistungen (§ 4 Abs. 1 SGB XI) im Falle der Pflegebedürftigkeit. Pflegebedürftig sind gemäß § 14 Abs. 1 SGB XI Personen, die wegen einer körperlichen, geistigen oder seelischen Krankheit oder Behinderung für die gewöhnlichen und regelmäßig wiederkehrenden Verrichtungen im Ablauf des täglichen Lebens auf Dauer, mindestens jedoch sechs Monate, in erheblichem oder höherem Maße der Hilfe bedürfen. In den Schutz der Pflegeversicherung sind gemäß § 1 Abs. 2 S. 1 SGB XI kraft Gesetzes alle einbezogen, die in der gesetzlichen Krankenversicherung versichert sind. Wer in einer privaten Krankenversicherung versichert ist, ist nicht kraft Gesetzes in die gesetzliche Pflegeversicherung einbezogen, er muss jedoch eine private Pflegeversicherung abschließen (§ 1 Abs. 2 S. 2, 23 SGB XI).

[34] Schulin/Igl, Sozialrecht, Rn. 406.
[35] Kötz/Wagner, Deliktsrechts, Rn. 222.
[36] Kötz/Wagner, Deliktsrecht, Rn. 223.
[37] Kötz, Sozialer Wandel, S. 10.

2. Sachschäden

Auch das Risiko eines Sachschadens ist heute in weitem Umfang durch Versicherungen abgedeckt, mit der Folge, dass der Versicherte auch hier nicht auf einen deliktsrechtlichen Schadensausgleich angewiesen ist. Allerdings wird der Versicherungsschutz in diesem Bereich nicht durch die Sozialversicherung gewährt, da diese nur auf die Gewährleistung sozialer Sicherheit gerichtet ist, die durch die Beschädigung von Sachgütern regelmäßig nicht beeinträchtigt wird.[38] Das Sachschadensrisiko wird in erster Linie durch private Versicherungen wie die Feuerversicherung, Schiffs- und Luftkaskoversicherung, Maschinenversicherung, Tier- und Hagelversicherung, Hausrat-, Glas-, Einbruchsdiebstahl-, Leitungswasser-, Reisegepäckversicherung und die Fahrzeugversicherung („Kaskoversicherung") gedeckt.[39]

§ 12 Zum Einfluss der Versicherungen auf die Haftpflicht

Im Folgenden soll der Einfluss der Versicherungen auf die Haftpflicht einer genaueren Betrachtung unterzogen werden. Zunächst soll dabei der mögliche Einfluss einer für den Schädiger bestehenden Haftpflichtversicherung auf die Beurteilung seiner etwaigen Schadensersatzpflicht betrachtet werden, um im Anschluss daran die haftungsrechtliche Relevanz der Sozialversicherung darzustellen. Diese Betrachtungen bilden die Grundlage, um dann schließlich der Frage nachzugehen, in welchem Maße das Bestehen von Versicherungsschutz die Handlungsfreiheit des potentiellen Schädigers beeinflusst.

I. Haftpflichtversicherung und Haftung

1. Das Trennungsprinzip und dessen Ausgestaltung in den drei Formen der Haftpflichtversicherung

Wenn jemand freiwillig haftpflichtversichert ist, und es tritt ein Versicherungsfall ein, sind zwei Rechtsverhältnisse in dem Dreieck „Versicherer-Versicherungsnehmer-Geschädigter Dritter" zu unterscheiden: einerseits das „Versicherungs- oder Deckungsverhältnis" zwischen dem Versicherungsnehmer und seiner Versicherung und andererseits das Haftpflichtverhältnis zwischen dem Versicherungsnehmer als Haftpflichtigem und dem geschädigten Dritten.[40]

Das materielle Trennungsprinzip besagt nun, dass die Haftpflicht einer Person unabhängig vom Bestehen einer Haftpflichtversicherung zugunsten dieser Person zu beurteilen ist, weil die Versicherung der Haftung folgt, nicht aber umge-

[38] Kötz/Wagner, Deliktsrecht, Rn. 227.
[39] Esser/Weyers, Schuldrecht II/2, S. 135.
[40] Prölss/Martin/Voit/Knappmann, § 149 VVG Rn. 24.

kehrt.[41] Danach hängen das Versicherungsverhältnis und der Haftpflichtanspruch nur insoweit zusammen, dass sich der Deckungsanspruch des Haftpflichtigen gegen seine Versicherung nach dem Haftpflichtanspruch richtet, den der Verletzte gegen ihn hat.[42] Dagegen ist die Haftungsfrage strikt zu unterscheiden von der Deckungsfrage, da der Rechtsanspruch gegen den Versicherer die Haftung des Versicherungsnehmers logisch voraussetzt, sie aber nicht zu begründen vermag.[43] Das prozessuale Trennungsprinzip bedeutet als Konsequenz des materiellen Trennungsprinzips, dass es für den geschädigten Dritten keine Möglichkeit gibt, wegen seines Haftpflichtanspruchs zusätzlich direkt den Versicherer in Anspruch zu nehmen, d.h. Haftpflicht- und Deckungsprozess verlaufen getrennt.[44] Das Trennungsprinzip entspricht der traditionellen Auffassung in Rechtsprechung[45] und Literatur[46] vom Verhältnis der Haftung zur Haftpflichtversicherung. Besonders deutlich hat der Bundesgerichtshof das Trennungsprinzip in einem Urteil aus dem Jahre 1978 hervorgehoben, in welchem er es als „selbstverständlich" bezeichnete, dass eine Haftung „nicht mit dem Umstand begründet werden" könne, „der Schädiger sei haftpflichtversichert und deshalb leistungsfähig".[47] Nach Ansicht des Bundesgerichtshofs „verkennt" eine solche Auffassung „das Wesen der Haftpflichtversicherung".

Das Trennungsprinzip gilt in seiner materiellen und prozessualen Ausgestaltung auch bei der obligatorischen Haftpflichtversicherung. Hingegen wurde das Trennungsprinzip im Rahmen der obligatorischen Kfz-Haftpflichtversicherung durch die Einführung einer „Direktklage" gegen den Kfz-Haftpflichtversicherer aufgegeben.[48] Hier muss der geschädigte Dritte, um eine Geldleistung von dem Versicherer zu erhalten, sich nicht mehr den Deckungsanspruch pfänden und überweisen lassen, sondern erhält in Gestalt des Versicherers einen zweiten Schuldner des Haftpflichtanspruchs.

2. Durchbrechungen des Trennungsprinzips

Bei strikter Geltung des Trennungsprinzips hätte das Bestehen einer Haftpflichtversicherung keinerlei Auswirkungen auf die Beurteilung des Haftpflichtan-

---

41 Becker, Haftpflichtversicherung, S. 18; Katzenmeier, VersR 2002, 1449, 1452; Marschall v. Bieberstein, BB 1983, 467, 468: Prölss/Martin/Voit/Knappmann, § 149 VVG Rn. 39; BGH, VersR 1980, 625.
42 Weyers/Wandt, Versicherungsvertragsrecht, S. 248.
43 Katzenmeier, VersR 2002, 1449, 1452.
44 Weyers/Wandt, Versicherungsvertragsrecht, S. 148.
45 RGZ 63, 104, 105; 113, 286, 290; 135, 368, 369; 136, 60, 61; 141, 185, 190 f.; 157, 348, 350; BGHZ 7, 223, 231; BGH VersR 1953, 196.
46 Sieg, Ausstrahlung, S. 85 ff.; Hanau, VersR 1969, 291; Buchner, VersR 1967, 1030; Geigel, NJW 1954, 706; Seydel, NJW 1954, 1017; Gelhaar, NJW 1953, 1281.
47 BGH, VersR 1979, 256.
48 Weyers/Wandt, Versicherungsvertragsrecht, S. 253.

spruchs. Im Zuge des oben skizzierten Funktionswandels der Haftpflichtversicherung vom Schutz des Schädigers vor einer Belastung mit Haftpflichtansprüchen hin zu einem fortschreitenden Ausbau des Opferschutzes sah sich das Trennungsprinzip jedoch zunehmend gewissen Lockerungstendenzen ausgesetzt.[49] In bestimmten Schadenskonstellationen wurde das Trennungsprinzip in der Rechtsprechung durchbrochen und das Bestehen einer Haftpflichtversicherung in der Person des Schädigers zur Beurteilung des Grundes und des Umfangs einer Haftpflicht herangezogen. Im Wesentlichen handelte es sich dabei um folgende Fälle:

a) Schmerzensgeld

Die Diskussion um den Einfluss einer auf Schädigerseite bestehenden Haftpflichtversicherung auf die Haftpflicht wurde in der Debatte um die Bemessung des Schmerzensgeldes eröffnet.[50] Hierbei ging es um die Frage, ob die Vermögensverhältnisse des Schädigers in die Bemessung des Schmerzensgeldes miteinbezogen werden sollten und folglich auch darum, ob eine bestehende Haftpflichtversicherung zu berücksichtigen ist. Ein Teil des Schrifttums hält in diesem Zusammenhang streng am Trennungsprinzip fest und verneint damit die Beachtlichkeit der Haftpflichtversicherung.[51] Seit dem Beschluss des Großen Senats des Bundesgerichtshofs im Jahre 1955 wird jedoch ganz überwiegend anerkannt, dass jede Haftpflichtversicherung, gleichgültig, ob sie freiwillig abgeschlossen wurde oder gesetzlich vorgeschrieben war, bei der Bemessung des Schmerzensgelds zu berücksichtigen ist.[52] Der mit der Prämienzahlung erworbene Anspruch auf Versicherungsschutz stellt sich demnach als ein Vermögenswert dar, wenn es um die Zahlung der Entschädigung für verursachte Schäden geht,[53] und die Haftpflichtversicherung ist deshalb aufgrund einer wirtschaftlichen Betrachtungsweise zu berücksichtigen.

b) Billigkeitshaftung

Neben der Diskussion, ob das Bestehen einer Haftpflichtversicherung im Rahmen des Schmerzensgeldanspruchs zu berücksichtigen ist, fand die gleiche Problematik auch Eingang in die Beurteilung der Billigkeitshaftung nach § 829 BGB.[54] Die Vorschrift ist als Ausnahme von dem das Haftungsrecht des BGB

---

[49] Fuchs, AcP 191 (1991), 318, 326 f.

[50] Becker, Haftpflichtversicherung, S. 47; Prölss/Martin/Voit/Knappmann, § 149 VVG Rn. 40.

[51] Rodopoulos, Kritische Studie der Reflexwirkungen der Haftpflichtversicherung auf die Haftpflicht, 1981, S. 58 f. m.w.N.

[52] BGHZ 18, 149, 154 ff.; Prölss/Martin/Voit/Knappmann, § 149 VVG Rn. 40.

[53] BGHZ 18, 149, 165.

[54] Becker, Haftpflichtversicherung, S. 51 ff.; Prölss/Martin/Voit/Knappmann, § 149 VVG Rn. 41; Palandt/Sprau, § 829 Rn. 4.

beherrschenden Verschuldensprinzips anzusehen.[55] Die Billigkeit muss unter Berücksichtigung aller Umstände eine Schadloshaltung des Geschädigten erfordern.[56] Die Prüfung der Billigkeit erfordert nach dem Wortlaut der Vorschrift auch die Berücksichtigung der Vermögensverhältnisse der Beteiligten als Grundlage der Bemessung und beinhaltet damit im Unterschied zu den §§ 823 ff. BGB einen atypischen Zurechnungsgrund.[57]

Der Bundesgerichtshof vertrat zunächst die Auffassung, dass das Bestehen einer Haftpflichtversicherung des Schädigers nicht allein genüge, um einen Ersatzanspruch zu begründen, dass dieser Umstand aber neben anderen Umständen wie der wirtschaftlichen Lage beider Parteien und den Besonderheiten der die Ersatzpflicht auslösenden Umstände für die Höhe des Anspruchs zu berücksichtigen sei.[58] Aufgrund der umfangreichen Kritik der Literatur[59] gab das Gericht die Unterscheidung zwischen Grund und Höhe des Anspruchs auf.[60] Der Bundesgerichtshof differenziert nunmehr zwischen der freiwilligen und der obligatorischen Haftpflichtversicherung. Die besondere Zweckbestimmung der Kfz-Haftpflichtversicherung rechtfertige auch die Begründung eines Anspruchs allein aus dem Gesichtspunkt heraus, dass auf Seiten des Schädigers eine Pflichtversicherung bestehe.[61] Für die freiwillige Haftpflichtversicherung meint der BGH jedoch, dass der Schutzaspekt versicherungsrechtlich nicht in so weitgehender Weise verankert sei wie dies bei der obligatorischen Haftpflichtversicherung der Fall ist.[62] Hier entschied der BGH, dass die Haftpflichtversicherung im Rahmen der wirtschaftlichen Verhältnisse für die Anspruchsbegründung ohne Bedeutung sei.[63] Die Rechtsprechung des BGH lässt sich dahingehend zusammenfassen, dass eine Haftpflichtversicherung bei der Bestimmung der Höhe einer Entschädigung nach § 829 BGB berücksichtigt wird, unabhängig davon, ob es sich um eine Pflichtversicherung oder eine freiwillige Haftpflichtversicherung handelt. Hingegen wird bei der Anspruchsbegründung nur die Kraftfahrzeughaftpflichtversicherung berücksichtigt, die als Vermögensbestandteil in die Beurteilung der Vermögenslage des Schädigers miteinbezogen wird.[64]

---

[55] Palandt/Sprau, § 829 Rn. 2.
[56] BGHZ 127, 186.
[57] Drewitz, Grundsatz, S. 98 ff.
[58] BGHZ 23, 90, 99 ff.
[59] Vgl. hierzu Lehnertz, VersR 1974, 940 ff.
[60] BGHZ 76, 279, 283 ff.
[61] BGH, NJW 1995, 452, 453 f.
[62] BGHZ 76, 279, 286.
[63] BGH, VersR 1958, 485, 486 f.; BGHZ 76, 279, 283 f.
[64] Becker, Haftpflichtversicherung, S. 53.

c) Gefälligkeitsfahrt

Im Rahmen weiterer Urteile hat der BGH das Bestehen einer Haftpflichtversicherung in der Person des Schädigers als Argument gegen die Annahme eines stillschweigenden Haftungsausschlusses bzw. von Haftungsbeschränkungen benutzt.[65] So entschied der BGH, dass bei Gefälligkeitsfahrten im Rahmen der Frage, ob ein stillschweigender Haftungsverzicht anzunehmen ist, größte Vorsicht geboten sei.[66] Keinesfalls genüge für die Annahme eines stillschweigenden Haftungsverzichts die Unentgeltlichkeit der Fahrt, vielmehr seien darüber hinaus weitere Kriterien zu fordern. In diesem Zusammenhang wird maßgeblich auf das Bestehen einer Haftpflichtversicherung abgestellt. Die Existenz einer Haftpflichtversicherung auf Seiten des Schädigers spreche gegen einen Haftungsausschluss, denn es handele sich um eine unangebrachte Fiktion, den Beteiligten einen stillschweigenden Haftungsausschluss zu unterstellen, wenn dem Fahrer und dem Fahrgast die Haftpflichtversicherung zugute kommen.[67] Gerade dort – so heißt es in einer Entscheidung des BGH vom 13.7.1993[68] -, wo der Schädiger gegen Inanspruchnahme durch Dritte haftpflichtversichert sei, erst recht, wenn eine Pflichtversicherung bestehe, die dem Schutz des Unfallopfers dienen solle, entspreche es weder dem gesetzlichen Anliegen der Versicherungspflicht noch dem Willen der Beteiligten, durch letztlich fingierte Verzichtsabreden den Haftpflichtversicherer zu entlasten. Deshalb spreche das Bestehen eines Haftpflichtversicherungsschutzes für den Schädiger in aller Regel gegen eine stillschweigende Haftungsbeschränkung.[69] Die Haftung des Schädigers soll jedoch aufgrund eines im Wege der ergänzenden Vertragsauslegung gewonnenen stillschweigenden Haftungsausschlusses in den Fällen entfallen, in denen sich aus dem Versicherungsvertrag aus irgendeinem Grund Probleme ergeben und daher kein Deckungsschutz besteht.[70] Das Fehlen des Versicherungsschutzes wird hier zum Argument für den Haftungsausschluss.

d) Nichtanwendbarkeit des § 1359 BGB im Straßenverkehr

Ein weiteres Problem aus dem Bereich der Gefälligkeitsfahrten, bei dem dem Verhältnis von Haftung und Haftpflichtversicherung große Bedeutung zukommt, ist die Nichtanwendbarkeit des § 1359 BGB im Straßenverkehr.[71] In Übertra-

---

[65] BGHZ 39, 156; BGH, VersR 1961, 427, 428; 1961, 846, 847; NJW 1964, 1895, 1898; NJW 1966, 41, 46; auch OLG Saarbrücken, VersR 1961, 928; OLG Celle, VersR 1962, 384.
[66] BGH, NJW 1964, 1895, 1898; NJW 1966, 42, 46.
[67] BGH, VersR 1961, 427, 428; 1961, 846, 847; NJW 1964, 1895, 1898; NJW 1966, 41, 46; OLG Saarbrücken, VersR 1961, 928, 929; OLG Celle, VersR 1962, 384 f.; OLG Frankfurt, NJW-RR 1986, 1350.
[68] BGH, VersR 1993, 1092, 1093 f.
[69] BGH; VersR 1993, 1092, 1093 f.; vgl. hierzu auch Littbarski, VersR 2004, 950, 952.
[70] BGH, VersR 1964, 239, 241; OLG Stuttgart, NJW 1964, 727, 728.
[71] Becker, Haftpflichtversicherung, S. 58 ff.

gung der Grundsätze zur Nichtanwendbarkeit des § 708 BGB bei der Erfüllung von Gesellschafterpflichten im Straßenverkehr entschied der BGH, dass die Haftungsmilderung des § 1359 BGB unter Ehegatten jedenfalls dann nicht in Betracht kommt, wenn der schädigende Ehegatte Haftpflichtversicherungsschutz erlangen kann. Wenn der schuldige Partner zur Abwendung der wirtschaftlichen Folgen eines Unfalls eine Haftpflichtversicherung genommen hat oder im Falle der Zwangsversicherung nehmen musste, bestehe kein Grund, ihn von der Haftung zu entlasten.[72] Das Haftungsprivileg sei nur dann wieder anzuwenden, wenn der Deckungsschutz des Haftpflichtversicherers wegfalle, so dass bei einer Verurteilung der Schädiger persönlich Ausgleich leisten muss.[73] Des Weiteren gelte das Haftungsprivileg ausnahmsweise auch dann, wenn der Geschädigte gesetzlich gegen Unfall versichert sei, so dass der vorleistungspflichtige Sozialversicherungsträger Rückgriff gegen den Schädiger bzw. gegen dessen Haftpflichtversicherung nehmen könnte. Nach heute gefestigter Rechtsprechung ist in diesen Fällen der Rückgriff gegen einen Familienangehörigen nicht zulässig.[74]

3. Tendenz zur Haftungsverschärfung in der Rechtsprechung bei Bestehen einer Haftpflichtversicherung des Schädigers

In der Literatur wird des Weiteren geltend gemacht, dass sich Aufweichungen des Trennungsprinzips nicht nur in den oben skizzierten Fallgruppen zeigen, sondern auch im Bereich der zunehmenden Haftungsverschärfungen ihren Niederschlag finden.[75] Es sei eine internationale Erfahrung, dass die Gerichte zu einer „verhohlenen" Haftungsverschärfung neigen, wenn der Schädiger pflichtversichert ist oder zumindest typischerweise Versicherungsschutz genießt.[76] Die die Fahrlässigkeitshaftung ständig erweiternde und den rastlosen Ausbau der Verkehrspflichten betreibende Rechtsprechung ließe sich ohne den Hinweis auf die stete Ausweitung der Haftpflichtversicherung nicht erklären.[77]

Zwar taucht die Berücksichtigung der Haftpflichtversicherung in den geschriebenen Urteilsgründen in dieser allgemeinen Form oft nicht auf,[78] doch besteht überwiegende Einigkeit, dass die Rechtsprechung die garantierte Schadensabnahme durch Versicherer dazu verwendet, von der Fahrlässigkeitshaftung zu

---

[72] BGH, NJW 1974, 2124, 2126.
[73] BGH, NJW 1974, 2124, 2126.
[74] BGHZ 41, 79, 84; 43, 72, 79; BGH, VersR 1970, 952; 1976, 567, 569.
[75] v Bar, AcP 181 (1981), S. 289 ff.; Katzenmeier, VersR 2002, 1449, 1451; Kötz, FS Steindorff, S. 643, 661 f.; Markesinis/v. Bar, Richterliche Rechtspolitik, S. 43 ff.; Becker, Haftpflichtversicherung, S. 151 ff.; Stoll, Haftungsfolgen, S. 103.
[76] Katzenmeier, VersR 2002, 1449, 1451.
[77] v. Bar, AcP 181 (1981), S. 289, 292.
[78] Ausdrücklich aber etwa BGHZ 18, 149, 154 ff.; BGH, VersR 1976, 567, 569; OLG Frankfurt, NJW-RR 1986, 1350.

einer „objektiveren" Haftung zu gelangen.[79] Als Beispiel seien hier nur die Pflichten der Hersteller genannt, die die von ihnen hergestellten Produkte beobachten und ausführlich auf etwaige Gefahren im Umgang mit ihnen hinweisen müssen.[80] Die Ausweitung dieser Pflichten lässt sich insbesondere dadurch erklären, dass von einem umfassenden Versicherungsschutz der Hersteller ausgegangen werden kann, der verhindert, dass die eintretende Haftung diesen unangemessen belastet.[81] Vor dem Hintergrund des Bestehens einer Haftpflichtversicherung des Schädigers erscheint dessen Inanspruchnahme zumutbar, weil er die finanziellen Auswirkungen eines Schadensfalles auf ein Kollektiv abwälzen kann.[82] Weyers beschreibt diesen Aspekt des Zusammenhangs zwischen Haftpflichtversicherung und Haftpflichtrechtsprechung zutreffend mit folgenden Worten: „In dem Maße, in dem einerseits das Pathos des Verschuldensprinzips an Leuchtkraft verlor und ersetzt wurde durch Postulate nüchterner Risikozuweisung und schlichter mitmenschlicher Solidarität, wuchs gleichzeitig in der Haftpflichtversicherung ein Instrument zur Verwirklichung dieser Forderungen, eine Vorsorgeeinrichtung, die den Schädiger vor drückenden Folgen strengen Haftpflichtrechts schütze und dieses erträglich erscheinen ließ – aber gerade deshalb wiederum rückwirkend den Schuldvorwurf als sinnvolles Zurechnungskriterium zwischen Verletztem und Schädiger erneut in Frage stellte".[83]

4. Der Regress im Haftpflichtversicherungsrecht

Neben dem Trennungsprinzip und dessen Durchbrechungen und Aufweichungen ist für das Verhältnis von Haftpflichtversicherung und Haftungsrecht auch die Möglichkeit des Haftpflichtversicherers, gegen den Versicherungsnehmer als Schädiger Regress zu nehmen, von Bedeutung. Die Möglichkeit des Regresses führt nämlich dazu, dass der Handlungsspielraum des Schädigers insofern eingeschränkt wird, als dass er für den eingetretenen Schaden letztlich doch einzustehen hat.

a) Leistungsfreiheit des Versicherers im Rahmen der freiwilligen Haftpflichtversicherung

Die Haftpflichtversicherung soll vor der Gefahr schützen, mit Haftpflichtansprüchen belastet zu werden. Demgemäß bestimmt § 149 VVG, dass der Versicherer dem Versicherungsnehmer die Leistung zu ersetzen hat, die dieser aufgrund eines von ihm zu verantwortenden Umstandes an einen Dritten zu bewirken hat. Ein Regress des Versicherers gegen den schädigenden Versicherungs-

[79] Deutsch, Fahrlässigkeit, S. 481.
[80] BGHZ 116, 60, 65 ff.; vgl. dazu Littbarski, NJW 1995, 217 ff.; Fahrenhorst, JuS 1994, 288 ff.
[81] Becker, Haftpflichtversicherung, S. 157.
[82] Becker, Haftpflichtversicherung, S. 155 ff.
[83] Weyers, Unfallschäden, S. 429.

nehmer ist im Rahmen der freiwilligen Haftpflichtversicherung nicht vorgesehen, denn dieser widerspräche gerade dem Sinn und Zweck der Haftpflichtversicherung. Insbesondere greift hier auch nicht die Regressmöglichkeit des § 67 I VVG ein, da dieser lediglich den Rückgriff gegen den schädigenden Dritten vorsieht, der Versicherungsnehmer ist jedoch kein „Dritter" i.S.d § 67 I VVG.[84] § 67 VVG findet zugunsten des Haftpflichtversicherers nur dann Anwendung, wenn dem Versicherten, als Gesamtschuldner in Anspruch genommen, Ausgleichsansprüche gegen die übrigen Gesamtschuldner zustehen.[85]

Die Leistungspflicht des Versicherers ist allerdings nach § 152 VVG ausgeschlossen, sofern der Versicherungsnehmer den Eintritt des Schadensereignisses vorsätzlich und widerrechtlich herbeigeführt hat. In diesem Fall hat der Versicherte den Schaden selbst zu tragen, was in der Wirkung einem Regress gleichkommt. Der Versicherer soll davor geschützt werden, dass der Versicherungsnehmer Schäden herbeiführt, die ohne Versicherungsschutz vermieden worden wären (sog. „moral hazard").[86] Bei dem Haftungsausschluss nach § 152 VVG handelt es sich wie bei § 61 VVG[87] nicht um die Sanktionierung einer bloßen Obliegenheitsverletzung mit der Folge, dass der Versicherer von seiner „an sich" bestehenden Verpflichtung zur Leistung frei wird, sondern um einen sog. subjektiven Risikoausschluss, bei dem festgelegt ist, dass ein solcher Schadensfall von vornherein nicht unter den Schutz des Versicherungsvertrages fällt.[88]

Der Haftpflichtversicherer haftet abweichend von § 61 VVG für jede, also auch für grobe Fahrlässigkeit. Für den Haftungsausschluss genügt Eventualvorsatz, der dann anzunehmen ist, wenn der Versicherungsnehmer den Erfolg als möglich vorausgesehen und dessen Eintritt bewusst und billigend in Kauf genommen hat.[89] § 152 VVG ist nach ganz herrschender Meinung[90] dispositiv und zwar sowohl zu Gunsten als auch zu Lasten[91] des Versicherungsnehmers. Eine abändernde Regelung in den allgemeinen Geschäftsbedingungen darf jedoch nicht in einem Maß von dem gesetzlichen Leitbild des § 152 VVG abweichen, dass dadurch der betroffene Versicherungsnehmer unangemessen benachteiligt wird

[84] Prölss/Martin/Prölss, § 67 VVG Rn. 12.
[85] Weyers, Unfallschäden, S. 129; Prölss/Martin/Prölss, § 67 VVG Rn. 2.
[86] BerlKomm/Baumann, § 152 VVG Rn. 1.
[87] § 152 VVG schränkt § 61 VVG für den Bereich der Haftpflichtversicherung ein.
[88] BGH, VersR 1971, 239, 240; BGHZ 111, 372, 375; vgl. hierzu auch Lorenz, VersR 2000, 2, 3 ff.
[89] BGH, VersR 1998, 1011; 1954, 591; 1958, 469; 1964, 916; OLG Köln, ZfS 1986, 218, 219; OLG Hamm, VersR 1996, 1358, 1359.
[90] BGH, VersR 1959, 691; 1987, 174, 175; 1991, 176, 177; OLG München, VersR 1974, 1069, 1070; OLG Düsseldorf, VersR 1981, 769; OLG Koblenz, VersR 1990, 41; OLG Köln, VersR 1990, 193, 194; OLG Saarbrücken, VersR 1992, 994.
[91] OLG Düsseldorf, VersR 1981, 769; OLG Koblenz, VersR 1990, 41.

oder es zu einer Vertragszweckgefährdung kommt.[92] Dies ist jedenfalls dann nicht der Fall, wenn die den Versicherungsnehmer belastenden „Abweichungen" durch das gleichzeitige Hinzufügen privilegierender Tatbestandsmerkmale ausgeglichen werden.[93] Problematisch sind in diesem Zusammenhang insbesondere solche Klauseln, die entgegen dem Grundgedanken des § 152 VVG, die Deckung des Schadens bei grober Fahrlässigkeit ausschließen.[94]

b) Der Regress im Rahmen der obligatorischen Haftpflichtversicherung gemäß § 158 f VVG

Im Rahmen der obligatorischen Haftpflichtversicherung sieht § 158 f VVG ausnahmsweise eine Regressmöglichkeit des Versicherers gegen den Versicherungsnehmer vor. Die Vorschrift betrifft den Fall des so genannten „kranken Versicherungsverhältnisses", bei dem der Versicherer trotz Obliegenheitsverletzung des Versicherungsnehmers dem Dritten gegenüber zur Leistung verpflichtet ist, obwohl er im Deckungsverhältnis dem Versicherungsnehmer gegenüber frei geworden ist (§§ 158 c-d VVG). § 158 f VVG ordnet deshalb eine cessio legis als Ausgleich dafür an, dass der Versicherer ohne vertragliche Verpflichtung eine Schuld des Versicherungsnehmers bezahlt.

c) Der Regress im Rahmen der obligatorischen Kfz-Haftpflichtversicherung

Für den Rückgriff des Kfz-Haftpflichtversicherers, der an den Verletzen zahlen musste, gelten die Vorschriften über die Gesamtschuld gem. §§ 421 ff. BGB, die allerdings in einigen Punkten durch das PflVG modifiziert werden.[95] § 3 Nr. 9 S. 1 PflVG enthält eine Abweichung von § 426 Abs.1 S.1 BGB für den Fall, dass das Haftpflichtversicherungsverhältnis in Ordnung ist: im Innenverhältnis hat allein der Versicherer den Schaden zu tragen. Der Versicherungsnehmer ist im Innenverhältnis hingegen allein belastet, soweit der Versicherer ihm gegenüber wegen Obliegenheitsverletzungen nicht zur Deckung verpflichtet war, § 3 Nr.9 S.2 PflVG. Der Versicherer hat in diesem Falle den originären Rückgriffsanspruch aus § 3 Nr.9 S.2 PflVG und erhält zusätzlich im Wege der Legalzession gemäß § 426 Abs.2 BGB die Forderung des Verletzten.[96]

---

[92] BerlKomm/Baumann, § 152 VVG Rn. 34.
[93] BGH, VersR 1991, 176, 179 m.w.N.; Schirmer, DAR 1993, 321, 329 spricht insofern von einer „saldierenden Gesamtbetrachtung".
[94] BerlKomm/Baumann, § 152 VVG Rn. 35; Prölss/Martin/Voit/Knappmann, § 152 Rn. 7; vgl. hierzu OLG München, VersR 1994, 92.
[95] Weyers/Wandt, Versicherungsvertragsrecht, S. 254.
[96] Prölss/Martin/Knappmann, § 3 Nr. 9 PflVG Rn. 3.

5. Zusammenfassung

Die Ausführungen zur Entwicklung der Haftpflichtversicherung und deren Einfluss auf die Haftung lassen die Tendenz erkennen, dass die ursprünglich strikte Geltung des Trennungsprinzips zunehmend mehr zugunsten des Geschädigten durchbrochen wurde. Die Berücksichtigung der Haftpflichtversicherung im Rahmen der Haftungsfrage entwickelte sich bei der Bemessung des Schmerzensgeldes, der Billigkeitshaftung des Nichtverantwortlichen sowie im Straßenverkehr zu einem relevanten Kriterium. Regelmäßig führt diese Berücksichtigung der Haftpflichtversicherung zu einer Erweiterung der Haftung, da die Ersatzansprüche erhöht werden oder die Anwendung von Haftungsmilderungen ausgeschlossen wird. Schließlich ist auch eine Tendenz der Haftungsverschärfung im Bereich der Verkehrspflichten zu verzeichnen, die sich ebenfalls nur vor dem Hintergrund des Bestehens von Haftpflichtversicherungsschutz erklären lässt. Insgesamt kann daher festgehalten werden, dass die Haftpflichtversicherung in dem skizzierten Umfang entgegen dem Trennungsprinzip Grund und Höhe von Haftpflichtansprüchen beeinflusst und einen wesentlichen Beitrag zur Ausdehnung und Verschärfung der Haftung liefert.

II. Sozialversicherung und Haftung

1. Verhältnis der Sozialversicherung (ohne Unfallversicherung) und beamtenrechtlichen Vorsorge zur privaten Haftpflicht

Mit ihren Leistungen an den Verletzten treten die gesetzlichen und privaten Kranken-, Renten- und Pflegeversicherungsträger bzw. Dienstherren regelmäßig nur in Vorlage, um eine rasche Versorgung nach dem Schadensereignis zu gewährleisten.[97] Hierdurch soll aber weder der Schädiger von der Schadensersatzpflicht befreit, noch der Anspruchsberechtigte bereichert werden.[98] Aus diesem Grund bestimmt § 116 Abs. 1 SGB X für den Regress der gesetzlichen Renten-, Pflege- und Krankenversicherungsträger i. S.d. § 1 SGB IV, dass ein Ersatzanspruch, der dem Geschädigten oder seinen Hinterbliebenen gegen den Schädiger zusteht, auf den Versicherungsträger übergeht, soweit dieser verpflichtet ist, Leistungen aufgrund der gesetzlichen Kranken- oder Rentenversicherung an den Geschädigten zu gewähren.[99] Entsprechendes gilt gemäß § 87 a BBG für den Dienstherrn eines Bundesbeamten sowie aufgrund entsprechender Landesgesetze bei Landesbeamten (vgl. § 52 BRRG).

Maßgeblicher Zeitpunkt für den Übergang ist gemäß § 116 Abs. 1 SGB X die Entstehung des Anspruchs und nicht dessen Erfüllung. Der vom Übergang be-

[97] Katzenmeier, VersR 2002, 1449, 1454.
[98] Brüggemeier, AcP 182 (1982), 385, 407.
[99] Einzelheiten zu § 116 SGB X bei Krauskopf/Marburger, Die Ersatzansprüche nach § 116 SGB X, 2000; Waltermann, FS Gitter, S. 1039 ff.; ders., NJW 1996, 1644.

troffene bürgerlich-rechtliche Schadensersatzanspruch verbleibt danach nur eine logische Sekunde beim Geschädigten, so dass dieser zu keinem Zeitpunkt zur gerichtlichen oder außergerichtlichen Geltendmachung befugt ist.[100] Gemäß § 116 Abs. 1 SGB X sind vom Übergang Ansprüche auf Ersatz eines Schadens betroffen, die auf anderen gesetzlichen Vorschriften beruhen. Dies ist nicht so zu verstehen, dass nur gesetzliche, nicht aber solche Ersatzansprüche übergehen können, die in einem Vertrag wurzeln.[101] Übergangsfähig sind nur solche Schadensersatzansprüche, die den gleichen Zweck verfolgen wie die dem Geschädigten erwachsenen Sozialversicherungsansprüche, da die Kumulation beider Leistungen nur in diesem Fall zu einer Bereicherung des Geschädigten führen würde (Erfordernis der Kongruenz).[102]

2. Verhältnis der Unfallversicherung zur privaten Haftpflicht

a) Das Prinzip der Haftungsersetzung durch Versicherungsschutz

Die gesetzliche Unfallversicherung nimmt im System der Ausgleichsträger eine Sonderstellung ein. Der Unternehmer wird nach § 104 SGB VII unter bestimmten Voraussetzungen von der Haftung für von ihm verursachte Versicherungsfälle freigestellt. Diese Haftungsfreistellung erfolgt zum einen im Hinblick darauf, dass die gesetzliche Unfallversicherung allein durch die Beiträge der Unternehmer finanziert wird, wodurch die Unternehmerhaftpflicht abgelöst wird (Finanzierungsargument). Zum anderen spricht für den Haftungsausschluss, dass den Betriebsfrieden belastende Prozesse zwischen Arbeitnehmern und Arbeitgebern wegen der Folgen von Versicherungsfällen vermieden werden (Friedensargument).[103] Hat der Arbeitgeber den Unfall dagegen vorsätzlich herbeigeführt, ist das Vertrauensverhältnis zwischen Arbeitnehmer und Arbeitgeber grundlegend zerrüttet, so dass eine Deliktsklage möglich ist.

Der Haftungsausschluss führt also dazu, dass die sozialrechtliche Schadensregulierung den zivilrechtlichen Schadensersatz zwischen Beschäftigten und Unternehmen ablöst. Nach § 105 SGB VII gilt eine entsprechende Regelung für die Haftung von Beschäftigten für Arbeitsunfallschäden, die sie im gleichen Betrieb tätigen Arbeitskollegen zufügen. Sie werden gleichfalls von der privatrechtlichen Haftung freigestellt. Durch die Versicherungskonzeption der gesetzlichen Unfallversicherung kommt es folglich zu einer Haftungsersetzung durch Versicherungsschutz.[104]

100 Lange/Schiemann, Schadenersatz, S. 706.
101 Vgl. BGHZ 26, 365, 368 f. zu Ansprüchen aus § 618 BGB; bestätigt in BGHZ 33, 247, 249; OLG Karlsruhe, MedR 1985, 79 zu einem Anspruch aus Arztvertrag.
102 v. Wulffen/Schmalz, § 116 SGB X Rn. 5; Lange/Schiemann, Schadenersatz, S. 712.
103 Gitter, Schadensausgleich im Arbeitsunfallrecht, S. 238 ff.; Schmitt, § 104 SGB VII Rn. 2.
104 Waltermann, Sozialrecht, Rn 245.

b) Originärer Rückgriff nach § 110 SGB VII

Trotz Freistellung von Unternehmer und Arbeitskollegen von der zivilrechtlichen Haftung gegenüber dem Verletzten haben die Freigestellten für Versäumnisse gegenüber dem Unfallversicherungsträger einzustehen, falls sie den Unfall vorsätzlich oder grob fahrlässig herbeigeführt haben, § 110 SGB VII. Danach steht den Berufsgenossenschaften ein originärer Anspruch auf Schadensersatz gegen die kraft Gesetzes von der bürgerlich-rechtlichen Haftung freigestellten Unternehmer und Arbeitskollegen zu. Ob die Unfallversicherungsträger den Regress geltend machen, entscheiden sie nach billigem Ermessen unter Berücksichtigung der wirtschaftlichen Lage des Schädigers, § 110 Abs. 2 SGB VII.

Bei dem Regressanspruch des Sozialversicherungsträgers nach § 110 SGB VII soll nach nunmehr ständiger Rechtsprechung nicht der schadensrechtliche Ausgleichsgedanke im Vordergrund stehen. Vielmehr werde der Regressanspruch im Wesentlichen aus präventiven und erzieherischen Gründen gewährt.[105] Da durch die Haftungsprivilegierung im Verhältnis zum Geschädigten die Bereitschaft zur Schadensverhütung gemindert ist, soll über die drohende Regressforderung des Sozialversicherungsträgers ein Anreiz zur Schadensvermeidung gesetzt werden.[106] Mit der Begründung des Ersatzanspruchs wird bezweckt, das durch das Haftungsprivileg möglicherweise geminderte Verantwortungsbewusstsein des Unternehmers und der Betriebskollegen wach zu halten, d.h. sie zu veranlassen, Arbeitsunfälle zu verhüten.[107] Aus diesem Grunde wird auch bei der Bestimmung der groben Fahrlässigkeit i.S.d. § 110 Abs.1 SGB VII nicht, wie bei § 276 Abs.2 BGB üblich, allein auf die objektive Sorgfaltspflichtverletzung abgestellt[108] und für ein vorsätzliches Handeln gefordert, dass auch der Eintritt des Schadens vom Vorsatz umfasst war.[109]

c) Gesetzlicher Forderungsübergang nach § 116 SGB X

Gegen außenstehende, nicht durch §§ 104 bis 107 SGB VII privilegierte Schädiger kann der Unfallversicherungsträger nach § 116 SGB X den zivilrechtlichen Schadensersatzanspruch der verletzten versicherten Person geltend machen, weil der Anspruch auf ihn übergegangen ist. Hierdurch wird dem Unfallversicherungsträger ein Anspruch gegen schuldhafte Schädiger an die Hand gegeben und eine unbillige Doppelentschädigung von Versicherten verhindert.[110]

---

[105] Siehe BGHZ 57, 96, 99; 75, 328, 331; BGH, VersR 1985, 237, 238; 1989, 109, 110.
[106] Bley/Kreikebohm/Maschner, Sozialrecht, Rn. 907.
[107] BGHZ 75, 328, 331.
[108] Ganz h.M., vgl. zuletzt BGH, NJW 2001, 2092, 2093 m.w.N. zur Rspr.
[109] BGHZ 75, 328, 329 f.
[110] Schulin/Igl, Sozialrecht, Rn. 403.

III. Private Schadensversicherung und Haftung

Im Bereich der Privatversicherung ordnet § 67 Abs. 1 VVG eine cessio legis zugunsten der Schadensversicherer an. Auch diese Vorschrift soll wie § 116 SGB X in erster Linie eine Begünstigung des Ersatzpflichtigen und eine Bereicherung des Versicherungsnehmers verhindern.[111] Infolge der Legalzession erhält der Versicherer den Schadensersatzanspruch im Austausch gegen die Ersatzleistung; ihm wird damit im Umfang des Übergangs lediglich das Realisierungsrisiko hinsichtlich des Schadensersatzanspruchs zugewiesen.[112] Konsequenterweise ordnet daher § 67 Abs. 1 S.3 VVG die Leistungsfreiheit des Versicherers an, wenn der Versicherungsnehmer nach Eintritt des Schadensfalles seinen übergangsfähigen und realisierbaren Anspruch oder ein zu dessen Sicherung dienendes Recht mit der Folge aufgibt, dass nicht mehr das Realisierungsrisiko in Frage steht, sondern der Versicherer abschließend den Schaden ohne Regressmöglichkeit ersetzen müsste.[113]

Der Übergang betrifft gemäß § 67 Abs. 1 VVG Ansprüche auf „Ersatz des Schadens gegen einen Dritten". Die Rechtsgrundlage ist gleichgültig, so dass neben gesetzlichen auch vertragliche Ansprüche[114] der Legalzession unterliegen können. Im Gegensatz zu § 116 Abs. 1 SGB X macht § 67 Abs. 1 VVG den Übergang von der tatsächlichen Leistung des Versicherers abhängig, so dass der Anspruch nicht schon mit dem schädigenden Ereignis übergeht, sondern zunächst in die Verfügungsgewalt des Versicherten fällt. Die Vorschrift betrifft den gesamten Bereich der Schadensversicherung[115] und gilt nicht für die Summenversicherung. Schadensversicherungen sind insbesondere die verschiedenen Sachversicherungen, die Kaskoversicherung, aber auch die Rechtsschutzversicherung und die Haftpflichtversicherung.[116]

IV. Praxis der Schadensabwicklung mittels Haftpflichtrecht, Haftpflicht-, Sozial- und Privatversicherung und die Bedeutung von Teilungsabkommen

1. Zusammentreffen von Versicherungen des Geschädigten mit der Haftpflichtversicherung des Schädigers

Die Realität der Schadensabwicklung zeichnet sich im Bereich der Personenschäden regelmäßig dadurch aus, dass sowohl auf Seiten des Schädigers als auch auf Seiten des Geschädigten Versicherungsschutz besteht. Der Schutz des Bürgers gegen die Folgen einer unfallbedingten körperlichen Verletzung wird in

[111] BGHZ 13, 28; 25, 340, 342.
[112] Groß, DAR 1999, 337.
[113] Groß, DAR 1999, 337.
[114] OLG Düsseldorf, VersR 1983, 625 (Anspruch aus Mietvertrag).
[115] Lange/Schiemann, Schadenersatz, S. 690.
[116] Weyers/Wandt, Versicherungsvertragrsecht, S. 245.

weitem Umfang durch die Sicherungs- und Versorgungssysteme gewährleistet. Auf Seiten des Geschädigten greift regelmäßig der Sozialversicherungsschutz in Gestalt der Kranken-, Unfall-, Renten- oder Pflegeversicherung ein. Hinzu kommt, dass der Schädiger seinerseits oftmals entweder freiwillig oder aufgrund einer gesetzlichen Verpflichtung haftpflichtversichert ist. Das Opfer eines Gesundheitsschadens bedarf somit regelmäßig nicht des Haftungsrechts, um Ersatz für die erlittenen Schäden und Einbußen zu erhalten.

Auch im Bereich der Sachschäden ist der Geschädigte aufgrund des weit verbreiteten Versicherungsschutzes im Rahmen des Schadensausgleichs oftmals nicht auf das Haftungsrecht angewiesen.[117] Auch hier greift regelmäßig der Haftpflichtversicherungsschutz des Schädigers ein. Des Weiteren ist zu verzeichnen, dass der Geschädigte gegen das Risiko des Sachschadens in zunehmenden Umfang durch Abschluss privater Versicherungsverträge abgesichert ist. Nahezu lückenlos dürfte der Schutz gegen das Risiko des Gebäudebrandes aufgrund von Feuerversicherungsverträgen sein, aber auch bestimmte hochwertige Wirtschaftsgüter sind weitgehend durch Versicherungen gegen bestimmte Gefahren gedeckt, man denke nur an Hausrat-, Glas-, Einbruchdiebstahl-, Leitungswasser-, Reisegepäck und Maschinenversicherungen.

2. Haftungsrecht als „Recht der Regressvoraussetzungen“

Es stellt sich daher die Frage, welche Bedeutung dem Haftungsrecht im Rahmen der Schadensabwicklung noch zukommt, wenn sowohl auf Seiten des Schädigers als auch des Geschädigten weitgehend Schutz durch Versicherungen eingreift und die Schadensabwicklung beiderseits kollektiviert ist. Hinsichtlich der Schäden, die von den kollektiven Vorsorgesystemen ausgeglichen werden, hat das Haftpflichtrecht nach wie vor Bedeutung, wenn auch eine andere als die ihm ursprünglich zugedachte.[118] Aufgrund der Legalzessionen im Bereich der Sozialversicherung (§§ 116 SGB X, 87 a BBG), der originären Rückgriffsmöglichkeit im Bereich der Unfallversicherung (§ 110 SGB VII), der Regressmöglichkeiten im Bereich der obligatorischen Haftpflichtversicherung sowie der cessio legis bei der Privatversicherung (§ 67 VVG) entscheidet das Haftungsrecht nicht mehr darüber, ob der Verletzte eine Ersatzleistung erhält, sondern darüber, ob der Vorsorgeträger, nachdem er die Ersatzleistung an den Verletzten erbracht hat, sich seinerseits durch Rückgriff gegen den Schädiger schadlos halten kann.[119] Aus diesem Grunde wird das Haftungsrecht zutreffend als „Recht der Regressvoraussetzungen“ [120] bzw. als „Recht der Schadensletztverteilung zwischen konkurrierenden Kollektiven“[121] bezeichnet. Durch die beiderseitige Kol-

[117] Kötz/Wagner, Deliktsrecht, Rn. 227.
[118] Katzenmeier, VersR 2002, 1449, 1453.
[119] Kötz, Sozialer Wandel, S. 26.
[120] Weyers, Unfallschäden, S. 401.
[121] Brüggemeier, Deliktsrecht, S. 58.

lektivierung der Schadensabwicklung richtet sich die Regressforderung des Vorsorgeträgers in weiten Bereichen nicht gegen den Schädiger persönlich, sondern gegen dessen Haftpflichtversicherung.

Die zunehmende Ausbreitung der Haftpflichtversicherung sowie der ausgedehnte Schutz durch die Sozialversicherung hat letztlich dazu geführt, dass dem Haftungsrecht heute in weiten Bereichen andere Aufgaben zukommen als diejenigen, für die es nach seiner historischen Entwicklung angedacht war. Während das Haftungsrecht ursprünglich einen gerechten Ausgleich zwischen Individuen bezweckte und deshalb Schädiger und Geschädigten als Einzelpersonen ins Auge fasste, ist es heute überwiegend mit Fällen befasst, in denen Geschädigter und Schädiger „von der Bildfläche verschwunden sind“ und nur noch darüber gestritten wird, ob der Schaden letztlich von einem Vorsorgeträger oder einem Haftpflichtversicherer getragen werden soll.[122] Das Haftpflichtrecht wird somit zum Verteilungskriterium zwischen den unterschiedlichen kollektiven Schadensausgleichssystemen, wenn die Versicherung des Geschädigten mit der Haftpflichtversicherung des Schädigers zusammentrifft.[123] Dies gilt aufgrund des umfänglichen Sozialversicherungsschutzes insbesondere für den Bereich der Personenschäden: Ob und inwieweit die Haftpflichtversicherung des Schädigers für den Regress des Personenversicherers einzutreten hat, entscheidet das Haftungsrecht. Dem Kollektiv der möglichen Schädiger in Gestalt der Haftpflichtversicherung wird der Schaden bei Verantwortlichkeit des Schädigers zugewiesen, wohingegen in dem Fall, in dem dem Schädiger der Schaden nicht zuzurechnen ist, das Kollektiv der Geschädigten in Form der Sozialversicherung bei Personenschäden und der privaten Schadensversicherung bei Sachschäden einzustehen hat.

3. Die Praxis des Regresses und die Bedeutung von Teilungsabkommen

Diese Zuweisungs- und Verteilungsfunktion des Haftungsrechts wird jedoch in der Praxis der Schadensabwicklung zwischen kollektiven Schadenstragungssystemen aufgrund ökonomischer Gesichtspunkte abgeschwächt. Zum einen ist zu beobachten, dass der Regress zwischen Sozialleistungsträgern und Haftpflichtversicherern nur noch selten auf der Einzelfallbasis, d.h. getreu den zivilrechtlichen Haftungsvoraussetzungen abgewickelt wird.[124]

Der Vereinfachung oder sogar der Ausschaltung von Regressen dienen Schadensteilungs- und Regressverzichtsabkommen zwischen Sozialversicherungsträgern und Haftpflichtversicherern. Zum anderen ist gerade im Bereich der Privat-

[122] Kötz, Sozialer Wandel, S. 28.
[123] Schirmer, ZVersWiss 1996, 1, 21.
[124] Brüggemeier, AcP 182 (1982), 385, 416; Schirmer, ZVersWiss 1996, 1, 21; Katzenmeier, VersR 2002, 1449, 1454.

versicherungen die Tendenz zu verzeichnen, den Regress aufgrund kaufmännischer Überlegungen ganz zu unterlassen.[125]

a) Wirtschaftliche Bedeutung des Regresses im Privatversicherungsrecht

Der Regress im Privatversicherungsrecht erfährt in der Praxis der Schadensabwicklung durch eine ganze Reihe von Umständen erhebliche Einschränkungen. Bei Bagatellschäden lohnt sich von vornherein der Verwaltungsaufwand zur Geltendmachung der Forderung nicht.[126] Ferner ist der Versicherer regelmäßig bestrebt, nicht durch eine strenge Geltendmachung von Regressforderungen den Versicherungsnehmer zu verärgern. Des Weiteren muss er berücksichtigen, dass oftmals auch der Regresspflichtige zum potentiellen Kundenkreis gehört, und es liefe seinem Ansehen in der Öffentlichkeit zuwider, wollte er den Schuldner durch die Regressforderung in den Ruin treiben.[127] Beschränkungen des Regresses ergeben sich auch durch Versicherungsbedingungen wie z.B. § 15 Nr.2 AKB, wonach Ersatzansprüche des Versicherungsnehmers, die nach § 67 Abs.1 VVG auf den Versicherer übergegangen sind, gegen den berechtigten Fahrer und andere in der Haftpflichtversicherung mitversicherte Personen sowie gegen den Mieter oder Entleiher nur geltend gemacht werden, wenn von ihnen der Versicherungsfall vorsätzlich oder grob fahrlässig herbeigeführt worden ist.

b) Wirtschaftliche Bedeutung des Regresses im Sozialversicherungsrecht

Dem Forderungsübergang nach § 116 SGB X und den auf diese Vorschrift verweisenden Bestimmungen kommt eine größere Bedeutung zu als dem Forderungsübergang nach § 67 Abs. 1 VVG, da bei den Sozialversicherungsträgern der Gesichtspunkt der Wahrung des geschäftlichen Ansehens eine geringere Rolle spielt als bei den konkurrierenden privaten Versicherungsunternehmen.[128] Auf der anderen Seite sind auch die Sozialversicherungsträger bestrebt, das Vertrauensverhältnis zum Versicherten nicht zu gefährden; sie müssen sozialen Gesichtspunkten Rechnung tragen und von Regressen absehen, bei denen ein Missverhältnis von Aufwand und Ertrag besteht.[129] Schließlich gilt es zu berücksichtigen, dass der Regress gegen den Schädiger regelmäßig mit hohen Kosten verbunden ist. Die Ermittlung des Verantwortlichen, die Aufklärung des Sachverhalts, die Geltendmachung des Ersatzanspruchs und das Führen eines gegebenenfalls über mehrere Instanzen gehenden Rechtsstreits sind sehr kostspielig, so dass in vielen Fällen von der Einleitung eines Regressverfahrens abgesehen

[125] Lange/Schiemann, Schadenersatz, S. 691.
[126] Lange/Schiemann, Schadenersatz, S. 691.
[127] Lange/Schiemann, Schadenersatz, S. 691.
[128] Weyers, Unfallschäden, S. 113 ff, 116 wonach die Sozialversicherungsträger im Allgemeinen eher einer juristischen (statt wirtschaftlichen) Betrachtungsweise Rechnung tragen.
[129] Lange/Schiemann, Schadenersatz, S. 705

wird.[130] Schließlich scheitert ein Rückgriff der Krankenkassen gegen private Schädiger oftmals schon daran, dass die leistungspflichtige Kasse von der möglichen Existenz eines zivilrechtlichen Haftungsanspruchs keine Kenntnis erhält.[131]

Die Möglichkeit eines Verzichts ist bei Ansprüchen vorgesehen, die dem Versicherungsträger gem. § 110 Abs. 1 SGB VII zustehen können (§ 110 SGB VII). Schließlich ist der Sozialleistungsträger gem. § 76 Abs.2 SGB IV allgemein verpflichtet, den Regress zur Vermeidung unbilliger Härten zu beschränken.[132]

c) Bedeutung und Funktion von Schadensteilungs- und Regressverzichtsabkommen

Soweit der Regresspflichtige selbst versichert ist, und das ist gerade bei größeren Sachschäden sowie bei Personenschäden regelmäßig der Fall, greifen vielfach Regressverzichts- und Schadensteilungsabkommen ein. Teilungsabkommen sind Rahmenverträge über künftige Schadensersatzansprüche zur Rationalisierung des kollektiven Schadensausgleichs durch Senkung der Regress- und Regressabwehrkosten mit Hilfe von Quoten, Pauschalen und Sperrklauseln.[133] Durch solche Abkommen soll die oft langwierige, kostenträchtige und hohen Verwaltungsaufwand bedingende Klärung der Haftpflichtfrage vermieden werden.

Die größte Bedeutung kommt den Abkommen im Rahmen der Schadensabwicklung zwischen den Sozialversicherungsträgern und den Haftpflichtversicherungen zu.[134] Ihr Grundgedanke ist, dass sich ein Durchschnittsergebnis aller zwischen einem Schadensvorsorgeträger und einem Haftpflichtversicherer vorzunehmenden Regulierungen nach Erfahrungswerten voraussagen lässt, und dass man infolgedessen bei der Regulierung eines Einzelfalls gleich dieses Durchschnittsergebnis zugrunde legen kann, anstatt es erst aus der kostspieligen Ermittlung der Rechtslage aller Einzelfälle festzustellen. Sie haben ihren größten Anwendungsbereich im Straßenverkehrshaftpflichtrecht als einem Massenphänomen, das jeden Tag für eine Vielzahl neuer Schadensfälle sorgt, die es abzuwickeln gilt.[135] Sie verdanken ihre Existenz dem Umstand, dass ein Haftpflichtversicherer Ansprüche eines Sozialversicherungsträgers wegen § 116 SGB X zu erfüllen hat.

[130] Wagner, JZ 1991, 175, 179.

[131] Wagner, VersR 1999, 1441, 1448.

[132] Bedeutung hat diese Vorschrift insbesondere für unversicherte deliktische Schädiger, siehe hierzu Ahrens, NJW 1989, 1704 ff.

[133] Denck, NJW 1982, 2048, 2049.

[134] Weyers, Unfallschäden, S. 141 f.

[135] MünchKomm/Wagner[4], Vor § 823 Rn. 30.

Der Gesetzgeber hat dieses Instrument bei der Neuregelung des Regresses der Sozialversicherer in § 116 Abs. 9 SGB X grundsätzlich anerkannt und die Sozialversicherungsträger zum Abschluss solcher Verträge ermächtigt.

Im Falle des Teilungsabkommens treffen der Sozialversicherungsträger und der private Haftpflichtversicherer eine Vereinbarung, nach der letzterer bei Vorliegen bestimmter Voraussetzungen ohne weitere Prüfung der Haftpflichtfrage, insbesondere der Kausalitäts- und Pflichtwidrigkeitserfordernisse, einen bestimmten, regelmäßig um 50 Prozent liegenden Anteil an den der Krankenkasse entstandenen Aufwendungen zu tragen hat.[136] In dem Rahmenvertrag verpflichtet sich der Haftpflichtversicherer im eigenen Namen, die Schäden seines Versicherungsnehmers in Höhe der Abkommensquote zu übernehmen, während sich der Vertragspartner verpflichtet, sich der Geltendmachung des Anspruchs gegen den Versicherungsnehmer zu enthalten (pactum de non petendo zugunsten des Haftpflichtversicherungsnehmers).[137]

Voraussetzung für die Anwendung des Teilungsabkommens und die Erstattungspflicht des Haftpflichtversicherers ist, dass der Haftpflichtversicherungsträger dem Versicherungsnehmer gegenüber deckungspflichtig ist.[138] Des Weiteren muss ein adäquat ursächlicher Zusammenhang zwischen dem gedeckten Haftpflichtgefahrenbereich und dem Schadensfall bestehen, ohne dass der Beweis des ersten Anscheins für das Vorliegen eines Haftpflichttatbestandes geführt werden müsste.[139] Für die Begründung der Leistungspflicht des Regressschuldners reicht es aus, wenn der Schaden mit dem vom Haftpflichtversicherer zu verantwortenden Gefahrenbereich abstrakt in Zusammenhang steht.[140] Ein Teilungsabkommen ist danach anwendbar, wenn es nicht offensichtlich an einem erkennbaren Ursachenzusammenhang zwischen dem Schaden und einem unter den Versicherungsschutz fallenden Verhalten des Versicherungsnehmers fehlt, was die Rechtsprechung als Erfordernis eines „inneren Zusammenhangs“ zwischen dem Schadensereignis und dem versicherten Wagnis umschreibt.[141]

Kein Ausgleichanspruch besteht hingegen in so genannten „Groteskfällen“, wenn schon nach dem unstreitigen Sachverhalt der Versicherungsnehmer offensichtlich nicht schadensersatzpflichtig ist.[142] Dies ist insbesondere dann der Fall, wenn der Geschädigte auch bei kühnster Ausdeutung der Sach- und Rechtslage

---

[136] Wagner, JZ 1991, 175, 181.
[137] So mit leichten Varianten BGH, VersR 1951, 65; 1960, 988; 1970, 837; 1973, 614, 759; 1993, 841, 981.
[138] BGH, VersR 1960, 988; 1971, 117.
[139] BGHZ 20, 385; BGH, VersR 1951, 65; 1963, 1066.
[140] BGHZ 20, 385, 390.
[141] BGH, VersR 1982, 333; 1983, 26; 1984, 158.
[142] BGHZ 20, 385, 390.

nicht auf den Gedanken kommen könnte, Ansprüche gegen den Versicherungsnehmer des Haftpflichtversicherers zu stellen.[143]

Durch den Abschluss von Teilungsabkommen degenerieren die gesetzlichen und richterrechtlichen Regeln des Haftpflichtrechts zu einem einzelnen Faktor, der neben Verhandlungsvorteilen und Schätzungen schließlich eine Prozentzahl oder eine Pauschale bestimmt, nach der jeder Haftpflichtfall bei grober Klassifizierung ohne Rücksicht auf rechtliche Besonderheiten abgerechnet wird.[144]

§ 13 Haftungsrecht, Versicherungsschutz und Handlungsfreiheit des Schädigers

Der Überblick über das Zusammenwirken der verschiedenen Versicherungen von Schädiger und Geschädigtem im Rahmen der Schadensabwicklung zeigt weit reichende Überlagerungen und Verdrängungen des zivilen Schadensrechts durch eine Regulierung nach versicherungsrechtlichen Grundsätzen. Durch die Etablierung und Ausweitung kollektiver Systeme der Schadenstragung ist der individuelle Schadensausgleich zwischen Schädiger und Geschädigtem in der Praxis längst zur Ausnahme geworden.[145] Im Folgenden ist zu klären, welche Rückschlüsse sich aus der Regulierung der Schadensfälle nach versicherungsrechtlichen Grundsätzen für die Handlungsfreiheit des Schädigers ziehen lassen. Insbesondere ist zu hinterfragen, ob das Bestehen von Versicherungsschutz zu einem sorgloseren Verhalten des potentiellen Schädigers führt, und welche versicherungsrechtlichen Mechanismen einem drohenden Verlust der Steuerungswirkung durch das Haftungsrecht entgegenwirken.

I. Das Spannungsverhältnis zwischen Versicherungsschutz und Steuerungswirkung des Haftungsrechts

1. Präventions- und Steuerungsverluste durch Versicherungsschutz

In der Literatur wird geltend gemacht, dass durch das Bestehen von Versicherungsschutz die präventive und steuernde Wirkung des Haftungsrechts herabgesetzt wird.[146] Die Versicherung steht danach in einem Spannungsverhältnis zur präventiven Funktion des Haftungsrechts. Jede Versicherung bewirke eine Minderung der Sorgfalt des Versicherungsnehmers in Bezug auf die Vermeidung von Schäden, weil diese Schäden finanziell abgedeckt seien und demzufolge auf

[143] Prölss/Martin/Prölss, § 67 VVG Rn. 63.

[144] Weyers, Unfallschäden, S. 411.

[145] Katzenmeier, VersR 2002, 1449, 1455; Kötz, Sozialer Wandel, S. 28.

[146] Katzenmeier, VersR 2002, 1449, 1455; v. Bar, AcP 181 (1981), 289, 311 ff.; Looschelders, VersR 1996, 529, 536; Brüggemeier, Prinzipien, S. 5, 254; Scheel, Versicherbarkeit, S. 19, 41; Schlobach, Präventionsprinzip, S. 413 ff.

die Gemeinschaft der Versicherten abgewälzt werden können.[147] Die Kollektivierung der Schäden, ihre Umverteilung auf eine Gruppe führe psychologisch zur minderen Anspannung der individuellen Bestrebungen zur Schadensabwehr. Grossfeld/Hübner umschreiben dieser Erscheinung mit den Worten: „Versicherung produziert Laxheit“.[148]

Der Bundesgerichtshof hat sich zu dieser Problematik im Bereich der Haftpflichtversicherung wie folgt geäußert:[149] „Es lässt sich allerdings nicht bestreiten, dass die Haftpflichtversicherung nicht dazu beiträgt, im Versicherungsnehmer den Willen zur Schadenverhütung zu stärken ..... Ob und inwieweit sie die Aufgabe übernehmen will, auch ihrerseits zur Schadensvorbeugung beizutragen, ist vielmehr eine rein rechtspolitische Frage. Sie kann, wenn hierfür ein praktisches Bedürfnis auftritt, nur dadurch gelöst werden, dass der Haftpflichtversicherung durch eine entsprechende Umgestaltung des Gesetzes oder der Versicherungsbedingungen in der einen oder anderen Weise engere Grenzen gezogen werden ..... In verstärktem Maße ist ein derartiges Bedürfnis in letzter Zeit bei der Kraftfahrzeughaftpflichtversicherung aufgetreten. Durch das neuerlich ständige Anwachsen der erfahrungsgemäß folgenschweren Unfälle, die durch betrunkene Kraftfahrer verursacht werden, hat sich die zwingende Notwendigkeit einer schärferen Bekämpfung der Trunkenheitsfahrten ergeben. Es liegt nahe, hierbei zu erwägen, ob in die Verhütungsmaßnahmen nicht auch die Kraftfahrzeughaftpflichtversicherung eingeschaltet werden soll.“

Die Ausführungen des Bundesgerichtshofs sowie die Stimmen in der Literatur zeigen, dass der zunehmende Ausbau des Versicherungsschutzes Präventions- und Steuerungsverluste des Haftungsrechts zur Folge hat. Denn das Interesse des Schädigers an der Vermeidung des schädigenden Verhaltens dürfte in der Tat vermindert sein, wenn er weiß, dass er seine etwaige Schadensersatzpflicht auf das Kollektiv der Versicherten abwälzen kann. Andererseits gilt es zu berücksichtigen, dass sowohl die Sozial- als auch die Privatversicherungen ein reichhaltiges Instrumentarium bereithalten, das im Einzelfall Schadensverhütungsanreize gegenüber dem Empfänger der Versicherungsleistungen ausüben kann.

2. Schadenverhütung und Sozialversicherung

Die Sozialversicherungszweige der Unfall-, Kranken- und Rentenversicherung haben das gemeinsame Ziel, den Versicherten vor Schäden zu schützen, die sich aus der Beeinträchtigung seiner Gesundheit und seiner Arbeitskraft ergeben. Nach ihrer sozialen Zielrichtung erfassen sie zwar unterschiedliche Risikoberei-

[147] Grossfeld/Hübner, ZVersWiss 1977, 393, 405.
[148] Grossfeld/Hübner, ZVersWiss 1977, 393, 405.
[149] BGHZ 7, 311, 324 f.

che,[150] jedoch gilt in allen Bereichen die Verhinderung von Schadensfällen (Prävention) neben der Verminderung der Folgen eines Schadenereignisses (Rehabilitation) als gleichberechtigtes Prinzip.[151] Die Sozialversicherung nimmt in erheblichem Umfang Schadenverhütungsaufgaben wahr, indem ihre Träger gesundheitspolitische, technologische und arbeitsmarktpolitische Präventionsdienste unterhalten.[152]

Die Krankenversicherungsträger haben zahlreiche Schadensverhütungsmaßnahmen durchzuführen. Der Vermeidung und frühzeitigen Erkennung von Krankheiten werden in zunehmendem Maß ein größerer Stellenwert beigemessen. Die Leistungen zur Verhütung von Krankheiten und zur Vorsorge im Rahmen der gesetzlichen Krankenkasse sind in den §§ 20-24 SGB V im Einzelnen geregelt. Zur Früherkennung von Krankheiten sieht das Krankenversicherungsrecht Gesundheitsuntersuchungen Erwachsener (§ 25 SGB V) und Kindesuntersuchungen (§ 26 SGB V) vor. Des Weiteren sei darauf hingewiesen, dass auch Mechanismen wie die Beitragsrückerstattung bei unterbliebener Inanspruchnahme ärztlicher Dienste sowie die zunehmende Selbstbeteiligung der Versicherten an den Arzneimittelkosten zu einer produktiven Schadenverhütung beitragen können.[153]

Auch die Träger der gesetzlichen Unfallversicherung haben die Pflicht, mit allen geeigneten Mitteln für die Verhütung von Arbeitsunfällen zu sorgen (§§ 14-25 SGB VII). Das SGB VII stellt die Unfallverhütung, wie § 1 SGB VII zeigt, in den Vordergrund, um sie als vorrangige und wichtigste Aufgabe der gesetzlichen Unfallversicherung kenntlich zu machen.[154] Wichtigstes Mittel zur Erfüllung der Präventionsaufgabe der Unfallversicherungsträger ist der Erlass von Unfallverhütungsvorschriften (§ 15 SGB VII), die von den Unfallversicherungsträgern als autonomes Satzungsrecht erlassen werden. Deren Verhaltensvorgaben im Interesse der Arbeitssicherheit sind nicht nur Bußgeldtatbestände, sondern können von den Unfallversicherungsträgern auch mit Anordnungen im Einzelfall durchgesetzt werden (§§ 17, 19 SGB VII). Schließlich tragen auch in der Renten- und Pflegeversicherung Maßnahmen zur Erhaltung, Besserung und Wiederherstellung der Erwerbsfähigkeit (§ 9 SGB VI) bzw. zur Vermeidung der Pflegebedürftigkeit (§ 5 SGB IX) zur Schadensverhütung bei.

---

[150] Dazu Schewe, ZVersWiss 1968, 97 ff.

[151] Grossfeld/Hübner, ZVersWiss 1977, 393, 402.

[152] Zöllner, Prävention und Rehabilitation, 1962; Bogs, ZFSozREf 1969, 654 ff und 738 ff.; Rohwer-Kahlmann, ZVersWiss 1968, 127 ff.; Gaber, ZVersWiss 1968, 107 ff.; Watermann, ZVersWiss 1968, 117 ff.

[153] Bogs, FS Möller, S. 57, 71.

[154] Waltermann, Sozialrecht, Rn. 267.

3. Versicherungstechnische Mechanismen zur Verhinderung von Präventions- und Steuerungsverlusten in der Privatversicherung

Der Gedanke der Schadenverhütung ist jedoch nicht nur der Sozialversicherung immanent. Auch das Privatversicherungsrecht hält ein reichhaltiges Instrumentarium versicherungstechnischer Möglichkeiten bereit, die gezielt zum Zwecke der Verhaltenslenkung eingesetzt werden. In diesem Zusammenhang wird davon ausgegangen, dass das Recht der privatwirtschaftlichen, im marktwirtschaftlichen Wettbewerb stehenden Versicherung beherrscht ist von dem Prinzip mittelbarer Schadenverhütung über die normative Ausgestaltung des Versicherungsschutzes.[155] Im Wesentlichen handelt es sich dabei um folgende versicherungsrechtliche Mechanismen:

a) Selektion

Durch die Selektion schließt der Privatversicherer von vornherein bestimmte gefährliche Risiken von der Versicherung aus, indem er einen Vertrag nicht abschließt oder bestimmte Risiken von der Deckung ausschließt. Diese selektiven Maßnahmen liefern insofern einen mittelbaren Beitrag zur Schadenverhütung, als ein Nichtversichertsein regelmäßig die Sorgfalt des Versicherungsnehmers steigert, da er den drohenden Schaden nicht auf die Gemeinschaft der Versicherten abwälzen kann.[156]

b) Prämienfestsetzung

Des Weiteren kommt auch einer risikogerechten Prämienquotierung schadensverhütende Wirkung zu.[157] Sie animiert den Risikoträger alles zu tun, was in seiner Macht steht und ihm wirtschaftlich sinnvoll erscheint, sein Risiko zu bessern. Prämienermäßigungen spornen den Versicherungsnehmer an, geeignete schadensverhütende Maßnahmen zu ergreifen, wenn die Kosten für die Sicherheitsvorkehrungen und die Prämienermäßigungen in einem angemessenen Verhältnis zueinander stehen.[158] Wird hingegen nur eine pauschale, vom jeweils übernommenen Risiko unabhängige Prämie kalkuliert, besteht für den Versicherungsnehmer nur noch ein verringerter Anreiz, Vorsorgemaßnahmen zu treffen.

In der Praxis kann das Ziel einer risikogerechten Prämie nur dadurch erreicht werden, dass man das übernommene Risiko genau erfasst und bewertet und anhand der gewonnenen Erkenntnisse den Erwartungswert der Schäden und damit die Prämien risikogerecht kalkuliert. Aufgrund der auftretenden Informationsdefizite zwischen Versicherungsnehmer und Versicherung sind den Versiche-

---

155 Bogs, FS Hans Möller, S. 57, 66.
156 Frey, ZVersWiss 1968, 15, 22.
157 Grossfeld/Hübner, ZVersWiss 1977, 393, 410; Frey, ZVersWiss 1968, 15, 23.
158 Döring, Haftung und Haftpflichtversicherung, S. 134; Grossfeld/Hübner, ZVersWiss 1977, 393, 410.

rungsunternehmen bei der Festsetzung risikogerechter Prämien im Einzelfall jedoch Grenzen gesetzt.[159]

c) Vertragsschluss unter Bedingungen

Der Versicherer kann den Versicherungsnehmer zur Schadensverhütung auch dadurch veranlassen, indem er den Versicherungsvertrag unter einer aufschiebenden Bedingung im Sinne der §§ 158 ff. BGB abschließt.[160] Der Versicherungsvertrag wird in diesem Falle erst dann wirksam, wenn der Versicherungsnehmer die Bedingung in Form der schadenverhütenden Maßnahme erbracht hat.

d) Vorvertragliche Anzeigepflichten

Ebenfalls einen Beitrag zur Schadensverhütung liefert die vorvertragliche Anzeigepflicht gem. §§ 16-21 VVG. Nach § 16 Abs. 1 VVG hat der Versicherungsnehmer bei Vertragsschluss alle ihm bekannten Umstände, die für die Übernahme der Gefahr erheblich sind, dem Versicherer anzuzeigen. Kommt der Versicherungsnehmer dieser Anzeigepflicht nicht nach, so kann der Versicherer gem. § 16 Abs. 2 VVG von dem Vertrag zurückzutreten. Die vorvertragliche Anzeigepflicht des zukünftigen Versicherungsnehmers soll den Versicherer in die Lage versetzen, das Risiko richtig einzuschätzen und die richtige Prämieneinstufung vorzunehmen.[161]

e) Gesetzliche Schadensverhütungspflicht

Auch nach Abschluss des Versicherungsvertrages besteht ein differenziert ausgestaltetes Konzept zur Schadensverhütung. So wird nach § 61 VVG[162] der Versicherer von der Verpflichtung zur Leistung frei, wenn der Versicherungsnehmer den Versicherungsfall vorsätzlich oder durch grobe Fahrlässigkeit herbeiführt. Die ganz überwiegender Meinung[163] folgert aus § 61 VVG jedoch keine allgemeine Rechtspflicht - mit der Folge einer Schadensersatzpflicht bei Verletzung derselben – seitens des Versicherungsnehmers zur Schadensverhütung vor Eintritt des Versicherungsfalles; § 61 VVG bilde vielmehr einen subjektiven Risikoausschluss, da es eine allgemeine Schadensverhütungspflicht nicht gebe.

[159] Döring, Haftung und Haftpflichtversicherung, S. 225.

[160] Möller, ZVersWiss 1968, 59, 62.

[161] Weyers/Wandt, Versicherungsvertragsrecht, S. 161.

[162] § 61 VVG betrifft die gesamte Schadensversicherung während § 152 VVG für einen Zweig der Schadensversicherung, nämlich der Haftpflichtversicherung, eine Sonderregelung enthält; den beiden Vorschriften kommt für die Praxis außergewöhnliche Bedeutung zu; vgl. dazu Lorenz, VersR 2000, 2 ff.

[163] RGZ 117, 327; 135, 370; BGHZ 11, 120; 42, 295; 43, 88; Möller, ZVersWiss 1968, 59, 68; Prölss/Martin/Prölss, § 61 VVG Rn. 2 m.w.N.

Die gesetzliche Obliegenheit gem. § 62 VVG, bei Eintritt des Versicherungsfalles auf Kosten des Versicherers den Schaden nach Möglichkeit abzuwenden oder zu mindern, schließt an den subjektiven Risikoausschluss des § 61 VVG nahtlos an. Nach dem Eintritt des Versicherungsfalles verwandelt sich die mit der vorvertraglichen Anzeigepflicht verbundene Gefahrstandspflicht des Versicherungsnehmers in die gesetzliche Pflicht, den Schaden abzuwenden und zu mindern (§§ 62 Abs. 1, 122, 144, 183 VVG).[164]

f) Verbot der Gefahrerhöhung

Die vorvertragliche Anzeigepflicht (§§ 16-21 VVG) wandelt sich des Weiteren nach Abschluss des Versicherungsvertrages in die Pflicht des Versicherungsnehmers um, jede erhebliche Gefahrerhöhung anzuzeigen (§§ 23-29a VVG). Die §§ 23 ff. VVG sollen im Interesse derer, die Versicherungsschutz suchen, den Versicherer davon befreien, generell alle möglichen Gefahrerhöhungen mit Hilfe grober Schätzungen ex ante einzuplanen, indem sie ihm ermöglichen, erst im Falle des Eintritts Konsequenzen zu ziehen.[165] Verletzt der Versicherungsnehmer die Anzeigepflicht des § 23 Abs. 1 VVG, kann der Versicherer das Versicherungsverhältnis ohne Einhaltung einer Kündigungsfrist kündigen, § 24 Abs. 1 VVG. Nach § 25 Abs. 1 VVG ist der Versicherer im Fall der Verletzung der Vorschrift des § 23 Abs. 1 VG von der Verpflichtung zur Leistung frei, wenn der Versicherungsfall nach der Erhöhung der Gefahr eintritt.

g) Obliegenheiten

Eine große Bedeutung für die Schadenverhütung kommt auch den versicherungsrechtlichen Obliegenheiten zu.[166] Mit Obliegenheiten bezeichnet man im Versicherungsrecht Verhaltensregeln, vor allem für den Versicherungsnehmer.[167] Das Versicherungsrecht kennt eine Vielzahl von Obliegenheiten mit ganz verschiedenen Funktionen. Zu nennen sind in diesem Zusammenhang u.a. die Anzeigepflicht bei Vertragsschluss (§§ 16 ff. VVG), das Verbot der Gefahrerhöhung (§ 23 ff. VVG) und die „Rettungspflicht“ (§ 62 VVG). Die versicherungsrechtlichen Obliegenheiten zielen zwar nicht notwendig, aber meist auf eine Beeinflussung der Gefahrenlage und betreffen im Wesentlichen „ein Verhalten des Versicherungsnehmers, des Versicherten und bestimmter Dritter, das die Verhütung der Gefahrverwirklichung und des Schadens zum Gegenstand hat, weil in der weitaus überwiegenden Zahl der Fälle das versicherte Risiko zur persönlichen Rechtssphäre dieser Personen gehört“.[168] Die Rechtsfolgen der Verletzung einer Obliegenheit sind nicht einheitlich geregelt; regelmäßig ist der

[164] Grossfeld/Hübner, ZVersWiss 1977, 393, 414.
[165] Prölss/Martin/Prölss, § 23 VVG Rn. 1.
[166] Grossfeld/Hübner, ZVersWiss 1977, 393, 416 ff.
[167] Grundlegend zum Begriff der Obliegenheiten Schmidt, Die Obliegenheiten, 1953, S. 195.
[168] Schmidt, ZVersWiss 1968, 81, 83.

Versicherer im Falle der Verletzung einer Obliegenheit zur Kündigung des Vertrages berechtigt und unter weiteren Voraussetzungen auch für einen bereits eingetretenen Versicherungsfall leistungsfrei.[169] Der scharfen Sanktion der vollständigen Leistungsfreiheit des Versicherers kommt eine generalpräventive und schadensverhütende Wirkung zu. Wer bei Obliegenheitsverletzung den Verlust des ganzen Versicherungsschutzes riskiert, wird sich eher vertragstreu verhalten und die Pflichten zur Beeinflussung der Gefahrenlage beachten

h) Regress

Schließlich ist auch die Möglichkeit des Regresses nach § 67 VVG grundsätzlich geeignet, einen Anreiz zu Sicherheitsvorkehrungen zu bewirken. Allerdings wird – wie bereits oben festgestellt – von der Regressmöglichkeit im Privatversicherungsrecht lediglich zurückhaltend Gebrauch gemacht, mit der Folge, dass auch eine steuernde und präventive Wirkung nur in geringem Maße von ihm ausgehen kann.

i) Selbstbehalt, Bonus-Malus, Prämienrückerstattung

Bewährte Mittel, das Interesse des Versicherungsnehmers an der Schadenverhütung zu erhöhen, sind schließlich die Vereinbarung eines Selbstbehalts oder einer Selbstbeteiligung. Sie haben zur Folge, dass der Versicherte im Versicherungsfall einen Teil des Schadens selbst tragen muss.[170] Der Versicherer muss nur leisten, wenn der Schaden eine bestimmte Summe oder einen bestimmten Prozentsatz der Versicherungssumme oder des Versicherungswertes übersteigt. Hierdurch bleibt der Versicherungsnehmer für den ungedeckten Teil Selbstversicherer und ist daher an der Verhütung von Schäden stärker interessiert als bei Bestehen einer Vollversicherung.[171] Letztlich können auch Bonus-Malus-Systeme, die anstelle eines Selbstbehalts im Rahmen der Kfz-Haftpflichtversicherung existieren, sowie Prämienrückerstattungen im Falle der Nichtinanspruchnahme der Versicherung einen Anreiz zur Schadensverhütung verursachen. So erhalten Versicherungsnehmer im Rahmen der Kfz-Haftpflichtversicherung, auf deren Verträge kein Schaden angefallen ist, im Verhältnis zur Anfangsprämie einen Rabatt, der sich mit den Jahren bis zu einer bestimmten Grenze steigert. Umgekehrt müssen Zuschläge auf besonders stark schadensbelastete Verträge entrichtet werden.[172]

[169] Weyers/Wandt, Versicherungsvertragecht, S. 108.
[170] Weyers/Wandt, Versicherungsvertragsrecht, S. 154.
[171] Grossfeld/Hübner, ZVersWiss 1977, 393, 420.
[172] Weyers, Unfallschäden, S. 136.

II. Versicherungsschutz und Handlungsfreiheit des Schädigers

1. Eröffnung von Handlungsspielräumen durch Versicherungsschutz

Der skizzierte Versicherungsschutz wirkt sich in vielfältiger Weise auf die Handlungsfreiheit des potentiellen Schädigers aus. Insbesondere das Bestehen von Haftpflichtversicherungsschutz sichert den Schädiger gegen die wirtschaftlichen Folgen schädigender Ereignisse, indem er seine Schadensersatzpflicht auf das Kollektiv der Haftpflichtversicherten abwälzen kann. Die Existenz von Haftpflichtversicherungen eröffnet dem Einzelnen Handlungsspielräume, die er sonst nicht hätte.[173] So erlaubt es in vielen Fällen erst der durch eine Haftpflichtversicherung gewonnene Rückhalt dem Einzelnen, eine bestimmte Tätigkeit oder einen bestimmten Beruf auszuüben. Insofern kommt der Haftpflichtversicherung des Schädigers in zweifacher Weise eine die Handlungsfreiheit erweiternde Funktion zu: zum einen eröffnet sie bereits im Vorfeld schädigender Handlungen die Möglichkeit, die gefahrträchtige Tätigkeit überhaupt auszuüben. Die Haftpflichtversicherung hat hier also gerade Bedeutung für solche Fälle, in denen der mögliche Schaden leicht dadurch vermeidbar wäre, dass man die betreffende Handlung einfach unterlässt, in denen es aber aus wirtschaftlichen oder sonstigen Gründen sinnvoll erscheint, sich der Möglichkeit des Schadenseintritts auszusetzen.[174] Der Versicherte muss nicht mehr ständig fürchten, dass ein schädigendes Ereignis die wirtschaftlichen Grundlagen seiner Existenz vernichtet, er erhält vielmehr die Gewissheit, seine wirtschaftlichen Ziele verwirklichen zu können.[175] Zum anderen erfolgt der Schutz des Haftpflichtigen dadurch, dass die Haftpflichtversicherung im Schadensfalle das eingetretene Risiko durch Abnahme des Schadens kompensiert. Der Entscheidungsträger wälzt das Risiko, zur Zahlung an den Geschädigten herangezogen zu werden, gegen die Zahlung einer regelmäßigen, kalkulierbaren und damit sicheren Prämie auf den Versicherer über.[176]

2. Beschränkung der allgemeinen Handlungsfreiheit des Schädigers durch Versicherungsschutz

Andererseits gilt es jedoch zu berücksichtigen, dass durch das Bestehen von Versicherungsschutz die präventive und verhaltenssteuernde Wirkung des Haftungsrechts nicht vollkommen verloren geht. Hingewiesen sei in diesem Zusammenhang zunächst auf die zahlreichen Mechanismen des Sozial- und Privatversicherungsrechts zur Schadensverhütung. Insbesondere durch die Rechtsfigur der Obliegenheit wird die Ergreifung schadenverhütender Maßnahmen durch den Versicherungsnehmer bezweckt. Zwar begründen die Obliegenheiten keine

[173] Looschelders, VersR 1996, 529, 532.
[174] Vgl. dazu Luhmann, Risiko und Gefahr, S. 5.
[175] Looschelders, VersR 1996, 529, 532.
[176] Döring, Haftung und Haftpflichtversicherung, S. 127.

rechtliche Verpflichtung zu einem bestimmten Verhalten, sie dürften jedoch faktisch eine beachtliche verhaltenssteuernde Wirkung besitzen, weil der Versicherte zumeist ein Interesse daran haben wird, den Versicherungsschutz nicht zu verlieren.[177]

Große Bedeutung kommt in diesem Zusammenhang den Vorschriften der §§ 61, 152 VVG und §§ 110 SGB VII, 116 SGB X zu, die im Falle der vorsätzlichen bzw. grob fahrlässigen Herbeiführung des Versicherungsfalls die Leistungsfreiheit des Versicherers anordnen bzw. einen Regress des Sozialversicherungsträgers gegen den Schädiger vorsehen. Da die Schadenskosten bei vorsätzlicher und grobfahrlässiger Herbeiführung des Schadensereignisses nicht auf die Versicherung abgewälzt werden können, greift die präventive Wirkung des Haftungsrechts voll durch und der Schädiger muss für den Schaden selbst aufkommen. Die Regelung des § 61 VVG, die für die gesamte Schadensversicherung Geltung hat, hat in der Praxis außergewöhnliche Bedeutung, insbesondere in der Tatbestandsalternative der groben Fahrlässigkeit.[178] Sie wird zwar von § 152 VVG für die Haftpflichtversicherung eingeschränkt, so dass nur bei vorsätzlicher widerrechtlicher Herbeiführung des Versicherungsfalls die Haftung des Versicherers ausgeschlossen ist. § 152 VVG ist jedoch abdingbar, so dass bei entsprechender vertraglicher Regelung auch mildere Schuldformen zum Anspruchsverlust führen können.[179] Vielfach entscheidet nur die Qualifizierung des schadensverursachenden Verhaltens als grob fahrlässig darüber, inwieweit dem Versicherungsnehmer im Schadensfall Versicherungsschutz gewährt oder verweigert wird oder ob gegen den Schädiger bzw. dessen Haftpflichtversicherung gem. §§ 110 SGB VII, 116 SGB X ein Regressanspruch geltend gemacht wird. Dem Maßstab der groben Fahrlässigkeit kommt somit im Hinblick auf die Handlungsfreiheit des Schädigers eine entscheidende Bedeutung zu, markiert er doch die Grenze, ab welcher der Schädiger letztlich selbst den Schaden zu tragen hat.

Die Aufrechterhaltung verhaltenssteuernder und damit die Handlungsfreiheit des Schädigers beschränkender Wirkungen durch das Haftungsrecht wird jedoch nicht nur durch den Ausschluss des Versicherungsschutzes bei grober Fahrlässigkeit bzw. Vorsatz des Schädigers erreicht. Wagner weist in diesem Zusammenhang darauf hin, dass in der Umwelthaftpflichtversicherung aufgrund der Intensivierung des Wettbewerbs nach der Liberalisierung des Versicherungsmarktes eine Tendenz zu einem individuellen Zuschnitt von Betriebshaftpflichtversicherungen zu verzeichnen sei, die sich auch auf andere Zweige der Be-

177 Looschelders, VersR 1996, 529, 532.
178 K. Müller, VersR 1985, 1101.
179 Vgl. hierzu Johannsen, RuS 2000, 133 ff.; Prölss/Martin/Voit/Knappmann, § 152 VVG Rn. 7: Bei Ausschluss der Deckung grober Fahrlässigkeit sind jedoch die §§ 307 ff. AGB zu prüfen; vgl. OLG München, VersR 1994, 92.

triebshaftpflichtversicherung ausdehnen dürfte.[180] Durch ein hoch differenziertes System der Risikoteilung zwischen Versicherer und Versicherungsnehmer, wonach jede betriebliche Gefahrenquelle einzeln und gesondert zu tarifieren ist, Deckungsausschlüsse für Schäden bestehen, die unter Verstoß gegen Gesetze, Verordnungen, behördliche Anordnungen sowie gegen die vom Hersteller gegebenen oder dem Stand der Technik entsprechenden Richtlinien und Gebrauchsanweisungen verursacht werden und ein Selbstbehalt vereinbart ist, ließen sich Präventions- und Steuerungsverluste des Haftungsrechts weitgehend auffangen.[181]

Abschließend gilt es in diesem Zusammenhang zu berücksichtigen, dass dem Ausbau des Versicherungsschutzes – insbesondere des Haftpflichtversicherungsschutzes – nicht nur eine die Handlungsfreiheit des Schädigers erweiternde Wirkung zukommt. Die Rechtsprechung verwendet – wie oben bereits dargestellt – die garantierte Schadensabnahme durch den Versicherer oftmals dazu, die Sorgfaltsanforderungen zu verschärfen und die Haftung wegen Verletzung einer Verkehrspflicht auszubauen. Gerade diese Wirkung des weit verbreiteten Versicherungsschutzes beinhaltet eine wesentliche Beschränkung der Handlungsfreiheit des Schädigers, läuft er doch durch die ständige Verschärfung des Sorgfaltsstandards Gefahr, Haftungsansprüchen Dritter ausgesetzt zu sein. Insgesamt kann daher festgehalten werden, dass der Versicherungsschutz nicht nur zu einer Erweiterung der Handlungsspielräume des potentiellen Schädigers führt, sondern auch freiheitsbeschränkende Konsequenzen mit sich bringt.

[180] Wagner, VersR 1999, 1441, 1445.
[181] Wagner, VersR 1999, 1441, 1445.

Kapitel 6: Sicherung der Handlungsfreiheit durch Ausschluss und Beschränkung der Haftung

In den bisherigen Ausführungen wurde deutlich, dass durch das bewegliche System der Verkehrspflichten die allgemeine Handlungsfreiheit des potentiellen Schädigers mit einem Haftungsrisiko belastet wird, um den Integritätsschutz im gesellschaftlichen Verkehr durchzusetzen. Die uferlose Ausdehnung der Verkehrspflichten auf nahezu alle Lebensbereiche führt dazu, dass jede Betätigung ein immer weniger überschaubares Risiko darstellt. Viele Tätigkeiten können nur noch deshalb ausgeübt werden, da sich der potentielle Schädiger gegen das Risiko einer Schadensersatzverbindlichkeit, die seine Existenz vernichten würde, versichern kann. Zöllner führte dies zu der Feststellung: „Die Erhaltung der Bewegungsfreiheit des Einzelnen erwartet man sich in einem solchen „System übersteigerter Haftungsverhältnisse“ letztlich nur noch durch Haftpflichtversicherungen“.

Es stellt sich die Frage, ob diese Einschätzung tatsächlich zutreffend ist, oder ob nicht schon vielmehr das Haftungsrecht selbst Mechanismen bereithält, die zu einer sinnvollen Begrenzung der Haftung im Sinne einer angemessenen Berücksichtigung der allgemeinen Handlungsfreiheit des potentiellen Schädigers führen. Dies kann nur dadurch geschehen, dass im Rahmen der Interessen- und Güterabwägung im beweglichen System der Verkehrspflichten die Selbstschutzmöglichkeiten und das für den eingetretenen Schaden mitursächliche Verhalten des Geschädigten hinreichend berücksichtigt werden. In der Rechtsprechung und Literatur finden sich hierzu verschiedene Ansätze. Zu nennen sind insbesondere die Schlagworte „allgemeines Lebensrisiko“, „Handeln auf eigene Gefahr“ sowie das Mitverschulden gemäß § 254 BGB.

In diesem Kapitel sollen diese Mechanismen, die zu einem Ausschluss oder einer Beschränkung der Haftung im Falle der Verletzung einer Verkehrspflicht führen können, näher beleuchtet werden. In diesem Zusammenhang soll auch der Frage nachgegangen werden, ob und inwiefern sich der Verkehrspflichtige von der Haftung freizeichnen kann. Abschließend ist zu beurteilen, inwieweit die aufgeführten Kriterien geeignet sind, der allgemeinen Handlungsfreiheit des Schädigers im beweglichen System der Verkehrspflichten ausreichend Rechnung zu tragen.

§ 14 Selbstschutzmöglichkeiten des Geschädigten als Haftungsausschlussgrund

I. Ausschluss der Haftung wegen Selbstschutzmöglichkeit des Geschädigten in der Rechtsprechung

Wie bereits in Kapitel 3 dargestellt, werden Verkehrspflichten durch die Möglichkeit des Selbstschutzes des Geschädigten begrenzt.[1] Bei der Bestimmung einer Verkehrspflicht ist stets zu berücksichtigen, ob und inwieweit die potentiell gefährdeten Personen die konkrete Gefahr erkennen und sich selbst durch ein entsprechend vorsichtiges Verhalten schützen können. In zahlreichen Fällen hat die Rechtsprechung eine Haftung deshalb von vornherein mit der Begründung verneint, dass eine Verkehrspflicht nicht bestanden habe, weil die Gefahr erkennbar und der Betroffene selbst gehalten war, den Schaden zu vermeiden.[2] Der Verkehrspflichtige darf erwarten, dass sich sorgfältig handelnde Verkehrsteilnehmer nach ihren Möglichkeiten selbst vorsehen und nicht extrem unvernünftig oder waghalsig verhalten.[3] Der BGH hat deshalb zu Recht entschieden, dass die Sicherungspflicht des Gebäudeeigentümers gegenüber offensichtlichen Gefahren herabgesetzt ist.[4] Besonders deutlich wird die Problematik des Ausschlusses einer tatbestandsmäßigen Rechtsguts- oder Pflichtverletzung aufgrund des mitursächlichen Verhaltens des Geschädigten bei der Produkthaftung, wenn die Rechtsprechung ausdrücklich nur soviel an Sicherheit verlangt, wie der durchschnittliche Benutzer erwarten darf.[5] So ist z. B. der Hersteller eines ausschließlich für den technischen Gebrauch bestimmten Lösungsmittels nicht verpflichtet, die Benutzer auf die Gefahren hinzuweisen, die mit dem Missbrauch des Mittels durch Inhalieren zum Zweck der Berauschung verbunden sind.[6]

---

[1] Siehe Kapitel 3 § 7 I 6.

[2] BGHZ 103, 338, 341; BGH, NJW 1971, 1093, 1094 f; 1973, 1379, 1380; 1980, 1159, 1160; 1986, 52, 53; BGH, VersR 1978, 739 f.; 1978, 762, 763; 1989, 155, 156 f.; 1998, 1029, 1030 f.; 1998, 1031, 1032; OLG Hamm, VersR 1990, 913, 914; OLG Karlsruhe, VersR 1979, 382 f.; VersR 1998, 1040; OLG Koblenz, MDR 1996, 265 f.; OLG Köln, VersR 1989, 159 f.; OLG Köln, MDR 1994, 455 f.; OLG München, VersR 1973, 1170, 1171; LG Koblenz, VersR 1992, 1021 und ergänzend RGRK/Steffen, § 823 Rn. 142 ff.

[3] BGH, VersR 1989, 155, 156 f.; OLG Köln, VersR 1993, 1494; Staudinger/Hager, § 823 Rn. E 32, 153, 295.

[4] BGH, NJW 1985, 1076.

[5] BGH, VersR 1959, 523, 524 f.; BGH, NJW 1975, 1827, 1829; 1987, 372, 373; 1992, 2016, 2018; OLG Düsseldorf, NJW-RR 1991, 288; 1992, 534, 535; Kullmann, NJW 1991, 675, 677; Schmidt-Salzer, Produkthaftung, Rn. 4.707 ff.

[6] BGH, NJW 1981, 2514; siehe auch OLG Düsseldorf, VersR 1996, 1038, wonach eine Gemeinde nicht verpflichtet ist, ihre Straßen und Wege so auszubauen und zu überwachen, dass sie auch mit einem besonders schmalbereiften Rennrad bei hoher Geschwindigkeit gefahrlos benutzt werden können; die Benutzer solcher Sportgeräte müssen vielmehr durch

II. Ansätze in der Literatur zur Pflichtenbegrenzung aufgrund Geschädigtenverhaltens

1. Die Lehre vom „echten Handeln auf eigene Gefahr" nach Hans Stoll

In der Literatur finden sich lediglich vereinzelt dogmatische Ansätze, die bereits eine Begrenzung der Pflichtenstellung aufgrund der Eigenverantwortung des Geschädigten annehmen. Zu nennen ist in diesem Zusammenhang insbesondere die Rechtsfigur des „echten Handelns auf eigene Gefahr" von Hans Stoll. Stoll differenziert in seiner Arbeit zum Handeln auf eigene Gefahr[7] zwischen Fällen des echten und unechten Handelns auf eigene Gefahr. Das Problem des Handelns auf eigene Gefahr lasse sich im Deliktsrecht auf die Kernfrage zurückführen, ob der Gefährder bei Berücksichtigung der gesamten Umstände es nach den zeitgemäßen sozialethischen Anschauungen zulassen durfte, dass sich der Verletzte in der geschehenen Weise der Gefahr aussetzte, oder ob er pflichtwidrig handelte, wenn er dies nicht verhinderte.[8] Im ersteren Fall sei das von dem Gefährder geschaffene Risiko erlaubt (echtes Handeln auf eigene Gefahr), während es im zweiten Falle unerlaubt sei, mit der Folge, dass der Gefährder unbeschadet der Möglichkeit des Mitverschuldens des Verletzten (§ 254 BGB) aus unerlaubter Handlung haftet (unechtes Handeln auf eigene Gefahr).[9] Das Handeln auf eigene Gefahr beginnt nach Stoll dort, wo die Schutzpflicht oder Schutzgarantie des Gefährders aufhört.[10] Die genaue Abgrenzung zwischen echtem und unechtem Handeln auf eigene Gefahr soll sich dabei nach den objektiven Verhaltenspflichten des Gefährders richten. Entscheidendes Kriterium soll dabei die Offensichtlichkeit der Gefahrenlage sein. Am Beispiel der Teilnahme an einer Fahrt verdeutlicht er, dass der Fahrgast die gewöhnlichen Risiken der gewählten Beförderungsart auf sich nehme. Es sei ganz selbstverständlich und bedürfe keiner besonderen Rechtfertigung, dass der Führer eines Kraftfahrzeugs den Fahrgast den gewöhnlichen Risiken der Beförderung aussetzen dürfe.[11] Erst dann, wenn besondere Umstände die Fahrt besonders gefährlich machen, sei einer Gefahrübernahme die Grundlage entzogen und die Bewertung der bewussten Selbstgefährdung des Fahrgasts in den Bereich des § 254 BGB (unechtes Handeln auf eigene Gefahr) verwiesen.[12] Die Sicherungspflichten des Gefährders können im Einzelfall so intensiv sein, dass er nicht einmal diejenigen Personen der Gefahr aussetzen darf, die sie erkennen und freiwillig in Kauf zu nehmen bereit sind.

aufmerksame Beobachtung des Straßenzustands selbst dafür sorgen, dass sie nicht durch Unebenheiten und Lücken um Straßenbelag, die für Fahrräder mit normaler Bereifung keine Gefahrenquelle bedeuten, zu Schaden kommen.

[7] Stoll, Das Handeln auf eigene Gefahr, 1961.

[8] Stoll, Handeln, S. 296.

[9] Stoll, Handeln, S. 296.

[10] Stoll, Handeln, S. 366.

[11] Stoll, Handeln, S. 297.

[12] Stoll, Handeln, S. 306.

Auch wenn die Ausführungen von Stoll zum echten Handeln auf eigene Gefahr schwerpunktmäßig im Zusammenhang mit der Gefälligkeitsfahrt, der Teilnahme an gefährlichen Veranstaltungen und dem Betreten fremder Grundstücke erfolgen, können die von ihm herausgearbeiteten Maßstäbe verallgemeinert und auch auf sonstige Verkehrspflichtverletzungen angewendet werden.[13] In der Sache führt Stoll nämlich genau die Kriterien an, nach denen die Rechtsprechung in den oben genannten Fällen eine Haftung wegen Begrenzung der Pflichtenstellung aufgrund Eigenverantwortung des Geschädigten angenommen hat.

2. Übrige Literatur

In der sonstigen Literatur wird auf die Rechtsfigur des echten Handelns auf eigene Gefahr kaum eingegangen. Die meisten Autoren begnügen sich mit der schlagwortartigen Feststellung, dass die Selbstschutzmöglichkeiten des Geschädigten in bestimmten Fällen bereits dem Entstehen einer Verkehrspflicht entgegenstehen können.[14] Nur wenige Stimmen heben die Bedeutung dessen, was Stoll mit dem Begriff des echten Handelns auf eigene Gefahr umschrieben hat, hervor. So betont Dunz, dass § 254 BGB die Rechtsfigur des echten Handelns auf eigene Gefahr, in denen eine deliktische Haftung des Gefährders schon dem Grunde nach zu verneinen sei, nicht ersetzen könne, weil man nicht zunächst eine deliktische Haftung unterstellen, diese dann aber über das Mitverschulden „wieder aus den Angeln heben dürfe".[15] Von Caemmerer umschreibt die Begrenzung der Pflichtenstellung des Gefährders mit dem Schlagwort der „Relativierung der allgemeinen Sorgfaltspflicht".[16] Danach kann die allgemeine Sorgfaltspflicht, sein Verhalten so einzurichten, dass die Rechtsgüter anderer nach menschlichem Ermessen unangetastet bleiben, in bestimmten Situationen entfallen. Dem Handelnden ist demzufolge unter gewissen Umständen eine Verantwortung für die Unversehrtheit der Rechtsgüter anderer oder bestimmter anderer Personen nicht zumutbar, wenn sich die betroffene Person außerhalb des Verantwortungskreises bewegt, der dem Handelnden billigerweise zugerechnet werden kann.[17] Auch Looschelders weist in seiner Habilitationsschrift zur Mitverantwortlichkeit des Geschädigten im Privatrecht darauf hin, dass der Verantwortungsbereich des Schädigers dort endet, wo das in Frage stehende selbstgefährdende Verhalten des Geschädigten so unverständig oder ungewöhnlich ist, dass es unverhältnismäßig sei, die Handlungsfreiheit des Schädigers mit Rücksicht auf die Gefahr eines solchen Verhaltens zu beschränken.[18] Besondere Bedeutung komme dieser Grenze insbesondere bei der Konkretisierung von Ver-

[13] So auch Hehl, Verschuldens- und Gefährdungshaftung, S. 155.
[14] Larenz/Canaris, Schuldrecht II/2, S. 414; RGRK/Steffen, § 823 Rn. 144.
[15] Dunz, JZ 1987, 63, 65 f.
[16] v. Caemmerer, FS DJT, Bd. II, S. 49, 58.
[17] Schwab, JZ 1967, 13, 15.
[18] Looschelders, Mitverantwortlichkeit, S. 430 ff.

kehrspflichten zu, wonach dem Sicherungspflichtigen nicht zumutbar sei, den Geschädigten gegenüber Gefahren abzusichern, die für ihn ohne weiteres erkennbar sind. Da der Geschädigte die Verwirklichung solcher Gefahren selbst leicht vermeiden kann, wäre die Statuierung einer entsprechenden Sicherungspflicht zu Lasten eines Dritten unverhältnismäßig.[19]

§ 15 Verkehrspflichten gegenüber Unbefugten

Eng verbunden mit der Frage des Haftungsausschlusses aufgrund des Geschädigtenverhaltens ist auch die Problematik, ob und inwiefern Verkehrspflichten gegenüber solchen Personen bestehen, die sich unbefugt in dem vom Pflichtenträger zu verantwortenden Gefahrenbereich begeben haben.

I. Rechtsprechung des Reichsgerichts und des Bundesgerichtshofs zur Sicherungspflicht gegenüber Unbefugten

In der Rechtsprechung des RG und BGH finden sich zahlreiche Entscheidungen zur Thematik der Verkehrspflichten gegenüber Unbefugten, die sich nur schwer auf einen Nenner bringen lassen.

1. Die Rechtsprechung des RG

Die Rechtsprechung des Reichsgerichts hatte es noch generell ausgeschlossen, dass Verkehrspflichten auch gegenüber Personen entstehen, die sich unbefugterweise im Gefahrenbereich aufhalten.[20] So sprach das Gericht einem Gaststättenbesucher, der auf der schlecht erleuchteten Treppe zur Damentoilette schwer gestürzt war, den Schadensersatzanspruch ab, obwohl die Herrentoilette genau gegenüber lag und ebenfalls die Benutzung der gefährlichen Treppe erfordert hätte.[21] Genauso entschied das Reichsgericht in Fällen, in denen Kinder auf fremden, verbotswidrig betretenen Grundstücken zu Schaden kamen.[22]

2. Die Rechtsprechung des BGH

Der BGH ist der strikten Auffassung des RG zunächst gefolgt. So wies er die Klage einer Frau ab, die ihren auf einer Baustelle arbeitenden Ehemann aufsuchen wollte und dort wegen eines Verstoßes der am Bau Beteiligten gegen Unfallverhütungsvorschriften verunglückte.[23] Doch schon bald entfernte sich der BGH von der ursprünglichen Linie des RG und bezog auch Personen, die sich unbefugt in dem Gefahrenbereich aufhielten, in den Schutzbereich der Verkehrspflichten ein. So bejahte der BGH beispielsweise die Haftung eine Bauun-

---

[19] Looschelders, Mitverantwortlichkeit, S. 431.
[20] RGZ 76, 187, 188; 87, 128, 129; RG, JW 1908, 744, 745; 1912, 796.
[21] RGZ 87, 128, 129: „Dort hatte er nichts zu suchen".
[22] RGZ 76, 187, 188.
[23] BGH, NJW 1957, 499.

ternehmers gegenüber einem auf dem Bau beschäftigten Installateurlehrling, der nach Arbeitsschluss durch das „mit Plastikfolie und Brettern versehene Fenster des Erdgeschosses“ einstieg, um seine vergessene Geldbörse zu holen und sich bei der Benutzung einer dort liegenden, nicht den Unfallverhütungsvorschriften liegenden Handlampe verletzte.[24] In einer weiteren Entscheidung[25] stellte der BGH fest, eine Verkehrssicherungspflicht bestehe „auch solchen Personen gegenüber, die ein Grundstück unbefugt betreten, wenn nach den gegebenen Umständen mit dem Betreten es Grundstücks durch Unbefugte gerechnet werden muss und der Eigentümer keine Maßnahmen trifft, dies zu verhindern“. Der BGH hatte auch keine Bedenken, den Fahrer eines nicht mehr zugelassenen Kfz in den Schutzbereich der Straßenverkehrssicherungspflicht einzubeziehen[26] und die Deutsche Bahn in einem Fall zu Schadenersatz zu verurteilen, in dem Kinder unter eklatanter Missachtung elementarer Vorsichtsmaßnahmen in die Nähe von Oberleitungen kletterten und dabei einen Starkstromschlag erlitten.[27] Insbesondere schwerwiegende Gefahren[28] sowie die bestimmungswidrige, aber nicht ganz fern liegenden Benutzung löse Sicherungspflichten aus.[29]

II. Auffassungen in der Literatur zur Sicherungspflicht gegenüber Unbefugten

1. Die Lehre von der „Bestimmungsgewalt“ nach Schwab

Schwab setzte sich in seiner 1967 veröffentlichten Abhandlung[30] zur deliktischen Haftung bei widerrechtlichem Verweilen des Verletzten im Gefahrenbereich mit der Frage auseinander, ob und inwiefern gegenüber Unbefugten aus der Verletzung einer Verkehrspflicht gehaftet wird. Er sieht den entscheidenden Gesichtspunkt in der „Bestimmungsgewalt“ desjenigen, der einen Raum rechtlich beherrscht.[31] Seine Betrachtungen gehen dabei von der in der Rechtsprechung des Reichsgerichts[32] und teilweise auch des BGH[33] vertretenen Lehre von

[24] BGH, MDR 1967, 663.
[25] BGH, VersR 1965, 515 f.
[26] BGH, NJW 1966, 1456 f.
[27] BGH, NJW 1995, 2631; vgl. auch 1975, 108; BGH, VersR 1973, 621, 622.
[28] BGH LM Nr. 3 zu § 823 (Ea) (Sprengkörper auf einer Kohlenhalde neben einem oft benutzten Weg); BGH, VersR 1966, 562, 563 (steil abfallende Böschung an einem Autobahnparkplatz).
[29] BGH, VersR 1982, 854, 855.
[30] Schwab, JZ 1967, 13 ff.
[31] Schwab, JZ 1967, 13, 15 ff.
[32] RGZ 85, 185; RG, JW 1916, 263; RG, LZ 1916, 1024; 1918, 44 (Eröffnung eines Bühneneingangs nur für Mitwirkende).
[33] BGH, BB 1956, 771 (Sicherungspflicht des Bauunternehmers für die Baustelle auch den Arbeitern gegenüber nur für die Dauer der Arbeitszeit); BGH, VersR 1961, 1120 (Sicherungspflicht des Wohnungsinhabers gegenüber seinen Gästen).

der begrenzten (beschränkten) Verkehrssicherungspflicht aus.[34] Nach dieser Theorie kann der Personenkreis, dem die Teilnahme am Verkehr „eröffnet“ ist, beschränkt werden. Ist er beschränkt, so besteht eine Verantwortlichkeit für den verkehrssicheren Zustand des Raumes nur denjenigen gegenüber, die zu dem beschränkten Personenkreis gehören.[35] Der Nachteil dieser Lehre liege jedoch in ihrem begrenzten Anwendungsbereich, da sie nur dort applikabel sei, wo es um die Verletzung einer Verkehrssicherungspflicht gehe. Die Lehre von der begrenzten Verkehrssicherungspflicht nehme somit nicht auf die gesamten Verkehrspflichten Bezug, sondern beschränke sich auf den Teilbereich der Verkehrspflichten im engeren Sinn.

Schwab versucht daher den Ansatz der Lehre von der beschränkten Verkehrssicherungspflicht allgemein für die Frage fruchtbar zu machen, ob der Bestimmungsberechtigte seine Sorgfaltsanwendung auf einen unbefugten Eindringling erstrecken muss. Danach kann der Bestimmungsberechtigte selbst darüber entscheiden, „ob sich in seinem Handlungsbereich ein Verkehr im haftungsrechtlichen Sinn bilden darf“, hieraus ergebe sich seine haftungsrechtliche Pflichtenlage.[36] Zugangs- oder Verkehrseröffnung bedeute in diesem Zusammenhang die Zulassung anderer zu einem räumlichen Bereich durch den Bestimmungsberechtigten. Die Verkehrseröffnung sei für jede Person gegeben, welcher der Bestimmungsberechtigte den Zutritt erlaubt, ferner für jeden, der sich im Rahmen der Zwecke, die der Bestimmungsberechtigte mit der Zulassung anderer Personen verfolge (Zweckwidmung), in dem betreffenden räumlichen Bereich aufhalte.[37] Schwab erkennt des Weiteren, dass eine haftungsrechtliche Pflichtenlage aber auch dann entstehen kann, wenn der Herrschaftsberechtigte seine „Bestimmungsgewalt“ nicht betätigt, d.h. keinen Verkehr eröffnet. Für diese Fallgruppe bildet er den Haftungsgrund der „unzureichenden Betätigung der Bestimmungsgewalt“,[38] wonach der Bestimmungsberechtigte es pflichtwidrig unterlassen hat, durch Betätigung seiner rechtlichen Herrschaft den Zugang anderer zu erschweren oder zu verhindern. Dies sei insbesondere dann der Fall, wenn der Bestimmungsberechtigte seinen Herrschaftsbereich nicht erkennbar abgesteckt habe, sich aus den Umständen der Anschein der Verkehrseröffnung ergebe oder ihm bewusst sei, dass in seinem Bestimmungsbereich erhebliche Gefahren drohen und mit dem Zutritt unbefugter Personen zu rechnen ist. Habe der Bestimmungsberechtigte in diesen Konstellationen ihm zumutbare Sicherheitsvorkehrungen unterlassen, so bestehe seine Pflicht zu der im Verkehr erforderlichen Sorgfalt in Bezug auf den Bestimmungsbereich auch solchen Personen gegenüber, denen der Verkehr nicht eröffnet sei.

[34] Schwab, JZ 1967, 13, 15.
[35] Schwab, JZ 1967, 13, 15.
[36] Schwab, JZ 1967, 13, 17.
[37] Schwab, JZ 1967, 13, 19.
[38] Schwab, JZ 1967, 13, 19.

2. Weitergehender Schutz Unbefugter nach Schröder und Möllers

Schröder spricht sich in seiner im Jahr 1979 veröffentlichten Abhandlung[39] „Verkehrssicherungspflicht gegenüber Unbefugten“ für eine weitergehende Einbeziehung Unbefugter in den Schutzbereich der Verkehrssicherungspflichten aus. Er gelangt zu dem Schluss, dass auf der Grundlage der Judikatur Verkehrssicherungspflichten auch gegenüber Unbefugten bestehen können, wenn ein gewisser Gefährdungsgrad erreicht ist, die gefahrvermeidenden Aufwendungen für den Pflichtigen tragbar sind und nicht notwehr-analoge Gesichtspunkte eingreifen.[40] Obwohl in den Fällen der Verkehrssicherungspflichten gegenüber Unbefugten regelmäßig ein gegenwärtiger und rechtswidriger Angriff des Unbefugten mindestens auf Besitz und Eigentum des Schädigers vorliege, müsse die Abwehr des Eingriffs geeignet und erforderlich sein. Zur Abwehr eines Angriffs auf Besitz und Eigentum sei aber die körperliche Verletzung des Angreifers regelmäßig nicht erforderlich.[41]

Die Unzumutbarkeit der Hinnahme des von dem Unbefugten ausgehenden Angriffs schließe die Verkehrssicherungspflicht nur dann aus, wenn die Gefahrenlage zur Abwehr des Angriffs geeignet, erforderlich und angemessen sei, was letztlich nur bei schweren Angriffen auf Eigentum oder Körper des Schädigers in Betracht komme.[42] Unbefugte sind nach Schröder demnach dann in den Schutzbereich von Verkehrssicherungspflichten einzubeziehen, sofern ihnen gegenüber keine notwehrähnliche Situation besteht. Dies sei jedoch nur selten der Fall, so dass der rechtswidrige Angriff des Unbefugten auf Besitz und Eigentum des Schädigers regelmäßig zu einer Verkürzung oder Versagung des Schadensersatzanspruchs über das Mitverschulden des Unbefugten gemäß § 254 BGB führe.[43]

Auch Möllers will unberechtigte Benutzer in größerem Umfang schützen[44]. Ausgehend von dem gefestigten Rechtsgrundsatz, dass jeder, der eine Gefahrenquelle schafft oder unterhält, die notwendigen Vorkehrungen zur Sicherheit Dritter zu ergreifen hat, spricht er sich dafür aus, eine Haftung aus der Verletzung von Verkehrspflichten auch bei einem nahe liegenden Fehlverhalten Dritter zu bejahen.[45] Dies habe zur Folge, dass dem Fehlverhalten Dritter grundsätzlich durch entsprechende Verkehrspflichten vorgebeugt werden muss. Nach Möllers muss nicht begründet werden, warum die Verkehrspflicht besteht, sondern nur das Gegenteil, warum sie ausnahmsweise nicht eingreift.

---

[39] Schröder, AcP 179 (1979), 567 ff.
[40] Schröder, AcP 179 (1979), 567, 580.
[41] Schröder, AcP 179 (1979), 567, 578.
[42] Schröder, AcP 179 (1979), 567, 578.
[43] Schröder, AcP 179 (1979), 567, 586.
[44] Möllers, VersR 1996, 153, 154.
[45] Möllers, VersR 1996, 153, 154; OLG München, VersR 1988, 961 (Böschung zum Kanal).

III. Allgemeine Kriterien zur Bestimmung von Verkehrspflichten gegenüber Unbefugten

Die bisherige Bestandsaufnahme zu der Problematik, ob und inwiefern gegenüber Unbefugten aus der Verletzung einer Verkehrspflicht gehaftet wird, ergibt ein uneinheitliches Bild und die Vielzahl der Entscheidungen und Stellungnahmen lassen sich nur schwer auf einen Nenner bringen. Im Folgenden sollen die den verschiedenen Ansätzen immanenten Kriterien zusammengefasst werden, um somit allgemeingültige Leitlinien bei der Prüfung, ob Verkehrspflichten auch gegenüber solchen Personen entstehen können, die sich unbefugt in den vom Pflichtenträger zu verantwortenden Gefahrenbereich begeben haben, zu gewinnen.

1. Vertrauensgrundsatz und Bestimmungsgewalt des Beherrschers des Gefahrenbereichs als Ausgangspunkt

Ausgangspunkt bei der Frage der Entstehung und des Umfangs von Verkehrspflichten gegenüber Unbefugten ist der Grundsatz des Vertrauensschutzes.[46] Danach ist grundsätzlich davon auszugehen, dass keine Verkehrspflicht gegenüber demjenigen besteht, der sich unbefugt in einen Gefahrenbereich begibt.[47] Unbefugte dürfen regelmäßig nicht darauf vertrauen, dass zu ihrem Schutz besondere Sicherheitsmaßnahmen ergriffen werden. Einigkeit besteht daher insoweit, dass der Pflichtige nicht haftet, wenn der Unbefugte die Gefahr erhöht bzw. sich eine Gefahr realisiert hat, die bei einem befugten Benutzer der Gefahrenquelle nicht eingetreten wäre,[48] etwa wenn der Einbrecher in eine Wohnung eindringt, in der der Eigentümer gefährliche Gegenstände nicht beseitigt hat, weil er nicht mit Besucher gerechnet hat.[49] Hintergrund dieser Auffassung ist die Privatautonomie sowie das Recht jedes Eigentümers, mit seinem Eigentum nach Belieben zu verfahren (§ 903 BGB). Der Auffassung, die den Unbefugten Nutzer grundsätzlich aus dem Schutzbereich der Verkehrspflichten herausnimmt, ist somit beizupflichten. Andernfalls würden die allgemeine Handlungsfreiheit des Schädigers und die daraus abzuleitende Befugnis, den Benutzerkreis bestimmen und das Haftungsrisiko eingrenzen zu können, über Gebühr beschränkt.[50]

[46] Edenfeld, VersR 2002, 272, 275; MünchKomm/Wagner[4], § 823 Rn. 261.

[47] So auch BGH, NJW 1957, 499; BGH, NJW 1987, 2671, 2672; OLG Düsseldorf, NJW-RR 2001, 1173; OLG Frankfurt, NJW-RR 2001, 1674.

[48] OLG München, VersR 1992, 210, 211; Palandt/Sprau, § 823 Rn. 47; Staudinger/Hager, § 823 Rn. E 52; Bamberger/Roth/Spindler, § 823 Rn. 247.

[49] Staudinger/Hager, § 823 Rn. E 52; Bamberger/Roth/Spindler, § 823 Rn. 247; Stoll, AcP 162 (1963), 203, 234.

[50] So auch Bamberger/Roth/Spindler, § 823 Rn. 247.

2. Haftung bei außerordentlichen Gefahren

Von dem Grundsatz, dass gegenüber Unbefugten regelmäßig keine Verkehrspflichten entstehen, sind jedoch Ausnahmen zuzulassen. Hierzu zählen zunächst die Fälle, in denen im Bereich des Verkehrspflichtigen außerordentliche Gefahren herrschen.[51] So finden sich in der Rechtsprechung viele Beispiele, in denen aufgrund der außerordentlichen Gefahr für Leib und Leben des Unbefugten dem Grunde nach eine Haftung wegen der Verletzung einer Verkehrspflicht bejaht wurde.[52]

3. Nahe liegendes Fehlverhalten

Des Weiteren ist der Auffassung Möllers beizupflichten, dass Verkehrspflichten gegenüber Unbefugten auch bei nahe liegendem Fehlverhalten bestehen. Die Verkehrspflicht besteht auch nach gefestigter Rechtsprechung bei einer bestimmungswidrigen Nutzung, die nicht ganz fern liegt.[53] So muss damit gerechnet werden, dass Radfahrer eine Fußgängerbrücke als Abkürzung verwenden, und der Verkehrspflichtige darf sie nicht durch einen erleuchteten in der Dunkelheit kaum wahrnehmbaren Bauzaun sperren.[54]

4. Haftung gegenüber Kindern

Strenge Maßstäbe zulasten des Verkehrspflichtigen sind auch gegenüber unbefugt im Gefahrenbereich verweilenden Kindern anzulegen.[55] Bei Kindern, die sich unbefugt in dem Gefahrenbereich aufhalten und die zu eigenverantwortlichem Handeln erkennbar nicht oder nicht in gleichem Umfang wie Erwachsene in der Lage sind, besteht eine erhöhte Gefahr des Eintritts eines erheblichen Schadens an Leib und Leben. Des Weiteren ist im Vergleich zu Erwachsenen verstärkt damit zu rechnen, dass sich Kinder unbefugterweise aufgrund ihres Spieltriebs, ihrer Unerfahrenheit sowie Leichtsinns, in den Gefahrenbereich begeben und dazu neigen, Gebote nicht zu beachten.[56] Der Halter gegenständlicher Gefahrenquellen darf sich deshalb nicht auf Zutrittverbote und Gefahrwarnungen beschränken, sondern muss durch Beseitigung oder Einschließung der Ge-

[51] BGH, VersR 1956, 794, 795; Staudinger/Hager, § 823 Rn. E 43.

[52] BGH LM Nr. 3 zu § 823 (Ea) (scharfe Sprengkörper auf einer Kohlenhalde); BGH LM Nr. 5 zu § 823 (Ef) Bl 1 (nicht gesicherte Grube direkt neben einem viel benutzten, aber nicht erleuchteten Fußweg); BGH, VersR 1966, 562, 563 (steil abfallende Böschung am Rand eines Autobahnparkplatzes).

[53] BGH, VersR 1982, 854, 855; OLG Celle, NJW-RR 1995, 984, 985; OLG Frankfurt, VersR 1995, 1365, 1366; OLG Hamm, VersR 1996, 1517; OLG München, VersR 1997, 1250; OLG Köln, VersR 1997, 1355; 1356; OLG Düsseldorf, VersR 1998, 1021 f.

[54] OLG Düsseldorf, VersR 1998, 1021 f.; vgl. zu weiteren Beispielen Staudinger/Hager, § 823 Rn. E 44.

[55] MünchKomm/Wagner[4], § 823 Rn. 262; Staudinger/Hager, § 823 Rn. E 45 f.; Möllers, VersR 1996, 153 ff.

[56] Staudinger/Hager, § 823 Rn. E 45; MünchKomm/Wagner[4], § 823 Rn. 262.

fahrenquelle dafür sorgen, dass Kinder nicht zu Schaden kommen.[57] Die Schutzmaßnahmen müssen dabei umso weiter gehen, je größer der Reiz ist, den die gefährlichen Gegenstände auf die Kinder ausüben, sei es, weil die dort befindlichen Sachen für Kinder attraktiv sind[58] oder weil sie im Laufe des Spiels die Veranlassung sehen, etwa ein fremdes Grundstück zu betreten.[59] Die Haftung des Verkehrspflichtigen gegenüber Kindern ist jedoch nicht grenzenlos. Insbesondere ist der Aspekt des Selbstschutzes auch bei Kindern nicht bedeutungslos. Der Verkehrspflichtige kann je nach dem Maße, wie sich die Gefahr auch einem Kind oder Jugendlichen offensichtlich aufdrängt, darauf vertrauen, dass Kinder und Jugendliche sich einer solchen Gefahr wegen ihres natürlichen Angstgefühls nicht aussetzen.[60] Aus dem Gedanken des Selbstschutzes folgt auch die Verantwortung der Eltern[61]. Demnach darf der Verkehrspflichtige darauf vertrauen, dass die Eltern ein Mindestmaß an sorgfältiger Beaufsichtigung wahrnehmen, jedenfalls solange keine entgegenstehenden Anhaltspunkte vorliegen.[62]

§ 16 Allgemeines Lebensrisiko und Schutzbereich des Deliktsrechts

Ein Ausschluss der Haftung kann sich auch aus dem Rechtsgedanken des allgemeinen Lebensrisikos ergeben. Im Folgenden sollen die Entwicklung und dogmatische Einordnung dieses Haftungsbegrenzungselements dargestellt werden, um beurteilen zu können, welche Bedeutung diesem Rechtsgedanken im Hinblick auf die Handlungsfreiheit des Schädigers im Zusammenhang mit der Haftung wegen Verletzung einer Verkehrspflicht zukommt.

I. Entwicklung des Rechtsgedankens in der Rechtsprechung

Im Jahr 1958 wurde der Rechtsgedanke des allgemeinen Lebensrisikos erstmals vom BGH herangezogen, um einen deliktsrechtlichen Anspruch abzulehnen. In dem Rechtsstreit[63] verlangte das Opfer eines Verkehrsunfalls, das auch noch in einem Strafverfahren angeklagt, aber mangels Beweises freigesprochen wurde,

[57] BGH, NJW 1975, 108; 1978, 1629; 1980, 1159, 1160; 1982, 1144, 1145; 1991, 2340; 1994, 3348; 1995, 2631; 1997, 582, 583; BGH, JZ 1973, 631, 632; BGH, FamRZ 1963, 243 f.; 1970, 553, 554; BGH, VersR 1957, 805, 806; 1963, 532; 1983, 636, 637; OLG Celle, VersR 1984, 46, 47; OLG Hamm, VersR 1988, 1070, 1071; 1992, 208, 209; 1996, 643; OLG Karlsruhe, VersR 1989, 861; OLG Köln, VersR 1994, 1082; OLG Koblenz, VersR 1996, 986, 987; MünchKomm/Mertens[3], § 823 Rn. 219; Larenz/Canaris, S. 415; Möllers, VersR 1996, 153, 154.

[58] BGH, NJW 1975, 108 f.; 1995, 2631; 1997, 582, 583; BGH, VersR 1975, 87.

[59] BGH, JZ 1973, 631, 632; BGH, VersR 1975, 87; Medicus, Bürgerliches Recht, Rn. 652.

[60] Bamberger/Roth/Spindler, § 823 Rn. 249; BGH, NJW 1978, 1628; 1995, 2631 f.; OLG Oldenburg, VersR 1987, 1199; MünchKomm/Mertens[3], § 823 Rn. 217.

[61] Staudinger/Hager, § 823 Rn. E 45.

[62] BGH, NJW 1994, 3348 f.; BGH LM § 823 (Dc) Nr. 201.

[63] BGHZ 27, 137; vgl. dazu auch Huber, JZ 1969, 677; Weitnauer, VersR 1970, 585.

Ersatz seiner Verteidigerkosten, die es selbst tragen musste. Sein Anspruch auf Ersatz der für seine Verteidigung entstandenen Kosten lehnte der BGH mit der Begründung ab, dass der geltend gemachte Schaden nicht dem Schutzbereich des § 823 Abs. 1 BGB unterfalle. Die Gefahr, in ein Strafverfahren verwickelt zu werden, sei vielmehr ein allgemeines Risiko, das jeden Staatsbürger treffe.[64]

Im Jahr 1967 sah sich der BGH veranlasst, im Rahmen zweier am gleichen Tag entschiedener Streitfälle, bei dem sich Schüler im Turnunterricht verletzt hatten, den Gedanken des allgemeinen Lebensrisikos erneut zu bemühen.[65] In beiden Fällen lehnte der BGH die Ersatzansprüche der Schüler mit der Begründung ab, dass durch die ordnungsgemäß ausgeübte Schulzucht nur das allgemeine Lebensrisiko, in welches jedes Kind hineingeboren sei und dem es als heranwachsender, allmählich reifender junger Mensch und als Mitglied einer größeren Gemeinschaft wesensmäßig unterliege, in besonderer Weise ausgestaltet werde.

Im so genannten Gehirnateriosklerosefall[66] wurde der Kläger, ein Schrankenwärter der Bundesbahn, vom Beklagten schuldhaft verletzt. Im anschließenden Krankenhausaufenthalt stellte sich heraus, dass der Kläger an einer nicht auf den Unfall zurückzuführenden Hirngefäß-Sklerose litt, woraufhin ihn die Deutsche Bundesbahn wegen dauernder Dienstunfähigkeit in den Ruhestand versetzte. Die Klage des Schrankenwärters gegen den Verletzer auf Ersatz der Differenz zwischen seinem Ruhegehalt und dem Bruttoverdienst eines Betriebsmeisters lehnte der BGH ab. Das Verbot der Körperverletzung solle nicht davor schützen, dass bis dahin unverborgene Erkrankungen entdeckt würden und dann zur vorzeitigen Pensionierung führten. Dass eine Krankheit entdeckt werde, sei ein Umstand, der jedem Menschen jederzeit widerfahren könne. Es gehöre demnach zum allgemeinen Lebensrisiko und falle somit nicht in den Gefahrenbereich, den § 823 Abs. 1 BGB im Auge habe.[67]

Eine Weiterentwicklung erfuhr der Gedanke des allgemeinen Lebensrisikos in der BGH-Rechtsprechung in zwei Entscheidungen aus dem Jahr 1971.[68] Beide Fälle betrafen Sachverhalte, die unter dem Stichwort „Verfolgungsfälle" bekannt wurden, bei denen sich der Verfolger aufgrund eines Sturzes eine Verletzung zuzog. In beiden Fällen prüfte der BGH auf der Tatbestandsebene des § 823 Abs. 1 BGB, inwieweit der Verletzungserfolg den Beklagten „objektiv zuzurechnen" ist. Hierfür sei einmal entscheidend, ob der Verfolgende durch die Flucht „herausgefordert" wurde und zum anderen, ob sich im Hinblick auf den Eintritt des Verletzungserfolgs eine „normale" oder eine „gesteigerte" Schadensmöglichkeit verwirklicht habe. Während das Gericht das schnelle Herunter-

[64] BGHZ 27, 137, 141.
[65] BGH, NJW 1967, 621 und BGH, VersR 1967, 470.
[66] BGH, JZ 1969, 702.
[67] BGH, JZ 1969, 702, 704.
[68] BGH, NJW 1971, 1980 und BGH, NJW 1971, 1982.

laufen einer steilen Bahnhofstreppe zum „gesteigerten“ Verfolgungsrisiko rechnete[69], betrachtete es das rasche Überqueren eines frisch geschnittenen und feuchten Rasens lediglich als „allgemeine“ Gefährdung[70].

Auch in der Grundsatzentscheidung des BGH zum Ladendiebstahl wurde ein deliktischer Schadensersatzanspruch aufgrund des Rechtsgedankens des allgemeinen Lebensrisikos verneint.[71] Hier verweigerte der BGH den Ersatz von Personalkosten für die Bearbeitung eines Diebstahls, auch wenn dieser einer besonderen Abteilung übertragen worden sei. Wie § 91 ZPO zu entnehmen sei, weise das Recht solche Mühewaltung einem Zuständigkeits- und Verantwortungsbereich des Geschädigten zu, der außerhalb des Schutzzwecks der Haftung des Schädigers liege.

II. Begriff, Bedeutung und dogmatische Einordnung des allgemeinen Lebensrisikos

1. Zum Begriff des allgemeinen Lebensrisikos

In der Rechtslehre wurde der Begriff des allgemeinen Lebensrisikos erstmals von Hermann Lange im Jahre 1960 in einem für den 43. Deutschen Juristentag erstatteten Gutachten erwähnt.[72] Er verdeutlichte die Problematik an fünf Beispielen aus der Judikatur, nämlich dem unschuldigen Opfer einer Strafverfolgung,[73] dem Schockschaden eines unbeteiligten Zeugen,[74] der Ansteckung des deliktisch Verletzen im Krankenhaus mit einer Grippe,[75] dem Tod des Prothesenträgers im Krieg durch Granatsplitter[76] und der Verwüstung des Grünstreifens durch Autofahrer, die ein vom Verletzer geschaffenes Hindernis umfahren haben.[77] Nach Lange hatte sich in allen fünf Fällen in dem eingetreten Schaden das allgemeine Lebensrisiko verwirklicht. Außer der Formulierung, „Gefahr, die jedermann droht“,[78] finden sich in dem Gutachten jedoch keine nähere Konkretisierung für die Qualifizierung der maßgeblichen Kriterien.

Mädrich[79] hat den Gedanken des allgemeinen Lebensrisikos in seiner Monographie aus dem Jahre 1980 inhaltlich präzisiert und dogmatisch selbständig erfasst. Unter den Begriff des allgemeinen Lebensrisikos fallen demnach grundsätzlich

[69] BGH, NJW 1971, 1980, 1981.
[70] BGH, NJW 1971, 1982.
[71] BGHZ 75, 230, 232.
[72] Lange, Gutachten, S. 1, 53.
[73] BGHZ 27, 137.
[74] OLG Hamburg, Seuff. A 60, 100.
[75] RGZ 105, 264.
[76] BGH, NJW 1952, 1010.
[77] LG Düsseldorf, NJW 1955, 1031.
[78] Lange, Gutachten, S. 1, 53.
[79] Mädrich, Das allgemeine Lebensrisiko, 1980.

alle mit der natürlichen Existenz des Geschädigten als solcher üblicherweise verbundenen Möglichkeiten, rechtliche relevante Nachteile zu erleiden, wobei für die Frage der Haftungsbegrenzung jedoch nur die Gefahren bedeutsam seien, denen der Betroffene erst durch das anspruchsbegründende Ereignis ausgesetzt worden sei.[80] Das allgemeine Lebensrisiko erfasst alle Risiken, die mit den Bedingungen des Menschseins verbunden sind und grundsätzlich nicht auf einen anderen im Wege der Haftung abgewälzt werden können[81] und somit „sowohl diejenigen Gefährdungen, die mit dem normalen Ablauf einer im Dasein des Betroffenen regelmäßig vorkommenden bzw. jederzeit zu erwartenden Verhaltensweise verknüpft sind, als auch solche Möglichkeiten, rechtlich relevante Nachteile zu erleiden, die unabhängig von einem gerade durch den Haftungsfaktor ausgelösten Tun oder Unterlassen des Geschädigten ganz allgemein mit der menschlichen Existenz in den jeweiligen Sozialisations- und Zivilisationsformen verbunden sind“.[82] Nicht erfasst sind demgegenüber besondere Gefahren, die eine Person auf sich genommen hat, um ihre eigenen Interessen zu fördern oder einem anderen zu helfen.[83] Die Übernahme besonderer Risiken unterfällt vielmehr dem Anwendungsbereich des Handelns auf eigene Gefahr.[84]

2. Fallgruppen des allgemeinen Lebensrisikos

Nach Deutsch handelt es sich bei dem allgemeinen Lebensrisiko um einen negativen Zurechnungsgrund, der „eher zuordnend als material ausgestaltet ist“.[85] D.h. es existieren keine allgemeinen Kriterien, aus denen sich konkrete Ableitungen vornehmen lassen, sondern man kann dem allgemeinen Lebensrisiko lediglich bestimmte Konstellationen zuordnen, in denen der Schädiger nicht haftet. In der bisherigen Rechtsprechung lassen sich als solche die allgemeinen Verwaltungskosten für die Abwicklung eines Unfalls[86], die Krankheit als Anlageschaden[87], die normale physische Belastung beim Schockschaden[88], die Verfolgungsfälle[89] sowie gewisse sozialadäquate Schäden wie geringste Verletzun-

[80] Mädrich, Lebensrisiko, S. 35 ff.
[81] Deutsch, Haftungsrecht, Rn. 602.
[82] Mädrich, Lebensrisiko, S. 38 ff, 130.
[83] Deutsch, VersR 1993, 1041, 1042.
[84] Vgl. hierzu unten § 4.
[85] Deutsch, VersR 1993, 1041, 1046.
[86] BGHZ 66, 112, 114 (Verneinung des Anspruchs einer Autobahnbehörde auf Ersatz der Kosten für den eigenen Zeitaufwand, der bei außergerichtlicher Abwicklung des Schadensersatzanspruchs auftritt).
[87] RGZ 169, 117; BGH, VersR 1968, 800 (vorzeitige Entdeckung einer Arteriosklerose bei Behandlung von Unfallopfern führt zur Versetzung in den Ruhestand).
[88] BGHZ 56, 163 ff. (Nur bei gesteigerter Schockanfälligkeit und Nachricht vom Unfall eines nahen Angehörigen kann Ersatz des Schockschadens verlangt werden).
[89] BGH, NJW 1971, 1982 (In dieser Entscheidung bezeichnete der BGH das rasche Überqueren eines frisch geschnittenen Rasens als „allgemeine“ Gefährdung).

gen unterscheiden.[90] Deutsch betrachtet schließlich auch den Ersatz für den Nutzungsausfall bezüglich der Entziehung einer Sache, das Eheauflösungsrisiko sowie mittelbare Eingriffe im Rahmen des eingerichteten und ausgeübten Gewerbetriebs als eigenständige Fallgruppen des allgemeinen Lebensrisikos.[91]

3. Das allgemeine Lebensrisiko als selbständiger negativer Zurechnungsgrund

Die dogmatische Einordnung des Rechtsgedankens des allgemeinen Lebensrisikos ist umstritten. Während die Rechtsprechung[92] und weite Teil der Literatur[93] das allgemeine Lebensrisiko vorwiegend dem Merkmal des Schutzzwecks der verletzten Norm zuordnen wollen, halten andere Stimmen in der Literatur[94] das Adäquanzmerkmal für den geeigneten dogmatischen Standort. Stoll[95] und Lange[96] entwickelten schließlich die Auffassung, dass das „allgemeine Lebensrisiko“ unter keines der genannten Haftungsbegrenzungselemente einzuordnen ist, sondern vielmehr eine eigenständige Funktion erfüllt.

Mädrich[97] hat sich der zuletzt genannten und vorzugswürdigen Meinung angeschlossen. Er spricht sich mit zutreffender Argumentation zunächst gegen eine Einordnung des allgemeinen Lebensrisikos in das Adäquanzmerkmal aus. Zwar orientieren sich beide an der Frage, inwieweit die entstandene Schadensfolge auf eine vom haftungsrelevanten Umstand bewirkte Gefahrerhöhung zurückzuführen ist. Ein Unterschied zwischen beiden sei jedoch darin zu sehen, dass sie hinsichtlich des vorzunehmenden Vergleichs von einem stark voneinander abweichenden Ausgangspunkt ausgehen. Während im Rahmen der Beurteilung der Adäquanz das tatsächlich eingetretene Geschehen der Situation gegenübergestellt werde, wie sie ohne das fragliche Ergebnis bestünde, werde beim allgemeinen Lebensrisiko gefragt, ob die Möglichkeit, einen rechtlich relevanten Nachteil zu erleiden, im Verhältnis zu dem Gefahrenpotential der vom Betroffenen üblicherweise praktizierten Lebensführung gesteigert worden sei.[98] Des Weiteren bestehe ein Unterschied in der jeweils maßgebenden Dimension der Betrachtungsweise. Während das Adäquanzkriterium auf einer empirisch gewonnenen ex-ante-Prognose basiere, erfolge die Prüfung, ob ein bestimmter Sachverhalt dem Gedanken des allgemeinen Lebensrisikos unterfalle, einer ex

[90] Vgl. zu den Fallgruppen des allgemeinen Lebensrisikos Deutsch, VersR 1993, 1041, 1046; Mädrich, Lebensrisiko, S. 40 ff.
[91] Deutsch, VersR 1993, 1041, 1045.
[92] BGH, JZ 1958, 742, 743; LG Stuttgart, VersR 1973, 649.
[93] Lange, Gutachten, S. 1, 51 f.; Ossenbühl, JuS 1970, 276, 281; Huber, JZ 1969, 677, 681; v. Caemmerer, DAR 1970, 283, 287; Palandt/Heinrichs, Vorb v § 249 Rn. 88.
[94] Schickedanz, NJW 1971, 916, 920; Kramer, JZ 1976, 338, 342.
[95] Stoll, Kausalzusammenhang, 26 f.
[96] Lange, JZ 1976, 198, 206.
[97] Mädrich, Lebensrisiko, S. 63 ff.
[98] Mädrich, Lebensrisiko, S. 74.

post erstellten normativ ausgerichteten Begutachtung.[99] Im Hinblick auf den Schutzzweckgedanken bestehe der Unterschied zum allgemeinen Lebensrisiko darin, dass es bei ersterem lediglich um die Ermittlung der präventiven Zielrichtung einer konkreten Verhaltensnorm gehe, während der Gedanke vom allgemeinen Lebensrisiko Bestandteil der Suche nach dem Telos des Schadensausgleichs insgesamt sei und somit gleichermaßen bei der Verschuldens- wie der Gefährdungshaftung Platz greife.[100] Das Institut des allgemeinen Lebensrisikos ist nach Mädrich demnach vielmehr den Haftungsbegrenzungselementen des objektiven Tatbestandes der Schadensersatznorm zuzuordnen und bewertet mit den vor ihm zu prüfenden Merkmalen der Kausalität und Adäquanz die Art und Weise der Verknüpfung zwischen gefahrbegründendem Umstand und Folgegeschehen.[101]

Der Auffassung, dass es sich bei dem Gedanken des allgemeinen Lebensrisikos um ein selbständiges Haftungsbegrenzungselement handelt, hat sich auch Deutsch angeschlossen. Er betrachtet das allgemeine Lebensrisiko als eigenständigen negativen Zurechnungsgrund, der aufgrund der in der Rechtsprechung aufgeführten Fallgruppen mit selbständigem Inhalt gefüllt werden kann und einen Bereich kennzeichnet, der den eingetretenen Schaden dem Inhaber des Rechtsguts zuweist.[102]

III. Allgemeines Lebensrisiko und Verkehrspflichten

Das allgemeine Lebensrisiko darf nicht im Wege der Verkehrspflicht auf Dritte abgewälzt werden, da dies zu einer unverhältnismäßigen Beschränkung der Handlungsfreiheit des Schädigers führen würde. Es stellt sich jedoch die Frage, wie sich das allgemeine Lebensrisiko in die Dogmatik der Verkehrspflichten einfügt. Hier sind grundsätzlich zwei Wege denkbar: zunächst könnte der Gedanke des allgemeinen Lebensrisikos wie die unter § 14 erörterten Selbstschutzmöglichkeiten des Geschädigten dazu führen, dass schon gar keine Verkehrspflicht des potentiellen Schädigers entsteht. Andererseits ließe sich auch argumentieren, dass eine Verkehrspflicht des Schädigers entsteht, ihm der Schaden jedoch aufgrund des eigenständigen negativen Zurechnungsgrundes des allgemeinen Lebensrisikos nicht zurechenbar ist.

Folgt man der überzeugenden Argumentation von Mädrich und Deutsch, nach der das allgemeine Lebensrisiko einen selbständigen negativen Zurechnungsgrund darstellt, so liegt der Schluss nahe, die Frage der Entstehung der Verkehrspflicht von dem Gedanken des allgemeinen Lebensrisikos zu trennen. Zum allgemeinen Lebensrisiko gehören die Gefahren, welche von dem Träger des

[99] Mädrich, Lebensrisiko, S. 74.
[100] Mädrich, Lebensrisiko, S. 89 ff.
[101] Mädrich, Lebensrisiko, S.96 ff.
[102] Deutsch, Haftungsrecht, Rn. 596 ff.; ders., VersR 1993, 1041 ff.

Rechtsguts zu schultern sind. So geht auch Deutsch[103] davon aus, dass es sich bei dem allgemeinen Lebensrisiko um einen nicht zu verlagernden Bereich der eigenen Schadenstragung des Rechtsgutinhabers handelt. Selbst wenn auf Seiten eines anderen Fahrlässigkeit vorliege, seien der Eingriff in das Rechtsgut oder die Folgen des Eingriffs dem anderen nicht zuzurechnen, wenn das Rechtsgut oder diese Folgen der normalen Risikosphäre des Rechtsgutinhabers zuzuordnen seien. Dies setze voraus, dass ein dem Rechtsgutträger zugewiesener Risikobereich bestehe, der auch nicht von einer fahrlässigen Verursachung eines Dritten „durchlöchert" werde.[104]

Die Ausführungen von Deutsch zeigen, dass der Gedanke des allgemeinen Lebensrisikos unabhängig von der Frage der Verletzung einer Verkehrspflicht durch den potentiellen Schädiger ist. Es handelt sich somit um zwei getrennt zu beurteilende Merkmale, mit der Konsequenz, dass der potentielle Schädiger eine Verkehrspflicht verletzt haben und ein Schaden eingetreten sein kann, der ihm jedoch aufgrund des negativen Zurechnungsgrundes des allgemeinen Lebensrisikos nicht zuzurechnen ist.

§ 17 Handeln auf eigene Gefahr

Ein weiteres Rechtsinstitut, welches im beweglichen System der Verkehrspflichten der Sicherung der allgemeinen Handlungsfreiheit des potentiellen Schädigers dient, stellt das Handeln auf eigene Gefahr dar. Davon spricht man, wenn sich jemand ohne triftigen Grund in eine Situation drohender Eigengefährdung begibt, obwohl er die besonderen Umstände kennt, die für ihn eine konkrete Gefährdung begründen.[105] Führt diese Gefährdung dann zu einem Schaden, stellt sich die Frage, ob der Geschädigte Schadensersatz von einem anderen fordern kann, der an sich nach dem Recht der Gefährdungshaftung oder nach Vertrags- oder Deliktsrecht schadensersatzpflichtig wäre.

I. Entwicklung und dogmatische Einordnung des Rechtsgedankens „Handeln auf eigene Gefahr"

1. Die Rechtsprechung des RG und BGH

Die Rechtsprechung des RG und des BGH zu den Fällen, in denen der Rechtsgedanke des Handelns auf eigene Gefahr herangezogen wurde, zeichnet sich durch mehrfache Schwankungen aus.[106] Zunächst betonte das RG, dass das Handeln auf eigene Gefahr im Rahmen einer Haftung des Schädigers aus § 823

[103] Deutsch, VersR 1993, 1041, 1044.
[104] Deutsch, VersR 1993, 1041, 1044.
[105] BGHZ 34, 355, 358; Schlosser, Jura 1985, 554; Jauernig/Teichmann, § 254 Rn. 14; Palandt/Heinrichs, § 254 Rn. 76; Rother, Haftungsbeschränkungen, S. 110 f.
[106] Staudinger/Hager, Vorbem zu §§ 823 Rn. 48.

Abs. 1 BGB allein nicht zur Abweisung des Schadensersatzanspruchs führen müsse. Vielmehr habe hier eine die Umstände des Einzelfalls berücksichtigende Abwägung gem. § 254 BGB stattzufinden.[107] In einer späteren Entscheidung entwickelte das Reichsgericht die Ansicht, wer sich als Teilnehmer einer Fahrt in einem Kfz der besonderen mit dieser Fahrt verbundenen Gefahr bewusst sei, willige damit in eine Körperverletzung ein, die möglicherweise auf der Fahrt eintrete.[108] Soweit die Einwilligung reiche und rechtlich erlaubt sei, schließe sie die Widerrechtlichkeit der Schadenszufügung und damit die Haftung des Schädigers aus.[109]

Der BGH hat sich zunächst der Auffassung des RG, wonach der Gedanke des Handelns auf eigene Gefahr eine Einwilligung des Geschädigten in die Rechtsgutverletzung darstellt, angeschlossen.[110] Im Einklang mit dem Schrifttum, welches die Konstruktion einer rechtfertigenden Einwilligung scharf kritisierte[111], ist der BGH in der Grundsatzentscheidung BGHZ 34, 355 ff. von der Auffassung des RG abgerückt. Eine Einwilligung laufe jedenfalls im Regelfall auf eine bloße Fiktion hinaus und widerspreche offenbar der Wirklichkeit. In der Regel wird nach dem BGH keine echte Einwilligung des Geschädigten, sondern nur bewusste Fahrlässigkeit vorliegen.[112] Eine Einwilligung könne zudem nur in den engen Grenzen der §§ 134, 138 BGB und § 226 a StGB rechtfertigende Wirkung zukommen.[113] Daher könne der Gedanke des Handelns auf eigene Gefahr nur dann als rechtfertigende Einwilligung eingeordnet werden, wenn das Verhalten des Geschädigten tatsächlich ohne künstliche Unterstellung als Einwilligung in die als möglich vorgestellte Rechtsgutsverletzung aufgefasst werden kann. Hingegen sei der rechtliche Standort des Problems des Handelns auf eigene Gefahr bei den Regelfällen der Haftpflichtpraxis in der vom Gesetz in § 254 BGB getroffenen Wertung zu suchen.[114]

Mit der Zuordnung der praktisch wichtigsten Fälle bewusster Selbstgefährdung zum Anwendungsbereich des § 254 BG ist der oft aufgestellte starre Grundsatz aufgegeben, dass das Handeln auf eigene Gefahr Schadensersatzansprüche komplett ausschließt. Die Norm des § 254 BGB kann je nach dem zu beurteilenden Einzelfall zu einer Minderung des Anspruchs, aber auch zu einem vollständigen Anspruchsausschluss führen.[115] Maßgebliche Kriterien für die Abwägungsentscheidung im Rahmen des § 254 BGB sind etwa der Umstand, wie die

---

[107] RGZ 130, 162, 169.
[108] RGZ 141, 262, 265.
[109] RGZ 145, 390; RG, JW 34, 2033; 38, 2354.
[110] BGHZ 2, 159, 162.
[111] Bemmann, VersR 1958, 583, 585; Böhmer, VersR 1957, 205.
[112] BGHZ 34, 355 = BGH, NJW 1961, 655, 656.
[113] BGH, NJW 1961, 655, 657.
[114] BGH, NJW 1961, 655, 657.
[115] BGHZ 34, 355, 364.

Gefahrenlage entstanden ist, ob sie der Geschädigte planvoll geschaffen hat, welches Maß an Verschulden den Schädiger an der Entstehung der Gefahrenlage und der Verwirklichung der Gefahr trifft, welche Beziehungen zwischen den Beteiligten bestehen und wie nahe liegend die Verwirklichung der Gefahr war.[116] Die Verortung des Rechtsgedankens des Handelns auf eigene Gefahr in § 254 BGB entspricht mittlerweile der ständigen Rechtsprechung.[117]

2. Literatur

Es wird als Verdienst von Hans Stoll angesehen, in seiner 1961 erschienenen Monographie „Das Handeln auf eigene Gefahr" die Entwicklung des Instituts genau aufgezeigt und den vom BGH beschrittenen Weg vorbereitet zu haben.[118] Stolls Betrachtungen basieren auf bestimmten Fallgruppen, nämlich der Teilnahme an Fahrten (in Fuhrwerken oder in Kraft- und Luftfahrzeugen), der Teilnahme an gefährlichen Veranstaltungen (Rennen, sportlichen Wettkämpfen, Spielen) und schließlich dem Betreten fremder Grundstücke und Anlagen, die die entsprechenden Haftungsansprüche und den Einwand des Handelns auf eigene Gefahr üblicherweise auslösen. Diesen Fällen ist nach Stoll der Umstand gemeinsam, „dass sich der Verletzte ohne Notwendigkeit bewusst der Gefahr ausgesetzt hat, aus der dann der Schaden erwuchs".[119] Wie bereits oben angedeutet,[120] schlägt Stoll zur Lösung der Fälle, in denen der Rechtsgedanke des Handelns auf eigene Gefahr eine entscheidungserhebliche Rolle spielt, eine bis dahin nicht gekannte Unterscheidung zwischen echtem und unechtem Handeln auf eigene Gefahr vor. Im ersten Fall, in dem das Opfer die Gefahr übernommen habe, trete die Schutzpflicht des Schädigers zurück, während es im zweiten Fall, in dem der Täter den Bedrohten der Gefahr nicht habe überlassen dürfen, um das Mitverschulden nach § 254 BGB gehe.[121]

Ob und inwieweit dem Handeln auf eigene Gefahr auf der Grundlage der ständigen Rechtsprechung noch eine eigenständige Bedeutung gegenüber dem Mitverschulden nach § 254 BGB zukommt, ist umstritten. Teilweise wird in der Literatur die Auffassung vertreten, dass das Handeln auf eigene Gefahr nur noch einen Sonderfall des § 254 BGB darstelle.[122] Andere Stimmen gehen von einem Handeln auf eigene Gefahr nur dann aus, wenn die deliktische Haftung des Schädi-

[116] BGH, NJW 1961, 655, 658; BGH, VersR 1959, 368.

[117] BGHZ 39, 156, 158 f.; BGH; NJW 1984, 801, 803; BGH, VersR 1962, 1010, 1011; 1964, 431, 433; 1964, 1047; 1984, 286, 287; OLG München, VersR 1962, 772; OLG Düsseldorf, NJW-RR, 1989, 735, 736; OLG Hamm, VersR 1996, 863, 864; 1998, 249.

[118] Rother, Haftungsbeschränkung, S. 110.

[119] Stoll, Handeln S. 3, 4.

[120] Vgl. § 14 II 1.

[121] Stoll, Handeln S. 253, 296 ff., 345 ff., 365 ff.

[122] AK-Rüßmann, § 254 Rn. 8; Fikentscher, Schuldrecht, Rn. 497; MünchKomm/Grunsky[3], § 254 Rn. 34; Soergel/Mertens, § 254 Rn. 51.

gers aufgrund des Verhaltens des Geschädigten schon dem Grunde nach zu verneinen ist, mit der Folge, dass § 254 BGB gerade keine Anwendung findet.[123] Nach der ganz überwiegenden Auffassung ist der Rechtsgedanke des Handelns auf eigene Gefahr im Allgemeinen nach § 254 BGB zu beurteilen, lediglich in Sonderfällen kann aber auch schon der haftungsbegründende Tatbestand ausgeschlossen sein.[124] Unter den Vertreter, die das Handeln auf eigene Gefahr in § 254 BGB verorten, finden sich wiederum verschiedene Stimmen, die den eigenständigen Charakter dieser Konstellation betonen.[125] Danach bezieht sich das Handeln auf eigene Gefahr in der Regel auf Fälle, in denen der Betroffene an der eigentlichen Aktualisierung des Risikos nicht mitwirkt, sondern sich nur sehenden Auges in die von anderen geschaffene oder unterhaltene Gefahrensituation begibt. Hierdurch setze sich diese Konstellation von den „normalen" Fällen des § 254 BGB ab.[126] Deutsch schlussfolgert aus dieser Annahme sogar, dass nur eine analoge Anwendung des § 254 BGB in Betracht komme, bei der die Abwägung nach „objektiveren Kriterien" als im üblichen Anwendungsbereich des § 254 BGB vorzunehmen sei.[127]

3. Begriffliche Klarstellung

Nach der Rechtsprechung und herrschenden Auffassung in der Literatur ist der Rechtsgedanke des Handelns auf eigene Gefahr in § 254 BGB zu verorten. Mit der Verweisung auf die Regelung des § 254 BGB ist dem Richter die Möglichkeit eröffnet, in richterlicher Verantwortung den besonderen Gegebenheiten des Einzelfalles Rechnung zu tragen.[128] Die Bezeichnung „Handeln auf eigene Gefahr" ist insofern jedoch missverständlich, da sie den unzutreffenden Eindruck erweckt, der Geschädigte habe den Schaden allein zu tragen. Trotzdem werden die charakteristischen Fälle dieser Art als eine Fallgruppe des § 254 BGB unter dem anschaulichen Begriff des „Handelns auf eigene Gefahr" zusammengefasst.

Wie oben dargestellt, sind nach Stoll und weiteren Stimmen in der Literatur unter den Begriff des Handelns auf eigene Gefahr auch solche Fallkonstellationen zu fassen, in denen aufgrund der Selbstgefährdung des Geschädigten bereits eine Rechtspflicht des Schädigers und somit der Tatbestand der Deliktsnorm verneint wird. Derartige Fälle sollten jedoch nach der Grundsatzentscheidung des BGH[129] zum Handeln auf eigene Gefahr nicht unter diesem Topos eingeordnet

[123] Dunz, JZ 1987, 65, 67; ders., VersR 1988, 4.
[124] Deutsch, Haftungsrecht, Rn. 586 ff.; Jauernig/Teichmann. § 254 Rn. 14 ff.; Medicus, Schuldrecht II, Rn. 767; Palandt/Heinrichs, § 254 Rn. 76 ff.; Soergel/Mertens, § 254 Rn. 51; Staudinger/Schiemann, § 254 Rn. 62 ff.; Looschelders, Mitverantwortlichkeit, S. 456.
[125] Deutsch, Haftungsrecht, Rn. 588 f.; RGRK/Steffen, Vor § 823 Rn. 68.
[126] RGRK/Steffen, Vor § 823 Rn. 68; Deutsch, Haftungsrecht, Rn. 588 f.
[127] Deutsch, Haftungsrecht, Rn. 588 f.
[128] BGH, NJW 1961, 655, 658.
[129] BGHZ 34, 355 ff.

werden.[130] Unter den Begriff des Handelns auf eigene Gefahr sollten demnach begrifflich nur die Fälle gefasst werden, die zu einer Minderung oder einem Ausschluss des Ersatzanspruchs gem. § 254 BGB führen, da sich der Schädiger bewusst und ohne triftigen Grund der Gefahr ausgesetzt hat.

II. Fallgruppen des Handelns auf eigene Gefahr

Es haben sich im Laufe der Zeit bestimmte Fallgruppen herausgebildet, innerhalb derer dem Rechtsgedanken des Handelns auf eigene Gefahr entscheidende Bedeutung zukommt.

1. Teilnahme an Fahrten mit einem Kfz

Der wichtigste Fall einer Selbstgefährdung, der unter dem Stichwort des Handelns auf eigene Gefahr behandelt wird, ist die Mitfahrt bei einem fahruntüchtigen Fahrer. Bei der Mitfahrt in einem fremden Kfz trifft den Fahrgast dann eine Schadensbeteiligung nach § 254 BGB, wenn er das Vorliegen besonderer gefahrerhöhender Umstände erkannt hat, die für seine Verletzung kausal geworden sind.[131] Im Falle eines angetrunkenen Fahrers ist es zur Begründung eines Mitverschuldens allerdings nicht ausreichend, dass der Fahrgast darüber Bescheid wusste, dass der Fahrer Alkohol getrunken hatte; vielmehr ist erforderlich, dass er die Fahruntüchtigkeit des Fahrers kannte oder dass sich ihm jedenfalls Zweifel an dessen Fahrtüchtigkeit hätten aufdrängen müssen, die einen vernünftigen Fahrgast veranlasst hätten, von einer Mitfahrt Abstand zu nehmen.[132] Der Schadensersatzanspruch des Fahrgasts ist darüber hinaus gem. § 254 BGB zu kürzen, wenn er bei einem Kraftfahrer mitfährt, der erkennbar übermüdet ist,[133] der offenkundig keine Fahrerlaubnis besitzt[134] oder dessen aus dem Rahmen fallende

---

[130] Soergel/Mertens, § 254 Rn. 51; so jetzt auch Stoll in 50 Jahre Bundesgerichtshof, S. 223, 227: „In meiner 1961 erschienenen Monographie zum Handeln auf eigene Gefahr hatte ich die Begrenzung der Verkehrspflichten mit Rücksicht auf die Zumutbarkeit des Selbstschutzes als echte Fälle des Handelns auf eigene Gefahr bezeichnet. Diese Ausdrucksweise wird jedoch besser vermieden, um Verwechselungen und Missverständnisse auszuschließen. In den in Betracht kommenden Fällen geht es nicht um die Aufhebung oder Einschränkung einer grundsätzlich gegebenen Haftung aufgrund eines Ausnahmetatbestandes, sondern schlicht um das Fehlen einer allgemeinen Haftungsvoraussetzung.“

[131] BGHZ 34, 355, 363 ff.; OLG Frankfurt, VersR 1980, 287; OLG Koblenz, VersR 1980, 238; OLG Köln, SP 2000, 3; OLG Hamm, VersR 1993, 588; OLG Saarbrücken, MDR 2002, 392, 393; OLG Zweibrücken, VersR 1993, 454.

[132] BGH, VersR 1960, 1146; 1964, 1047; 1966, 565; 1967, 82; 1968; 197; 1969, 380; 1970, 624; 1971, 473; BGH, NJW 1988, 2365, 2366; OLG München, VersR 1962, 772; OLG Hamburg, VersR 1966, 986.

[133] OLG Celle, VersR 1962, 1110.

[134] BGHZ 34, 355.

Neigung zu Verkehrsverstößen[135] bzw. unvorsichtigem Fahren[136] bekannt ist. Das gilt entsprechend bei einer Fahrt mit einem nicht zugelassenen Fahrzeug.[137]

2. Teilnahme an gefährlichen Veranstaltungen

Eine weitere wichtige und praxisrelevante Fallgruppe des Handelns auf eigene Gefahr stellt die Teilnahme an gefährlichen Veranstaltungen dar. Zu denken ist in diesem Zusammenhang etwa an Unfälle, die sich im Verlaufe einer Sportveranstaltung,[138] eines Volksfestes[139] oder einer sonstigen mit gewissen Gefahren verbundenen Veranstaltung (z.B. Jagd)[140] ereignen. Den Teilnehmer an gefährlichen Veranstaltungen trifft beispielsweise dann ein Mitverschulden, wenn er die Veranstaltung von einer für Besucher nicht zugänglichen oder erkennbar besonders gefährlichen Stelle aus verfolgt.[141]

3. Betreten fremder Grundstücke und Anlagen

Auch die Fallgruppe des Betretens fremder Grundstücke und Anlagen stellt einen bedeutsamen Anwendungsbereich des Handelns auf eigene Gefahr dar.[142] Allerdings gilt es hier zu berücksichtigen, dass das unbefugte Betreten bereits dazu führen kann, dass schon gar keine Verkehrspflicht des Inhabers des Grundstücks oder der Anlage entsteht.[143] Insbesondere bei außerordentlichen Gefahren, bei einem nahe liegenden Fehlverhalten des Geschädigten sowie gegenüber Kindern[144] ist vom Vorliegen einer entsprechenden Sicherungspflicht auszugehen, mit der Folge, dass die Selbstgefährdung unter dem Aspekt des Mitverschuldens gem. § 254 BGB zu würdigen ist. Eine vorwerfbare Selbstgefährdung kommt ferner dann in Betracht, wenn der Geschädigte beim Betreten der Anlage oder des Grundstücks besondere Hinweise nicht beachtet, wie z.B. die Warnung

[135] BGH, DAR 1960, 204.

[136] OLG München, VersR 1962, 556.

[137] BGH, VersR 1969, 424, 425.

[138] BGH, NJW 1984, 801 ff.: Zuschauen bei einem Spiel der Eishockey-Bundesliga; LG Trier, VersR 1964, 879 zur vorwerfbaren Selbstgefährdung bei einem Fußballspiel; OLG München, VersR 1982, 1105: Selbstgefährdung bei einem Diskuswettbewerb.

[139] BGH, VersR 1959, 463: Verletzung bei Benutzung eines Rotors auf einem Jahrmarkt.

[140] BGH, VersR 1959, 206: Teilnahme an Jagd kein Verzicht auf Haftung für Fahrlässigkeit.

[141] BGH, VersR 1966, 1073: Wer ein erkennbar regelwidriges Geschehen auf einer Reitbahn als Zuschauer von einer besonders gefährdeten Stelle aus verfolgt, setzt sich im Falle einer Schädigung dem Vorwurf des Mitverschuldens aus.

[142] Vgl. hierzu Stoll, Handeln S. 264 ff.; Marburger, JurA 1971, 481 beide m.w.N.

[143] OLG München, VersR 1992, 210: Die Verkehrssicherungspflicht besteht grundsätzlich nur gegenüber denjenigen, die nach dem erkennbaren Willen dessen, der den Verkehr eröffnet hat, zum Verkehr zugelassen sein sollen, nicht aber gegenüber Personen, die die Verkehrsfläche unbefugt betreten. Vgl. auch die Ausführungen in § 15.

[144] BGH, VersR 1975, 88: Zur Haftung des Eigentümers eines unbebauten Grundstücks gegenüber Kindern, die sich beim Spiel mit auf dem Grundstück liegenden Gegenständen verletzen.

vor einer geringen Wassertiefe am Sprungturm eines Schwimmbeckens,[145] vor Glatteis[146] oder die Warnung vor einem bissigen Hund.[147]

4. Ausübung gefährlicher Sportarten

Der Rechtsgedanke des Handelns auf eigene Gefahr spielt auch im Rahmen der Ausübung von Sportarten eine Rolle, die ein bestimmtes Verletzungsrisiko beinhalten.[148] Hier stellt sich die Frage, ob der Umstand der freiwilligen Teilnahme an sportlichen Aktivitäten unter Inkaufnahme der damit verbundenen Verletzungsrisiken die Haftung mindert oder ausschließt. Auch wenn die dogmatische Einordnung dieses Problems in Rechtsprechung und Literatur noch nicht abschließend geklärt ist, besteht doch weitgehende Einigkeit, dass die Haftung des Sportlers ausgeschlossen ist, wenn er einem anderen Wettkämpfer trotz Einhaltung der für die betreffende Sportart geltenden Regeln eine Verletzung zufügt.[149] Nach h.M. ist die Freistellung von der Haftung auch auf diejenigen Fälle auszudehnen, in denen geringfügig aus Spieleifer, Unüberlegtheit, technischem Versagen, Übermüdung oder aus ähnlichen Gründen gegen eine dem Schutz des Spielers dienende Regel verstoßen wird.[150] Hingegen haftet der Verletzer bei einem groben oder gar vorsätzlichen Regelverstoß, auch wenn derartige Verstöße üblich geworden sein sollten.[151]

Dogmatisch stützt die Rechtsprechung den Haftungsausschluss im Rahmen der Ausübung gefährlicher Sportarten regelmäßig auf das Verbot des widersprüchlichen Handelns.[152] Der BGH ist der Auffassung, dass der Teilnehmer an einem sportlichen Wettbewerb, der durch das regelkonforme Verhalten eines Mitspielers verletzt wird, sich in Widerspruch zu seinem eigenen Verhalten setzt, wenn er seinen Mitspieler auf Schadensersatz in Anspruch nimmt. Bei besonders gefährlichen Sportarten wie Boxen und Ringen, die auf die Verletzung des anderen Wettkämpfers angelegt sind, soll sogar eine rechtfertigende Einwilligung in Be-

---

145 OLG Celle, VersR 1969, 1049.

146 BGH, VRS 12, 408; LM Nr. 10 zu & 823 (Ea).

147 OLG Stuttgart, VersR 1955, 686; OLG Frankfurt, VersR 1983, 1040.

148 Looschelders, Mitverantwortlichkeit, S. 444 ff.

149 BGHZ 63, 140, 142 ff.; Fritzweiler, DAR 1997, 137 ff.; Füllgraf, VersR 1983, 705, 709 ff.; Grunsky, JZ 1975, 109; Jauernig/Teichmann, § 823 Rn. 55; MünchKomm/Mertens[3], § 823 Rn. 332 ff.; Palandt/Sprau, § 823 Rn. 215; RGRK/Steffen, Vor § 823 Rn. 72; Staudinger/Hager, Vorbem zu § 823 Rn. 50; Teichmann, JA 1979, 293, 294 f.

150 OLG Hamm, VersR 1985, 1072, 1073; OLG Düsseldorf, NJW-RR 1993, 292 f.; OLG Kralsruhe, NJW-RR 1994, 1372; OLG Oldenburg, VersR 1995, 670, 671; Palandt/Sprau, § 823 Rn. 215; MünchKomm/Mertens[3], § 823 Rn. 333; Staudinger/Hager, Vorbem zu §§ 823 Rn. 50.

151 OLG München, VersR 1977, 844, 845; OLG Hamm, VersR 1985, 1072, 1073; NJW-RR 1992, 856, 857; OLG Frankfurt a.M., NJW-RR 1991, 418, 419.

152 BGHZ 63, 140, 143 ff.

tracht kommen.[153] Im Rahmen des abgestuften Systems von Rechtsfolgen bei Verletzungen, die aus der Teilnahme am Sport resultieren, kann die Haftpflicht des Schädigers aber auch durch die bewusste Selbstgefährdung des Geschädigten gem. § 254 BGB zu mildern sein.[154]

5. Bewusste Inkaufnahme einer gefährdungshaftungsrechtlich relevanten Gefahr und Handeln auf eigene Gefahr durch Reiten

Dem Gedanken des Handelns auf eigene Gefahr wird des Weiteren im Bereich der Gefährdungshaftung besondere Bedeutung beigemessen. Nach der herrschenden Auffassung in der Literatur handelt es sich hier um den praktisch wichtigsten Fall, in dem die bewusste Selbstgefährdung schon den haftungsbegründenden Tatbestand ausschließen kann.[155] Der Haftungsausschluss rechtfertige sich dabei aus dem Zweck und Grundgedanken der Gefährdungshaftung. Danach soll der Inhaber einer Sache oder eines Betriebs solche Schäden verantworten, die typischerweise durch die Sache oder aus einem solchen Betrieb anderen Verkehrsteilnehmern erwachsen, die diesen Gefahren regelmäßig nicht ausweichen können. Setze sich aber jemand bewusst einer solchen Gefahr aus, ohne dazu durch die Teilnahme am Verkehr oder eine besondere Pflicht dazu genötigt zu sein, dann treffe der Schutzzweck der Gefährdungshaftung auf ihn nicht mehr zu.[156] Als Beispiel für den Ausschluss der Gefährdungshaftung wegen Handelns auf eigene Gefahr nennt Larenz[157] den Fall, dass sich jemand ein Reitpferd ausleiht und bei dem Ritt, ohne eigene Unachtsamkeit, durch das Verhalten des Pferdes zu Schaden kommt. Der Fortfall der Ersatzpflicht des Tierhalters rechtfertige sich in diesen Fällen weder aus § 254 BGB noch aus einem stillschweigenden Haftungsverzicht oder einer Einwilligung des Geschädigten, sondern aus dem Zweck der Gefährdungshaftung.

Der BGH geht demgegenüber davon aus, dass auch derjenige vom Schutzbereich des § 833 S.1 BGB erfasst wird, der sich als Reiter freiwillig in die von einem Pferd ausgehende Gefahr begeben hat; unter dem Gesichtspunkt des Handelns auf eigene Gefahr kann die Haftung nach der Rechtsprechung des BGH nur dann entfallen, wenn der Betroffene aus vorwiegend eigenem Interesse Risiken übernommen hat, die über die gewöhnliche mit einem Ritt verbundene Ge-

[153] BGHZ 34, 355, 363; 39, 156, 161; 63, 140, 144 f.

[154] BGH, VersR 1995, 583: Haftung für Körperverletzung bei Spiel am Badesee und wechselseitigem Sich-ins-Wasser-Stoßen; OLG Bamberg, VersR 1972, 1812; OLG Nürnberg, RuS 1992, 339: Reitunfall.

[155] Deutsch/Ahrens, Deliktsrecht, Rn. 371; Lange/Schiemann, Schadenersatz, S. 643; Larenz, Schuldrecht I, S. 539 f.; Palandt/Heinrichs, § 254 Rn. 76; RGRK/Steffen, Vor § 823 Rn. 73; Stoll, Handeln S. 345 ff.

[156] In diesem Sinne Larenz, Schuldrecht I, S. 542; Larenz/Canaris, Schuldrecht II/2, S. 613 ff., 623; Looschelders, Mitverantwortlichkeit, S. 449.

[157] Larenz, Schuldrecht I, S. 542.

fahr hinausgehen.[158] Dies ist z.B. dann der Fall, wenn der Reiter ein erkennbar böses Pferd übernimmt oder an einem Springen bzw. einer Fuchsjagd teilnimmt. Diese Rechtsprechung des BGH hat bei Teilen der Literatur Zustimmung hervorgerufen.[159] Andere Stimmen in der Literatur sprechen sich jedoch für eine weitergehende Einschränkung der Gefährdungshaftung des Tierhalters gegenüber dem Reiter aus. Die Haftung des § 833 S.1 BGB soll danach grundsätzlich ausgeschlossen sein, wenn der Geschädigte die Herrschaft über das Pferd unentgeltlich und im eigenen Interesse übernommen hat.[160]

III. Handeln auf eigene Gefahr und Verkehrspflichten

Es stellt sich die Frage, nach welchen Kriterien sich die Fälle des Handelns auf eigene Gefahr von der Konstellation unterscheiden lassen, die wegen der Selbstgefährdung des Schädigers schon zum Ausschluss des Tatbestandes der Deliktsnorm führt, mithin wo die Grenze zwischen diesen beiden Konstellationen verläuft. Besondere Bedeutung kommt dieser Abgrenzung gerade bei den Verkehrspflichten zu. Wie bereits in § 14 ausgeführt, ist der Sicherungspflichtige grundsätzlich nicht gehalten, den Geschädigten gegenüber Gefahren abzuschirmen, welche für diesen ohne weiteres erkennbar sind und denen dieser sich aufgrund der ihm zur Verfügung stehenden Selbstschutzmöglichkeiten wirksam erwehren kann.

Stoll stellt bei der Abgrenzung zwischen dem echten Handeln auf eigene Gefahr, das bereits zum Zurücktreten der Schutzpflicht des Gefährders führt, und dem der Anwendung des § 254 BGB unterfallenden unechten Handeln auf eigene Gefahr auf die objektiven Verhaltenspflichten des Gefährders ab.[161] Nach ihm richtet sich die Abgrenzung danach, ob der Gefährder bei Berücksichtigung der gesamten Umstände es nach den zeitgemäßen sozialethischen Anschauungen zulassen durfte, dass sich der Verletzte in der geschehenen Weise der Gefahr aussetzte, oder ob er pflichtwidrig handelte, wenn er dies nicht verhinderte. Dies richtet sich je nach dem zu beurteilenden Einzelfall nach dem Grad der Gefahr, dem drohenden Schaden und der Offensichtlichkeit der Gefahrenlage.

Eine normative Begrenzung der Verkehrspflichten ist nach Stoll insbesondere in den Fällen angezeigt, in denen es um die Übernahme einer vorwiegend „statischen", d.h. vom Zustand einer Sache (z.B. Fahrzeug, Grundstück) ausgehenden

158 BGH, NJW 1974, 234, 235; NJW 1992, 2474; 1993, 2611.

159 Erman/Schiemann, § 833 Rn. 6; Kötz/Wagner, Deliktsrecht, Rn. 360; Medicus, Bürgerliches Recht, Rn. 636; MünchKomm/Seiler[4], § 833 Rn. 25 ff.; Palandt/Heinrichs, § 254 Rn. 76; Palandt/Sprau, § 833 Rn. 1.; RGRK/Steffen, Vor § 823 Rn. 73.

160 Deutsch, Haftungsrecht, Rn. 593; ders., NJW 1978, 1998 ff; Deutsch/Ahrens, Deliktsrecht, Rn. 371; Dunz, JZ 1987, 63 ff; Esser/Weyers, Schuldrecht II/2, S. 218; Hasselblatt, NJW 1993, 2577 ff.; Lange/Schiemann, Schadenersatz, S. 643; Larenz/Canaris, Schuldrecht II 2, S. 617; Westerhoff, JR 1993, 497 ff.

161 Stoll, Handeln S. 296.

Gefahr geht.[162] Die Verletzung von Grundstücksbesuchern beruhe meist auf der Verwirklichung statischer Gefahren, deren Vermeidung jedenfalls dann, wenn sie offenkundig sind oder die erforderlichen Schutzvorkehrungen getroffen wurden, den Besuchern zugemutet werden darf.[163]

Auch Looschelders[164] hat sich mit dem Problem auseinandergesetzt, wann das selbstgefährdende Geschädigtenverhalten zu einem Entfallen einer Gefahrvermeidungspflicht führt und wann es unter dem Gesichtspunkt des Handelns auf eigene Gefahr der Norm des § 254 BGB zuzuordnen ist. Er spricht sich dafür aus, von dem Alles-oder-Nichts-Prinzip durch Entfallen einer entsprechenden Gefahrvermeidungspflicht nur zurückhaltend Gebrauch zu machen. Das Ziel einer gerechten und ausgewogenen Risikoverteilung erfordere es, die Fälle der Selbstgefährdung des Geschädigten grundsätzlich dem Anwendungsbereich des § 254 BGB zuzuordnen.[165] Im Rahmen eines Überblicks über die wichtigsten Fallgruppen des Handelns auf eigene Gefahr gelangt er zu dem Ergebnis, dass das bewusste Sich-Aussetzen einer vom Schädiger geschaffenen und beherrschten Gefahr in den meisten Fällen nicht die Verneinung des haftungsbegründenden Tatbestandes rechtfertige, sondern allenfalls eine Kürzung des Schadensersatzanspruchs gem. § 254 BGB begründen kann.[166]

Der Verantwortungsbereich des Schädigers endet nach Looschelders allerdings dort, wo das in Frage stehende selbstgefährdende bzw. selbstschädigende Verhalten des Geschädigten so unverständig oder ungewöhnlich ist, dass es unverhältnismäßig wäre, die Handlungsfreiheit des Schädigers mit Rücksicht auf die Gefahr eines solchen Verhaltens zu beschränken. In diesem Zusammenhang sei insbesondere danach zu fragen, ob der Geschädigte über die Einhaltung der betreffenden Verhaltensnorm disponieren kann, was dann der Fall sei, wenn ihm hinreichende Selbstschutzmöglichkeiten zur Verfügung stehen, die es allein als seine Sache erscheinen lassen, den Eintritt des schädigenden Ereignisses zu verhindern.[167] Welche Verhaltensweisen des Geschädigten so unverständig oder

[162] Stoll, 50 Jahre BGH, S. 223, 226.

[163] Vgl. exemplarisch BGH, NJW 1980, 1159: Ein 15jähriger Junge hatte ungeachtet deutlicher Verbote und Hinweisschilder vom Beckenrand eines Freibades aus einen steilen Kopfsprung in den Nichtschwimmerteil des Beckens gemacht und sich dabei schwere Verletzungen zugezogen. Der BGH räumt ein, dass bei Sicherung eines Freibades auch das unbesonnene Verhalten von Kindern und Jugendlichen in Rechnung gestellt werden muss. Deshalb könne die Verkehrssicherungspflicht auch die Vorbeugung gegen missbräuchliches Verhalten umfassen. Ein vollständiger Schutz vor derartigen Gefahren dürfe jedoch in Freibädern nicht erwartet werden, weil sonst der Freizeit- und Erholungsraum für alle Benutzer unzumutbar eingeschränkt werde.

[164] Looschelders, Mitverantwortlichkeit, S. 429 ff.

[165] Looschelders, Mitverantwortlichkeit, S. 432.

[166] Looschelders, Mitverantwortlichkeit, S. 443 ff.

[167] Looschelders, Mitverantwortlichkeit, S. 444.

ungewöhnlich sind, dass bereits das Entstehen einer entsprechenden Sicherungspflicht des potentiellen Schädigers unverhältnismäßig wäre, lasse sich dabei abstrakt kaum festlegen.

Abschließend kann demnach festgehalten werden, dass von dem Begriff „Handeln auf eigene Gefahr" solche Konstellationen erfasst werden, in denen aufgrund der bewussten Selbstgefährdung des Geschädigten dessen dem Grunde nach bestehender Schadensersatzanspruch gem. § 254 BGB zu mindern ist. Diese Konstellation ist von den Fällen zu unterscheiden, in denen bereits das Entstehen einer Verkehrspflicht des potentiellen Schädigers zu verneinen ist. Dies ist insbesondere dann der Fall, wenn der Geschädigte aufgrund der Offensichtlichkeit der Gefahr sowie der ihm in der konkreten Situation zustehenden Sicherungsmöglichkeiten, den Eintritt des Schadens selbst verhindern kann. Zu denken sind dabei insbesondere an die in § 14 und § 15 dieses Kapitels skizzierten Fällen, in denen bereits das Entstehen einer Verkehrspflicht zu verneinen ist, weil der Gefahr durch Selbstschutz begegnet werden kann oder weil sich der Geschädigte unbefugt im Gefahrenbereich aufhält.[168]

§ 18 Mitverschulden

Ein weiteres, in der Praxis sehr bedeutsames Haftungsbegrenzungselement stellt das Mitverschulden gem. § 254 BGB dar. Während in § 17 mit dem Handeln auf eigene Gefahr ein Sonderfall des § 254 BGB dargestellt wurde, soll in diesem Abschnitt die grundsätzliche Bedeutung des Mitverschuldens im Hinblick auf die Handlungsfreiheit des Schädigers untersucht werden.

I. Normzweck und dogmatische Struktur des § 254 BGB

1. Zur Funktion des § 254 BGB

§ 254 BGB liegt der allgemeine Rechtsgedanke zugrunde, dass der Geschädigte für jeden Schaden mitverantwortlich ist, bei dessen Entstehung er in zurechenbarer Weise mitgewirkt hat.[169] Die Vorschrift regelt die Verteilung von Schäden, die in den gemeinsamen Verantwortungsbereich von Schädiger und Geschädigtem fallen.[170] Beruht demnach ein Schaden nicht nur auf einer Handlung des Schädigers, sondern setzt der Verletzte selbst eine verschuldete, ihm zurechenbare Ursache für den Schadenseintritt, macht § 254 Abs.1 BGB Entstehen und Umfang der Ersatzpflicht des Schädigers von einer Abwägung der Umstände des Einzelfalls abhängig. Die gleiche Abwägung hat nach § 254 Abs. 2 S. 1 BGB stattzufinden, wenn sich die Mitwirkung des Verletzten auf die Schadensentwicklung bezieht.

---

[168] So wie hier auch Staudinger/Hager, § 823 Rn. E 50.
[169] BGHZ 3, 46, 49; 57, 137, 145; Palandt/Heinrichs, § 254 Rn. 3.
[170] Looschelders, Mitverantwortlichkeit, S. 125.

2. Dogmatische Struktur des § 254 BGB

Zur dogmatischen Struktur des § 254 BGB werden verschiedene Auffassungen vertretenen. Einigkeit besteht insoweit, dass die Norm keine Schuldnerpflicht im Sinne von § 276 BGB enthält, sich nicht zu schädigen.[171] Da die Rechtsordnung die Selbstgefährdung und Selbstschädigung nicht verbietet, bedeutet Verschulden im Sinne des § 254 BGB nicht wie sonst eine vorwerfbare, rechtswidrige Verletzung einer gegenüber einem anderen oder der Allgemeinheit bestehenden Rechtspflicht.[172] Das Verschulden im Sinne des § 254 BGB ist vielmehr der Verstoß gegen Gebote des eigenen Interesses, und es handelt sich um ein „Verschulden gegen sich selbst".[173] Bei dem Gebot an den Gläubiger, die eigenen Interessen zu wahren, handelt es sich nach überwiegender Auffassung um eine Obliegenheit,[174] bei deren Nichtbeachtung der Geschädigte den Rechtsnachteil hinnehmen muss, nicht seinen gesamten Schaden ersetzt zu erhalten. Zugleich wird die Vorschrift des § 254 BGB als Ausprägung des Grundsatzes von Treu und Glauben betrachtet.[175] Wer für den von ihm erlittenen Schaden trotz eigener Mitverantwortung vollen Schadensersatz fordert, verstößt nach dieser Auffassung gegen das Verbot des „venire contra factum proprium".[176]

3. Mitverschulden bei der Schadensentstehung, § 254 Abs. 1 BGB

Für das Mitverschulden im Sinne des § 254 Abs. 1 BGB ist erforderlich, dass der Geschädigte die Sorgfalt außer acht gelassen hat, die ein verständiger Mensch im eigenen Interesse aufwendet, um sich vor Schaden zu bewahren.[177]

---

[171] Jauernig/Teichmann, § 254 Rn. 3; Palandt/Heinrichs, § 254 Rn. 1; MünchKomm/Oetker[4], § 254 Rn. 3.

[172] BGHZ 33, 136, 142 f.; 57, 137, 145; 135, 235, 240; Looschelders, Mitverantwortlichkeit, S. 178 ff.; Jauernig/Teichmann, § 254 Rn. 3; Soergel/Mertens, § 254 Rn. 2; Palandt/Heinrichs, § 254 Rn. 1; Esser/Schmidt Schuldrecht I/2, S. 278; Larenz, Schuldrecht I, S. 540. Für die Annahme eines echten Verschuldens demgegenüber Schünemann, VersR 1978, 116 ff.; AK-BGB/Rüßmann, § 254 Rn. 2.

[173] MünchKomm/Oetker[4], § 254 Rn. 3 m.w.N.

[174] Dazu ausführlich R. Schmidt, Die Obliegenheiten, 1953, S. 105 ff.; Looschelders, Mitverantwortlichkeit, S. 194 ff.; ebenso BGHZ 135, 235, 240; Larenz, Schuldrecht I, S. 540; Staudinger/Schiemann, § 254 Rn. 30; MünchKomm/Oetker[4], § 254 Rn. 3; Fikentscher, Schuldrecht, Rn. 570; ablehnend Esser/Schmidt, Schuldrecht I/2, S. 278; Soergel/Mertens, § 254 Rn. 4.

[175] BGH, NJW 1982, 168; Palandt/Heinrichs, § 254 Rn. 1; Henke, JuS 1988, 753 f.;

[176] So vor allem der BGH in BGHZ 135, 235, 240; NJW 1999, 3627, 3628; 2000, 217, 219; Rother, Haftungsbeschränkungen, S. 85; Dunz, JZ 1961, 406, 407; Palandt/Heinrichs, § 254 Rn. 1; Henke, JuS 1988, 753 f.; ders., JuS 1991, 265, 269. Hingegen hält MünchKomm/Oetker[4], § 254 Rn. 4 die Konkretisierung des § 254 als Sonderfall des § 242 für wenig weiterführend, da ein Rückgriff auf § 242 BGB keinen neuen Erkenntnisgewinn beinhalte.

[177] BGH, NJW 2001, 149, 150; RGZ 105, 115, 119; Palandt/Heinrichs, § 254 Rn. 12; MünchKomm/Oetker[4], § 254 Rn. 29.

Maßgebend ist dabei die vernünftige Verkehrsanschauung, darüber hinausgehende Sicherungsmaßnahmen sind auch dann nicht zu fordern, wenn sie den Schaden vermieden oder geringer gehalten hätten. Eine Sorgfaltsverletzung des Geschädigten liegt auch dann nicht vor, wenn der Schaden durch Sicherungsmaßnahmen zwar hätte vermieden werden können, diese Maßnahmen aber ihrerseits – aus ex ante Sicht – andere gleich große Gefahren geschaffen hätten. Als Mitverschulden werden zum einen angesehen alle Formen von Vorsatz und Fahrlässigkeit, bezogen auf den Schutz der eigenen Rechtsgütersphäre, darüber hinaus ein zurechenbares ursächliches Verhalten, das der Risikosphäre des Geschädigten zuzurechnen ist.[178] Schließlich muss sich der Geschädigte auch eine mitwirkende Sach- oder Betriebsgefahr anrechnen lassen, auch wenn ihn sonst kein Verschulden trifft.[179]

4. Unterlassen der Schadensabwendung und –minderung, § 254 Abs. 2 S.1 BGB

§ 254 Abs. 2 S. 1 BGB statuiert drei Obliegenheiten des Verletzten: er muss den Schädiger warnen, den Schaden abwenden und ihn mindern. Bei den aufgeführten Obliegenheiten des Verletzten handelt es sich um besondere Anwendungsfälle des in Abs. 1 der Vorschrift ausgesprochenen Grundsatzes, bei denen der Geschädigte ebenfalls nicht gegen eine Rechtspflicht verstoßen muss.[180] Der Ersatzanspruch des Geschädigten verringert sich, wenn es ihm zumutbar war, durch geeignete Maßnahmen einen Schaden zu verhindern oder in engeren Grenzen zu halten. Mitverschulden im Sinne von § 254 Abs. 2 BGB ist gegeben, wenn der Geschädigte die Maßnahmen unterlässt, die ein ordentlicher und verständiger Mensch zur Schadensabwendung oder Minderung ergreifen würde.[181] Zwischen den Obliegenheiten zur Warnung und zur Schadensabwendung auf der einen und zur Schadensminderung auf der anderen Seite verläuft insofern eine klare Grenze, als letztere voraussetzt, dass es bereits zu einem schädigenden Ereignis gekommen ist, während durch die Warnung bzw. sonstige Schadensabwendung der Eintritt eines Schadens vermieden werden soll. [182]

5. Abgrenzung zum Sonderfall des Handelns auf eigene Gefahr

Von den sonstigen Fällen des Mitverschuldens nach § 254 BGB unterscheidet sich das mitverschuldensrelevante Handeln auf eigene Gefahr nach herrschender Auffassung darin, dass der Geschädigte selbst keine selbständige Gefahrenquelle für die eigenen Rechtsgüter schafft, sondern sich einer vom Schädiger ge-

[178] Jauernig/Teichmann, § 254 Rn. 5; MünchKomm/Oetker[4], § 254 Rn. 31 ff.
[179] Bamberger/Roth/Grüneberg, § 254 Rn. 12 f.; MünchKomm/Oetker[4], § 254 Rn. 13 ff.
[180] Soergel/Mertens, § 254 Rn. 62; Palandt/Heinrichs, § 254 Rn. 32; MünchKomm/Oetker[4], § 254 Rn. 68.
[181] BGH, VersR 1965, 1173.
[182] MünchKomm/Oetker[4], § 254 Rn. 68.

schaffenen und beherrschten Gefahr aussetzt.[183] Demnach bezieht sich das Handeln auf eigene Gefahr auf Fälle, in denen der Betroffene an der eigentlichen Aktualisierung des Risikos nicht mitwirkt, sondern sich bewusst in die von anderen geschaffene oder unterhaltene Gefahrensituation begibt.

Die „normalen“ Fälle des § 254 BGB unterscheiden sich von dem Sonderfall des Handelns auf eigene Gefahr des Weiteren auch dadurch, dass ein Mitverschulden zu bejahen ist, wenn es dem Geschädigten zwar nicht bekannt, aber erkennbar war, dass er sich einer vom Schädiger geschaffenen haftungsrechtlich relevanten Gefahr aussetzt,[184] wohingegen das Handeln auf eigene Gefahr ein bewusstes Sich-Aussetzen der Gefahr erfordert.[185]

II. Mitverschulden und Verkehrspflichten

Dem Rechtsgedanken des Mitverschuldens kommt gerade bei Schadensersatzansprüchen wegen Verletzung einer Verkehrspflicht, insbesondere in Gestalt einer Verkehrssicherungspflicht, eine überragende Bedeutung zu.[186] Hier ist ein Mitverschulden des Geschädigten dann gegeben, wenn ein sorgfältiger Mensch rechtzeitig hätte erkennen können, dass Anhaltspunkte für die Verletzung einer Verkehrspflicht bestehen und er die Möglichkeit besaß, sich darauf einzustellen.[187]

Die Beispiele aus der Rechtsprechung zum Mitverschulden bei Verletzung einer Verkehrssicherungspflicht sind uferlos,[188] und es sollen daher hier nur einige typische einprägsame Fälle zur Verdeutlichung der Problematik angeführt werden: eiliges Begehen einer frisch gewachsten Bodenfläche,[189] Ausrutschen auf einem Gemüseblatt in der Gemüseabteilung eines Supermarktes,[190] Nichterkennen von offensichtlichen Mängeln eines Gerüsts,[191] Schleudern auf einer Öl-

183 So Deutsch, Haftungsrecht, Rn. 588 f.; RGRK/Steffen, Vor § 823 Rn. 68; Looschelders, Mitverantwortlichkeit, S. 456.

184 Looschelders, Mitverantwortlichkeit, S. 457.

185 Deutsch, Haftungsrecht, Rn. 589 will hingegen den Begriff des Handelns auf eigene Gefahr entgegen der herrschenden Auffassung auch auf den Fall ausdehnen, dass der Geschädigte sich freiwillig in eine erkennbar gefährliche Situation begeben hat. Letztlich sollte dieser Abgrenzung keine allzu große Bedeutung beigemessen werden, da beide Fälle zu einer Anwendung des § 254 BGB führen.

186 Palandt/Heinrichs, § 254 Rn. 25 ff.; MünchKomm/Oetker[4], § 254 Rn. 46 ff.; Bamberger/Roth/Grüneberg, § 254 Rn. 23 f.;

187 MünchKomm/Oetker[4], § 254 Rn. 46.

188 Vgl. die Übersicht bei Palandt/Heinrichs, § 254 Rn. 25 ff.; Bamberger/Roth/Grüneberg, § 254 Rn. 23 f.

189 OLG Karlsruhe, VersR 1956, 556.

190 OLG Köln, VersR 1999, 861.

191 OLG Hamm, VRS 1985, 87.

spur,[192] Betreten eines erkennbar spiegelglatten Parkplatzes,[193] Sturz über ungesicherte Betonplatten zum Beschweren eines Sonnenschirms,[194] Stolperkante im Gehweg.[195] Ein Mitverschulden des Geschädigten kann jedoch nur dann angenommen werden, wenn er die Möglichkeit hatte, die Gefahr zu vermeiden.[196] Die Möglichkeit zur Vermeidung der Gefahr besteht z.B. dann, wenn einer gefährlichen Wegstrecke hätte ausgewichen werden können[197] und zwar auch durch Inkaufnahme eines Umwegs.[198]

Auch wenn der Geschädigte keine Anhaltspunkte für eine Verletzung der Verkehrssicherungspflicht hatte, kann ihn ein Mitverschulden treffen, wenn er sich ohne Notwendigkeit in eine Gefahr begeben hat oder überflüssige Gefahren auf sich nimmt.[199] So wurde es z.B. als Mitverschulden bewertet, wenn der Geschädigte auf einer dunklen Treppe das Licht nicht angemacht hat[200] oder wenn sich ein Bahngast auch nur geringfügig aus dem Fenster lehnt.[201]

III. Kriterien der Abwägung und Rechtsfolgen des Mitverschuldens

Trifft den Geschädigten ein Mitverschulden oder ist ihm eine schuldlose Mitverantwortung anzurechnen, hängt der Umfang der Ersatzpflicht des Schädigers von einer Würdigung und Abwägung der Umstände des konkreten Einzelfalles ab.[202] Die Abwägung kann zu einer Schadensteilung, zu einem Wegfall der Ersatzpflicht oder zu einer vollen Haftung des Schädigers führen.

In erster Linie hängt das Maß der Ersatzpflicht davon ab, wer den Schaden überwiegend verursacht hat, § 254 Abs. 1 BGB. Der Begriff der Verursachung ist nicht im naturwissenschaftlichen Sinn zu verstehen, weil sonst alle zum Schaden führenden Ursachen gleichbehandelt werden müssten; vielmehr kommt es darauf an, ob das Verhalten des Schädigers oder das des Geschädigten den Eintritt des Schadens in wesentlich höherem Maße wahrscheinlich gemacht hat.[203]

---

[192] BGH, VersR 1964, 925.
[193] BGH, NJW 1985, 482, 483.
[194] OLG Köln, MDR 1999, 1000.
[195] OLG Hamm, NZV 1997, 43.
[196] Staudinger/Schiemann, § 254 Rn. 55; Bamberger/Roth/Grüneberg, § 254 Rn. 23; MünchKomm/Oetker[4], § 254 Rn. 47.
[197] OLG Karlsruhe, VersR 1965, 624; OLG Stuttgart, MDR 1957, 675.
[198] BGH, VersR 1957, 710.
[199] MünchKomm/Oetker[4], § 254 Rn. 48; Bamberger/Roth/Grüneberg, § 254 Rn. 23.
[200] OLG Stuttgart, VersR 1954, 232; OLG Köln, VersR 1999, 498.
[201] BGH, NJW 1987, 2445, 2446.
[202] Palandt/Heinrichs, § 254 Rn. 45.
[203] St. Rspr.; vgl. nur BGH, NJW 1998, 1137, 1138.

Neben der Verursachung ist das Maß des beiderseitigen Verschuldens in die Abwägung einzubeziehen.[204] Dem Verschulden wird zwar nicht die gleiche Bedeutung wie der Verursachung beigemessen, es kommt aber nicht nur dann zum Tragen, wenn die Verursachungsbeiträge beider Beteiligten gleichwertig sind.[205] Vielmehr kann z.B. ein besonders schweres Verschulden des einen Teils die bloße Mitverursachung des anderen Teils gänzlich verdrängen.[206]

Als weiterer Umstand geht die mitwirkende Betriebsgefahr in die Haftungsabwägung ein, sei es bei Kfz-Unfällen, sei es bei sonstigen Sach- oder Betriebsgefahren.[207] Ob bei der Abwägung neben der Verursachung, dem Verschulden und einer möglichen Betriebsgefahr weitere Umstände, wie die wirtschaftlichen Folgen, das Bestehen von Versicherungsschutz oder verwandtschaftliche Beziehungen berücksichtigt werden können, ist umstritten.[208] Mit der überwiegenden Meinung[209] ist die Berücksichtigung solcher Gesichtspunkte im Rahmen der Abwägung des § 254 BGB zu verneinen. Nach der Gegenauffassung würde § 254 BGB entgegen seinem Wortlaut zu einer Schadensverteilung nach reinen Billigkeitsgesichtspunkten führen.[210]

§ 19 Haftungsfreizeichnung

Die bisher erörterten Haftungsbegrenzungs- und -ausschlussgründe waren weitgehend unabhängig von dem Einfluss und Verhalten des Schädigers. Die Selbstschutzmöglichkeiten, die Problematik der Verkehrspflichten gegenüber Unbefugten, das Handeln auf eigene Gefahr sowie das Mitverschulden gemäß § 254 BGB knüpfen alle an ein bestimmtes Verhalten des Geschädigten an. Im Folgenden soll untersucht werden, inwiefern der Schädiger die drohende Haftung wegen Verletzung einer Verkehrspflicht durch Haftungsfreizeichnung beschränken oder ausschließen kann. Die Möglichkeit der privatrechtlichen Haftungsbeschränkung folgt aus der in Art. 2 Abs. 1 GG verankerten Vertragsfreiheit.[211] Der Beschränkbarkeit des Haftungsrisikos kommt gerade für den Bereich der

---

[204] BGH, NJW 1997, 2236, 2238; 2002, 1263, 1264; Looschelders, Mitverantwortlichkeit, S. 581; Palandt/Heinrichs, § 254 Rn. 47; Jauernig/Teichmann, § 254 Rn. Rn. 6; MünchKomm/Oetker[4], § 254 Rn. 110.
[205] Looschelders, Mitverantwortlichkeit, S. 581; MünchKomm/Oetker[4], § 254 Rn. 110.
[206] BGH, NJW 1998, 1137, 1138.
[207] MünchKomm/Oetker[4], § 254 Rn. 114; Palandt/Heinrichs, § 254 Rn. 48; Bamberger/Roth/Grüneberg, § 254 Rn. 54.
[208] Bejahend Schlierf, NJW 1965, 676; OLG Celle, NJW 1979, 724, das zwischen Ehegatten bei hälftigem Mitverschulden eine Schadensersatzpflicht verneint.
[209] Palandt/Heinrichs, § 254 Rn. 49; MünchKomm/Oetker[4], § 254 Rn. 116; Staudinger/Schiemann, § 254 Rn. 112; Klausner, NJW 1965, 1894.
[210] Bamberger/Roth/Grüneberg, § 254 Rn. 55.
[211] Bruns, Haftungsbeschränkung, S. 166.

unternehmerischen Betätigung eine essentielle Bedeutung zukommt.[212] Echte Unternehmensfreiheit und mit ihr unternehmerische Initiative ist grundsätzlich nicht ohne die Beschränkbarkeit der Haftung denkbar.

I. Freizeichnung durch Individualabrede

1. Zulässigkeit und Grenzen des Ausschlusses deliktischer Haftung durch Individualabrede

§ 276 Abs. 3 BGB verbietet, dem „Schuldner“ die Haftung wegen Vorsatz im Voraus zu erlassen. Genauso wie schon im Gemeinen Recht war auch unter Grundlage des BGB zunächst umstritten, ob die vertragliche Haftungsfreizeichnung hinsichtlich deliktischer Ansprüche zulässig ist.[213] Schließlich hat das RG jedoch die allgemeinen Grundsätze zum Vertragsschuldverhältnis auch auf die individualvertragliche Freizeichnung von deliktischen Ansprüchen übertragen.[214] Nach heute ganz überwiegender Auffassung kann die Haftung für unerlaubte Handlungen durch vertragliche Abreden ausgeschlossen oder begrenzt werden.[215] Teilweise wird zwar noch die Ansicht vertreten, dass das Haftungsrecht, soweit es Leib und Leben schütze, zwingend sei.[216] Nach der gegenteiligen Meinung ist diese Auffassung weder mit § 276 Abs. 3 BGB, der lediglich die Vorsatzhaftung unabdingbar ausgestaltet, noch mit dem differenzierenden und fein abgestimmten Schutzinstrumentarium der Inhaltskontrolle Allgemeiner Geschäftsbedingungen zu vereinbaren.[217] Anstelle eines pauschalen Verbots von Haftungsausschlüssen wird daher eine intensivere Kontrolle der Klauseln gefordert.[218]

Der Haftungsausschluss bzw. die Haftungsbeschränkung sind jedoch nur in bestimmten Grenzen zulässig. Eine Reihe gesetzlicher Bestimmungen enthält ein Verbot für Haftungsausschlüsse und Haftungsbeschränkungen.[219] Die Möglichkeit des Haftungsausschlusses und der Haftungsbeschränkung richtet sich im

---

[212] Bruns, Haftungsbeschränkung, S. 168 f.

[213] Ablehnend RGZ 45, 162; 68, 358, 367.

[214] RGZ 81, 316; 88, 436.

[215] RGZ 88, 433, 436; BGHZ 9, 301, 306; 47, 53, 56; 54, 264, 267; 61, 227, 231; 98, 59, 64; 98, 235, 237; 116, 297, 301; 123, 394, 399; BGH, NJW 1965, 151; 1992, 587; OLG Frankfurt, MDR 1994, 447 jeweils für die Verkürzung der Verjährung; BGHZ 72, 312, 318; 84, 234, 239 f.; 96, 221, 229; 116, 297, 301; BGH, NJW 1998, 2282, 2283; OLG Hamm, NJW-RR 1990, 954, 955; 1993, 672; Palandt/Herinrichs, § 276 Rn. 35; MünchKomm/Wagner[4], Vor § 823 Rn. 67; Staudinger/Hager, Vorbem zu §§ 823 Rn. 41; RGRK/Steffen, Vor § 823 Rn. 56; Soergel/Zeuner, Vor § 823 Rn. 66.

[216] Deutsch, Haftungsrecht, Rn. 619 m.w.N.; Stoll, Handeln, S. 274 Fn. 1.

[217] MünchKomm/Wagner[4], Vor § 823 Rn. 67.

[218] Staudinger/Hager, Vorbem zu §§ 823 Rn. 41.

[219] Vgl. §§ 619, 651 h, 676 g Abs. 5, 702 a Abs. 1 BGB, 449, 466 HGB, 5 Abs. 2 Nr. 3 BBiG, 49 LuftVG, 7 HaftpflG, 8a Abs. 2 StVG, § 14 ProdHaftG.

Übrigen nach §§ 276 Abs. 3, 134, 138 und 242 BGB.[220] § 276 Abs. 3 BGB markiert als gesetzliche Zulässigkeitsgrenze die Haftungsfreizeichnung für eigene vorsätzliche Schädigung. In einem darüber hinausgehenden gesetzlichen Verbot des Haftungsausschlusses für grobe Fahrlässigkeit sah der BGB-Gesetzgeber eine „unhaltbare Beschränkung der Privatautonomie, für welche ein genügendes praktisches Bedürfnis sich nicht geltend machen ließe".[221] Für den Enthaftungsvertrag müssen die Bestimmungen für rechtsgeschäftliche Vereinbarungen eingehalten werden. Bei dem Haftungsverzicht des Gläubigers handelt es sich um eine formlose empfangsbedürftige Willenserklärung, die volle Geschäftsfähigkeit erfordert.[222]

Die Rechtsprechung zeichnet sich durch eine restriktive Auslegung von Freizeichnungsklauseln aus. Da vertragliche und deliktische Ansprüche oftmals konkurrieren, stellt sich die Frage, ob sich eine Haftungsfreizeichnung nur auf die vertraglichen oder auch auf die deliktischen Ansprüche bezieht. Obwohl es nahe liegt, dass sich ein vereinbarter Haftungsausschluss auf alle in Betracht kommenden Anspruchsgrundlagen bezieht, wird nicht selten angenommen, dass Freizeichnungsklauseln, die nicht eindeutig ergeben, dass sie auch deliktische Ansprüche umfassen sollen, allein die vertragliche Haftung betreffen.[223]

2. Konkludenter oder stillschweigender Haftungsausschluss

Der Abschluss eines Haftungsausschließungsvertrages erfolgt regelmäßig ausdrücklich. Ausnahmsweise kann eine solche Vereinbarung aber auch stillschweigend zustande kommen.[224] Ein entsprechender Wille der Parteien kann sich zum einen konkludent aus den konkreten Umständen des Falles ergeben.[225] Zum anderen kann der Haftungsausschluss ausnahmsweise aus einer ergänzenden Vertragsauslegung folgen, wenn feststeht, dass sich der Geschädigte einer solchen Absprache nur schwerlich hätte entziehen können.[226]

Die Möglichkeit eines stillschweigenden bzw. im Wege der ergänzenden Vertragsauslegung angenommenen Haftungsausschlusses wird insbesondere im Rahmen von Gefälligkeitsverhältnissen,[227] familiären Beziehungen,[228] bei Be-

---

220 Soergel/Zeuner, Vor § 823 Rn. 66; Jauernig/Stadler, § 276 Rn. 54.
221 Motive II, S. 31.
222 RGRK/Steffen, Vor § 823 Rn. 61; BGHZ 2, 159; 34, 355, 358; BGH LM, BGB § 823 (HA) Nr.3.
223 BGHZ 67, 359, 366; BGH, MDR 1984, 565; a.A. BGHZ 100, 158, 182 m.w.N.
224 BGHZ 41, 79, 81; 43, 72, 76.
225 BGHZ 41, 79, 81; 43, 72, 76.
226 BGHZ 108, 305, 318; BGH, NJW 1993, 3067, 3068.
227 Palandt/Heinrichs, § 254 Rn. 80; Staudinger/Löwisch, § 276 Rn. 106; RGRK/Steffen, Vor § 823 Rn. 64 m.w.N.
228 RGRK/Steffen, Vor § 823 Rn. 65 m.w.N.

stehen einer Sachversicherung des Geschädigten[229] sowie in den Fällen, in denen nur der Geschädigte sich hätte versichern können,[230] diskutiert.

Nach der ganz überwiegenden Auffassung sind an die Bejahung eines konkludenten Haftungsverzichts strenge Anforderungen zu stellen, da die Annahme einer solchen Vereinbarung eine künstliche Rechtskonstruktion darstellt, die regelmäßig auf einer Willensfiktion beruht.[231] Ob ein stillschweigender Haftungsausschluss anzunehmen ist, richtet sich nach den Umständen des Einzelfalles. Hierbei sind insbesondere die versicherungsrechtlichen Gegebenheiten von wesentlicher Bedeutung. So spricht das Bestehen eines Haftpflichtversicherungsschutzes für den Schädiger regelmäßig gegen eine stillschweigende Haftungsbeschränkung.[232] Umgekehrt rechtfertigen allein das Fehlen eines Versicherungsschutzes für den Schädiger[233] oder ein zugunsten des Geschädigten eingreifender Versicherungsschutz nicht die Annahme eines Haftungsverzichts. Vielmehr setzt ein Haftungsverzicht grundsätzlich voraus, dass für den Schädiger, der keinen Versicherungsschutz genießt und unter Umständen nicht einmal die Möglichkeit zum Abschluss einer Haftpflichtversicherung hatte, ein nicht hinzunehmendes Haftungsrisiko gegeben wäre und darüber hinaus besondere Umstände vorliegen, die einen Haftungsverzicht des Geschädigten als besonders nahe liegend erscheinen lassen.[234]

Auch im Rahmen von Gefälligkeitsverhältnissen kann grundsätzlich nicht allein von dem Vorliegen der Gefälligkeit bzw. Unentgeltlichkeit auf eine stillschweigende Haftungsbegrenzung geschlossen werden.[235] Hier müssen ebenfalls besondere Umstände gegeben sein, die die Annahme eines stillschweigenden Haftungsausschlusses rechtfertigen. Dies kann zum Beispiel dann der Fall sein, wenn die Gewährung der Gefälligkeit im besonderen Interesse des Geschädigten lag und dieser sich deshalb einem ausdrücklichen Ansinnen eines Haftungsverzichts, wäre es an ihn gestellt worden, billigerweise nicht hätte verschließen können.[236]

---

[229] Staudinger/Hager, Vorbem zu §§ 823 ff Rn. 45 m.w.N.

[230] Staudinger/Hager, Vorbem zu §§ 823 ff Rn. 46 m.w.N.

[231] BGHZ 34, 355, 361; 39, 156, 158; 41, 79, 81; 43, 72, 76 f.; 63, 140, 144; 76, 32, 34; BGH, NJW 1966, 41 f.;1980, 1681, 1682; 1992, 2474, 2475; 1993, 3067, 3068; Larenz, Schuldrecht I, S. 542; Palandt/Heinrichs, § 254 Rn. 80; Soergel/Zeuner, Vor § 823 Rn. 68; MünchKomm/Mertens³, Vor §§ 823-853 Rn. 39; Jahnke, VersR 1996, 294, 300.

[232] BGHZ 39, 156, 158; BGH, NJW 1992, 2474; 1993, 3067, 3068.

[233] BGH, VersR 1980, 384, 385.

[234] BGH, NJW 1993, 3067, 3068; siehe hierzu auch Staudinger/Hager, Vorbem zu §§ 823 Rn. 45 und 46.

[235] BGHZ 30, 40, 46; BGH, NJW 1992, 2474, 2475.

[236] BGHZ 9, 273, 278; BGH, NJW 1980, 1681; 1992, 2474, 2475.

II. Freizeichnung in allgemeinen Geschäftsbedingungen

1. Haftungsausschluss bei Verletzung von Leben, Körper, Gesundheit und bei grobem Verschulden, § 309 Nr. 7 BGB

§ 309 Nr. 7 BGB erklärt eine Reihe von Haftungsausschlüssen in allgemeinen Geschäftsbedingungen für unzulässig. Die Vorschrift unterscheidet in der seit 1.1.2002 geltenden Fassung zwischen Haftungsausschlüssen bei Verletzung von Leben, Körper und Gesundheit (Nr. 7 a, sog. Körperschäden) und denen bei sonstigen Schäden (Nr. 7 b). § 309 Nr. 7 a BGB erklärt Freizeichnungsklauseln für unwirksam, soweit sie sich auf Schäden beziehen, die aus der Verletzung von Leben, Körper oder Gesundheit resultieren, während § 309 Nr. 7 b BGB ein Freizeichnungsverbot bei sonstigen Schäden nur im Falle groben Verschuldens beinhaltet.

Die Regelung des § 309 Nr. 7 BGB entspricht im Wesentlichen den Vorschriften der §§ 11 Nr.7, 23 Abs. 2 Nr. 3 und 4 AGBG.[237] Lediglich die in § 309 Nr. 7 a BGB angeordnete Unwirksamkeit der Freizeichnung von Schäden aus der Verletzung des Lebens, des Körpers oder der Gesundheit beinhaltet eine Änderung im Vergleich zu § 11 Nr. 7 AGBG. Diese Ergänzung geht auf Nr. 1 a des Anhangs der EG-Richtlinie 93/13 zurück,[238] wonach Klauseln für missbräuchlich zu erklären sind, die darauf abzielen oder zur Folge haben, dass die gesetzliche Haftung des Verwenders für die Tötung des Kunden oder die Verursachung eines Körperschadens beim Kunden ausgeschlossen oder eingeschränkt wird. Materiell ist mit der ausdrücklichen Regelungsergänzung in § 309 Nr. 7 a BGB jedoch keine Änderung verbunden. Die Zulässigkeit einer Haftungsfreizeichnung für Körperschäden wurde schon nach altem Recht überwiegend auch dann für unzulässig gehalten, wenn dem Verwender nur einfache Fahrlässigkeit zu Last fiel, wobei diese Rechtsfolge entweder aus einer richtlinienkonformen Auslegung von § 11 Nr.7 AGBG[239] oder aus § 9 AGBG und der aus Art. 2 Abs. 2 GG folgenden Schutzpflicht des Staates für Leben, Körper, Gesundheit hergeleitet wurde.[240]

Das Freizeichnungsverbot des § 309 Nr. 7 BGB gilt nicht nur für die schuldhafte Verletzung vertraglicher Pflichten, sondern findet auch auf unerlaubte Handlungen Anwendung.[241] Basedow[242] und Heinrichs[243] befürworten für den Fall, dass

---

[237] Bamberger/Roth/J. Becker, § 309 Nr. 7 Rn. 1.

[238] Vgl. BT-Drucks. 14/6040, S. 156.

[239] Ulmer/Brandner/Hensen, § 11 Nr. 7 Rn. 43; Wolf, NJW 1980, 2433, 2440; OLG, Karlsruhe, NJW-RR 1989, 1333, 1335; OLG Stuttgart, NJW-RR 1992, 243; OLG Hamm, NJW-RR 1992, 243.

[240] Wolf/Horn/Lindacher, § 11 Nr. 7 Rn. 32; vgl. auch Esser/Schmidt Schuldrecht I/2, S. 157: Der Schutz von Leben, Gesundheit und Eigentum sei vom eigentlichen Leistungsvorgang unabhängig und deshalb einer Freizeichnung in AGB nicht zugänglich.

[241] Bamberger/Roth/J. Becker, § 309 Nr. 7 Rn. 4; MünchKomm/Wagner[4], Vor § 823 Rn. 67.

die Freizeichnungsklausel auch deliktsrechtliche Ansprüche des Kunden ausschließen oder beschränken soll, lediglich eine entsprechende Anwendung des § 309 Nr. 7 BGB. Aus dem Wortlaut der Vorschrift, die im Unterschied zur Vorgängerregelung des § 11 Nr. 7 AGBG nicht lediglich auf eine Vertragsverletzung, sondern allgemein auf eine auch deliktische Pflichten einschließende Pflichtverletzung abstellt, ist jedoch zu folgern, dass das Freizeichnungsverbot auch für unerlaubte Handlungen direkte Anwendung findet.[244]

Voraussetzung hierfür ist jedoch, dass sich die konkrete Klausel nach ihrem Wortlaut und Zweck tatsächlich auf Ansprüche aus unerlaubter Handlung bezieht, was im Wege der Auslegung zu klären ist.[245] Dies ist regelmäßig dann anzunehmen, wenn die Klausel sich auf Haftungsfälle bezieht, die typischerweise auch deliktische Ansprüche auslösen.[246] Will der Verwender sie auf Deliktsansprüche beziehen, hat er das klar und deutlich aufzuzeigen (§ 305 c BGB). Zwar müssen die Ansprüche nicht ausdrücklich als solche als „unerlaubte Handlung" bezeichnet werden.[247] Es genügt jedoch im Allgemeinen nicht, wenn der Verwender auf die Freizeichnung von „Ersatz von Schäden irgendwelcher Art", in dem Teil, der sich mit der Gewährleistung befasst, hinweist.[248] Ergibt die Auslegung der Klausel, dass sich die Freizeichnung nicht auch auf die Haftung des Verwenders aus unerlaubter Handlung bezieht,[249] haftet der Verwender gemäß § 823 BGB für eigenes Verschulden und gemäß § 831 BGB für die Fehler seiner Verrichtungsgehilfen.[250]

Das Verbot nach § 309 Nr. 7 BGB erfasst nicht nur den Haftungsausschluss, sondern auch jede Haftungsbegrenzung. Unzulässig sind daher Beschränkungen der Höhe des Anspruchs sowie der Ausschluss bestimmter Schäden.[251] Eine unzulässige Haftungsbeschränkung ist auch dann gegeben, wenn die Verjährungs-

242 MünchKomm/Basedow[4], § 309 Nr. 7 Rn. 9.
243 Palandt/Heinrichs, § 309 Rn. 41.
244 So auch Bamberger/Roth/J. Becker, § 309 Nr. 7 Rn. 4: Es wäre nicht zu rechtfertigen, lediglich die Freizeichnung von vertraglichen Schadensersatzansprüchen zu untersagen, hingegen aber die Freizeichnung von den grundsätzlich schwerer wiegenden Schadensersatzansprüchen aus unerlaubter Handlung auch jenseits der absoluten Unwirksamkeitsgrenzen der Nr. 7 zuzulassen. Die zumindest entsprechende Anwendung entsprach daher auch schon unter der Geltung der Vorgängernorm § 11 Nr. AGBG der allgemeinen Meinung; vgl. hierzu auch BGHZ 100, 158, 184 m.w,N.
245 Staudinger/Coester-Waltjen, § 11 Nr. 7 AGBG Rn. 16.
246 Staudinger/Coester-Waltjen, § 11 Nr. 7 AGBG Rn. 16; OLG Köln, NJW-RR 1987, 53, 55.
247 RGRK/Steffen, Vor § 823 Rn. 58; BGH, NJW 1979, 2148, 2149: Haftungsausschluss bzgl. Ansprüche aus „außervertraglicher" Haftung ausreichend.
248 BGH, NJW 1979, 2148, 2149.
249 BGH, NJW 1992, 2016, 2017.
250 MünchKomm/Basedow[4], § 309 Nr. 7 Rn. 9.
251 BGH, NJW 1987, 2820.

frist abgekürzt wird.[252] Wegen des Verbots der geltungserhaltenden Reduktion scheitern formularmäßige Haftungsfreizeichnungen auch bereits dann, wenn sie die Haftung pauschal ausschließen, ohne einen expliziten Vorbehalt zugunsten von Personenschäden sowie vorsätzlich oder grob fahrlässig verursachten Sachschäden zu machen.[253]

2. Haftungsausschluss und § 307 BGB

Aus der Beschränkung des § 309 Nr. 7 b BGB kann nicht gefolgert werden, dass der Haftungsausschluss für leichte Fahrlässigkeit generell freigestellt wird.[254] Vielmehr ist stets ergänzend nach § 307 BGB zu prüfen, ob der Haftungsausschluss oder die Haftungsbeschränkung die Verwendergegenseite unangemessen benachteiligt. Unzulässig ist danach insbesondere die Freizeichnung von der schuldhaften Verletzung solcher Pflichten, deren Erfüllung die ordnungsgemäße Durchführung des Vertrages erst ermöglicht und auf dessen Erfüllung der Vertragspartner des Verwenders daher berechtigterweise vertraut.[255] Dies trifft vor allem auf die Vertragshaftung wegen Nichterfüllung von Hauptpflichten (sog. Kardinalpflichten) zu, deren Einschränkung den Vertragszweck gefährdet.[256] Für die Freizeichnung von deliktischen Ansprüchen ist von Bedeutung, dass das vertragliche Konzept der Kardinalpflichten auf die deliktische Haftung übertragen worden ist.[257] Deliktische Organisationspflichten sollen danach „wesentliche Pflichten" sein, bei denen nach § 307 Abs. 2 Nr. 2 BGB eine Haftungsfreizeichnung grundsätzlich unwirksam ist.[258] Jedenfalls soweit die deliktische Verhaltenspflicht mit vertraglichen Leitpflichten zusammenfällt, muss die gesetzliche Beschränkung für den Haftungsausschluss gemäß § 307 Abs. 2 Nr. 2 BGB auch für sie gelten.[259]

III. Freizeichnung durch Anschlag, Schild oder Aufdruck

Oftmals wird eine Freizeichnung auch dadurch versucht, dass bei einer öffentlichen Veranstaltung die Haftung durch Anschlag, auf einem Schild oder durch Aufdruck auf einer Eintrittskarte ausgeschlossen wird.[260] Der Haftungsaus-

---

[252] OLG Düsseldorf, NJW-RR 1995, 440.
[253] BGHZ 86, 284, 297; 96, 18, 25 f.; BGH; NJW 1986, 2757, 2758.
[254] Haas/Medicus/Rolland/Schäfer/Wendtlandt, Schuldrecht, S. 353.
[255] BGHZ 93, 29, 48 m. w. N.
[256] Palandt/Heinrichs, § 307 Rn. 31 m.w.N.
[257] Brüggemeier, Deliktsrecht, S. 111.
[258] Westphalen, Produkthaftungshandbuch I, § 13.
[259] RGRK/Steffen, Vor § 823 Rn. 59; vgl. auch BGH, VersR 1982, 492, 493: „Der Verzicht einer Haftung für Verletzung grundlegender Verkehrssicherungspflichten kann nicht ohne weiteres daraus hergeleitet werden, dass der Deliktsgläubiger dem im Aushang, in einem Schild oder dgl. zum Ausdruck gekommenen Verlangen des Deliktsschuldners nicht ausdrücklich widersprochen hat".
[260] Deutsch/Ahrens, Deliktsrecht, Rn. 174.

schluss kann jedoch nur dann seine Wirkung entfalten, wenn es in diesem Zusammenhang zu einer vertraglichen Vereinbarung kommt.[261] Durch einseitige Willenserklärung des Schädigers kann die Haftung nicht ausgeschlossen werden.[262] Erforderlich für einen wirksamen Haftungsausschluss oder eine Haftungsbeschränkung ist somit, dass der Geschädigte von dem Anschlag, Schild oder Aufdruck Kenntnis nimmt und sich (stillschweigend) mit ihm einverstanden erklärt. Die Wirksamkeit einer solchen Vereinbarung richtet sich im Übrigen nach den §§ 276 Abs. 3, 305 ff. BGB, mit der Folge, dass insbesondere überraschende Klauseln, unangemessene Benachteiligungen und Haftungsbeschränkungen für Vorsatz und grobe Fahrlässigkeit und im Zusammenhang mit Körperschäden unzulässig sind. Im Rahmen des § 2 AGBG a.F. (§ 305 BGB n.F.) musste demnach vielfach zur Frage judiziert werde, ob in Wäschereien, auf Parkplätzen, an Veranstaltungsstätten und vergleichbaren Orten gut lesbare Anschläge genügen,[263] um die Haftung wirksam auszuschließen. Schon vor Geltung der Regelung des § 309 Nr. 7 a BGB ließ die Rechtsprechung bei Gesundheits- und Lebensgefahren einen Aushang oder Anschlag nie genügen.[264]

Von zentraler Bedeutung für den Ausschluss von der Verletzung von Verkehrspflichten durch Aushang ist in diesem Zusammenhang die Entscheidung des BGH vom 16.2.1982.[265] In diesem Fall hatte der Betreiber einer Freizeitanlage, zu der neben einer Gaststätte ein Campingplatz und eine Badegelegenheit in einem Baggersee gehörte, auf einem neben der Kasse angebrachten Schild mit der Aufschrift: „Benutzung des Badesees auf eigene Gefahr. Für eventuelle Schäden wird nicht gehaftet“ einen Haftungsausschluss angebracht. Der BGH entschied, dass die Haftung für normale Fahrlässigkeit durch stillschweigende Vereinbarung ausgeschlossen werden kann, wenn der Anschlag des Deliktschuldners Vertragsinhalt geworden ist. Allerdings könne sich der Veranstalter der Freizeitanlage nicht von der Haftung für Verstöße gegen Verkehrssicherungspflichten, die üblich seien, freizeichnen. Nach den im Verkehr herrschenden Vorstellungen erstrecke sich bei Veranstaltungen der dem Fall zugrunde liegenden Art die Freizeichnung im Allgemeinen nicht auf die Haftung für Schäden, die aus der Verletzung grundlegender Verpflichtungen des Veranstalters herrühren, weil der Freizeichnungsgegner bei Abschluss eines solchen Haftungsausschließungsvertrages davon ausgehe, dass der Veranstalter zunächst alles getan habe, was für

[261] Deutsch/Ahrens, Deliktsrecht, Rn. 174.

[262] RGZ 45, 162, 165 f.; 145, 390, 395 zu dem in einem Kraftwagen angebrachten Schild „Sie fahren auf eigene Gefahr“; Soergel/Zeuner, Vor § 823 Rn. 66.

[263] OLG Bamberg, NJW 1984, 929 (Autowaschanlage); RGZ 115, 425; Schmidt, VersR 1978, 593, 595; MünchKomm/Grundmann[4], § 276 Rn. 183.

[264] BGH, NJW 1982, 1144; RGZ 145, 390; OLG Köln, VersR 1970, 577; OLG München, VersR 1974, 200; OLG Karlsruhe, VersR 1975, 381. Auch einfacher Kartenaufdruck ungenügend nach BGH, NJW 1984, 801, 802.

[265] BGH, VersR 1982, 492 ff.

die Sicherheit der Benutzer der Anlage erforderlich ist.[266] Die Freizeichnung erstrecke sich daher nur auf Beschädigungen, die durch eine besondere Gefahrenlage veranlasst seien und denen der Veranstalter nur mit unverhältnismäßig hohem Aufwand begegnen könne; von der Einhaltung normaler Verkehrssicherungspflichten könne der Veranstalter sich jedoch nicht durch Aushang befreien.[267]

Einem solchem Anschlag oder Aufdruck kann jedoch andere als rechtsgeschäftliche Bedeutung zukommen. Soweit er einen Hinweis auf die Gefahr beinhaltet, kann er zur Anwendung der Grundsätze des „Handelns auf eigene Gefahr“ führen, wenn der Besucher in Kenntnis der Warnung an der Veranstaltung teilnimmt oder den Gefahrenbereich betritt. Der Aufdruck oder das Schild schließt in diesem Falle nicht die Haftung aus, sondern führt durch seinen Hinweis zur Anwendung des in § 254 BGB verorteten Rechtsgedankens des „Handelns auf eigene Gefahr“.[268]

IV. Zusammenfassung zu Kapitel 6

Die Ausführungen in diesem Kapitel haben gezeigt, dass ein reichhaltiges Instrumentarium an rechtlichen Mechanismen existiert, durch das das mitursächliche Verhalten des Geschädigten für den eingetretenen Schaden bei der Beurteilung der Haftung wegen Verletzung einer Verkehrspflicht berücksichtigt werden kann. Nur durch eine angemessene Einbeziehung der aufgeführten Rechtsinstitute im Rahmen der Prüfung der Haftung wegen Verletzung einer Verkehrspflicht wird der allgemeinen Handlungsfreiheit des potentiellen Schädigers ausreichend Rechnung getragen. Die Berücksichtigung der Selbstschutzmöglichkeiten bei der Beurteilung der Haftung des Schädigers ist bereits durch Art. 2 Abs. 1 GG vorgezeichnet. Die allgemeine Handlungsfreiheit darf durch den Rechtsgüterschutz nicht pauschal eingeschränkt werden, indem stets strengste Sorgfaltsanforderungen aufgestellt werden ohne Rücksicht darauf, ob diese im Ein-

---

266 BGH, VersR 1982, 492, 493.

267 BGH, VersR 1982, 492, 493. Vgl. auch BGH, VersR 1986, 765, 766: „Eine etwaige Haftung der Bekl. entfällt auch nicht aufgrund der hinter Nr. 9 der Lieferungs- und Zahlungsbedingungen der Bekl. angeführten Klausel, dass „das Betreten der Großmärkte auf eigene Gefahr der Kunden geschieht“. Derartige Freizeichnungsklauseln erstrecken sich im allgemeinen nicht auf die Haftung für Schäden, die aus der Verletzung grundlegender Verpflichtungen herrühren, weil der Freizeichnungsgegner bei Abschluss eines solchen Haftungsausschließungsvertrages davon ausgeht, dass der Aussteller solcher Bedingungen zunächst alles getan hat, was für die Sicherheit der Benutzer des Marktes erforderlich ist. Sollte die Kl. bei Unterzeichnung der Bedingungen darauf hingewiesen worden sein, dass die Bekl. eine weitergehende Freizeichnung damit beabsichtigte, dann wäre diese Klausel nach § 9 Nr. 1 AGBG unbeachtlich, weil sie die Kl. in einer gegen Treu und Glauben verstoßende Weise unangemessen benachteiligen würde“.

268 Deutsch/Ahrens, Deliktsrecht, Rn. 174.

zelfall überhaupt erfüllbar und erforderlich waren.[269] Neben der Verursachung der Gefahrenlage durch den Schädiger sind im Sinne einer verhältnismäßigen Begrenzung der Haftung auch der Selbstschutz und die subjektive Einstellung der gefährdeten Person zu der Gefahr miteinzubeziehen.

In diesem gleichfalls „beweglichen System" der Haftungsbegrenzung aufgrund der möglichen Selbstvorsorge durch den Geschädigten darf nicht vorschnell auf die Prüfung des Mitverschuldens gemäß § 254 BGB übergegangen werden.[270] Vielmehr muss zunächst die Frage aufgeworfen werden, ob denn überhaupt eine Pflichtverletzung seitens des Schädigers gegeben ist. Dies ist dann nicht der Fall, wenn bereits das Entstehen einer entsprechenden Verkehrspflicht des Schädigers aufgrund der Erkennbarkeit der Gefahr und der vorhandenen Selbstschutzmöglichkeiten des Geschädigten abgelehnt werden muss. Erforderlich sind Sicherungsmaßnahmen des Schädigers nur dann, wenn sich der Betroffene nicht selbst zu schützen vermag.[271] Das Entstehen einer Verkehrspflicht ist in diesem Zusammenhang grundsätzlich auch gegenüber unbefugt Handelnden abzulehnen, da diese regelmäßig nicht darauf vertrauen dürfen, dass zu ihrem Schutz besondere Sicherheitsmaßnahmen ergriffen werden. Schließlich darf auch nicht die Verwirklichung des allgemeinen Lebensrisikos im Wege der Verkehrspflichten auf den Schädiger abgewälzt werden.

Wird hingegen eine erhebliche Gefahr durch den Schädiger hervorgerufen, mit der Folge, dass effektive Schutzmaßnahmen geboten sind, kann das mitursächliche Geschädigtenverhalten nur noch über § 254 BGB Berücksichtigung finden. Während die Begrenzung der Pflichtenstellung des Schädigers zu einem Ausschluss der Haftung führt und somit ein „Alles-oder-Nichts-Prinzip" beinhaltet, lässt sich durch die Regelung des § 254 BGB eine dem Einzelfall und den unterschiedlichen Verursachungsbeiträgen entsprechende Quotelung des Ersatzanspruchs erreichen.

Neben diesen an das Verhalten des Geschädigten anknüpfenden Haftungsbegrenzungs- und -ausschlussgründen kann der Schädiger in den oben aufgezeigten Grenzen der §§ 276 Abs. 3, §§ 305 ff. BGB auch selbst durch Freizeichnung auf seine Ersatzpflicht einwirken. Die obigen Ausführungen haben jedoch gezeigt, dass dem Schädiger aufgrund der Regelungen in §§ 305 ff. BGB sowie der restriktiven Rechtsprechung zur Haftungsfreizeichnung bei Verletzung von Verkehrspflichten nur sehr enge Möglichkeiten verbleiben, die Haftung durch Rechtsgeschäft auszuschließen.

---

[269] Larenz/Canaris, Schuldrecht II/2, S. 351; Schmidt-Salzer, Produkthaftung Band III/1, Rn. 4.742; Hehl, Verschuldens- und Gefährdungshaftung, S. 150.

[270] Hehl, Verschuldens- und Gefährdungshaftung, S. 172.

[271] BGH, VersR 1959, 523, 524 f.; BGH, NJW 1975, 1827, 1829; BGH, VersR 1986, 52 f.; OLG Düsseldorf, NJW-RR 1991, 288; v. Bar, Verkehrspflichten, S. 100; Steffen, VersR 1980, 409 f.

Kapitel 7: Grundprinzipien und Wertungskriterien im beweglichen System der Verkehrspflichten und modernen Vertragsverständnis

Die bisherigen Ausführungen haben gezeigt, dass das System der Verkehrspflichten in nahezu allen Lebensbereichen Gefahrsteuerungs- und Verhaltensgebote aufstellt, die den Adressaten im Rahmen des Zumutbaren verpflichten, die notwendigen Vorkehrungen zum Schutze Dritter zu ergreifen. Betrachtet man sich in der Kommentarliteratur die einzelnen Anwendungsbereiche der Verkehrspflichten[1] und die hierzu ergangene Judikatur, so findet man ein selbst für Spezialisten kaum noch zu durchschauendes Geflecht von Regelungen vor.[2] Man kann insofern von einer „Verrechtlichung" aller Lebensbereiche durch die Verkehrspflichten sprechen, da sie in den unterschiedlichsten Lebenssituationen zur Begründung der Haftung bei Unterlassung sowie bei mittelbarer Rechtsgutverletzung im Rahmen des § 823 Abs. 1 BGB herangezogen werden. Zöllner spricht in diesem Zusammenhang zu Recht von einem sich immer weiter steigernden „Hang zur Kasuistik" und einer „Entwicklung zum Spezialistentum".[3] Richter und Gesetzgeber gefielen sich darin, immer neue Haftungstatbestände im deliktischen und quasi-deliktischen Bereich durch Kreierung von Verkehrspflichten und Produkthaftpflichten zu erfinden, mit der Folge, dass die Bewegungsfreiheit des Einzelnen immer mehr in Gefahr gerät.[4]

In Kapitel 1 wurde bereits dargestellt, dass sich diese Entwicklung nicht nur auf das System der Verkehrspflichten und das Haftungsrecht beschränkt. Auch das Vertragsrecht vollzog einen tief greifenden Wandel, der zu einer immer weiter reichenden Beschränkung der Privatautonomie führte. Beide Regelungsbereiche – sowohl das Vertragsrecht als auch das System der Verkehrspflichten – zeichnen sich dadurch aus, dass der Schutz des „Schwächeren" bzw. „Geschädigten" im Laufe der Zeit erheblich ausgedehnt und die Privatautonomie des Vertragspartners bzw. die Handlungsfreiheit des potentiellen Schädigers zunehmend zum Zwecke der Kompensation beschränkt wurde.

---

[1] Palandt/Sprau, § 823 Rn. 185 ff.; vgl. auch § 8 I.

[2] Steffen, ZVersWiss 1993, 13, 21: „In der Tat haben sich die Verkehrssicherungspflichten, mit denen das RG schon 1902, 1903 damals zum Schutz der Benutzer von Straßen, Plätzen, Bahnöfen das Unterlassen durch richterrechtliche Tunspflichten deliktsfähig machen und eine Delegierbarkeit der Haftung durch Aufgabendezentralisation erschweren wollte, zu alle Lebensbereiche abdeckenden Pflichtenprogrammen für jede Art des Verhaltens gemausert".

[3] Zöllner, AcP 188 (1988), 85, 87, 90.

[4] Zöllner, AcP 188 (1988), 85, 95 ff.

Im Folgenden soll zu diesem Ausgangspunkt der Arbeit zurückgekehrt und abschließend untersucht werden, ob und inwiefern diese parallele Entwicklung auf gemeinsame Grundprinzipien und Wertungskriterien der modernen Privatrechtsdogmatik zurückgeführt werden kann.

§ 20 Das Zusammentreffen von Verbraucher und Unternehmer als Regelungstyp zur Kompensation von „Ungleichgewichtslagen" im Vertrags- und Deliktsrecht

Als Ursache der in Kapitel 1 skizzierten Rechtsentwicklung im Vertrags- und Deliktsrecht wird vielfach der Begriff des „Verbraucherschutzes" genannt, der sich ausgehend vom Recht der EU zu einem wesentlichen Schutzprinzip des bürgerlichen Rechts entwickelt hat.[5] Die Verbraucher werden danach als eine im Verhältnis zum Unternehmer typischerweise unterlegene Marktgruppe durch eine Vielzahl von unterschiedlichen Vorschriften und Maßnahmen geschützt. Der Zusammenhang von Verbraucherschutz und Privatautonomie wird üblicherweise primär für den Bereich des rechtsgeschäftlichen Verbraucherschutzes thematisiert.[6] Es handelt es sich bei aller Zentralität des Spannungsverhältnisses von Verbraucherschutz und Vertragsfreiheit jedoch um eine zu enge Perspektive sowohl für die Privatautonomie als auch den Verbraucherschutz, wenn letzterer auf die rechtsgeschäftliche Ebene reduziert wird.[7] Rechtlicher Verbraucherschutz ist in die gesamte Bandbreite der Rechtsgebiete integriert. Im Privatrecht kann insofern zwischen rechtsgeschäftlichem und außerrechtsgeschäftlichem Verbraucherschutz differenziert werden.[8]

Im Folgenden soll der Frage nachgegangen werden, inwiefern das System der Verkehrspflichten sowie das moderne Vertragsverständnis von dem Gedanken des Verbraucherschutzes beeinflusst werden und ob es sich bei diesem um ein Grundprinzip handelt, aus dem sich rechtsgebietsübergreifend Wertungskriterien für die Dogmatik in diesen beiden Bereichen gewinnen lassen. Die Ausführungen beginnen mit der Entwicklung und Bedeutung des Verbraucherschutzes im Vertragsrecht, da das Spannungsverhältnis zwischen Privatautonomie und Verbraucherschutz primär in diesem Rechtsgebiet diskutiert wird.

Im Anschluss daran ist zu klären, inwiefern die Wertungsaspekte und Kriterien des vertraglichen Verbraucherschutzes auch für das Haftungsrecht und im Besonderen für das System der Verkehrspflichten Geltung beanspruchen können.

---

[5] Eichenhofer, JuS 1996, 857, 860; Möllers, JuS 1999, 1191 ff.; Damm, VersR 1999, 129, 137 ff.; Schmidt-Salzer, NJW 1994, 1305 ff.

[6] Bülow/Artz, Verbraucherprivatrecht, 2003; Canaris, AcP 200 (2000), 273 ff.; Knobel, Wandlungen im Verständnis der Vertragsfreiheit, 2000; S. Lorenz, Der Schutz vor dem unerwünschten Vertrag, 1997.

[7] Damm, VersR 1999, 129, 137.

[8] Bülow/Artz, Verbraucherprivatrecht, S. 1 ff.; Damm, VersR 1999, 129, 137.

I. Entwicklung und Bedeutung des Verbraucherschutzes im Vertragsrecht

1. Die europäische Ebene

Die Entwicklung eines Verbraucherprivatrechts wurde maßgeblich auf europäischer Ebene vorangetrieben.[9] Das Europäische Verbraucherschutzrecht hat sich bezüglich der vertragsrechtlichen Dimension nicht nach einem vorgegebenen Konzept entwickelt.[10] Vielmehr wurde anlassbezogen, orientiert am konkreten Regelungsbedürfnis durch den Erlass zahlreicher Richtlinien die Entwicklung des Verbraucherprivatrechts betrieben. Das Fehlen einer geschlossenen systematischen Gesamtkonzeption zeigt sich vor allem darin, dass immer nur begrenzte Teilbereiche oder Ausschnitte eines Rechtsgebiets harmonisiert wurden, so dass Regelungen entstehen, die im Verhältnis zum nationalen Recht bloßen punktuellen und fragmentarischen Charakter aufweisen.[11] Der Einfluss des europäischen Verbraucherschutzrechts beschränkt sich jedoch nicht auf den Erlass von Sekundärrecht in Gestalt von Richtlinien; vielmehr wird dieser Vorgang auch durch primärrechtliche Vorgaben beeinflusst.

a) Primärrecht

Nach Art. 3 Abs. 1 lit t) EGV leistet die EG einen „Beitrag zur Verbesserung des Verbraucherschutzes". Dieser Beitrag wird in Art. 153 EGV näher beschrieben und in Abs. 1 auch auf die „Förderung der Interessen der Verbraucher" ausgedehnt. Die der EG zur Verfolgung einer autonomen Verbraucherschutzpolitik in Art. 153 EGV eingeräumten Kompetenzen sind jedoch begrenzt und den Verbraucherschutzpolitiken der Mitgliedstaaten nachgeordnet.[12] Die Belange des Verbraucherschutzes in der EG sind durch den Amsterdamer Vertrag mit der Einführung der sog. „Querschnittsklausel" in Art. 153 Abs. 2 EGV, wonach den Erfordernissen des Verbraucherschutzes bei der Festlegung und Durchführung der anderen Gemeinschaftspolitiken und –maßnahmen Rechnung getragen wird, gestärkt worden.[13] Art. 153 Abs. 2 EGV begründet zwar keinen „Grundsatz des bestmöglichen Verbraucherschutzes", dieser wird jedoch zum abwägungserheblichen Belang, der mit kollidierenden Belangen in ein Verhältnis praktischer Konkordanz" zu bringen ist.[14]

Art 95 Abs. 3 EGV verpflichtet die Kommission bei ihren Vorschlägen für binnenmarktbezogene Richtlinien, beim Verbraucherschutz von einem hohen Schutzniveau auszugehen. Bei dieser Schutzniveauklausel handelt es sich um

[9] Vgl. dazu Tonner, JZ 1996, 533 ff.; Heiss, JZ 1997, 83 ff.
[10] Roth, JZ 2001, 475, 479.
[11] Dazu Schnyder/Straub, ZEuP 1996, 8 ff.
[12] Callies/Blanke/Wichard, Art. 153 EGV Rn. 3.
[13] Callies/Blanke/Wichard, Art. 153 Rn. 1.
[14] Callies/Blanke/Wichard, Art. 153 Rn. 21.

eine Rechtspflicht,[15] wobei der Begriff des „hohen Schutzniveaus" nicht gleichbedeutend mit dem höchsten Schutzniveau innerhalb der EU ist, sondern lediglich von einer Mindestharmonisierung ausgeht.[16]

In der Rechtsprechung des EuGH ist der Verbraucherschutz bislang vor allem als „zwingendes Erfordernis"[17] thematisiert worden, das Beschränkungen der Waren- und Dienstleistungsfreiheit durch einzelstaatliche Rechtsvorschriften legitimieren kann. Der EuGH versucht dabei, das Spannungsverhältnis zwischen Verbraucherschutz und Waren- bzw. Dienstleistungsfreiheit dadurch zu entschärfen, dass zwar einerseits Verbraucherschutz als Allgemeininteresse anerkannt ist und warenverkehrshemmende Maßnahmen der Mitgliedstaaten rechtfertigen kann, eine solche Rechtfertigung aber anhand des Grundsatzes der Verhältnismäßigkeit zu kontrollieren ist. Dies soll zum einen dadurch gewährleistet werden, dass der Verbraucherschutz primär mit den Mitteln der Information und erst sekundär mit den Warenverkehr stärker belastenden Mitteln verfolgt werden darf.[18] Des Weiteren weist der EuGH bezüglich der Frage, in welcher Art und Weise Informationen dem Verbraucher zu präsentieren sind, im Hinblick auf Irreführungsgefahren auf den „verständigen Verbraucher" hin.[19] Hierdurch wird ein normatives europäisches Verbraucherleitbild[20] entwickelt, das dem Verbraucherschutz durch Information einen besonderen Stellenwert beimisst.[21]

b) Richtlinien

Die größte Bedeutung im Rahmen der Maßnahmen der EG-Verbraucherschutzpolitik kommt dem Sekundärrecht in Gestalt von Richtlinien zu; hierbei handelt es sich um das primäre Rechtsangleichungsinstrument im Rahmen des Verbraucherschutzes.[22] Trotz ihres punktuellen Regelungsansatzes und ihrer systemlosen Entwicklung lassen die Richtlinien des europäischen Verbraucherrechts einige allgemeine immer wiederkehrende Merkmale erkennen.[23] Das private Verbrauchervertragsrecht zeichnet sich generell dadurch aus, dass es zwar bestimmte Aspekte zum Teil sehr detailliert regelt; hierbei handelt es sich aber insgesamt um die Setzung von Mindeststandards, über die die Mit-

---

[15] Kahl, Umweltprinzip, S. 95 m.w.N.

[16] EuGH, Rs. C-233/94, Slg 1997, I-2405, Rn. 48 (Deutschland/Parlament und Rat); RS. C-284/95, Slg. 1998, I-4301, Rn. 49 (Safety Hi-Tech); Rs. C-341/95, Slg. 1998, I-4355, Rn. 47 (Bettati).

[17] Grundlegend EuGH, Rs. 120/78, 20.2.1979, Slg. 1979, S. 649, Rn. 8 (Cassis de Dijon).

[18] EuGH, 23.2.1978 – Rs. 120/78 Cassis de Dijon, Slg.. 1979, 649; auf diesen Aspekt der Cassis-Rechtsprechung weist Grundmann, JZ 2000, 1133, 1138 hin.

[19] EuGH, 6.7.1995 – Rs. C-470/93 Mars, Slg. 1995, I-1923, 1944 Rz. 24.

[20] OLG Nürnberg, RIW 2000, 227.

[21] Dauses, RIW 1998, 750; Dreher, JZ 1997, 167, 178.

[22] Hoffmann, in: Heusel, Neues Europäisches Vertragsrecht und Verbraucherschutz, S. 39, 41; Stürner/Bruns, ebendort, S. 81 ff.

[23] Roth, JZ 2001, 475, 480.

gliedstaaten hinausgehen können.[24] Die ersten bedeutenden verbraucherschützenden Richtlinien auf dem Gebiet des Vertragsrechts waren die Haustürwiderrufsrichtlinie[25] und die Verbraucherkreditrichtlinie.[26] In den 90er Jahren folgten dann die Pauschalreiserichtlinie,[27] die AGB-Richtlinie,[28] die Teilzeitwohnrechterichtlinie,[29] die Richtlinie über grenzüberschreitende Überweisungen[30] und die Fernabsatzrichtlinie.[31] Einen vorläufigen Höhepunkt im Prozess des europäischen Verbraucherprivatrechts bilden die in jüngerer Zeit erlassenen Richtlinien über den Verbrauchsgüterkauf,[32] den E-Commerce,[33] den Zahlungsverzug im Handelsverkehr[34] und die Richtlinie über den Fernabsatz von Finanzdienstleistungen.[35] Für das Prozessrecht von Bedeutung ist schließlich die Unterlassungsklagenrichtlinie,[36] die Einrichtungen für die außergerichtliche Beilegung von Verbraucherrechtsstreitigkeiten vorsieht.

c) Regelungs- und Schutzinstrumente im System des europäischen Verbrauchervertragsrechts

Das Gemeinschaftsrecht kennt keinen einheitlichen Verbraucherbegriff, sondern bestimmt den Verbraucher im Kontext der jeweiligen Richtlinie.[37] Überwiegend herrscht jedoch die Formulierung vor, dass es sich um natürliche Personen handeln muss, die bei den von der jeweiligen Richtlinie erfassten Geschäften zu einem Zweck handeln, der nicht ihrer beruflichen oder gewerblichen Tätigkeit zugerechnet werden kann.[38]

---

[24] Hoffmann, a.a.O., S. 39, 41.

[25] Haustürwiderrufs-RiL 85/577/EWG betreffend Verbraucherschutz außerhalb von Geschäftsräumen v. 20.12.1985, Abl.Nr. L 372, 31.

[26] Verbraucherkredit-RiL 87/102/EWG v. 22.12.1986, Abl. Nr. L 42, 48, geändert durch RiL 90/88/EWG v. 22.21999, Abl. Nr. L 61, 14 sowie RiL 98/7/EG v. 16.2.1998, Abl. Nr. L 101, 17.

[27] Pauschalreise-RiL 90/314/EWG v. 13.6.1990, Abl. Nr. L 158, 59.

[28] RiL 93/13/EWG v. 5.4.1993 über missbräuchliche Klauseln in Verbrauchervertägen, Abl. Nr. L 95, 29.

[29] Teilzeitwohnrechte-RiL 94/47/EWG vom 26.10.1994, Abl. Nr. L 280, 83.

[30] RiL über grenzüberschreitende Überweisungen 97/5/EG vom 27.1.1997, Abl. Nr. L 43, 25.

[31] Fernabsatz-RiL 97/7/EG v. 20.5.1997, Abl. Nr. L 144, 19.

[32] RiL 1999/44/EG über bestimmte Aspekte des Verbrauchsgüterkaufs und Garantien für Verbrauchsgüter v. 25.5.1999, Abl. Nr. L 171, 1.

[33] E-Commerce-RiL 2000/31/EG über den elektronischen Geschäftsverkehr v. 8.6.2000, Abl. Nr. L 178, 1.

[34] RiL 2000/35/EG zum Zahlungsverzug im Handelsverkehr v. 8.6.2000, Abl. Nr. L 200, 35.

[35] RiL 2002/65/EG über den Fernabsatz von Finanzdienstleistungen an Verbraucher v. 25.9.2002, Abl. Nr. L 271, S. 16.

[36] Unterlassungsklagen-RiL 98/27/EG v. 19.5.1998, Abl. Nr. L 166, 51.

[37] Eingehend Faber, ZEuP 1998, 854; Roth, JZ 2001, 475, 480.

[38] Vgl. Art. 2 (b) RilL unlautere Geschäftsbedingungen; Art. 2, 1. Spiegelstrich RiL Haustürgeschäfte; Art 1 (a) RiL Verbraucherkredit.

Das Gemeinschaftsrecht zeichnet sich durch ein reichhaltiges Instrumentarium an vertraglichen Regelungsmechanismen zum Schutz des Verbrauchers aus, durch welche Ungleichgewichtslagen zwischen Verbrauchern und Unternehmern kompensiert werden sollen. Die häufig verwendete Richtlinientechnik stellt dabei nicht auf die bloße Beteiligung eines Verbrauchers ab, sondern knüpft an das Aufeinandertreffen von professionellem und nichtprofessionellem Handeln als Ausdruck einer Ungleichgewichtslage an.[39] Dabei wird wiederum das professionelle Handeln zusätzlich gebunden entweder an die Situation der Überrumpelung (Haustürgeschäfts- Richtlinie), an das Gebrauchmachen einseitiger Gestaltungsmacht (Klausel-Richtlinie), an die behauptete Gefährlichkeit bzw. Komplexität bestimmter Verträge (Verbraucherkredit-Richtlinie) oder an die erschwerte Beurteilbarkeit der Brauchbarkeit einer Leistung (Fernabsatz-Richtlinie; Timesharing-Richtlinie).[40]

Bei einer Reihe von Richtlinien steht die Information des Verbrauchers über die zu erbringende Leistung im Vordergrund.[41] Durch Informationspflichten sollen Ungleichgewichte und Informationsasymmetrien zwischen Verbrauchern und Anbietern auf Märkten beseitigt werden.[42] Mit Recht wird in diesem Zusammenhang die verstärkte Komplexität der technischen Gegebenheiten und der wirtschaftlichen und sozialen Verhältnisse hervorgehoben, die im Regelfall notwendig zu einem relevanten Informationsgefälle zwischen professionellen und privaten Vertragspartnern führen, weil die Erstgenannten die für ihren Geschäftsbetrieb bedeutsamen Informationen in aller Regel besitzen oder sich leichter beschaffen können.[43] Durch die Statuierung von zwingenden Informationspflichten sollen dem Verbraucher eine sachgerechte Entscheidungsgrundlage vermittelt und er in die Lage versetzt werden, einen Vergleich zwischen den verschiedenen Angeboten anstellen zu können.[44]

Über diese Informationspflichten hinaus hat das europäische Verbraucherprivatrecht zusätzlich noch in vielen Fällen eine besondere Überlegungsfrist eingeführt mit der Folge, dass der Verbraucher vom Vertrag ohne Angabe von weite-

[39] Roth, JZ 1999, 529, 532.

[40] Roth, JZ 1999, 529, 532.

[41] Dreher, JZ 1997, 167, 171; Fleischer, ZEuP 2000, 772; Grundmann, JZ 2000, 1133, 1135 f.

[42] Grundmann, JZ 2000, 1133, 1135 f.; ders., AcP 202 (2002), 40, 66 ff.

[43] Bydlinski, AcP 204 (2004), 309, 362.

[44] Kritisch dazu Martinek, Überregulierung im Europäischen Verbraucherschutzrecht, S. 511, 518 ff, in: Grundmann, Systembildung und Systemlücken in Kerngebieten des Europäischen Privatrechts, 2000; er spricht von einer Überinformation (information overload), die dem Verbraucher eine Sicherheit vorspiegele, die ihn eher noch zum Vertragsschluss ermuntere als ihn davon abzubringen. Es sei deshalb notwendig, die Pflichtinformationen auf einige wenige Schlüsselinformationen (chunks) zu beschränken, damit diese in der Entscheidungssituation transparent bleiben.

ren Gründen zurücktreten bzw. seine Willenserklärung widerrufen kann.[45] Dieses Schutzinstrument wird nicht in allen Richtlinien eingesetzt (etwa nicht in der Pauschalreisen-, der AGB- und der Verbrauchsgüterkaufrichtlinie), sondern nur im Hinblick auf besondere Situationen, in denen eine rationale Entscheidung des Verbrauchers aufgrund einer nicht ausreichenden Information oder aus anderen Gründen (Überrumpelung, Komplexität der Leistung) gefährdet erscheint. Die Haustürgeschäfte-Richtlinie gewährt in diesem Kontext Schutz gegen aggressive Verkaufstrategien und Überrempelung an der Haustür und am Arbeitsplatz und verschafft dem Verbraucher eine „cooling-off-Periode", die zugleich die Möglichkeit für einen nachträglichen Produkt- und Preisvergleich eröffnet.[46] Das Widerrufsrecht der Timesharing-Richtlinie rechtfertigt sich aus der Komplexität der Leistungen, während das Widerrufsrecht der Fernabsatzrichtlinie seine Begründung darin findet, dass der Verbraucher die bestellte Leistung erstmals mit der Lieferung zu Gesicht bekommt.[47]

Ein weiteres Schutzinstrument der Verbraucherschutzverträge auf europäischer Ebene ist die Vertragsinhaltskontrolle. Während Informationspflichten des Unternehmers und Widerrufsrechte des Verbrauchers Instrumente der Abstützung einer möglichst eigenständig verantwortenden Entscheidung des Verbrauchers sind, ohne den Vertragsinhalt zu berühren, gehen die Klausel- und die Verbrauchsgüterkaufrichtlinie darüber hinaus und statuieren eine Vertragsinhaltskontrolle.[48] Bei der Klauselrichtlinie liegt der Grund für die Anordnung einer Vertragsinhaltskontrolle in der einseitigen Stellung des Vertragstextes durch den Unternehmer, die die Gefahr einer einseitigen Interessenwahrnehmung und damit Missbrauchsgefahren in sich birgt.[49]

Kennzeichnend für die verbraucherrelevanten europäischen Gesetzgebungsakte ist schließlich auch ihr (halb)zwingender Charakter[50] sowie die Anordnung der Schriftform.[51]

2. Das System des vertraglichen Verbraucherschutzrechts im BGB

a) Die Umsetzung der europäischen Richtlinien in nationales Recht

Die oben skizzierten europäischen Richtlinien wurden weitgehend in das deutsche Recht transformiert. In diesem Zusammenhang waren unterschiedliche

[45] Hoffmann, a.a.O. S. 39, 44; Roth, JZ 2001, 475, 480.
[46] Roth, JZ 2001, 475, 481.
[47] Roth, JZ 2001, 475, 481.
[48] Roth, JZ 2001, 475, 481.
[49] RiL 93/13/EWG des Rates vom 5.4.199 über missbräuchliche Klauseln in Verbraucherverträgen, Abl. 1993 L 95/29 – 9. Erwägungsgrund.
[50] Hoffmann, a.a.O., S. 39, 46.
[51] Vgl. Art. 4 Verbraucherkredit-Richtlinie; Art. 4 Haustürgeschäfte-Richtlinie; Art. 5 Fernabsatz-Richtlinie.

Strukturkonzepte der Richtlinien zu beachten. Teilweise verfolgten sie das Konzept der Mindestharmonisierung, so dass den Mitgliedstaaten die Option eingeräumt wurde, weitergehende Vorschriften zum Schutz der Verbraucher aufrechtzuerhalten oder zu erlassen,[52] während andere einen Maximalstandard festlegen, von dem in der nationalen Umsetzung nicht abgewichen werden darf, wie z.B. die Fernabsatzrichtlinie. Infolge der Umsetzung wurden das Haustürwiderrufsgesetz vom 16.1.1986, das Verbraucherkreditgesetz vom 17.12.1990, das Teilzeitwohnrechtegesetz vom 20.12.1996, das Fernabsatzgesetz vom 27.7.2000 und die Änderung des AGBG vom 22.6.1998 erlassen. Die Richtlinie über den elektronischen Geschäftsverkehr wurde in ihren privatrechtlich relevanten Teilen im Zuge der Schuldrechtsmodernisierung durch das Gesetz über die Anpassung von Formvorschriften bereits in das BGB integriert, gleichermaßen die Verbrauchsgüterkaufrichtlinie. Die Richtlinie über den Fernabsatz von Finanzdienstleistungen ist bis zum 9.10.2004 umzusetzen.

Im Zuge der Schuldrechtsmodernisierung wurden die Sondergesetze in das BGB integriert und erschienen als Haustürgeschäfte in §§ 312 f. BGB, als Fernabsatzgeschäfte in §§ 312 b ff. BGB, als Verbrauchsgüterkauf in §§ 474 ff. BGB, als Teilzeitwohnrechtegeschäfte in §§ 481 ff. BGB, als Verbraucherkreditgeschäfte in §§ 491 ff., 499 ff., 505, 655a ff BGB. Die Richtlinie über den elektronischen Rechtsverkehr wurde in §§ 312e BGB nebst Informationsverordnung sowie in §§ 126a, 126 b BGB umgesetzt.

b) Zusammentreffen von Unternehmer und Verbraucher als Voraussetzung für die Anwendung paritätsausgleichenden Verbrauchervertragsrechts

Ausgangspunkt für die Anwendung verbraucherschützender Vorschriften im BGB ist das Zusammentreffen von Verbraucher und Unternehmer.[53] § 13 BGB umschreibt den Verbraucher als jede natürliche Person, die ein Rechtsgeschäft zu einem Zwecke abschließt, der weder ihrer gewerblichen noch ihrer selbständigen beruflichen Tätigkeit zugerechnet werden kann. Die Vorschrift knüpft damit ebenso wie das Gemeinschaftsrecht an die Privatheit ökonomischen Handelns an. Entscheidend für die Frage, ob die natürliche Person als Verbraucher handelt, ist allein die Zweckbestimmung des konkreten Geschäfts.[54] Daher kann ein und dieselbe Person am selben Tag Verträge als Unternehmer und als Verbraucher abschließen; es geht mit den Worten von Medicus „um die Rolle,

[52] Vgl. z.B. Art 15 der Verbraucherkreditrichtlinie.

[53] v. Westphalen, AnwBl. 2003, 665, 669: „Es ist also der Verbraucher und Unternehmer, welche heute im Zivilrecht das „Bild vom Menschen im Recht" ausmachen".

[54] Bülow/Artz, Verbraucherprivatrecht, S. 18; MünchKomm/Micklitz, § 13 Rn. 27; Soergel/Pfeiffer, § 13 Rn. 27; Palandt/Heinrichs, § 13 Rn. 3.

in der ein Mensch gerade auftritt".[55] Unbeachtlich ist in diesem Zusammenhang der intellektuelle und ökonomische Status des Handelnden. Der Verbraucherbegriff des § 13 BGB ist frei von personenbezogenen Elementen und schafft keine gesellschaftlich abzugrenzende Personengruppe.[56]

Das hinter dem Verbraucherbegriff stehende zivilrechtliche Wertungsprinzip lässt sich dahingehend umschreiben, dass im Geschäftsleben eine gewisse Geschäftskompetenz[57] und Robustheit vorausgesetzt werden kann, von der im privaten Bereich nicht ohne weiteres auszugehen ist oder die dort jedenfalls nicht in gleicher Weise zur Geltung kommt.[58] Dem Verbraucherbegriff des § 13 BGB liegt demnach die Typisierung zugrunde, dass sich Menschen im beruflichen Bereich meist geschäftsgewandter, durchsetzungswilliger und erfolgsorientierter verhalten als im privaten. Dafür spricht nicht nur der Umstand, dass ihnen bei berufsbezogenen Geschäften oft ihre spezifische Erfahrung zugute kommt, sondern auch eine Reihe anderer Faktoren, z.B. dass ihnen in diesem Bereich ein ökonomisches Kalkül in der Regel selbstverständlich ist.[59]

Die als Verbraucher auftretende natürliche Person hat für sich allein jedoch noch keine besondere privatrechtliche Relevanz. Diese kann erst dann eintreten, wenn die andere Partei, mit der ein Rechtsgeschäft abgeschlossen wird, ein Unternehmer ist. Erst das Zusammentreffen von Verbraucher und Unternehmer[60] kann zu einer Störung der Vertragsparität führen. Unternehmer ist nach § 14 BGB eine natürliche oder juristische Person oder eine rechtsfähige Personengesellschaft, die bei Abschluss eines Rechtsgeschäfts in Ausübung ihrer gewerblichen oder selbständigen beruflichen Tätigkeit handelt. Der Unternehmer ist die professionell auftretende Vertragspartei des Rechtsgeschäfts, die wegen ihrer strukturellen Überlegenheit gegenüber dem Verbraucher die Störung der Vertragsparität auslösen kann.[61]

---

[55] Medicus, BGB AT, Rn. 15a, 1037a; Bork, BGB AT, Rn. 169; Soergel/Pfeiffer, § 13 Rn. 17 ff.; MünchKomm/Micklitz, § 13 Rn. 37 spricht insofern von einem rollenbezogenen Verbraucherbegriff.

[56] Bülow/Artz, Verbraucherprivatrecht, S. 17; Duve, Jura 2002, 793, 794 f. Unzutreffend ist es deshalb, wenn Oechsler, Schuldrecht BT, Rn. 30 behauptet, der Verbraucherschutz im BGB folge einem personalisierten, rollenbezogenen Konzept und Angehörige einer bestimmten sozialen Schicht erschienen nun erstmals als solche schützenswert. Duve, Jura 2002, 793, 795 spricht insofern gerade von einer „Entpersonalisierung des Verbraucherbegriffs".

[57] Zu diesem Zusammenhang BGH, NJW 1994, 2759, 2760.

[58] Canaris, AcP 200 (2000), 273, 360; Grundmann, AcP 202 (2002), 40, 64 spricht von „ungleicher Verhandlungsmacht".

[59] Canaris, AcP 200 (2000), 273, 360.

[60] Lorenz/Riehm, Lehrbuch, Rn. 586 sprechen insofern von der businessman-to-consumer-Situation.

[61] Bülow/Artz, Verbraucherprivatrecht, S. 5.

c) Typisierung von Ungleichgewichtslagen durch Verknüpfung von Situation und Rolle

Das Zusammentreffen von Verbraucher und Unternehmer rechtfertigt für sich allein noch nicht das Eingreifen besonderer Schutzmechanismen. Vielmehr bedarf es zusätzlich situativer oder vertragsspezifischer Umstände, aus denen eine Beeinträchtigung oder zumindest die Gefahr einer Beeinträchtigung der rechtsgeschäftlichen Entscheidungsfreiheit resultiert.[62] Verbraucherprivatrecht ist also nicht schon dann anwendbar, wenn Verbraucher und Unternehmer rechtsgeschäftlich zusammentreffen, sondern erst dann, wenn das Gesetz Rechtsfolgen hieraus bestimmt.[63] So geartete Rechtsfolgen bestimmt das Gesetz für die Vereinbarung von allgemeinen Geschäftsbedingungen, für Haustürgeschäfte, bestimmte Kredit-, Finanz- und Vermittlungsgeschäfte sowie Ratenlieferungsgeschäfte, für Fernabsatzgeschäfte und den elektronischen Geschäftsverkehr, für Teilzeitwohnrechte, bestimmte Kaufgeschäfte, bestimmte Transportgeschäfte, am Rande auch für Pauschalreisen, den Fernunterricht sowie für Versicherungsverträge. Alle diese Sondervorschriften bilden ein gemeinsamen Grundsätzen folgendes Regelungswerk, das als Verbrauchervertragsrecht bezeichnet werden kann.

Die aus den situativen oder vertragsspezifischen Umständen resultierende Gefahr der rechtsgeschäftlichen Entscheidungsfreiheit besteht bei Haustürgeschäften im Schutz vor Überrumpelung,[64] vor den Beeinträchtigungen durch den Hausbesuch sowie in der fehlenden Möglichkeit zum Marktvergleich.[65] Einem Verbraucher, der einen Vertrag in einer bestimmten, einen übereilten Entschluss nahe legenden Lage abschließt, soll die Möglichkeit eingeräumt werden, den Vertragsschluss noch einmal gründlich und in Ruhe zu überdenken und sich gegebenenfalls wieder von dem Vertrag zu lösen. Bei Finanz-, insbesondere Kreditgeschäften, resultiert die Gefahr einer Ungleichgewichtslage insbesondere aus der Kompliziertheit der Vertragsmaterie, die der professionelle Anbieter mühelos beherrscht, der private Nachfrager aber nicht durchschaut.[66] Beim Abzahlungskauf kommt des Weiteren eine Verlockungswirkung hinzu, die daraus resultiert, dass man die gekaufte Sache sofort nutzen kann, sie jedoch erst später zu bezahlen braucht, wobei der Preis nur in Raten zu entrichten ist, was zur Verharmlosung des Risikos und zur Verschleierung der wahren Belastungshöhe führen kann.[67] Beim Fernabsatzgeschäft liegt die Gefahr für den Verbraucher darin, dass es bei diesem Distanzgeschäft weder zu einem unmittelbaren persön-

[62] Soergel/Pfeiffer, § 13 Rn. 21; Drexl, JZ 1998, 1046, 1050 f.; Bülow/Artz, Verbraucherprivatrecht, S. 5.
[63] Bülow/Artz, Verbraucherprivatrecht, S. 5.
[64] Canaris, AcP 200 (2000), 273, 347.
[65] Soergel/Pfeiffer, § 13 Rn. 21.
[66] Drexl, JZ 1998, 1051 und 1055.
[67] Canaris, AcP 200 (2000), 273, 349.

lichen Kontakt zwischen den Vertragspartnern kommt, noch die Ware durch den Verbraucher in Augenschein genommen werden kann. In dem Umstand der Anonymität und der Schwierigkeit, die Seriosität des Anbieters einzuschätzen, liegen das dem Verbraucher in § 312 d BGB zugebilligte Widerrufsrecht und die dem Unternehmer aufgebürdeten Informationspflichten begründet.[68]

Während der materiale Gerechtigkeitsgrund von Haustür-, Verbraucherkredit- und Fernabsatzgeschäften weitgehend anerkannt ist, wird das Verbot ausgehandelter Individualvereinbarungen durch Art. 7 der Richtlinie über den Verbrauchsgütekauf, das in § 475 Abs. 1 BGB umgesetzt wurde, teilweise als übermäßige Einschränkung der Vertragsfreiheit betrachtet.[69] Canaris verdeutlicht seine Bedenken gegen diese Vorschrift mit dem anschaulichen Beispiel eines Kraftfahrzeugmechanikers, der sich bei einem Händler einen Gebrauchtwagen zu privater Nutzung kaufen möchte und nach dessen gründlicher Untersuchung von sich aus einen Gewährleistungsausschluss anbietet, um einen billigeren Preis zu erhalten. Dem „mündigen“ Verbraucher müsse die Möglichkeit zustehen, im Wege freien Aushandelns auf seine Gewährleistungsrechte verzichten zu können.[70] Dies wird durch die Vorschrift des § 475 Abs.1 BGB jedoch gerade verhindert. Auch Martinek beklagt den Umstand, dass es den Parteien verwehrt wird, sich in freier Selbstbestimmung im Zusammenhang mit einem Gewährleistungsverzicht auf einen günstigeren Kaufpreis zu einigen, obwohl dies häufig im Interesse auch des Käufers und des Verbrauchers liegen dürfte.[71] Er befürchtet, dass das „freie Spiel der Kräfte“ auf dem funktionierenden Gebrauchtwagenmarkt durch die Verbrauchsgüterkaufrichtlinie sowie deren Umsetzung „stranguliert“ wird und die durch Individualvereinbarung nicht ausschließbaren Gewährleistungsrisiken zu einem Kostenschub beim Handel führen wird, der letztlich der Verbraucher zu bezahlen hat.[72]

Alle die aufgeführten Verbrauchergeschäfte beruhen somit auf einem typisierenden Regelungsansatz. Geschäftskompetenz oder Schutzbedürfnis brauchen nicht konkret ermittelt zu werden, sondern werden in typisierender, pauschalierender Weise durch das Verbrauchermerkmal repräsentiert.[73] Keinerlei Bedeutung für den Begriff des Verbrauchers und die aus der konkreten Situation drohende Gefahr der Beeinträchtigung seiner Entscheidungsfreiheit hat daher die

---

[68] Haas/Medicus/Rolland/Schäfer/Wendtlandt, Schuldrecht, 8. Kap., Rn. 32.
[69] Canaris, AcP 200 (2000), 273, 362; Martinek, a.a.O., S. 511, 535 ff.
[70] Canaris, AcP 200 (2000), 273, 362, 364: "Denn eine Vorschrift, die dem Verbraucher auch bei uneingeschränkter tatsächlicher Entscheidungsfreiheit ohne jeden materialen Gerechtigkeitsgrund einen bestimmten Vertragsinhalt aufzwingt, ist ebenso illiberal wie unsozial, ja geradezu als Auswuchs eines spießbürgerlichen Paternalismus zu kritisieren, von dem man nur hoffen kann, dass er nicht die Zukunft des europäischen Vertragsrechts prägen wird".
[71] Martinek, a.a.O., S. 511, 537.
[72] Martinek, a.a.O., S. 511, 537, 538; so auch Repgen, FS Lampe, S. 399, 414.
[73] Soergel/Pfeiffer, § 13 Rn. 22.

Frage, ob dieser private Kontrahent wirtschaftlich schwach, rechtsunkundig, geschäftsungewandt oder intellektuell unterlegen ist. Damit ist eine Person aber auch dann Verbraucher, wenn sie aufgrund ihrer beruflichen Erfahrung oder ihres juristischen oder ökonomischen Wissens an sich über hinreichende Geschäftskompetenz verfügt, jedoch für private Zwecke kontrahiert; auch der vielleicht auf Verbraucherprivatrecht spezialisierte, versierte Rechtsanwalt ist Verbraucher, wenn er seines privaten Konsums wegen rechtsgeschäftlich auftritt.[74]

d) Gestaltungsformen und Instrumente der Kompensation im Verbrauchervertragsrecht des BGB

Das verbraucherprivatrechtliche Regelwerk im BGB zeichnet sich durch bestimmte Schutzmechanismen aus, die denen des europäischen Verbraucherprivatrechts entsprechen. In den Fällen, in denen die Störung der Vertragsparität in der Professionalität des unternehmerischen Handelns bei Vertragsschluss gegenüber der auf den Privatbereich bezogenen Motivation des Verbrauchers begründet ist, liegt die Kompensation primär darin, dem Verbraucher gleichfalls Professionalität durch Zurverfügungstellen der vertragsabschlussrelevanten Daten und Informationen angedeihen zu lassen.[75] So sieht das BGB für den Unternehmer bestimmte Pflichtangaben für Fernabsatzgeschäfte nach § 312 c BGB i.V.m. § 1 der BGB-Informationspflichten-Verordnung und Art. 240 EGBGB, für den elektronischen Geschäftsverkehr nach § 312e Abs.1 Nr.2 i.V.m. § 3 BGB-InfoV und Art. 241 EGBGB, für Verbraucherdarlehn nach § 492 Abs. 1 BGB, für Teilzahlungsgeschäfte und andere Finanzierungshilfen nach § 502 Abs.1 BGB, für Darlehensvermittlungsverträge nach § 655b Abs.1 BGB, für den Erwerb von Teilzeitwohnrechten nach § 482 BGB i.V.m. der Informationsverordnung und Art. 242 EGBGB, für die bei einem Verbrauchsgüterkauf übernommene Garantie nach § 477 BGB, für Pauschalreisen nach § 651a Abs.3 BGB i.V.m. der Informationsverordnung und Art. 238 EGBGB vor.[76]

Verbleibt trotz dieser Informationen ein Defizit im Hinblick auf die Vertragsparität, räumt das Gesetz dem Verbraucher das Recht ein, sich von dem Vertrag im Nachhinein wieder zu lösen. Zu nennen sind in diesem Kontext insbesondere die Möglichkeit des Widerrufs nach Maßgabe der §§ 355 bis 359 BGB, die für Haustürgeschäfte nach § 312 BGB, Fernabsatzgeschäfte nach § 312d BGB, Kredit- und Finanzgeschäfte nach §§ 495, 499 Abs.1, 500, 501 BGB, 23 KaGG und 11 AuslInvG, für den Erwerb von Teilzeitwohnrechten nach § 485 BGB sowie für Fernunterrichtsverträge nach § 4 FernUSG besteht. Das Widerrufs-

[74] Bülow/Artz, Verbraucherprivatrecht, S. 4.

[75] Bülow/Artz, Verbraucherprivatrecht, S. 8.

[76] Weitere Beispiele außerhalb des BGB: § 9 KAGG, § 3 Abs. 2 AuslInvG, § 3 Abs. 2 FernUSG, §§ 5a VVG i.V.m. 10a VAG.

recht greift dort ein, wo das Informationsmodell wie im Falle von Haustürgeschäften nicht funktionieren kann, wo wie beim Fernabsatz die endgültige Entscheidung über den Bestand des Vertrages erst dann fallen kann, wenn der Vertragsgegenstand dem Verbraucher tatsächlich vorliegt oder wo trotz Informationen die Tragweite der vertraglichen Bindung erst noch einer Bedenkzeit bedarf, wie dies z.B. bei Kredit- und Finanzgeschäften der Fall ist.[77]

Ein weiteres verbrauchervertragliches Schutzinstrument liegt darin, bestimmte Vereinbarungen als unwirksam zu betrachten. Das Unwirksamkeitsmodell, das die Bindung an die abgegebenen Erklärungen beseitigt, gilt namentlich für die Klauselverbote der §§ 308 und 309 BGB, des Weiteren dort, wo Regelungen zwingend oder halbzwingend ausgestaltet sind wie z.B. in §§ 312 f Satz 1, 475 Abs. 1 Satz 1, 487 Satz 1, 506 Satz 1, 655e Abs.1 Satz 1 BGB, 15a VVG, 449 Abs. 1, 451h Abs. 1, 475h HGB oder Umgehungsverbote vorgesehen sind wie in §§ 312f Satz 2, 475 Abs.1 Satz 2, 487 Satz, 506 Satz 2, 655e Abs. 1 Satz 2 BGB.

Das Verbrauchervertragsrecht zeichnet sich somit dadurch aus, dass seine Regeln der „schwachen" Vertragspartei in Gestalt des Verbrauchers Befugnisse einräumen, um die Überlegenheit des professionell handelnden Unternehmers zu kompensieren. Die Rechte und Pflichten in einem Vertragsverhältnis werden somit nicht nach dem Prinzip formaler Gleichheit verteilt; vielmehr werden dem Verbraucher besondere Rechte eingeräumt, die dem Unternehmer gerade nicht zustehen.

II. Verbraucherschutz und Haftungsrecht

Das System des privatrechtlichen Verbraucherschutzes beschränkt sich nicht auf das Vertragsrecht; auch modernes Haftungsrecht ist in erheblichem Umfang Verbraucherschutzrecht oder doch verbraucherrelevantes Recht.[78] Im Rahmen des außervertraglichen Verbraucherschutzes geht es darum, der in ihren Rechtsgütern verletzten Privatperson, unter im Vergleich zu den allgemeinen Regeln des Deliktsrechts erleichterten Voraussetzungen, Ausgleichsansprüche gegen den in Ausübung seiner gewerblichen Tätigkeit handelnden Schädiger zuzusprechen.[79] Vorweg sei jedoch darauf hingewiesen, dass dem Haftungsrecht kein solch klar strukturiertes und gesetzlich ausgeformtes Konzept des Verbraucherschutzes zugrunde liegt, wie dies im Vertragsrecht mit den §§ 13, 14 BGB sowie den daran anknüpfenden Vorschriften (§§ 310 Abs.3, 312, 312 b, 312 e, 355 ff., 474 ff. BGB) der Fall ist. Im Haftungsrecht existieren keine Vorschriften, die den Verbraucher explizit als Anspruchsberechtigten nennen. Vielmehr entwickelte die Rechtsprechung im Laufe der Zeit Instrumentarien, die einem erwei-

[77] Bülow/Artz, Verbraucherprivatrecht, S. 10.
[78] Damm, VersR 1999, 129, 139.
[79] Bülow/Artz, Verbraucherprivatrecht, S. 6, 160.

terten Ausgleichsbedürfnis für Schäden, die ihren Ursprung in der beruflichen oder unternehmerischen Tätigkeit des Schädigers haben, Rechnung tragen sollen. Inwiefern diese Instrumentarien Ausdruck des Verbraucherschutzgedankens sind, soll folgend im Rahmen der Darstellung dieser Mechanismen untersucht werden.

1. Europäische Richtlinien zum Haftungs- und Sicherheitsrecht

Die Entwicklung des außervertraglichen Verbraucherschutzrechts wird ebenfalls maßgeblich von europäischer Seite beeinflusst. Die Gemeinschaft hat eine Reihe von Richtlinien bzw. Richtlinienvorschläge zur Vereinheitlichung ausgewählter Bereiche des Deliktsrechts ausgearbeitet. Von zentraler Bedeutung ist in diesem Zusammenhang die im Jahre 1985 erlassene Produkthaftungsrichtlinie.[80] Sie schuf eine verschuldensunabhängige Haftung des Herstellers bzw. Importeurs, die durch einen Fehler des Produkts ausgelöst wird (Art. 1 ProdHaftRL), um den Rechtsschutz zugunsten der persönlichen Rechtsgüter zu verbessern. Anlässlich der BSE-Krise wurde die Produkthaftungsrichtlinie 1999 um die Haftung für landwirtschaftliche Produkte erweitert.[81]

Um mit einem Zertifizierungs- und Kennzeichenverfahren (CE) einen gleichmäßigen Sicherheitsstandard für gefährliche Produkte herzustellen, wurde die Produkthaftungs-RiL durch zahlreiche auf einzelne Produkte bezogene, sog. vertikale Produktsicherheits-RiLen, ergänzt:[82] zu nennen sind in diesem Kontext die Richtlinien über Elektrogeräte,[83] Druckbehälter,[84] Spielzeug,[85] Bauprodukte,[86] elektromagnetische Verträglichkeit,[87] Maschinen[88] oder persönliche Schutzausrüstungen[89].

---

[80] Produkthaftungs-RiL 85/374/EWG v. 25.7.1985; Abl. Nr. L 210, 29.

[81] Geänderte Produkthaftungs-RiL 1999/34/EG v. 10.5.1999, Abl. Nr. L 14 , 20.

[82] Möllers, JZ 2002, 121, 122.

[83] Elektrogeräte-RiL 73/23/EWG v. 19.2.1973, Abl. Nr. L 77, 29.

[84] Einfache Druckbehälter-RiL 87/404/EWG v. 25.7.1987, Abl. Nr. L 220, 48; geändert durch die RiLen 90/488/EWG, Abl. Nr. L 270, 25 und 93/68/EWG 1993, L 220 1.

[85] Spielzeug-RiL 88/378/EWG v. 3.5.1988, Abl. Nr. L 187, 1; geändert durch RiL 93/68/EG, L 220, 1.

[86] Bauprodukte-RiL 89/106/EWG v. 21.12.1988, Abl. Nr. L 40, 12; geändert durch RiL 93/68/EG, L 220, 1.

[87] Elektromagnetische Verträglichkeits-RiL 89/336/EWG v. 3.5. 1989, Abl. Nr. L 139, 19; geändert durch RiLen 91/263/EWG. Abl. Nr. L 128, 1; 92/31/EWG, Abl. Nr. 126, 11 und 93/68/EG, L 220, 1.

[88] Maschinen-RiL 89/392/EWG v. 14.6.1989, Abl. Nr. L 183, 9; geändert durch RiLen 91/368/EWG, Abl. Nr. L 198, 16; 93/44/EWG, Abl. Nr. L 175, 12 und 93/68EG, L 220, 1.

[89] Persönliche Schutzausrüstungen-RiL 89/686/EWG v. 21.12.1989, Abl. Nr. L 399, 18; geändert durch RiLen 93/68/EWG, Abl. Nr. L 220,1 und 93/95/EWG, Abl. Nr. L 276, 11. Inzwischen sind Richtlinien über Nichtselbständige Waagen, Medizinprodukte, Gasgeräte, Warmwasserheizkessel, Telekommunikationsgeräte, Sprengstoffe, Geräte zur Verwendung

Um noch bestehende Schutzlücken für bisher nicht erfasste Produkte zu schließen, wurden 1992 diese Richtlinien durch die sog. horizontale Produktsicherheits-RiL[90] ergänzt, die subsidiär für alle Produkte eingreift.[91] Knapp zehn Jahre später folgte dann mit der Produktsicherheitsrichtlinie 2001/95/EG[92] eine Überarbeitung.

Im Anschluss an die Produkthaftungsrichtlinie unterbreitete die Kommission einen Richtlinienvorschlag zur Dienstleistungshaftung (DienstHaftRL-V),[93] um der steigenden Bedeutung des Dienstleistungssektors im Wirtschaftsleben Rechnung zu tragen. Eine Gefährdungshaftung als paralleles System zur Produkthaftungsrichtlinie konnte sich nicht durchsetzen,[94] mit der Folge, dass der Vorschlag eine klassische Verschuldenshaftung für Sach- und Personenschäden vorsah (Art. 1 Nr. 1 DienstHaftRL-V). Um den Verbraucherschutz zu stärken, wurde eine Beweislastumkehr angedacht, so dass der Dienstleistende sein Nichtverschulden (Art. 1 Nr.2 DienstHaftRL-V) und der Geschädigte einen Schaden und den Kausalzusammenhang zwischen der Dienstleistung und dem Schaden zu beweisen hat (Art. 5 DienstHaftRL-V). Nach einer intensiven Diskussion entschloss sich die Kommission dazu, ihren Richtlinienvorschlag wieder zurückzuziehen.[95] Sie begründete ihre Entscheidung insbesondere mit den negativen Reaktionen des Wirtschafts- und Sozialausschusses, des federführenden Ausschusses im Europäischen Parlament sowie der heftigen Kritik aus verschiedenen Sektoren der Dienstleistungsbranche.[96]

In jüngster Zeit hat die Kommission einen Vorschlag für eine Richtlinie über Dienstleistungen im Binnenmarkt vorgelegt.[97] Ziel dieses Richtlinienvorschlags ist es, einen Rechtsrahmen zu schaffen, durch den die Hindernisse für die Niederlassungsfreiheit von Dienstleistungserbringern und für den freien Dienstleistungsverkehr zwischen den Mitgliedstaaten beseitigt werden und den Dienstleistungserbringern ebenso wie den –empfängern die notwendige Rechtssicherheit zu bieten, die diese für die wirksame Wahrnehmung dieser beiden Grundfreihei-

explosiver Atmosphäre, Sportboote, Aufzüge und Kraftfahrzeuge hinzugekommen, s. Langer, Technische Vorschriften und Normen, in: Dauses, Handbuch des Wirtschaftsrechts, 2 Bde., Loseblatt 2000, C.VI.

[90] Allgemeine Produktsicherheits-RiL 92/59/EWG v. 29.7.1992, Abl. Nr. L 228, 24; vgl. zum Produktsicherheitsrecht Jorges, FS Steindorff, S. 1247 ff..

[91] Möllers, JZ 2002, 121, 122.

[92] ABlEG Nr. L 11 v. 15.1.2002, S. 4.

[93] Vorschlag über eine Richtlinie des Rates über die Haftung von Dienstleistungen v. 24.10.1990, Abl. EG 1990 Nr. C 12/S. 8 ff. v. 18.1.1991.

[94] Dieses Regime wurde in den Vorentwürfen angestrebt; vgl. dazu Deutsch, ZRP 1990, 454.

[95] KOM (94) 260 endg.

[96] Vgl. dazu Schalast, AnwBl 1992, 463 ff.

[97] KOM (2004) 2 endgültig/2.

ten des EG-Vertrages benötigen.[98] Der Vorschlag betrifft insofern zwar nicht primär die Frage der Haftung im Dienstleistungssektor; er beinhaltet jedoch in Kapitel IV Vorschriften über die Qualität der Dienstleistungen, die sicherstellen sollen, dass der Dienstleistungsempfänger durch hinreichende Informationen und Qualitätsanforderungen an den Dienstleistungserbringer geschützt wird.[99] Zu nennen ist insbesondere die Pflicht der Dienstleistungserbringer zum Abschluss einer Berufshaftpflichtversicherung für Dienstleistungen, die ein besonderes Risiko für die Gesundheit oder Sicherheit mit sich bringen oder ein besonderes finanzielles Risiko für den Dienstleistungsempfänger bergen (Art. 27).

2. Produkthaftungs- und Produktsicherheitsgesetz

Die Produkthaftungs-RiL wurde am 1.1.1990 durch das Produkthaftungsgesetz (ProdHaftG),[100] die Produktsicherheits-RiL durch das Produktsicherheitsgesetz im Jahre 1997 umgesetzt. Die vertikalen Produkthaftungsrichtlinien wurden in verschiedenen Gesetzen und Verordnungen in nationales Recht transferiert.[101] Zum 1.5.2004 trat schließlich das Geräte- und Produktsicherheitsgesetz (GPSG) in Kraft, in dem das bisherige Gerätesicherheitsgesetz sowie das Produktsicherheitsgesetz unter einem Dach zusammengeführt wurden.[102] Mit dem ProdHaftG hat der Gesetzgeber nach vorherrschendem Verständnis eine Gefährdungshaftung des Warenherstellers und ihm gleichzustellender Personen normiert.[103] Es begründet eine Haftung, wenn durch den Fehler eines Produkts jemand getötet wird oder sein Körper oder seine Gesundheit verletzt werden.

Es ist umstritten, inwiefern die Produkthaftung als verbraucherprivatrechtlicher Regelungsbereich anzusehen ist. Einerseits wird die Produkthaftung umstandslos zum Verbraucherrecht gezählt,[104] während andere Stimmen dies gerade ver-

[98] KOM (2004) 2 endgültig/2, S.3.

[99] KOM (2004) 2 endgültig/2, S. 14 und Kapitel IV Art. 26-33.

[100] ProdHaftG v. 15.12.1997, BGBl. I 2198.

[101] S. hierzu das Gerätesicherheitsgesetz v. 22.10.1992, BGBl. I 1794; Bauproduktegesetz v. 10.8.1992, BGBl. I 1495; Gesetz über elektromagnetische Verträglichkeit von Geräten v. 30.8.1995, BGBl. I 1114; VO über die Sicherung von Spielzeug v. 21.12.1989, BGBl. I 2541; VO über das Inverkehrbringen von einfachen Druckbehältern v. 25.6.1992, BGBl. I 1171; VO über das Inverkehrbringen von persönlichen Schutzausrüstungen v. 10 6.1992, BGBl. I 1019; Maschinenverordnung v. 12.5.1993, BGBl. I 704.

[102] Vgl. hierzu Lenz, MDR 2004, 918 ff.; Klindt, NJW 2004, 465 ff.

[103] So etwa Larenz/Canaris, Schuldrecht II/2, S. 643 f.; Marburger, AcP 192 (1992), 1, 10 ff.; Taschner, NJW 1986, 611, 612; demgegenüber für eine verschuldensunabhängige Haftung für objektives Verhaltensunrecht: Schlechtriem, FS Rittner, S. 545, 549 ff.; v. Bar, FS Lange, S. 373, 390; umfangreiche Nachweise zum Streitstand bei Staudinger/Oechsler, Einl. Zum ProdHaftG, Rn. 27 ff.

[104] Hommelhoff, Verbraucherschutz, S. 3; v. Hippel, Schutz, S. 30 ff.; Damm, VersR 1999, 129, 139.

neinen.[105] Der letztgenannten Ansicht ist insofern beizupflichten, dass § 1 Abs. 1 Satz 1 ProdHaftG als Anspruchsberechtigten nicht speziell den Verbraucher vorsieht, sondern einen Schadensersatzanspruch jedermann zuspricht, der in den dort aufgeführten Rechtsgütern verletzt ist, gleich ob er Unternehmer oder Privatperson ist und welcher Gelegenheit die Rechtsgutverletzung eingetreten ist, bei Berufs- oder Gewerbeausübung oder im Privatbereich. Insoweit wird die Produkthaftung und gleichermaßen die auf § 823 Abs. 1 BGB beruhende Produzentenhaftung nicht als speziell verbraucherprivatrechtlicher, sondern als allgemein-privatrechtlicher Regelungsmechanismus angesehen.[106]

Bezüglich der Frage, ob das Produkthaftungsrecht als Verbraucherprivatrecht betrachtet werden kann, ist nach der hier vertretenen Ansicht statt einer pauschalen Einordnung, eine differenzierte Betrachtungsweise vorzuziehen. Produkthaftungsstreitigkeiten dürften in einer Vielzahl von Fällen das Verhältnis des privaten Produkt-Benutzers zu dem Hersteller in Gestalt des Unternehmers betreffen. Der verbesserte Schutz für den privaten Endverbraucher war daher auch die entscheidende Triebkraft für die Entwicklung des Produkthaftungsrechts.[107] Neben dem privaten Endverbraucher können jedoch auch gewerbliche/berufliche Produktbenutzer mittels der Normen des Produkthaftungs- und Produzentenhaftungsrechtsrechts Schadensersatzansprüche gegen Hersteller und Händler durchsetzen.[108] Das Produkthaftungsrecht beinhaltet somit eine verbraucherprivatrechtliche Komponente, kann jedoch nicht ausschließlich diesem Bereich zugeordnet werden.

Diese verbraucherprivatrechtliche Komponente kommt auch im persönlichen und sachlichen Anwendungsbereich des Produkthaftungsgesetzes selbst deutlich zum Ausdruck. Im Falle des Sachschadens ist nach § 1 Abs. 1 Satz 2 ProdHaftG nur der private Verbraucher geschützt, da die beschädigte Sache ihrer Art nach für den privaten Ge- oder Verbrauch bestimmt und hierzu von dem Geschädigten hauptsächlich verwendet worden sein muss. Sachschäden im beruflichen, geschäftlichen oder gewerblichen Bereich fallen demnach nicht unter § 1 Abs.1 ProdHaftG, sie können allenfalls nach § 823 Abs. 1 BGB ersetzbar sein.[109]

---

[105] Taschner, Mindestharmonisierung, S. 1, 28.
[106] Bülow/Artz, Verbraucherprivatrecht, S. 160.
[107] BGH, VersR 1989, 91, 92 (Fischfutter): in erster Linie sei die Beweislastumkehr zum Schutz des privaten Verbrauchers erfolgt.
[108] In vielen Entscheidungen praktiziert, ausdrücklich bestätigt in BGH, VersR 1989, 91, 92. Schmidt/Salzer, Produkthaftung Band III/1, S. 53 weist darauf hin, dass der Großteil der im Rahmen der Produkthaftpflichtversicherung zu erbringenden Ersatzleistungen nicht auf Zahlungen an private Endverbraucher, sondern auf Zahlungen an gewerbliche oder sonstige berufliche Anspruchsteller entfällt.
[109] Palandt/Sprau, § 1 ProdHaftG 1 Rn. 7; nach MünchKomm/Wagner^4, § 1 ProdHaftG Rn. 16 ist der Sinn dieser, durch Art. 9 lit b) RL vorgegebenen Restriktion nicht auf Anhieb zu erkennen. In der Begründung (Begr. RegE, BT-Drucks. 11/2447, S. 13) zu § 1 Abs.1 S.2

Den deliktsrechtlichen Unternehmer kann man in der Regelung des § 1 Abs. 2 Nr. 3 ProdHaftG erkennen, wonach die Ersatzpflicht des Herstellers ausgeschlossen ist, wenn er das fehlerhafte Produkt weder für den Verkauf oder eine andere Form des Vertriebs mit wirtschaftlichem Zweck noch im Rahmen seiner beruflichen Tätigkeit hergestellt oder vertrieben hat. Nicht kommerzielle Herstellung einerseits und Herstellung außerhalb der beruflichen Tätigkeit andererseits,[110] also der Privatbereich, die Herstellung zum Eigenbedarf oder auch zum Verschenken lösen keine Produkthaftung aus.[111]

III. Verbraucherschutz und Verkehrspflichten

Es stellt sich die Frage, welche Bedeutung dem Zusammentreffen von Unternehmer und Verbraucher im System der Verkehrspflichten zukommt. In diesem Kontext denkt man zunächst an die von der Rechtsprechung entwickelten Besonderheiten der deliktsrechtlichen Produzentenhaftung nach § 823 Abs. 1 BGB; aber auch außerhalb des Inverkehrbringens und Herstellens von Produkten kann es zu der haftungsrechtlichen Beziehung von Verbraucher und Unternehmer kommen. Zu denken ist hier insbesondere an berufsspezifische Verkehrspflichten, wie sie beispielsweise dem Betreiber von Anlagen, dem Architekten oder Arzt gegenüber dem privat handelnden Geschädigten obliegen. Im Folgenden sollen diese Bereiche näher untersucht werden, um abschließend beurteilen zu können, ob der Verbraucherschutz tatsächlich als tragendes Rechtsprinzip für die Entwicklung und den heutigen Stand der Verkehrspflichtendogmatik betrachtet werden kann.

1. Deliktische Produzentenhaftung

Für den Bereich der deliktischen Produkthaftung hat die Rechtsprechung produktbezogene Verkehrspflichten entwickelt, die in erster Linie den Hersteller treffen. Das Verhältnis der deliktischen Produkthaftung zu derjenigen nach dem ProdHaftG ist Regelungsgegenstand des § 15 Abs. 2 ProdHaftG, nach dem die Haftung auf Grund anderer Vorschriften unberührt bleibt. Die Bedeutung der deliktischen Produzentenhaftung liegt insbesondere darin, dass die von der Rechtsprechung entwickelte deliktische Haftung des Warenherstellers hierzulande ein Schutzniveau erreicht hat, welches durch das ProdHaftG kaum über-

ProdHaftG findet sich die Erwägung, gewerbliche oder berufliche Produktbenutzer hätten bessere Möglichkeiten, ihre Rechtsbeziehungen auf vertraglicher Basis zu regeln. Wagner weist in diesem Zusammenhang zu Recht darauf hin, dass es wohl übersehen worden ist, dass Richtlinie und ProdHaftG nicht nur den Vertragspartner des Herstellers oder Händlers schützen, sondern genauso außenstehende Dritte, die durch das fehlerhafte Produkt einen Schaden erleiden, jedoch überhaupt keine Möglichkeit haben, die Haftung vertraglich auszugestalten.

110 Taschner/Frietsch, Produkthaftungsgesetz und EG-Produkthaftungsrichtlinie, Art. 7 Richtlinie Rn. 21: der Bäcker tischlert in seiner Freizeit ein Möbelstück.

111 Bülow/Artz, Verbraucherprivatrecht, S. 161.

troffen wird.[112] Des Weiteren enthält das ProdHaftG Regelungen, die für den Geschädigten ungünstig sind, wie etwa die Haftungsbeschränkung bei Sachschäden nach § 1 Abs. 1 Satz 2 ProdHaftG oder die Selbstbeteiligung nach § 11 ProdHaftG, so dass absehbar ist, dass auch künftig die BGB-Deliktshaftung die überwiegende Bedeutung behalten und die sachgerechte Ausformung der Produkthaftung maßgeblich Aufgabe der Rechtsprechung bleiben wird.[113]

Die Entwicklung des deliktischen Produkthaftungsrechts ist eng mit dem Verbraucherschutzgedanken verbunden. In der Literatur[114] wurde in diesem Zusammenhang zunächst unmittelbar an den „soziologischen Typus" des Kaufs industriell gefertigter Ware durch den Endverbraucher angeknüpft, und im Hühnerpest-Urteil des BGH die Fortbildung der Beweisgrundsätze ausdrücklich mit der vom Laien nicht mehr zu durchschauenden und zu kontrollierenden Struktur der modernen Warenproduktion begründet.[115] Die Grundsätze der deliktischen Produzentenhaftung wurden dementsprechend zunächst als auf den industriellen Massenhersteller beschränkt angesehen.[116] In der Hochzeitsessen-Entscheidung hat der BGH die den Kern des deliktischen Produkthaftungsrechts ausmachenden Beweisgrundsätze auch auf handwerklich arbeitende Kleinbetriebe, wie etwa Restaurants oder Bäckereien, ausgedehnt.[117]

Der Anwendungsbereich der Produzentenhaftung zeigt, dass dem Zusammentreffen von Verbraucher und Unternehmer eine tragende Rolle zukommt. Während zunächst der Schutz des Verbrauchers vor Unternehmen mit industriellen

[112] Katzenmeier, JuS 2003, 943, 944.

[113] Medicus, Schuldrecht II, Rn. 102 ff.; MünchKomm/Mertens[3], § 823 Rn. 270; Matusche-Beckmann, Organisationsverschulden, S. 208.

[114] Diederichsen, Haftung, S. 49 ff., 273 ff.

[115] BGHZ 51, 91, 107: „Die moderne Entwicklung der Warenproduktion, an der oft nachträglich nur schwer zu ermittelnde Person oder Maschinen beteiligt sind und die auf nur noch vom Fachmann zu durchschauenden und zu kontrollierenden Fertigungsprozessen beruht, verlangt eine Fortbildung des Beweisrechts in der Richtung, wie sie das Gesetz in § 836 BGB vorgezeichnet hat".

[116] Brüggemeier, Deliktsrecht, S. 337 ff..

[117] BGHZ 116, 104, 113 ff.: „Es trifft zwar zu, dass die Verhältnisse in einer familienbetriebenen Gastwirtschaft leichter überschaubar sind als in einer auf Massenfabrikation ausgerichteten Fabrik...Das ändert aber nichts daran, dass sich der Herstellungsprozeß im Herrschaftsbereich des Gastwirtes vollzieht, den dieser als Inhaber des Betriebes wesentlich leichter überblicken kann als der Gast. Er ist infolgedessen auch eher in der Lage, Fehlerquellen nachzugehen und zu ermitteln. Der Verbraucher kann als Außenstehender in der Regel nicht wissen, wie die Speisen im Einzelfall zubereitet werden, welche Zutaten der Gastwirt verwendet und woher er sie bezieht. Ebenso wenig kann er wissen, welche Maßnahmen zur Beachtung der hygienischen Belange in der Gastwirtschaft getroffen werden. Im Hinblick auf diese Gegebenheiten erscheint es daher nicht unbillig und auch zumutbar, dem Betriebsinhaber, hier dem Zweitbeklagten, die Beweislast für mangelndes Verschulden aufzubürden".

Fertigungsmethoden im Vordergrund stand, wurde der Anwendungsbereich der deliktischen Produkthaftung später auch auf kleinere Unternehmen erweitert, da der Grundgedanke der Produzentenhaftung, „nämlich die schwere Durchschaubarkeit der Herstellungsvorgänge und der Organisationssphäre im Betrieb des Produzenten für den Verbraucher allgemein gilt, gleichgültig, ob es sich um einen Groß- oder einen Kleinbetrieb, um industrielle Fabrikation oder handwerkliche Herstellung handelt“.[118] Man darf jedoch nicht verkennen, dass die deliktische Produzentenhaftung nicht nur auf das Verhältnis von Verbraucher und Unternehmer beschränkt ist, sondern auch Auseinandersetzungen zwischen Unternehmen betrifft,[119] mit der Folge, dass es sich nicht um ein ausschließlich verbraucherrechtliches Instrument handelt.

Die Sorgfaltspflichten des Warenherstellers werden nicht verhaltens-, sondern erfolgs- bzw. gegenstandsbezogen formuliert, nämlich als Produktfehler, wobei zwischen Konstruktions-, Fabrikations-, Instruktions- und Produktbeobachtungsfehler unterscheiden wird.[120]

a) Konstruktions- und Fabrikationspflichten

Der Hersteller ist dafür verantwortlich, dass ein von ihm in Verkehr gebrachtes Produkt von seiner Konstruktion her das geforderte Sicherheitsniveau bietet. Den Hersteller trifft demnach die Pflicht, dass das neue Produkt nach dem Stand der technisch-wissenschaftlichen Entwicklung betriebssicher ist.[121] Ist also bereits die technische Konzeption und Planung mangelhaft, liegt ein Konstruktionsfehler vor, was regelmäßig dazu führt, dass die gesamte Produktserie nicht dem erforderlichen Sicherheitsstandard entspricht. Im Fabrikationsbereich besteht die Pflicht, den Herstellungsprozess so zu organisieren und zu kontrollieren, dass jedes einzelne Produkt Fehlerfreiheit gewährleistet.[122]

Ein Fabrikationsfehler liegt vor, wenn der Bauplan des Produkts zwar das gebotene Maß an Sicherheit bietet, es jedoch im Fertigungsprozess zu einer planwidrigen Abweichung von der vom Hersteller selbst angestrebten Sollbeschaffenheit der Ware gekommen ist.[123] Typischerweise wird hiervon nicht eine ganze Produktserie, sondern je nach Fehlerursache ein oder mehrere Einzelstücke betroffen sein. Für einen so genannten „Ausreißer“, also einen Fabrikationsfehler, der trotz aller zumutbaren Vorkehrungen unvermeidlich war, haftet der Herstel-

[118] BGHZ 116, 104, 113 ff.

[119] Ausdrücklich zur Einbeziehung industrieller Unternehmen in den Schutzbereich der Produkthaftung BGHZ 105, 346, 352 = NJW 1989, 707, 708 (Fischfutter).

[120] MünchKomm/Wagner[4], § 823 Rn. 572 ff.; Staudinger/Hager, § 823 Rn. F 11 ff mit zahlreichen Nachw.; Palandt/Sprau, § 823 Rn. 165 ff.; Landrock, JA 2003, 981, 986 ff.; Katzenmeier, JuS 2003, 943, 946 ff.

[121] MünchKomm/Mertens[3], § 823 Rn. 283.

[122] BGHZ 51, 91, 95.

[123] MünchKomm/Wagner[4], § 823 Rn. 584.

ler mangels Verschulden nicht nach § 823 Abs. 1 BGB.[124] Er hat jedoch zu beweisen, dass ihn keinerlei Organisationsverschulden im Fabrikationsbereich trifft.[125]

b) Instruktionspflichten

Im Instruktionsbereich muss der Hersteller eines fehlerfrei konstruierten und hergestellten Produkts durch geeignete Gebrauchsanleitungen auch auf mögliche Gefahren hinweisen, die bei bestimmungsgemäßer Verwendung oder nahe liegendem Fehlgebrauch entstehen können.[126] Die Rechtsprechung verfolgt im Bereich der Instruktionspflichten des Herstellers eine strenge Linie. So ist z.B. über die Gefahren bei einer Dauerverabreichung stark gesüßter Getränke an Kleinkinder zu warnen,[127] über die Gefahr von Feuerwerkskörpern, namentlich in der Hand von Kindern,[128] über die Gefahr beim Fallenlassen einer Pistole,[129] selbst über die Gefahren einer Fingerverletzung bei einem Papierreißwolf.[130] Die Anforderungen im Bereich der Instruktionspflichten gehen teilweise sehr weit und werden nicht selten als eine Fehlentwicklung des Haftungsrechts bezeichnet.[131]

---

[124] BGH, NJW 1995, 2162, 2163.

[125] Landrock, JA 2003, 981, 987.

[126] BGHZ 116, 60, 65 ff: „Zutreffend hält das Berufungsgericht den Hersteller eines industriellen Erzeugnisses für verpflichtet, die Verbraucher vor denjenigen Gefahren zu warnen, die aus der Verwendung des Produkts entstehen können, soweit die Verwendung noch im Rahmen der allgemeinen Zweckbestimmung des Produkts liegt. Unter Umständen muss insoweit sogar vor einem nahe liegenden Missbrauch des Produkts gewarnt werden. Die Pflicht des Herstellers zur Warnung entfällt nur, wenn und soweit er davon ausgehen kann, dass sein Produkt nur in die Hand von Personen gelangt, die mit den Produktgefahren vertraut sind. Dies gilt auch für die Warnungen vor unsachgemäßem Gebrauch ... Das Berufungsgericht hebt mit Recht hervor, dass an die Pflicht zur Aufklärung und Warnung besonders strenge Anforderungen zu stellen sind, wenn die Verwendung des Produkts mit erheblichen Gefahren für die Gesundheit von Menschen verbunden ist. Nach der Rechtsprechung des erkennenden Senats müssen in solchen Fällen wichtige Hinweise über Produktgefahren und deren Abwendung deutlich erfolgen; sie dürfen z.B. nicht zwischen Teilinformationen über Darreichungsformen, Werbeaussagen usw. versteckt werden. Inhaltlich müssen die Hinweise so abgefasst sein, dass darin die bestehenden Gefahren für das Verständnis des Verbrauchers plausibel werden. Das wird nur erreicht, wenn die Art der drohenden Gefahr deutlich herausgestellt wird, damit der Produktverwender sie nicht erst durch eigenes Nachdenken, möglicherweise erst aufgrund von Rückschlüssen voll erfassen".

[127] BGHZ 116, 60, 68; BGH, NJW 1994, 932, 933; 1995, 1286, 1287; dazu BVerfG, NJW 1997, 249; BGH, NJW 1999, 2273.

[128] BGH, NJW 1998, 2905, 2907.

[129] OLG Karlsruhe, VersR 1998, 63.

[130] BGH, NJW 1999, 2815; abl. Foerste, JZ 1999, 949; Littbarski, NJW 2000, 1161; Möllers, VersR 2000, 1177.

[131] Littbarski, NJW 1995, 217, 218 spricht in diesem Bereich von einer „zunehmend ausufernden" Rechtsprechung; vgl. auch Honsell, JuS 1995, 211, 212, der die deutsche Recht-

Andererseits gilt es zu berücksichtigen, dass die Rechtsprechung stets betont, dass eine Warnpflicht nicht besteht, wenn die Gefahrenkenntnis zum allgemeinen Erfahrungswissen der Produktbenutzer gehört.[132]

c) Produktbeobachtungspflichten

Die Pflichten des Herstellers enden nicht in dem Moment, in dem er das Produkt in Verkehr bringt. Vielmehr wird im Gegensatz zum ProdHaftG gem. § 823 Abs. 1 BGB auch noch nach dem Inverkehrbringen eines fehlerfreien Produkts gehaftet, wenn eine sog. Produktbeobachtungspflicht verletzt worden ist.[133] Der Hersteller muss sein Produkt, mag es auch bei Markteinführung als gefahrlos gegolten haben, laufend darauf beobachten, ob es sich bewährt und sich über die Verwendungsfolgen informieren.[134] Vor allem bei Massenprodukten ist der Hersteller verpflichtet, deren Bewährung in der Praxis zu kontrollieren und über noch nicht erkannte Gefahren zu informieren. Teilweise wird die Beobachtungspflicht zu einer Gefahrenbeseitigungspflicht in dem Sinne erweitert, dass der Hersteller die Sache wenigstens nachträglich in einen gefahrfreien Zustand versetzen soll. Hierauf beruhen etwa Rückrufaktionen der Kraftfahrzeughersteller zur Beseitigung gefährlicher Mängel, wenn bloße Warnhinweise nicht ausreichen.[135]

d) Beweiserleichterungen bei der deliktischen Haftung

Die bedeutsamste Abweichung von den allgemeinen deliktsrechtlichen Grundsätzen hat die Rechtsprechung im Rahmen der Produzentenhaftung hinsichtlich des Verschuldens auf der Ebene der Beweislast vollzogen. Nach allgemeinen Grundsätzen müsste der durch ein Produkt Geschädigte die tatbestandsmäßigen Voraussetzungen einschließlich des Verschuldens im Rahmen des § 823 Abs.1 BGB beweisen. Aufgrund komplexer und komplizierter Produktions-

sprechung zur Instruktionspflicht als „teilweise überzogen" kritisiert; verteidigend Kullmann, NJW 2002, 30, 33, Fn. 22.

[132] So stellte das OLG Frankfurt, NJW-RR 2001, 1471 fest, es gehöre zum Erfahrungswissen von jedermann, dass das Einsaugen von Zigarettenrauch auf Dauer schwere Gesundheitsschäden verursachen und das Rauchen süchtig machen könne. Mit vergleichbarer Argumentation wies das OLG Düsseldorf, VersR 2003, 912 eine Schadensersatzklage eines an Diabetes erkrankten Mannes gegen den Produzenten von Schokoladenriegeln unter Hinweis auf das allgemeine Erfahrungswissen, sowie die Möglichkeit der Gefahrbeherrschung durch Selbstbeobachtung ab. Auch das OLG Hamm, NJW 2001, 1654, entschied in einem vergleichbaren Fall, dass eine Brauerei nicht verpflichtet ist, auf Bierflaschen vor den Gefahren übermäßigen Alkoholkonsums zu warnen.

[133] BGH, NJW 1981, 1606, 1607 (Apfelschorf I); 1987, 1009, 1012 (Honda-Lenkerverkleidung).

[134] BGH, NJW 1981, 1606, 1607 (Apfelschorf I); 1987, 1009, 1012 (Honda-Lenkerverkleidung).

[135] Grote, VersR 1997, 1066; ausführlich: Bodewig, Der Rückruf fehlerhafter Produkte 1999.

vorgänge kann der Geschädigte dabei in erhebliche Beweisnöte geraten, da er in der Regel keine Kenntnis von dem Produktionsablauf des Herstellers hat und deshalb häufig außerstande ist, den Verschuldensvorwurf des Herstellers zu begründen.[136] Seit der Hühnerpest-Entscheidung verlangt der BGH von dem Geschädigten nur noch den Nachweis, dass der Produktmangel „im Organisationsbereich des Herstellers, und zwar durch einen objektiven Mangel oder Zustand der Verkehrswidrigkeit“ entstanden ist.[137] Beim Vorliegen solcher Mängel soll der Hersteller „noch nicht dadurch als entlastet angesehen werden, dass er Möglichkeiten aufzeigt, nach denen der Fehler des Produkts auch ohne ein in seinem Organisationsbereich liegendes Verschulden entstanden sein kann“. Im Ergebnis werden damit bei Vorliegen eines Produktmangels eine für diesen kausale Pflichtverletzung und ein Verschulden des Herstellers vermutet.[138] An den Entlastungsbeweis des Herstellers werden so strenge Anforderungen gestellt, dass er nur in seltenen Ausnahmefällen gelingt.[139]

---

[136] Fuchs, Deliktsrecht, S. 100.

[137] BGHZ 51, 91, 104 f.: „Zwar hat in aller Regel der Geschädigte, der sich auf § 823 Abs. 1 BGB stützt, nicht nur die Kausalität zwischen seinem Schaden und dem Verhalten des Schädigers darzutun und notfalls zu beweisen, sondern auch dessen Verschulden (BGHZ 24, 21). Jedoch hängt die Möglichkeit dieses Nachweises der subjektiven Voraussetzungen erheblich davon ab, inwieweit der Geschädigte den objektiven Geschehensablauf in seinen Einzelheiten aufklären kann. Das aber ist vor allem dann mit besonderen Schwierigkeiten verknüpft, wenn es um Vorgänge geht, die sich bei der Herstellung des Produkts im Betriebe abgespielt haben. Die Rechtsprechung ist daher seit langem dem Geschädigten dadurch zu Hilfe gekommen, dass sie sich mit dem Nachweis einer Kausalkette begnügt hat, die nach der Lebenserfahrung zunächst für ein "Organisationsverschulden" des Herstellers spricht. Hierbei kann jedoch für Schadensersatzansprüche aus "Produzentenhaftung" nicht stehen geblieben werden. Allzu oft wird der Betriebsinhaber die Möglichkeit dartun, dass der Fehler des Produkts auch auf eine Weise verursacht worden sein kann, die den Schluss auf sein Verschulden nicht zulässt - ein Nachweis, der zumeist wiederum auf Vorgängen im Betriebe des Schädigers beruht, daher vom Geschädigten schwer zu widerlegen ist. Infolgedessen kann der Hersteller dann, wenn es um Schäden geht, die aus dem Gefahrenbereich seines Betriebes erwachsen sind, noch nicht dadurch als entlastet angesehen werden, dass er Möglichkeiten aufzeigt, nach denen der Fehler des Produkts auch ohne ein in seinem Organisationsbereich liegendes Verschulden entstanden sein kann. Dies gebieten in den Fällen der Produzentenhaftung die schutzbedürftigen Interessen des Geschädigten - gleich ob Endabnehmer, Benutzer oder Dritter; andererseits erlauben es die schutzwürdigen Interessen des Produzenten, von ihm den Nachweis seiner Schuldlosigkeit zu verlangen. Diese Beweisregel greift freilich erst ein, wenn der Geschädigte nachgewiesen hat, dass sein Schaden im Organisations- und Gefahrenbereich des Herstellers, und zwar durch einen objektiven Mangel oder Zustand der Verkehrswidrigkeit ausgelöst worden ist.“

[138] Katzenmeier, JuS 2002, 943, 947.

[139] BGH, NJW-RR 1992, 283, 284 (Einkomponentenlack).

2. Betriebliches Organisationsverschulden

Es fällt auf, dass die Rechtsprechung gerade Unternehmen häufig mit einer strikten Fahrlässigkeitshaftung belegt.[140] Die gesteigerte Verantwortlichkeit von Unternehmen gegenüber privaten Schadensopfern kommt nicht nur in den Regeln der deliktischen Produzentenhaftung zum Ausdruck. Besonders deutlich tritt die strikte Unternehmenshaftung auch bei den betrieblichen Organisationspflichten auf.[141]

a) Begriff und Rechtsnatur des betrieblichen Organisationsverschuldens

Der Rechtsgedanke des betrieblichen Organisationsverschuldens stellt eine Schöpfung der Rechtsprechung dar. Danach ist es dem Inhaber eines Unternehmens zwar nicht zuzumuten, dass er das gesamte Personal auswählt und beaufsichtigt. Es sei aber Aufgabe des Geschäftsherrn, allgemeine Aufsichtsanordnungen zu treffen, die die Gewähr für eine ordentliche Betriebsführung bieten. Versäumt er die Einhaltung dieser Pflicht, sei der Geschäftsherr für eingetretene Schäden haftbar.[142] Die Haftung des Geschäftsherrn wird dabei teilweise auf § 823 Abs.1, teilweise auf § 831 BGB gestützt.[143]

Matusche-Beckmann hat in ihrer Habilitationsschrift zum Organisationsverschulden das Verhältnis der Organisationspflichten zu den Verkehrspflichten näher beleuchtet.[144] Wenn auch in der Literatur weitgehend eine Gleichsetzung von beiden erfolge,[145] seien nicht alle Verkehrspflichten per se zugleich als Organisationspflichten zu qualifizieren.[146] Die Organisationspflichten basieren in den meisten Fällen auf deliktischen Verkehrspflichten, wenn der Geschäftsherr allein nicht handeln kann oder ohne entsprechende Organisation die Befolgung der zugrunde liegenden Verhaltenspflicht nicht möglich ist. Die deliktischen Organisationspflichten folgen nach diesem Ansatz unmittelbar aus den Verkehrspflichten oder entstehen im Fall der Delegation deliktischer Pflichten auf un-

---

140 Jansen, Haftungsrecht, S. 626 ff. spricht insofern von einem „Prinzip der strikten Unternehmenshaftung".

141 Einen ausführlichen Überblick bietet Matusche-Beckmann, Organisationsverschulden, S. 49 ff. (zur Rechtsprechung des BGH), 107 ff., 121 ff., die dies insgesamt kritisch beurteilt, da hierdurch das Verschuldenserfordernis ausgehöhlt wird; vgl. auch die Ausführungen bei Brüggemeier, Prinzipien, S. 111 ff.

142 BGHZ 4, 1, 2 f.; BGH, VersR 1964, 297; BGH, NJW 1968, 247, 248 Helm, AcP 166 (1966), 389, 395 ff.

143 Haftung nach § 831 BGB: RGZ 70, 107; 87, 1; RG, JW 1914, 759; BGHZ 32, 53; BGH, VersR 1964, 297. Haftung nach § 823 Abs.1 BGB: RG, JW 1938, 1651; BGHZ 4, 1; 11, 151; 24, 200; BGH, MDR 1957, 214.

144 Matusche-Beckmann, Organisationsverschulden, S. 81 ff.

145 Hassold, JuS 1982, 583, 584 f.; v. Bar, Verkehrspflichten, S. 83; Lippert, NJW 1984 2606 f.; Palandt/Thomas[62], § 823 Rn. 67, 110, 206; Soergel/Zeuner, § 823 Rn. 214; Medicus, Bürgerliches Recht, Rn. 657.

146 Matusche-Beckmann, Organisationsverschulden, S. 87 ff.

selbständige Hilfspersonen.[147] Durch die Delegation der Geschäftsherrenpflicht auf andere Personen, insbesondere auf Mitarbeiter eines Unternehmens, verwandeln sich die Pflichten in der Person des ursprünglich allein pflichtigen Geschäftsherrn in eine Pflicht zu entsprechender Organisation, die sich nicht in einer bloßen Kontroll- und Überwachungspflicht erschöpft.

b) Betriebliches Organisationsverschulden und Verbraucherschutz

Ähnlich wie im Bereich der Produzentenhaftung stellt sich auch im Rahmen des betrieblichen Organisationsverschuldens die Frage, inwiefern dieses als Ausdruck des Verbraucherschutzgedankens angesehen werden kann. In der Rechtsprechung wird das Organisationsverschulden – so weit ersichtlich – nicht ausdrücklich auf den Schutz des Verbrauchers gestützt. Dennoch dürfte die Beurteilung der Frage, ob das betriebliche Organisationsverschulden auch Ausdruck des Verbraucherschutzgedankens ist, ähnlich ausfallen wie im Bereich der Produzentenhaftung. Die Figur des betrieblichen Organisationsverschuldens stellt ein Schutzinstrument vor den Gefahren dar, die sich aus der Komplexität und Unüberschaubarkeit betrieblicher und unternehmerischer Tätigkeit ergeben. Betrachtet man sich die Hauptanwendungsgebiete[148] des betrieblichen Organisationsverschuldens, wie z.B. die Organisationspflichten des Krankenhausträgers, des behandelnden Arztes oder des Warenherstellers, wird deutlich, dass diesen Pflichten auch ein verbraucherschützendes Element innewohnt. Diese Konstellationen sind in einer Vielzahl von Fällen – wenn auch nicht ausschließlich – durch das Zusammentreffen von zu beruflichen Zwecken handelnden Unternehmern und zu privaten Zwecken handelnden Verbrauchern gekennzeichnet. Letztere sollen durch die Organisationspflichten vor den für sie kaum zu beurteilenden komplexen betrieblichen Abläufen, insbesondere dem Fehlverhalten von Hilfspersonen, geschützt werden. Dem betrieblichen Organisationsverschulden kann somit aufgrund seiner Schutzrichtung eine verbraucherschützende Komponente zugesprochen werden.

3. Weitere berufsspezifische Verkehrspflichten

Die Statuierung besonderer Verkehrspflichten, die gerade auch den Schutz des privaten Verbrauchers bezwecken, beschränkt sich nicht auf den Bereich der Produkt- und Produzentenhaftung sowie auf die Figur des betrieblichen Organisationsverschuldens. Bedeutung kommt in diesem Zusammenhang insbesondere der Haftung für bei der Berufsausübung entstehende Schäden, der sog. „Berufshaftung", zu.[149]

[147] Matusche-Beckmann, Organisationsverschulden, S. 96.

[148] Vgl. hierzu Matusche-Beckmann, Organisationsverschulden, S. 143 ff.

[149] Vgl. zur Berufshaftung Hirte, Berufshaftung, 1996; Odersky, NJW 1989, 1. ff; Hübner, NJW 1989, 5 ff.; Lang, AcP 201 (2001), S. 451 ff.; Hopt, AcP 183 (1983), S. 608 ff.

Der Begriff der „Berufshaftung" bezeichnet sämtliche Regeln über die Einstandspflicht der Angehörigen von Berufen gegenüber ihren Vertragspartnern und Dritten.[150] Dogmatisch handelt es sich bei der Berufshaftung nicht um eine eigenständige Kategorie, sondern um eine Querschnittsmaterie, die große Teile des Obligationenrechts, insbesondere nicht nur die Delikts-, sondern auch die Vertragshaftung, betrifft.[151]

Ausgangspunkt für die Ausbildung eines besonderen Berufsrechts mit einer daraus resultierenden Berufshaftung ist die zunehmende Differenzierung, Spezialisierung sowie horizontale wie vertikale Arbeitsteilung verschiedener Berufssparten, die zunehmende Angewiesenheit auf bestimmte Fachleute und die hieraus resultierende Erkenntnis, dass geschäfts- und berufsbezogene Tätigkeit regelmäßig mit der Ausübung wirtschaftlicher und/oder rechtlicher Macht verbunden ist.[152] Diese zeigt sich meistens darin, dass der professionell agierende Anbieter regelmäßig über Informationen verfügt, die dem häufig privaten Nachfragenden nicht vorliegen. Der privat handelnde Nichtfachmann vertraut dem Rat, dem Schweigen und der beruflichen Aktivität des Fachmanns, und selbst wenn er ihm misstraut, bleibt ihm mangels eigener Fachkompetenz nur der Wechsel zu einem anderen Fachmann übrig, auf dessen Fachkunde und Kompetenz er angewiesen ist.[153] Die zunehmende Spezialisierung führt zu einer Machtkonzentration auf Seiten des Berufsträgers gegenüber dem Nichtfachmann; die Notwendigkeit, dieses Machtgefälle zu kompensieren, wird als Hauptaufgabe der Berufshaftung angesehen.[154] Neben dem Überlegenheitsgedanken[155] ist nach der modernen Lehre von der Berufshaftung die Willensfreiheit des Einzelnen zu schützen, um Märkte ordnungsgemäß funktionieren zu lassen.[156] Wer selbständig am Markt auftrete und seinen Sachverstand feilbiete, sei für die Funktionsfähigkeit des Marktes in gesteigertem Maße verantwortlich.[157] Der Berufsträger wird für den geeigneten Adressaten gehalten, seinen Anteil zum Marktfunktionieren beizusteuern, weil er professionell überlegen sei und ihm damit der Schutz des Nichtfachmanns auch dort angesonnen werden könne, wo dieser sich nicht selbst zu helfen vermag.[158]

Bezogen auf das Haftungsrecht bedeutet dies, dass die berufliche Tätigkeit nach wohl einhelliger Meinung besonders scharfe Handlungs- und Sorgfaltspflichten begründet. Die Rechtsprechung hat durch die Entwicklung berufsspezifischer

[150] MünchKomm/Wagner[4], § 823 Rn. 244.
[151] MünchKomm/Wagner[4], § 823 Rn. 244.
[152] Lang, AcP 201 (2001), 451, 456.
[153] Hopt, AcP 183 (1983), 608, 645.
[154] Grunewald, JZ 1982, 627, 631 f..
[155] Vgl. hierzu Rehm, Aufklärungspflichten, S. 219 ff.
[156] Ott/Schäfer, Ökonomische Probleme, S. 142, 150.
[157] Dazu Ott/Schäfer, Ökonomische Probleme, S. 142, 151.
[158] Hopt, AcP 183 (1983), 608, 690.

Verkehrspflichten strenge Maßstäbe für die Angehörigen bestimmter Berufsgruppen entwickelt, da diese aufgrund ihres Informationsvorsprungs gegenüber dem Laien die Gefahr des Eintritts eines Schadens im Zusammenhang mit ihrer beruflichen Tätigkeit wesentlich besser einschätzen können. Im Rahmen ihres professionellen Aufgabengebiets sind die Angehörigen eines Berufs zur Gefahrsteuerung geradezu prädestiniert, weil sie ihnen in besonders wirksamer Weise und zu verhältnismäßig geringen Kosten möglich ist, während das Publikum das eigene Sorgfaltsniveau unter der Voraussetzung wählt, dass Spezialisten verfügbar sind, die ggf. eingreifen werden.[159]

In dem Gedanken der Überlegenheit des beruflich handelnden Schädigers gegenüber dem auf sein Fachwissen angewiesenen Geschädigten klingt ebenfalls der dem Verbraucherschutz immanente Schutzzweck an. Zwar gilt es auch hier zu berücksichtigen, dass die Anwendung der Grundsätze der Berufshaftung nicht auf die Beziehung Unternehmer-Verbraucher beschränkt ist; diese dürfte jedoch in vielen Fällen den zu beurteilenden Haftungskonstellationen zugrunde liegen. Exemplarisch lässt sich dies an folgenden Bereichen verdeutlichen:

a) Arzthaftung

Die Arzthaftung ist nicht als einheitliche Berufshaftung konzipiert, sondern folgt der Aufspaltung des Bürgerlichen Gesetzbuchs in vertragliche und deliktische Haftung. Die Rechtsprechung hat von Beginn an versucht, die Gründe der Arzthaftung zu synchronisieren, so dass die vertraglichen und deliktischen Sorgfaltspflichten des Arztes weitgehend identisch sind.[160] Die Verhaltenspflichten des Arztes richten sich nach dem medizinischen Standard des jeweiligen Fachgebiets[161] und erfordern eine den Regeln der ärztlichen Kunst entsprechenden Versorgung des Patienten mit dem Ziel der Wiederherstellung seiner körperlichen und gesundheitlichen Integrität.[162] Er hat hierbei diejenigen Maßnahmen zu ergreifen, die von einem gewissenhaften aufmerksamen Arzt aus berufsfachlicher Sicht seines Fachbereichs erwartet werden dürfen.[163] Das aus diesen allgemeinen Umschreibungen folgende Spektrum an ärztlichen Pflichten ist sehr weit reichend und kann hier nicht im Einzelnen erörtert werden[164]. Zu nennen sind in diesem Zusammenhang die Schweigepflicht des Arztes, die Verhaltenspflichten

[159] BGH, NJW 1987, 2510, 2511; Schiemann, FS Gernhuber, S. 387, 390 f..

[160] Palandt/Sprau, § 823 Rn. 135; nach Spickhoff, NJW 2002, 2530 ist das Arzthaftungsrecht in der bisherigen Rechtspraxis vom Deliktsrecht dominiert worden; aufgrund der Verschuldensvermutung in § 280 I BGB sowie dem erweiterten Anwendungsbereich des Anspruchs auf Schmerzensgeld nach § 253 II BGB sei jedoch eine dogmatische Verlagerung der Arzthaftung vom Deliktsrecht hin zur vertraglichen Haftung zu erwarten.

[161] BGH, NJW 1995, 776; BGH, MDR 1999, 675.

[162] BGH, NJW 1989, 776.

[163] BGH, MDR 1999, 675, 676.

[164] Vgl. im Einzelnen Palandt/Sprau, § 823 Rn. 135 ff..

im Bereich von Operationen, Organisations- und Aufsichtspflichten, Beratungs- und Aufklärungspflichten, Sorgfaltsanforderungen im Bereich der Diagnose, durch die medizinisch einwandfrei gebotene Befunde erhoben und gesichert werden sollen, sowie die weit reichenden Pflichten im Bereich der Behandlung. Für Heilpraktiker, Psychotherapeuten und Pflegepersonal gilt grundsätzlich nichts anderes als für den Arzt.[165]

Darüber hinaus gewährt die Rechtsprechung Beweiserleichterungen im Hinblick auf die Kausalität, wenn ein grober Behandlungsfehler nachgewiesen ist, der typischerweise geeignet ist, den vorliegenden Gesundheitsschaden herbeizuführen.[166] Diese werden vielfach damit begründet, dass sich der Patient typischerweise in Beweisschwierigkeiten befinde, weil er einerseits das Geschehen während einer Operation nicht nachvollziehen könne, ihm andererseits die dazu erforderlichen medizinischen Kenntnisse fehlen.

Die oben aufgezählten Pflichten des Arztes zum Gesundheitsschutz seiner Patienten sowie die Grundsätze zur Beweiserleichterung stellen in erheblichem Umfang verbraucherrelevantes Recht dar, da sie vielfach die Beziehung des Arztes als professionell handelnden Fachmann zu seinen Patienten, die sich aufgrund fehlender Kenntnisse und Informationen in einer unterlegenen Position befinden, betreffen.[167]

b) Architektenhaftung

Nach der Rechtsprechung des Bundesgerichtshofes kann ein Architekt für die aus der Verletzung der Bauaufsicht entstandenen Schäden auch deliktisch haftbar sein. So hat etwa der bauleitende Architekt für den aus dem Einsturz einer Dach- oder Deckenkonstruktion entstehenden Schaden deliktisch zu haften.[168] Die deliktische Verantwortlichkeit des Architekten wurde auch bejaht für Feuchtigkeitsschäden am Eigentum Dritter, die aufgrund mangelhafter Isolierung oder durch ein fehlerhaftes Dach entstanden sind.[169] Diese deliktische Verantwortlichkeit des Architekten ergibt sich daraus, dass er bei Errichtung des Bauwerks nicht nur vertragliche Pflichten gegenüber dem Bauherrn erfüllt, sondern auch Verkehrspflichten gegenüber Dritten wahrnimmt, die mit dem Bauwerk bestimmungsgemäß in Berührung kommen. Denn diese können im Regelfall darauf vertrauen, dass der Architekt seine auch ihrem zukünftigen Schutz dienenden Aufgaben ordnungsgemäß wahrgenommen hat.[170]

---

[165] BGHZ 113, 297; BGH, NJW 2000, 2737; OLG Braunschweig, VersR 1980, 57; OLG Düsseldorf, NJW 1990, 1543; OLG Frankfurt, MedR 1991, 207.

[166] Vgl. dazu Staudinger/Hager, § 823 Rn. I 54 mit zahlreichen Nachweisen zur Rspr.

[167] So auch Damm, VersR 1999, 129, 139.

[168] BGH, VersR 1964, 1250; 1971, 644.

[169] Vgl. zum einen BGH, NJW 1975, 1316, zum andern BGH, NJW 1987, 1013.

[170] BGH, NJW 1987, 1013.

c) Haftung des Betreibers von gewerblichen Anlagen

Im Sinne des Verbraucherschutzes lassen sich auch die Verkehrspflichten des Betreibers einer gewerblichen Anlage oder von Anlagen für die Ver- und Entsorgung[171] deuten. Den Betreiber einer Anlage trifft unter dem Zurechnungsgrund der Schaffung bzw. Aufrechterhaltung einer Gefahrenquelle die Verkehrspflicht zur Vermeidung aller Gefahren, die von dem Zustand oder dem Betrieb der Anlage für die Rechtsgüter Dritter ausgehen können. An die Verkehrspflicht des Anlagenbetreibers sind umso strengere Anforderungen zu stellen, je größer die von der Anlage ausgehende Gefahr für die Rechtsgüter Dritter, insbesondere für Leben und Gesundheit des Menschen, sind.[172] So hat z.B. der Betreiber einer Autowaschanlage Vorkehrungen zu treffen, um eine Beschädigung der Fahrzeuge, die im Zusammenhang mit dem Betrieb der Waschanlage erfolgen kann, zu vermeiden. Zwecks effektiven Schutzes der Kunden hat die Rechtsprechung in Abweichung von der grundsätzlichen Beweislast des Geschädigten anerkannt, dass ausnahmsweise von einer Schädigung auf eine Pflichtverletzung des Betreibers der Anlage geschlossen werden kann, wenn der Gläubiger dartut und beweist, dass die Schadensursache allein aus dem Verantwortungsbereich des Schuldners herrühren kann.[173] Gerade in der Beweislastumkehr zugunsten des geschädigten Kunden kann ein Element des Verbraucherschutzes gesehen werden, da dem Nichtfachmann, dem der Beweis der Pflichtverletzung aufgrund fehlender Kenntnisse und Einblicke in die betriebliche Organisation des Anlagenbetreibers nahezu unmöglich wäre, hierdurch die Durchsetzung seines Schadensersatzanspruchs ermöglicht wird. Weitere Beispiele zur strengen Haftung des Betreibers einer Anlage finden sich im Bereich von Abwasseranlagen,[174] Mülldeponien[175] und Starkstromanlagen.[176]

d) Haftung des Reiseveranstalters

Den Reiseveranstalter treffen nach ständiger Rechtsprechung neben den gegenüber seinen Kunden vertraglich übernommenen Pflichten auch deliktische Verkehrspflichten zum Schutze der Kunden vor Gefahren, die auf der Reise entstehen können.[177] Dies folgt aus der vom Reiseveranstalter beruflich gegenüber

[171] Vgl. hierzu im Einzelnen Staudinger/Hager, § 823 Rn. E 274 ff.

[172] BGH LM Nr. 30 zu § 31 unter II 2 b; BGH, VersR 1978, 538, 540: hohe Anforderungen an die Überwachungspflicht des Gasversorgungsunternehmens bei Durchführung von Umstellungsarbeiten.

[173] BGH, NJW-RR 1993, 795; OLG Koblenz, NJW-RR 1995, 1135; OLG Hamm, NJW-RR 2002, 1459; AG Darmstadt, NZV 2002, 329: „Eine Beweislastumkehr kommt lediglich dann in Betracht, wenn feststeht, dass das Kfz vor dem Waschvorgang unbeschädigt und auch nicht vorgeschädigt war" (2. LS); AG Düsseldorf, DAR 1999, 319.

[174] Vgl. Staudinger/Hager, § 823 Rn. E 276 f. m.w.N.

[175] Vgl. Staudinger/Hager, § 823 Rn. E 278 m.w.N.

[176] Vgl. Staudinger/Hager, § 823 Rn. E 280 f. m.w.N.

[177] BGHZ 103, 298, 304.

dem Kunden übernommenen Pflichtenstellung.[178] Auch die Haftung des Reisveranstalters gegenüber seinen Kunden ist Ausdruck des Verbraucherschutzes; die Reisekunden vertrauen in die Organisation und Überwachung der Reiseleistungen durch den gewerblich handelnden Reisveranstalter.[179]

e) Berufs- und Expertenhaftung nach § 826 BGB

Im Rahmen der Berufs- und Expertenhaftung greift die Rechtsprechung auch auf den deliktischen Haftungstatbestand des § 826 BGB zurück. Praktische Bedeutung entfaltet § 826 BGB im Hinblick auf die Haftung für Informationen, Auskünfte, Gutachten und Ratschläge, deren Verwertung bzw. Verfolgung zu Vermögensschäden führt.[180] Praktische Bedeutung erlangt § 826 BGB in den Fällen, in denen Auskunftgeber und –nehmer sich nicht in einer vertraglichen Sonderbeziehung gegenüberstehen.[181] Nach § 826 BGB kann ein beruflicher Sachkenner, etwa ein Rechtsberater, einem Dritten, der nicht sein Auftraggeber ist, haften, wenn dieser Dritte im Vertrauen auf eine falsche Expertise des Fachmanns geschädigt wird.[182] Insoweit hat die Rechtsprechung die strengen Haftungsvoraussetzungen des § 826 BGB in Gestalt der vorsätzlichen sittenwidrigen Schädigung herabgesetzt.

Sie hat sich dahin entwickelt, dass nicht nur ein bewusstes, sondern auch ein leichtfertiges und gewissenloses Verhalten einen Sittenverstoß begründen kann, und dass dies insbesondere dann nahe liegt, wenn der Schädiger mit Rücksicht auf sein Ansehen oder seinen Beruf eine Vertrauensstellung einnimmt, oder wenn der Sachkundige wichtige Fragen zu untersuchen hat, von deren Beantwortung weittragende wirtschaftliche Folgen für die Beteiligten abhängen.[183]

---

[178] BGHZ 103, 298 ff.: „Der Reiseveranstalter ist aufgrund seiner eigenen gewerblichen Verkehrssicherungspflicht gehalten, die von ihm durch Leistungsträger verschafften Unterkünfte auch ohne besonderen Anlass den Umständen entsprechend regelmäßig sorgfältig auf ihre Gebrauchssicherheit zu überprüfen und dabei entdeckte Mängel umgehend abstellen zu lassen“ (2. LS); ebenso OLG Celle, NJW-RR 1996, 372, 373.

[179] BGHZ 103, 298, 304; OLG Frankfurt, NJW-RR 1993, 1329, 1330; OLG München, RRA 1995, 204; OLG Celle, NJW-RR 1995, 372, 373.

[180] Staudinger/Oechsler, § 826 Rn. 198 ff..

[181] Staudinger/Oechsler, § 826 Rn. 199; vgl. zu den sonstigen Lösungsansätzen der Rechtsprechung (Vertrag zugunsten Dritter, Vertrag mit Schutzwirkung zugunsten Dritter, Auskunftsvertrag, culpa in contrahendo, Prospekthaftung) im Rahmen der beruflichen Haftung gegenüber Nichtmandanten (sog. „Dritthaftung“) den Überblick bei Zugehör, NJW 2000, 1601 ff.

[182] Zugehör, NJW 2000, 1601, 1608.

[183] BGH, NJW 1956, 1595 (Gutachten eines Wirtschaftsprüfers); BGH, WM 1962, 579, 581 (Bilanz einer Treuhandgesellschaft); WM 1966, 1150, 1151 (Wertgutachten eines Ingenieurs); NJW 1986, 180, 181 (Gutachten eines Tierarztes); NJW 1987, 1758 (Zwischenabschluss eines Steuerberaters; NJW 1991, 3282, 3283 (Wertgutachten eines öffentlich be-

Darüber hinaus hat die Rechtsprechung den schwierigen Beweis des Vorsatzes erleichtert. Für die Haftung des Fachmanns, der einen anderen in sittenwidriger Weise durch eine falsche Expertise schädigt, genügt bedingter Vorsatz, der dann gegeben ist, wenn der Schädiger mit der Möglichkeit rechnet, dass durch sein Verhalten ein anderer geschädigt werden könnte, und er diese Schädigung billigend in Kauf nimmt.[184] Eine Schädigungsabsicht ist nicht erforderlich.[185] Des Weiteren braucht dem Schädiger die Sittenwidrigkeit seines Vorgehens nicht bewusst zu sein; es genügt, dass er mit der Möglichkeit gerechnet hat, dass Umstände vorliegen können, die ein solches Unwerturteil begründen.[186]

Die berufsspezifischen Verkehrspflichten im Rahmen der Haftung nach § 826 BGB für Informationen und Auskünfte stellen ebenfalls verbraucherrelevantes Recht dar. Diese Fälle zeichnen sich gerade durch die oben skizzierte fachliche Überlegenheit des professionell handelnden Sachverständigen aus, auf dessen spezifischen Sachverstand der privat handelnde Nichtfachmann oder Laie angewiesen ist, um eine sachgerechte Entscheidung treffen zu können. Banken, Rechtsanwälte, Steuerberater, Wirtschaftsprüfer und sonstige Sachverständige nehmen kraft ihrer Stellung für die von ihnen erteilten Auskünfte oder Gutachten in gesteigertem Maße Vertrauen in Anspruch, so dass im Falle der fehlerhaften Auskunft eine Haftung gegenüber dem Nichtfachmann als geboten erscheint. Auch hier sei jedoch noch einmal darauf hingewiesen, dass es sich bei der Berufs- und Expertenhaftung nach § 826 BGB nicht ausschließlich um Verbraucherschutzrecht handelt, da nicht nur Verbraucher, sondern auch Unternehmer den Schutz der strengen Pflichten in diesem Bereich genießen.

IV. Zusammenfassung

Die bisherigen Ausführungen haben gezeigt, dass der Verbraucherschutz sich zu einem zentralen Leitprinzip des modernen Vertrags- und Deliktsrechts entwickelt hat. Sowohl im Vertrags- als auch im Deliktsrecht löst das Zusammentreffen von Unternehmer und Verbraucher das Eingreifen spezieller Mechanismen zum Schutz der als unterlegen geltenden Partei aus.

Im Vertragsrecht des BGB wird der Verbraucherschutz dadurch verwirklicht, dass seine Regeln der „schwachen" Vertragspartei in Gestalt des Verbrauchers Befugnisse einräumen, um die Überlegenheit des professionell handelnden Unternehmers zu kompensieren. Durch den typisierenden Regelungsansatz in §§ 13, 14 BGB, wonach Geschäftskompetenz und Schutzbedürfnis nicht konkret ermittelt werden müssen, sondern in typisierender und pauschalierender Weise

stellten und vereidigten Sachverständigen); NJW 1992, 2080, 2083 f. (Auskünfte eines Steuerberaters).

[184] BGH, WM 1975, 559, 560; NJW 1986, 180, 181.

[185] BGHZ 8, 387, 393.

[186] BGHZ 8, 387, 393; BGH, WM 1962, 578, 579; NJW-RR 1986, 1150, 1151.

durch das Verbrauchermerkmal repräsentiert werden, sowie der zwingenden Anordnung bestimmter Rechtsfolgen zeichnet sich der vertragliche Verbraucherschutz durch eine gewisse „Starrheit" aus.[187] Etwa 40 Vorschriften im II. Buch des BGB ordnen zwingende Wirkung an,[188] mit der Folge, dass vom gesetzlichen Modell nicht zum Nachteil des Geschützten abgewichen werden darf. Die verbraucherschützenden Vorschriften des BGB lassen infolge ihres typisierenden Regelungsansatzes die individuelle Schutzbedürftigkeit des betroffenen Kontrahenten völlig aus dem Spiel, und es treten bestimmte Rechtsfolgen bei Vorliegen der jeweiligen gesetzlichen Voraussetzungen ex lege ein.

Starke Kritik erfährt in diesem Zusammenhang insbesondere die Vorschrift des § 475 Abs. 1 BGB, wonach sich der Unternehmer nicht auf eine vor Mitteilung eines Mangels getroffene Vereinbarung berufen kann, die von Sachmängelvorschriften zum Nachteil des Verbrauchers abweicht.[189] Erinnert sei in diesem Zusammenhang nochmals an das Beispiel des Kfz-Mechanikers von Canaris, der sich bei einem Kfz-Händler einen Gebrauchtwagen zu privater Nutzung kaufen will und von sich aus den Ausschluss der Gewährleistung anbietet, um einen günstigen Preis auszuhandeln.[190] Wäre dies früher problemlos möglich gewesen („Gekauft wie besichtigt!"), steht dem jetzt die zwingende Regelung des § 475 BGB entgegen. Adomeit schließt aus diesen Regelungen, dass das Gesetz den Verbraucher hier pauschal in die Nähe des rechtlich Betreuten i.S.v. § 1896 BGB rücke, der seine Angelegenheiten nicht zu besorgen vermag.[191]

Calliess spricht in diesem Zusammenhang davon, dass das Schuldvertragsrecht als zunehmend einseitig parteiliches Rechts ausgestaltet worden sei.[192] Zur Vermeidung der damit verbundenen Probleme „der mangelnden Treffsicherheit bei der Abgrenzung schutzwürdiger Situationen sowie des Paternalismus" sollte das Verbrauchervertragsrecht deshalb mit einer opt-out Option für Privatkunden

[187] Vgl. hierzu sehr kritisch Adomeit, NJW 2004, 579, 581: „Dogmatik und Rechtsprechung werden Mühe haben, eklatante Wertungswidersprüche aufzulösen: Der Käufer wird bei jedem privaten Luxuserwerb besonders geschützt, nicht aber der von wirtschaftlicher Not bedrängte Unternehmer oder hart arbeitende Kleinunternehmer ... Die generelle Annahme von stark/schwach-Disparitäten, ohne Blick auf die konkrete Lage, auch ohne Rücksicht auf das Verhältnis von Leistung und Gegenleistung (vgl. § 138 BGB), wird immer neue Absurditäten hervorbringen" und JZ 2003, 1053, 1054: „Was heute als Verbraucherprivatrecht gilt, steckt voller Ungereimtheiten. Der Millionär beim Erwerb einer Segelyacht vom Schiffshändler „is perceived to be the weaker party, ... (who) lacks the economic power to insist on alterations, so as to achieve a fair balance of risk and interest" (Zimmermann, Law of Obligations, 1990, S. 641). Der Kioskbesitzer, dem im Winter die Füße frieren, gilt beim Erwerb eines (gebrauchten) Heizöfchens dagegen als stark und verhandlungstüchtig."

[188] Adomeit, JZ 2003, 1053, 1054.

[189] Adomeit, JZ 2003, 1053.

[190] Canaris, AcP 200 (2000), 273, 362.

[191] Adomeit, JZ 2003, 1053, 1054.

[192] Callies, AcP 203 (2003), 575, 597.

sowie mit einer opt-in Option für Kleinunternehmer in Anlehnung an Art. 2 lit. a) CISG ausgestattet werden. Dies hätte dann zur Folge, dass für die Einordnung als Unternehmer oder Verbraucher aus Gründen der Rechtssicherheit auf den äußerlich erkennbaren Zweck des Geschäfts abgestellt werden müsse, so dass der Verbraucher, der sich durch Verwendung von Geschäftsbriefpapier als Unternehmer geriert, daran festgehalten werden muss und der Kleinunternehmer, der ein Faxgerät in einem Verbrauchermarkt erwirbt, als Verbraucher gilt.[193]

Auch F. Bydlinski[194] hält den typisierenden Ansatz und das damit verbundene Abstellen auf Verbraucher-Unternehmerverhältnisse für ungeeignet, „Ungleichgewichtslagen“ bzw. „strukturelle Unterlegenheitssituationen“ von „Gleichgewichtslagen“ abzugrenzen. Die dafür ins Feld geführte „Typisierung“, durch die zweifellos ein gewisses Maß an Rechtssicherheit gefördert werde, könne jedoch keine unbegrenzte Legitimations- und Begründungswirkung zukommen.[195] Er schlägt deshalb Korrekturen des durch unkontrollierte „Typisierung“ verabsolutierten, einseitigen „Verbraucherschutzes“ in Richtung auf eine inhaltlich mittlere Linie der Prinzipienabwägung vor, innerhalb derer die sachlich und systematisch tragfähigen Gründe für besondere rechtliche Schutzvorkehrungen gegenüber dem bloßen Abstellen auf „Rechtssicherheit“ zum Tragen kommen sollen. Nach Bydlinski sollte der Verbraucherbegriff als Tatbestandsmerkmal zugunsten der sachlichen Umschreibung besonderer Schutzsituationen eliminiert werden.

[193] Callies, AcP 203 (2003), 575, 599.

[194] Bydlinski, AcP 204 (2004), 309, 371: „Offensichtlich kann z.B. der Zulieferer gegenüber einem – vielleicht sogar monopolistischen – Großunternehmer als praktisch einzigem Abnehmer in einer besonders krassen „Unterlegenheitssituation“ sein; und dies ganz ohne Beteiligung eines „Verbrauchers“. Oder: Verkauft ein angestellter Automechaniker seinen gebrauchten PKW etwa einem Schriftsteller für dessen privaten Gebrauch, so handelt es sich um zwei „Verbraucher“, von denen der erste aber eine krasse fachliche Überlegenheit in dem betreffenden Geschäftsfeld aufweist. Daran ändert sich selbst dann nichts, wenn ein freier Schriftsteller, ein Kleinhandwerker, ein Steuerberater etc. etc., also ein Unternehmer, den Pkw für seine selbständige unternehmerische Tätigkeit kauft“....... „Selbst im Verhältnis von Unternehmen und Verbrauchern erweist sich die undifferenziert behauptete „strukturelle Unterlegenheit“ des letzteren in vielen Situationen als gänzlich irreal. Das gilt vor allem deshalb, weil selbst der reichste und erfahrenste Unternehmer, Manager, Politiker, „Staranwalt“ sowie der Wirtschafts- oder Rechtsprofessor nach den zugrunde liegenden krausen Vorstellungen offenbar ihre Verhandlungs- und Durchsetzungsfähigkeit sowie ihre wirtschaftliche Urteilskraft sogleich gänzlich verlieren, wenn sie in ihrem Privatbereich ein Geschäft schließen. Dann „sind“ sie, selbstverständlich nur kraft sinnloser Fiktion, gegenüber einem kleinen Handwerks- oder Baumeister, gegenüber ihrem Buchbinder oder Masseur etc. etc. angeblich sogleich die „strukturell Unterlegenen“ und in einer Ungleichgewichtslage zu ihren Lasten, was die zureichende Durchsetzung ihrer Interessen beim Kontrahieren anlangt“.

[195] Bydlinski, AcP 204 (2004), 309, 381.

Im Deliktsrecht tritt der Verbraucherschutzgedanke nicht so deutlich hervor wie im Vertragsrecht. Dies hängt zum einen damit zusammen, dass es in den §§ 823 ff. BGB keine Vorschriften gibt, die ausdrücklich den Verbraucher als Anspruchsberechtigten nennen. Zum anderen wird auch nur in wenigen Urteilen ausdrücklich auf den Verbraucher als Schutzsubjekt abgestellt. Trotz dieses Umstandes lassen sich die oben skizzierten Bereiche der Produkthaftung, des betrieblichen Organisationsverschuldens und der Berufshaftung im Sinne des Verbraucherschutzes deuten. Die diese Bereiche kennzeichnende strikte Haftung des Unternehmers oder Berufsträgers basiert zwar auch auf anderen Gründen, wie z.B. dem Gedanken der Zusammengehörigkeit von Vorteil und Risiko, der seinerseits auf den ungleich verteilten Schadenspotentialen und Gewinnaussichten von Unternehmern und ihren zumeist privaten Schadensopfern beruht.[196] Das „Prinzip der strikten Unternehmenshaftung“[197] sichert jedoch auch ein hohes Schutzniveau im Hinblick auf die Personen, die in der Rolle des Verbrauchers mit den Produkten und Dienstleistungen der Unternehmer in Berührung kommen.

Hierbei lässt sich feststellen, dass der Schutz des Verbrauchers im Vergleich zum Vertragsrecht aus einem anderen „Blickwinkel“ realisiert wird. Während die vertraglichen Verbraucherschutzmechanismen vorwiegend an die Schutzbedürftigkeit des Verbrauchers in bestimmten typisierten Situationen anknüpfen, wird der Verbraucherschutz im Deliktsrecht dadurch verwirklicht, dass an bestimmte unternehmerische oder berufliche Tätigkeiten eine besonders strenge Haftung geknüpft wird. Im Zentrum der deliktsrechtlichen Mechanismen, denen eine verbraucherschützende Wirkung zugesprochen werden kann, steht somit der gefahrverursachende Unternehmer oder Berufsträger, der sich einer strikten Haftung ausgesetzt sieht.[198]

Das deliktische Verbraucherschutzrecht in Gestalt der Verkehrspflichten von Herstellern und sonstigen Berufsträgern zeichnet sich des Weiteren im Vergleich zum Verbrauchervertragsrecht durch eine größere Flexibilität aus. Zwar löst auch hier – wie oben am Beispiel der Produkt-/Produzentenhaftung sowie der Berufshaftung verdeutlicht - das Zusammentreffen von Verbraucher und Unternehmer das Eingreifen besonderer Schutzmechanismen zugunsten des Verbrauchers aus. Im Gegensatz zu dem typisierenden Regelungsansatz im Vertragsrecht verbunden mit zahlreichen zwingenden oder halbzwingenden Vorschriften kann die Schutzbedürftigkeit des Betroffenen im beweglichen System der Verkehrspflichten jedoch individuell anhand des konkreten Einzelfalls fest-

[196] Larenz/Canaris, Schuldrecht II/2, S. 605 f.

[197] Jansen, Haftungsrecht, S. 627.

[198] Dies kommt auch in den Gefährdungshaftungstatbeständen der §§ 1 HaftpflG, 1 ProdHaftG, 1 UmweltG, 22 WasserHG, 25 ff. AtomG, 32 Abs.1 GenTG, 84 AMG zum Ausdruck.

gestellt werden. Die zahlreichen, variabel handhabbaren Entstehungsvoraussetzungen der Verkehrspflichten, die auch im verbraucherschützenden Bereich der Produzentenhaftung gelten, ermöglichen eine auf die Schutzbedürftigkeit des konkret Betroffenen ausgerichtete Entscheidung im Einzelfall.[199] Die größere Flexibilität dieses beweglichen Systems im Vergleich zum „starren" Verbrauchervertragsrecht lässt sich an dem Beispiel des Kfz-Mechanikers und dessen „Zwangsbeglückung" durch § 475 BGB verdeutlichen. Während die zwingende Vorschrift des § 475 BGB im Vertragsrecht in dem Beispiel einem Gewährleistungsausschluss entgegensteht, könnte in einem vergleichbaren Fall im beweglichen System der Verkehrspflichten von einem „Handeln auf eigene Gefahr" ausgegangen werden, da der Kfz-Mechaniker mit seinem Handeln zum Ausdruck gebracht hat, dass er die Gefahr eines Mangels aufgrund des Gewährleistungsverzichts bewusst in Kauf nimmt.

In diesem Zusammenhang sollten jedoch auch die Nachteile dieses „beweglichen" Systems der Verkehrspflichten nicht aus den Augen verloren werden. Nicht zuletzt wegen der Vielzahl der Kriterien und ihrer je nach Einzelfall unterschiedlichen Gewichtung besteht für den potentiellen Schädiger auch eine gewisse Rechtsunsicherheit. Die vielschichtigen Kriterien und deren unterschiedliche Gewichtung je nach der konkreten Situation machen es nahezu unmöglich, dem potentiellen Schädiger im Einzelfall eine genaue Anleitung für eine Verhaltensweise zu geben, mittels derer in jedem Fall eine drohende Schadensersatzverpflichtung vermieden werden kann. Berücksichtigt man darüber hinaus noch die uferlose und auch für einen Rechtskundigen kaum noch überschaubare Kasuistik der Verkehrspflichten, so wird dieses Argument noch weiter verstärkt.[200] Im Vergleich zum vertraglichen Verbraucherschutz, der auf einem typisierenden Regelungsansatz beruht und insofern erheblicher Kritik ausgesetzt ist,[201] beinhaltet das System der Verkehrspflichten einerseits eine größere Flexibilität, birgt andererseits jedoch auch die Gefahr der Rechtsunsicherheit.

Insgesamt kann daher festgehalten werden, dass dem Verbraucherschutz sowohl im Vertragsrecht als auch im Bereich der deliktischen Verkehrspflichten große Bedeutung zukommt. In beiden Bereichen wird das Zusammentreffen von professionell handelndem Unternehmer und zu privaten Zwecken auftretendem Verbraucher zum Anlass genommen, um die Privatautonomie und Handlungsfreiheit des überlegenen Berufsträgers zugunsten des schutzbedürftigen

---

[199] Vgl. im Einzelnen die Ausführungen in Kapitel 3.

[200] Vgl. Jansen, ZEuP 2003, 490, 499: „Menschen wissen durchaus, dass sie sich im Umgang mit den Rechtsgütern anderer sorgfältig zu verhalten haben; aber die Vorstellung, dass man sein Verhalten an der Rechtsprechung ausrichtet, wie sie sich etwa von Johannes Hager auf mehreren hundert Seiten vorfindet, ist weder realistisch noch wünschenswert".

[201] Vgl. Bydlinski, AcP 204 (2004), 309, 360 ff; Callies, AcP 203 (2003), 575 ff.; Adomeit, NJW 2004, 579 ff.; ders., JZ 2003, 1053 f.

Verbrauchers einzuschränken. Das System der Verkehrspflichten verwirklicht den Verbraucherschutz durch flexibel handhabbare Schutzmechanismen, die eine am konkreten Einzelfall ausgerichtete Entscheidung ermöglichen, wohingegen der vertragliche Verbraucherschutz aufgrund seines typisierenden Regelungsansatzes diese Flexibilität und Beweglichkeit bei der Bestimmung der Schutzbedürftigkeit des Verbrauchers weitgehend vermissen lässt.

§ 21 Bedeutung und Funktion der Grundrechte im Prozess der sozialpolitischen Inpflichtnahme des Vertrags- und Haftungsrechts

In den bisherigen Ausführungen wurden lediglich die „einfachgesetzlichen" Mechanismen des Verbraucherschutzrechts als gemeinsames Leitprinzip des Vertrags- und Deliktsrecht berücksichtigt. Es stellt sich die Frage, inwiefern auch verfassungsrechtlichen Instituten innerhalb der sozialpolitischen Inpflichtnahme des Vertrags- und Haftungsrechts eine tragende Rolle zukommt. In diesem Zusammenhang soll im Folgenden ein Blick auf die Bedeutung der Grundrechte für den Prozess des Schutzes des „Schwächeren" im Vertragsrecht und des „Geschädigten" im Deliktsrecht geworfen werden.

In seiner Bürgschafts-Entscheidung aus dem Jahr 1993 hat das Bundesverfassungsgericht[202] aus der grundrechtlichen Gewährleistung der Privatautonomie und dem Sozialstaatsprinzip gefolgert, dass die Zivilrechtsordnung Korrekturen von Verträgen ermöglichen müsse, wenn eine typisierende Fallgestaltung eine „strukturelle Unterlegenheit" des einen Vertragsteils erkennen lasse und die Folgen des Vertrages für den unterlegenen Vertragsteil „ungewöhnlich belastend" seien. Der Schutz des „Schwächeren" im Vertragrecht wird somit neben dem einfachgesetzlich verankerten Verbraucherschutz auch auf verfassungsrechtliche Prinzipien gestützt. Aus diesem Befund folgen gleich mehrere Fragen: Zunächst ist zu klären, in welchem Verhältnis das Vorgehen des Bundesverfassungsgerichts zum Verbraucherschutzgedanken steht. In einem weiteren Schritt ist zu untersuchen, ob und inwiefern die vom Bundesverfassungsgericht entwickelte Grundrechtsdogmatik und Argumentation zum Schutz der unterlegenen Vertragspartei auch auf den deliktischen Schutzes des „Geschädigten" übertragen werden kann. Hierzu ist es zunächst notwendig, allgemein das Verhältnis der Grundrechte zum Privatrecht zu beleuchten, um sich im Folgenden mit der Bedeutung der Grundrechte im Vertrags- und Delikstrecht auseinandersetzen zu können.

---

[202] BVerfGE 89, 214, 229 ff.

I. Grundrechte und Privatrecht

Die Frage, ob die Grundrechte nicht nur im Verhältnis des Bürgers zum Staat, sondern auch in der Beziehung von Privaten untereinander Anwendung finden, ist Gegenstand einer seit langem kontrovers geführten Diskussion.[203] H.P. Ipsen hat dieses Problem mit dem Schlagwort „Drittwirkung der Grundrechte“ umschrieben, um sie von der unzweifelhaft bestehenden Geltung der Grundrechte im Verhältnis Bürger-Staat abzugrenzen.[204]

1. Die Lehre von der „unmittelbaren Drittwirkung“

Die These von der direkten Geltung der Grundrechte im Privatrecht bzw. von der „unmittelbaren Drittwirkung“ wurde zuerst von Nipperdey[205] aufgestellt und auch lange Zeit vom Bundesarbeitsgericht[206] vertreten. Sie besagt, dass die Grundrechte nicht nur in dem Verhältnis des Bürgers zum Staat Anwendung finden, sondern dass ihnen eine solche Geltung auch unmittelbar für die privaten Beziehungen zwischen den einzelnen Bürgern zukomme. Demnach kann sich der Bürger bei Beeinträchtigungen seiner Freiheitssphäre sowohl gegenüber Maßnahmen des Staates als auch von Privatpersonen direkt auf eine Verletzung seiner Grundrechte berufen.[207] Die Anerkennung einer direkten Geltung der Grundrechte im Privatrecht wird damit begründet, dass die Grundrechte Höchstwerte verkörpern, die für das gesamte Gemeinschaftsleben bestimmend

---

[203] Vgl. Alexy, Theorie der Grundrechte, 1985, S. 475 ff.; Canaris, Grundrechte und Privatrecht, 1999; Classen, AöR 122 (1997), 65; Diederichsen, AcP 198 (1998), 171; Erichsen, Jura 1996, 527; Guckelberger, JuS 2003, 1151; Hager, JZ 1994, 373; Langner, Die Problematik der Geltung der Grundrechte zwischen Privaten, 1998; Leisner, Grundrechte und PrivatR, 1960; Lücke, JZ 1999, 377; Medicus, AcP 192 (1992), 35; Oeter, AöR 119 (1994), 529; Poscher, Grundrechte als Abwerrechte, 2003, S. 227 ff.; Ruffert, Vorrang der Verfassung und Eigenständigkeit des Privatrechts, 2001; Schwabe, Die so genannte Drittwirkung der Grundrechte, 1971; Stern, StaatsR III/1, 1988, S. 1509 ff.

[204] Kritisch zu dieser Terminologie, Stern, StaatsR III/1, S. 1514; Saladin, Grundrechte, S. 310. Nach Schwabe, Drittwirkung, S. 16 ff., 149, 154 ff. handelt es sich bei der Drittwirkung der Grundrechte um ein Scheinproblem, da privatrechtliche Beschränkungen oder Eingriffe in die Freiheitsbereiche niemals von einer staatsunabhängigen privaten Gewalt, sondern immer von der Rechtsmacht des Staates ausgingen, gegenüber der die Grundrechte in ihrer Abwehrfunktion anwendbar seien. Nach seiner Auffassung sind alle zivilrechtlich zu duldenden Freiheitsbeeinträchtigungen, die von Privaten ausgehen, dem Staat zuzurechnen. Diese Ansicht hat sich zu Recht jedoch nicht durchgesetzt, da nicht jede von einem Privaten herrührende Freiheitsbeeinträchtigung dem Staat zugerechnet werden kann. Vgl. hierzu näher insbesondere Erichsen, Jura 1996, 527, 529f.

[205] Nipperdey, RdA 1950, 121, 124f.; ders. DVBl. 1958, 445, 447; ders., Grundrechte und Privatrecht, S. 15.

[206] BAGE 1, 185, 193 f.; 4, 240, 243; 13, 168, 174 ff.; 24, 438, 441; eine Abkehr deutet sich jedoch in BAGE 47, 363, 374; 48, 122, 138 f.; 52, 88, 97 f.

[207] Nipperdey, RdA 1950, 121, 124; v. Münch, StaatsR II, Rn. 185.

seien[208] und Ordnungsgrundsätze für alle Lebensbereiche enthielten.[209] Nach der Theorie der unmittelbaren Drittwirkung lassen sich aus den Grundrechten unmittelbar Rechtsfolgen für das Privatrechtsverhältnis ableiten; sie wirken demnach im rechtsgeschäftlichen Bereich als gesetzliche Verbote i.S.v. § 134 BGB und im deliktischen Bereich als absolute Rechte i.S.v. § 823 Abs.1 BGB oder als Schutzgesetz i.S.d. § 823 Abs. 2 BGB.[210]

2. Die Lehre von der „mittelbaren Drittwirkung"

Die Theorie der „mittelbaren Drittwirkung", die von der überwiegenden Auffassung in Lehre und Rechtsprechung vertreten wird,[211] geht dagegen davon aus, dass die Grundrechte primär das Verhältnis des Bürgers zum Staat betreffen. Der grundrechtlichen Werteordnung kommt nach ihr jedoch auch Bedeutung für die Beziehung zwischen den Bürgern untereinander zu. Der Lösungsansatz der mittelbaren Geltung der Grundrechte im Privatrecht geht auf Günter Dürig[212] zurück. Danach sind für die Rechtsbeziehungen von Privaten die zivilrechtlichen Vorschriften maßgebend, aber bei der Interpretation der dort enthaltenen unbestimmten Rechtsbegriffe und Generalklauseln die Grundrechte miteinzubeziehen. Als solche kommen insbesondere die Begriffe der §§ 138, 242, 315, 823 Abs.1 und 826 BGB „Sittenwidrigkeit", „Treu und Glauben", „Billigkeit" und „sonstiges Recht" in Betracht.[213]

Das Bundesverfassungsgericht hat sich der Auffassung der mittelbaren Drittwirkung der Grundrechte in der Lüth-Entscheidung[214] angeschlossen. Danach sind die Grundrechte in erster Linie dazu bestimmt, die Freiheitssphäre des Einzelnen vor Eingriffen der öffentlichen Gewalt zu schützen und stellen demzufolge Abwehrrechte des Bürgers gegen den Staat dar. Doch wolle das Grundgesetz keine wertneutrale Ordnung sein. Es beinhalte mit seinem Grundrechtsabschnitt auch eine objektive Wertordnung, aus der alle Bereiche des Rechts Richtlinien und Impulse empfangen, mit der Folge, dass auch das bürgerliche Recht im Geiste der Grundrechte ausgelegt werden müsse. Als „Einbruchstellen" für die Grundrechte fungieren dabei die privatrechtlichen Generalklauseln Das BVerfG for-

---

[208] Nipperdey, RdA 1950, 121, 124 ff..
[209] Nipperdey, DVBl. 1954, 445, 447; Laufke, FS Lehmann I, S. 145, 149 f..
[210] Hager, JZ 1994, 373; BAGE 1, 185, 193.
[211] Canaris, JuS 1989, 161, 162; Klein, NJW 1989, 1633, 1640; Hermes, NJW 1990, 1764, 1768; Jarass, AöR 120 (1995), 345, 352; Erichsen, Jura 1996, 527, 528 ff.; Guckelberger, JuS 2003, 1151, 1154; Palandt/Heinrichs, § 242 Rn. 7 m.w.N.; BVerfGE 7, 198, 204 ff. (Lüth), 25, 256, 263 (Blinkfüer); 30, 173, 188 (Mephisto); 34, 269, 281 (Soraya); 35, 202, 219 (Lebach); 73, 261, 269 (Sozialplan); jetzt auch BAGE 47, 363, 374; 48, 122, 138f.; 52, 88, 97 f.; der BGH hat zu dem Theorienstreit noch nicht ausdrücklich Stellung bezogen.
[212] Dürig, FS Nawiasky, S. 157 ff.
[213] Erichsen, Jura 1996, 527, 529.
[214] BVerfGE 7, 198, 204 ff.

dert in diesem Zusammenhang, dass Zivilgerichte bei der Anwendung des bürgerlichen Rechts die „Ausstrahlungswirkung“ der Grundrechte in das Privatrecht zutreffend berücksichtigen.[215]

Der Theorie der mittelbaren Drittwirkung ist zuzustimmen. Nach dem eindeutigen Wortlaut des Art. 1 Abs. 3 GG binden die Grundrechte die Gesetzgebung, die vollziehende Gewalt und die Rechtsprechung als unmittelbar geltendes Recht. Hieraus kann gefolgert werden, dass Privatpersonen gerade nicht umfassend an alle Grundrechte gebunden sind.[216] Dürig stellte schon zu Recht fest, dass auch unter Geltung des Grundgesetzes an der grundsätzlichen Eigenständigkeit des Zivilrechts gegenüber dem verfassungsrechtlichen Grundrechtssystem festgehalten werden muss, denn für das Privatrechtssystem sei es charakteristisch, dass der Einzelne über die individuellen Lebensbeziehungen zu anderen autonom disponieren könne.[217] Die Lehre von der unmittelbaren Grundrechtsgeltung lässt sich daher kaum mit der grundrechtlich geschützten Privatautonomie vereinbaren. Wären die Privatpersonen bei der Gestaltung ihrer Rechtsbeziehungen umfassend an die Grundrechte gebunden, würde die Anwendung des Gleichbehandlungsgrundsatzes (Art. 3 GG) dazu führen, dass der Handelnde z.B. nicht aus reinen Sympathieerwägungen von der einen Person einen geringeren Preis verlangen kann als von der anderen.[218] Canaris geht in diesem Kontext davon aus, dass sich die generelle Anwendung des Grundsatzes der Verhältnismäßigkeit im Bereich der Rechtsgeschäftslehre geradezu „zerstörerisch“ auswirken würde, „da sie zu einer allgemeinen Inhaltskontrolle von Rechtsgeschäften nach äußerst strengen Kriterien, die denen des § 9 AGBG (jetzt: § 307 BGB) ähneln und weit über die des § 138 BGB hinausgehen“ und „dadurch die Privatautonomie in ihrem Kern treffen würde“.[219] Schließlich ist die Lehre von der unmittelbaren Drittwirkung auch aus systematischen Gesichtspunkten abzulehnen. So richten z.B. die Gesetzesvorbehalte offensichtlich nur an den Gesetzgeber und nicht an Privatrechtssubjekte.[220]

Die Theorie der „mittelbaren Drittwirkung“ ist jedoch nicht dahingehend zu verstehen, dass die Grundrechte nicht nur gegenüber Akten von Privatrechtssubjekten, also vor allem Rechtsgeschäften und unerlaubten Handlungen, sondern überhaupt im Privatrecht lediglich „mittelbar“ gelten. So klingen bei manchen Anhängern der mittelbaren Drittwirkung Töne an, die vermuten lassen, dass der Privatrechtsgesetzgeber und der das Privatrecht anwendende und fortbildende

[215] BVerfGE 7, 198, 207.
[216] Erichsen, Jura 1996, 527, 530; Stern, Staatsrecht III/1, S. 1553; Guckelberger, JuS 2003, 1151, 1153.
[217] Dürig, FS Nawiasky, S. 157, 176 ff.
[218] Guckelberger, JuS 2003, 1151, 1153; Erichsen, Jura 1996, 527, 530.
[219] Canaris, JuS 1989, 161, 162.
[220] Canaris, JuS 1989, 161, 162.

Richter nur „mittelbar“ an die Grundrechte gebunden seien.[221] Dieser Auffassung ist jedoch im Einklang mit der herrschenden Lehre[222] zu widersprechen. Aus Art. 1 Abs. 3 GG folgt, dass die Grundrechte Gesetzgebung, vollziehende Gewalt und Rechtsprechung als unmittelbar geltendes Recht binden. Diese Bindung gilt auch für den Privatrechtsgesetzgeber und den Zivilrichter.[223]

3. Einfluss der Grundrechte auf das Privatrecht anhand der verschiedenen Grundrechtsfunktionen

Bejaht man im Einklang mit der Theorie der „mittelbaren Drittwirkung“ eine Einwirkung der Grundrechte auf das Privatrecht im Rahmen der Interpretation der dort enthaltenen unbestimmten Rechtsbegriffe und Generalklauseln, so ist jedoch noch nichts darüber ausgesagt, wie diese Beeinflussung des Privatrechts durch die Grundrechte im Einzelnen aussieht. Zur Beantwortung dieser Frage sind insbesondere die Funktionen der Grundrechte zu berücksichtigen. Von zentraler Bedeutung für das Privatrecht sind dabei insbesondere die Funktionen der Grundrechte als Abwehrrechte und als Schutzgebote.

a) Grundrechte als Abwehrrechte

Die Grundrechte sind in erster Linie dazu bestimmt, die Freiheitssphäre des Einzelnen vor Eingriffen der öffentlichen Hand zu schützen und stellen demnach Abwehrrechte des Bürgers gegen den Staat dar.[224] Dieser Abwehrfunktion wird auch Bedeutung für das Privatrecht beigemessen, was sich am Beispiel der Handelsvertreter-Entscheidung des BVerfG[225] verdeutlichen lässt. Danach kann bei einer gesetzlichen Einschränkung der Zulässigkeit bestimmter Vertragsklauseln mit Rücksicht auf die Berufsfreiheit des Vertragspartners eines Unternehmers der davon Betroffene einen unverhältnismäßigen Eingriff in seine grundrechtlich geschützte Privatautonomie geltend machen. Einer Geltung der Grundrechte als Abwehrrechte steht auch nicht die Lehre von der mittelbaren Drittwirkung entgegen, da diese lediglich deren unmittelbare Geltung im Verhältnis zwischen

[221] So Dürig, in: Maunz/Dürig, GG I, 1973, Art. 2 I Rn. 506 und 510, der namentlich von Canaris im Sinne einer nur mittelbaren Verfassungsbindung des Privatrechtsgesetzgebers verstanden wird; siehe Canaris, AcP 184 (1984), 202, 212, sowie ders., JZ 1987, 993. Vgl. auch Rupp, AöR 101 (1976), 161, 169 sowie Zöllner, RDV 1985, 3, 6.

[222] Vgl. z.B. Hesse, Verfassungsrecht, Rn. 355; Gallwas, Grundrechte, S. 66 ff.; Canaris, JZ 1987, 993; ders., JuS 1989, 161, 162 f.

[223] Alexy, Theorie der Grundrechte, S. 485; Canaris, JZ 1987, 993; ders., AcP 184 (1984), 202, 213 f.; ders. JuS 1989, 162 f.; Diederichsen, AcP 198 (1998), 171, 221; Hager, JZ 1994, 373, 374; Looschelders/Roth, JZ 1995, 1034, 1037 f.; Röthel, JuS 2001, 424, 426 ff., die im Rahmen der Verfassungsbindung der Zivilrechtsprechung aus der grundgesetzlichen Gewaltenordnung und dem Rechtsstaatsprinzip ein Vorrang der Gesetzesbindung vor der Verfassungsbindung annimmt.

[224] BVerfGE 7, 198, 224.

[225] BVerfGE 81, 242, 255.

Privatpersonen ausschließt. In ihrer Eigenschaft als staatgerichtete Abwehrrechte können sie sowohl gegenüber dem Gesetzgeber als auch dem Zivilrichter zur Anwendung gelangen.[226]

b) Grundrechte als Schutzgebote

Die Grundrechtsdogmatik ist bei der negativen Sichtweise der Abwehrfunktion nicht stehen geblieben. So werden den Grundrechten auch staatliche Schutzpflichten entnommen, die den Staat verpflichten, den Einzelnen durch aktives Tätigwerden vor nichtstaatlichen Gefährdungen seiner Grundrechtsgüter zu schützen.[227] Der Staat ist demnach nicht nur verpflichtet, Eingriffe in Grundrechte der Bürger zu unterlassen, sondern muss vielmehr auch positiv dafür sorgen, dass die grundrechtlichen Rechtsgüter nicht durch andere Personen verletzt werden.[228] Der Dogmatik der grundrechtlichen Schutzpflichten liegt eine Dreieckskonstellation bestehend aus Staat und zwei Grundrechtsträgern, nämlich dem Störer und dem Opfer, zugrunde. In dieser Dreiecksbeziehung sind die Freiheit des Störers und der Schutz des Opfers zu einem verfassungskonformen Ausgleich zu bringen.[229]

Große Bedeutung für die Entwicklung der Schutzpflichtenlehre kommt dem ersten Abtreibungsurteil des BVerfG zu. Es stellte dort fest, dass die Schutzpflicht dem Staat gebiete, sich schützend und fördernd vor das werdende Leben zu stellen und es insbesondere vor rechtswidrigen Eingriffen von Seiten anderer zu bewahren.[230] Die Schutzpflicht des Staates müsse dabei umso ernster genommen werden, je höher der Rang des in Frage stehenden Rechtsguts innerhalb der Wertordnung des Grundgesetzes anzusetzen sei. Seit dieser Entscheidung hat das BVerfG seine Schutzpflichtenjudikatur fortentwickelt.[231] Überwiegend wird angenommen, dass sich tendenziell aus allen Grundrechten die Notwendigkeit von staatlichen Maßnahmen zu ihrem Schutz ergeben kann.[232] Grundlage der staatlichen Schutzpflichten ist wiederum die in den Grundrechtsnormen verkör-

---

226 Canaris, Privatrecht und Grundrechte, S. 37 ff.; Hager, JZ 1994, 373, 374 ff.; Poscher, Grundrechte als Abwehrrechte, S. 227 ff.

227 Vgl. Ehlers, FS Lukes, 337, 338; Isensee, Grundrecht auf Sicherheit, 1983; ders., HStR V, § 111; Hermes, Grundrecht auf Schutz von Leben und Gesundheit, 1987; Dietlein, Lehre von den grundrechtlichen Schutzpflichten, 1992; Stern, StaatsR III/1, § 69 IV; Alexy, Theorie der Grundrechte, S. 410 ff.; Pietzrak, JuS 1994, 748 ff.; Klein, DVBl. 1994, 489 ff.; Erichsen, Jura 1997, 85 ff.; Canaris, Privatrecht und Grundrechte, S. 37 ff.

228 Guckelberger, JuS 2003, 1151, 1155.

229 Stern, Staatsrecht III/1, S. 946; Isensee, Grundrecht auf Sicherheit, S. 34; Hermes, Grundrecht auf Schutz von Leben und Gesundheit, S. 204 ff.; Wahl/Massing, JZ 1990, 553; Erichsen, Jura 1997, 85.

230 BVerfGE 39, 1 ff. (Fristenlösung).

231 S. dazu BVerfGE 49, 89, 142 m.w.N.

232 Ruffert, Vorrang der Verfassung, S. 159; Erichsen, Jura 1997, 85, 86; Guckelberger, JuS 2003, 1151, 1155.

perte objektive Wertordnung, die als verfassungsrechtliche Grundentscheidung für alle Bereiche des Rechts gilt und Richtlinien für Gesetzgebung, Verwaltung und Rechtsprechung liefert.[233]

Die Bedeutung der Schutzpflichtenlehre für das Privatrecht liegt darin, dass sich im Privatrechtsverkehr typischerweise mindestens zwei Personen gegenüberstehen, wobei regelmäßig für jede von ihnen ein bestimmtes Verfassungsgut streitet und jeder demzufolge vom Staat Maßnahmen zum Schutz seiner grundrechtlichen Interessen verlangen kann.[234]

c) Zusammenwirken von Eingriffsverbot und Schutzgebot

Das Zusammenwirken der Grundrechtsfunktionen in Gestalt des Abwehranspruchs und des Schutzgebots im Privatrecht lässt sich exemplarisch am Beispiel des Haftungsrechts, das den Konflikt zwischen dem Täter und dem Opfer regelt, verdeutlichen. Dem Täter verwehrt der Staat die den Schaden verursachende Handlung, indem er diese verbietet oder mit der Sanktion des Schadensersatzes belegt. Hiergegen kann sich der Betroffene mit Hilfe seiner Grundrechte unter dem Aspekt des Abwehrrechts zur Wehr setzen.[235] Während der Schädiger somit einen abwehrrechtlichen Anspruch gegen den Staat hat, nicht mit übermäßigen Ersatzpflichten belastet zu werden, steht dem Geschädigten ein Anspruch gegen den Staat auf Gewährung eines ausreichenden Schutzes gegenüber den drohenden Schädigungen zu.[236] Der Geschädigte kann sich somit gegenüber dem Gesetzgeber und Richter auf die Schutzgebotsfunktion der Grundrechte berufen.[237] Privatrechtsgesetzgeber und Zivilrichter haben insofern die Aufgabe, die Interessen der Beteiligten unter Berücksichtigung der kollidierenden Grundrechtsansprüche zu einem gerechten Ausglich zu bringen. Das Zusammenspiel von grundrechtlichem Eingriffsverbot und Schutzgebot wird jedoch auch im Vertragsrecht erkennbar. In der Handelsvertreter-Entscheidung, in der über die verfassungsrechtliche Zulässigkeit eines Wettbewerbsverbots für Handelsvertreter zu befinden war, stellte das BVerfG fest, dass „jede Begrenzung der Vertragsfreiheit zum Schutze des einen Teils gleichzeitig in die Freiheit des anderen Teils eingreift".[238] Werde die Zulässigkeit von Vertragsklauseln mit Rücksicht auf die Berufsfreiheit der für einen Unternehmer tätigen Vertragspartner eingeschränkt, bewirke das einen Eingriff in die Freiheit der Berufsausübung des Unternehmers.

---

[233] BVerfGE 39, 1 ff. (Fristenlösung).
[234] Guckelberger, JuS 2003, 1151, 1155.
[235] Staudinger/Hager, Vorbem zu §§ 823 Rn. 69.
[236] Looschelders, VersR 1999, 141, 143.
[237] Staudinger/Hager, Vorbem zu §§ 823 Rn. 69; Canaris, Privatrecht und Grundrechte, S. 39 f.; ders. AcP 184 (1984), 212, 229 ff.; ders. JuS 1989, 161, 163.
[238] BVerfGE 81, 242, 255.

II. Grundrechtliche Schutzpflicht und Schutz des „Schwächeren“ im Vertragsrecht

1. Verfassungsrechtliche Kontrolle von Verträgen

Wie bereits in Kapitel 1 angedeutet,[239] hat das BVerfG in der Handelsvertreter-Entscheidung[240] und in der Entscheidung zur Bürgschaft von einkommens- und vermögenslosen Familienangehörigen[241] die Mechanismen des Vertragsrechts einer weit reichenden grundrechtlichen Kontrolle unterworfen.

Im Ausgangspunkt hält das Bundesverfassungsgericht daran fest, dass „die Gestaltung der Rechtsverhältnisse durch den einzelnen nach seinem Willen ein Teil der allgemeinen Handlungsfreiheit“ ist.[242] Die rechtsgeschäftliche Selbstbindung ist nach Auffassung des BVerfG „zugleich Ausübung individueller Freiheit“.[243] Die Privatautonomie als Strukturelement einer freiheitlichen Gesellschaftsordnung sei jedoch „notwendigerweise begrenzt“ und bedürfe der „rechtlichen Ausgestaltung“.[244]

In diesem Kontext fordert das BVerfG einen korrigierenden Eingriff der Zivilrechtsordnung bei „eine(r) typisierende(n) Fallgestaltung, die eine strukturelle Unterlegenheit des eines Vertragsteils erkennen lässt“, sofern „die Folgen des Vertrages für den unterlegnen Vertragsteil ungewöhnlich belastend“ sind.[245] Das BVerfG postuliert insoweit eine „Pflicht zur Inhaltskontrolle von Verträgen, die einen der beiden Vertragspartner ungewöhnlich stark belasten und das Ergebnis strukturell ungleicher Verhandlungsstärke sind“.[246] Die Pflicht zur Inhaltskontrolle wird dabei auf die grundrechtliche Gewährleistung der Privatautonomie (Art. 2 Abs. 1 GG) und das Sozialstaatsprinzip (Art. 20 Abs.1, Art. 28 Abs.1 GG) gestützt.

2. Kompensation von Funktionsdefiziten formaler Vertragsfreiheit durch grundrechtliche Schutzpflichten

Dogmatisch stützt das BVerfG sein Konzept der Inhaltskontrolle von Verträgen auf die grundrechtlichen Schutzpflichten. Dies wird deutlich, wenn man sich dessen Argumentation in der Handelsvertreter-Entscheidung[247] näher betrachtet. Danach ergibt sich aus dem Grundrecht des Art. 12 Abs.1 GG das Gebot, dass

[239] Vgl. § 2 IV 3 c.
[240] BVerfGE 81, 242, 253 ff.
[241] BVerfGE 89, 214, 231 ff.
[242] BVerfGE 89, 214, 231.
[243] BVerfGE 81, 242, 255.
[244] BVerfGE 89, 214, 231.
[245] BVerfGE 89, 214, 232.
[246] BVerfGE 89, 214, LS.
[247] BVerfGE 81, 242, 252 ff.

der Gesetzgeber im Zivilrecht Vorkehrungen zum Schutz der Berufsfreiheit gegen vertragliche Beschränkungen schaffe, namentlich wenn es an einem annähernden Kräftegleichgewicht der Beteiligten fehle, mit der Folge, dass der generelle Ausschluss einer Karenzentschädigung bei Wettbewerbsverboten für Handelsvertreter mit Art. 12 Abs.1 GG unvereinbar sei. Das Bundesverfassungsgericht spricht insofern von einem „Schutzauftrag der Verfassung",[248] die Vertragsfreiheit jedenfalls dann zu begrenzen, wenn einer der Vertragsteile ein so starkes Übergewicht hat, dass er die vertraglichen Regelungen faktisch einseitig setzen kann. In die gleiche Richtung zielt auch der Beschluss des BVerfG zu den Bürgschaftsverträgen vermögensloser Familienangehöriger, wonach die Zivilgerichte die verfassungsrechtliche Pflicht haben, „darauf zu achten, dass Verträge nicht als Mittel der Fremdbestimmung dienen".[249]

Der Kerngehalt dieser Entscheidungen in Bezug auf das Verhältnis der Grundrechte zur Privatautonomie ist darin zu sehen, dass das BVerfG die Vertragsfreiheit grundsätzlich respektiert, Grundrechtsschranken aber dort zieht, wo ein besonderes Schutzbedürfnis der Teilnehmer am Rechtsgeschäftsverkehr besteht.[250] Dies ist nach Auffassung des BVerfG dann der Fall, wenn ihnen eine eigenverantwortliche Sorge um die Wahrung ihrer Grundrechtspositionen nicht mehr zugemutet werden kann, weil die Vertragsfreiheit nachhaltig gestört ist und die Funktionsvoraussetzungen der Privatautonomie typischerweise nicht gewährleistet sind. Die Grundrechte werden in diesem Zusammenhang in ihrer Schutzgebotsfunktion herangezogen, um die Funktionsdefizite der formalen Vertragsfreiheit zu kompensieren.[251]

Die Rechtsprechung des BVerfG zur Inhaltskontrolle von Verträgen statuiert somit eine doppelte Schutzverpflichtung zugunsten der in Art 2 Abs.1 GG gewährleisteten Privatautonomie:[252] zunächst hat der Staat die im Rahmen der Privatautonomie getroffenen Regelungen der Vertragsparteien zu respektieren.[253] Dies geschieht dadurch, dass er dem Gläubiger, dem die Selbsthilfe verwehrt ist, die Mittel zur Verfügung stellt, um seine Forderungen gegen den säumigen oder unwilligen Schuldner durchzusetzen.[254] Seiner grundrechtlichen Schutzpflicht

[248] BVerfGE 81, 242, 256.
[249] BVerfGE 89, 214, 232.
[250] Singer, JZ 1995, 1133, 1137.
[251] Singer, JZ 1995, 1133, 1138; Hillgruber, AcP 191 (1991), 69 ff.; Wiedemann, JZ 1990, 695, 696; ders. JZ 1994, 411, 412
[252] Hillgruber, AcP 191 (1991), 69, 73 ff.; Umbach/Clemens/Hillgruber, Art. 2 I GG Rn. 102 ff.
[253] BVerfGE 81, 242, 254.
[254] BVerfGE 89, 214, 231 f.: „Nach ihrem Regelungsgegenstand ist die Privatautonomie notwendigerweise auf staatliche Durchsetzung angewiesen. Ihre Gewährleistung denkt an justizielle Realisierung gleichsam mit und begründet daher die Pflicht des Gesetzgebers,

im Bereich der Vertragsfreiheit wird der Staat in diesem Zusammenhang dadurch gerecht, dass er die gerichtliche Feststellung und Durchsetzung vertraglich begründeter Ansprüche mittels Titulierung und Zwangsvollstreckung ermöglicht.[255]

Die grundrechtliche Schutzpflicht des Staates beschränkt sich nach dem Modell des Bundesverfassungsgerichts jedoch nicht auf das Zurverfügungstellen von Mitteln zur zwangsweisen Durchsetzung der getroffenen Vereinbarungen. Für den Ausnahmefall der „strukturellen Unterlegenheit eines Vertragsteils" und sofern „die Folgen des Vertrages für den unterlegenen Vertagsteil ungewöhnlich belastend sind"[256] statuiert das BVerfG einen korrigierenden Eingriff in Gestalt einer „Pflicht zur Inhaltskontrolle von Verträgen".[257] In diesen Fällen „gestörter Vertragsparität" sind für die unterlegene Vertragspartei die Bedingungen freier Selbstbestimmung nicht mehr gegeben, so dass es eines auf die grundrechtliche Schutzpflicht des Staates basierenden Eingriffs zugunsten des „Schwächeren" bedarf. Die staatliche Schutzpflicht ermächtigt den Zivilrichter in diesen Fällen zur Inhaltskontrolle von Verträgen und verlangt von ihm den grundrechtlichen Schutzgeboten mit den Mitteln des Zivilrechts, insbesondere unter Anwendung der Generalklauseln in Konkretisierung der darin verwendeten unbestimmten Rechtsbegriffe im Lichte der grundrechtlichen Freiheitsgewährleistungen, Geltung zu verschaffen.

3. Verhältnis des Konzepts der verfassungsrechtlichen Kontrolle von Verträgen zum Verbraucherschutz

Es stellt sich die Frage, wie sich dieses Konzept der verfassungsrechtlichen Kontrolle von Verträgen zum Verbraucherschutzgedanken verhält, insbesondere ob es sich bei der Vorgehensweise des BVerfG um eine Art „Verbraucherschutz in verfassungsrechtlichem Gewand" handelt. Zunächst ist in diesem Zusammenhang festzustellen, dass vom Verbraucherschutz weder in der Handelsvertreter- noch in der Bürgschaftsentscheidung die Rede ist. Unter Zugrundelegung der Legaldefinition des Verbrauchervertrages in den §§ 310 Abs. 3, 13, 14 BGB könnte man zumindest die betreffenden Bürgschaftsverträge als Verbraucherverträge bezeichnen.[258] Bezieht man jedoch die der Handelsvertreterentscheidung zugrunde liegende Konstellation, in der es um eine Streitigkeit zwischen einem Handelsvertreter und einem Unternehmen ging,[259] mit ein, so kann gerade nicht

rechtsgeschäftliche Gestaltungsmittel zur Verfügung zu stellen, die als rechtsverbindlich zu behandeln sind und auch im Streitfall durchsetzbare Rechtspositionen zu begründen".

255 Umbach/Clemens/Hillgruber, Art. 2 I GG Rn. 103.

256 BVerfGE 89, 214, 232.

257 BVerfGE 89, 214, LS.

258 Hönn, ZfA 2003, 325, 354.

259 Der BGH, VersR 1984, 138 ff. wies die Revision zurück, weil er gerade davon ausging, dass der selbständige und von der Klägerin wirtschaftlich unabhängige Handelsvertreter frei

von einer verbrauchervertraglichen Beziehung im Sinne der §§ 310 Abs. 3, 13, 14 BGB gesprochen werden. Das Konzept der verfassungsrechtlichen Kontrolle von Verträgen ist somit nicht auf die Beziehung Unternehmer-Verbraucher im Sinne der §§ 13, 14 BGB beschränkt und stellt somit kein spezielles Verbraucherrecht im Sinne dieser Vorschriften dar.[260]

Die Rechtsprechung des Bundesverfassungsgerichts zur verfassungsrechtlichen Kontrolle von Verträgen ist vielmehr Ausdruck dessen, was unter dem Schlagwort „Schutz des Schwächeren“ zusammengefasst werden kann.[261] Parallel zur Ausbildung der speziellen auf Verbraucherverträge beschränkten Sondervorschriften ist im Zivilrecht eine Entwicklung zu verzeichnen, die den „Schwachen“ oder „Unterlegenen“ mit allgemeinen zivilrechtlichen Instrumentarien (§§ 123, 138, 242, 311 Abs.2 BGB) schützen will. So spricht das BVerfG in der Bürgschaftsentscheidung ausdrücklich davon, dass das geltende Vertragsrecht auch Möglichkeiten für den Schutz der „im Rechtsverkehr Schwächeren“ biete, der insbesondere durch die Konkretisierung der Generalklauseln bewältigt werden könne. Neben dem Verbraucherschutz „im engeren Sinne“, dessen Schutzinstrumentarium nur bei Vorliegen eines „Verbrauchervertrages“ im Sinne der §§ 310 Abs. 3, 13, 14 BGB eingreift, existiert somit noch die weitere Kategorie „Schutz des Schwächeren“ mittels der zivilrechtlichen Generalklauseln gem. §§ 138, 242 BGB. Diese beiden Bereiche verhalten sich zueinander wie zwei überschneidende, jedoch nicht deckungsgleiche Kreise. Der „Schutz des Schwächeren“ kann dann dem Gedanken des Verbraucherschutz im Sinne der §§ 310 Abs. 3, 13, 14 BGB zugeordnet werden, wenn dem zu entscheidenden Fall – wie in der Bürgschaftsentscheidung- die Konstellation des Zusammentreffens von Verbraucher und Unternehmer zugrunde liegt.[262] Wie die Handelsvertreterentscheidung des BVerfG zeigt, ist der „Schutz des Schwächeren“ jedoch nicht auf diese Konstellation beschränkt; vielmehr kann auch der geschäftserfahrene Han-

gewesen sei, die Risiken und Vorteile gegeneinander abzuwägen, die ihm der Vertrag insgesamt geboten habe. Dementsprechend müsse er sich auch an der getroffenen Wettbewerbsabrede festhalten lassen müssen.

260 Dies wird dadurch bestätigt, wenn man auch die Urteile des BVerfG zur Inhaltskontrolle von Eheverträgen (BVerfG, NJW 2001, 957 und 2248) berücksichtigt; auch dort ging es nicht um eine Verbraucher-Unternehmer-Beziehung, sondern um vertragliche Regelungen zwischen Ehepartnern.

261 Vgl. zur Terminologie „Verbraucher“, „Schutz des Schwächeren“, „Vertragsparität“ Hönn, FS Ishikawa, S. 199, 202 ff.

262 Auch der Gesetzgeber geht davon aus, dass sich der Verbraucherschutz nicht nur auf die speziellen bei Verbraucherverträgen eingreifenden Vorschriften des BGB beschränkt. So heißt es in der amtlichen Begründung des Schuldrechtsmodernisierungsgesetzes:[262] „Das Bürgerliche Gesetzbuch enthält etwa in §§ 138, 123, 242 BGB ein breites Anwendungsfeld für Verbraucherschutz. Die von der Rechtsprechung zur Haftung aus culpa in contrahendo entwickelten Informationspflichten gehen ebenfalls auf den Gedanken des Verbraucherschutzes zurück.“

delsvertreter in der konkret zu beurteilenden Situation gegenüber seinem Vertragspartner als „Schwächerer" einzustufen sein. Man kann insofern im Bereich der Schnittmenge dieser beiden Kreise von einem Verbraucherschutz „im weiteren Sinne" sprechen, der mittels der Konkretisierung der zivilrechtlichen Generalklauseln verwirklicht wird.

Dieser vertragliche „Verbraucherschutz im weiteren Sinne" mittels der zivilrechtlichen Generalklauseln zeigt in seiner Funktionsweise eine enge Verwandtschaft zu den verbraucherschützenden Mechanismen der Verkehrspflichten, wie sie oben für den Bereich der Produzentenhaftung und der deliktischen Berufshaftung aufgezeigt wurden. In beiden Bereichen wird die Schutzbedürftigkeit des „Schwachen" bzw. des „Geschädigten" individuell anhand der realen Situation beurteilt. Während im System der Verkehrspflichten zum Schutz des „Geschädigten" auf die beweglichen Kriterien der legitimen Erwartungen des Verkehrs, den Grad der verursachten Gefahr, der Höhe und Art des drohenden Schadens und der Möglichkeit und Zumutbarkeit der Gefahrvermeidung abgestellt wird, wird die Schutzbedürftigkeit des „Schwächeren" im Rahmen der verfassungsrechtlichen Kontrolle von Verträgen ebenfalls mittels beweglicher Kriterien („ungewöhnlich starke Belastung", „strukturell ungleiche Verhandlungsstärke") im konkreten Einzelfall beurteilt. Beide Bereiche zeichnen sich dadurch aus, dass die Anwendung ihrer Schutzmechanismen nicht „sklavisch" auf das Zusammentreffen von Unternehmer und Verbraucher beschränkt ist. Vielmehr wird auf die reale Vertragsschlusssituation bzw. die Haftungskonstellation abgestellt und danach beurteilt, ob das Eingreifen besonderer Schutzmechanismen erforderlich ist.

III. Grundrechtliche Schutzpflicht und Schutz des „Geschädigten" im Haftungsrecht

1. Grundrechtliche Schutzpflichten und §§ 823 ff. BGB

Die grundrechtliche Schutzpflicht des Staates ist bei den dem Recht der unerlaubten Handlungen zugrunde liegenden tatsächlichen Beeinträchtigungen offensichtlich. Nach der Lehre von den grundrechtlichen Schutzpflichten ist der Gesetzgeber verpflichtet, Vorkehrungen dagegen zu treffen, dass das Leben, die Gesundheit, die Freiheit und das Eigentum durch Dritte verletzt werden.[263] Der Gesetzgeber hat dies mit Erlass der §§ 823 ff. BGB und der Möglichkeit des vorbeugenden Unterlassungsanspruchs getan, so dass die grundrechtlichen Schutzpflichten in den deliktsrechtlichen Normen ihre einfachgesetzliche Entsprechung finden. Nach einhelliger Meinung genügen die §§ 823 ff. BGB grundsätzlich den verfassungsrechtlichen Vorgaben an einen ausreichenden

[263] Hager, JZ 1994, 373, 378.

Schutz,[264] jedoch sind bei der Anwendung und Auslegung der jeweiligen Tatbestände des einfachen Rechts die verfassungsrechtlichen Wertungen zu beachten.

2. Grundrechtliche Schutzpflichten im Haftungsrecht in der Rechtsprechung des Bundesverfassungsgerichts

Die Figur der grundrechtlichen Schutzpflichten wurde in der Rechtsprechung des Bundesverfassungsgerichts mehrfach der Entscheidung von haftungsrechtlichen Konstellationen zugrunde gelegt. Zu nennen sind in diesem Kontext zunächst die Entscheidungen „Blinkfüer"[265] und „Walraff",[266] die die Schutzgebotsfunktion des Art. 5 Abs. 1 GG in Gestalt der Meinungsfreiheit verdeutlichen. In dem Fall „Blinkfüer" rief der Springerverlag aus politischen Motiven zum Boykott gegen ein anderes Presseunternehmen auf, das nach dem Bau der Berliner Mauer in seiner Zeitschrift „Blinkfüer" weiterhin ostdeutsche Fernseh- und Rundfunkprogramme abdruckte. Während der BGH die Schadensersatzklage des Blinkfüer-Herausgebers abwies, hob das BVerfG diese Entscheidung unter Berufung auf den Schutzgehalt der Pressefreiheit auf. Auch wenn die Lehre von der grundrechtlichen Schutzpflicht zu diesem Zeitpunkt noch nicht explizit entwickelt war, klingt sie in der Entscheidung des BVerfG deutlich an, indem es dort heißt:[267] „Zum Schutz des Instituts der freien Presse muss ... die Unabhängigkeit von Presseorganen gegenüber Eingriffen wirtschaftlicher Machtgruppen mit unangemessenen Mitteln ... gesichert werden". Auch die Entscheidung „Wallraff", in der es um die Veröffentlichung von Passagen aus dem Buch von Günter Wallraff ging, der sich unter falschem Namen bei der Bild-Zeitung als Mitarbeiter der Redaktion anstellen ließ, lässt sich im Sinne der Lehre von der Schutzgebotsfunktion der Grundrechte verstehen.[268]

Auch die zivilrechtliche Anerkennung des allgemeinen Persönlichkeitsrechts stellt eine Verwirklichung der Schutzgebotsfunktion von Art. 2 Abs.1 i.V.m. Art 1. Abs. 1 GG dar.[269] Das Bundesverfassungsgericht spricht in diesem Kontext von einem „Schutzauftrag der Art. 1 und 2 Abs.1 GG"[270] bzw. von einem „Schutzgebot des Art. 2 Abs. 1 i.V.m. Art 1 Abs. 1 GG".[271] Schließlich lassen sich auch die Entscheidungen des Bundesverfassungsgerichts zur Haftung des

[264] Bamberger/Roth/Spindler, Vor § 823 Rn. 10; Staudinger/Hager, § 823 Rn. E 71; Isensee, HStR V, § 111 Rn. 128; Klein, DVBl. 1994, 489, 492.
[265] BVerfGE 25, 256.
[266] BVerfGE 66, 116.
[267] BVerfGE 25, 256, 268.
[268] So Canaris, JuS 1989, 161, 168.
[269] Canaris, AcP 184 (1984), 231; ders., JuS 1989, 161, 169.
[270] BVerfGE 34, 269, 282.
[271] BVerfGE 35, 202, 221.

Sachverständigen bei Falschbegutachtung[272] sowie das Postulat, dass der Eingriff in den Körper des Patienten dessen Einwilligung bedarf,[273] mit der Schutzgebotsfunktion der Grundrechte erklären.

IV. Grundrechtliche Schutzpflichten und Verkehrspflichten

1. Status quo

Es stellt sich die Frage, welche Bedeutung der Lehre von den grundrechtlichen Schutzpflichten im System der Verkehrspflichten zukommt. Die grundrechtlichen Schutzpflichten haben im Rahmen der Rechtsprechung zu den Verkehrspflichten sowie in der Literatur– so weit ersichtlich – bisher keine tragende Rolle gespielt.[274] Anders als im Vertragsrecht, wo der Schutz des „Schwächeren" seit der Handelsvertreter- und Bürgschaftsentscheidung des BVerfG ausdrücklich auf den Schutzpflichtcharakter der Grundrechte gestützt wird, wird dieser dogmatische Ansatz im System der Verkehrspflichten zum Schutz des „Geschädigten" nicht herangezogen. Dies verwundert auf den ersten Blick, da der Tatbestand der grundrechtlichen Schutzpflichten sein zivilrechtliches Pendant vornehmlich in den Tatbeständen des Deliktsrechts findet.[275] Gerade das bewegliche System der Verkehrspflichten, dem im Rahmen der §§ 823 ff. BGB der Charakter einer Generalklausel zukommt, könnte man sich als „Einfallstor" für die objektive Wertordnung der Grundrechte vorstellen. Es ist daher festzustellen, dass der Lehre von den grundrechtlichen Schutzpflichten in der Rechtsprechung zum vertraglichen Schutz des „Schwächeren" bisher eine weitaus größere Bedeutung zugekommen ist, als dies im Rahmen der Verkehrspflichten zum Schutz des „Geschädigten" der Fall ist, obwohl sich gerade letztere aufgrund ihrer skizzierten Struktur für den Einfluss grundrechtlicher Wertungen eignen.

2. Erforderlichkeit des Rückgriffs auf die grundrechtlichen Schutzpflichten im System der Verkehrspflichten?

Dieses auf den ersten Blick verwunderliche Ergebnis lässt sich jedoch möglicherweise damit rechtfertigen, dass es im Rahmen des beweglichen Systems der Verkehrspflichten keines Rückgriffs auf die grundrechtlichen Schutzpflichten

[272] BVerfGE 49, 304, 316 ff. (Leitsatz: „Eine aus BGB § 823 Abs 1 folgende Haftung wegen Verletzung des Rechts der persönlichen Freiheit darf durch den Richter nicht dahin eingeschränkt werden, daß ein gerichtlich bestellter Sachverständiger selbst für die Folgen einer grob fahrlässigen Falschbegutachtung nicht einzustehen habe".)

[273] BVerfGE 52, 131, 173.

[274] Siehe hierzu Manssen, NZV 2001, 149 ff., der aus der verfassungsrechtlichen Garantie des Rechts auf Leben und körperliche Unversehrtheit durch Art. 2 I 1 GG eine Pflicht der Straßenbauverwaltung herleiten will, im Hinblick auf das Unfallgeschehen risikominimierend und risikovorbeugend und mit dieser Schutzpflicht das Anpflanzen von Bäumen am Straßenrand als unvereinbar betrachtet.

[275] Isensee, HStR V, § 111 Rn. 128.

bedarf. Es drängt sich in diesem Zusammenhang die Frage nach der Erforderlichkeit der Anwendung grundrechtlicher Schutzpflichten im Rahmen der Verkehrspflichten auf.

Hierbei kann zunächst festgehalten werden, dass zwischen den grundrechtlichen Schutzpflichten und den deliktischen Verkehrspflichten eine enge Verwandtschaft besteht. Sowohl die grundrechtlichen Schutzpflichten als auch die Verkehrspflichten bezwecken den Schutz der absoluten Rechte des § 823 Abs. 1 BGB in Form von Leben, Körper, Gesundheit, Freiheit und Eigentum. Neben dem Schutzzweck zeichnen sich beide aber auch durch eine vergleichbare Funktionsweise aus. Dies zeigt sich deutlich an folgender Passage des BVerfG zu den grundrechtlichen Schutzpflichten: „...Daraus können sich verfassungsrechtliche Schutzpflichten ergeben, die es gebieten, rechtliche Regelungen so auszugestalten, dass auch die Gefahr von Grundrechtsverletzungen eingedämmt bleibt. Ob, wann und mit welchem Inhalt sich eine solche Ausgestaltung von Verfassungs wegen gebietet, hängt von der Art, der Nähe und dem Ausmaß möglicher Gefahren, der Art und dem Rang des verfassungsrechtlich geschützten Rechtsguts sowie von den schon vorhandenen Regelungen ab“.[276] Im Rahmen dieser Formulierung werden zur Ausgestaltung der grundrechtlichen Schutzpflichten genau die Kriterien herangezogen, die auch für die Bestimmung der deliktischen Verkehrspflichten maßgebend sind. Das Entstehen und der Umfang einer Verkehrspflicht hängen ebenfalls maßgeblich vom Grad der verursachten Gefahr, der Höhe und Art des drohenden Schadens sowie dem Rang des bedrohten Rechtsguts ab.[277] Die Dogmatik der grundrechtlichen Schutzpflichten und der deliktischen Verkehrspflichten weisen somit im Hinblick auf Schutzzweck und Funktionsweise große Gemeinsamkeiten auf, mit der Folge, dass ein Rückgriff auf die grundrechtlichen Schutzpflichten im Rahmen der Verkehrspflichten nicht erforderlich erscheint.

Das bewegliche System der Verkehrspflichten stellt sich somit als nahezu deckungsgleiche einfachgesetzliche Ausprägung der grundrechtlichen Schutzpflichten dar. Das Haftungsrecht verfügt in Gestalt der Verkehrspflichten über ein eigenes und bewährtes System, dass sich als genauso leistungsfähig erweist wie die aus den Grundrechten gewonnenen „Grundentscheidungen für alle Bereiche des Rechts“.[278] Es soll auf diese Weise nicht der Vorrang der Verfassung vor dem System der Verkehrspflichten geleugnet werden. Dieser erscheint im Hinblick auf die Verkehrspflichten jedoch weitgehend bedeutungslos, da keine Notwendigkeit für die Einwirkung verfassungsrechtlicher Grundentscheidungen ersichtlich ist. Da sich bereits durch das bewegliche System der Verkehrspflich-

---

[276] BVerfGE 49, 89, 142.
[277] Vgl. die Ausführungen in Kapitel 3.
[278] BVerfGE 7, 198, 205.

ten und seiner einzelnen Abwägungskriterien im Einzelfall gerechte Ergebnisse erzielen lassen, erscheint ein Rückgriff auf die Grundrechte nicht erforderlich.

Neben den aus der Eigenschaft der Verkehrspflichten als bewegliches System folgenden Gründen lassen sich aber auch grundsätzliche Argumente gegen eine Anwendung der Grundrechte in diesem Bereich anführen. Insbesondere Diederichsen[279] hat sich gegen einen vorschnellen Rückgriff auf die Wertungsvorgaben der Grundrechte in zivilrechtlichen Streitigkeiten ausgesprochen. Diederichsen weist auf die Gefahren hin, die sich für das Privatrecht infolge des Funktionswandels der Grundrechte von „Abwehrrechten" des Bürgers gegen den Staat zur „objektiven", d.h. „als verfassungsrechtliche Grundentscheidung für alle Bereiche des Rechts" maßgebende „Werteordnung"[280] ergeben. Am Beispiel des „Mietrechts des Bundesverfassungsgerichts"[281] verdeutlicht er, dass dieser Funktionswandel der Grundrechte binnen relativ kurzer Zeit zu einer doppelten Rechtsdogmatik und einer Verdrängung der ursprünglichen Zivilrechtsdogmatik geführt habe.[282] Schließlich beinhalte der vorschnelle Rückgriff auf die Grundrechte die Gefahr von Wertungswillkür aufgrund der vagen Grundwerte.[283] Unabhängig davon, ob man den Bewertungen Diederichsens in allen Bereichen grundsätzlich folgt, sind die von ihm aufgezeigten Gefahren zumindest für das System der Verkehrspflichten zutreffend. Eine Verdoppelung der Rechtsdogmatik in diesem Bereich mittels der grundrechtlichen Werteordnung würde das an sich schon nicht mehr zu überschauende Geflecht von Verkehrspflichten noch komplizierter gestalten und hierdurch zu einem weiteren Verlust an Rechtsklarheit und Rechtssicherheit führen.

---

[279] Diederichsen, Jura 1997, 57 ff; ders., AcP 198 (1998), 171 ff.

[280] BVerfGE 7, 198, 205.

[281] So der Titel eines Aufsatzes von Roellecke, NJW 1992, 1649.

[282] Diederichsen, AcP 198 (1998), 171, 218 ff.: „...Jedenfalls dürfte anhand solcher Beispiele jedem klar sein, dass noch ein paar Jahre weiter die Gesetzesnormen des BGB und die dazugehörigen von der Rechtsprechung der Instanzgerichte durch Auslegung geschaffenen Normgehalte, ja die ganze Zivilrechtsdogmatik quasi nur noch wie ein ursprünglich sehr wertvolles, dann aber von Wurmfraß zerlöchertes altes Möbelstück herumsteht, das nur dadurch zusammengehalten wird und aufrecht steht, weil man das aufgefressene Zellgewebe durch Einspritzen von Plastikmasse in die Gänge und Löcher ersetzt und das erstarrte Material jetzt die Funktion lebendig gewachsenen Holzes übernommen hat".

[283] Diederichsen, AcP 198 (1998), 171, 220.

§ 22 Die „rein private“ Rechts- und Haftungsbeziehung im Vertrags- und Deliktsrecht

In den bisherigen Ausführungen wurde deutlich, dass ein Großteil der aktuellen Entwicklungen im modernen Vertrags- und Haftungsrecht auf den Gedanken des Verbraucherschutzes bzw. den Schutz des „Schwächeren“ zurückgeführt werden kann. Sowohl im Vertrags- als auch im Haftungsrecht sind viele Mechanismen auszumachen, die als Folge der „Materialisierung“ des Privatrechts angesehen werden können. Insbesondere dem Zusammentreffen von Verbraucher und Unternehmer kommt in diesem Prozess eine tragende Rolle zu, löst dieses doch das Eingreifen spezieller Vorschriften (§§ 13, 14, 310 Abs. 3, 312, 312 b, 312 e, 355 ff., 474 ff. BGB) bzw. von der Rechtsprechung entwickelter Institute aus, die dem Schutz des als unterlegen geltenden Verbrauchers dienen. Die zwingenden Vorschriften des Vertragsrechts und die strengen Pflichtenstandards des Haftungsrechts im Rahmen der Unternehmer-Verbraucher-Beziehung erscheinen jedoch überwiegend gerechtfertigt, ist es doch der Unternehmer, der regelmäßig über eine die erforderliche Geschäftskompetenz und Robustheit verfügt, von der im privaten Bereich nicht ohne weiteres ausgegangen werden kann. Im Haftungsrecht zeigt sich dies deutlich daran, dass der Unternehmer die mit seiner Tätigkeit verbundenen Gefahren aufgrund seines überlegenen Wissens wesentlich besser beurteilen und beherrschen kann, als der private Endverbraucher, der über dieses Fachwissen gerade nicht verfügt.

Im Folgenden soll den Verbraucherverträgen bzw. der Haftungsbeziehung „Unternehmer-Verbraucher“ die „rein private“ Vertrags- und Haftungsbeziehung gegenübergestellt werden. Hierunter wird die Konstellation verstanden, in der kein Unternehmer als Vertragspartner oder Schädiger an der konkreten Rechtsbeziehung beteiligt ist, sondern lediglich zwei Verbraucher. Hierbei soll abschließend der Frage nachgegangen werden, ob auch in diesen Rechtsbeziehungen vergleichbar strenge Pflichtenstandards wie in der Beziehung „Unternehmer-Verbraucher“ anzutreffen sind und falls ja, ob und inwiefern diese zu rechtfertigen sind.

I. Die private Rechts- und Haftungsbeziehung im Vertragsrecht

1. Das beidseitige Verbrauchergeschäft

Zunächst soll ein kurzer Überblick über das beidseitige Verbrauchergeschäft im Vertragsrecht gegeben werden. Das Nichtvorhandensein eines Unternehmers i.S.d. § 14 BGB hat zunächst zur Folge, dass die verbraucherschützenden Vorschriften der §§ 241 a, 310 Abs. 3, 312, 312 b, 312 e, 355 ff., 474 ff., 485, 495 BGB keine Anwendung finden. Die rein private vertragliche Rechtsbeziehung zeichnet sich demnach durch eine größere Gestaltungsfreiheit aus. Die zum Schutz des Verbrauchers erlassenen zwingenden oder halbzwingenden Vorschriften sind nicht anwendbar, so dass den Vertragsparteien ein größerer Spielraum hinsichtlich der Ausgestaltung ihrer Rechtsverhältnisse verbleibt.

Des Weiteren ist davon auszugehen, dass Verträge zwischen Privatpersonen selten am Maßstab der strengen Inhaltskontrolle der §§ 307 ff. BGB zu messen sind. Zwar ist die Anwendung der §§ 305 ff. BGB nicht an das Zusammentreffen von Verbraucher und Unternehmer geknüpft – lediglich § 310 Abs. 3 BGB trifft für diese Konstellation bestimmte Sonderregelungen-, doch kann davon ausgegangen werden, dass dem Abschluss eines Vertrages zwischen Privatpersonen in den seltensten Fällen allgemeine Geschäftsbedingungen zugrunde gelegt werden. Die im Vergleich zu den allgemeinen Grenzen der Vertragsfreiheit strengeren Inhaltsschranken der §§ 307 ff. BGB finden somit in der vertraglichen Rechtsbeziehung unter Privatpersonen regelmäßig keine Anwendung.

Die Nichtanwendbarkeit der speziellen Vorschriften über Verbraucherverträge bedeutet jedoch nicht, dass die Vereinbarungen der zu privaten Zwecken kontrahierenden Vertragsparteien keinerlei individualschützender Schranken unterworfen sind. Die rechtliche Beurteilung reiner Verbrauchergeschäfte richtet sich vielmehr nach dem allgemeinen Zivilrecht. Der Schutz des „Schwächeren" wird hier insbesondere durch §§ 104 ff., 119 ff., 134, 138 BGB, die Formvorschriften sowie die Grundsätze von Treu und Glauben nach § 242 BGB verwirklicht. Die dem Einzelnen von der Rechtsordnung gewährte Befugnis, seine Lebensverhältnisse durch Rechtsgeschäft eigenverantwortlich zu gestalten, schließt auch in der beidseitigen Verbraucherbeziehung die Gefahr von Missbrauch nicht aus, ohne dass die vielfältigen Missbrauchsmöglichkeiten durch bestimmte umschriebene Verbote abschließend erfasst werden können. Die Rechtsordnung setzt der Privatautonomie deshalb in Gestalt der Generalklauseln (§§ 138, 242 BGB) dort Grenzen, wo sie in Widerspruch zu den Grundprinzipien unserer Rechts- und Sittenordnung tritt.[284] Den einzelnen Schutzmechanismen der Generalklauseln kommt gerade im Rahmen der beidseitigen Verbrauchergeschäfte große Bedeutung zu, da die speziellen Schutznormen der §§ 241 a, 310 Abs. 3, 312, 312 b, 312 e, 355 ff., 474 ff., 485, 495 BGB lediglich bei Verbraucherverträgen Anwendung finden.

2. Die „private" Haftungsbeziehung im Vertragsrecht

Auch die private Haftungsbeziehung im Vertragsrecht zeichnet sich durch die Möglichkeit einer größeren Einflussnahme und Gestaltung durch die Parteien aus. Die regelmäßige Nichtverwendung von AGB durch Privatpersonen führt dazu, dass die strengen Klauselverbote des § 309 Nr.7 und 8 BGB keine Anwendung finden. Haftungsausschlüsse und –beschränkungen unterliegen lediglich den großzügigeren Schranken der §§ 276 Abs. 3, 138 BGB.

[284] Palandt/Heinrichs, § 138 Rn. 1.

Es darf jedoch nicht verkannt werden, dass auch im Rahmen der vertraglichen Haftung zwischen Privatpersonen strenge Regeln gelten, die dem Schutz der Rechtsgüter des Vertragspartners dienen. Zu nennen sind in diesem Kontext insbesondere § 278 BGB und § 241 Abs. 2 BGB. § 278 BGB, der eine Art von Erfolgshaftung begründet, beruht auf dem Gedanken, dass der Schuldner gegenüber dem Gläubiger für seinen Geschäfts- und Gefahrenkreis verantwortlich ist und dass zu diesem auch die von ihm eingesetzten Hilfspersonen gehören.[285] Die in § 241 Abs. 2 BGB statuierten Schutzpflichten[286] verpflichten die Vertragsparteien bei der Abwicklung des Schuldverhältnisses sich so zu verhalten, dass Personen, Eigentum und sonstige Rechtsgüter des anderen Teils nicht verletzt werden.[287] Die strenge Haftung für Erfüllungsgehilfen gem. § 278 BGB und die Verletzung von Schutzpflichten gem. §§ 280 Abs. 1, 241 Abs. 2 BGB sind Ausdruck der sich aus dem Schuldverhältnis ergebenden besonderen Verhaltensordnung für den Schuldner, die unabhängig von dem Vorliegen eines Verbrauchervertrages eingreift.

II. Verkehrspflichten und Privatbereich

1. Status quo

Wie bereits mehrfach erwähnt, erfassen die Gefahrsteuerungs- und Verhaltensgebote der Verkehrspflichten nahezu alle Lebensbereiche. Sie betreffen daher nicht nur die Haftung im Zusammenhang mit unternehmerischen oder beruflichen Vorgängen, sondern erstrecken sich auch auf private Alltags- und Freizeittätigkeiten. Zu nennen sind in diesem Zusammenhang insbesondere die Räum- und Streupflicht für Gehwege zum Schutz der Fußgänger,[288] die Verkehrspflichten im Zusammenhang mit Gebäuden und Grundstücken,[289] die zahlreichen Pflichten im Straßenverkehr[290] und im Freizeitbereich, wie z.B. dem Skifahren.[291] Mitunter sind auch in diesen privaten Bereichen sehr strenge Sorgfaltsanforderungen anzutreffen. Dies lässt sich z.B. an dem bereits in Kapitel 2[292] zitierten Waschmaschinen-Fall des OLG Düsseldorf verdeutlichen.[293] Das Gericht führte in seiner Entscheidung, die zu einer Verurteilung einer Hausfrau führte, die ihre Waschmaschine während des Betriebs unbeaufsichtigt ließ und für eine

---

[285] BGHZ 62, 124; BGH, NJW 1996, 465.
[286] Vgl. hierzu oben.
[287] BGH, NJW 1983, 2814.
[288] Staudinger/Hager, § 823 Rn. E 137 ff.
[289] Staudinger/Hager, § 823 Rn. E 190 ff.
[290] Palandt/Sprau, § 823 Rn. 233 ff.
[291] Palandt/Thomas, § 823 Rn. 211 f.
[292] Vgl. § 3 II 2 b.
[293] OLG Düsseldorf, VersR 1975, 159 f.; vgl. auch OLG Hamm, MDR 1984, 668; OLG Karlsruhe, VersR 1992, 114; OLG Hamm, VersR 1995, 457; LG Gießen, VersR 1997, 1023.

viertel Stunde ihre Wohnung verlassen hatte, aus, „dass sich diese Beurteilung der Auferlegung einer Gefährdungshaftung nähert ... Ein Teil auch sorgfältiger Hausfrauen geht davon aus, man könne von ihnen nicht verlangen, während des Waschvorgangs einer automatischen Waschmaschine die Wohnung nicht zu verlassen und die Maschine in der Weise zu überwachen, dass sie nach dem Austreten von Wasser aus der Maschine oder dem Platzen eines Schlauchs alsbald den weiteren Wasseraustritt verhindern können. *Auch diese Frauen haben im Schadensfall aber allgemein das Bewusstsein, dass sie dann für den Schaden eintreten müssen und den Geschädigten nicht die Folgen tragen lassen dürfen*".

Auch wenn es sich bei der Entscheidung des OLG Düsseldorf um einen Einzelfall handelt und insgesamt nicht generell von einer Überspannung der Sorgfaltspflichten im Privatbereich auszugehen ist, so kann jedoch zumindest von einer „Verrechtlichung" der privaten Lebensverhältnisse durch das System der Verkehrspflichten gesprochen werden. Diese tritt z.B. deutlich zutage, wenn man die umfangreichen Verhaltenspflichten berücksichtigt, die den Inhaber eines Grundstücks und Gebäudes treffen.[294] So trifft den Grundstückseigentümer die Pflicht, darüber zu wachen, dass keine Gegenstände Dritter auf seinem Grundstück frei zugänglich lagern, von denen eine Gefahr für andere und insbesondere Kinder ausgehen könnte; so ließ der BGH den Grundstückseigentümer für die Augenverletzung eines Kindes haften, die ihm vom Spielkameraden mit einer auf dem Grundstück gefundenen Baustahlmatte zugefügt worden war.[295] Der Verkehrspflichtige hat allgemein dafür zu sorgen, dass sowohl das Gebäudeinnere (Beschaffenheit von Treppen, Geländer, Fußboden, ausreichende Beleuchtung) als auch der sein Gebäude umgebende Teil seines Grundstücks (Ein- und Ausfahrt, Umfriedung, Gärten, Gartenteiche) so beschaffen sind, dass Unfälle grundsätzlich vermieden werden.

Darüber hinaus hat der Verkehrspflichtige als Anlieger auch für die Einhaltung der Streupflicht auf angrenzenden Gehwegen[296] zu sorgen. Zwar wird die Räum- und Streupflicht in fast allen Bundesländern in Straßengesetzen oder anderen Normen des öffentlichen Rechts den Kommunen als öffentliche Aufgabe zugewiesen, so dass deren Verantwortlichkeit nach Amtshaftungsgrundsätzen zu beurteilen ist.[297] In der Praxis wird die Streupflicht jedoch regelmäßig durch Ortssatzung auf die Anlieger übertragen, mit der Folge, dass der Anlieger selbst im Außenverhältnis haftbar wird, während bei der Gemeinde nach allgemeinen Grundsätzen Überwachungspflichten verbleiben, für deren Nichterfüllung sie

[294] Staudinger/Hager, § 823 Rn. E 190 ff.
[295] BGH, VersR 1975, 88.
[296] MünchKomm/Wagner[4], § 823 Rn. 426 ff.
[297] BGHZ 27, 278, 282; BGH, VersR 1995, 721, 722.

ggf. ach § 839 BGB einzustehen hat.[298] Zahlreiche Judikate haben die Erfordernisse derart stark angezogen, dass sie sich vernünftigerweise nicht mehr erfüllen lassen.[299] Stürner verleitete die strenge Rechtsprechung zur Streupflicht zu der Feststellung: „Kein vernünftiger Mensch kann ... die Gebote dieser Rechtsprechung erfüllen, wer es versucht, den halten die Nachbarn für einen Narren, der nichts Besseres zu tun hat".[300]

Die Ausführungen zur Verrechtlichung der privaten Lebensbereiche durch die Verkehrspflichten ließen sich noch beliebig fortsetzen; auch vor dem Freizeitbereich machen diese nicht halt, mit der Folge, dass z.B. Skifahrer ihren Fahrstil dem individuellen Können, dem Gelände, der Schneebeschaffenheit und der Zahl der übrigen Fahrer so anzupassen haben, dass Unfälle nach Möglichkeit vermieden werden.[301] Insgesamt kann daher festgehalten werden, dass die Verkehrspflichten nicht nur im beruflichen oder unternehmerischen Bereich, sondern auch im privaten Lebensbereich strenge Gefahrsteuerungsgebote und –verbote aufstellen, durch deren Beachtung die Schädigung anderer vermieden werden soll.

2. Rechtfertigung der deliktischen Verhaltenspflichten im Privatbereich

Es stellt sich die Frage, inwiefern die teilweise sehr strengen Sorgfaltsstandards im Privatbereich gerechtfertigt sind. Im Rahmen einer Gegenüberstellung der Unternehmer-Verbraucher-Beziehung und der rein privaten Haftungsbeziehung wird deutlich, dass die strengen Sorgfaltsstandards im Privatbereich besonders schwer zu begründen sind. Es wird als ein Gebot der Gerechtigkeit betrachtet, Unternehmer mit den von ihnen bewusst geschaffenen Schadensrisiken zu belasten.[302] Die Gründe, die für die Rechtfertigung dieser Belastung herangezogen werden sind vielfältig: zunächst wird die die deliktische Produzentenhaftung prägende tatsächliche Situation angeführt, „nämlich die schwere Durchschaubarkeit der Herstellungsvorgänge und der Organisationssphäre im Betrieb des Produzenten für den Verbraucher".[303] Zu nennen ist des Weiteren der Gedanke der Zusammengehörigkeit von Vorteil und Risiko schadensträchtiger Tätigkeiten.[304] Das Haftungsrecht hat danach Schadensrisiken demjenigen zuzuweisen,

[298] BGHZ 118, 368, 372 f.; BGH, NJW 1996, 2311, 2312; 1971, 43, 44; 1972, 1321, 1323; Rinne, NJW 1996, 3303, 3305 f.

[299] Laufs, FS Gernhuber, S. 245, 250.

[300] Stürner, VersR 1984, 297, 298 m.w.N.

[301] BGHZ 58, 40.

[302] Loening, Die Haftung des Staates aus rechtswidrigen Handlungen seiner Beamten, S. 89 f.; Mataja, Recht des Schadensersatzes, S. 127 ff.; 129; Steinbach, Die Grundsätze des heutigen Rechts über den Ersatz von Vermögensschäden. S. 60 ff.

[303] BGHZ 116, 104, 113.

[304] Vgl. hierzu Jansen, Haftungsrecht, S. 380.

der schadensträchtige Tätigkeiten steuert und den Nutzen daraus zieht.[305] Aus diesem Gedanken resultiert auch die Überlegung, dass Unternehmer die Haftung als Betriebskosten kalkulieren und diese dann auf ihre Kunden abwälzen können.[306] Schließlich leistet eine strikte Haftung im Berufs- und Unternehmensbereich einen wichtigen Beitrag zur effektiven Schadensprävention, sind es doch gerade Unternehmer und Angehörige bestimmter Berufe, bei denen eine verhaltenssteuernde Wirkung des Haftungsrechts am ehesten zu verzeichnen ist.[307]

Diesen Begründungsansätzen kommt für den Privatbereich entweder keine oder nur eine beschränkte Bedeutung zu. Die rein private Haftungsbeziehung zeichnet sich gerade nicht durch das „Machtgefälle" zwischen Verbraucher und Unternehmer aus. Es stellt sich daher die Frage, weshalb auch gerade im Privatbereich teilweise sehr strenge Sorgfaltsanforderungen an den Verkehrspflichtigen gestellt werden. Jansen führt in diesem Zusammenhang das „Prinzip des Schutzes von Alltagstätigkeiten" an.[308] Es begründe eine gesteigerte haftungsrechtliche Verantwortlichkeit, soweit eine schadensträchtige Aktivität Alltagstätigkeiten gefährdet. Er weist jedoch auch darauf hin, dass im Haftungsrecht grundsätzlich eine zweiseitige Betrachtungsweise angezeigt ist, die gleichermaßen die Situation des Schädigers und des Geschädigten in den Blick nimmt. Diese Sichtweise führt m.E. dazu, dass das „Prinzip des Schutzes von Alltagstätigkeiten" nicht nur den Privatbereich des Geschädigten durch eine strenge Haftung schützen soll, sondern, dass auch der Schädiger, dessen schadensträchtiges Verhalten aus einer Alltagstätigkeit herrührt, in dessen Schutzbereich fällt. Gerade im Privatbereich sollte deshalb eine „Überspannung von Sorgfaltspflichten", wie dies etwa in der Waschmaschinen-Entscheidung des OLG Düsseldorf der Fall ist, vermieden werden.

Als entscheidendes Kriterium erweist sich in diesem Kontext der Verschuldensgrundsatz. Risiken, die sich trotz Wahrung der im Verkehr erforderlichen Sorgfalt verwirklichen, haben die Schadensopfer selbst zu tragen. Bereits von Caemmerer wies in einem Beitrag zum Verschuldensgrundsatz auf dessen grundlegende Bedeutung gerade auch im Privatbereich hin:[309] „Die Verschuldenshaftung liefert schließlich auch im Unfallrecht die angemessene Abgrenzung für das ersatzpflichtigmachende Verhalten, wenn wir uns im Bereich der Jedermanns-Tätigkeit befinden. Es gilt also bei Unfällen, die von Fußgängern, in Sport und Freizeit, im Garten oder im Haushalt verursacht werden. Die jedermann treffenden Verkehrssicherungspflichten, die Streupflicht, die Pflicht, Hauseingänge zu sichern und Treppenhäuser zu beleuchten usw., unterliegen

[305] Mataja, Recht des Schadensersatzes, S. 24 f.
[306] Mataja, Recht des Schadensersatzes, S. 24, 127 ff.
[307] Vgl. oben 4. Kapitel.
[308] Jansen, Haftungsrecht, S. 628 f.
[309] v. Caemmerer, RabelsZ 42 (1978), 5, 24.

dem Verschuldensprinzip. Es kommt darauf an, ob die Schäden bei hinreichender Sorgfalt vermieden worden wären. Das erscheint hier als die richtige Risikoabgrenzung, die zugleich der Fülle der Situationen in elastischer Weise gerecht wird".

Im Privatbereich sind deshalb strenge Sorgfaltsanforderungen nur dort angebracht, wo es um die Bewältigung besonders gefahrträchtiger Verhaltensweisen geht, wie z.B. dem Steuern eines Kfz, die mit hoher Wahrscheinlichkeit zu einer Beeinträchtigung von Leib und Leben führen können. Des Weiteren sind strenge Verhaltenspflichten im Privatbereich auch dann zu befürworten, wenn es um die Gefährdung von Kindern geht. In der Rechtsprechung und auch nach dem Willen des Gesetzgebers[310] sollen Kinder in einem besonderen Maße haftungsrechtlich privilegiert werden.[311] Geht es hingegen nicht um die Gefährdung von Kindern und besonders gefahrträchtige Tätigkeiten, die zu einer Beeinträchtigung von Leib und Leben führen können, so sollte gerade im Privatbereich besonders sorgfältig unter Heranziehung des Verschuldensgrundsatzes geprüft werden, ob dem Schädiger tatsächlich der eingetretene Schaden zuzuweisen ist. Große Bedeutung kommt in diesem Zusammenhang auch den in Kapitel 6 aufgeführten haftungsausschließenden oder –begrenzenden Mechanismen zu. Besonders im Bereich der Alltagstätigkeiten sollte demnach immer gefragt werden, ob eine Haftung des Schädigers nicht deshalb entfällt oder zumindest beschränkt ist, weil der Geschädigte die Gefahr erkennen und sich selbst durch ein entsprechend vorsichtiges Verhalten schützen konnte. Des Weiteren kommt gerade auch im Privatbereich dem Rechtsgedanken des allgemeinen Lebensrisikos große Bedeutung zu, der als negativer Zurechnungsgrund zu einem Haftungsausschluss führt.

Gegen eine generell strikte deliktische Haftung im Privatbereich spricht letztlich auch ein Vergleich mit dem Vertragsrecht. Wie oben bereits angedeutet, kommt den Vertragspartnern im Rahmen eines beidseitigen Verbrauchergeschäfts aufgrund der Nichtgeltung zahlreicher zwingender Vorschriften eine größere Gestaltungsfreiheit im Vergleich zu der Verbraucher-Unternehmer-Beziehung zu. Überträgt man diese Wertung auf das Deliktsrecht und das System der Verkehrspflichten, so spricht dies dafür, dass dem Schädiger im Privatbereich eine größere Bewegungsfreiheit erhalten bleiben muss, als dies in der Unternehmer-Verbraucher-Beziehung der Fall ist. Dem könnte zwar entgegengehalten werden, dass auch im Vertragsrecht in Gestalt der - den Verkehrspflichten verwandten und auch in der privaten Rechtsbeziehung anwendbaren - vertraglichen Schutzpflichten gem. § 241 Abs. 2 BGB ein strenges und weit reichendes Haftungsmodell anzutreffen ist. Im Gegensatz zu den deliktischen Verkehrspflichten, die Ausdruck der Jedermann-Haftung sind, wurzeln die vertraglichen

[310] Siehe § 828 BGB.

[311] Jansen, Haftungsrecht, S. 629 spricht von einem „Prinzip der Privilegierung von Kindern".

Schutzpflichten in der durch die Sonderbeziehung eröffneten besonderen Einwirkungsmöglichkeit in den fremden Rechtskreis durch den Vertragspartner. Die strenge vertragliche Haftung bei Verletzung einer Schutzpflicht gem. § 241 Abs. 2 BGB beruht auf dem Gedanken der Offenlegung der eigenen Rechtsgüter und ist somit Ausdruck der Personalität des Schuldverhältnisses.[312] Die Statuierung einer strikten Haftung im Privatbereich anhand strenger Verhaltenspflichten sollte vor dem Hintergrund, dass diese regelmäßig im Gegensatz zum Vertragsrecht auf einer Beziehung von Unbeteiligten beruht, daher nur auf besondere Gefahren beschränkt bleiben.

[312] Vgl. oben Kapitel 2.

Zusammenfassung

1. Die Entwicklung des Haftungsrechts im 20. Jahrhundert führte zu einem laufenden Ausbau des Geschädigtenschutzes. Das Prinzip der Verschuldenshaftung als tragendes Schadenszuordnungsprinzip zur Zeit der Entstehung des BGB verlor aufgrund gesteigerter sozialer Erwartungshaltungen, erhöhter Gefahrenpotentiale infolge des technischen Fortschritts sowie des Einsatzes kollektiver Sicherungssysteme zunehmend an Bedeutung. Rechtsprechung und Gesetzgebung steuerten diese Entwicklung, indem sie die Sorgfaltsstandards im Rahmen der Fahrlässigkeitshaftung zunehmend verschärften, Beweiserleichterungen zugunsten des Geschädigten einführten und in immer rascherer Abfolge neue Gesetze erließen, die eine Gefährdungshaftung vorsehen.
2. Im Vertragsrecht des BGB ist eine vergleichbare Entwicklung zu verzeichnen. Leitbild des Vertragsgeschehens war zur Zeit der Entstehung des BGB der frei ausgehandelte Vertrag, gegenüber dessen vereinbartem Inhalt das Recht in der Regel Neutralität zu wahren hatte. An die Stelle dieser „formalen" Vertragsfreiheit trat im Laufe der Zeit zunehmend mehr eine „materiale" Vertragsfreiheit des Inhalts, dass jedem Vertragspartner durch die Rechtsordnung typischerweise auch die tatsächliche Macht zum angemessenen Gebrauch der Vertragsfreiheit garantiert wird. Das Vertragsrecht wurde durch den Gesetzgeber und die Rechtsprechung im Zuge einer fortschreitenden „Materialisierung" durch Gedanken der Äquivalenz, des Verkehrschutzes und der Sicherung der Daseinsvorsorge angereichert. Ausdruck dieses Prozesses sind insbesondere die Schaffung zwingender Gesetze zum Schutz der „schwächeren Vertragspartei" sowie die richterliche Inhaltskontrolle von Verträgen zur Bewältigung von Ungleichgewichtslagen.
3. Die bedeutendste Rolle im Rahmen des laufenden Ausbaus des Geschädigtenschutzes und der zunehmenden Haftungsverschärfung kommt den Verkehrspflichten als Schadenszurechnungsprinzip zwischen Verschuldens- und Gefährdungshaftung zu. Ihre Entwicklung nahm bei der Frage der Haftung von Personen für die Sicherheit von Anlagen, die der Benutzung durch die Öffentlichkeit bestimmt sind, ihren Ausgangspunkt. Über diese Verkehrssicherungspflichten im eigentlichen Sinn ging die Rechtsprechung jedoch bald hinaus. Die Pflichten zur Gefahrvermeidung und –abwendung wurden in der Folgezeit auf alle Lebensbereiche ausgedehnt. Da es dabei nicht mehr allein um die Sicherung eines bestimmten Verkehrs geht, sondern allgemein darum, in den Bereichen, in denen menschliches Zusammenleben stattfindet und der Einzelne potentiell einer Gefährdung durch Mitmenschen ausgesetzt ist, bestimmte Pflichten zur Rücksichtnahme auf die Rechtsgüter anderer

festzulegen, spricht man heute nicht mehr von Verkehrssicherungspflichten, sondern allgemein von Verkehrspflichten.

4. Nach zustimmungswürdiger herrschender Auffassung sind die Verkehrspflichten dem Tatbestand des § 823 Abs. 1 BGB zuzuordnen. Innerhalb dieser Vorschrift kommt ihnen die Funktion als haftungsbegründendes Element bei Unterlassungen und mittelbaren Rechtsgutsverletzungen zu. Aufgrund der Zuordnung zu § 823 Abs. 1 BGB kann nicht von einem primären Vermögensschutz durch Verkehrspflichten ausgegangen werden. Der Schutz des Vermögens durch Verkehrspflichten beschränkt sich auf Bereiche, in denen das Gesetz – wie in § 823 Abs.2, 824, 826, 831 BGB – einen solchen anordnet.

5. Die Verkehrspflichten sind im Gegensatz zu den vertraglichen und quasivertraglichen Schutzpflichten gem. §§ 241 Abs. 2, 311 Abs. 2 BGB Ausdruck der deliktischen „Jedermann-Haftung", während letztere ein bereits bestehendes Schuldverhältnis ausgestalten und aus der personalen Beziehung zwischen Gläubiger und Schuldner folgen. Die deliktischen Verkehrspflichten sind gegenüber jedermann bestehende allgemeine Rechtspflichten und zielen dem Prinzip nach nicht von vornherein auf bestimmte Personen, da es hier regelmäßig im Gegensatz zur Sonderverbindung an einem gezielten Kontakt bestimmter Personen fehlt. Die vertraglichen und quasivertraglichen Schutzpflichten sind hingegen Ausdruck einer besonderen Verhaltensordnung, die durch die Kategorie der Sonderverbindung und der damit einhergehenden Öffnung der Rechtsgüterkreise durch die Beteiligten begründet wird.

6. Der Schutz der Verkehrspflichten beschränkt sich nicht darauf, dass im Falle ihrer Verletzung der Geschädigte einen Schadensersatzanspruch gegen den Schädiger geltend machen kann. Vielmehr kommt auch ein vorbeugender Rechtsschutz bei drohender Verletzung einer Verkehrspflicht in Betracht, sofern der Betroffene nachhaltig und konkret in seinen durch die Verhaltenspflicht geschützten Rechtsgütern beeinträchtigt wird. Die Voraussetzungen des Abwehranspruchs sind dabei unter Berücksichtigung der Wertungen der §§ 907, 908 BGB (1) eine rechtswidrige Pflichtverletzung im Vorfeld einer drohenden Rechts- oder Rechtsgutverletzung, (2) die hinreichende Konkretisierung der Gefahr für die Rechtsgüter des Anspruchstellers und (3) die Unabwendbarkeit der Gefahr durch das potentielle Opfer, dem die Gefahrsteuerung entweder unmöglich oder unzumutbar ist.

7. Nach der in Rechtsprechung und Literatur üblichen allgemeinen Umschreibung des Verkehrspflichttatbestandes hat derjenige, der eine Gefahr für andere schafft oder unterhält, alle geeigneten und zumutbaren Maßnahmen zu ergreifen, um die Gefahr unter Kontrolle zu bringen und möglichst die Verwirklichung der Gefahr zu verhindern. Diese generalklauselartige Formulie-

rung vermag jedoch aufgrund ihres Abstraktionsniveaus, noch keine ausreichenden Kriterien für die Risikozuweisung zu liefern. Daher hat die Rechtsprechung Leitlinien entwickelt, um die Verkehrspflichten nicht zu einer beliebigen Haftungsgrundlage und übermäßigen Beeinträchtigung der Handlungsfreiheit des potentiellen Schädigers ausufern zu lassen. Die Ableitung der Verantwortlichkeit und des geforderten Umfangs der Verkehrspflichten orientiert sich dabei an mehreren, durch Interessenabwägung in ein Gleichgewicht zu bringende Kriterien. Im Rahmen der Begründung von Verkehrspflichten lassen sich die „Aufgreifkriterien" der Schaffung und Unterhaltung einer Gefahrenquelle, der Bereichshaftung, der Eröffnung eines Verkehrs und des Inverkehrbringens von Sachen sowie der Übernahme einer Aufgabe unterscheiden. Für die Bestimmung des Umfangs und der Grenzen von Verkehrspflichten können die Kriterien der legitimen Erwartungen des Verkehrs, des Grades der verursachten Gefahr, der Höhe und Art des Schadens, der Möglichkeit und Zumutbarkeit der Gefahrvermeidung durch den Schädiger sowie der Möglichkeit des Selbstschutzes durch den Gefährdeten herangezogen werden. Darüber hinaus beeinflussen auch wirtschaftliche und versicherungsrechtliche Gesichtspunkte den Umfang der Verantwortlichkeit. Diesen Abwägungskriterien lässt sich keine starre Rangordnung in dem Sinne entnehmen, dass bestimmten Kriterien gegenüber anderen stets der Vorrang einzuräumen ist. Vielmehr sind sie als Teile eines „beweglichen" Systems anzusehen, anhand dessen im konkreten Einzelfall Inhalt und Reichweite der Verkehrspflicht bestimmt werden können. Man kann insofern in Anlehnung an Wilburg von dem „beweglichen" System der Verkehrspflichten sprechen.

8. Ebenso vielschichtig wie der Anwendungsbereich sind auch die verschiedenen Typen der Verkehrspflichten. Man kann hierbei zwischen Pflichten unterscheiden, die darauf abzielen, dem Opfer eine selbstverantwortliche Gefahrsteuerung zu ermöglichen, und solchen Pflichten, die eine unmittelbare Einwirkung auf den Gefahrenherd zum Gegenstand haben. Im Rahmen der ersteren kann man zwischen Warnpflichten, Verbotspflichten und Instruktionspflichten differenzieren, während sich die Verkehrspflichten zur Einwirkung auf den Gefahrenherd in Gefahrkontrollpflichten, Auswahl- und Aufsichtspflichten sowie Organisationspflichten untergliedern lassen.

9. Die Verkehrspflichten haben sich zu einem alle Lebensbereiche abdeckenden Pflichtenprogramm für jede Art des Verhaltens „gemausert". Im Laufe der Zeit führte diese immer stärkere Reglementierung verschiedener Aktionsfelder durch Verkehrspflichten zu einer zunehmenden Verrechtlichung aller Lebensräume. Hierdurch wird die allgemeine Handlungsfreiheit des potentiellen Schädigers in vielfältiger Weise von vornherein mit einem Haftungsrisiko belastet, um bestimmte Sorgfaltsanforderungen und Schutzinteressen durchzusetzen.

10. Die Beschränkung der Handlungsfreiheit ist für den Schädiger insbesondere dann spürbar, wenn er infolge der Verletzung einer Verkehrspflicht Schadensersatz an den Geschädigten zu leisten hat. Darüber hinaus ist eine Beschränkung der Handlungsfreiheit aber auch dergestalt denkbar, dass die Verkehrspflichten bereits im Vorfeld einer möglichen Schädigung und eines daraus resultierenden Schadensersatzanspruchs das Verhalten des potentiellen Schädigers beeinflussen. Eine solche verhaltenssteuernde Wirkung in dem Sinne, dass die schadensträchtige Handlung entweder ganz unterlassen wird oder die aus der Verkehrspflicht resultierenden Anforderungen befolgt werden, ist insbesondere in Situationen zu erwarten, in denen der Entscheidungsträger die Möglichkeit hat, die langfristigen Folgen seiner Entscheidung planend zu überdenken. Die Verkehrspflichten vermögen deshalb im beruflichen und gewerblichen Bereich eine generalpräventive und verhaltenssteuernde Wirkung auszuüben, da in diesen Bereichen am ehesten die Voraussetzungen für ein sorgfältiges, vorausschauendes und abwägendes Verhalten zwecks Schadensverhütung gegeben sind. Gerade bei Wirtschaftsunternehmen und bestimmten Berufsgruppen dürften die Grundannahmen der ökonomischen Analyse des Rechts in Gestalt des „homo oeconomicus“, der im Rahmen einer Kosten-Nutzen-Analyse seine Handlungsalternativen rational gegeneinander abwägt, am ehesten anzutreffen sein. So kann davon ausgegangen werden, dass im Bereich der Produkthaftung und der Berufshaftung von Ärzten, Architekten, Reiseveranstaltern und Betreibern von Anlagen von den von der Rechtsprechung aufgestellten Verhaltenspflichten eine verhaltenssteuernde, die allgemeine Handlungsfreiheit der Entscheidungsträger einschränkende Wirkung ausgeht, da diese in ihre betriebswirtschaftliche Kalkulation die Gefahr der Schadensverursachung miteinbeziehen und aufgrund des Wettbewerbsdrucks zu vermeiden versuchen.

11. Die Beschränkung der Handlungsfreiheit durch die Verkehrspflichten wird teilweise durch den Versicherungsschutz des Schädigers kompensiert. Insbesondere das Bestehen von Haftpflichtversicherungsschutz sichert den Schädiger gegen die wirtschaftlichen Folgen schädigender Ereignisse ab, indem er seine Schadensersatzpflicht auf das Kollektiv der Haftpflichtversicherten abwälzen kann. Die Existenz von Haftpflichtversicherungen eröffnet dem Einzelnen Handlungsspielräume, die er sonst nicht hätte. So erlaubt es in vielen Fällen erst der durch eine Haftpflichtversicherung gewonnene Rückhalt dem Einzelnen, einen bestimmte Tätigkeit oder einen bestimmten Beruf auszuüben. Der Haftpflichtversicherung des Schädigers kommt in zweifacher Weise eine die Handlungsfreiheit erweiternde Funktion zu: Zum einen eröffnet sie bereits im Vorfeld schädigender Handlungen die Möglichkeit, die gefahrträchtige Tätigkeit überhaupt auszuüben. Die Haftpflichtversicherung hat hier also gerade Bedeutung für solche Fälle, in denen der mögliche Schaden leicht dadurch vermeidbar wäre, dass man die betreffende Hand-

lung einfach unterlässt, in denen es aber aus wirtschaftlichen oder sonstigen Gründen sinnvoll erscheint, sich der Möglichkeit des Schadenseintritts auszusetzen. Zum anderen erfolgt der Schutz des Haftpflichtigen dadurch, dass die Haftpflichtversicherung im Schadensfalle das eingetretene Risiko durch Abnahme des Schadens kompensiert. Der Entscheidungsträger wälzt das Risiko, zur Zahlung an den Geschädigten herangezogen zu werden, gegen die Zahlung einer regelmäßigen, kalkulierbaren und damit sicheren Prämie auf den Versicherer über.

12. Andererseits gilt es jedoch zu berücksichtigen, dass durch das Bestehen von Versicherungsschutz die verhaltenssteuernde Wirkung des Haftungsrechts nicht vollkommen verloren geht. Insbesondere durch die Rechtsfigur der Obliegenheit wird die Ergreifung schadenverhütender Maßnahmen durch den Versicherungsnehmer bezweckt. Zwar begründen die Obliegenheiten keine rechtliche Verpflichtung zu einem bestimmten Verhalten, sie dürften jedoch faktisch eine beachtliche verhaltenssteuernde Wirkung besitzen, weil der Versicherte zumeist ein Interesse daran haben wird, den Versicherungsschutz nicht zu verlieren. Große Bedeutung kommt in diesem Zusammenhang auch den Vorschriften der §§ 61, 152 VVG und §§ 110 SGB VII, 116 SGB X zu, die im Falle der vorsätzlichen bzw. grob fahrlässigen Herbeiführung des Versicherungsfalls die Leistungsfreiheit des Versicherers anordnen bzw. einen Regress des Sozialversicherungsträgers gegen den Schädiger vorsehen.

13. Schließlich verwendet die Rechtsprechung die garantierte Schadensabnahme durch den Versicherer oftmals dazu, die Sorgfaltsanforderungen zu verschärfen und die Haftung wegen Verletzung einer Verkehrspflicht auszubauen. Diese Wirkung des weit verbreiteten Versicherungsschutzes beinhaltet eine wesentliche Beschränkung der Handlungsfreiheit des Schädigers, läuft er doch durch die ständige Verschärfung des Sorgfaltsstandards Gefahr, Haftungsansprüchen Dritter ausgesetzt zu sein.

14. Eine sinnvolle Begrenzung der Haftung im Sinne einer angemessenen Berücksichtigung der allgemeinen Handlungsfreiheit des potentiellen Schädigers wird nicht nur durch den Versicherungsschutz erreicht. Bereits das Haftungsrecht und das bewegliche System der Verkehrspflichten[1] halten zahlreiche Mechanismen bereit, die zum Ausschluss oder einer Beschränkung der Haftung führen und somit die Handlungsfreiheit des Schädigers sichern. Hierbei geht es insbesondere darum, das mitursächliche Verhalten des Geschädigten für den eingetretenen Schaden bei der Beurteilung der Haftung

[1] Vgl. Steffen, ZVersWiss 1993, 13, 22: „Jedenfalls setzen wir heute die Standards verstärkt zur Haftungsbegrenzung ein. Zunehmend heben wir hervor, dass Gefahrenfreiheit nicht erwartet werden kann; dass man aufgerufen ist, sich auch selbst zu schützen".

wegen Verletzung einer Verkehrspflicht zu berücksichtigen. In diesem Zusammenhang muss die Frage aufgeworfen werden, ob denn überhaupt eine Pflichtverletzung seitens des Schädigers gegeben ist, was dann nicht der Fall ist, wenn bereits das Entstehen einer entsprechenden Verkehrspflicht des Schädigers aufgrund der Erkennbarkeit der Gefahr und der vorhandenen Selbstschutzmöglichkeiten des Geschädigten abgelehnt werden muss. Das Entstehen einer Verkehrspflicht ist in diesem Kontext grundsätzlich auch gegenüber unbefugt Handelnden abzulehnen, da diese regelmäßig nicht darauf vertrauen dürfen, dass zu ihrem Schutz besondere Sicherheitsmaßnahmen ergriffen werden.

15. Des Weiteren ist stets danach zu fragen, ob sich in dem eingetretenen Schaden nicht nur das „allgemeine Lebensrisiko" verwirklicht hat, das nicht im Wege der Verkehrspflicht auf Dritte abgewälzt werden darf. Zum allgemeinen Lebensrisiko gehören die Gefahren, welche von dem Träger des Rechtsguts zu schultern sind.

16. Wird eine erhebliche Gefahr durch den Schädiger hervorgerufen, mit der Folge, dass effektive Schutzmaßnahmen geboten sind, kann das mitursächliche Geschädigtenverhalten nur noch über § 254 BGB Berücksichtigung finden. Durch die Regelung des § 254 BGB lässt sich eine dem Einzelfall und den unterschiedlichen Verursachungsbeiträgen entsprechende Quotelung des Ersatzanspruchs erreichen. Der Rechtsgedanke des „Handelns auf eigene Gefahr" erfasst dabei solche Konstellationen, in denen aufgrund der bewussten Selbstgefährdung des Geschädigten dessen dem Grunde nach bestehender Schadensersatzanspruch gem. § 254 BGB zu mindern ist.

17. Neben diesen an das Verhalten des Geschädigten anknüpfenden Haftungsbegrenzungs- und -ausschlussgründen kann der Schädiger in den Grenzen der §§ 276 Abs. 3, 305 ff. BGB auch selbst durch Freizeichnung seine Ersatzpflicht ausschließen oder begrenzen. Aufgrund der Regelungen in §§ 305 ff. BGB sowie der restriktiven Rechtsprechung zur Haftungsfreizeichnung bei Verletzung von Verkehrspflichten verbleiben dem Schädiger jedoch nur eingeschränkte Möglichkeiten, die Haftung von vornherein zu begrenzen bzw. auszuschließen.

18. Die Entwicklung des Schutzes des „Schwächeren" im Vertragsrecht und der laufende Ausbau des Geschädigtenschutzes durch die Verkehrspflichten können u.a. auf den Rechtsgedanken des Verbraucherschutzes zurückgeführt werden. Sowohl im Vertrags- als auch im Deliktsrecht löst das Zusammentreffen von Unternehmer und Verbraucher das Eingreifen spezieller Mechanismen zum Schutz der als unterlegen geltenden Partei aus. In beiden Bereichen wird das Zusammentreffen von professionell handelndem Unternehmer und zu privaten Zwecken auftretendem Verbraucher zum Anlass genommen,

um die Privatautonomie und Handlungsfreiheit des überlegenen Berufsträgers zugunsten des schutzbedürftigen Verbrauchers einzuschränken.

19. Im Vertragsrecht des BGB wird der Verbraucherschutz dadurch verwirklicht, dass seine Regeln der „schwachen" Vertragspartei in Gestalt des Verbrauchers Befugnisse einräumen, um die Überlegenheit des professionell handelnden Unternehmers zu kompensieren, wobei das Zusammentreffen von Verbraucher und Unternehmer für sich allein noch nicht das Eingreifen besonderer Schutzmechanismen rechtfertigt. Vielmehr bedarf es zusätzlich situativer oder vertragsspezifischer Umstände, aus denen eine Beeinträchtigung oder zumindest die Gefahr einer Beeinträchtigung der rechtsgeschäftlichen Entscheidungsfreiheit resultiert. Die Verbrauchergeschäfte des BGB beruhen auf einem typisierenden Regelungsansatz. Geschäftskompetenz oder Schutzbedürfnis brauchen nicht konkret ermittelt zu werden, sondern werden in typisierender, pauschalierender Weise durch das Verbrauchermerkmal repräsentiert. Der Schutz des Verbrauchers im Vertragsrecht wird insbesondere durch Informationspflichten, Widerrufsrechte und halbzwingende Vorschriften erreicht.

20. Im Deliktsrecht und dem System der Verkehrspflichten tritt der Verbraucherschutzgedanke nicht so deutlich hervor wie im Vertragsrecht. Dies hängt zum einen damit zusammen, dass es in den §§ 823 ff. BGB keine Vorschriften gibt, die ausdrücklich den Verbraucher als Anspruchsberechtigten nennen. Zum anderen wird auch nur in wenigen Urteilen ausdrücklich auf den Verbraucher als Schutzsubjekt abgestellt. Dennoch lassen sich die Bereiche der Produzentenhaftung, des betrieblichen Organisationsverschuldens und der Berufshaftung im Sinne des Verbraucherschutzes deuten. Die diese Bereiche kennzeichnende strikte Haftung des Unternehmers oder Berufsträgers basiert zwar auch auf anderen Gründen, wie z.B. dem Gedanken der Zusammengehörigkeit von Vorteil und Risiko; sie sichert jedoch auch ein hohes Schutzniveau im Hinblick auf die Personen, die in der Rolle des Verbrauchers mit den Produkten und Dienstleistungen der Unternehmer in Berührung kommen.

21. Das deliktische Verbraucherschutzrecht in Gestalt der Verkehrspflichten von Herstellern und sonstigen Berufsträgern zeichnet sich im Vergleich zum Verbrauchervertragsrecht durch eine größere Flexibilität aus. Zwar löst auch hier das Zusammentreffen von Verbraucher und Unternehmer das Eingreifen besonderer Schutzmechanismen wie strenge Sorgfaltsstandards und Beweiserleichterungen zugunsten des Verbrauchers aus. Im Gegensatz zu dem typisierenden Regelungsansatz im Vertragsrecht, verbunden mit zahlreichen zwingenden oder halbzwingenden Vorschriften, kann die Schutzbedürftigkeit des Betroffenen im beweglichen System der Verkehrspflichten individuell anhand des konkreten Einzelfalls festgestellt werden. Die zahlreichen,

variabel handhabbaren Entstehungsvoraussetzungen der Verkehrspflichten ermöglichen eine auf die Schutzbedürftigkeit des konkret Betroffenen ausgerichtete Entscheidung im Einzelfall. Andererseits gilt es jedoch zu berücksichtigen, dass gerade der Charakter der Verkehrspflichten als „bewegliches" System auch zu einer gewissen Rechtsunsicherheit führt, da dem potentiellen Schädiger aufgrund der Vielzahl der im konkreten Einzelfall abzuwägenden Kriterien und der unüberschaubaren Kasuistik keine genaue Anleitung für eine Verhaltensweise gegeben werden kann, mittels derer die drohende Schadensersatzverpflichtung vermieden werden kann.

22. Der Schutz der unterlegenen Vertragspartei wird nicht nur auf den einfachgesetzlichen Verbraucherschutz, sondern auch auf die Grundrechte gestützt. In seiner Bürgschafts-Entscheidung aus dem Jahr 1993 hat das Bundesverfassungsgericht aus der grundrechtlichen Gewährleistung der Privatautonomie und dem Sozialstaatsprinzip gefolgert, dass die Zivilrechtsordnung Korrekturen von Verträgen ermöglichen müsse, wenn eine typisierende Fallgestaltung eine „strukturelle Unterlegenheit" des einen Vertragsteils erkennen lasse und die Folgen des Vertrages für den unterlegenen Vertragsteil „ungewöhnlich belastend" seien. Dogmatisch stützt das BVerfG das Konzept der verfassungsrechtlichen Kontrolle von Verträgen auf die grundrechtlichen Schutzpflichten. Die Grundrechte werden in diesem Zusammenhang in ihrer Schutzgebotsfunktion herangezogen, um die Funktionsdefizite der formalen Vertragsfreiheit zu kompensieren.

23. Die grundrechtlichen Schutzpflichten haben im Rahmen der Rechtsprechung zu den Verkehrspflichten bisher keine tragende Rolle gespielt, obwohl gerade dieses bewegliche System als „Einfallstor" für grundrechtliche Wertungen geeignet erscheint. Ein Rückgriff auf grundrechtliche Wertungen im System der Verkehrspflichten ist jedoch nicht erforderlich, da dieses eine nahezu identische einfachgesetzliche Ausprägung der grundrechtlichen Schutzpflichten darstellt. Sowohl im Hinblick auf den Schutzumfang als auch die Funktionsweise entsprechen sich das System der Verkehrspflichten und die grundrechtlichen Schutzpflichten. Enthält das einfache Recht ein leistungsfähiges System, das die grundrechtlichen Wertungen widerspiegelt, erscheint ein Rückgriff auf die Grundrechte nicht erforderlich.

24. Die private Rechts- und Haftungsbeziehung im Vertragsrecht zeichnet sich aufgrund der Nichtanwendbarkeit der Vorschriften über Verbraucherverträge und das regelmäßige Fehlen von allgemeinen Geschäftsbedingungen durch eine größere Gestaltungsfreiheit aus. Entsprechend dieser Wertung sollte auch im „deliktischen Privatbereich" eine „Überspannung" der Sorgfaltspflichten durch die Verkehrspflichten vermieden werden. Das „Prinzip des Schutzes von Alltagstätigkeiten" darf nicht nur dahingehend verstanden werden, dass der Privatbereich des Geschädigten durch eine strenge Haftung

des Schädigers geschützt werden soll. Vielmehr muss auch umgekehrt der Schädiger, dessen schadensträchtiges Verhalten aus einer Alltagstätigkeit herrührt, vor einer unverhältnismäßigen Beschränkung seiner Handlungsfreiheit geschützt werden. Gerade im Privatbereich sollte eine zu strenge Ausgestaltung der Sorgfaltsmaßstäbe vermieden werden. Abgesehen von besonderen Gefahren für hochrangige Rechtsgüter wie Leib und Leben sowie gegenüber Kindern sollte der Privatbereich als eine Art letzte „Zufluchtstätte" vor dem kaum noch zu überschauenden „Geflecht" an strengen deliktischen Verhaltensgeboten und –verboten verstanden werden.

Literaturverzeichnis

Adams, Michael, Ökonomische Analyse der Gefährdungs- und der Verschuldenshaftung, Heidelberg 1985.

Adomeit, Klaus, Die gestörte Vertragsparität – ein Trugbild, NJW 1994, 2467.

- Herbert Marcuse, der Verbraucherschutz und das BGB, NJW 2004, 579.
- Das Günstigkeitsprinzip - jetzt auch beim Kaufvertrag - oder - der Kfz-Mechaniker von Canaris, JZ 2003, 1053.

Ahrens, Hans-Jürgen, Der Rechtsschutz des unversicherten deliktischen Schädigers beim Regress des Sozialversicherungsträgers, NJW 1989, 1704.

Alexy, Robert, Theorie der Grundrechte, Baden-Baden 1985.

Ballerstedt, Kurt, Zur Haftung für culpa in contrahendo bei Geschäftsabschluss durch Stellvertreter, AcP 151 (1950/51), 501.

Bamberger, Heinz Georg/Roth, Herbert, Kommentar zum Bürgerlichen Gesetzbuch, Band 1 (§§ 1-610), München 2003; Band 2 (§§ 611-1269), ErbbauVO, WEG, München 2003.

v. Bar, Christian, Deliktsrecht, in: Gutachten und Vorschläge zur Überarbeitung des Schuldrechts, Band II, hrsg. vom Bundesminister der Justiz, Köln 1981, S. 1681; (zitiert: v. Bar, Gutachten).

- Das „Trennungsprinzip" und die Geschichte des Wandels der Haftpflichtversicherung, AcP 181 (1981), 289.
- Verkehrspflichten, Köln, Berlin, Bonn, München, 1980; (zitiert: v. Bar, Verkehrspflichten).
- Entwicklungen und Entwicklungstendenzen im Recht der Verkehrs(sicherungs)-pflichten, JuS 1988, 169.
- Vertragliche Schadensersatzpflicht ohne Vertrag, JuS 1982, 637.
- Vorbeugender Rechtsschutz vor Verkehrspflichtverletzungen, 25 Jahre Karlsruher Forum 1983, S. 80.
- Zur Bedeutung des Beweglichen Systems für die Dogmatik der Verkehrspflichten, in: Das Bewegliche System im geltenden und künftigen Recht, hrsg. von Franz Bydlinski, Wien, New York 1986, S. 63.
- Neues Haftungsrecht durch Europäisches Gemeinschaftsrecht, in: Festschrift für Hermann Lange zum 70. Geburtstag, hrsg. von Dieter Medicus, Hans-Joachim Mertens, Knut Wolfgang Nörr, Wolfgang Zöllner, Stuttgart, Berlin, Köln 1992, S. 373.
- Rezension von: Nils Jansen, Die Struktur des Haftungsrechts, Tübingen 2003, AcP 203 (2003), 859.
- Deliktsrecht in Europa, Köln, Berlin, Bonn, München1993.
- Gemeineuropäisches Deliktsrecht, Band 1, München 1996; Band 2, München 1999.

- Die Study Group an a European Civil Code, in: Festschrift für Dieter Henrich zum 70. Geburtstag, hrsg. von Peter Gottwald, Erik Jayme, Dieter Schwab, Bielefeld 2000, S. 1.
- Konturen des Deliktsrechtskonzeptes der Study Group on a European Civil Code: Ein Werkstattbericht, ZEuP 2001, 515.

Becker, Christoph, Wirkungslose Bürgschaften und andere persönliche Sicherheiten naher Angehöriger, DZWir 1994, 397.

Becker, Désirée, Der Einfluss der Haftung auf die Haftpflichtversicherung, Sinzheim 1996; (zitiert: Becker, Haftpflichtversicherung).

Becker, Gary S., Der ökonomische Ansatz zur Erklärung menschlichen Verhaltens, Tübingen 1982.

Behrens, Peter, Die Bedeutung der ökonomischen Analyse des Rechts für das Arbeitsrecht, ZfA 1989, 209.

Bemmann, Klaus, Das durchgehende Gespann – Zur Problematik des Schmerzensgeldanspruchs, VersR 1958, 583.

Binding, Karl, Die Normen und ihre Übertretung, Band I, Leipzig 1872; (zitiert: Bindung, Normen I).

Blaschczok, Andreas, Gefährdungshaftung und Risikozuweisung, Köln 1993.

Bley, Helmar/Kreikebohm, Ralf/Marschner, Andreas, Sozialrecht, 8. Aufl., Neuwied, Kriftel 2001.

Bock, Michael, Prävention und Empirie – Über das Verhältnis von Strafzwecken und Erfahrungswissen, JuS 1994, 89.

Bodewig, Theo, Der Rückruf fehlerhafter Produkte, Tübingen 1999.

Bogs, Harald, Chancen und Grenzen produktiver, staatsentlastender Schadenverhütung bei Privat- und Sozialversicherung, in: Grundprobleme des Versicherungsrechts, hrsg. von Reimer Schmidt, Karl Sieg, Hans Möller, Karlsruhe 1972, S. 57.

Bogs, Walter, Die Vorsorge im System des Sozialrechts, ZSR 1969, 654 und 738.

Böhmer, Emil, Zum Begriff des Handelns auf eigene Gefahr, VersR 1957, 205.

Bönitz, Dieter, Strafgesetze und Verhaltenssteuerung, Göttingen 1991.

Börgers, Michael, Von den „Wandlungen" zur „Restrukturierung" des Deliktsrechts? Berlin 1993; (zitiert: Börgers, Wandlungen).

Bork, Reinhard, Allgemeiner Teil des Bürgerlichen Gesetzbuchs, Tübingen 2001; (zitiert: Bork, BGB AT).

v. *Bortkiewicz, Ludwig,* Die Haftpflichtversicherung, Schmoller's Jahrbuch, Band 27 (1903), 1085.

Brüggemeier, Gert, Gesellschaftliche Schadensverteilung und Deliktsrecht, AcP 182 (1982), 385.

- Judizielle Schutzpolitik de lege lata – Zur Restrukturierung des BGB-Deliktsrechts, JZ 1986, 268.
- Deliktsrecht, Baden-Baden 1986; (zitiert: Brüggemeier, Deliktsrecht).
- Prinzipien des Haftungsrechts, 1. Aufl., Baden-Baden 1999; (zitiert: Brüggemeier, Prinzipien).
- Vertrag – Quasi-Vertrag – Sonder-Delikt – Delikt, AG 1982, 268.

Bruns, Alexander, Haftungsbeschränkung und Mindesthaftung, Tübingen 2003; (zitiert: Bruns, Haftungsbeschränkung).

Buchner, Herbert, Der Versicherungs-Gedanke im Schadensrecht, VersR 1967, 1030.

Bungeroth, Erhard, Schutz vor dem Verbraucherschutz, in: Bankrecht – Schwerpunkte und Perspektiven, Festschrift für Herbert Schimansky, hrsg. von Norbert Horn, Hans-Jürgen Lwowski, Gerd Nobbe, Köln 1999, S. 279.

Burckhardt, Walther, Der Vertrag im Privatrecht und im Öffentlichen Recht, Bern 1924; (zitiert: Burckhardt, Vertrag).

Bülow, Peter/Artz, Markus, Verbraucherprivatrecht, Heidelberg 2003.

Burow, Patrick, Einführung in die ökonomische Analyse des Rechts, JuS 1993, 8.

Bydlinski, Franz, Privatautonomie und objektive Grundlagen des verpflichtenden Rechtsgeschäfts, Wien 1967; (zitiert: Bydlinski, Privatautonomie).

- Die Suche nach der Mitte als Daueraufgabe der Privatrechtswissenschaft, AcP 204 (2004), 309.

v. Caemmerer, Ernst, Das Verschuldensprinzip in rechtsvergleichender Sicht, RabelsZ 42 (1978), 5.

- Wandlungen des Deliktsrechts, in: Hundert Jahre deutsches Rechtsleben, Festschrift zum hundertjährigen Bestehen des deutschen Juristentages 1860-1960, S. 49.
- Die Bedeutung des Schutzbereichs einer Rechtsnorm für die Geltendmachung von Schadensersatzansprüchen aus Verkehrsunfällen, DAR 1970, 283.

Calabresi, Guido, The Costs of Accidents, New Haven 1970; (zitiert: Calabresi, Accidents).

Callies, Gralf-Peter, Nach der Schuldrechtsreform: Perspektiven des deutschen, europäischen und internationalen Verbrauchervertragsrechts, AcP 203 (2003), 575.

Calliess, Christian/Blanke, Hermann-Josef, Kommentar des Vertrages über die Europäische Union und des Vertrages zur Gründung der Europäischen Gemeinschaft, 2. Aufl., Neuwied, Kriftel 2002; (zitiert: Calliess/Blanke/Bearbeiter).

Canaris, Claus-Wilhelm, Verfassungs- und europarechtliche Aspekte der Vertragsfreiheit in der Privatrechtsgesellschaft, in: Wege und Verfahren des Verfassungslebens, Festschrift für Peter Lerche zum 65. Geburtstag, hrsg. von Peter Badura, Rupert Scholz, München 1993, S. 873.

- Verstöße gegen das verfassungsrechtliche Übermaßverbot im Recht der Geschäftsfähigkeit und im Schadensersatzrecht, JZ 1987, 993.
- Wandlungen des Schuldvertragsrechts-Tendenzen zu seiner „Materialisierung“, AcP 200 (2000), 273.
- Systemdenken und Systembegriff in der Jurisprudenz, 2. Aufl., Berlin 1983; (zitiert: Canaris, Systemdenken).
- Schutzgesetze – Verkehrspflichten – Schutzpflichten, in: Festschrift für Karl Larenz zum 80. Geburtstag hrsg. von Claus-Wilhelm Canaris, Uwe Diederichsen, München 1983, S. 27.
- Ansprüche wegen positiver Vertragsverletzung und Schutzwirkung für Dritte bei nichtigen Verträgen, JZ 1965, 475.
- Die Vertrauenshaftung im deutschen Recht, München 1971; (zitiert: Canaris, Vertrauenshaftung).
- Die Reichweite der Expertenhaftung gegenüber Dritten, ZHR 163 (1999), 206.
- Grundrechte und Privatrecht, Berlin 1999.
- Grundrechtswirkungen und Verhältnismäßigkeitsprinzip in der richterlichen Anwendung und Fortbildung des Privatrechts, JuS 1989, 161.
- Grundrechte und Privatrecht, AcP 184 (1984), 201.

Classen, Claus Dieter, Die Drittwirkung der Grundrechte in der Rechtsprechung des Bundesverfassungsgerichts, AöR 122 (1997), 65.

Coase, Ronald H., The Problem of Social Cost, Journal of Law an Economics 3 (1961), 1.

Coester-Waltjen, Dagmar, Die Inhaltskontrolle von Verträgen außerhalb des AGBG, AcP 190 (1990), 1.

Cosack, Tilmann, Die Gefährdungshaftung im Vordringen, VersR 1992, 1439.

Curti, Henning, Strafe und Generalprävention, ZRP 1999, 234.

Dahm, Henning, Vorvertraglicher Drittschutz, JZ 1992, 1167.

Damm, Reinhard, Verbraucherrechtliche Sondergesetzgebung und Privatrechtssystem, JZ 1978, 173.

- Entwicklungstendenzen in der Expertenhaftung, JZ 1991, 373.
- Privatautonomie und Verbraucherschutz, VersR 1999, 129.

Dauner-Lieb, Barbara, Verbraucherschutz durch Ausbildung eines Sonderprivatrechts für Verbraucher, Berlin 1983; (zitiert: Dauner-Lieb, Verbraucherschutz).

- Das Neue Schuldrecht, Heidelberg 2002; (zitiert: Dauner-Lieb/Heidel/ Lepa/Ring/Bearbeiter, Schuldrecht).

Dauner-Lieb, Barbara/Heidel, Thomas/Lepa, Manfred/Ring, Gerhard, Anwaltkommentar Schuldrecht, Erläuterungen der Neuregelungen zum Verjährungsrecht, Schuldrecht, Schadensersatzrecht und Mietrecht, Bonn 2002; (zitiert: Anwaltkommentar/Bearbeiter).

Dauses, Manfred A., Information der Verbraucher in der Rechtsprechung des EuGH, RIW 1998, 750.

- Handbuch des EU-Wirtschaftsrechts, Loseblatt-Ausgabe, München.

Deckert, Martina R., Die Verkehrspflichten, Jura 1996, 348.

Denck, Johannes, Verdrängung des Haftungsrechts durch Teilungsabkommen? NJW 1982, 2048.

Deutsch, Erwin, Gefährdungshaftung: Tatbestand und Schutzbereich, JuS 1981, 317.

- Entwicklungstendenzen des Schadensrechts in Rechtsprechung und Wissenschaft, JuS 1967, 152.
- Allgemeines Haftungsrecht, 2. Aufl., Köln, Berlin, Bonn, München 1996; (zitiert: Deutsch, Haftungsrecht).
- Fahrlässigkeit und erforderliche Sorgfalt, 2. Aufl., Köln, Berlin, Bonn, München 1995; (zitiert: Deutsch, Fahrlässigkeit).
- Die Mitspielerverletzung im Sport, VersR 1974, 1045.
- Die Zwecke des Haftungsrechts, JZ 1971, 244.
- Versicherungsvertragsrecht, 4. Aufl., Karlsruhe 2000.
- Das „allgemeine Lebensrisiko" als negativer Zurechnungsgrund, VersR 1993, 1041.
- Der Reiter auf dem Pferd und der Fußgänger unter dem Pferd, NJW 1978, 1998.
- Einheitliche Dienstleistungshaftung in Europa, ZRP 1990, 454.

Deutsch, Erwin/Ahrens, Hans-Jürgen, Deliktsrecht: Unerlaubte Handlungen. Schadensersatz. Schmerzensgeld, 4. Aufl., Köln, Berlin, Bonn, München 2002; (zitiert: Deutsch/Ahrens, Deliktsrecht).

Dewees, D., Duff, D. & Trebilcock, M., Exploring the Domain of Accident Law. Taking the Facts Seriously, 1996.

Diederichsen, Uwe, Das Bundesverfassungsgericht als oberstes Zivilgericht – ein Lehrstück der juristischen Methodenlehre, AcP 198 (1998), 171.

- Die Haftung des Warenherstellers, München 1967; (zitiert: Diederichsen, Haftung).
- Die Selbstbehauptung des Privatrechts gegenüber dem Grundgesetz, Jura 1997, 57.

Dietlein, Johannes, Die Lehre von den grundrechtlichen Schutzpflichten, Berlin 1992.

Dölle, Hans, Außergesetzliche Schutzpflichten, ZStW 103, 67.

Dölling, Dieter, Generalprävention durch Strafrecht-Realität oder Illusion? ZStrW 102 (1990), 1.

Döring, Patricia, Haftung und Haftpflichtversicherung als Instrumente einer präventiven Umweltpolitik, Berlin 1999; (zitiert: Döring, Haftung und Haftpflichtversicherung).

Dörner, Heinrich, Zur Dogmatik der Schutzgesetzverletzung- BGH, NJW 1982, 1037 und NJW 1985, 134, JuS 1987, 522.

Dreher, Meinrad, Der Verbraucher - Das Phantom in den opera des europäischen und deutschen Rechts? JZ 1997, 167.

Dreier, Thomas, Kompensation und Prävention, Tübingen 2002; (zitiert Dreier, Kompensation).

Drewitz, Hans-Dieter, Der Grundsatz: Die Versicherung folgt der Haftung, Mannheim 1977; (zitiert: Drewitz, Grundsatz).

Drexl, Josef, Der Bürge als deutscher und europäischer Verbraucher, JZ 1998, 1046.

Dunz, Walter, Reiter wider Pferd oder Versuch einer Ehrenrettung des Handelns auf eigene Gefahr, JZ 1987, 63.

- Gegenseitige Haftung bei gemeinschaftlichem Leichtsinn, VersR 1988, 4.
- Wesen und Grenzen des „eigenen Mitverschuldens“, JZ 1961, 406.

Dürig, Günter, Grundrechte und Privatrechtsprechung, in: Vom Bonner Grundgesetz zur gesamtdeutschen Verfassung, Festschrift zum 75. Geburtstag von Hans Nawiasky, hrsg. von Theodor Maunz, München 1956, S. 157.

Duve, Thomas, Verbraucherschutz und Kodifikationsgedanke, Jura 2002, 793.

Edenfeld, Stefan, Grenzen der Verkehrssicherungspflicht, VersR 2002, 272.

Eichenhofer, Eberhard, Sozialrecht, 4. Aufl., Tübingen 2003.

- Die sozialpolitische Inpflichtnahme von Privatrecht, JuS 1996, 857.

Eidenmüller, Horst, Effizienz als Rechtsprinzip, 2. Aufl., Tübingen 1998.

Ehlers, Dirk, Der Schutz wirtschaftlicher Unternehmen vor terroristischen Anschlägen, Spionage und Sabotage, in: Festschrift für Rudolf Lukes zum 65. Geburtstag, hrsg. von Herbert Leßmann, Bernhard Großfeld, Lothar Vollmer, Köln, Berlin, Bonn, München 1989, S. 337.

Endres, Alfred/Rehbinder, Eckard/Schwarze, Reimund, Haftung und Versicherung für Umweltschäden aus ökonomischer und juristischer Sicht, Berlin, Heidelberg 1992; (zitiert: Endres/Rehbinder/Schwarze, Haftung und Versicherung).

Erichsen, Hans-Uwe, Die Drittwirkung der Grundrechte, Jura 1996, 527.

- Grundrechtliche Schutzpflichten in der Rechtsprechung des Bundesverfassungsgerichts, Jura 1997, 85.

Erman, Walter, Bürgerliches Gesetzbuch, Band I (§§ 1-181, UKlaG), 11. Auflage, Köln 2004; Band II (§§ 812-2385, EGBGB, ErbbauVO, HausratsVO, LPartG, ProdHaftG, VAHRG, WEG), 11. Auflage, Köln 2004.

Eschenbach, Jürgen/Niebaum, Frank, Von der mittelbaren Drittwirkung unmittelbar zur staatlichen Bevormundung, NVwZ 1994, 1079.

Esser, Josef, Die Zweispurigkeit unseres Haftpflichtrechts, JZ 1953, 129.

- Grundfragen der Reform des Schadensersatzrechts, AcP 148 (1943), 121.
- Grundlagen und Entwicklung der Gefährdungshaftung, 2. Aufl., München 1969; (zitiert: Esser, Gefährdungshaftung).

Esser, Josef/Schmidt, Eike, Schuldrecht, Band I, Allgemeiner Teil, Teilband I, 8. Aufl., Heidelberg 1995; (zitiert: Esser/Schmidt, Schuldrecht I/1).

- Schuldrecht, Band I, Allgemeiner Teil, Teilband 2, 8. Aufl., Heidelberg 2000; (zitiert: Esser/Schmidt, Schuldrecht I/2).

Esser, Josef/Weyers, Hans-Leo, Schuldrecht, Band II, Besonderer Teil, Teilband 2, 8. Aufl., Heidelberg 2000; (zitiert: Esser/Weyers, Schuldrecht II/2).

Faber, Wolfgang, Elemente verschiedener Verbraucherbegriffe in EG-Richtlinien, zwischenstaatlichen Übereinkommen und nationalem Zivil- und Kollisionsrecht, ZEuP 1998, 854.

Fahrenhorst, Irene, Instruktionspflicht des Herstellers eines Kindertees – BGHZ 116, 60, JuS 1994, 288.

Fastrich, Lorenz, Richterliche Inhaltskontrolle im Privatrecht, München 1992; (zitiert: Fastrich, Inhaltskontrolle).

Fehl, Norbert, Systematik des Rechts der Allgemeinen Geschäftsbedingungen, Heidelberg 1979; (zitiert: Fehl, Allgemeine Geschäftsbedingungen).

Fellmer, Eberhard, Die Haftung bei Sportveranstaltungen, MDR 1995, 541.

Fezer, Karl-Heinz, Teilhabe und Verantwortung, München 1986; (zitiert: Fezer, Teilhabe).

- Aspekte einer Rechtskritik an der economic analysis of law und am property rights approach, JZ 1986, 817.
- Nochmals – Kritik an der ökonomischen Analyse des Rechts, JZ 1988, 223.

Fikentscher, Wolfgang, Schuldrecht, Berlin, New York 1997.

Fischer, Thomas/Tröndle, Herbert/Schwarz, Otto, Strafgesetzbuch und Nebengesetze, 52. Aufl., München 2004.

Fleischer, Holger, Reichweite und Grenzen der Risikoübernahme im in- und ausländischen Sporthaftungsrecht, VersR 1999, 785.

- Vertragsabschlußbezogene Informationspflichten im Gemeinschaftsprivatrecht, ZEuP 2000, 772.

Flume, Werner, Allgemeiner Teil des Bürgerlichen Rechts, Zweiter Band, Das Rechtsgeschäft, 3. Auflage, Berlin, Heidelberg, Heidelberg, New York 1979; (zitiert: Flume, AT 2).

- Rechtsgeschäft und Privatautonomie, in: Hundert Jahre Deutsches Rechtsleben - Festschrift zum hundertjährigen Bestehen des Deutschen Juristentages, Band 1, Karlsruhe 1960, S. 135.

Foerste, Ulrich, Haftet die Gesellschaft für Erziehungsfehler? NJW 1995, 2605.

- Anmerkung zu dem Urteil des BGH vom 19.5.1999, VI ZR 192/98, NJW 1999, 2815, JZ 1999, 949.

Fraenkel, Michael, Tatbestand und Zurechnung bei Paragraph 823 Abs. 1 BGB, Berlin 1979; (zitiert: Fraenkel, Tatbestand).

Frey, Emil, Ist die Schadensverhütung eine Aufgabe des Privatversicherers? ZVersWiss 1968, 15.

Frietsch, Edwin, Deutschland - Stand der rechtspolitischen Diskussion zur Fortentwicklung des außervertraglichen Haftungsrechts, PHI 1997, 24.

Fritzweiler, Jochen, Haftung bei Sportunfällen, DAR 1997, 137.

Frost, Marina, „Vorvertragliche" und „vertragliche" Schutzpflichten, Berlin 1981; (zitiert: Frost, Schutzpflichten).

Fuchs, Maximilian, Deliktsrecht, 5. Auflage, Berlin, Heidelberg 2004; (zitiert: Fuchs, Deliktsrecht).

- Versicherungsschutz und Versicherbarkeit als Argumente bei der Schadensverteilung, AcP 191 (1991), 318.

Füllgraf, Lutz, Haftungsbegrenzung bei Sportverletzungen, VersR 1983, 705.

Gaber, Erwin, Die Schadenverhütung in der Rentenversicherung, ZVersWiss 1968, 107.

Gallwas, Hans-Ullrich, Grundrechte, 2. Aufl., Neuwied, Kriftel, Berlin 1995.

Geigel, Reinhart, Die Höhe des Schmerzensgeldes, NJW 1954, 706.

Gelhaar, Wolfgang, Zur Bemessung des Schmerzensgeldes, NJW 1953, 1281.

Gerhardt, Walter, Der Haftungsmaßstab im gesetzlichen Schuldverhältnis, (Positive Vertragsverletzung, culpa in contrahendo), JuS 1970, 597.

Gernhuber, Joachim, Bürgerliches Recht, 3. Auflage, München 1991; (zitiert: Gernhuber, Bürgerliches Recht).

- Drittwirkungen im Schuldverhältnis kraft Leistungsnähe, in: Festschrift für Arthur Nikisch, Tübingen 1958, S. 249.
- Das Schuldverhältnis, Tübingen 1989; (zitiert: Gernhuber, Schuldverhältnis).

v. Gerlach, Dieter, Gewinnherausgabe bei Persönlichkeitsverletzungen nach schweizerischem Vorbild, VersR 2002, 917.

v. Gerven, Walter/Lever, Jeremy/Larouche, Pierre, Cases, Materials and Text on National, Supranational an International Tort Law, Oxford 2000.

v. Gierke, Julius, Die Haftpflichtversicherung und ihre Zukunft, ZHR 60 (1907), 1.

v. Gierke, Otto, Die soziale Aufgabe des Privatrechts, Neudruck Frankfurt 1948; (zitiert: v. Gierke, Soziale Aufgabe).

Gitter, Wolfgang, Schadensausgleich im Arbeitsunfallrecht, Tübingen 1969.

Groeschke, Peer, Die Haftung vermögensloser Bürgen, BB 1994, 725.

Groß, Werner, Forderungsübergang im Schadensfall, DAR 1999, 337.

Großfeld, Bernhard, Haftpflichtversicherung im Wandel, VW 1974, 693.

Großfeld, Bernhard/Hübner, Ulrich, Schadenverhütung und Versicherung, ZVersWiss 1977, 393.

Grote, Dirk, Der Kfz-Rückruf, VersR 1997, 1066.

Grün, Beate, Die Generalklauseln als Schutzinstrumente der Privatautonomie am Beispiel der Kreditmithaftung von vermögenslosen nahen Angehörigen, WM 1994, 713.

Grundmann, Stefan, Privatautonomie im Binnenmarkt, JZ 2000, 1133.

- Systembildung und Systemlücken in Kerngebieten des Europäischen Privatrechts, Tübingen 2000.
- Europäisches Schuldvertragsrecht, Berlin, New York 1999.
- Verbraucherrecht, Unternehmensrecht, Privatrecht – warum sind sich UN-Kaufrecht und EU-Kaufrechts-Richtlinie so ähnlich? AcP 202 (2002), 40.

Grunewald, Barbara, Die Haftung des Experten für seine Expertise gegenüber Dritten, AcP 187 (1987), 285.

- Zur Haftung von Fachleuten im Zivilrechtsverkehr, JZ 1982, 627.

Grunsky, Zur Haftung bei Sportunfällen, JZ 1975, 109.

Guckelberger, Annette, Die Drittwirkung der Grundrechte, JuS 2003, 1151.

Haas, Lothar/Medicus, Dieter/Rolland, Walter/Schäfer, Carsten/Wendtland, Holger, Das neue Schuldrecht, München 2002; (zitiert: Haas/Medicus/Rolland/Schäfer/Wendtlandt, Schuldrecht).

Habermas, Jürgen, Strukturwandel der Öffentlichkeit, 6. Auflage, Neuwied, 1974; (zitiert: Habermas, Strukturwandel).

- Faktizität und Geltung, Frankfurt a.M. 1998; (zitiert: Habermas, Faktizität).

Hager, Johannes, Grundrechte im Privatrecht, JZ 1994, 373.

Hanau, Peter, Rückwirkungen der Haftpflichtversicherung auf die Haftung, VersR 1969, 291.

Hasselblatt, Gordian N., Reiten auf eigene Gefahr, aber fremde Rechnung? NJW 1993, 2577.

Hassold, Gerhard, Die Lehre vom Organisationsverschulden, JuS 1982, 583.

Hauß, Fritz, Entwicklungslinien des deutschen Schadensersatzrechts, ZVersWiss 1967, 151.

Hedemann, Justus Wilhelm, Die Fortschritte des Zivilrechts im XIX. Jahrhundert, Berlin. 1910; (zitiert: Hedemann, Forschritte).

Hehl, Susanne, Das Verhältnis von Verschuldens- und Gefährdungshaftung, Regensburg 1999; (zitiert: Hehl, Verschuldens- und Gefährdungshaftung).

Heinrich, Christian, Formale Freiheit und materielle Gerechtigkeit, Tübingen 2000; (zitiert: Heinrich, Freiheit).

Heinrichsmeier, Paul, Die Einbeziehung einkommens- und vermögensloser Familienangehöriger in die Haftung für Bankkredite - eine unendliche Geschichte? FamRZ 1994, 129.

Heiss, Helmut, Europarecht, Verbraucherrecht und allgemeines Zivilrecht: eine schwierige Dreiecksbeziehung, JZ 1997, 83.

Helm, Johann Georg, Grundlagen einer normativen Theorie allgemeiner Geschäftsbedingungen, in: Festschrift für Ludwig Schnorr von Carolsfeld, Köln, Berlin, Bonn, München, 1972, S. 125.

- Rechtsfortbildung und Reform bei der Haftung für Verrichtungsgehilfen, AcP 166 (1966), 389.

Henckel, Wolfram, Vorbeugender Rechtsschutz im Zivilrecht, AcP 174 (1974), 97.

Henke, Horst-Eberhard, Mitverursachung und Mitverschulden - Wer den Schaden herausfordert, muß den Schädiger schonen, JuS 1988, 753.

- Die Bewältigung des Mitverschuldens – eine anspruchsvolle juristische Technik, JuS 1991, 265.

Hermes, Georg, Grundrechtsschutz durch Privatrecht auf neuer Grundlage? NJW 1990, 1764.

- Das Grundrecht auf Schutz von Leben und Gesundheit, Heidelberg 1987.

Hesse, Hans Albrecht/Kaufmann, Peter, Die Schutzpflicht in der Privatrechtsprechung, JZ 1995, 219.

Hesse, Konrad, Grundzüge des Verfassungsrechts der Bundesrepublik Deutschland. 20. Aufl., Heidelberg 1999; (zitiert: Hesse, Verfassungsrecht).

Hillgruber, Christian, Grundrechtsschutz im Vertragsrecht, AcP 191 (1991), 69.

v. Hippel, Eike, Der Schutz des Schwächeren, Tübingen 1982; (zitiert: v. Hippel, Schutz).

v. Hippel, Fritz, Das Problem der rechtsgeschäftlichen Privatautonomie, Tübingen 1936; (zitiert: v. Hippel, Privatautonomie).

Hirte, Heribert, Berufshaftung, München 1996.

Hoffmann, Dieter, Analyse der europäischen Rechtssetzungstechniken im Bereich des Vertragsrechts aus der Sicht der Europäischen Kommission, in: Neues europäisches Vertragsrecht und Verbraucherschutz, hrsg. von Wolfgang Heusel, Köln 1999, S. 39.

Höfling, Wolfram, Vertragsfreiheit, Heidelberg 1991.

Hohloch, Gerhard, Die negatorischen Ansprüche und ihre Beziehungen zum Schadensersatzrecht, Frankfurt a.M. 1976; (zitiert: Hohloch, Negatorische Ansprüche).

- Allgemeines Schadensrecht, in: Gutachten und Vorschläge zur Überarbeitung des Schuldrechts, Band I, hrsg. vom Bundesminister der Justiz, Köln 1981, S. 375.

Hommelhoff, Peter, Verbraucherschutz im System des deutschen und europäischen Privatrechts, Heidelberg 1996; (zitiert: Hommelhoff, Verbraucherschutz).

Hönn, Günther, Kompensation gestörter Vertragsparität, München 1982; (zitiert: Hönn, Vertragsparität).

- Wirksamkeitskontrolle als Instrument des allgemeinen Privatrechts zur Bewältigung von Ungleichgewichtslagen, JZ 1987, 677.
- Entwicklungslinien des Vertragsrechts, JuS 1990, 953.
- Inhaltskontrolle von Gesellschaftsverträgen, JA 1987, 337.
- Zur Problematik der Privatautonomie, Jura 1984, 57.
- Zu den „Besonderheiten" des Arbeitsrechts, ZfA 2003, 325.
- Europarechtlicher gesteuerter Verbraucherschutz und die Tendenz zur Materialisierung im nationalen Zivil- und Zivilprozessrecht, in: Festschrift für Akira Ishikawa zum 70. Geburtstag, hrsg. von Gerhard Lüke, Takehiko Mikami, Hanns Prütting, Berlin, New York 2001, S. 199.

Honsell, Heinrich, Produkthaftungsgesetz und allgemeine Deliktshaftung, JuS 1995, 211.

- Berliner Kommentar zum Versicherungsvertragsgesetz, Berlin, New York 1999; (zitiert: BerlKomm/Bearbeiter).

Hopt, Klaus, Nichtvertragliche Haftung außerhalb von Schadens- und Bereicherungsausgleich, AcP 183 (1983), 608.

Horn, Norbert, Culpa in contrahendo, JuS 1995, 377.

Huber, Konrad, Verkehrspflichten zum Schutz fremden Vermögens, in: Festschrift für Ernst von Caemmerer zum 70. Geburtstag, hrsg. von Hans Claudius Ficker, Detlef König, Karl F. Kreuzer, Hans. G. Leser, Wolfgang Frhr. Marschall von Bieberstein, Peter Schlechtriem, Tübingen 1978, S. 359.

Huber, Ulrich, Verschulden, Gefährdung und Adäquanz, in: Rechtswissenschaft und Gesetzgebung, Festschrift für Eduard Wahl zum 70. Geburtstag, hrsg. von Klaus Müller, Hermann Soell, Heidelberg 1973, S. 301.

- Zivilrechtliche Fahrlässigkeit, in: Festschrift für Ernst Rudolf Huber, hrsg. von Ernst Forsthoff, Werner Weber, Franz Wieacker, Göttingen 1973, S. 253.
- Leistungsstörungen, in: Gutachten und Vorschläge zur Überarbeitung des Schuldrechts, Band 1, hrsg. vom Bundesminister der Justiz, Köln 1981, S. 647; (zitiert: Huber, Gutachten).
- Zur Haftung des Verkäufers wegen positiver Vertragsverletzung, AcP 177 (1977), 281.
- Normzweck und Adäquanztheorie, JZ 1969, 677.

Hübner, Ulrich, Die Berufshaftung – ein zumutbares Berufsrisiko? NJW 1989, 5.

v. Ihering, Rudolf, Das Schuldmoment im Römischen Privatrecht, in: Vermischte Schriften juristischen Inhalts, Leipzig 1879, S. 163; (zitiert: Ihering, Schuldmoment).

- Culpa in contrahendo oder Schadensersatz bei nichtigen oder nicht zur Perfektion gelangten Verträgen, JherJb. 4, S. 1.

Isensee, Josef, Vertragsfreiheit im Griff der Grundrechte – Inhaltskontrolle von Verträgen am Maßstab der Verfassung, in: Festschrift für Bernhard Großfeld zum 65. Geburtstag, hrsg. von Ulrich Hübner und Werner F. Ebke, Heidelberg 1999, S. 485.

- Das Grundrecht auf Sicherheit, Berlin 1983.

Isensee, Josef/Kirchhof, Paul, Handbuch des Staatsrechts, Band V, Allgemeine Grundrechtslehren, 2. Aufl., Heidelberg 2000; (zitiert: Isensee, HStR V).

Jahnke, Jürgen, Haftungs- und Verschuldensbeschränkungen bei der Abwicklung von Haftpflichtfällen, VersR 1996, 294.

Jakobs, Günther, Strafrecht, Allgemeiner Teil, 2. Aufl., Berlin, New York 1991; (zitiert: Jakobs, Strafrecht AT).

Jansen, Nils, Die Struktur des Haftungsrechts, Tübingen 2003; (zitiert: Jansen, Haftungsrecht).

- Das Problem der Rechtswidrigkeit bei § 823 Abs. 1 BGB, AcP 202 (2002), 517.
- Auf dem Weg zu einem europäischen Haftungsrecht, ZEuP 2001, 30.
- Bürgerliche Pflichtenordnung oder flexibler Rechtgüterschutz? Zur Struktur des europäischen Haftungsrechts in Geschichte und moderner Dogmatik, ZEuP 2003, 490.

Jarass, Hans, Bausteine einer umfassenden Grundrechtsdogmatik, AöR 120 (1995), 345.

Jauernig, Othmar, Bürgerliches Gesetzbuch, 11. Auflage, München 2004; (zitiert: Jauernig/Bearbeiter).

Jescheck, Hans-Heinrich/Weigend, Thomas, Lehrbuch des Strafrechts Allgemeiner Teil, 5. Aufl., Berlin 1996; (zitiert: Jescheck/Weigend, Strafrecht AT).

Johannsen, Ralf, Vorsatz und grobe Fahrlässigkeit in der Haftpflichtversicherung, RuS 2000, 133.

Jorges, Christian, Die Verwirklichung des Binnenmarktes und Europäisierung des Produktsicherheitsrechts, in: Festschrift für Ernst Steindorff zum 70. Geburtstag, hrsg. von Jürgen F. Baur, Klaus J. Hopt, K. Peter Mailänder, Berlin, New York 1990, S. 1247.

Kahl, Wolfgang, Umweltprinzip und Gemeinschaftsrecht, Karlsruhe 1993; (zitiert: Kahl, Umweltprinzip).

Kaiser, Günther/Schöch, Heinz, Kriminologie, Jugendstrafrecht, Strafvollzug, 4. Aufl., Heidelberg 1994.

Kant, Immanuel, Grundlegung zur Metaphysik der Sitten, Akademieausgabe Bd. VIII, 1911.

Katzenmeier, Christian, Zur neueren dogmengeschichtlichen Entwicklung der Deliktsrechtstatbestände, AcP 203 (2003), 79.

- Überlagerungen des Schadensrechts durch das Versicherungsrecht, VersR 2002, 1449.

- Entwicklungen des Produkthaftungsrechts, JuS 2003, 943.

Klauser, Karl-August, Kriterien zur Bestimmung der Haftungsquote, NJW 1965, 1894.

Klein, Eckart, Grundrechtliche Schutzpflicht des Staates, NJW 1989, 1633.

Kleindiek, Detlef, Deliktshaftung und juristische Person, Tübingen 1997; (zitiert. Kleindiek, Deliktshaftung).

Klindt, Thomas, Das neue Geräte- und Produktsicherheitsgesetz, NJW 2004, 465.

Knobel, Ulrike, Wandlungen im Verständnis der Vertragsfreiheit, Berlin 2000; (zitiert: Knobel, Vertragsfreiheit).

Knütel, R., Anmerkung zu dem Urteil des BGH vom 18.12.1979, VI ZR 27/87, BGHZ 76, 279, JR 1980, 20.

Köbler, Gerhard, Zehn Gebote Schadensrecht, in: Europas universale rechtsordnungspolitische Aufgabe im Recht des dritten Jahrtausends, Festschrift für Alfred Söllner zum 70. Geburtstag, hrsg. von Gerhard Köbler, Reinhard Heinze, Wolfgang Hromadka, München 2000, S. 551.

Koch, Berhard A. /Koziol, Helmut (Hrsg.), Unification of Tort Law: Strict Liability, Den Haag, London, New York 2002.

Köhler, Helmut, Vertragsrecht und „Property-Rights"-Theorie, ZHR 144 (1980), 589.

Kohte, Wolfhard, Vertragsfreiheit und gestörte Vertragsparität, ZBB 1994, 172.

Köndgen, Johannes, Selbstbindung ohne Vertrag, Tübingen 1981; (zitiert: Köndgen, Selbstbindung).

Körner, Marita, Zur Aufgabe des Haftungsrechts – Bedeutungsgewinn präventiver und punitiver Elemente, NJW 2000, 241.

Kötz, Hein, Haftung für besondere Gefahr, AcP 170 (1970), 1.

- Ziele des Haftungsrechts, in: Festschrift für Ernst Steindorff zum 70. Geburtstag am 13. März 1990, hrsg. von Jürgen F. Baur, Klaus J. Hopt, K. Peter Mailänder, Berlin 1990, S. 643.

- Sozialer Wandel im Unfallrecht, Heidelberg 1976; (zitiert: Kötz, Sozialer Wandel).

- Die ökonomische Analyse des Rechts, ZVersWiss 1993, 57.

- Anmerkung zu dem Urteil des BGH vom 13.7.1989, III ZR 122/88, BGHZ 108, 273, JZ 1992, 355.

- Gefährdungshaftung, in: Gutachten und Vorschläge zur Überarbeitung des Schuldrechts, Band II, hrsg. vom Bundesminister der Justiz, Köln 1981, S. 1779.

Kötz, Hein/Schäfer, Hans-Bernd, Schadensverhütung durch ökonomische Anreize, AcP 189 (1989), 501.

Kötz, Hein/Wagner, Gerhard, Deliktsrecht, 9. Aufl., Neuwied, Kriftel 2001; (zitiert: Kötz/Wagner, Deliktsrecht).

Koziol, Helmut, Delikt, Verletzung von Schuldverhältnissen und Zwischenbereich, JBl 116 (1994), 209.

- (Hrsg.), Unification of Tort Law: Wrongfulness, Den Haag, London, New York 1998.

- Die "Principles of European Tort Law" der "European Group on Tort Law", ZEuP 2004, 234.

Kramer, Ernst A., Die „Krise" des liberalen Vertragsdenkens, München 1974.

- Nichtausgehandelter Individualvertrag, notariell beurkundeter Vertrag und AGBG, ZHR 146 (1982), 105.
- Schutzgesetze und adäquate Kausalität, JZ 1976, 338.
- Rezension von: Michael Fraenkel, Tatbestand und Zurechnung bei § 823 Abs.1 BGB, Berlin 1979, AcP 180 (1980), 523.

Krauskopf, Dieter/Marburger, Horst, Die Ersatzansprüche nach § 116 SGB X, 5. Aufl., Sankt-Augustin 2000.

Krebs, Peter, Sonderverbindung und außerdeliktische Schutzpflichten, München 2000; (zitiert: Krebs, Sonderverbindung).

Kreuzer, Karl, Anmerkung zu dem Urteil des BGH vom 28.1.1976, VIII ZR 246/74, BGHZ 66, 51, JZ 1976, 778.

- Rezension von: Christian v. Bar, Verkehrspflichten, Köln, Berlin, Bonn, München 1980, AcP 184 (1984), 81.

Kübler, Friedrich, Effizienz als Rechtsprinzip, in: Festschrift für Ernst Steindorff zum 70. Geburtstag, hrsg. von Jürgen F. Baur, Klaus J. Hopt, K. Peter Mailänder, Berlin, New York 1990, S. 687.

Kullmann, Hans Josef, Die Rechtsprechung des BGH zum Produkthaftpflichtrecht in den Jahren 1989/90, NJW 1991, 675.

- Die Rechtsprechung des BGH zum Produkthaftpflichtrecht in den Jahren 2000 und 2001, NJW 2002, 30.

Landrock, Gisela, Das Produkthaftungsrecht im Lichte neuerer Gesetzgebung und Rechtsprechung, JA 2003, 981.

Lang, Volker, Einmal mehr – Berufsrecht, Berufspflichten und Berufshaftung, AcP 201 (2001), 451.

Lange, Hermann, Empfiehlt es sich, die Haftung für schuldhaft verursachte Schäden zu begrenzen? Gutachten für den 43. Deutschen Juristentag, in: Verhandlungen des 43. Deutschen Juristentags, Band 1, München 1960, S.1; (zitiert: Lange, Gutachten).

- Adäquanztheorie, Rechtswidrigkeitszusammenhang, Schutzzwecklehre und selbständige Zurechnungsmomente, JZ 1976, 198.

Lange, Hermann/Hagen, Horst, Wandlungen des Schadensersatzrechts, Heidelberg 1987.

Lange, Hermann/Schiemann, Gottfried, Schadensersatz, 3. Aufl., Tübingen 2003.

Lange, Knut Werner, Schutz des allgemeinen Persönlichkeitsrechts durch zivilrechtliche Prävention, VersR 1999, 274.

Langner, Thomas, Die Problematik der Geltung der Grundrechte zwischen Privaten, Frankfurt a.M., Berlin, Bern, New York, Paris, Wien 1998.

Larenz, Karl, Lehrbuch des Schuldrechts, Erster Band, Allgemeiner Teil, 14. Auflage, München 1987; (zitiert: Larenz, Schuldrecht I).

- Lehrbuch des Schuldrechts, Zweiter Band, Besonderer Teil 1. Halbband, 13. Auflage, München 1986; (zitiert: Larenz, Schuldrecht II/1).
- Rechtswidrigkeit und Handlungsbegriff im Zivilrecht, in: Vom deutschen zum europäischen Recht, Festschrift für Hans Dölle, hrsg. von Ernst von Caemmerer, Arthur Nickisch, Konrad Zweigert, Tübingen 1963, S. 169.
- Zur Schutzwirkung eines Schuldvertrages gegenüber Dritten Personen, NJW 1960, 77.
- Culpa in contrahendo, Verkehrssicherungspflicht und „sozialer Kontakt", MDR 1954, 515.

Larenz, Karl/Canaris, Claus-Wilhelm, Lehrbuch des Schuldrechts, Zweiter Band, Besonderer Teil, 2. Halbband, 13. Auflage, München 1994; (zitiert: Larenz/Canaris, Schuldrecht II/2).

Larenz, Karl/Wolf, Manfred, Allgemeiner Teil des Bürgerlichen Rechts, 9.Aufl., München 2004; (zitiert: Larenz/Wolf, AT).

Laufke, Franz, Vertragsfreiheit und Grundgesetz, in: Das deutsche Privatrecht in der Mitte des 20. Jahrhundets, Festschrift für Heinrich Lehmann zum 80. Geburtstag, hrsg. von H.C. Nipperdey, I. Band, Tübingen 1956, S. 145.

Laufs, Adolf, Beständigkeit und Wandel – Achtzig Jahre deutsches Bürgerliches Gesetzbuch, JuS 1980, 853 ff.

- Deliktische Haftung ohne Verschulden? in: Festschrift für Joachim Gernhuber zum 70. Geburtstag, hrsg. von Hermann Lange, Knut Wolfgang Nörr, Harm Peter Westermann, Tübingen 1993, S. 245.
- Unglück und Unrecht, Heidelberg 1994; (zitiert: Laufs, Unglück).
- Rechtsentwicklungen in Deutschland, 5. Auflage, Berlin, New York 1996; (zitiert: Laufs, Rechtsentwicklungen).

Lehmann, Michael, Vertragsanbahnung durch Werbung, München 1981; (zitiert: Lehmann, Vertragsanbahnung).

Lehnertz, Friederike, Die Bedeutung des Bestehens einer Haftpflichtversicherung für den Billigkeitsanspruch des § 829 BGB, VersR 1974, 940.

Leisner, Walter, Grundrechte und Privatrecht, München 1960.

Lenz, Tobias, Das neue Geräte- und Produktsicherheitsgesetz, MDR 2004, 918.

Leser, Hans, Zu den Instrumenten des Rechtsgüterschutzes im Delikts- und Gefährdungshaftungsrecht, AcP 182 (1982), 568.

Lieb, Manfred, Sonderprivatrecht für Ungleichgewichtslagen? Überlegungen zum Anwendungsbereich der sogenannten Inhaltskontrolle privatrechtlicher Verträge, AcP 178 (1978), 196.

Limbach, Jutta, Forum: Das Rechtsverständnis in der Vertragslehre, JuS 1985, 10 ff.

Lippert, Hans-Dieter, Das Organisationsverschulden in Hochschulklinika - zivilrechtliche Aspekte, NJW 1984, 2606.

Littbarski, Sigurd, Herstellerhaftung ohne Ende – ein Segen für den Verbraucher? NJW 1995, 217.

- Kapriolen um die Instruktionspflichten des Herstellers, NJW 2000, 1161.
- Interdependenz zwischen Gefälligkeit, Haftung und Haftpflichtversicherung? VersR 2004, 950.

Loening, Edgar/Bluntschli, Johann Caspar, Die Haftung des Staats aus rechtswidrigen Handlungen seiner Beamten nach deutschem Privat- und Staatsrecht, Frankfurt a.M. 1879.

Looschelders, Dirk, Bewältigung des Zufalls durch Versicherungen? VersR 1996, 529.

- Die haftungsrechtliche Relevanz außergesetzlicher Verhaltensregeln im Sport, JR 2000, 265.
- Die Mitverantwortlichkeit des Geschädigten im Privatrecht, Tübingen 1999; (zitiert: Looschelders, Mitverantwortlichkeit).
- Verfassungsrechtliche Grenzen der deliktischen Haftung Minderjähriger – Grundsatz der Totalreparation und Übermaßverbot, VersR 1999, 141.

Looschelders, Dirk/Roth, Wolfgang, Grundrechte und Vertragsrecht - Die verfassungskonforme Reduktion des § 565 Abs. 2 S. 2 BGB, JZ 1995, 1034.

Lorenz, Egon, Der subjektive Risikoausschluss durch § 61 VVG und die Sonderregelung in § 152 VVG, VersR 2000, 2.

Lorenz, Stephan, Der Schutz vor dem unerwünschten Vertrag, München 1997.

Lorenz, Stephan/Riehm, Thomas, Lehrbuch zum neuen Schuldrecht, München 2002; (zitiert: Lorenz/Riehm, Lehrbuch).

Lorenz, Werner, Das Problem der Haftung für primäre Vermögensschäden bei der Erteilung einer unrichtigen Auskunft, in: Festschrift für Karl Larenz zum 80. Geburtstag hrsg. von Claus-Wilhelm Canaris, Uwe Diederichsen, München 1983, S. 575.

- Verkehrspflichten zum Schutze fremden Vermögens? in: 25 Jahre Karlsruher Form 1983, S. 48.

Lücke, Jörg, Die Drittwirkung der Grundrechte an Hand des Art. 19 Abs. 3 GG, JZ 1999, 377.

Luhmann, Niklas, Risiko und Gefahr, St. Gallen 1990.

Mädrich, Mathias, Das allgemeine Lebensrisiko, Berlin 1980; (zitiert: Mädrich, Lebensrisiko).

Magnus, Ulrich, Elemente eines europäischen Deliktsrechts, ZEuP 1998, 602.

- (Hrsg.), Unification of Tort Law: Damages, Den Haag, London, New York 2001.
- (Hrsg.), Unification of Tort Law: Contributory Negligence, Den Haag, London, New York 2004.

Manssen, Gerrit, Der Schutz von Leben und körperlicher Unversehrtheit im Straßenverkehr im Hinblick auf Baumunfälle, NZV 2001, 149.

Marburger, Peter, Die Verkehrssicherungspflicht gegenüber Unbefugten, Juristische Analysen 1971, 3.

- Grundsatzfragen des Haftungsrechts unter dem Einfluss der gesetzlichen Regelungen zur Produzenten- und zur Umwelthaftung, AcP 192 (1992), 1.

Markesinis, Basil S./v. Bar, Christian, Richterliche Rechtspolitik im Haftungsrecht, Tübingen 1981; (zitiert: Markesinis/v. Bar, Richterliche Rechtspolitik).

Marschall von Bieberstein, Wolfgang, Zum Einfluss von Versicherungsschutz auf die Haftpflicht, BB 1983, 467.

Martinek, Michael, Überregulierung im Europäischen Verbraucherschutzrecht, in: Systembildung und Systemlücken in Kerngebieten des Europäischen Privatrechts, hrsg. von Stefan Grundmann, Tübingen 2000, S. 511.

Mataja, Viktor, Das Recht des Schadensersatzes vom Standpunkt der Nationalökonomie, Leipzig 1888; (zitiert: Mataja, Recht des Schadensersatzes).

Matusche-Beckmann, Annemarie, Das Organisationsverschulden, Tübingen 2001; (zitiert: Matusche-Beckmann, Organisationsverschulden).

Maunz, Theodor/Dürig, Günther, Grundgesetz, Kommentar, München, Loseblatt: Stand September 2004.

Medicus, Dieter, Bürgerliches Recht, 19. Auflage, Köln, Berlin, Bonn, München, 2002; (zitiert: Medicus, Bürgerliches Recht).

- Der Grundsatz der Verhältnismäßigkeit im Privatrecht, AcP 192 (1992), 35.
- Abschied von der Privatautonomie im Schuldrecht? Köln 1994.
- Zivilrecht und Umweltschutz, JZ 1986, 778.
- Verschulden bei Vertragsverhandlung, in: Gutachten und Vorschläge zur Überarbeitung des Schuldrechts, Band I, hrsg. vom Bundesminister der Justiz, Köln 1981, S. 479; (zitiert: Medicus, Gutachten).
- Allgemeiner Teil des BGB, 8. Aufl., Heidelberg 2002; (zitiert: Medicus, BGB AT).
- Schuldrecht II, Besonderer Teil, 12. Aufl., München 2004; (zitiert: Medicus, Schuldrecht II).

Menger, Anton, Das Bürgerliche Recht und die besitzlosen Volksklassen, Darmstadt 1891; (zitiert: Menger, Bürgerliches Recht).

Mertens, Hans-Joachim, Verkehrspflichten und Deliktsrecht, VersR 1980, 397.

- Der Begriff des Vermögensschadens im bürgerlichen Recht, Stuttgart 1967; (zitiert: Mertens, Vermnögensschaden).
- Berufshaftung, VersR 1974, 509.

Meyer-Cording, Claus, Die Rechtsnormen, Tübingen 1971; (zitiert: Meyer-Cording, Rechtsnormen).

Möller, Hans, Die Verhütung der Gefahrverwirklichung und des Schadens im Versicherungsvertragsrecht, ZVersWiss 1968, 59.

Möllers, Thomas M. J., Rechtsgüterschutz im Umwelt- und Haftungsrecht, Tübingen 1996; (zitiert: Möllers, Rechtsgüterschutz).

- Verkehrspflichten gegenüber Kindern, VersR 1996, 153.

- Themenklausur – Bürgerliches Recht – Der Verbraucherschutz im deutschen Zivilrecht, JuS 1999, 1191.

- Europäische Richtlinien zum Bürgerlichen Recht, JZ 2002, 121.

- Nationale Produzentenhaftung oder europäische Produkthaftung? VersR 2000, 1177.

Möschel, Wernhard, Dogmatische Strukturen des bargeldlosen Zahlungsverkehrs, AcP 186 (1986), 187.

Motive zu dem Entwurfe eines Bürgerlichen Gesetzbuches für das Deutsche Reich, Amtliche Ausgabe, Berlin, Leipzig 1888; (zitiert: Motive).

Motzer, Stefan, Schutzpflichtverletzung und Leistungsunmöglichkeit, JZ 1983, 884.

Mugdan, Benno, Die gesamten Materialien zum BGB, Berlin 1899; (zitiert: Mugdan).

v. Münch, Ingo, Staatsrecht, Band 2, 5. Aufl., Stuttgart, Berlin, Köln 2002.

Münchener Kommentar zum Bürgerlichen Gesetzbuch: Band 1, Allgemeiner Teil (§§ 1-240), AGB-Gesetz, 4. Auflage 2001; Band 2, Schuldrecht, Allgemeiner Teil (§§ 241-432), 3. Auflage 1994; Band 2 a, Schuldrecht, Allgemeiner Teil (§§ 241-432), 4. Auflage 2003; Band 5, Schuldrecht, Besonderer Teil III (§§ 705-853), Partnerschaftsgesellschaftsgesetz, Produkthaftungsgesetz, 3. Auflage 1997; Band 5, Schuldrecht, Besonderer Teil III (§§ 705-853), Partnerschaftsgesellschaftsgesetz, Produkthaftungsgesetz, 4. Auflage 2004; Band 6, Sachenrecht (§§ 854-1296), 4. Aufl., München 2004; (zitiert: MünchKomm/Bearbeiter).

Müller, Klaus, Die grob fahrlässige Herbeiführung des Versicherungsfalles nach § 61 VVG, VersR 1985, 1101.

Müller, Lothar A., Schutzpflichten im Bürgerlichen Recht, JuS 1998, 894.

Müller, Peter, Punitive Damages und deutsches Schadensersatzrecht, Berlin 2000; (zitiert: Müller, Punitive Damages).

Münzberg, Wolfgang, Verhalten und Erfolg als Grundlagen der Rechtswidrigkeit und Haftung, Frankfurt a.M. 1966; (zitiert: Münzberg, Verhalten und Erfolg).

Nipperdey, Hans Carl, Kontrahierungszwang und diktierter Vertrag, Jena 1920; (zitiert: Nipperdey, Kontrahierungszwang).

- Boykott und freie Meinungsäußerung, DVBl 1958, 445.

- Grundrechte und Privatrecht, Krefeld 1961.

- Gleicher Lohn für gleiche Leistung, RdA1950, 121.

Odersky, Walter, Die Berufshaftung – ein zumutbares Berufsrisiko? NJW 1989, 1.

Oechsler, Jürgen, Wille und Vertrauen im privaten Austauschvertrag, RabelsZ 60 (1996), S 91.

- Schuldrecht Besonderer Teil – Vertragsrecht, München 2003; (zitiert: Oechsler, Schuldrecht BT).

Oeter, Stefan, „Drittwirkung" der Grundrechte und Autonomie des Privatrechts, AöR 119 (1994), 529.

Ogorek, Regina, Untersuchungen zur Entwicklung der Gefährdungshaftung im 19. Jahrhundert, Köln 1975; (zitiert: Ogorek, Gefährdungshaftung).

Ossenbühl, Fritz, Die Struktur des Aufopferungsanspruchs – BGHZ 47, 327, JuS 1970, 276.

Ott, Claus, Allokationseffizienz in der Rechtsprechung, Berlin, Heidelberg 1989; (zitiert: Ott, Allokationseffizienz)

Ott, Claus/Schäfer, Hans-Bernd, Ökonomische Probleme des Zivilrechts, Berlin 1991; (Ott/Schäfer, Ökonomische Probleme).

- Die ökonomische Analyse des Rechts - Irrweg oder Chance wissenschaftlicher Rechtserkenntnis? JZ 1988, 213.

Otto, Hans-Jochen, Generalprävention und externe Verhaltenskontrolle, Freiburg 1982.

Palandt, Otto, Bürgerliches Gesetzbuch, 62. Auflage, München 2003; (zitiert: Palandt/Bearbeiter).

- Bürgerliches Gesetzbuch, 63. Auflage, München 2004; (zitiert: Palandt/Bearbeiter).

Pflug, Hans-Joachim, Kontrakt und Status im Recht der allgemeinen Geschäftsbedingungen, München 1986; (zitiert: Pflug, Kontrakt).

Picker, Eduard, Vertragliche und deliktische Schadenshaftung, JZ 1987, 1041.

- Positive Forderungsverletzung und culpa in contrahendo – zur Problematik der Haftung „zwischen" Vertrag und Delikt, AcP 183 (1983), 369.

Pietzrak, Alexandra, Die Schutzpflicht im verfassungsrechtlichen Kontext - Überblick und neue Aspekte, JuS 1994, 748.

Planck, G., Die soziale Tendenz des Bürgerlichen Gesetzbuchs, DJZ 1899, 181.

Poscher, Ralf, Grundrechte als Abwerrechte, Tübingen 2003.

Posner, Richard A., Economic Analysis of Law, 5. Aufl., Boston 1998.

Prisching, Manfred, Sozioökonomische Bedingungen der Kriminalität, MSchrKrim 1982, 163.

Prölss/Martin, Versicherungsvertragsgesetz, 27. Auflage, München 2004; (zitiert: Prölss/Martin/Bearbeiter).

Protokolle der Kommission für die zweite Lesung des Entwurfs des Bürgerlichen Gesetzbuch bearbeitet von Achilles, Gebhard und Spahn, Band II, Recht der Schuldverhältnisse, Berlin 1898; (zitiert: Protokolle).

Raab, Thomas, Die Bedeutung der Verkehrspflichten und ihre systematische Stellung im Deliktsrecht, JuS 2002, 1041.

Raiser, Ludwig, Vertragsfreiheit heute, JZ 1958, 1 ff.

- Das Recht der allgemeinen Geschäftsbedingungen, Hamburg 1935; (zitiert: Raiser, Allgemeine Geschäftsbedingungen).

- Vertragsfunktion und Vertragsfreiheit, in: Hundert Jahre Deutsches Rechtsleben - Festschrift zum hundertjährigen Bestehen des Deutschen Juristentages, Band 1, Karlsruhe 1960, S. 101.
- Die Zukunft des Privatrechts, Berlin 1971; (zitiert: Raiser, Zukunft).

Reinhardt, Rudolf, Die Vereinigung subjektiver und objektiver Gestaltungskräfte im Vertrage, in: Festschrift zum 70. Geburtstag für Walter Schmidt-Rimpler, hrsg. von der Rechts- und Staatswissenschaftlichen Fakultät der Rheinischen Friedrich-Wilhelms-Universität Bonn, Karlsruhe 1957, S. 115.

Rehm, Gebhard M., Aufklärungspflichten im Vertragsrecht, München 2003; (zitiert: Rehm, Aufklärungspflichten).

Repgen, Tilman, Sind Freiheit und Verantwortung im Privatrecht Vergangenheit? In: Jus humanum, Grundlagen des Rechts und Strafrechts, Festschrift für Ernst-Joachim Lampe zum 70. Geburtstag, hrgs. von Dieter Dölling, Berlin 2004, S. 399.

RGRK: Das bürgerliche Gesetzbuch mit besonderer Berücksichtigung der Rechtsprechung des Reichsgerichts und des Bundesgerichtshofs, hrsg. von Mitgliedern des Bundesgerichtshofs, Band II, 5. Teil, §§ 812-831, 12. Aufl., Berlin 1989; (zitiert: RGRK-Bearbeiter).

Rinne, Eberhard, Aus der neueren Rechtsprechung des BGH zur Haftung der öffentlichen Hand bei Verletzung der Räum- und Streupflicht auf öffentlichen Verkehrsflächen, NJW 1996, 3303.

Rodopoulos, Georges, Kritische Studie der Reflexwirkungen der Haftpflichtversicherung auf die Haftung, Frankfurt a.M. 1981.

Roellecke, Gerd, Das Mietrecht des BVerfG, NJW 1992, 1649.

Rogers, W.V.H., Unification of Tort Law: Multiple Tortfeasors, Den Haag, London, New York 2004.

Rohe, Mathias, Gründe und Grenzen deliktischer Haftung – die Ordnungsaufgaben des Deliktsrechts (einschließlich der Haftung ohne Verschulden) in rechtsvergleichender Betrachtung, AcP 201 (2001), 117.

Rohwer-Kahlmann, Harry, Schadenverhütung in der gesetzlichen Krankenversicherung, ZVersWiss 1968, 127.

Rosenbach, Arnim, Eigentumsverletzung durch Umweltveränderung, München 1997; (zitiert: Rosenbach, Eigentumsverletzung).

Rosengarten, Joachim, Der Präventionsgedanke im deutschen Zivilrecht, NJW 1996, 1935.

Roth, Herbert, EG-Richtlinien und Bürgerliches Recht, JZ 1999, 529.

Roth, Wulf-Henning, Sondertagung Schuldrechtsmodernisierung – Europäischer Verbraucherschutz und BGB, JZ 2001, 475.

Röthel, Anne, Verfassungsprivatrecht aus Richterhand? - Verfassungsbindung und Gesetzesbindung der Zivilgerichtsbarkeit, JuS 2001, 424.

Rother, Werner, Haftungsbeschränkungen im Schadensrecht, München, Berlin 1965; (zitiert: Rother, Haftungsbeschränkungen).

Roxin, Claus Strafrecht, Allgemeiner Teil, Band I, München 1997 (zitiert: Roxin, AT I).

Ruffert, Matthias, Vorrang der Verfassung und Eigenständigkeit des Privatrechts, Tübingen 2001; (zitiert: Ruffert, Vorrang der Verfassung).

Rümelin, Max, Schadensersatz ohne Verschulden, Tübingen 1910.

- Gründe der Schadenszurechnung und die Stellung des deutschen bürgerlichen Gesetzbuchs zur objektiven Schadensersatzpflicht, Freiburg i.B. und Tübingen 1886.

Rupp, Hans Heinrich, Vom Wandel der Grundrechte, AöR 101 (1976), 161.

Saladin, Peter, Grundrechte im Wandel, Bern 1970; (zitiert: Saladin, Grundrechte).

Schäfer, Hans-Bernd, Probleme bei der Festlegung von Sorgfaltsstandards durch Zivilgerichte aus ökonomischer Sicht, KritV 1992, 374.

Schäfer, Hans-Bernd/Ott, Claus, Lehrbuch der ökonomischen Analyse des Zivilrechts, 3. Aufl., Berlin, Heidelberg, New York 2000; (zitiert: Schäfer/Ott, Lehrbuch).

Schalast, Christoph, Rechtsanwaltshaftung nach dem Richtlinienentwurf der EG-Kommission über die Haftung bei Dienstleistungen, AnwBl 1992, 463.

Schapp, Jan, Grundlagen des bürgerlichen Rechts, 2. Aufl., München 1996; (zitiert: Schapp, Grundlagen).

Scheel, Jochen, Versicherbarkeit und Prävention, Heidelberg 1999; (zitiert: Scheel, Versicherbarkeit).

Schewe, Dieter, Die Schadensvorbeugung in der Sozialversicherung durch die Wirtschafts- und Sozialpolitik, ZVersWiss 1968, 97.

Schickedanz, Erich, Schutzzwecklehre und Adäquanztheorie, NJW 1971, 916.

Schiemann, Gottfried, Wandlungen der Berufshaftung, in: Festschrift für Joachim Gernhuber zum 70. Geburtstag, hrsg. von Hermann Lange, Knut Wolfgang Nörr, Harm Peter Westermann, Tübingen 1993, S. 387.

Schirmer, Helmut, Die wirtschaftlichen und finanziellen Folgen der Haftungssysteme und der gerichtlichen Entscheidungen, ZVersWiss 1996, 1.

- Aktuelle Fragen bei der Anwendung des AGB-Gesetzes auf AVB, DAR 1993, 321.

Schlechtriem, Peter H., Schuldrecht Allgemeiner Teil, 5. Aufl., Tübingen 2003; (zitiert: Schlechtriem, Schuldrecht AT).

- Dogma und Sachfrage – Überlegungen zum Fehlerbegriff des Produkthaftungsgesetzes, in: Beiträge zum Handels- und Wirtschaftsrecht, Festschrift für Fritz Rittner zum 70. Geburtstag, hrsg. von Manfred Löwisch, Christian Schmidt-Leithoff, Burkhard Schmiedel, München 1991, S. 545.

Schlierf, Herbert, Abwägungskriterien bei der Schadensausgleichung nach § 254 BGB, NJW 1965, 676.

Schlobach, Klaus, Das Präventionsprinzip im Recht des Schadensersatzes, Baden-Baden 2004; (zitiert: Schlobach, Präventionsprinzip).

Schlosser, Peter, Handeln auf eigene Gefahr, Jura 1985, 554.

Schmidt, Gerold, Das AGB-Gesetz in der Praxis der Haftpflichtschäden in der Chemischreinigung, VersR 1978, 593.

Schmidt, Jürgen, Prävention als Zielbestimmung im Zivilrecht, KritV 1986, 83.

Schmidt, Reimer, Die Obliegenheiten, Karlsruhe 1953.

- Die Verhütung der Gefahrverwirklichung und des Schadens im Versicherungsvertragsrecht, ZVersWiss 1968, 81.

Schmidt-Rimpler, Walter, Grundfragen einer Erneuerung des Vertragsrechts, AcP 147 (1942), 130.

- Zum Vertragsproblem, in: Funktionswandel der Privatrechtsinstitutionen, Festschrift für Ludwig Raiser zum 70. Geburtstag, hrsg. von Fritz Baur, Josef Esser, Friedrich Kübler, Ernst Steindorff, Tübingen 1974, S. 1.

Schmidt-Salzer, Joachim, Verschuldensprinzip, Verursachungsprinzip und Beweislastumkehr im Wandel der Zeitströmungen, in: Festschrift für Erich Steffen zum 65. Geburtstag am 28. Mai 1995, hrsg. von Erwin Deutsch, Ernst Klingmüller, Hans Josef Kullmann, Berlin 1995, S. 429.

- Verbraucherschutz, Produkthaftung, Umwelthaftung, Unternehmensverantwortung, NJW 1994, 1305.

- Produkthaftung, Band III/1, Deliktsrecht 1. Teil, Heidelberg 1990.

Schmitt, Jochem, SGB VII – Gesetzliche Unfallversicherung, 2. Aufl., München 2004.

Schnyder, Anton/Straub, Ralf Michael, Das EG-Grünbuch über Verbrauchergarantien und Kundendienst - Erster Schritt zu einem einheitlichen EG-Kaufrecht? ZEuP 1996, 8.

Schöch, Heinz, Empirische Grundlagen der Generalprävention, in: Festschrift für Hans-Heinrich Jescheck zum 70. Geburtstag, Zweiter Halbband, hrsg. von Theo Vogler, Berlin 1985, S. 1081

Schröder, Jan, Verkehrssicherungspflicht gegenüber Unbefugten, AcP 179 (1979), 567.

Schulin, Bertram/Igl, Gerhard, Sozialrecht, 7. Aufl., Düsseldorf 2002.

Schulz, Andreas, Überlegungen zur ökonomischen Analyse des Haftungsrechts, VersR 1984, 608.

Schünemann, Wolfgang, „Mitwirkendes Verschulden“ als Haftungsgrund bei Fernwirkungsschäden, VersR 1978, 116.

Schur, Wolfgang, Leistung und Sorgfalt, Tübingen 2001.(zitiert: Schur, Leistung).

Schwab, Dieter, Die deliktische Haftung bei widerrechtlichem Verweilen des Verletzten im Gefahrenbereich, JZ 1967, 13.

Schwab, Martin/Witt, Carl-Heinz, Examenswissen zum neuen Schuldrecht, 2. Aufl., München 2003; (zitiert: Schwab/Witt, Examenswissen).

Schwabe, Jürgen, Die so genannte Drittwirkung der Grundrechte, München 1971; (zitiert: Schwabe, Drittwirkung).

Schwartz, G.R., Realitiy in the Economic Analysis of Tort Law: Does Tort Law Really Deter? in: UCLA LR 42 (1994), S. 377.

Schwitanski, Heinz-Georg, Deliktsrecht, Unternehmensschutz und Arbeitskampfrecht, Berlin 1986; (zitiert: Schwitanski, Deliktsrecht).

Seydel, Helmut, Zwischenbilanz der Schmerzensgelddebatte, NJW 1954, 1017.

Sieg, Karl, Ausstrahlungen der Haftpflichtversicherung, Hamburg 1952; (zitiert: Sieg, Ausstrahlung).

Singer, Reinhard, Selbstbestimmung und Verkehrsschutz im Recht der Willenserklärung, München 1995; (zitiert: Singer, Selbstbestimmung).

- Vertragsfreiheit, Grundrechte und der Schutz des Menschen vor sich selbst, JZ 1995, 1133.

Soergel, Hans Theodor: Bürgerliches Gesetzbuch mit Einführungsgesetz und Nebengesetzen, Band 2, Schuldrecht I (§§ 241-432), 12. Auflage, Stuttgart, Berlin, Köln 1990; Band 2, Allgemeiner Teil 2 (§§ 104-240), 13. Auflage, Stuttgart, Berlin, Köln, Mainz 1999; Band 2a, Allgemeiner Teil 3 (§§ 13, 14, 126a-127, 194-225), Stuttgart 2002; Band 5/2, Schuldrecht IV/2, (§§ 823-853), Stuttgart, Berlin, Köln 1999; (zitiert: Soergel/Bearbeiter).

Spickhoff, Andreas, Das System der Arzthaftung im reformierten Schuldrecht, NJW 2002, 2530.

Spier, Jaap, The Limits of Expanding Liability, Den Haag, London, New York1998.

- Unification of Tort Law: Causation, Den Haag, London, New York 2000.
- Unification of Tort Law: Liability for Damage caused by Others, Den Haag, London, New York 2003.

Spier, Jaap/Haazen, Olav A., The European Group on Tort Law ("Tilburg Group") and the European Principles of Tort Law, ZEuP 1999, 469.

Stammler, Rudolf, Lehrbuch der Rechtsphilosophie, 3. Aufl., Berlin, Leipzig 1928; (zitiert: Stammler, Rechtsphilosophie).

Stathopoulos, Michael, Bemerkungen zum Verhältnis zwischen Fahrlässigkeit und Rechtswidrigkeit im Zivilrecht, in: Festschrift für Karl Larenz zum 80. Geburtstag hrsg. von Claus-Wilhelm Canaris, Uwe Diederichsen, München 1983, S. 631.

Staub, Hermann, Die positiven Vertragsverletzungen, Berlin 1904; (zitiert: Staub, Vertragsverletzung).

Staudinger, Kommentar zum BGB: begr. von Julius v. Staudinger, Zweites Buch Recht der Schuldverhältnisse (§§ 249-254), 13. Aufl., Berlin 1998, Zweites Buch Recht der Schuldverhältnisse (§§ 255-314), Neubearbeitung 2001, Zweites Buch Recht der Schuldverhältnisse (§§ 823-832), 13. Aufl., Berlin 1999; Zweites Buch Recht der Schuldverhältnisse (§§ 823-832), 12. Aufl., Berlin 1986, Zweites Buch Recht der Schuldverhältnisse (§§ 826-

829), Produkthaftungsgesetz, 13. Aufl., Berlin 1998, Gesetz zur Regelung des Rechts der Allgemeinen Geschäftsbedingungen (AGBG), 13. Aufl., Berlin 1993.

v. Stebut, Dietrich, Der soziale Schutz als Regelungsproblem des Vertragsrechts, Berlin 1982; (zitiert: v. Stebut, Sozialer Schutz).

Steffen, Ernst, Verkehrspflichten im Spannungsfeld von Bestandsschutz und Handlungsfreiheit, VersR 1980, 409.

- Haftung im Wandel, ZVersWiss 1993, 13.

Steinbach, E., Die Grundsätze des heutigen Rechts über den Ersatz von Vermögensschäden, Wien 1888.

Steiner, Gert H., Schadensverhütung als Alternative zum Schadensersatz, Köln, Berlin, Bonn, München 1983; (zitiert: Steiner, Schadensverhütung).

Steinmetzler, Ulrich Antonius, Funktionales Privatrechtsverständnis und ökonomische Analyse des Rechts, JA 1998, 335.

Stern, Klaus, Das Staatsrecht der Bundesrepublik Deutschland, Band III/1, München 1988.

Stoll, Hans, Haftungsfolgen im bürgerlichen Recht, Heidelberg 1993; (zitiert: Stoll, Haftungsfolgen).

- Haftungsverlagerung durch beweisrechtliche Mittel, AcP 176 (1976), 145.
- Rezension von: John G. Fleming, The law of Torts, 3. Aufl., Sydney 1965, AcP 166 (1966), 380.
- Das Handeln auf eigene Gefahr, Berlin 1961; (zitiert: Stoll, Handeln).
- Richterliche Fortbildung und gesetzliche Überarbeitung des Deliktsrechts, Heidelberg 1984; (zitiert: Stoll, Fortbildung).
- Haftungsrechtlicher Schutz gegen drohendes Unrecht, in: Festschrift für Hermann Lange zum 70. Geburtstag, hrsg. von Dieter Medicus, Hans-Joachim Mertens, Kurt Wolfgang Nörr, Wolfgang Zöllner, Stuttgart, Berlin, Köln 1992, S. 729.
- Kausalzusammenhang und Normzweck im Deliktsrecht, Tübingen 1968; (zitiert: Stoll, Kausalzusammenhang).
- Handeln des Verletzten auf eigene Gefahr als Argument gegen die Haftung. Zur Entwicklung der Rechtsprechung, in: 50 Jahre Bundesgerichtshof, Festgabe aus der Wissenschaft, hrsg. von Claus-Wilhelm Canaris, Andreas Heldrich, Klaus J. Hopt, Claus Roxin, Karsten Schmidt, Gunter Widmaier, Band I, München 2000, S. 223; (zitiert: Stoll, 50 Jahre BGH).
- Unrechtstypen bei Verletzung absoluter Rechte, AcP 162 (1963), 203.

Stoll, Heinrich, Die Lehre von den Leistungsstörungen, Tübingen 1936; (zitiert: Stoll, Leistungsstörungen).

- Abschied von der Lehre der positiven Vertragsverletzung, AcP 136 (1932), 257.

Streng, Franz, Die Öffnung der Grenzen und die Grenzen des Strafrechts, JZ 1993, 109.

Stürner, Rolf, Zur Gerechtigkeit richterlicher Schadenszuweisung, VersR 1984, 297.

Stürner, Rolf/Bruns, Alexander, Die Umsetzung der Verbraucherschutzrichtlinien und ihre Auswirkungen im nationalen Recht, in: Neues europäisches Vertragsrecht und Verbraucherschutz, hrsg. von Wolfgang Heusel, Köln 1999, S. 81.

Taschner, Hans Claudius, Die künftige Produzentenhaftung in Deutschland, NJW 1986, 611.

- Mindestharmonisierung im Verbraucherschutz, in: Vorträge und Berichte, Zentrum für Europäisches Wirtschaftsrecht, Mindestharmonisierung im Verbraucherschutzrecht, 1996; (zitiert: Taschner, Mindestharmonisierung).

Taschner, Hans Claudius/Frietsch, Edwin, Produkthaftungsgesetz und EG-Produkthaftungsrichtlinie, 2. Aufl., München 1990.

Taupitz, Jochen, Ökonomische Analyse und Haftungsrecht – Eine Zwischenbilanz -, AcP 196 (1996), 114.

Teichmann, Arndt, Strukturveränderungen im Recht der Leistungsstörungen nach dem Regierungsentwurf eines Schuldrechtsmodernisierungsgesetzes, BB 2001, 1485.

- § 823 BGB und Verletzung eines anderen im Sport, JA 1979, 293.

Thiele, Wolfgang, Leistungsstörung und Schutzpflichtverletzung, JZ 1967, 649.

Tonner, Klaus, Die Rolle des Verbraucherschutzes bei der Entwicklung eines europäischen Zivilrechts, JZ 1996, 533.

Ulmer, Peter/Brandner, Hans Erich/Hensen, Horst-Diether/Schmidt, Harry, AGB-Gesetz, 9. Aufl., München 2001; (zitiert: Ulmer/Brandner/Hensen).

Umbach, Dieter C./Clemens, Thomas, Grundgesetz, Band I, Heidelberg 2002.

Vanberg, Viktor, Verbrechen, Strafe und Abschreckung, Tübingen 1982.

Wagner, Gerhard, Haftung und Versicherung als Instrumente der Techniksteuerung, VersR 1999, 1441.

- Die Aufgaben des Haftungsrechts – eine Untersuchung am Beispiel der Umwelthaftungsrechts-Reform, JZ 1991, 175.

Wahl, Rainer/Masing, Johannes, Schutz durch Eingriff, JZ 1990, 533.

Waltermann, Raimund, Sozialrecht, 4. Aufl., Heidelberg 2004.

- Forderungsübergang auf Sozialleistungsträger, NJW 1996, 1644.
- Abstimmung von Zivilrecht und Sozialrecht – am Beispiel des Schadensregresses der Sozialleistungsträger, in: Festschrift für Wolfgang Gitter zum 65. Geburtstag, hrsg. von Meinhard Heinze, Jochem Schmitt, Wiesbaden 1995, S. 1039.

Wassermann, Rudolf, Kommentar zum Bürgerlichen Gesetzbuch, Band 2, Allgemeines Schulkdrecht, Neuwied, Darmstadt 1980; (zitiert: Alternativkommentar/Bearbeiter).

Watermann, Friedrich, Die Schadenverhütung in der Unfallversicherung, ZVersWiss 1968, 117.

Wehrt, Klaus/Mohr, Klaus, Der Einbau der ökonomischen Analyse des Rechts in ein juristisches Fallgutachten, Jura 1995, 536.

Weitnauer, Hermann, Aktuelle Fragen des Haftungsrechts, VersR 1970, 585.

Westerhoff, Rudolf, Ist die Entscheidung gerecht? JR 1993, 497.

Westermann, Harm Peter, Sonderprivatrechtliche Sozialmodelle und das allgemeine Privatrecht, AcP 178 (1978), 150.

- Verbraucherschutz, in: Gutachten und Vorschläge zur Überarbeitung des Schuldrechts, Band II, hrsg. vom Bundesminister der Justiz, Köln 1983, S. 1.

v. Westphalen, Friedrich, Das neue Produkthaftungsgesetz, NJW 1990, 83.

- Produkthaftungshandbuch, Band 1, München 1989.

- Vom Bild des Menschen im Recht, AnwBl 2003, 665.

Weyers, Hans-Leo, Unfallschäden, Frankfurt a.M. 1971; (zitiert: Weyers, Unfallschäden).

Weyers, Hans-Leo/Wandt, Manfred, Versicherungsvertragsrecht, 3. Aufl., München 2003.

Wieacker, Franz, Das Sozialmodell der klassischen Privatrechtsgesetzbücher und die Entwicklung der modernen Gesellschaft, 1953; (zitiert: Wieacker, Sozialmodell).

- Privatrechtsgeschichte der Neuzeit unter besonderer Berücksichtigung der deutschen Entwicklung, 2. Auflage, Göttingen 1967; (zitiert: Wieacker, Privatrechtsgeschichte).

Wiedemann, Herbert, Anmerkung zu dem Beschluss des BVerfG vom 7.2.1990 (1 BvR 26/84), BVerfGE 81, 242, JZ 1990, 695.

- Anmerkung zu dem Beschluss des BVerfG vom 19.10.1993 (1 BvR 567/89, 1 BvR 1044/89), BVerfGE 89, 214, JZ 1994, 411.

Wilburg, Walter, Die Elemente des Schadensrechts, Marburg a.d. Lahn 1941; (zitiert: Wilburg, Elemente).

- Entwicklung eines beweglichen Systems im bürgerlichen Recht, Graz 1951.

- Zusammenspiel der Kräfte zum Aufbau des Schuldrechts, AcP 163 (1964), 346.

Wolf, Manfred, Rechtsgeschäftliche Entscheidungsfreiheit und vertraglicher Interessenausgleich, Tübingen 1970; (zitiert: Wolf, Entscheidungsfreiheit).

- Freizeichnungsverbote für leichte Fahrlässigkeit in Allgemeinen Geschäftsbedingungen, NJW 1980, 2433.

Wolf, Manfred/Horn, Nobert/Lindacher, Walter F., AGB-Gesetz, 4. Aufl., München 1999, (zitiert: Wolf/Horn/Lindacher).

v. Wulffen, Matthias, Sozialgesetzbuch (SGB X), 4. Aufl., München 2001.

Zeuner, Albrecht, Historische Linien in der Entwicklung des Rechts am Gewerbebetrieb, des allgemeinen Persönlichkeitsrechts und der Verkehrssicherungspflichten, in: 25 Jahre Karlsruher Forum 1983, S. 196.

Zimmermann, Reinhard, Herausforderungsformel und Haftung für fremde Willensbetätigung nach § 823 I BGB, JZ 1980, 10.

- Verletzungserfolg, Spielregeln und allgemeines Sportrisiko, VersR 1980, 497.

- Konturen eines europäischen Vertragsrechts, JZ 1995, 477.

- Grundstrukturen des Europäischen Deliktsrechts, Baden-Baden 2003; (zitiert: Zimmermann, Grundstrukturen).

Zipf, Heinz, Die Integrationsprävention (positive Generalprävention), in: Strafrecht, Strafprozessrecht und Kriminologie, Festschrift für Franz Pallin zum 80. Geburtstag, hrsg. von Walther Melinizky und Otto F. Müller, Wien 1989, S. 479.

Zöllner, Detlev, Prävention und Rehabilitation, Stuttgart 1962.

Zöllner, Wolfgang, Zivilrechtswissenschaft und Zivilrecht im ausgehenden 20. Jahrhundert, AcP 188 (1988), 85.

- Regelungsspielräume im Schuldvertragsrecht, AcP 196 (1996), 1.

- Die gesetzgeberische Trennung des Datenschutzes für öffentliche und private Datenverarbeitung, RDV 1985, 3.

Zugehör, Horst, Berufliche "Dritthaftung" - insbesondere der Rechtsanwälte, Steuerberater, Wirtschaftsprüfer und Notare - in der deutschen Rechtsprechung, NJW 2000, 1601.

Saarbrücker Studien zum Privat- und Wirtschaftsrecht

Herausgeber:
Johann Paul Bauer, Michael Martinek und Helmut Rüßmann

Band 1 Susanne Jaschinski: Die Haftung von Schwestergesellschaften im GmbH-Unterordnungskonzern. Ein Beitrag zum Konzernverfassungsrecht. 1997.

Band 2 Roman Sascha Ahnert: Die *actio individualis*. Ein Beitrag zur verfassungsrechtlichen Fundierung der Aktionärsklage bei sogenannten Aktien-Interessenverbänden. 1997.

Band 3 Torsten Peters: Der Cateringvertrag. Rechtstatsachen, Rechtsnatur und Rechtsprobleme eines modernen Dienstleistungsvertrags. 1998.

Band 4 Michael Meissner: Persönlichkeitsschutz juristischer Personen im deutschen und US-amerikanischen Recht. Eine rechtsvergleichende Untersuchung des allgemeinen Persönlichkeitsrechts juristischer Personen. 1998.

Band 5 Thomas Tegen: Joint Venture-Vertrag und Projektträgergesellschaft im amerikanischen und deutschen Recht. 1998.

Band 6 Gerhard Wolter: Treuhandrecht im Umbruch? Ein Blick nach Frankreich, Luxemburg, in die Schweiz und in den Libanon sowie auf das Haager Trust-Übereinkommen. 1999.

Band 7 Thomas Dehlfing: Das Recht der irreführenden Werbung in Deutschland, Großbritannien und Frankreich. 1999.

Band 8 Hanno Dornseifer: Börsentermingeschäfte und Börsentermingeschäftsfähigkeit. Zur börsengesetzlichen Behandlung von finanzwirtschaftlichen Festgeschäften, Options- und Optionsscheingeschäften. 1999.

Band 9 Patrick Lenz: Absatzförderung durch *zinssubventionierte* Darlehen. Eine wettbewerbs- und kartellrechtliche Studie zur Zulässigkeit von Niedrigzins-Kreditangeboten unter besonderer Berücksichtigung des Automobilmarktes. 1999.

Band 10 Mansur Pour Rafsendjani: Der Goodwill-Ausgleichsanspruch des Franchisenehmers. Ein Vergleich des deutschen, französischen und US-amerikanischen Franchiserechts. 1999.

Band 11 Jörg Hartmann: Juristische und ökonomische Regelungsprobleme des Insiderhandels. Eine rechtsvergleichende Darstellung USA – Deutschland. 1999.

Band 12 David Altmeier: Rückstellungsbilanzierung in Deutschland und Frankreich. Eine vergleichende Untersuchung der französischen Rückstellungsbilanzierung aus der Perspektive des deutschen Bilanzrechts. 1999.

Band 13 Barbara Günther: Aktivische Bilanzierungshilfen im deutschen und französischen Bilanzrecht. 1999.

Band 14 Bernhard Glasow: Vertikale Preisbindung, Wettbewerbstheorie und Wettbewerbsrecht in den USA, Deutschland und Europa. Bestandsaufnahmen, Kritik und Zukunftsperspektiven. 2000.

Band 15 Dorota Nowak-James: Der Börsenzugang für Anleger in Deutschland und Polen. Eine rechtsvergleichende Untersuchung zum deutschen Finanzkommissionsgeschäft und zum polnischen Brokerauftragsvertrag. 2000.

Band 16 Mathias Queck: Der Nießbrauch am Anteil einer offenen Handelsgesellschaft Eine Form der (un-)mittelbaren Unternehmensbeteiligung. 2000.

Band 17 Ina Roth: Umweltbezogene Unternehmenskommunikation im deutschen und europäischen Wettbewerbsrecht. 2000.

Band 18 Jörg Preiss: Die Anwendung des markenrechtlichen Erschöpfungsgrundsatzes auf Dienstleistungsmarken. 2000.

Band 19 Kevin M. McDonald: Der Begriff der Dienstleistung im europäischen Binnenmarkt und WTO-System (GATS). 2001.

Band 20 Carolin Opgenhoff: Die europäische Fusionskontrolle zwischen Wettbewerbsrecht und Industriepolitik. 2001.

Band 21 Susanne Schäfer: Die Deliktsfähigkeit juristischer Personen. Eine rechtsvergleichende Untersuchung zur Übertragbarkeit des englischen Modells. 2001.

Band 22 Kay Diedrich: Die Interventionswirkung – Ausprägung eines einheitlichen Konzepts zivilprozessualer Bindungswirkung. 2001.

Band 23 Michael Fröhlich: Zentrale Institutionen des deutschen Urheberrechts und des französischen Droit d'auteur auf dem Prüfstand der elektronischen Netzwerke. 2001.

Band 24 Joël Benjamin Münch: Abtretungsverbote im deutschen und französischen Recht. Rechtsvergleichende Untersuchung der Übertragungshindernisse im deutschen und französischen Forderungsverkehr als Beitrag zu einer weiteren Schuldrechtsvereinheitlichung in Europa. 2001.

Band 25 Monika Prieß: Der Begriff des Sachmangels im deutschen und englischen Kaufrecht. Reformbedarf aufgrund der Verbrauchsgüterkauf-Richtlinie 1999/44/EG. 2001.

Band 26 Katharina Siegel: Produkthaftung im polnischen, tschechischen und slowenischen Recht. 2001.

Band 27 Carolin Kühne: Die gesetzliche Form der Rechtsgeschäfte im deutschen und italienischen Recht. Eine rechtsvergleichende Untersuchung. 2002.

Band 28 Nina Scherf: Die Nachschußpflicht im Gesellschaftsrecht. Eine rechtsformübergreifende Bestandsaufnahme, Analyse und Kritik. 2002.

Band 29 Marc Laukemann: Fernsehwerbung im Programm. Die zunehmende Kommerzialisierung des Fernsehprogramms im Zeitalter einer Ökonomisierung der Aufmerksamkeit als verfassungs-, wettbewerbs- und rundfunkrechtliches Problem. 2002.

Band 30 Michael Bo Jaspers: Nachträgliche Rechtswahl im internationalen Schuldvertragsrecht. Unter besonderer Berücksichtigung der Rechtspraxis in England, Frankreich, Dänemark und Deutschland. 2002.

Band 31 Christina Pernice: Die Insolvenzverschleppung durch das Geschäftsführungsorgan der kleinen Kapitalgesellschaft im deutschen, französischen und englischen Recht. Eine rechtsvergleichende Untersuchung zur Entwicklung eines europäischen Lösungsansatzes. 2002.

Band 32 Anne Christine Janert: Der sachliche und persönliche Anwendungsbereich des deutschen Verbraucherkreditrechts und des britischen Consumer Credit Act 1974. Ein Beitrag zu den Möglichkeiten und Grenzen verbraucherrechtlicher Harmonisierung in Europa. 2002.

Band 33 Annette Trost: Faktische Sitzverlegung unter Sitz- und Gründungstheorie im Vergleich. Unter besonderer Berücksichtigung ihrer gesellschafts- und zivilrechtlichen Folgewirkungen. 2003.

Band 34 Esther Cordula Hilpert: Die Gründerhaftung in der Gesellschaft mit beschränkter Haftung in Deutschland, Frankreich und England. 2003.

Band 35 Wei-ming Liao: Die Schiedsgerichtsbarkeit in Taiwan. Unter besonderer Berücksichtigung der internationalen Handelsschiedsgerichtsbarkeit und mit Hinweisen zu der Entwicklung in Deutschland. 2003.

Band 36 Stefan Stork: Sitzverlegung von Kapitalgesellschaften in der Europäischen Union. Zur Reichweite der Niederlassungsfreiheit unter Berücksichtigung der positiven und der negativen Integration. 2003.

Band 37 Marc Pfeffer: Interbrand-Kartellverbot und Intrabrand-Vereinbarungen. Die Ablösung horizontaler und vertikaler Eingriffsmerkmale im GWB zu Gunsten einer Betrachtung produktexterner und -interner Wettbewerbsfaktoren. 2003.

Band 38 Nicole Burkardt: Der arbeitsrechtliche Aufhebungsvertrag. Einvernehmliche Beendigung von Arbeitsverhältnissen unter Berücksichtigung der Rechtslage nach der Schuldrechtsreform. 2004.

Band 39 Christian Schmeling: Die Entlastung von Mitgliedern geschäftsführender Organe im Recht der Kapitalgesellschaften. Eine rechtsvergleichende Studie zum deutschen, schweizerischen und französischen Recht. 2004.

Band 40 Andreas Wolf: Wege zur virtuellen Haupt- und Gesellschafterversammlung. Eine vergleichende Untersuchung über die Einbeziehung elektronischer Medien in die Hauptversammlung einer Aktiengesellschaft und die Gesellschafterversammlung einer GmbH. 2004.

Band 41 Bianca Natalie Baldus: Der elektronisch geschlossene Vertrag mit Schiedsabrede. Zulässigkeit und anwendbares Recht in nationalen und internationalen Schiedsverfahren. 2004.

Band 42 Vania Dilek: Der Wettbewerbsschutz in Bulgarien und in der Russischen Föderation während des Übergangs vom Dirigismus zur Privatautonomie. 2004.

Band 43 Rudolf Lenders: Treuhand am Gesellschaftsanteil. Die Einbindung des Treugebers in das gesellschaftsrechtliche Organisationsgefüge. 2004.

Band 44 Weizuo Chen: Rück- und Weiterverweisung (Renvoi) in staatsvertraglichen Kollisionsnormen. 2004.

Band 45 Stefan Hahn: Neue Ansätze im Anlegerschutz durch die Ad-hoc-Publizität des § 15 WpHG. 2004.

Band 46 Pietro Graf Fringuelli: Internet TV. Filmurheberrecht im Internet. 2004.

Band 47 Caspar Frhr. v. Schnurbein: Missbrauch von Minderheitsrechten im deutschen und italienischen Aktienrecht. 2005.

Band 48 David Kereselidze: Der allgemeine Teil des Georgischen Zivilgesetzbuches von 1997. Eine rechtsvergleichende Untersuchung. 2005.

Band 49 Miguel A. García Mateos: Das neue Recht der Namensaktie. Bestandsaufnahme, Analyse und Kritik. 2005.

Band 50 Christine Eckstein-Puhl: Prozessbetrug im Schiedsverfahren. Eine Studie zu den vom erschlichenen Schiedsspruch aufgeworfenen Fragen des Aufhebungsverfahrens gemäß § 1059 ZPO. 2005.

Band 51 Steffen Paulmann: Wirksamkeit von Haftungsausschlüssen und –begrenzungen im deutsch-französischen Warengeschäftsverkehr. Unter besonderer Berücksichtigung der UNIDROIT-Principles und der Principles of European Contract Law. 2005.

Band 52 Ina Krischek: Wirtschaftsmediation als alternatives Streitbeilegungsverfahren. Gerichtsverfahren, Schiedsverfahren und Mediation im Vergleich. 2005.

Band 53 Olaf Pick: Verkehrspflichten und Handlungsfreiheit des „Schädigers". 2005.

www.peterlang.de

Peter Lang · Europäischer Verlag der Wissenschaften

Frank Bockholdt

Die Haftung des unentgeltlichen Erwerbers gemäß § 822 BGB

Frankfurt am Main, Berlin, Bern, Bruxelles, New York, Oxford, Wien, 2004. 338 S.
Europäische Hochschulschriften: Reihe 2, Rechtswissenschaft. Bd. 3893
ISBN 3-631-52271-1 · br. € 56.50*

Die Arbeit befasst sich zunächst mit der Entstehungsgeschichte, dem Zweck und der systematischen Einordnung des § 822 BGB. Unter Zugrundelegung dieser Prämissen, insbesondere der Rechtsnatur der Vorschrift, die nach Ansicht des Autors entgegen der bislang herrschenden Meinung keine eigenständige bereicherungsrechtliche Anspruchsgrundlage, sondern eine gesetzliche Schuldüberleitung regelt, werden dann die Voraussetzungen und Rechtsfolgen des § 822 BGB erarbeitet. Einen besonderen Schwerpunkt bildet hierbei der für den Durchgriff erforderliche Ausschluss der Verpflichtung des Zuwendenden. Abschließend werden noch Fragen der Verjährung, der Beweislast und Konkurrenzverhältnisse zu anderen Vorschriften erörtert.

Aus dem Inhalt: Entstehungsgeschichte · § 822 BGB als Ausnahmevorschrift · Normzweck · Rechtsnatur des § 822 BGB · Die Voraussetzungen des Durchgriffs · Die Rechtsfolgen des § 822 BGB · Verjährung · Beweislast · Konkurrenzverhältnis zu anderen Normen · Das Verhältnis zwischen Zuwendendem und Drittem